JN109078

▶ 民法改正により2022年4月から成年年齢が20歳から18歳に引き下げられた。
つまり，18歳から大人（成人）である。

1 大人になるとどうなるの？

一人でできること

でもちょっと待って!

責任を負うのも自分自身に!

スマートフォンの契約	ローンを組んで高い買い物	クレジットカードで買い物	アパートを借りる

安易なクリックや契約トラブル	支払いの遅延や滞納	多重債務に陥る

結婚 ※女性の結婚年齢 16歳→18歳に	進路決定（進学や就職）や住む場所

※そのほか，18歳成年でできること
● 10年用パスポートの取得
● 性別変更の申し立て
● 代理人なしで民事裁判
● 国家資格の取得
（司法書士や公認会計士など）

20歳になるまでできないこと

お酒	タバコ	ギャンブル（競馬や競艇）

（新潟県「新潟発30事例から学ぶオトナ消費者力『Caution!（コーション）』〜その契約ホントに大丈夫？　困ったら188（いやや）〜」参照）

2 大人になると「未成年者取消権」がなくなる！

未成年者の契約	保護者の同意がない場合，取り消せる
18歳成人の契約	取り消すことができない

大人になると，一人で契約できる半面，原則として一方的にやめることはできません。契約するときは慎重に。p.110の契約クイズをやってみましょう。

3 10〜20歳代の若者に多い美容医療サービスのトラブル

事例 10万円で全身脱毛のはずが，70万円に……
「10万円の全身脱毛」のSNS広告を見て，クリニックに出向いたところ「広告の施術は効果が低い。本来70万円コースを60万円にする」と勧められ，契約してしまった。後悔してクーリングオフを申し出たが，応じてもらえない。

トラブルにあわないために

＊その場で契約・施術をしない。
＊クリニックの広告には**NG表現**（誤解させるおそれのあるビフォーアフター写真，費用を強調した広告など）があることを知っておく。
＊施術前に**リスクや副作用**の確認をする。

不安に思った場合やトラブルになった場合は，消費者ホットライン「**188（いやや）**」へ。

（国民生活センター「若者向け注意喚起シリーズNo.1」参照）

学習を深めよう

青年期を生きる ⊃P.6〜7　　契約とは ⊃P.110〜111　　消費者問題 ⊃P.112〜113
大人への道しるべ（法務省）https://seinen.go.jp/

1分でわかる
成年年齢引下げ ⊃

▶ 社会経験の少ない若者をねらう悪質な業者もいる。一人で契約するときは注意しよう！

1 新しいお部屋で新生活！「賃貸借契約」を理解して，トラブルを防ごう!!

事例 賃貸アパートを退去後，貸主から，ハウスクリーニング費用等で計17万円の原状回復費用を請求された。敷金礼金はない部屋で，契約書に原状回復に関する特約もなかった。高額な請求に納得できない。

トラブルにあわないために

【契約時】 契約書の記載内容や賃貸物件の現状をよく確認する
禁止事項，修繕に関する事項，退去する際の費用負担に関する事項のほか，「ルームクリーニング費用は全額借主負担」といった特約がないかについて確認しよう。

【入居中】 入居中のトラブルは貸主側にすぐ相談する
借主が貸主側に無断で修繕をおこなうと，その内容や金額について貸主側とトラブルになることがあるので，注意が必要。

【退去時】 精算内容をよく確認し，納得できない点は貸主側に説明を求める
納得できない費用を請求された場合には，国土交通省が定めている「原状回復をめぐるトラブルとガイドライン」を参考に貸主側に説明を求め，費用負担について話し合おう。

（国民生活センター「若者向け注意喚起シリーズ No.10」参照）

2 電気代が安くなる!?　電力契約の訪問販売トラブル

事例① 「大手電力会社の委託を受けて来ました」と訪問があり，電気代が安くなるので検針票を見せるようにいわれた。
事例② 賃貸マンションに入居して間もなく，「マンション全体で契約する電気会社が当社に変わる」と訪問を受けた。

検針票を見せてください

訪問販売で契約した場合，クーリングオフができます。

トラブルにあわないために

このフレーズの勧誘があった際は要注意！
＊「大手電力会社の委託を受けている」⇒ 会社の情報や訪問の目的を必ず確認する
＊「電気代が安くなる」⇒ 契約プランの内容を確認し，必ず比較検討する
＊「このマンション全体の契約が切り替わる」⇒ 管理会社などに必ず確認する
＊「検針票を見せて」⇒ 検針票はすぐに見せない，教えない

（国民生活センター「若者向け注意喚起シリーズ No.11」参照）

3 怪しい副業・アルバイトのトラブル──簡単に稼げて高収入!?　うまい話には裏がある……

事例① チャットで相談にのるだけのアルバイトで，相手からの報酬を受け取るための手続料を次々と支払わされた。
事例② 「荷受代行」をしたら，自分名義でスマートフォン6台を購入されており，請求書が届いた。

トラブルにあわないために

＊副業・アルバイトにあたって「手数料」「登録料」を請求されたら要注意！
＊「荷受代行」・「荷物転送」は絶対にしないこと。
＊副業・アルバイトを始める前に，家族や周りの人に相談するようにしよう。

（国民生活センター「若者向け注意喚起シリーズ No.5」参照）

学習を深めよう

一人暮らしハンドブック　●巻頭⑦-2〜4

国民生活センター
公式LINE

消費者庁若者ナビ！
公式LINE

※LINEの利用にあたっては，校則やルールを守ってください。

▶ 将来に向けてお金を準備し，「資産形成」をおこなうためには，「貯蓄」と「投資」の２つの方法がある。それぞれの特徴について正しく理解しよう。

1 投資のしくみ

投資は，自分が応援したいと思える会社にお金を出して，その会社の成功に力を貸すこと。会社の事業がうまくいけば，より良い商品やサービスが生まれて，結果的に社会全体が良くなる。そして会社は事業が成功したら，お金を出した人たちに利益を分配する。「社会貢献」ができて「自分のお金も増える」のが投資のしくみである。投資は消費・預金・寄付などと合わせて，世界経済を成長させている柱の１つである。

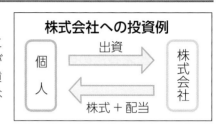
株式会社への投資例

個人 → 出資 → 株式会社
個人 ← 株式＋配当 ← 株式会社

2 投資のリスク

もし自分が応援している会社の事業が失敗したら，株式の価値が下がり，投資したお金も減る。投資は大きな利益を得る可能性もあるが，損をするケースもある。貯蓄は大きな利益は得られないが，元のお金が減る心配はない。

高いリターン（収益）を追求すればリスク（損失）が高まる。リスクを低く抑えようとすると，リターンも低下する。投資のための金融商品においては，「安全性」と「収益性」は両立しない。

金融商品とは金融機関が提供・仲介する各種の預金，投資信託，株式，債券などのこと。おもな金融商品の種類と特徴についてp.109を参考にして調べましょう。

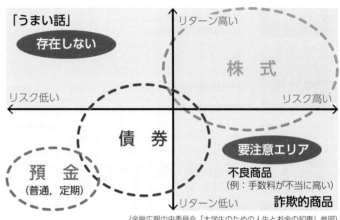

「うまい話」存在しない
リターン高い
株式
リスク低い　　リスク高い
債券
預金（普通，定期）
要注意エリア
不良商品（例：手数料が不当に高い）
詐欺的商品
リターン低い

（金融広報中央委員会「大学生のための人生とお金の知恵」参照）

3 リスクをコントロールするには？

株式の価格は需要と供給の関係で変化する。その株式を買いたいと思う人が多ければ価格は上がる。反対に売りたいと思う人が多ければ価格は下がる。まず，その特徴を理解することが大切である。

❶ 自分のお金を全額投資しない。
お金を分けて管理する能力を身につけることが大切。投資は「余裕資金」で。

❷ 長期間にわたり投資する。
投資を長期的な観点からおこなうと安定した収益が期待できる。

❸ 資産・地域・時間を分けて投資する。
投資する商品や買う時期を分けることで，金利や為替，社会情勢などの影響を分散することができる。

株価の変動

4 人生100年時代を迎えて〜これからの投資〜

長寿化により，手持ちの資産を取り崩す期間が長くなり，「資産寿命」をいかに延ばすかが重要になっている。「人生100年時代」においては，「お金にも働いてもらう」投資は，資産形成のための選択肢の１つである。

投資の対象は金融商品だけではない。自分に対する「自己投資」（仕事に必要なスキルを身につけたり，資格を取得したりするなど）も大切である。

仕事に就いてからも，必要と感じたタイミングで学び直す「リカレント教育」にも注目が集まっている。

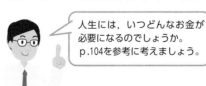

人生には，いつどんなお金が必要になるのでしょうか。p.104を参考に考えましょう。

★ **もうけ話に注意!!**

SNSや知人からの紹介で取引を始めたところ，実体のない詐欺的な投資話だったという被害が多くみられる。こうした被害にあわないためには，取引相手が登録や免許を受けている事業者かどうか必ず確認しよう。

免許・許可・登録等を受けている業者一覧（金融庁）
https://www.fsa.go.jp/menkyo/menkyo.html

学習を深めよう

人生とお金 ❹P.104〜105　　将来の経済生活を考える ❹P.108〜109　　ＥＳＧ投資 ❹P.119

金融庁チャンネル
未来のあなたのために〜人生とお金と資産形成〜
知識篇 →

持続可能な世界をつくろう —2030年の世界で社会の主役と

▶ SDGsとは何か

「SDGs（エスディージーズ）」とは，「Sustainable Development Goals（持続可能な開発目標）」の略称で，2015年の国連サミットで決められた，国際社会共通の目標のことである。このサミットでは，2015〜30年までの長期的な開発の指針として，「持続可能な開発のための2030アジェンダ」が採択され，この文書の中核を成す「持続可能な開発目標」をSDGsと呼んでいる。

▶ 世界を変えるための17の目標

目　標	目標の概要と関連するキーワード	目　標	目標の概要と関連するキーワード
1 貧困をなくそう	地球上のあらゆる形の貧困をなくそう 子どもの貧困 ●P.33 社会保障制度 ●P.47	9 産業と技術革新の基盤をつくろう	災害に強いインフラを整え，新しい技術を開発し，みんなに役立つ安定した産業化を進めよう AI，インターネット
2 飢餓をゼロに	飢えをなくし，誰もが栄養のある食糧を十分に手に入れられるよう，地球の環境を守り続けながら農業を進めよう 食料自給率 ●P.132　ハンガーマップ ●P.133	10 人や国の不平等をなくそう	世界中から不平等を減らそう ソーシャルインクルージョン ●P.48
3 すべての人に健康と福祉を	誰もが健康で幸せな生活を送れるようにしよう 母子健康手帳・妊婦健診 ●P.21 予防接種 ●P.27　医療保険 ●P.47	11 住み続けられるまちづくりを	誰もがずっと安全に暮らせて，災害にも強いまちをつくろう 防災・避難訓練 ●P.96 災害 ●P.99
4 質の高い教育をみんなに	誰もが公平に，良い教育を受けられるように，また一生に渡って学習できる機会を広めよう 生涯学習 ●P.39 教育費用の無償化 ●P.104	12 つくる責任つかう責任	生産者も消費者も，地球の環境と人々の健康を守れるよう，責任ある行動をとろう サステナブル・ファッション ●P.72 エシカル消費，フェアトレード ●P.118 食品ロス ●P.132
5 ジェンダー平等を実現しよう	男女平等を実現し，すべての女性と女の子の能力を伸ばし可能性を広げよう 男女共同参画社会 ●P.10	13 気候変動に具体的な対策を	気候変動から地球を守るために，今すぐ行動を起こそう COOL CHOICE ●P.61 節電 ●P.116
6 安全な水とトイレを世界中に	誰もが安全な水とトイレを利用できるようにし，自分たちでずっと管理していけるようにしよう バーチャルウォーター ●P.133	14 海の豊かさを守ろう	海の資源を守り，大切に使おう 海洋プラスチック（マイクロプラスチック） ●P.117
7 エネルギーをみんなにそしてクリーンに	すべての人が，安くて安全で現代的なエネルギーをずっと利用できるようにしよう ゼロ・エネルギー住宅 ●P.101 再生可能エネルギー ●P.117	15 陸の豊かさも守ろう	陸の豊かさを守り，砂漠化を防いで，多様な生物が生きられるように大切に使おう 森林減少，砂漠化，生物多様性
8 働きがいも経済成長も	みんなの生活を良くする安定した経済成長を進め，誰もが人間らしく生産的な仕事ができる社会をつくろう ワーク・ライフ・バランス ●P.10	16 平和と公正をすべての人に	平和で誰もが受け入れられ，すべての人が法や制度で守られる社会をつくろう DV防止法 ●折込① 子どもの権利条約，児童虐待 ●P.32
		17 パートナーシップで目標を達成しよう	世界のすべての人がみんなで協力し合い，これらの目標を達成しよう

SDGs ●

次の ①〜④ の資料は，1〜17のどの目標と関係があるだろうか？

1 数字で見てみよう！世界の格差

クラス（35人）が世界だとしたら……

・極度の貧困状態の下で暮らしている人は
👤👤👤👤👤👤 （6人）

・安全な水が手に入らない人は
👤👤👤👤👤👤👤👤👤👤 （10人）

・安全に管理されたトイレを使えない人は
👤👤👤👤👤👤👤👤👤👤👤👤👤👤👤👤👤👤👤👤 （20人）

・栄養が足りない5歳未満の子どもの数は
👤👤👤👤👤👤👤👤 （8人）

2 格差や貧困は，発展途上国だけでなく，日本も含めた先進国のなかでも問題になっている

性別を理由に機会の不平等が起こることがある。たとえば，教育を受けられる女子の割合が男子よりも低い国も多くある。また，国会議員に占める女性の割合は世界的に低く（2017年12月時点で世界平均は23.6%，日本は10.1%），男女が意思決定の過程に積極的に参画し，多様な意思が政治や政策に反映されていくようにすることはとても重要である。

3 私たちの日常にある子どもへの暴力

虐待 2〜4歳児の約4分の3が，家庭内で体罰や精神的虐待を受けているとの調査結果がある。日本でも，子どもが虐待される事件が報道されることがある。

ネットの危険 インターネットは差別的な書き込みやいじめの場にもなる。また，日本で年間1,500人以上の子どもがSNSなどを通じて性犯罪などの事件に巻き込まれている。

いじめ 13〜15歳の子どもの約3人に1人がいじめを経験しているとの調査結果がある。

4 こんなマークのついた商品を見たことがある？

それぞれどのような商品であることを示しているかを知ろう。

FAIRTRADE

海のエコラベル
持続可能な漁業で獲られた水産物
MSC認証
www.msc.org/jp

FSC

RAINFOREST ALLIANCE・PEOPLE & NATURE

JAS

次の（1）〜（7）の行動は，1〜17のどの目標と関係があるだろうか？

1）学校に行けない子どもたちに教材や文房具を送る運動に参加する。 （　　　）
2）低賃金で長時間重労働をさせられている発展途上国の人々を支援する団体に寄付する。 （　　　）
3）レジ袋やプラスチック製品を使わない。海や川に行ったらゴミは持ち帰る。 （　　　）
4）マイバッグ，マイボトルを持参する。環境に配慮した製品を購入する。 （　　　）
5）家具の転倒防止や防災用品を用意する。まちの清掃・防災活動などに参加する。 （　　　）
6）電気をこまめに消す，使用時間を減らす。CO₂排出の少ない交通手段を使う。 （　　　）
7）いじめや差別をしない，させない。ハンディキャップのある方を見かけたら，援助する。 （　　　）

持続可能な世界にしていくために，これから何をするのかを考えよう

今後，優先的に取り組んでいきたいと思う目標を3つあげよう。その理由も書いてみよう。

理由		

（日本ユニセフ協会「私たちがつくる持続可能な世界〜SDGsをナビにして〜」，持続可能な地域創造ネットワーク「SDGs目標別の個人・家庭でできる取り組みの例」，朝日新聞「2030 SDGsで変える」などをもとに作成）

生活のなかから課題をみつけて改善しよう

▶ホームプロジェクトはどんな活動？

みなさん一人ひとりが自分の家庭生活を見つめ，その生活の充実・向上をめざす活動を「ホームプロジェクト」という。これは，みずから主体的に活動する問題解決型の学習である。家庭科の学習で学んだことを生活に役立てることを目的とし，自分の生活に活用できそうなことをみつけ（See），課題解決をめざして，計画（Plan），実施（Do），反省・評価（See）と段階をふんで学習を進めていく。さらに，結果を発信・共有して，次の課題へと発展させる（Plan）。

▶ホームプロジェクトをすると，どんないいことがある？

ホームプロジェクトを実践することで，家庭科で学習した知識と技術をより確実なものにし，生活を総合的に考え，問題を解決する能力や実践的態度が身につく。ホームプロジェクトの実践は，そのまま自分や家族の生活の改善に役立つため，今後ますます生活改善意欲が高まっていくことが実感できるだろう。

▶ホームプロジェクトはどのように進めればいいのだろうか？

See

問題発見 （題目設定の理由）
●身近なところを見直そう
●気づいたことをメモしよう
●チェックシートなどで自己診断しよう

テーマ決定
●自分に合ったテーマを選ぼう
●関心のあるものからテーマを決めよう

Plan

計 画 （実態調査，問題点の把握）
●テーマを選んだ目的を明確にしよう
●問題解決の方法を具体的に考えよう
●実施のための計画を立てよう

Do

実 施 （研究と実践）
●計画に沿って実施しよう
●調査・研究から問題をまとめ改善内容を考えよう
●改善内容を実施しよう
●実施結果を記録しよう

See

反省・評価
●反省・感想をまとめよう
●自己評価をしよう
●家族・友人・先生のコメントをもらおう
●全体を振り返り今後の課題を考えよう

発 表
●友だちの発表を聞き，自分の生活に役立つヒントをみつけよう

まずは身近なところを見直すことから始めてみよう。

▶1日の生活から課題を発見しよう

朝
●朝起きられない
●忙しい家族にぴったりの朝食は？
●時間割の準備ができない小学生の弟のために

●洋服タンスのなかがぐちゃぐちゃ
●片手にまひがあって着替えがしにくい祖母のために
●妹が靴の左右をはき間違えない工夫

昼
●家族のお弁当をつくってみよう
●部活で汚れたユニフォームの洗濯方法は？
●単身赴任中の父の栄養バランスは？

●家庭での感染症対策
●外で働く父の熱中症対策

巻頭⑤-2の答え ❶上から①と⑩，⑥，⑥，②と③，❷⑤，❸⑯，❹全体としては⑫（それぞれのマークは⑧⑬⑭⑮などと関係がある）
(1)④，(2)⑧，(3)⑭，(4)⑫，(5)⑪，(6)⑬，(7)⑩（ほかの考え方もある）

▶ ホームプロジェクト記入フォーマット

下記の項目にそって，実践を記録しよう。

- Ⅰ 題目設定の理由
- Ⅱ 実施計画
  - 1 実態調査と問題点の把握
  - 2 実践活動Ⅰ
  - 3 中間評価 ※最初は省略してもよい
  - 4 実践活動Ⅱ
- Ⅲ 実施状況
- Ⅳ 評価
- Ⅴ 活動の振り返りと今後の課題

夜

- ●残業で帰宅が遅い母の負担軽減のために，家族で家事を分担したい
- ●わが家の防犯対策は万全？

- ●わが家の地震対策を見直したい
- ●災害時，寝たきりの祖父の避難方法は？

休日

- ●家族のくつろぐスペースをつくりたい

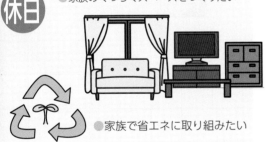

- ●家族で省エネに取り組みたい

▶ あなたが生活のなかで改善したいこと，興味があることなどを書き出してみよう

▶ 先輩のホームプロジェクトを参考にしよう

気づき・きっかけ	実施内容

- わが家の食事づくりは働く母1人に頼っており，野菜が不足している → 家族で野菜について研究し，わが家の野菜不足を解消

- 父の健康診断結果でコレステロールと中性脂肪の値が高い → 魚の栄養について勉強し，日常的に魚料理を取り入れるための調理を実践

- 家庭科で生涯の健康を見通した食事計画と生活習慣病について学んだ → 塩分を控えることが高血圧の予防に効果があることから，塩分量をおさえる調理を研究

- 母ががんばらなくてもいいゆとりのある暮らしをめざしたい → 家族伝言板の作成，家事チェックリスト方式の導入などを実践

- 弟がもっと自分のことをできるようにして，母の負担を軽減したい → 弟が楽しく実践できる衣服の収納，翌日の時間割の準備などのサポート方法を工夫

- 自然災害で野菜の値段が高騰し，食卓にのぼる回数が減っている → 価格の変動が少ない野菜調べ，冷凍野菜の活用，干し野菜の活用などを工夫

- 妹に食物アレルギーがあるが，家族で同じものを楽しく食べたい → アレルギー対応の食事・おやつづくりと，レシピカードづくりの実践

- 祖父母が高齢になり，健康面で不安が出てきた → 郷土料理を学ぶとともに，祖父母といっしょに体操を実施

- 家事労働を母と祖母にまかせっきり → 家族で家事をシェアリングするとともに，効果的な掃除方法を研究

- ゲーム依存の弟が心配 → 弟の行動計画表を作成し，規則正しい生活をさせるとともに，楽しく運動・外出できる工夫

- 祖父が健康診断でメタボリックシンドロームと診断された → 食事バランスガイドで祖父の食事を調べ，食事の改善と運動習慣づくりを実践

- 祖母が骨粗しょう症と診断された → カルシウムを多く含む食事の提案と，運動の改善

- 父が健康診断で異常と指摘された → 父の運動不足解消のため，ホワイトボードで「見える化」するなど，やる気向上の工夫

（「第66回・第67回全国高等学校家庭クラブ研究発表大会」での発表をもとに作成）

生活の自立をめざして

自立度チェック！

次の1〜20の項目について，「あてはまる ○」は2点，「まあまああてはまる △」は1点，「あてはまらない ×」は0点として，合計点を出してみよう。

生活的自立

1　朝，人に起こされないで自分で起きる
2　ＴＰＯに合った衣服を選び，身につけている
3　自分の衣服のアイロンがけやボタンつけなどは自分でしている
4　栄養バランスを考えて，食事をしている
5　自分で料理をつくることができる
6　身の回りの整理整とんができ，定期的に掃除をしている
7　自分のお金の使いみちを考え，管理している
8　クレジットカードやネットショッピングのしくみを理解している
9　一人暮らしに必要な1か月の生活費がおよそどのくらいかかるか，わかっている

精神的自立

10　ものごとを決めるとき，最終的には自分で決断することができる
11　怒りの感情をコントロールすることができる
12　自分の将来の職業や進路について考えている
13　社会で起きていることがらに関心をもち，自分なりに考えをもっている，またはもとうとしている
14　自分のよい面を知っている
15　自分にはがんばっていることがあり，日々充実している

関係的自立

16　他者の立場を理解し，思いやることができる
17　自分のことばや行動について，ＴＰＯに応じて使い分けられる
18　男女の体のしくみや生理的な特徴・相違を理解し，また性の多様性についても理解している
19　性感染症とその予防および避妊についての知識がある
20　必要なときには他者に支えてもらい，自分が支える側にも回ることができる

番号	1	2	3	4	5	6	7	8	9	10	11	12	13	14	15	16	17	18	19	20	計
回答																					
得点																					

判定　40点……………　A　自立している　すばらしい！
　　　　30〜39点……　B　ほぼ自立している　この調子！
　　　　20〜29点……　C　まあまあ自立　課題をみつけてクリアしよう！
　　　　0〜19点……　D　自立度不足　自立に向けてしっかり修行するのみ！

あなたの得点　　（　　　　　）点　　　　判定　（　　　　　）
クラスの最高得点　（　　　　）点　　　　クラスの平均点　（　　　　）点

★　クラスの平均点と自分の得点を比較してみよう。
★　あなたがこれから自立に向けてやるべきことは？

一人暮らしハンドブック

1 部屋探しの基本は情報収集

一人暮らしのメリットとデメリット

メリット	デメリット
・経済生活を維持するための金銭感覚がつく。 ・自立心が生まれ，生活力が身につく。 ・自分の好きなことに取り組める。	・生活に追われ，自由な時間が減る。 ・部屋を留守にすることが多く，危険もある。 ・生活にお金がかかり貯金がしづらい。

Do action! まず自分の生活スタイルをはっきりさせることから始めよう！

🔅 初期費用とは？

敷　金	貸主に預けておくお金。家賃滞納や退去時の修繕費にあてられる。
礼　金	貸主への御礼金。返却されない。
仲介手数料	不動産会社に払う手数料。賃貸の場合は，家賃の1か月分が上限とされている。
保険料	火災保険への加入料。1.5〜2万円
前家賃	入居を開始する月の家賃
鍵交換費	新しい鍵の交換費用。1〜2万円

[注] 敷金，礼金は関東では1〜2か月分であるが関西ではその4倍近くかかる。最近は礼金・敷金をとらないところもある。

🔅 部屋探しのステップ

希望の条件は①

やりくりが肝心

希望の条件は②

お部屋探しは晴れの日に

STEP 1	STEP 2	STEP 3	STEP 4
希望条件を整理	予算を設定	情報を収集	不動産会社を訪問
・家賃 ・場所…交通の便，病院，役所，学校，スーパー，コンビニなど。 ・広さ…ライフスタイルに合った間取り。 ・住み心地…日当たり，風通し，騒音など。	・相場を調べる。 ・家賃のほか，引っ越し費用，生活必需品，当面の生活費も含めて設定。 ・支払い可能な範囲で決める。	・インターネット上の住宅情報サイトを検索。ただし，すべての物件がネット上に出ているわけではない。 ・住宅情報誌，不動産会社の広告。 ・その他，大学生協，知人紹介など。	・自分が希望するエリアに関する詳しい情報をもつ不動産会社を選ぶ。 ・さまざまな物件を紹介してもらったうえで，自分に合ったいくつかの物件に絞る。

② 契約・手続きは慎重に

☑室内のチェックポイント
❶室内に汚れや設備の不具合はないか？
❷キッチンや収納場所の使いやすさは？
❸コンセントの位置は大丈夫か？数に不足はないか？
❹冷蔵庫や洗濯機の置き場所は用意されているか？
❺浴室やトイレに換気機能はあるか？
❻エアコンの設置は大丈夫か？
❼インターネットはすぐに使えるか？

☑賃貸契約の注意点
●連帯保証人って必要？
　住む人が部屋を破損したり汚損したりすることがなければ問題はないのだが，問題が生じたときのために，人的な担保として保証人を立てる。
●保険は加入の必要がある？
　契約条件に，「火災保険」や「住宅総合保険」の加入が示されていれば，加入しなければならない。そうでなければ入居できない。

こんな不動産会社はやめよう！
・希望にそぐわない物件を勧めてくる。
・都合の悪い情報は教えない。
・質問にきちんと答えない。
・「早く契約しないとほかの人に取られてしまいますよ」などといい，契約を急ぐ。
・「とりあえずサインを」などといってサインを急がせる。
・下見をするにあたり手付金を要求する。

③ 引っ越しは早めの準備が肝心

❶家財の選択…「一人暮らし」の生活内容を想定し，食・衣・住の面から，調理器具・家財など生活必需品を選ぶ。
❷早期の予約…新生活に支障が生じないよう，引っ越し業者に早めに依頼する。複数の引っ越し業者へ見積もりを依頼し，条件のよい業者を選ぶ。
❸荷造り………生活用品は自分で段ボールに詰めるのがよいが，たんすやテレビなどは，業者に任せて荷造りをしてもらう。
❹引っ越し先の明示…新しい住まいに向けての受け入れ体制を整えておき，住所・電話番号，配達時間を明確に伝える。

☑諸手続きは忘れずに！
●銀行口座の開設
　仕送りの送金や公共料金の引き落とし用に口座を開設すると便利。
●公共料金の手続き
　電気・ガス・水道は引っ越し後すぐに手続きを。必要に応じて電話・新聞・ＮＨＫの視聴なども。
●郵便局に住所変更届
　一定期間，郵便物の転送サービスが受けられる。
●役所に転出届，転入届
　前住所地の役所で発行してもらった転出証明書を添えて，新住所地の役所に届け出る。

☑畳の種類とサイズ

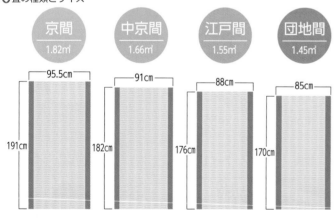

京間 1.82㎡ 95.5cm 191cm
中京間 1.66㎡ 91cm 182cm
江戸間 1.55㎡ 88cm 176cm
団地間 1.45㎡ 85cm 170cm

Do action! ６畳のとき，京間と団地間ではどのくらい面積差があるか，計算してみよう。

同じ６畳であっても，畳の種類によって広さが違います。

カーペットはきちんと測ってから買わないといけないですね。

☑最初にそろえておきたい調理器具など

炊飯器　しゃもじ　フライパン　やかん
さいばし　片手なべ　両手なべ
ボール　ストレーナー　まな板　包丁　おたま
計量カップ　計量スプーン　電子レンジ
ラップ　お茶わん　おわん　お皿
湯のみ　きゅうす　小鉢　はし　スプーン　フォーク

けっこう必要なんですね。

4 ライフラインの豆知識

電気
【周波数（Hz：ヘルツ）】

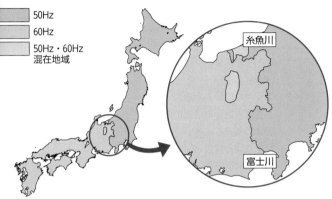

- 50Hz
- 60Hz
- 50Hz・60Hz 混在地域

糸魚川
富士川

「50Hz/60Hz」と表示された電気器具はどこでも使用できるが，「50Hz」「60Hz」の単独表示のものは，使用地域が限定される。周波数の違いを確認せずに電気器具を使用すると，器具が故障するだけでなく，火災の原因となることもあるので注意する。

【ボルト・アンペア・ワット】

V（ボルト）	：電圧	
A（アンペア）	：電流	W＝A×V
W（ワット）	：電力	

家庭用の電気は一般的に100Vなので，「W＝A×100V，A＝W÷100V」。
＜計算例＞ 照明350W，冷蔵庫100W，こたつ500W，テレビ100W，換気扇50W，炊飯器500Wの家電製品が同時に働く場合，1,600W÷100V＝16Aの電流値となる。

- たとえば電気スタンドで，指定されたW数以上の電球を使用した場合（例：40W用に60Wの電球を使用），発熱量が多く，器具がとけたり破損したりする恐れがある。必ず指定されたW数以下の電球を使用する。
- 15A用タップに，右図のような冷蔵庫，炊飯器，電子レンジを接続して使用すると，合計21A，6Aのオーバーとなる。このまま使用すると，非常に危険である。

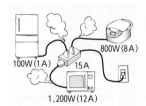

800W（8A）
100W（1A）
15A
1,200W（12A）

【分電盤】 住宅用の場合，電流制限器（アンペアブレーカ），漏電遮断器（漏電ブレーカ），配線用遮断器（安全ブレーカ）の３つを１つにまとめたもの。一般に，玄関や廊下，台所付近の壁面の上部に設置されている。

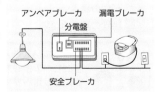

アンペアブレーカ
漏電ブレーカ
分電盤
安全ブレーカ

- **アンペアブレーカ**：電力会社と契約した電流以上の電気が流れると，自動的に電気を止める機器。
- **漏電ブレーカ**：屋内配線や電気製品の漏電による異常電流を感知して自動的に電気を切り，火災や感電の事故を防ぐ。
- **安全ブレーカ**：家庭に送られてきた電気を，各部屋の照明器具やコンセントに分岐する。容量以上の電流が流れたりショートしたりした場合，その回路の電気のみを止め，家全体の電気が止まるのを防ぐ。

- ブレーカ遮断による突然の停電を避けるために，全体の電力量だけでなく，同一回路で同時に大きな電力を使用しないよう心がける。電磁調理器，ヘアドライヤー，電子レンジなどは要注意。
- 家電製品には，電源電圧100Vと200Vのものがある。エアコンなど，電力量の大きなものは，設置できるかどうか確認してから購入する。

ガス

種類	原料・主成分	ガス器具	性質	警報機	供給	熱量
都市ガス	液化天然ガス・メタンが主体（13Aなど７種類ある）	都市ガス用地域ごとに異なる	軽く上方に拡散する	上方に設置	ガス管	低い
LPガス	液化石油ガス・プロパンが主体	プロパン用全国共通	重く下方にたまる	下方に設置	ボンベ	高い

- ガスにもさまざまな種類がある。とくに，都市ガスは地域によって品質が異なるので，ガスの種類に適合するガス器具を用いるよう注意する。
- ガスくさいときは，ガス栓を閉め，窓を開けて換気し，ガス会社に連絡する。電灯や換気扇などのスイッチをON・OFFしない。ライターなどの火気も使用しない。

→ガス会社の連絡先をメモしておこう

水道

- 停電のとき，マンションなどの集合住宅では，ポンプが停止し，断水することがある。風呂の残り湯を，次の入浴時までバスタブにためておくようにすると，当面の水洗トイレ用の洗浄水として使える。
- 水もれの場合は，止水栓を止める。水道メーターの近くについている止水栓をしめると，建物（部屋）全体の水道が止まる。洗面台やトイレなどの止水栓をしめると，それぞれの器具の水が止まる。

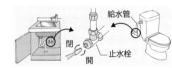

給水管
閉 開
止水栓

- 修理業者（または家主など）に連絡する。

→連絡先をメモしておこう

5 いざというときのために

【病気やけがに備えて】
- 救急箱に常備薬（風邪薬，胃腸薬，下痢止め，鎮痛剤，消毒液，ばんそうこう，体温計，冷却ジェルシートなど）を準備しておく。有効期限をこまめにチェックする。薬は用量・用法を守って服用する。

- 最低限の食料（レトルトのおかゆ，スポーツドリンク，フリーズドライのみそ汁やスープ，パウチパックのゼリーなど）を準備しておく。
- かかりつけの病院を決めておく。

→かかりつけ医の連絡先，タクシー会社の電話番号などをメモしておこう

- 急病でかかりつけ医以外の救急外来などにかかったときに役立つので，普段から，お薬手帳に処方内容を記録しておく。健康保険証・お薬手帳は，いつでも出せるよう置き場所を決めておく。

おくすり手帳

- 居住地の市町村役場のホームページを確認し，夜間や休日などの救急医療に関する情報を収集する。スマートフォンにブックマークしておくと便利。

CONTENTS

二次元コードを読み込むと学習項目の関連動画などの視聴ができます。

小・中学校の復習 小・中学校で学習した内容のふり返りができます。

〈注意事項〉
通信費はご利用者負担です。
動画は予告なく削除される場合があります。

生活 ワードブック 家庭科の学習に出てくる用語の一部を英単語で紹介しています。

🔑 小論文キーワード 巻末資料❼小論文を書こう！で取り上げたキーワードについては，資料編の該当ページの右上に参照ページを付記しています。

小論文ココが出題された 小論文の大学入試問題のなかから，家庭科の学習内容に関連する問題を選んで，資料編の奇数ページ下でご紹介していますので，学習の参考にしてください。

生涯発達する自分

夢をかなえる自分をつくるには?

今日＋今日＋今日… ⇨未来

1 "ぼんやり"を具体的にイメージしてみましょう!

何歳のとき,どんなことをしていたいと思いますか? 今の時点で考える,自分にとってベストだと思うことを書いてみましょう。

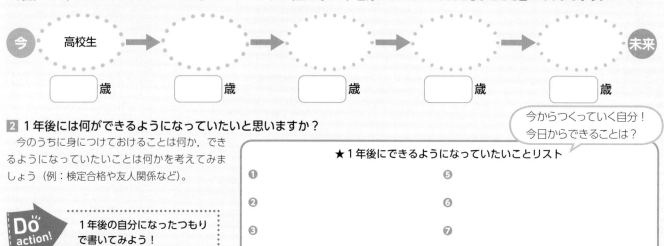

今 高校生 → → → → 未来

[ ]歳 [ ]歳 [ ]歳 [ ]歳 [ ]歳

今からつくっていく自分!
今日からできることは?

2 1年後には何ができるようになっていたいと思いますか?

今のうちに身につけておけることは何か,できるようになっていたいことは何かを考えてみましょう(例:検定合格や友人関係など)。

Do action! 1年後の自分になったつもりで書いてみよう!

★1年後にできるようになっていたいことリスト

① ⑤
② ⑥
③ ⑦
④ ⑧

1,**2**の空欄に記入することができましたか?

できた人 ⇨この調子で夢をかなえる自分をつくっていきましょう。

できなかった人 ⇨さあ,これからもっと未来について,周りの人と語りあったり,考えたりしてみましょう!

(資料提供:キャリアコンサルタント李順葉)

1 自分について考えよう——「ジョハリの窓」を活用して

あなたは,自分の性格を知っているだろうか? わかっているようで,実はよくわからないのが「自分の性格」である。だれでも自分が知らない「未知の自分」をもっているものである。こうした潜在的な自分を確認する方法として,アメリカの心理学者であるジョセフとハリーが体系化したものが「ジョハリの窓」である。

積極的に他者とかかわり,自己を見つけよう!

この4つの窓のうち,1の窓を上下左右に大きく広げることが,自己理解の深まりにつながります。また,4の窓に気づくことが,自己への気づきであり,成長のきっかけになりますね。

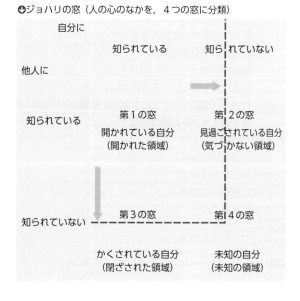

◔ジョハリの窓(人の心のなかを,4つの窓に分類)

	自分に知られている	自分に知られていない
他人に知られている	第1の窓 開かれている自分 (開かれた領域)	第2の窓 見過ごされている自分 (気づかない領域)
他人に知られていない	第3の窓 かくされている自分 (閉ざされた領域)	第4の窓 未知の自分 (未知の領域)

■タテに1→3へと窓を広げるために
自分の気持ちを素直に話してみよう!

■ヨコに1→2へと窓を広げるために
仲間からの素直な指摘を謙虚に聞くことが必要であり,仲間のほうも気づいたことや感じたことを素直に伝えてあげることが大切。

ⓘ インフォメーション **生涯学習**▶1965年ユネスコの成人教育会議において教育思想家ラングランにより,教育は生涯にわたっておこなわれなければならないと提唱されたのが始まり。元来は「生涯教育」。後任ジェルピは社会への適応ではなく,「自己決定のための学習」としての生涯教育を唱えた。

2 あなたは自分自身のことをどう思いますか?

◎ 自己評価について「そうだ」と思う比率

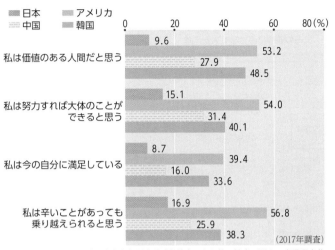

凡例: 日本 / アメリカ / 中国 / 韓国

私は価値のある人間だと思う
日本 9.6 / アメリカ 53.2 / 中国 27.9 / 韓国 48.5

私は努力すれば大体のことができると思う
日本 15.1 / アメリカ 54.0 / 中国 31.4 / 韓国 40.1

私は今の自分に満足している
日本 8.7 / アメリカ 39.4 / 中国 16.0 / 韓国 33.6

私は辛いことがあっても乗り越えられると思う
日本 16.9 / アメリカ 56.8 / 中国 25.9 / 韓国 38.3

(2017年調査)
(日本青少年研究所「高校生の心と体の健康に関する意識調査」)

日本青少年研究所が,日本を含めた4か国で2017年におこなった「高校生の心と体の健康に関する調査」によると,自己評価においては,アメリカと韓国の高校生は高く,日本の高校生は最も低かった。

日本の高校生の自己評価が低いのはなぜだろうか? 考えてみよう。

3 生涯発達とは?

現代に入り,特に先進国においては,医療技術や公衆衛生が進歩し,寿命が格段と延びた。また,いわゆるリタイアの時期が延びるなど,第二の人生,第三の人生というような人生の波が何回も訪れることが一般化してきた。そこで心理学の世界でも1980年代に入ってから,人間の発達を受胎から死にいたるまでの生涯にわたって捉えるべきであるとする「生涯発達」という発達観が登場した。生涯発達という考え方を提起したドイツのバルテスは,「発達は全生涯を通じて常に獲得(成長)と喪失(衰退)とが結びついて起こる過程である」と定義している。身体的成長や記憶力は20歳くらいをピークにゆるやかに衰退していくが,一方で,人生を生き抜く知恵や技は磨かれていく。発達ということばにはその両方が含まれている。まさに人生の始まりから終わりまで,私たちはさまざまな発達を遂げていくことになる。

◎ 生涯発達心理学の獲得・喪失モデル

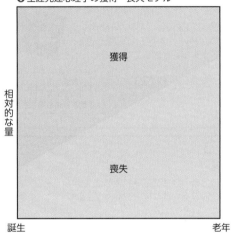

相対的な量 / 獲得 / 喪失 / 誕生 / 老年

Column

大谷翔平選手の目標達成シート あなたもつくってみよう!

体のケア	サプリメントをのむ	FSQ 90kg	インステップ改善	体幹強化	軸をぶらさない	角度をつける	上からボールをたたく	リストの強化
柔軟性	体づくり	RSQ 130kg	リリースポイントの安定	コントロール	不安をなくす	力まない	キレ	下半身主導
スタミナ	可動域	食事夜7杯朝3杯	下肢の強化	体を開かない	メンタルコントロールをする	ボールを前でリリース	回転数アップ	可動域
はっきりとした目標,目的をもつ	一喜一憂しない	頭は冷静に心は熱く	体づくり	コントロール	キレ	軸でまわる	下肢の強化	体重増加
ピンチに強い	メンタル	雰囲気に流されない	メンタル	ドラ1 8球団	スピード160km/h	体幹強化	スピード160km/h	肩周りの強化
波をつくらない	勝利への執念	仲間を思いやる心	人間性	運	変化球	可動域	ライナーキャッチボール	ピッチングを増やす
感性	愛される人間	計画性	あいさつ	ゴミ拾い	部屋そうじ	カウントボールを増やす	フォーク完成	スライダーのキレ
思いやり	人間性	感謝	道具を大切に使う	運	審判さんへの態度	遅く落差のあるカーブ	変化球	左打者への決め球
礼儀	信頼される人間	継続力	プラス思考	応援される人間になる	本を読む	ストレートと同じフォームで投げる	ストライクからボールに投げるコントロール	奥行きをイメージ

メジャーリーグで活躍することを目標にしていた大谷翔平選手は,目標を達成させるために,高校1年生のときに,監督の指導で目標達成シートを作成していたそうだ。

● シートの中心の「ドラ1 8球団」が「プロ野球8球団からドラフト1位で指名を受ける」という目標。

● その目標を達成するために「何が必要なのか」を考えたのが,中心にすえた目標に取り組むための8つの要素。
「体づくり」「コントロール」「キレ」「メンタル」「スピード160km/h」「人間性」「運」「変化球」

● この8つの要素は,周りにある3×3のマスの中心にすえられる。そして今度は,その要素を満たすために必要な事項をその周りの8つのマスに書き込んでいく。

目標シートをつくることで,「何をするべきか」がより明確化される。あなたもつくってみよう。

(スポーツニッポンの記事参照)

➡ 大谷翔平選手
花巻東高校出身。
2018年からメジャーリーグで活躍中。

青年期を生きる

←成年年齢引き下げ　←18歳成人クイズ

18歳からできること・20歳からできること

　2018年6月，成年年齢を18歳に引き下げる民法改正案が成立した（2022年4月1日施行）。18歳からできること，20歳からできることを確認しよう。

民法が定める成年年齢には，次のような意味があります。
① 1人で有効な契約をすることができる年齢
② 父母の親権に服さなくなる年齢

●18歳から

成年（成人）年齢　（民法）

生年月日	成年となる日	成年年齢
2002年4月1日以前生まれ	20歳の誕生日	20歳
2002年4月2日〜2003年4月1日生まれ	2022年4月1日	19歳
2003年4月2日〜2004年4月1日生まれ	2022年4月1日	18歳
2004年4月2日以降生まれ	18歳の誕生日	18歳

17歳の高校生は子ども　18歳の高校生は大人

10年パスポート　（旅券法）
⇒18歳から有効期限10年のパスポートか，5年のパスポートかを選んで取得できる（18歳未満は5年しか取得できない）

公認会計士の資格　（公認会計士法）
⇒18歳になれば，資格取得できる

行政書士や司法書士などの国家資格も同じです

結婚できる年齢　（民法）
⇒男女とも，18歳になれば2人の合意のみで結婚できる（婚姻届が受理されるのは，18歳の誕生日以降）

18歳から

契約などの法律行為　（民法）

未成年者取消権も18歳から使えなくなります

選挙権　（公職選挙法）
公職選挙法を改正し，国政選挙では2016年参院選，2017年衆院選から適用されている（選挙権を得るのは18歳の誕生日の前日）

●20歳から

飲酒，喫煙
（二十歳未満の者の飲酒の禁止に関する法律など）
（飲酒・喫煙できるのは，20歳の誕生日以降）

健康への影響などを懸念しているためです

公営ギャンブル（競馬，競艇など）
（競馬法など）
（馬券・舟券などの購入ができるのは，20歳の誕生日以降）

ギャンブル依存症対策などのためです

国民年金の納付義務
（国民年金法）20歳以上
（20歳の誕生日の前日の属する月から加入）

年金手帳

中型・大型免許の取得
（道路交通法）
20歳未満は取得できない
（普通免許は18歳未満）

●少年法改正

…17歳　│18歳│19歳│20歳

新たな位置づけ「特定少年」

変わらず「少年」

18歳・19歳が事件を起こした場合
▼家庭裁判所から検察官に逆送致する事件の対象を拡大（殺人，傷害致死に加え強盗，強制性交，放火など）
▼起訴されたら実名報道を可能とする

1　進路についての価値観

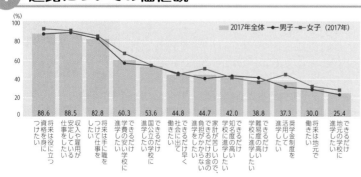

Do action!

あなたが現時点で進路について思うことで，いちばん自分の思いに近いのはどれだろうか，考えてみよう。

※高校生に，進路に関する価値観12項目についてそれぞれどう思うかをたずね，「とてもそう思う」「まあそう思う」と答えた合計値

（第8回「高校生と保護者の進路に関する意識調査」2017年報告書：一般社団法人全国高等学校PTA連合会・（株）リクルートマーケティングパートナーズ調べ）

🛈 **インフォメーション**　ニートとは▶就職しておらず家事も通学もすることなく職業訓練も受けていない状態をさす。日本では，求職活動をしている失業者はニートに含まれないが，国際的には，失業者であればすべてニートに含む。

🔑 小論文キーワード
成年年齢引き下げ (⇨p.367)

家族・家庭

② 必要な能力を身につけるために有効な活動

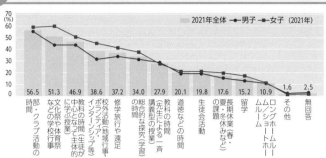

活動	割合(%)
部活動・クラブ活動の時間	56.5
文化祭や体育祭などの学校行事	51.3
教科・科目の中での授業（生徒が主体的に中心となる授業）	46.9
校外活動（地域行事・ボランティア・インターンシップ等）	38.6
修学旅行や遠足	37.2
総合的な探究（学習）の時間	34.0
教科の時間（先生による一斉講義型の授業）	27.9
道徳などの時間	20.1
生徒会活動	19.8
長期休業（春・夏の課題・冬休みなど）	17.6
留学	15.2
ロングホームルーム・ショートホームルーム	10.9
その他	1.6
無回答	2.5

女子は男子に比べて「文化祭や体育祭などの学校行事」や「校外活動」と答えた人が多いんですね。

※高校生に，経済産業省で定義されている「社会人基礎力」を身につけるのに有効な活動をたずねた回答

（第10回「高校生と保護者の進路に関する意識調査」2021年報告書：一般社団法人全国高等学校ＰＴＡ連合会・(株)リクルート調べ）

③ 社会で求められる人になるためには？

社会では，基礎的な学力や専門的な知識をもっていることはもちろん，それらをうまく活用していく力が必要だといわれている。経済産業省ではそれを「**社会人基礎力**」と呼び，具体的に３つの能力と12の能力要素をあげている。

●前に踏み出す力（アクション）
～一歩前に踏み出し，失敗しても粘り強く取り組む力～

主体性 物事に進んで取り組む力
働きかけ力 他人に働きかけ巻き込む力
実行力 目的を設定し確実に行動する力

●考え抜く力（シンキング）
～疑問をもち，考え抜く力～

課題発見力 現状を分析し目的や課題を明らかにする力
計画力 議題解決に向けたプロセスを明らかにし準備する力
創造力 新しい価値を生み出す力

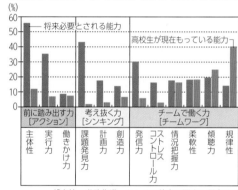
◆ 高校生が将来社会で働くにあたり，「特に必要とされる能力」「高校生が現在もっている能力」（全体／各３つまで回答）

（「高校の進路指導・キャリア教育に関する調査2014」リクルート進学総研調べ）

●チームで働く力（チームワーク）
～多様な人々とともに，目標に向けて協力する力～

発信力 自分の意見をわかりやすく伝える力
傾聴力 相手の意見を丁寧に聴く力
柔軟性 意見の違いや立場の違いを理解する力
情況把握力 自分と周囲の人々や物事との関係性を理解する力
規律性 社会のルールや人との約束を守る力
ストレスコントロール力 ストレスの発生源に対応する力

（経済産業省資料）

Column

自分の目で「世界の現状」と「国際協力の仕事」を見てきたい

18歳になった春，名古屋市の高校を休学し，独り世界一周の旅に出た。国際支援に携わるという夢に向け，「世界の現状を自分の目で確かめたい」と８カ月半で29カ国を巡った。

東南アジア，インドを経てアフリカへ。スラム街では，食事代わりにシンナーを吸う子どもの姿を見た。貧しさから犯した軽い罪で拘置所に収容されている子どもにも会った。フィリピンでは，書道パフォーマンスで集めたお金で貧しい子どもたちにサンダルを贈った。しかし，１週間後に再会すると，「Give me money（お金ちょうだい）」。仲良くなったつもりだった子どもたちから物乞いをされた。

「考えが甘かった」。一時的ではなく，持続できる支援が必要だと痛感した。旅を終え，「現地の人を巻き込んだビジネスで雇用を生み出す」と目標を定めた。

旅費は協賛金でまかなった。企画書を手に経営者のセミナーに出向き，直談判。「自分で稼げ」「甘い」。厳しい言葉にもひるまず支援を訴え，100人以上から135万円を集めた。

高校に再び通う４月までは，活動に賛同した高校生らが開く報告会に出席するため，新潟，大阪，東京，愛知など各地を回る。「高校生だからこそ，国際支援に興味のない同世代に刺激を与えられる」と信じている。

（朝日新聞2016年３月17日）

国際支援の現場を見に世界29カ国を回った高校生　吉野裕斗さん (18)

lifelong development（生涯発達），developmental task（発達課題），adolescence（青年期），independence（自立），paid work（有償労働），unpaid work（無償労働），diversity（多様性），household（世帯），nuclear family（核家族），family register（戸籍），census（国勢調査）

7

キャリアの形成

あなたにとって働くとは？

　働くことは，お金を得るためだけでなく，社会の一員としての務めを果たすためや，自分の才能や能力を発揮するため，また，生きがいをみつけるためなど，いろいろな意味をもっている。働く目的は，人によっても異なるし，同じ人であっても，ライフステージによって変化することもある。

働く目的は何か →

（内閣府「国民生活に関する世論調査」2022年度）
※四捨五入の関係で合計は100にならない。

	お金を得るため	社会の一員として務めを果たすため	自分の才能や能力を発揮するため	生きがいをみつけるため	無回答
総数〔性〕	63.3	11.0	6.7	14.1	4.9
男性	61.4	13.8	7.4	13.3	4.1
女性	64.9	8.6	6.1	14.7	5.7
〔年齢〕(歳) 18～29	79.3	5.4	7.6	6.0	1.6
30～39	76.9	9.0	8.0	6.1	
40～49	76.1	5.6	8.4	8.8	1.1
50～59	75.2	9.7	6.5	7.7	1.0
60～69	61.6	13.4	6.5	15.2	3.3
70以上	40.8	15.5	5.3	25.3	13.0

1 あなたがつきたい職業は？

　仕事を選ぶ際に重視することについて，若者に意識調査をしたところ，収入が最もポイントが高く，続いて仕事の内容，労働時間があげられた。

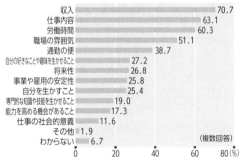

収入 70.7
仕事内容 63.1
労働時間 60.3
職場の雰囲気 51.1
通勤の便 38.7
自分の好きなことや趣味を生かせること 27.2
将来性 26.8
事業や雇用の安定性 25.8
自分を生かすこと 25.4
専門的な知識や技能を生かせること 19.0
能力を高める機会があること 17.3
仕事の社会的意義 11.6
その他 1.9
わからない 6.7
（複数回答）

↑職業選択の重視点
（内閣府「我が国と諸外国の若者の意識に関する調査」2018年度）

男 子 （2021年）

順位	職業	(%)
1	建築士・建築関連	13.0
2	公務員	10.8
3	教師	8.9
4	技術者・研究者	6.4
5	医師・歯科医師・獣医	6.1
6	エンジニア・プログラマー・IT関連	5.0
7	製造業（自動車・造船など）	4.4
8	薬剤師	4.2
9	イラストレーター・アニメーター・ゲーム関連	3.6
10	理学療法士・作業療法士・言語聴覚士・リハビリ	3.0
	プロスポーツ選手・スポーツ関連	3.0

女 子 （2021年）

順位	職業	(%)
1	保育士・幼稚園教諭・幼児保育関連	10.2
2	教師	8.3
	看護師	8.3
4	公務員	7.5
5	医師・歯科医師・獣医	6.3
6	薬剤師	4.4
7	美容師・ヘアメイクアーティスト・美容関連	4.2
8	会社員	3.8
9	俳優・ミュージシャン・声優・芸能関連	2.9
10	建築士・建築関連	2.5

↑つきたい職業ランキング

（第10回「高校生と保護者の進路に関する意識調査」2021年報告書：一般社団法人全国高等学校ＰＴＡ連合会・（株）リクルート調べ）

2 非正規雇用の現状と課題

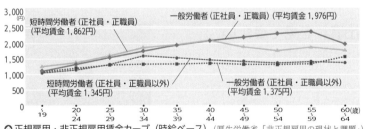

短時間労働者（正社員・正職員）（平均賃金1,862円）
一般労働者（正社員・正職員）（平均賃金1,976円）
短時間労働者（正社員・正職員以外）（平均賃金1,345円）
一般労働者（正社員・正職員以外）（平均賃金1,375円）

↑正規雇用・非正規雇用賃金カーブ（時給ベース）（厚生労働省「非正規雇用の現状と課題」）

※正規・非正規データの23歳から59歳までを加算算出

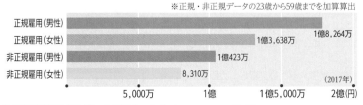

正規雇用（男性）	1億8,264万
正規雇用（女性）	1億3,638万
非正規雇用（男性）	1億423万
非正規雇用（女性）	8,310万

（2017年）

↑雇用形態別生涯年収・生涯賃金　（年収ガイドWebページ参照）

　正規雇用は，年齢を重ねるごとに賃金は右肩上がりに上昇しているが，非正規雇用は，賃金上昇がほとんどなく，生涯年収・生涯賃金も正規雇用と非正規雇用では，相当な収入差が生じている。

　金銭的なもの以外にも正規雇用と非正規雇用では大きな違いが存在し，正社員のみが受けることができる報酬やサービスがある。

●社会保険費用の会社負担分（社会保険は会社と労働者の折半となる。）

●各種手当ての支給（住宅手当，通勤手当など）

●健康診断や各種提携施設・団体などでの優遇サービス（スポーツジムやスクールでの研修など）

●正社員であれば責任ある仕事に携わることができ，スキルアップにつながるが，非正規は単純作業が多く，誰でもできる仕事を担当する割合が高いためスキルアップにつながることは少ない。

インフォメーション ワークシェアリング▶一人あたりの労働時間を減らすことによって，他の従業員と仕事を分かち合い，雇用の維持をはかることをいう。不況で失業率が高まったときの応急策として有効ともいわれる。

③ だれもが豊かな人生を送れるように──ユニリーバ・ジャパンの「WAA」

　4月の平日の昼下がり。ラックス，リプトンなどのブランドを持つ世界的な消費財メーカー，ユニリーバの日本法人，ユニリーバ・ジャパン（東京）で働く浅尾康二さん（38）は，生後7カ月の双子の息子たちが寝返りを打つ横で，パソコンに向き合っていた。

　IT部門でマネジャーを務め，システムを使う企業の業務分析が主な仕事。週の半分は自宅のリビングが仕事場だ。1人でできる作業だけでなく，会議もスカイプを使い自宅でこなす。

　ならし保育の期間中で，息子たちの帰りは早い。3時間おきのミルクの時間は仕事を中断。「双子の子育ては妻だけでは大変なので願ったりかなったりの働き方。会社で『大丈夫かな』と心配しているより，子どもが見える方が精神的に楽。仕事もはかどります」

　こんな働き方ができるのは，同社が昨年7月に導入した「WAA」という制度を利用しているから。「Work from Anywhere and Anytime」の略で「ワー」と読む。いつでもどこでも，好きなように働くことを認めるユニークな制度だ。

　平日午前6時〜午後9時の間なら勤務や休憩の時間を自由に決められる。月末までに所定労働時間を満たせば，1日1時間しか働かない日があっても，勤務時間が細切れでも構わない。在宅でなく，カフェや図書館で仕事をしてもいい。「この時間はここで働く」と上司に事前に伝えて承認を得るだけで利用でき，理由はいらない。工場勤務と営業の一部を除く全社員約400人が対象だ。(後略)

(2017年4月21日，朝日新聞　一部加筆修正あり)

↑自宅のリビングで仕事をする浅尾康二さん。子どもが泣き出すと，抱っこして仕事をすることもある

④ ライフキャリアレインボー

　ライフキャリアレインボーとは，現在を起点として過去から未来までの自分の生活を，虹の形に描いた図のことである。キャリアを仕事だけでなく家庭や余暇，社会的な活動なども含めた人生全般から捉え，自分がどのような役割をもって生活しているのか，客観的にみつめることで現状の問題点を解決し，自分の将来へのビジョンを明確にすることができる。

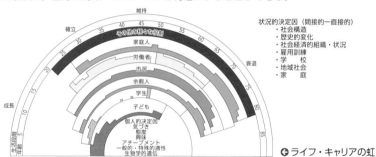

状況的決定因（間接的—直接的）
・社会構造
・歴史的変化
・社会経済的組織・状況
・雇用訓練
・学　校
・地域社会
・家　庭

←ライフ・キャリアの虹

「22歳で大学を卒業し，すぐに就職。26歳で結婚して，27歳で1児の父親となる。47歳のときに1年間社外研修。57歳で両親を失い，67歳で退職。78歳のとき妻を失い，81歳で生涯を終えた。」D.E.スーパーはこのようなライフ・キャリアを概念図化した。

(「中学校・高等学校進路指導資料」参照)

⑤ 新しい生活様式

　自分自身，周囲の人，そして地域を感染拡大から守るため，新型コロナウイルスを想定した「新しい生活様式」の実践が求められている。

働き方のスタイル

・テレワークやローテーション勤務
・時差通勤でゆったりと
・オフィスは広々と
・会議はオンライン
・名刺交換はオンライン
・対面での打ち合わせは換気とマスク

Column

家事労働をお金に換算すると？

　専業主婦1人あたりの無償労働額（家庭内での家事や社会的活動といった家計の構成員や他人に対しておこなった労働）は，年間いくらかかっているだろうか。

　家事を外部のサービスに頼んだとして，専業主婦の無償労働であらわすと，内閣府の調査では，月額約25.4万円（年間約305万円）になる。社会は有償労働のみならず，無償労働によっても支えられているのである。

　家事労働は，お金に換算されない無償労働ではあるが，私たちの暮らしに必要不可欠な労働である。家族みんなが快適な生活を送るためには，職業労働とのバランスをとり家族で分担したり，ときには外部サービスに頼んだりすることも必要である。

◆専業主婦の1人あたりの月額の無償労働評価額

育児　約3.7万円
介護・看護　約0.7万円
家事・買物　約20.9万円

(2016年)
(内閣府「家事活動等の評価について」)

ワーク・ライフ・バランスを求めて

育児・家事はだれがする?

　妻に家事・育児の負担が集中していることが，少子化に影響しているとの指摘がある。また，子どもをもちたいと考える夫婦のうち，夫が休日に育児・家事をする時間が増えた夫婦は，減った夫婦より子どもが多く生まれているとの厚生労働省の調査結果もある。しかし，実態は，夫の仕事時間が通勤時間を含めて10時間を超えており，次図からも，妻に家事・育児を大きく依存していることがわかる。その背景には「夫は外で働き，妻は家庭をまもるべきだ」という性別役割分業意識がある。

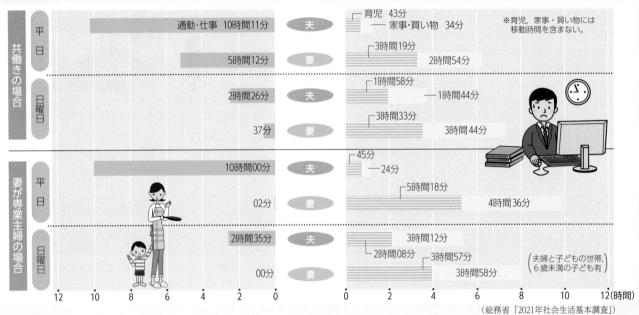

※育児，家事・買い物には移動時間を含まない。

共働きの場合

平日
- 夫　通勤・仕事 10時間11分　／　育児 43分　／　家事・買い物 34分
- 妻　5時間12分　／　3時間19分　／　2時間54分

日曜日
- 夫　2時間26分　／　1時間58分　／　1時間44分
- 妻　37分　／　3時間33分　／　3時間44分

妻が専業主婦の場合

平日
- 夫　10時間00分　／　45分　／　24分
- 妻　02分　／　5時間18分　／　4時間36分

日曜日
- 夫　2時間35分　／　3時間12分　／　2時間08分
- 妻　00分　／　3時間57分　／　3時間58分

夫婦と子どもの世帯，6歳未満の子ども有

（総務省「2021年社会生活基本調査」）

---

1 「男は仕事，女は家庭」に賛成? 反対?

凡例：賛成／どちらかといえば賛成（賛成）／どちらかといえば反対／反対／わからない

年	賛成	どちらかといえば賛成	どちらかといえば反対	反対	わからない
1979年	31.8	40.8	7.1	16.1	4.3
1992年	23.0	37.1	5.9	24.0	10.0
2002年	14.8	32.1	6.1	27.0	20.0
2009年	10.6	30.7	3.6	31.3	23.8
2012年	12.9	38.7	3.3	27.9	17.2
2019年	7.5	27.5	5.2	36.6	23.2
2022年	4.0	29.4	2.2	38.2	26.1
男性	5.3	34.2	2.2	35.6	22.7
女性	3.0	25.4	2.2	40.4	29.0
18～29歳	2.2	16.5	1.5	38.6	41.2
30～39歳	2.6	20.5	2.3	40.7	33.9
40～49歳	3.2	24.8	2.3	38.1	31.6
50～59歳	3.0	28.9	1.8	36.3	29.9
60～69歳	3.6	30.0	1.8	41.4	23.3
70歳以上	6.6	39.5	2.9	36.4	14.6

（内閣府「2019年男女共同参画社会に関する世論調査」ほか）
（2022年調査）
※四捨五入の関係で合計は100にならない。

　「男は外で仕事，女は家庭をまもる」という考え方について，男性の39.5%，女性の28.4%が「賛成」と答えており，依然としてこのような考え方が根強く残っている。

---

2 男女は平等?

◆普段の生活の中で，男女平等ではないと感じることがあるか

凡例：よくある／たまにある／あまりない／まったくない

	よくある	たまにある	あまりない	まったくない
全体	23.1	49.9	22.8	4.2
男性	21.2	48.4	24.4	6.0
女性	25.0	51.4	21.2	2.4

◆職場で男女による不平等を感じることは何か

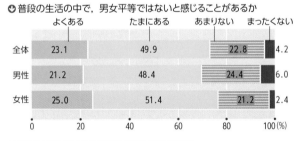
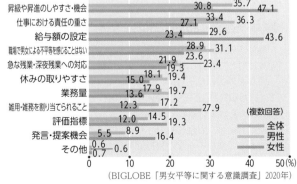

凡例（複数回答）：全体／男性／女性

項目	全体	男性	女性
昇級や昇進のしやすさ・機会	35.7	30.8	47.1
仕事における責任の重さ	33.4	27.1	36.3
給与額の設定	29.6	23.4	43.6
職場で男女による不平等を感じることはない	28.9	31.1	23.4
急な残業・深夜残業への対応	21.9	23.6	19.3
休みの取りやすさ	15.0	18.1	19.4
業務量	13.6	17.9	19.7
雑用・雑務を割り当てられること	12.3	17.2	27.9
評価指標	12.0	14.5	19.3
発言・提案機会	5.5	8.9	16.4
その他	0.6	0.6	0.7

（BIGLOBE「男女平等に関する意識調査」2020年）

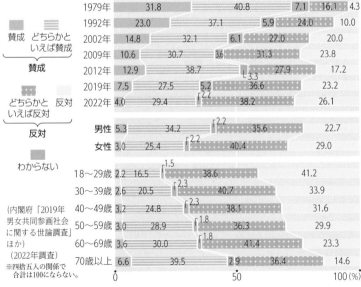

インフォメーション　ジェンダー・ギャップ指数▶世界経済フォーラム（World Economic Forum）による各国の男女格差を測る指数で，経済，教育，政治，保健の4分野から作成され，0が完全不平等，1が完全平等を意味する。ほかに，国連開発計画（UNDP）のジェンダー不平等指数（Gender Inequality Index：GII）がある。

3 労働力曲線から女性の就労環境を読む

　働き手（労働力人口）が減っていくなかで，多様な労働力の活用が求められている。そのなかでも特に重要なのが女性の労働力といえる。

　女性にとって働きやすい労働環境になってきたかどうかは，年齢階級別の労働力率をもとに男女の就業状況を比較したり，経年変化を追って比較することで，ある程度読み取ることができる。

　日本の女性のM字型カーブは緩和されつつあるものの，完全に解消はしていない。そのことは，女性の就業継続を目的とした出産・子育て支援策がいまだに不十分であることのあらわれでもある。

　一方，アメリカ・スウェーデン・ドイツ・フランスでは，M字型カーブはみられない。特にスウェーデンでは，充実した育児休業制度や，その間の所得保障，保育サービス（12歳まで）などにより，女性労働者の就労継続に成功しているといえる。

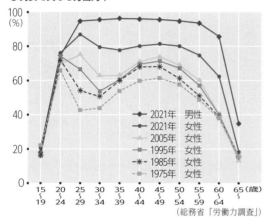

◆男女で異なる労働力率

凡例：
- 2021年　男性
- 2021年　女性
- 2005年　女性
- 1995年　女性
- 1985年　女性
- 1975年　女性

（総務省「労働力調査」）

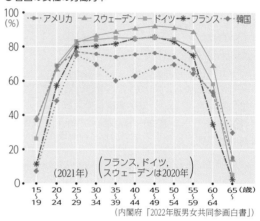

◆各国の女性の労働力率

凡例：アメリカ　スウェーデン　ドイツ　フランス　韓国

（2021年）（フランス，ドイツ，スウェーデンは2020年）

（内閣府「2022年版男女共同参画白書」）

Column

主夫になってはじめてわかった主婦のこと

世の中には「100%シュフの人」もいなければ，逆に「100%シュフじゃない人」もいないんです。

　……いまだに「家事」って不思議なものだと思うんです。誰にとっても生きていく上で欠かせない身近な存在のはずなのに，その実態は当事者である「シュフ」以外にはほとんどしられていません。ていうか「シュフ」自身だって灯台下暗しかも知れませんが……。

　もちろん現在では家庭科が男女ともに必修になりましたから，「家事」についての理解はだいぶ深まっているのでしょうが，それでもまだ社会全体で見れば「家事」および，それに従事する「シュフ」への理解は進んでいません。その結果，男女間でのさまざまな誤解や衝突が生まれ，本来家族が癒されるべき場所である「家庭」の居心地を悪くしてしまっているケースも多々あります。

　これは「家事」についての情報が乏しく，さらにその情報をお互いが共有していないことが大きな原因のひとつだと思います。それではなぜ「シュフ（＝多くは女性）」と「非シュフ（＝多くは男性）」の間で情報の共有が不足してしまうのか？　その理由はきっとこのふたつに尽きるでしょう。

　「家事なんて仕事より楽に決まってんだろう」と，非シュフが思っていること。
それと，**「家事のことなんて相談したってしょうがない」**と，シュフがあきらめていること。
これが大きな間違いなんです。
家事は仕事に比べて全然楽じゃないし，きちんと話さなければ理解してもらえません。 （中略）
僕は「主夫芸人」です。文字通り，「主夫」であり「芸人」。どっちがメインかと言えば「主夫」ですが，「芸人」である僕も僕だし，「主夫」である僕も，やっぱり僕なんです。（中略）

　人間という生きもののなかにはさまざまなチャネルが存在し，それをTPOに合わせて選局することで，トータルの「自分」という像を結んでいる，僕はそんな風に思うんです。

　だから，専業「シュフ」がいる家庭だろうが，共働きの家庭だろうが，あるいは単身者だろうが，そこで生活するすべての人が，自分のなかに「シュフ」というチャネルを持つことはとても自然なことですし，この本が自分のなかの「シュフ」というチャネルについて考えるきっかけになってくれれば，それ以上の幸せはありません。

（主夫芸人・中村シュフ『主夫になってはじめてわかった主婦のこと』猿江商會）

◆中村シュフ
お笑い芸人を経て，パートで芸人活動をし，「主夫芸人」を名乗る。娘が2人。

家族・家庭の働き

多様性を受け入れる

「家族」についての考え方は，長い間「夫・妻・子どもを中心に居住や生計をともにし，共通の家族意識をもっている血縁的集団」とされてきた。

しかし，価値観やライフスタイルが多様化し，実際には，単身赴任や下宿などのために居住をともにしていない場合や，養子や里子のように血縁関係のないもので構成する場合もあり，婚姻届を出さないでともに暮らす家族もあれば，同性のものどうしでともに暮らす家族など，家族形態はさまざまである。

現在では，「長期間にわたって経済的なつながりをもち，お互いに愛情をもって支え合う関係」であれば「家族」とみなされている。

事実婚 婚姻届を出さないでともに暮らす。

ディンクス 共働きで子どもをもたない。
(Double Income No Kidsの略)

デュークス 共働きで子どもをもち，2人で子育てをする。
(Double Employed With Kidsの略)

オンデマンド婚 互いの仕事やライフスタイルを尊重し別居するが，必要なときに会う。

パラサイト・シングル 働いて経済力があるが，親と同居して暮らす独身者。

ステップファミリー 夫，妻の一方または両方が，子ども連れで結婚した家族など。

シングル・ペアレント 1人で子どもを育てる母親または父親。

同性婚 同性のものどうしが支え合いながらともに暮らす。

パートナーシップ条例とは

東京都渋谷区で，同性カップルを結婚に相当する関係と認め，「パートナーシップ証明書」を発行するための条例が2015年3月に可決・成立し，11月から証明書の発行が始まった。自治体が同性をパートナーとして証明する全国初の条例である。偏見や差別を解消し，多様性が尊重され，多様な生き方が選択できるような社会が求められている。「LGBT」は，レズビアン（女性同性愛者），ゲイ（男性同性愛者），バイセクシュアル（両性愛者），トランスジェンダー（性転換者）の頭文字を取った，性的少数者の総称。クエスチョニング（決まっていない）またはクイアを加えてLGBTQとあらわすこともある。LGBTの権利を保障する動きは，ドイツやイギリス，フランスなど，世界でも急速に広がっている。

1 家庭の役割

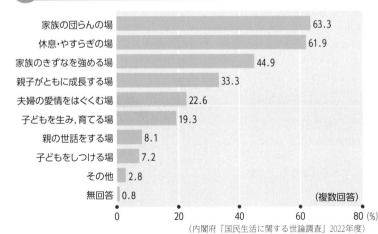

家族の団らんの場	63.3
休息・やすらぎの場	61.9
家族のきずなを強める場	44.9
親子がともに成長する場	33.3
夫婦の愛情をはぐくむ場	22.6
子どもを生み，育てる場	19.3
親の世話をする場	8.1
子どもをしつける場	7.2
その他	2.8
無回答	0.8

（複数回答）
（内閣府「国民生活に関する世論調査」2022年度）

2 高校生が大切にしたいこと

● 「仕事」・「家庭・家族」・「プライベート」の優先順位

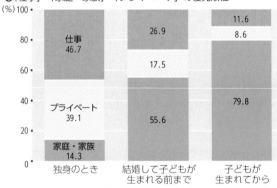

	独身のとき	結婚して子どもが生まれる前まで	子どもが生まれてから
仕事	46.7	26.9	11.6
プライベート	39.1	17.5	8.6
家庭・家族	14.3	55.6	79.8

（「高校生価値意識調査2018」リクルート進学総研調べ）

現代の日本は，物質的に多くの人が豊かになったが，社会は競争的になり，ストレスや孤独感を感じる人も多くなっている。こうした社会の変化が，家族・家庭の愛情機能への期待を高めることとなった。家族の団らん，休息・やすらぎなど，家族・家庭でしか果たすことのできない機能の重みが増してきている。

ほかにも，家族・家庭の大きな機能の1つとして，子どもを生み，愛情をもって育てる機能がある。子育て支援などのサポートを充実させることで，父親も母親もゆとりある育児ができ，子どもに十分な愛情をそそぐことができる社会の実現が期待されている。

結婚して子どもが生まれてからは，「家庭・家族」を大切にしたい高校生が80％で，「仕事」の12％の約7倍となっていますね。

インフォメーション 婚活とは▶「結婚活動」の略語である。将来の結婚相手との出会いを求めておこなわれるさまざまな活動をいう。就職活動を「就活」というのにならって用いられていることばである。

3 世帯の状況

世帯数および1世帯あたり人員の推移

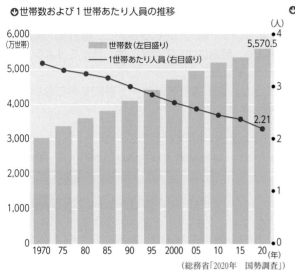

■ 世帯数（左目盛り）
— 1世帯あたり人員（右目盛り）

5,570.5
2.21

（総務省「2020年 国勢調査」）

世帯の統計にみる家族構成の推移

世帯数（棒グラフ）　世帯割合（折れ線グラフ）

非親族を含む世帯
核家族世帯
単独世帯
その他の世帯

単独世帯
その他の世帯

ひとり親と未婚の子ども
夫婦と未婚の子ども｝核家族
夫婦のみ

（総務省「2020年 国勢調査」）

※2010年調査からは，2005年調査までの「親族世帯（核家族世帯＋その他の親族世帯）」は「親族のみの世帯（核家族世帯＋核家族以外の世帯）」に，「非親族世帯」は「非親族を含む世帯」に変更された。
※1995，2000，2005年調査については，上記の新分類区分による遡及集計結果を使用した。
※1980，1985，1990年調査については，旧分類区分による数値のため，厳密には接続しない。
※2010年調査以降については，世帯の家族類型「不詳」を含む。割合は，分母から不詳を除いて算出している。

> 単独世帯の割合が増加していますね。

児童の有（児童数）無の年次推移
■1人 ■2人 ■3人以上 ▨児童のいない世帯

	児童のいる世帯			児童のいない世帯
1986(年)	16.3	22.3	7.7	53.8
89	15.5	19.3	6.8	58.3
92	14.0	16.3	6.2	63.6
95	13.5	14.4	5.5	66.7
98	12.6	12.8	4.9	69.8
2001	12.2	12.2	4.3	71.2
04	11.9	12.2	3.8	72.1
07	11.5	11.0	3.5	74.0
10	11.3	10.7	3.3	74.7
13	10.9	10.1	3.2	75.9
16	10.9	9.4	3.1	76.6
19	10.1	8.7	2.8	78.3

※1995年の数値は兵庫県を除いたものである。（厚生労働省「2019年 国民生活基礎調査」）

65歳以上の者の家族形態の年次推移
■単独世帯 ▨夫婦のみの世帯 ■子夫婦と同居 ▨配偶者のいない子と同居
▨その他の親族と同居 ■非親族と同居

	単独世帯	夫婦のみの世帯	子夫婦と同居	配偶者のいない子と同居	その他の親族と同居	非親族と同居
1986(年)	10.1	22.0	46.7	17.6	3.2	0.3
89	11.2	25.5	42.2	17.7	3.1	0.2
92	11.7	27.6	38.7	18.4	3.4	0.3
95	12.6	29.4	35.5	18.9	3.5	0.2
98	13.2	32.3	31.2	19.1	4.0	0.2
2001	13.8	33.8	27.4	21.0	3.8	0.2
04	14.7	36.0	23.6	21.9	3.6	0.2
07	15.7	36.7	19.6	24.0	3.8	0.2
10	16.9	37.2	17.5	24.8	3.6	0.1
13	17.7	38.5	13.9	26.1	3.7	0.1
16	18.6	38.9	11.4	27.0	4.0	0.1
19	19.6	40.4	10.0	26.0	4.0	0.1

※1995年の数値は兵庫県を除いたものである。（厚生労働省「2019年 国民生活基礎調査」）

Column

IoTで暮らしが変わる

「IoT」とは，「Internet of Things」のことで，「モノのインターネット化」を意味する。家電や住宅設備などがインターネットを経由して通信しあうことで，新しい使い方や便利なサービスが生まれ，私たちの暮らしが変わりつつある。たとえば，外出先から給湯器の湯沸かし設定ができる，留守中のペットの様子を確認できる，などである。仕事を終えて夜遅く焦って帰らなくても，遠隔操作でカーテンやシャッターを閉めることができ，部屋の温度調節や風呂の湯沸かしもでき，家に着くころにはちょうどお風呂が沸いているといった状況もかなえられる。また，無線通信機内蔵の電気ポットの使用頻度をモニタリングすることで，離れて暮らす家族の安否がメールで届き，そばにいなくても見守ることができるサービスもある。さらに，「モノ」自身が毎日の生活パターンを学習する機能をもつために，将来的には操作さえいらなくなるかもしれない。

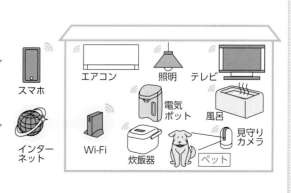

スマホ　エアコン　照明　テレビ
インターネット　Wi-Fi　炊飯器　電気ポット　風呂　見守りカメラ　ペット

小論文 ココが 出題された ▷ AI（人工知能Artificial Intelligence）の普及により，将来，我々の生活はどのように変わると考えられるか。具体的な例を挙げて600字以内で説明せよ。
【石巻専修大学・理工学部】

13

Do action!

未婚化・晩婚化の傾向は増加の一途をたどり，日本の少子化や人口減少に拍車がかかっている。結婚するかしないか，どのような結婚をするのかなどについて，個人の選択が拡大し，自由度が高まっているが，将来結婚するつもりの人も，そうでない人も，結婚について考え，話し合ってみよう。

STEP 1

あなたは，将来の結婚についてどう考えているだろうか。クラスでアンケート調査をおこない，結果をグラフであらわそう。2021年の調査結果と比較しよう。

♥クラスの結果

□いずれ結婚するつもり　□一生結婚するつもりはない　□まだわからない

男子
女子
0　20　40　60　80　100 (%)

♥未婚者の生涯の結婚についての考え方

■いずれ結婚するつもり　⊠一生結婚するつもりはない　□不詳　（2021年調査）

男性	81.4	17.3	1.3
女性	84.3	14.6	1.1

0　20　40　60　80　100 (%)

（国立社会保障・人口問題研究所「第16回 出生動向基本調査」）

STEP 2

多くの未婚者が「いずれ結婚するつもり」と考えているが，下の **資料1** から，50歳時の未婚割合（生涯未婚率），平均初婚年齢は年々上昇していることや，結婚観が変化していることを確認しよう。

資料 1　進む未婚化・晩婚化と結婚観の変化

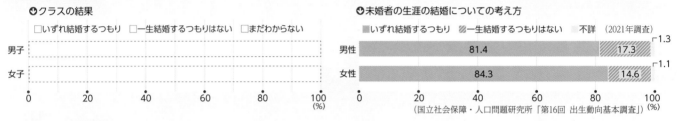

♥年々上昇する未婚率

男性
女性
（国立社会保障・人口問題研究所「2022年 人口統計資料集」ほか）

♥初婚年齢は上昇している

夫　妻
年齢差

（厚生労働省「2021年 人口動態統計」）

♥結婚意思をもつ未婚者の結婚に対する考え方

■ある程度の年齢までには結婚するつもり（2021年調査）
□不詳
⊠理想的な相手が見つかるまでは結婚しなくてもかまわない

男性	49.8	48.6	1.6
女性	46.8	51.7	1.5

0　20　40　60　80　100 (%)

（国立社会保障・人口問題研究所「第16回 出生動向基本調査」）

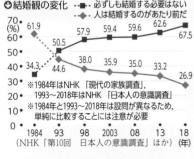

♥結婚観の変化
--■-- 必ずしも結婚する必要はない
--◆-- 人は結婚するのがあたり前だ

※1984年はNHK「現代の家族調査」，
　1993～2018年はNHK「日本人の意識調査」
※1984年と1993～2018年は設問が異なるため，
　単純に比較することには注意が必要

（NHK「第10回 日本人の意識調査」ほか）

時代とともに変化する結婚観

1950年代ごろ	…家規範と「生活維持」
⇩	
高度経済成長期	…夫婦家族志向と「生活向上」
⇩	
現　在	…個の尊重と「生活選好」

♥結婚後に希望するライフコースの変化　（対象：18～34歳未婚者）

--●-- 専業主婦コース　--■-- 再就職コース　--▲-- 両立コース　--■-- DINKS*コース　--◆-- 非婚就業コース

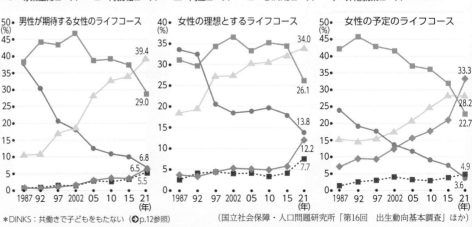

男性が期待する女性のライフコース
女性の理想とするライフコース
女性の予定のライフコース

*DINKS：共働きで子どもをもたない（→p.12参照）

（国立社会保障・人口問題研究所「第16回 出生動向基本調査」ほか）

STEP 3 日本の未婚化・晩婚化の傾向は今後どうなるか予測してみよう。
下の 資料2 を参考に，自分の考えを理由とともにまとめ，隣の人とペアで意見を交換し合おう。

資料2 未婚者の状況

● 恋愛結婚・見合い結婚構成の推移

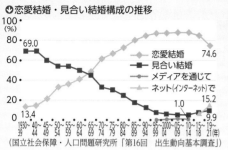

恋愛結婚 74.6
見合い結婚
メディアを通じて 1.0
ネット（インターネット）で 15.2
69.0
13.4
9.9

（国立社会保障・人口問題研究所「第16回　出生動向基本調査」）

● 未婚者の異性との交際の状況

〈男性〉不詳6.7%
〈女性〉不詳8.0%
（2021年調査）

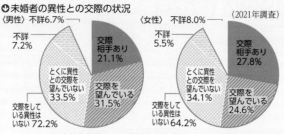

（国立社会保障・人口問題研究所「第16回　出生動向基本調査」）

現在の結婚の約75%が恋愛結婚，約15%がネットでの出会いになっており，異性との交際は結婚相手をみつけるうえでの前提となっていますが，交際相手や交際の意思をもたない未婚者も多いですね。

● 交際相手をもたない20代・30代男女の
異性と交際するうえでの不安

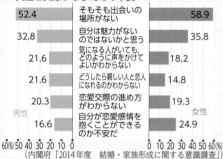

	男性		女性
そもそも出会いの場所がない	52.4		58.9
自分は魅力がないのではないかと思う	32.8		35.8
気になる人がいても，どのように声をかけてよいかわからない	21.6		18.2
どうしたら親しい人と恋人になれるのかわからない	21.6		14.8
恋愛交際の進め方がわからない	20.3		19.3
自分が恋愛感情を抱くことができるのか不安だ	16.6		24.9

（内閣府「2014年度　結婚・家族形成に関する意識調査」）

＜あなたの考え＞ 日本の未婚化・晩婚化の傾向は（今後も進む・今後は抑制される）。

その理由は，

＜隣の人の考え＞ 日本の未婚化・晩婚化の傾向は（今後も進む・今後は抑制される）。

その理由は，

STEP 4 結婚意思をもっている若者が結婚を実現できるようにするにはどうしたらよいだろうか。 資料3・資料4
を参考に，自分自身が準備できること，国・行政にできることなどを考え，クラスで意見を交換し合おう。

資料3 結婚しない理由

● 「いずれ結婚するつもり」と回答した未婚者が独身にとどまっている理由

〈男性〉
（2021年調査）

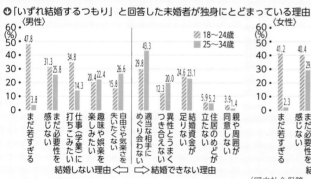

〈女性〉

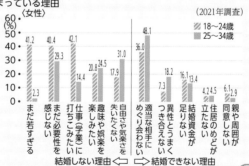

← 結婚しない理由　　結婚できない理由 →

（国立社会保障・人口問題研究所「第16回　出生動向基本調査」）

18〜24歳の年齢層では，「（結婚するには）まだ若すぎる」，「まだ必要性を感じない」「仕事（学業）に打ちこみたい」など，「結婚しない理由」が多くあげられている。

一方，25〜34歳の年齢層になると，「適当な相手にめぐり会わない」を中心に，「結婚できない理由」へ重心が移る。

しかし，この年齢層でも「自由さや気楽さを失いたくない」，「まだ必要性を感じない」と考える未婚者は多い。

結婚にはある程度の資金が必要であることがわかります。

資料4 男性の雇用形態別婚姻状況

● 年齢別・雇用形態別にみた男性の有配偶率の比較

正規雇用の労働者
非正規雇用の労働者

	15〜19歳	20〜24歳	25〜29歳	30〜34歳	15〜34歳計
正規雇用	2.4	8.3	30.5	59.0	37.4
非正規雇用	1.4	2.8	12.5	22.3	8.6

（総務省「2017年　就業構造基本調査」）

意見交換のまとめ

6 家族に関する法律

民法（家族法）改正の動きを見てみよう

近年，人々の生き方や価値観の変化，家族の多様化にともなって，家族法部分に関する民法改正を求める声がある。

●婚姻適齢と成年年齢

2018年6月，成年年齢を18歳（p.6参照），婚姻適齢を男女とも18歳とする改正案が成立した（2022年4月施行）。

●選択的夫婦別姓制度の導入

夫婦同姓か夫婦別姓かを選択可能にしてはどうか議論が続いている。

＊女性の離婚後100日の再婚禁止期間を撤廃，再婚後に生まれた子は離婚後300日以内でも再婚後の夫の子とする改正民法が可決，成立した（2024年4月施行）。

	明治民法 1898（明治31）年施行	現行民法 1948（昭和23）年施行	改正試案 1996（平成8）年試案
家	「家」制度があり，「家」の存続が優先。戸主（家父長）の権限が大きい家父長制。	「家」や戸主の制度を廃止。夫と妻は個人として尊重しあい，協力して家庭を維持する。	
婚姻	男30歳・女25歳までは双方の戸主の合意が必要。妻は夫の家にはいり，夫（家）の姓を称する。	18歳になれば，両性の合意だけで成立。夫婦同姓。	夫と妻で同姓か別姓かを選択する。結婚するときに子の姓を選択する。
離婚	裁判離婚は男性優位で，不貞については男女不平等。	不貞，悪意の遺棄，3年以上の生死不明，強度の精神病，婚姻を継続しがたい重大な事由。	「5年以上の別居」を離婚原因として加え，精神病を削除する。
親権	親権は父親のみ。父親がいない場合のみ母親が行使できる。	成年に達しない子は，父母が共同で親権を行使する。	離婚に際しては，父または母と子の面接交流，養育費の分担を決める（2011年改正で追加）。
相続	家を継いだ子どもだけが，一括して遺産相続する。	配偶者が2分の1，子どもたちが残りの2分の1を均等に分割して遺産相続する。	嫡出子も嫡出でない子も，相続分は同等にする（2013年改正で，嫡出でない子の相続分を嫡出子の2分の1とする規定は削除）。

1 暮らしと法律のかかわり

生きる

日本国憲法

第11条〔基本的人権の享有〕 国民は，すべての基本的人権の享有を妨げられない。この憲法が国民に保障する基本的人権は，侵すことのできない永久の権利として，現在及び将来の国民に与へられる。

第13条〔個人の尊重・幸福追求権・公共の福祉〕 すべて国民は，個人として尊重される。生命，自由及び幸福追求に対する国民の権利については，公共の福祉に反しない限り，立法その他の国政の上で，最大の尊重を必要とする。

第14条〔法の下の平等〕 すべて国民は，法の下に平等であつて，人種，信条，性別，社会的身分又は門地により，政治的，経済的又は社会的関係において，差別されない。

第25条〔生存権，国の社会的使命〕 すべて国民は，健康で文化的な最低限度の生活を営む権利を有する。

② 国は，すべての生活部面について，社会福祉，社会保障及び公衆衛生の向上及び増進に努めなければならない。

学び育つ

日本国憲法

第26条〔教育を受ける権利，教育の義務〕 すべて国民は，法律の定めるところにより，その能力に応じて，ひとしく教育を受ける権利を有する。

② すべて国民は，法律の定めるところにより，その保護する子女に普通教育を受けさせる義務を負ふ。義務教育は，これを無償とする。

教育基本法

第4条〔教育の機会均等〕 すべて国民は，ひとしく，その能力に応じた教育を受ける機会を与えられなければならず，人種，信条，性別，社会的身分，経済的地位又は門地によって，教育上差別されない。

学校教育法

第16条 保護者…は，…子に9年の普通教育を受けさせる義務を負う。

働く

日本国憲法

第27条〔勤労の権利及び義務〕 すべて国民は，勤労の権利を有し，義務を負ふ。

第30条〔納税の義務〕 国民は，法律の定めるところにより，納税の義務を負ふ。

労働基準法

第56条〔最低年齢〕 使用者は，児童が満15歳に達した日以後の最初の3月31日が終了するまで，これを使用してはならない。

第61条〔深夜業〕 使用者は，満18才に満たない者を午後10時から午前5時までの間において使用してはならない。…

結婚する

日本国憲法

第24条〔家族生活における個人の尊厳と両性の平等〕 婚姻は，両性の合意のみに基いて成立し，夫婦が同等の権利を有することを基本として，相互の協力により，維持されなければならない。

民法

第4条〔成年〕 年齢18歳をもって，成年とする。

第731条〔婚姻適齢〕 婚姻は，18歳にならなければ，することができない。

第732条〔重婚の禁止〕 配偶者のある者は，重ねて婚姻をすることができない。

第733条〔再婚禁止期間〕 女は，前婚の解消又は取消しの日から100日を経過した後でなければ，再婚をすることができない。

第734条〔近親者間の婚姻の禁止〕 直系血族又は3親等内の傍系血族の間では，婚姻をすることができない。…

 インフォメーション 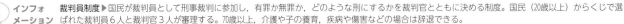 裁判員制度▶国民が裁判員として刑事裁判に参加し，有罪か無罪か，どのような刑にするかを裁判官とともに決める制度。国民（20歳以上）からくじで選ばれた裁判員6人と裁判官3人が審理する。70歳以上，介護や子の養育，疾病や傷害などの場合は辞退できる。

※婚姻届，出生届，離婚届とも，2021年9月より押印義務は廃止され，届出人の意向で任意の押印可能となった。

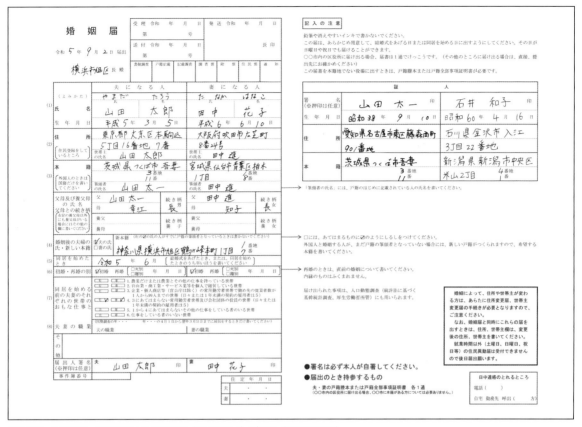

⬆婚姻届　届出には，成年の証人2名の署名（口頭でも可）が必要（民法第739条）。

⬆出生届　届出には，医師や助産師などによる出生証明が必要
　　　　（戸籍法第49条3項）。

⬆離婚届　届出には，成年の証人2名の署名（口頭でも可）が必要
　　　　（協議離婚のときのみ）（民法第764条（第739条を準用））。

折込②

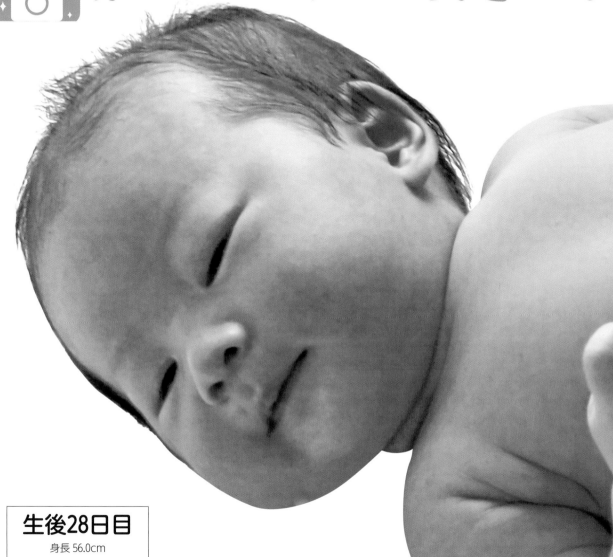

赤ちゃんの大きさを実感しよう

生後28日目

身長 56.0cm
体重 4,940g

新生児の 1日の過ごし方

生まれたばかりの赤ちゃんは、1日のほとんどを眠って過ごし、授乳によって栄養を補給している。
　新生児期は昼と夜の区別はなく、2〜3 時間おきに睡眠、授乳を繰り返し、排せつも頻繁におこなう。

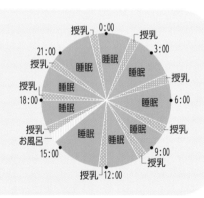

授乳 0:00
授乳
21:00 3:00
授乳
睡眠 睡眠
授乳 睡眠
18:00 睡眠 授乳
睡眠 6:00
睡眠 睡眠
授乳 睡眠 睡眠 授乳
お風呂
15:00 9:00
授乳
授乳 12:00

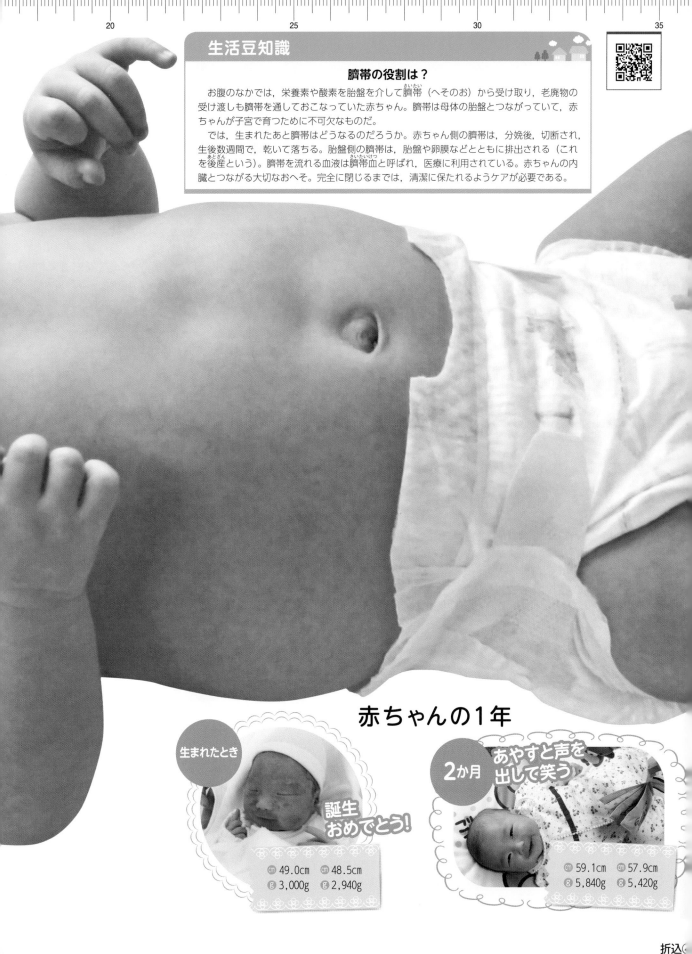

生活豆知識

臍帯の役割は？

　お腹のなかでは，栄養素や酸素を胎盤を介して臍帯（へそのお）から受け取り，老廃物の受け渡しも臍帯を通しておこなっていた赤ちゃん。臍帯は母体の胎盤とつながっていて，赤ちゃんが子宮で育つために不可欠なものだ。

　では，生まれたあと臍帯はどうなるのだろうか。赤ちゃん側の臍帯は，分娩後，切断され，生後数週間で，乾いて落ちる。胎盤側の臍帯は，胎盤や卵膜などとともに排出される（これを後産という）。臍帯を流れる血液は臍帯血と呼ばれ，医療に利用されている。赤ちゃんの内臓とつながる大切なおへそ。完全に閉じるまでは，清潔に保たれるようケアが必要である。

赤ちゃんの1年

生まれたとき

誕生おめでとう！

㎝ 49.0cm	㎝ 48.5cm
ℊ 3,000g	ℊ 2,940g

2か月　あやすと声を出して笑う

㎝ 59.1cm	㎝ 57.9cm
ℊ 5,840g	ℊ 5,420g

折込❶

第750条〔夫婦の氏〕 夫婦は，婚姻の際に定めるところに従い，夫又は妻の氏を称する。

戸籍法

第25条 届出は，届出事件の本人の本籍地又は届出人の所在地でこれをしなければならない。

第74条 婚姻をしようとする者は，左の事項を届書に記載して，その旨を届け出なければならない。

1 夫婦が称する氏
2 その他法務省令で定める事項

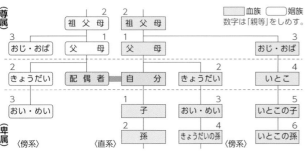
↓ 親族と親等

> 「民法」とは，家族など私人についての社会的・経済的な生活に関して定めた法律。5つの編から構成され，1000以上の条文からなり，親族・婚姻・親子関係など家族とのかかわりが深い第4編と5編は，あわせて「家族法」と呼ばれています。

子どもを生む

戸籍法

第49条 出生の届出は，14日以内（国外で出生があったときは，3か月以内）にこれをしなければならない。

労働基準法

第65条〔産前産後〕 使用者は，6週間（多胎妊娠の場合にあっては，14週間）以内に出産する予定の女性が休業を請求した場合においては，その者を就業させてはならない。

第66条 ② 使用者は，妊産婦が請求した場合においては……時間外労働をさせてはならず，又は休日に労働させてはならない。

③ 使用者は，妊産婦が請求した場合においては，深夜業をさせてはならない。

育児・介護休業法

第5条〔育児休業の申出〕 労働者は，その養育する1歳に満たない子について，その事業主に申し出ることにより，育児休業をすることができる。

第10条〔不利益取扱いの禁止〕 事業主は，労働者が育児休業申出をし，又は育児休業をしたことを理由として，当該労働者に対して解雇その他不利益な取扱いをしてはならない。

扶養する・相続する

民法

第877条〔扶養義務者〕 直系血族及び兄弟姉妹は，互いに扶養をする義務がある。

第878条〔扶養の順位〕 扶養をする義務のある者が数人ある場合において，扶養をすべき者の順序について，当事者間に協議が調わないとき，又は協議をすることができないときは，家庭裁判所が，これを定める。…

第882条〔相続開始の原因〕 相続は，死亡によって開始する。

第886条〔相続に関する胎児の権利能力〕 胎児は，相続については，既に生まれたものとみなす。

戸籍法

第86条 死亡の届出は，届出義務者が，死亡の事実を知った日から7日以内（国外で死亡があったときは，その事実を知った日から3か月以内）に，これをしなければならない。

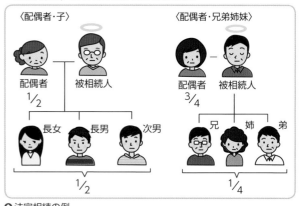

〈配偶者・子〉　〈配偶者・兄弟姉妹〉

配偶者 1/2　被相続人　配偶者 3/4　被相続人

長女　長男　次男　兄　姉　弟

1/2　1/4

↑ 法定相続の例

Column

DV防止法（配偶者からの暴力の防止及び被害者の保護等に関する法律）

　DVとは，ドメスティック・バイオレンス（Domestic Violence）の略で，配偶者など親密な関係にある（あった）者に対して脅迫，身体的・性的・心理的な暴力を繰り返すことである。このDVの防止と被害者の保護をはかるために，DV防止法が2001年に施行された。恋人どうしで起きる場合は特に「デートDV」と呼ばれ，ことばや態度で精神的に追いつめる，性的強要などの被害が増えている。2013年の改正で，同居する恋人間の暴力も保護命令の適用対象とされた。

DV防止法のポイント
❶身体的暴力だけでなく，精神的・性的暴力などについても含める。
❷裁判所は，加害者に対して住居退去（2か月間），接近禁止（6か月間）の命令を出せる。
❸配偶者だけでなく，事実婚，離婚後の元配偶者，同居の恋人も法律の対象とする。
❹接近禁止などの保護対象に，配偶者，元配偶者のほか，被害者と同居の子どもも含む。
❺「配偶者暴力相談支援センター」を市町村が設置し，相談・支援する。

16 平和と公正をすべての人に

↑ ドメスティック・バイオレンス

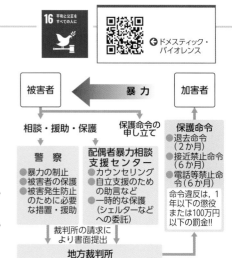

被害者　←暴力　加害者

相談・援助・保護　保護命令の申し立て　保護命令
退去命令（2か月）
接近禁止命令（6か月）
電話等禁止命令（6か月）
命令違反は，1年以下の懲役または100万円以下の罰金!!

警察
●暴力の制止
●被害者の保護
●被害発生防止のために必要な措置・援助

配偶者暴力相談支援センター
●カウンセリング
●自立支援のための助言など
●一時的な保護（シェルターなどへの委託）

裁判所の請求により書面提出

地方裁判所

小論文 ココが 出題された　「選択的夫婦別姓制」の導入に対するあなた自身の考えとその根拠を600字以内で述べよ。【島根県立大学・総合政策学部・総合政策学科】

折込①

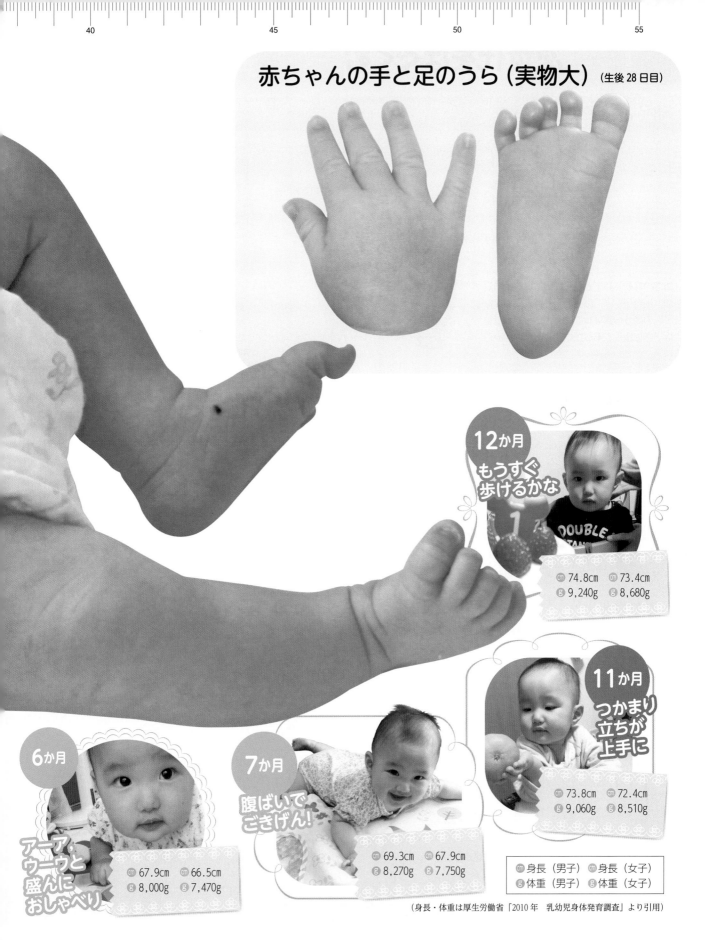

赤ちゃんの手と足のうら（実物大）（生後 28 日目）

12か月
もうすぐ
歩けるかな

| 🔵 74.8cm | 🔴 73.4cm |
| 🔵 9,240g | 🔴 8,680g |

11か月
つかまり
立ちが
上手に

| 🔵 73.8cm | 🔴 72.4cm |
| 🔵 9,060g | 🔴 8,510g |

6か月
アーア、
ウーウと
盛んに
おしゃべり

| 🔵 67.9cm | 🔴 66.5cm |
| 🔵 8,000g | 🔴 7,470g |

7か月
腹ばいで
ごきげん!

| 🔵 69.3cm | 🔴 67.9cm |
| 🔵 8,270g | 🔴 7,750g |

| 🔵 身長（男子） | 🔴 身長（女子） |
| 🔵 体重（男子） | 🔴 体重（女子） |

（身長・体重は厚生労働省「2010年　乳幼児身体発育調査」より引用）

次世代をはぐくむ

卵子と精子の出あい

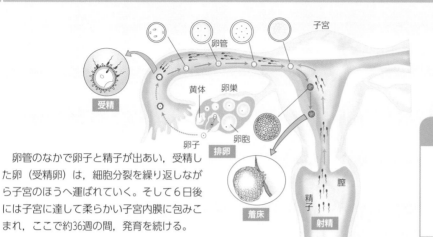

妊娠するとどうなる？
❶月経が止まる。
❷基礎体温が上昇する。
❸乳房がはり，乳頭が痛む。
❹つわり症状がでることが多い。
❺食物の嗜好が変化する。

卵管のなかで卵子と精子が出あい，受精した卵（受精卵）は，細胞分裂を繰り返しながら子宮のほうへ運ばれていく。そして6日後には子宮に達して柔らかい子宮内膜に包みこまれ，ここで約36週の間，発育を続ける。

生活豆知識

妊娠検査
・尿検査で妊娠しているかどうか判定する。
・検査が早すぎると，反応が出なかったり，子宮外妊娠などの異常をチェックすることができない。
※必ず産婦人科を受診し，定期健診を受ける。

1 男女の生殖器

◉女性の生殖器

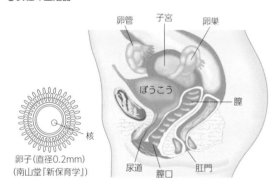

卵子（直径0.2mm）
（南山堂『新保育学』）

女性の卵巣では，約1か月の周期で卵子が成熟し，排卵される。

◉男性の生殖器

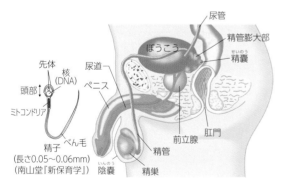

精子
（長さ0.05～0.06mm）
（南山堂『新保育学』）

男性の精巣では精子がつくられ，蓄えられる。

※卵子の寿命は約24時間，精子の寿命は約72時間といわれる（日本生殖医学会）

2 女性の月経周期

●**女性の卵巣および子宮内**…およそ1か月でひと回りする周期的な変化がみられる。
・卵胞が成熟して排卵が起こると，黄体が形成され，子宮内膜が発達する。
・排卵された卵子が精子と合体して受精卵となる。
・受精卵が，子宮内膜の肥厚した部分に着床すると，黄体は衰えず子宮内膜が維持される。
・着床しないとき（妊娠しないとき）は，黄体が退化し，厚くなった子宮内膜ははがれ，血液とともに排出される（月経）。
●**基礎体温**…運動や食事をしていない安静状態の体温（基礎代謝の温度）をいう。
・毎朝起床前の体温を測定する。月経周期の後半は，前半よりも0.5℃ほど基礎体温が上がる。妊娠したときには，体温は下がらず高いまま維持される。
・基礎体温の変化だけから，排卵日を特定することは難しい。

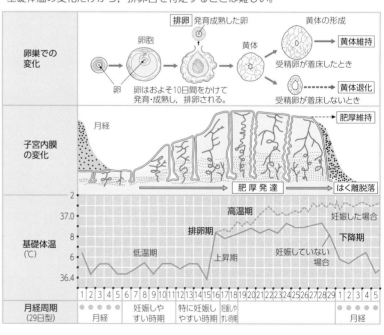

ⓘ **インフォメーション** **赤ちゃんポスト**▶熊本に，親が育てられない赤ちゃんを匿名で預け入れる赤ちゃんポストが設置されて10年以上経つが，捨てられる命を救う，安易な育児放棄を助長するなど賛否が分かれている。神戸市は，匿名でなく助産師が親と対面して赤ちゃんを受け入れる面談型での運用を開始した。

③ 避妊の方法

種類		方法
子宮への精子の侵入阻止	コンドーム	・薄いゴムでできた袋をペニスにかぶせ，精子が膣内にはいるのを防ぐ方法。
	IUD（避妊リング）	・子宮内に受精卵が着床できないようにするために，医師の手でリングを入れる方法。
	ペッサリー	・子宮口に円形の薄い膜状のゴムキャップをつけて，子宮への精子の侵入を防ぐ方法。
	殺精子剤	・精子を殺す錠剤・ゼリー・フィルムなどを女性の膣内に入れる方法。
ピル（経口避妊薬）		・人工的に女性ホルモンを投与することで擬似妊娠状態にし，卵の発育と排卵を抑制する方法。医師の処方が必要。

⑤ 10代の妊娠と出産

　思春期の女性の子宮はまだ十分に成長しておらず，成人女性の３分の２くらいしかない。そのため，胎児は成長しにくく，低体重のまま早産することが多い。

　赤ちゃんは１人では育たない。妊娠中から出産時，育児中も多くの人の支えが必要である。男女が愛するということは，互いに相手の体も心も大切にすることであり，性の欲求のまま行動することは，しばしば相手を傷つける結果に終わる。

「赤ちゃんポスト」（p.18インフォメーション参照）について，意見交換してみよう。

母の年齢別の低出生体重児の割合（単産）

年齢（歳）	出生数	2,500g 未満の出生数	割合
〜19	4,518	407	9.0
20〜24	52,148	3,997	7.7
25〜29	198,696	14,774	7.4
30〜34	273,208	20,965	7.7
35〜39	178,700	15,756	8.8

（厚生労働省「2022年人口動態統計」）

妊娠中絶の年次推移

年次（年）	総数（件）	20歳未満（件）
1955	1,170,143	14,475
70	732,033	14,314
80	598,084	19,048
90	456,797	32,431
2000	341,146	44,477
10	212,694	20,357
15	176,388	16,113
16	168,015	14,666
17	164,621	14,128
18	161,741	13,588
19	156,429	12,677
20	141,433	10,271
21	126,174	9,093

（厚生労働省「2021年度衛生行政報告例」ほか）

④ 性感染症のいろいろ

性感染症とは？　セックスなどの性的接触によって感染する病気をいう。梅毒や淋病は古くから知られているが，最近では，クラミジア感染症，性器ヘルペス，トリコモナス症，尖圭コンジローマなどさまざまな感染症が広がっている。これらに感染すると，子どもができなくなったり，生まれる子どもに感染したり，ときには感染者自身が死に至ることもある。

　性感染症は治療で治せるものも多い。感染したままほうっておくと，性器の内部に病気が広がり，さらに性器以外の部分にも進行することがあるため，恥ずかしがらずに医師の診断を受けることが大切である。

おもな性感染症

疾病名	症状
梅毒	赤い腫れ→全身倦怠・赤い発疹→10〜30年内に心臓・血管・脳がおかされる。
淋病	排尿時痛・膿尿，徐々に広がって不妊原因になることも。
クラミジア感染症	排尿時痛・かゆみ，帯下・下腹部痛。不妊原因になることも。
性器ヘルペス	かゆみ・不快感のち水ぶくれができ，激痛をともなう。
尖圭コンジローマ	性器・肛門周囲などにイボ。
カンジダ膣炎	外陰部のかゆみと帯下。
後天性免疫不全症候群	発熱・頭痛→10年潜伏期を経て発症。免疫不全が進行し，感染症・悪性リンパ腫などで死亡。

AIDS患者＋HIV感染者の新規報告件数

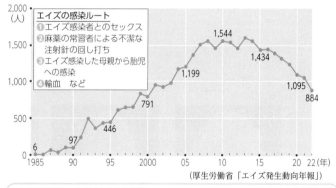

エイズの感染ルート
①エイズ感染者とのセックス
②麻薬の常習者による不潔な注射針の回し打ち
③エイズ感染した母親から胎児への感染
④輸血　など

（厚生労働省「エイズ発生動向年報」）

血液製剤によるHIV感染
血友病の治療に使う血液製剤にHIVが含まれていたため，治療を受けた血友病の人たちに感染し，社会問題となった。現在は，血液製剤にHIVが含まれることはない。

Column

子どもがほしいけれどもできない

　国立社会保障・人口問題研究所の2015年の報告によると，夫婦の理想子ども数は2.32人なのに対し，予定子ども数は2.01人にとどまっている。理想子ども数をもてない理由として，「ほしいけれどもできないから」が23.5％であった。また，不妊を心配したことがある夫婦の割合は全体の35.0％で，子どものいない夫婦では55.2％であった。実際に不妊の検査や治療を受けたことがある夫婦の割合は全体の18.2％，子どものいない夫婦では28.2％である。日本の夫婦の３〜４組に１組が，不妊を心配したことがあり，５〜６組に１組が，実際に不妊の検査や治療を受けたことがあるということになる。

　不妊の原因はさまざまで，女性側だけでなく，男性側，男女の両方に原因がある場合もあり，約半数は男性にも原因があることになる。不妊の検査は夫婦ともに受ける必要があるといえる。

不妊についての心配と治療経験　（2015年調査）

■心配したことはない　　心配したことがある　　不詳

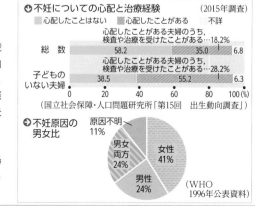

| 総数 | 58.2 | 35.0 | 6.8 |
心配したことがある夫婦のうち，検査や治療を受けたことがある…18.2％

| 子どものいない夫婦 | 38.5 | 55.2 | 6.3 |
心配したことがある夫婦のうち，検査や治療を受けたことがある…28.2％

（国立社会保障・人口問題研究所「第15回　出生動向調査」）

不妊原因の男女比

原因不明 11％
男女両方 24％
女性 41％
男性 24％

（WHO 1996年公表資料）

生活総合問題ワードブック　pregnancy（妊娠），infant（赤ちゃん），maternal and child health handbook（母子健康手帳），labor pain（陣痛），weaning（離乳），baby food（離乳食），nursery school（保育所），kindergarten（幼稚園），child abuse（児童虐待），child poverty（子どもの貧困）

19

命のはじまり

欠かせない周囲の協力

　妊娠中の習慣的なアルコール摂取は，血液を通じて胎児に達し，発育障害などの影響があらわれることがある。これを胎児性アルコール症候群というが，妊婦が飲酒しないことで予防できる。妊婦自身の自覚とともに，周囲の理解と協力も必要である。

　また，妊婦の喫煙は，毛細血管を収縮させ胎盤への血行を妨げるため，胎児の発育が阻害される。そのため低出生体重児となる可能性が高くなる。出生体重が少ないと出生後の健康状態に影響するだけでなく，妊婦の喫煙は，早産・自然流産・周産期死亡の危険性を高めることにもなる。妊娠中の喫煙はやめるとともに，受動喫煙（喫煙しない人が周りの人のたばこの煙を吸うこと）も喫煙と同様の悪影響をおよぼすため，周りの人も喫煙を控える。

　飲酒・喫煙は，習慣化するとなかなか断ち切るのが難しい。男女とも，親となる可能性をもっていることを自覚し，日ごろから，飲酒・喫煙を習慣化しないよう心がけるようにしたい。

Do action!

このグラフから読み取れる内容をもとに，妊娠中の周囲の協力について話し合ってみよう。

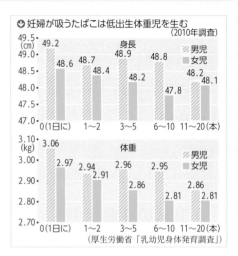
◆妊婦が吸うたばこは低出生体重児を生む
（2010年調査）

身長
	0（1日に）	1〜2	3〜5	6〜10	11〜20（本）
男児 (cm)	49.2	48.7	48.9	48.8	48.2
女児 (cm)	48.6	48.4	48.2	47.8	48.1

体重
	0（1日に）	1〜2	3〜5	6〜10	11〜20（本）
男児 (kg)	3.06	2.94	2.96	2.95	2.86
女児 (kg)	2.97	2.91	2.86	2.81	2.81

（厚生労働省「乳幼児身体発育調査」）

1　胎児の発育と母体の変化

◆胎児の成長　◆赤ちゃんの誕生

妊娠時期	妊娠初期				
妊娠週数（月数）	0〜3週（1か月）	4〜7週（2か月）	8〜11週（3か月）	12〜15週（4か月）	16〜19週（5か月）
胎児の発育状態	脊椎と神経系，血管系などの基礎完成。心臓の拍動開始。	脳，心臓の基礎が形成される。	内臓ができはじめ，血液循環がはじまる。手足の指も識別できる。	内臓がほぼ完成し，全身運動がみられる。	骨格ができ，耳・鼻・口の形が整う。手足の動きが活発になる。乳歯の芽ができる。
身長	約0.7cm	約2.5cm	約8cm	約15〜18cm	約25cm
体重	約1g	約4g	約20g	約120g	約300g
母体の状態		4週	9週	14週	18週
母体の変化と健康管理	基礎体温の上昇が約2週間続く。妊娠の自覚症状はない。	乳頭などの色が濃くなる。つわりがあらわれ，体がだるくなることが多い。妊娠の診断を受ける。胎児の脳の発達の妨げになる飲酒・喫煙は絶対に避ける。	乳房が張る。子宮が膀胱を圧迫するので，排尿回数が増える。つわりが起きたときには，栄養不足・脱水症状に注意。流産しやすい時期なので，無理はしない。	胎盤がほぼ完成。つわりはほとんどなくなり，食欲が出てくる。薬の服用・X線検査・ウイルスの感染に注意する。	臍帯が完成し，食欲が進む。体重が増える。胎動がわずかに感じられる。胎盤が完成するので，流産のおそれはなくなる。腹帯をして，お腹を保温し胎児を安定させる。

（母体の状態欄）みぞおち／おへそ／恥骨上縁

ｉ インフォメーション　マタニティブルーとは？▶出産後，母体が妊娠前の状態に戻るまでの6〜7週間を産じょく期といい，産じょく期の女性がかかる一過性の抑うつ状態をマタニティブルーという。出産後約10日くらいまでに起こり，気分が沈んだり不安になったりする。

② 妊婦健診と出産にかかる費用

妊娠に気づいたら必ず，産婦人科で診断を受け，出産まで定期健診を受ける（4週に1回，7か月目からは2週に1回，10か月にはいれば毎週）。妊婦健診の内容は，体重測定・血圧検査・尿検査・腹囲測定・心音の確認・貧血や風疹抗体の検査などである。未受診の場合，正確な妊娠週数や胎児の経過が把握できないうえ，感染症などの状況も不明なことから，出産の受け入れ先がみつかりにくい。未受診妊婦がたらい回しにされて死亡した事故を契機に，2009年から妊婦健診14回分が無料となっている（自治体によって異なる）。そのほかにも，安心して妊娠・出産できるようさまざまな制度がある。

- ● **出産育児一時金（健康保険）**
  1児につき50万円
  ※産科医療補償制度の対象外の出産の場合は48.8万円。
- ● **出産手当金（健康保険）**
  産前産後休業期間について，給料の3分の2。
- ● **育児休業給付金（雇用保険）**
  180日目までは給料の67％，それ以後は50％（最長2歳まで延長可能）。

③ 母子健康手帳・父子健康手帳 （⇨p.39「祖父母手帳」参照）

妊娠と診断されたら役場に妊娠届を提出し，母子健康手帳の交付を受ける（無料）。情報提供や必要なサポートを受けることができる。母子健康手帳は，妊娠の経過や出産の状態だけでなく，産後の子どもの健康診査・予防接種など，母と子の状態を一体化して記録できるようになっており，母子保健法にもとづいて交付される。

父親の育児参加をめざして父子健康手帳を配布している自治体もある。パパ手帳，父親ハンドブックなど名称はさまざまである。

画像提供
（公財）母子衛生研究会

妊娠中期		妊娠後期			
20〜23週 （6か月）	24〜27週 （7か月）	28〜31週 （8か月）	32〜35週 （9か月）	36〜39週 （10か月）	40週〜
全身にうぶ毛が生える。手足も完成し，骨格がしっかりしてくる。指しゃぶりもみられる。外耳が完成。	脳が発達し，各種機能をコントロール。内臓も発育。温度感覚が発達。外界で生存可能。	皮下脂肪がしだいに増加。聴覚が完成し，外界の大きな音に全身で反応。	肺機能が整い，かすかな呼吸運動がみられる。皮下脂肪がさらに増加。	内臓・神経系の機能，筋肉が充実。母体の免疫物質が移行。 陣痛…子宮の収縮によるお腹や腰の痛み 分娩…胎児が生まれ出ること 後産…胎盤やへその緒が体外に出ること	誕生
約30cm	約35cm	約40cm	約45cm	約50cm	
約650g	約1,000g	約1,500g	約2,500g	約3,000g	
22週	26週	30週	34週	38週	
体重が増え，腹部のふくらみが目立つようになる。胎動がはっきり感じられる。22週以降は人工妊娠中絶はできない。	子宮が膀胱や腸を圧迫し，頻尿や便秘になりやすい。心音がよく聞こえる。腹部を圧迫しないよう気をつける。貧血に注意する。便秘になりやすいので，食物を工夫する。	胎動が活発になる。妊娠線が出る。妊娠高血圧症候群を起こしやすい。胎児のきらいな騒音に注意する。	子宮が肺を押し上げ，やや息切れするようになる。背中や腰が痛む。お腹が大きくなり日常の動作がしにくくなるので周囲の人は配慮する。	胎児が骨盤内に入り，胃の圧迫がとれる。子宮の軽い収縮がはじまる。動悸・息切れをしやすくなるので注意する。	入院・出産の準備をしておく。

小論文ココが出題された▷ 妊娠中および子育て中の女性の喫煙は胎児や幼児に対する悪影響が懸念される。20歳代，30歳代の女性について，喫煙を防止する方法あるいは禁煙を促す方法を考え，600字以内で説明せよ。【高崎健康福祉大学・健康福祉学部・医療情報学科・改】

子どもの発達

子どもの体の発達

新生児の特徴

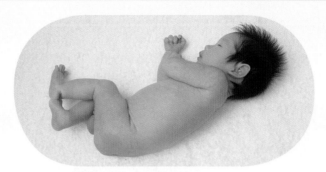

- 身長：約50㎝，体重：約3,000g。排せつ・発汗などにより，一時的に体重が減少する（生理的体重減少）が，生後7〜10日には出生時の体重に戻る。

- お尻や背中に蒙古斑と呼ばれる青いあざがある場合もあるが，10歳ころまでに自然に消える。

- 最初に出るうんちは胎便といい，黒っぽい色をしている。授乳を始めると，次第に黄色っぽい色に変わる。

- 呼吸：40〜50回／1分間，体温：約37度。

- 「寝る→泣く→おっぱいを飲む→おしっこ・うんち→寝る」の繰り返しで，授乳以外のほとんどの時間を寝て過ごす。

- へそのお（臍帯）は，1週間程度で自然に取れる。取れた後は，しばらく消毒をして，乾燥させる。

- 腕をW字型，脚をM字型に曲げ，手は軽く握っている。

- 頭がい骨のつぎ目部分にすき間がある。ひたいの上部のひし形のすき間を大泉門といい，やわらかい部分は，むやみに押してはいけない。普通1歳半ころまでに閉じる。

⮕ **赤ちゃんの頭の骨はすきまがあいている**
出産時に狭い産道に合わせて頭の形を変形させる。

- 臭覚・聴覚・味覚・皮膚感覚は，大人と同じように機能している。視覚も，近くであればぼんやりと見えている。

- 首がすわっていないので，よこだきで首をしっかりと受け止めるようにしてだく。生後4か月ぐらいまでには首がすわる。

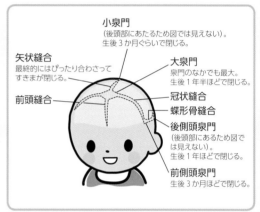

小泉門（後頭部にあたるため図では見えない）。生後3か月ぐらいで閉じる。

矢状縫合 最終的にはぴったり合わさってすきまが閉じる。

前頭縫合

大泉門 泉門のなかでも最大。生後1年半ほどで閉じる。

冠状縫合

蝶形骨縫合

後側頭泉門（後頭部にあるため図では見えない）。生後1年ほどで閉じる。

前側頭泉門 生後3か月ほどで閉じる。

1 子どもの成長と発達——新生児〜11か月児

（実際には個人差が大きいので，ここに示したとおりに成長するとは限らない）

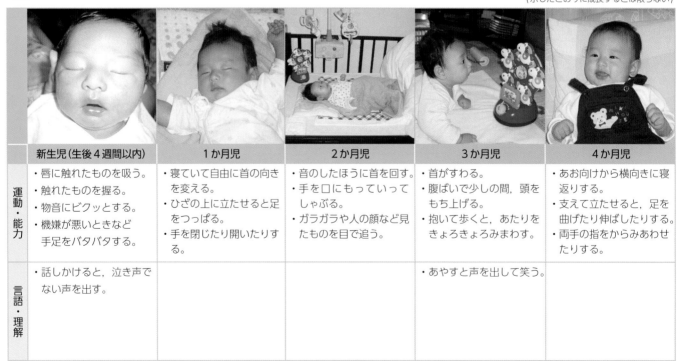

	新生児（生後4週間以内）	1か月児	2か月児	3か月児	4か月児
運動・能力	・唇に触れたものを吸う。 ・触れたものを握る。 ・物音にビクッとする。 ・機嫌が悪いときなど手足をバタバタする。	・寝ていて自由に首の向きを変える。 ・ひざの上に立たせると足をつっぱる。 ・手を閉じたり開いたりする。	・音のしたほうに首を回す。 ・手を口にもっていってしゃぶる。 ・ガラガラや人の顔など見たものを目で追う。	・首がすわる。 ・腹ばいで少しの間，頭をもち上げる。 ・抱いて歩くと，あたりをきょろきょろみまわす。	・あお向けから横向きに寝返りする。 ・支えて立たせると，足を曲げたり伸ばしたりする。 ・両手の指をからみあわせたりする。
言語・理解	・話しかけると，泣き声でない声を出す。			・あやすと声を出して笑う。	

i インフォメーション **乳幼児ゆさぶられ症候群** ▶赤ちゃんが泣きやまず，イライラして前後に激しくゆさぶり続けたために脳内出血，網膜出血，硬膜下血しゅなどの症状が起こることをいう。1歳児までは脳と頭骨のすきまが大きくて脳表面の静脈が切れることもあり，重症になると命を落とす危険もある。

② からだの発達の特徴

胎児・乳幼児は，頭の比重が大きい

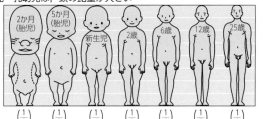

2か月（胎児）	5か月（胎児）	新生児	2歳	6歳	12歳	25歳

（頭身分割）
$\frac{1}{2}$　$\frac{1}{3}$　$\frac{1}{4}$　$\frac{1}{5}$　$\frac{1}{6}$　$\frac{1}{7}$　$\frac{1}{8}$

出生時から青年期までの体重・身長の倍数

生後の月年齢	出生時	3.5か月	1歳	2.5歳	4歳	7歳	10歳	14歳	17歳
出生体重の倍数	1	2	3	4	5	7	10	15	20
出生身長の倍数	1	1.2	1.5	1.8	2.0	2.5	2.8	3.3	3.4

乳幼児の1日あたりの体重増加量

月齢	増加量(g)
1～3か月	25～30
4～6か月	15～20
7～9か月	7～10
10～12か月	約7
1～3年	約6
3～5年	約5

新生児には，原始反射がみられる

反射	刺激	反応	正常な消失
自動歩行	垂直に支えて体を少し前に傾ける	リズミカルに歩く	6週までに消失
モロー反射	大きな音などで刺激する	手足をのばす	6か月までに消失
把握反射	手のひらを圧迫する	握る	4か月までに消失
口唇探索反射	ほおに軽く指を触れる	口をあけて頭を回す	8か月までに消失
吸つき反射	口のなかに指を入れる	吸いつく	12か月までに消失
バビンスキー反射	足の裏の小指側を軽くこする	親指をそらす	幼児期にはほとんど消失

モロー反射

把握反射

乳歯の生える順序

❶ 6～7か月ごろ（下の中切歯）
❷ 6～7か月ごろ（上の中切歯）
❸ 7～9か月ごろ（上の側切歯）
❹ 7～9か月ごろ（下の側切歯）

❺ 1歳～1歳2か月ごろ（第一乳臼歯）
❻ 1歳6か月ごろ（犬歯）
❼ 2歳ごろ（第二乳臼歯）

> 子どもの発達には個人差があり，平均値を気にし過ぎたり，ほかの子と比べることには意味がないと知っておこう！

乳児の胃は消化力が弱い

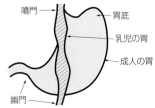

噴門　胃底　乳児の胃　成人の胃　幽門

乳児の胃の形はとっくり状をしており，胃底も噴門の機能も未発達なため，簡単な刺激ですぐ吐きやすい。授乳後にはげっぷをさせる必要がある。

6か月児	7か月児	9か月児	10か月児	11か月児
				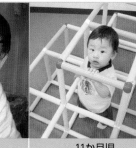
・支えなしで，しばらくの間座る。 ・持っているものでテーブルをたたく。 ・ものを落として，落ちた場所をのぞく。	・1人で座り，両手におもちゃを持って遊ぶ。 ・両手に持っているものを打ち合わす。 ・食器など日常品で遊ぶことを好む。	・はいはいをする。 ・畳やベッドの上などをコロコロころがる。 ・うつぶせから，あお向けに寝返りする。	・つかまり立ちする。 ・はっていって小さなものをつまみ，口に入れる。 ・1人で立ち上がる。 ・おむつをしようとすると，どんどん逃げる。	・つたい歩きをする。 ・数秒間支えなしで立つ。 ・手押し車，歩行器などを押して歩く。 ・まりを投げると，投げ返す。
・アーア，ウーウなどの喃語を話す。		・「イヤイヤ」「ニギニギ」「バイバイ」などの動作をする。 ・写真のなかの父親・母親がわかる。	・「パパは？」「ママは？」と聞くとそちらを見る。 ・大人のことばを理解して行動する。 ・電話の動作など，大人のやることをよくまねる。	・食べ物のことをマンマという。 ・「アチチ」といって熱いものにさわらない。 ・絵本などのページをめくり，あきずに見る。

小論文ココが出題された 2019年3月，日本でも乳児用液体ミルクの販売が開始された。主として食品の安全性や栄養の面から考察するものとして，あなたの考えを800字以内でまとめよ。【昭和女子大学・生活科学部・食安全マネジメント学科・改】

子どもの心の発達

テーマ 子どもへの接し方を考えよう

ふれ合い体験で幼稚園を訪問している最中に子どもたちがケンカを始めた。

Aくんがケンカのことを報告しに来た。

Bくんが
Cくんをたたいたよ。

Aくん，＿＿＿＿＿＿＿
＿＿＿＿＿＿＿＿＿＿
＿＿＿＿＿＿＿＿＿。

その場に行ってみると，Cくんの手を無言でさするBくんと，泣きながらも我慢しているCくんがいた。

Bくん，＿＿＿＿＿＿＿
＿＿＿＿＿＿＿＿＿＿
＿＿＿＿＿＿＿＿＿。

Cくん，＿＿＿＿＿＿＿
＿＿＿＿＿＿＿＿＿＿
＿＿＿＿＿＿＿＿＿。

STEP 1 あなただったら，Aくん，Bくん，Cくんのそれぞれにどのようなことばをかけるだろうか。セリフを考えて吹きだしのなかに書いてみよう。

STEP 2 4人グループをつくって，自分の考えたセリフを発表し合おう。また，子どもに接するときにどのようなことに気をつけたらよいか，意見交換をしよう。

グループで発表し合ったことをメモしよう

STEP 3 Aくんのセリフを発表する人，Bくんのセリフを発表する人，Cくんのセリフを発表する人，このセリフを選んだ理由を発表する人の役割に分かれ，グループごとに発表し合おう。他のグループの人の発表でよかったところ，参考にしたい点などをメモしよう。

よかったところ，参考にしたい点

1 子どもの成長と発達——1歳〜6歳児

	1歳児	1歳3か月児	2歳児	2歳6か月児	3歳児
運動・能力	・手をついて立ち上がる。 ・鉛筆などでめちゃくちゃ描きをする。 ・うれしいときなど手をパチパチする。	・1人で歩く。ハイハイはほとんどしない。 ・しきいをまたいで歩く。 ・階段をはってのぼる。 ・障子やふすまを1人で開け閉めする。	・両足でピョンピョンとぶ。 ・ものにぶらさがる。 ・積み木を横に2つ3つ並べる。 ・ままごと道具をいっぱい並べて遊ぶ。	・すべり台にのぼったり，すべったりする。 ・1段ごとに両足をそろえ，階段をあがりおりする。 ・はさみを使って，紙，布を切る。	・三輪車に乗ってこぐ。 ・ぶらんこに立って乗る。 ・積み木でトンネル，門の形をつくる。 ・のりをつけてはりつける。 ・後かたづけができる。
言語・理解	・1つの単語で話す。 ・人のまねをして道具を使おうとする。 ・よく知っている場所にくるとアーアーといって教える。	・絵本を見て，知っているものの名称をいう。 ・簡単ないいつけを理解し，それに応える。 ・目・耳・口や身につけているものの名をいう。	・いちいち「ナアニ」と聞く。 ・簡単な文章を組み立てていう。 ・赤，青など色の名称がわかる。 ・何かをやってみせ，ほめてもらうと喜ぶ。	・名前を聞くと，姓と名をいう。 ・自分の名前を入れて話をする。	・名前を呼ばれると返事したり手をあげる。 ・テレビで子どもが主人公の物語を熱心に見る。 ・日常会話がほとんどできる。

インフォメーション 成長には肉声がいちばん？ ▶親が本を読んで聴かせる，歌を歌ってあげる，いっしょに体を動かして遊ぶことによって，子どもは快い感覚を刺激され，心身ともに健全に成長することが知られており，幼児教育のビデオなどでは代行できない。

② アタッチメントをはぐくむために有効な方法

心理学における愛着（attachment）とは，他人や動物などに対して築く特別な情緒的な結びつき，とくに幼児期までの子どもと親や保育者との間に形成される関係を中心とした情緒的な結びつきのことをいう。生まれて間もない赤ちゃんが抱っこしてもらったり，ミルクを飲ませてもらったりといったことを通して，赤ちゃんと保護者・保育者はお互いへの愛着をよりいっそう深めていく。より密接な関係を築いていくことで，赤ちゃんは情緒豊かにのびのびと育っていくようになる（ジョン・ボウルビィ「アタッチメント理論」より）。

❶赤ちゃんを感じる力を養う

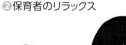

⬆ 赤ちゃんとコミュニケーション

⬆ ベビーマッサージ

❷保育者のリラックス

⬆ カンガルーケア

❸赤ちゃんとの密着

⬆ 抱っこひも　　⬆ スリング　　⬆ おんぶひも

❹赤ちゃんとの対話

⬆ 生後直後からできる語りかけ

（廣島大三『6歳までのアタッチメント育児』合同出版参照）

3歳6か月児	4歳児	4歳6か月児	5歳児	6歳児
・階段を2，3段目からとびおりる。 ・決勝点までかけっこする。 ・画用紙いっぱいに絵を描いて色をぬる。 ・砂山にトンネルをつくる。	・片足でケンケンとびができる。 ・でんぐりがえりをする。 ・黒板に絵を描いて遊ぶ。 ・入浴のとき，自分で体が洗える。	・スキップを正しくする。 ・はさみで簡単なものを切り抜く。 ・砂場に池や川をつくり，水を流すなどして遊ぶ。	・なわぶらんこに立ち乗りして自分でこぐ。 ・ジャングルジムの上のほうまでのぼる。 ・紙飛行機を自分で折る。 ・網でバッタをつかまえる。	・なわぶらんこをこぎながら立ったり座ったりする。 ・補助輪つきの自転車（二輪車）に乗る。 ・子どもどうし数人でリレーを楽しむ。
・自分が使いたいものを「貸して」と友達にいう。 ・絵本をみながら子どもどうしで話し合う。 ・見聞きしたことを母親や先生に話す。	・ほかの子に経験したことを話す。 ・質問がいっそう盛んになる。 ・自慢もする。	・ほかの子の遊びに加わるとき，「入れて」という。 ・自分の名前を読む。 ・テレビで見たことを友達どうしで話す。	・数字を拾い読みする。 ・さいころの数がわかる。 ・他人の気持ちを読み取ろうとする。 ・順番やルールがわかる。	・文字に関心をもち，ひらがなをほとんど読む。 ・絵本の字を，意味の通じるように読む。 ・自分の誕生日を答える。

乳幼児の生活と安全

子どもを事故から守ろう

　子どもたちの身の周りの，ちょっとした環境に注意を払い，日ごろから対策を立ててお
くことで，防げる事故がある。子どもを事故から守る正しい知識を身につけよう。

◆ 日常生活事故による救急搬送人員数の事故種別割合

	ころぶ	落ちる	ぶつかる	ものがつまる等	切る・刺さる	はさむ・はさまれる	やけど	かまれる・刺される	おぼれる	その他	不明
0歳 (8,349人)	11.2	31.2	5.3	26.1	1.4	1.8	0.5	0.7	2.1	8.2	11.6
1歳 (12,189人)	25.3	25.8	8.0	13.7	3.7	4.9	0.5 0.5	2.0		7.7	7.7
2歳 (9,943人)	30.4	27.1	11.4	8.8	2.8	4.3 0.4	0.3	3.2	1.9		9.4
3歳 (7,518人)	34.3	24.5	12.6	8.1	2.5	5.0	2.4 0.5	0.1	1.7		8.2
4〜6歳 (13,232人)	35.7	21.9	16.2	5.3	3.0	5.5	2.2 0.8	0.1	1.1		8.1
7〜14歳 (24,005人)	33.5	15.1	24.0	3.8	1.6		2.6 1.5 1.3	0.1	0.7		15.6

0　　20　　40　　60　　80　　100(%)

(備考) 1.東京消防庁「救急搬送データ」(2012-2016年)に基づき消費者庁が集計。
　　　　2.各年齢後の(　)内は2012年から2016年までの5年間の救急搬送人員数。
　　　　3.四捨五入のため合計は必ずしも一致しない。

(消費者庁「2018年版　消費者白書」)

Do action!
右のイラストを参考に，どのような対策が有効か，話し合ってみよう。

1　基本的生活習慣が身につく時期

個人差があることに
注意しないといけな
いですね。

年齢	食事	睡眠	排せつ	着脱衣	清潔
1歳					
1歳半	スプーンを使用する。茶わんを持って飲む。				
2歳			便意を予告する。	1人で脱ごうとする。	
2歳半	スプーンと茶わんを両手で使う。	寝るときのあいさつ。	昼はおむつをはずせるようになる。	靴をはく。	手を洗う。
3歳	食事のあいさつ，はしを使用する。だいたいこぼさない。			1人で着ようとする。パンツ・靴下をはく。	歯みがき・うがいをする。
3歳半	ほぼ完全に自立する。	昼寝がなくなる。	自分でパンツをぬいでできる。		
4歳			大便　夜中にそそうをしなくなる。自分1人で大便が完全にできる。(トイレットペーパーが使える。)	帽子をかぶる。前のボタンをかける。	顔を洗う。鼻をかむ。髪をとかす。
4歳半					
5歳		1人で寝られる。		1人で着る。脱いだものをたたむ。ひもをかた結びする。	

(西本靖「幼児における基本的生活習慣の自立の年齢基準」をもとに作成)

インフォメーション　授乳・離乳の支援ガイド▶2019年に改定され，新たに流通している乳児用液体ミルクに関する情報や，食物アレルギー児の増加を踏まえたアレルゲンとなりうる食品の適切な摂取時期の提示，医師の診断にもとづいた授乳および離乳の支援についてなどが，新たに記載された。

2 予防接種，いつ何を受ける？

予防接種の目的 伝染力が強く世間にまんえんする危険のある病気や，かかったときに重くなりやすい病気を予防するために実施される。

3 すべての人に健康と福祉を

			出生時	3か月	6か月	9か月	1	2	3	4	5	6	7	8	9	10	11	12	13	14	15	16	17	18	19	20（歳）

凡例：↓接種の例／■標準的な接種期間／▨接種可能な年齢

予防接種法 ／ 定期接種（A類疾病）

- Hib*1
- 肺炎球菌
- B型肝炎
- ロタウイルス*2　1価（出生24週0日後まで）／5価（出生32週0日後まで）
- DPT-IPV Ⅰ期*3（DPT）
- BCG
- 麻疹・風疹混合（MR）　第1期／第2期（4/2生まれ，8/1生まれ，12/1生まれ，4/1生まれ）　［5歳から7歳未満で小学校就学前1年間（4/1〜3/31）の者。］　［1962年4月2日から1979年4月1日生まれの男性でHI抗体価が8以下相当の者も接種。］
- 水痘
- 日本脳炎　第1期／第2期　［1995年4月2日から2007年4月1日生まれの者で4回の接種が終わっていない者。ただし，20歳未満の者に限る。］
- DT Ⅱ期（DT）
- HPV*4

*1 Hib：インフルエンザ菌b型。*2 初回接種は出生14週6日後までに行う。1価で2回接種，5価で3回接種のいずれかを選択。
*3 D：ジフテリア，P：百日咳，T：破傷風，IPV：不活化ポリオをあらわす（4種混合ワクチン）。*4 HPV：ヒトパピローマウイルス。

（2023年8月16日現在）

子どもの発達

3 離乳食をつくってみよう

トマトりんごゼリー

[材料] おとな2人，赤ちゃん1人分

粉寒天	大さじ1/2	水	1/4カップ
りんごジュース	3/4カップ	メープルシロップ	大さじ1/2
トマトジュース（無塩） 3/4カップ			

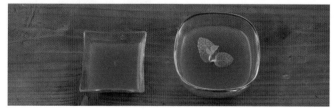

[つくり方]
① 鍋に粉寒天，水，りんごジュース，メープルシロップを入れ，火にかけて混ぜながら煮立てる。
② ①にトマトジュースを加え，ひと煮立ちする。
③ 火からおろしてあら熱をとり器に流し込み，冷やし固める。

　赤ちゃんの食べる様子や，体調，便の調子で，赤ちゃんに合う食事だったか，負担になってないかを見る，それが「いい加減」のバロメーターになりました。気まぐれな赤ちゃんは，食べたり食べなかったり，ときには食事にまったく興味を示さない日も。そんなときは，家族の誰かがかわりに食べればいいのですから，赤ちゃんの食事作りをストレスや苦痛に感じることは，ほとんどありませんでした。（中略）こんないい加減でいいのかしら……と半信半疑だった離乳食。今は自信を持っていえます。赤ちゃんのごはん作りは「いい加減」がいい。家族みんなのごはんをちょっとだけ工夫して作れば大丈夫よ！　と。

（「はじめに」より）

（「つくり方」「はじめに」とも，岡村淑子『おとなごはんと一緒に作れる，9ヵ月からの離乳食』河出書房新社）

4 子どもの食物アレルギー

⊙ 新規発症の原因食物（年齢別の順位）

歳	1番	2番	3番	4番	5番
0	鶏卵	牛乳	小麦		
1	鶏卵	魚卵	牛乳	ピーナッツ	果物
2〜3	魚卵	鶏卵	ピーナッツ	ナッツ類	果物
4〜6	果物	鶏卵	ピーナッツ	そば	魚卵
7〜19	甲殻類	果物	鶏卵	小麦	そば
20〜	小麦	魚類	甲殻類	果物	

⊙ 即時型食物アレルギーで現れる症状

● 皮膚の症状
かゆみ，じんましん，むくみ，赤み，湿疹

● 粘膜の症状
目：充血，むくみ，かゆみ，涙，まぶたの腫れ
鼻：くしゃみ，鼻水，鼻づまり
口の周囲や中：違和感，腫れた感じ，のどのかゆみやイガイガ感

● 呼吸器の症状
のどが締めつけられる感じ，のどがむくむ感じ，声がれ，咳，ぜん鳴（ぜいぜい，ヒューヒュー），息苦しさ

● 消化器の症状
腹痛，吐き気，嘔吐，下痢，血便

● 全身の症状
複数の症状が重なる（アナフィラキシー）
脈が速くなる，ぐったりする，意識がもうろうとする，血圧低下（アナフィラキシーショック）

（明治「知って！食物アレルギー」参照）

小論文ココが出題された ▶ 受動喫煙による健康への影響が指摘されており，「健康増進法」では受動喫煙の防止が求められている。あなたが考える「受動喫煙防止策」について800字以内で述べよ。【桐生大学・医療保健学部】

子どもの成長と遊び

「おもちゃづくり」でコミュニケーション

クラス全員のアイデアを集め，楽しいカルタをつくろう！

テーマを決める
・幼児期からの食育
・基本的な生活習慣の定着
・なぞなぞ，美しい日本語，SDGs　など。

用意するもの
白表紙など厚紙，鉛筆，消しゴム，コンパス，
マジック，色鉛筆など

つくり方
・絵カード・文字カードのセットをつくる。
・テーマに添って５・７・５・７・７のように，できる
　だけ流れのよい文章を「あ」〜「わ」まで考える。ま
　たは市販のカルタの文章でもよい。
❶下絵を描く・下書きをする
❷りんかくをなぞる（色をそろえる）
❸色ぬりをする
❹文字はひらがなで書く（カタカナにもひらがなのふ
　りがなを振る）
❺仕上げ確認をしたら，鉛筆部分を消す

↑日本一周すごろく・カルタ　※世界文化社『にっぽんいっしゅうかるた』を参考に作成している。

↑世界一周ゲーム・カルタ
※世界文化社『せかいいっしゅうかるた』を参考に
　作成している。

※国旗については，カラーコピーを貼っている。

1 絵本の読み聞かせ

　子どもは，一人ひとり体格も違えば育つ環境も違う。子どもを取りまく環境の違いも心の発達に影響し，その子らしさである個性を形成していく。

　人間の脳は出生後，急激に発達を始めるが，手足や内臓のように単に大きくなるだけでなく，感覚や学習，記憶のための回路を形成していく。そして，幼児期の早い段階での刺激・経験が脳の神経回路の配線を決定づけることもわかってきた。

　視覚だけでなく，ことばからもイメージを育てる絵本は，情操を育てるうえでの効果も大きい。

・1歳半まで
　子どもに話しかける1つの
　道具として，いわゆる「赤
　ちゃん絵本」がふさわしい。

・2歳〜
　読書のめばえが始まるころ。
　具体的な事物をとらえるこ
　とのできる絵本が適してい
　る。

・3歳〜
　自分を主人公と一体化して
　楽しむ空想的なお話や，身
　の周りにあるものをおりこ
　んだお話がよい。

・4歳〜
　ことば遊びや不思議・神秘
　の世界にまつわる話を好む。

〜12か月

↑いないいないばあ
松谷みよ子 文 瀬川康男 絵
童心社

〜12か月
↑どうぶつのおやこ
藪内正幸 画
福音館書店

1歳半〜
↑ちいさなうさこちゃん
ディック・ブルーナ 文・絵
石井桃子 訳　福音館書店

2歳〜
↑ぞうのボタン
上野紀子
冨山房

2歳〜
↑のせて のせて
松谷みよ子 文
東光寺 啓 絵

3歳〜
↑ぐりとぐら
中川李枝子 文
福音館書店

4歳〜

↑おふろだいすき
松岡享子 文 林 明子 絵
福音館書店

4歳〜

↑はらぺこ あおむし
エリック・カール 作・絵
もりひさし 訳 偕成社

  **インフォ
メーション** テレビゲームで脳活動が低下▶感情をコントロールし創造力をつかさどる大脳（前頭前野）の活動が，テレビゲームをするときにめだって低下することが
知られている。ゲームでは，視覚と運動の神経回路だけが働き，考えることが抜け落ちるなどが原因と考えられている。

② 室内で楽しくエクササイズ

体を動かす機会が減少し，子どもたちの運動機能の低下が懸念されている。また，普段運動をしていない子どもが，急に激しい運動をして，けがをするケースも起きている。子どもといっしょに，室内で簡単に体を動かせる遊びにチャレンジしてみよう。

↻ 片足しゃがみ立ち

2人で手をつなぎ，片足で立った姿勢からしゃがんで立ち上がる。前に出した足は曲げてもいい。

※バランスをとりながら助けあってやろう。

↻ ケンケン相撲

❷ケンケンをしながら手で押しあって相手をエリアの外に押し出す。フェイントをかけたりして相手のバランスをくずそう。

❶エリアを決めてそのなかに2人が入り，片足立ちになる。

（日本レクリエーション協会「子供の体力向上ホームページ」参照）

③ 遊びによる乳幼児の発達

感覚遊び （乳児期）	見る・聞く・さわるなどによって感覚と理解力を身につける。	おしゃぶり がらがら ベッドメリー
運動遊び （乳児期から）	からだを動かして運動能力を身につける。	すべり台 ボール 三輪車 ブランコ
受容遊び （1〜2歳ころから）	新しいものを見たり聞いたりして，鑑賞力や考える力を身につける。	 テレビ 絵本 紙芝居
模倣遊び （2歳ころから）	生活のなかで，目にしたことを模倣して想像力や生活適応力を身につける。	 ままごと 電車ごっこ 人形遊び
構成遊び （2〜3歳ころから）	自分で工夫して，ものを組みあわせ，創造する力を身につける。	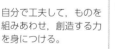 積み木 粘土 砂遊び 折り紙

④ 折り紙に親しもう

「かぶと」を折ってみよう。

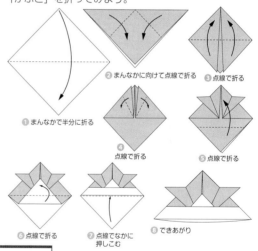

❶まんなかで半分に折る
❷まんなかに向けて点線で折る
❸点線で折る
❹点線で折る
❺点線で折る
❻点線で折る
❼点線でなかに押しこむ
❽できあがり

 街から公園以外の子どもの遊び場がなくなっている。このことはどのような問題をはらんでいるのだろうか。子どもの健全な発達の観点から問題点を指摘し，どのような対策があり得るかを考えて800字以内で記せ。【大妻女子大学・家政学部・ライフデザイン学科】

子どもの発達

地域社会と子育て支援

「主夫」になった大久保嘉人選手

「何をやっても取れないんだけど！」

遠く離れて暮らす妻にSOSを送ったのは、サッカーJ1で絶好調の大久保嘉人。三男のサッカーソックスに絡みついた芝が、はたいても、粘着テープを使っても取れず、格闘していた。

つい数カ月前までは、38歳の妻莉瑛さん、15歳の長男碧人さん、11歳の次男緑二さん9歳の三男橙利さん、4歳の四男紫由さんと、神奈川で暮らしていた。だが、いまは自宅を離れて大阪で生活を送る身だ。

20年に及ぶプロ生活の中で、日本代表のワールドカップ16強入りに貢献したこともある。そんなストライカーも38歳。第一線で活躍する同世代はほぼ見当たらない。J2の東京ヴェルディ1969で、昨季は無得点という屈辱を味わった。

「これが最後だから」と引退を覚悟した。プロとしての一歩を踏み出した古巣で花道を飾りたい。そう思っていたところにオファーが届いた。15年ぶりにセレッソ大阪へ戻ることを決めた。単身赴任を目前にした冬、小学3年生だった橙利さんから告げられた。

「オレも行きたい」

子どもの面倒はよくみるが、家事には無関心。なのに、大久保は「橙利にとって良い経験になる。何とかなるよ」。妻の心配をよそに橙利さんを転校させ、父子2人きりの生活を始めた。

家事を手伝ってくれる人はいない。朝7時に起きて朝食を用意する。橙利さんを起こし、8時前には学校へ送り出す。自分が練習から帰宅すると、今度は橙利さんのサッカースクールへと2人で自転車をこぐ。「宿題やったか？」「プリント出して」というのが毎日の決まり文句になった。

疲れて帰っても、床が汚れていれば真っ先に掃除機をかける。夜になると、橙利さんの翌日の服や持ち物をきれいに並べ、2段ベッドの下の段でわざわざ寄り添って眠る。不慣れな"主夫生活"に「いやあ、大変」と言うものの、どこか楽しげだ。（後略）

（「朝日新聞2021年5月18日」）

（大久保嘉人選手は2021シーズン限りで現役を引退した）

1 困難な男性の育児休業取得

厚生労働省は、「イクメンプロジェクト」を掲げ、男性が積極的に育児にかかわることができるよう社会環境の整備を進めている。男性が育児休業制度を利用しなかった理由を見ると、まだ育児休業を取得しやすい環境が整っているとはいえない。

● 育児休業制度を利用しなかった理由（男性）

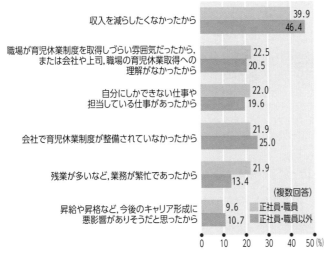

収入を減らしたくなかったから
39.9
46.4

職場が育児休業制度を取得しづらい雰囲気だったから、または会社や上司、職場の育児休業取得への理解がなかったから
22.5
20.5

自分にしかできない仕事や担当している仕事があったから
22.0
19.6

会社で育児休業制度が整備されていなかったから
21.9
25.0

残業が多いなど、業務が繁忙であったから
21.9
13.4

（複数回答）
正社員・職員
正社員・職員以外

昇給や昇格など、今後のキャリア形成に悪影響がありそうだと思ったから
9.6
10.7

0 10 20 30 40 50 (%)

（厚生労働省「2022年度 仕事と育児等の両立に関する実態把握のための調査研究事業」）

2 出生時育児休業（産後パパ育休）制度

子どもが生まれてから8週間以内に計4週分の休みを取れる、育休の特例措置（いわゆる産後パパ育休）について定めた改訂育児・介護休業法が、2021年6月に可決・成立した。

利用できるのは夫のみで、2回まで分けて取得することができる。育休の申請期限は1か月前までだが、休みやすくするために、産後パパ育休は2週間前に短縮された。育児休業給付金や社会保険料の免除によって、育休同様、最大で賃金の実質8割が保障されている。

また、従業員に対する育休制度の周知と意向確認が、2022年4月から義務化された。

● 制度改正により実現できる働き方・休み方（イメージ）

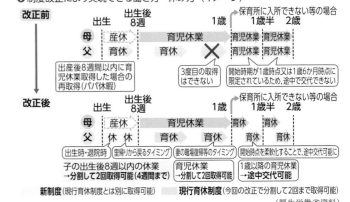

新制度（現行育休制度とは別に取得可能）　現行育休制度（今回の改正で分割して2回まで取得可能）

（厚生労働省資料）

ⓘ **インフォメーション** **イクメンプロジェクト**▶イクメンとは、子育てを楽しみ、自分自身も成長する男性、または、将来そんな人生を送ろうと考えている男性のこと。男性の子育て参加や育児休業取得の促進などを目的に、社会の気運を高めるために推進されている。

3 さまざまな子育て支援策

子どもの発達

保育サポート

●ファミリー・サポート・センター事業

どなたか連絡してみましょう

ファミリー・サポート・センター

①会員登録
②援助申込

紹介します

①会員登録
⑧活動報告書の報告

子どもの迎えをお願いしたいのですが

④提供会員の紹介
③活動依頼

大丈夫です

⑤事前打ちあわせ
⑥子育ての応援

依頼会員　⑦利用料の授受　**提供会員**

会員登録で子育ての援助が受けられる

援助できる日，時間などを登録する

子育ての手助けをしてほしい人（利用会員）と手助けができる人（協力会員）が，地域のなかで子育ての相互援助をおこなうしくみ。保護者の急用などで保育できない場合に，ファミリー・サポート・センターを介して，協力会員に手伝ってもらい，報酬を支払う。

●地域子育て支援拠点事業

公共施設や保育所，児童館などの地域の身近な場所で，乳幼児の親子に交流の場を提供，育児相談，地域の子育て関連情報の提供，子育て・子育て支援に関する講習などをおこなうもの。NPOなど地域の団体による参画や多様な世代との交流は，育児不安を解消し，地域の子育て力を向上させるものである。

●病児保育事業

子どもが病気にかかっていたり，もしくはその病気の回復期にあって，集団保育が困難な場合，保育所・医療機関などに付設された専用スペースなどにおいて，医師・看護師・保育士などが保育と看護ケアをおこなうもの。

●利用者支援事業　　●一時預かり事業　　●乳児家庭全戸訪問（こんにちは赤ちゃん）事業

子ども・子育て支援新制度

●幼稚園（3〜5歳）
小学校以降の教育の基礎をつくるための幼児期の教育をおこなう学校

利用できる保護者　制限なし。

●保育所（0〜5歳）
就労などのため家庭で保育のできない保護者に代わって保育する施設

利用できる保護者　共働き世帯，親族の介護などの事情で，家庭で保育のできない保護者。

●認定こども園（0〜5歳）
幼稚園と保育所の機能や特長をあわせもち，地域の子育て支援もおこなう施設

利用できる保護者

＜0〜2歳＞
共働き世帯，親族の介護などの事情で，家庭で保育のできない保護者。

＜3〜5歳＞
制限なし。

●地域型保育（0〜2歳）
保育所（原則20人以上）より少人数の単位で，0〜2歳の子どもを保育する事業

①家庭的保育（保育ママ）
②小規模保育
③事業所内保育
④居宅訪問型保育

利用できる保護者
共働き世帯，親族の介護などの事情で，家庭で保育のできない保護者。

小学校就学後のサポート

●新・放課後子ども総合プラン
（放課後子供教室，放課後児童健全育成事業）

放課後子供教室（文部科学省）

体験の場　交流の場
安全管理員
遊びの場　学びの場

参加協力

中高大生　地域の方々　高齢者　退職教員

「放課後子供教室」は，保護者の就労に関係なく，放課後や週末の子供の適切な遊びや生活の場を確保し，小学校の余裕教室などを活用し，地域の人の参画を得ながら，学習やスポーツ・文化活動を通して交流活動などに取り組むもの。

放課後児童健全育成事業（厚生労働省）

「放課後児童健全育成事業（放課後児童クラブ）」は，保護者が労働などにより昼間家庭にいない小学校に就学している児童に対し，授業の終了後に適切な遊びや生活の場を与えるもの。

●保育所等待機児童数および保育所等利用率の推移

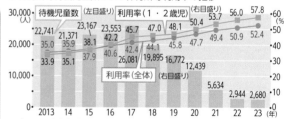

（こども家庭庁「保育所等関連状況取りまとめ（2023年4月1日）」ほか）

●各国の合計特殊出生率の推移

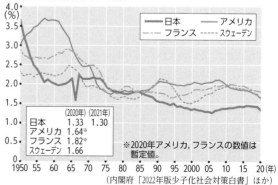

	(2020年)	(2021年)
日本	1.33	1.30
アメリカ	1.64*	
フランス	1.82*	
スウェーデン	1.66	

※2020年アメリカ，フランスの数値は暫定値。

（内閣府「2022年版少子化社会対策白書」ほか）

未来を担う子どもの権利

みんなでいっしょにごはん——子ども食堂

たまこ：なぜこども食堂をはじめたのですか。

ハルさん：ニコちゃんが，「夜ごはんもみんなといっしょに食べられるといいのに……」といってくれたひとことがきっかけです。いろいろな事情で，十分な夜ごはんをとれないこどもや，ひとりで夜ごはんを食べているこどもがまわりにいることがわかって，それなら，うちでみんなで食べたらどうかと思ったんです。

たまこ：いま，こども食堂は全国に広がっています。

ハルさん：はい。こどもがひとりでも入れる食堂として，2012年，東京にはじめてこども食堂ができてから，たちまち広がっていったそうです。いまでは，全国に約5000のこども食堂があるんですって。それだけ必要とされているということなんでしょうね。

たまこ：こども食堂をひらく日，お料理の材料，お手伝いなどはどうしているのですか。

ハルさん：うちでは，第1，第3水曜日にひらいています。ほかのところも月2回くらいが多いようです。長くつづけていくためにも，むりは禁もつ。料金は，こどもは無料，おとな300円。お肉やお魚，野菜などのおもな材料は，あさやけ町からの補助金で用意しています。お米やフルーツなどはおうえんしてくれる人が送ってくれることもありますし，メーカーからときどきおかしなどの寄付もあるので，そういうものはみなさんに，おみやげとして持ってかえってもらっています。お手伝いしてくれる人たちは地域のいろいろな年代の方です。お年よりもいれば，会社につとめている人，学生さんなど，多くの人がボランティアで，調理からかたづけまで手伝ってくれています。毎回，みんなで相談しながら，おいしくて栄養のあるお料理をくふうして作っているんですよ！

たまこ：こども食堂でとくに気をつけていることはなんでしょうか？

ハルさん：食中毒やアレルギーです。そのために，手あらい，マスク，調理手ぶくろ，アルコール消毒などをかならず守るようにしています。またアレルギーの原因になる材料にも注意しています。

たまこ：これからのこども食堂にのぞみたいことは？

ハルさん：自分たちが住んでいるところに，小学校とおなじくらいの数のこども食堂ができるといいなと思っています。こども食堂って，ただ食事を出すだけじゃなくて，おとなもこどもも，みんなが安心してあつまれる場所。そんな地域の居場所になったらいいなと思っています。

（作／いとうみく・絵／丸山ゆき『あおぞらこども食堂はじまります！』ポプラ社）

1 児童虐待と子どもへの影響

幼いころに親から受けた虐待は，親への愛着を失わせ，家族のなかで不幸せ感を生むばかりでなく，自信をなくさせ，将来展望をもてなくさせるなど，子どもの成長に大きな影響を与えることが知られている。

たとえば，自分を「落ち着きがない」ととらえ，友だちに対しても「悪口をいっているのではないか」と懐疑的になったり，「気持ちが落ちこみやすい」「人の役に立たない」「キレやすい」など自分を低く評価したりするようになる。また，通常の人がいだく「子どもをかわいがる親になる」「幸せになる」「仕事でがんばる」などのような将来予測ができなくなるとともに，親への愛着が薄れるために「親といっしょに暮らしたい」「世話をし介護したい」という気持ちが失われる。

◆児童虐待の実態

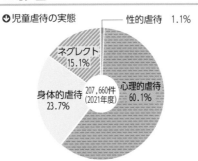

性的虐待 1.1%
ネグレクト 15.1%
身体的虐待 23.7%
207,660件（2021年度）
心理的虐待 60.1%

（厚生労働省「2021年度福祉行政報告例」）

◆児童相談所における児童虐待相談の対応件数の推移

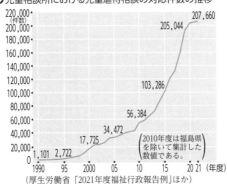

（厚生労働省「2021年度福祉行政報告例」ほか）

◆児童虐待防止法（2008年4月施行）

・児童虐待の定義
　❶身体的な暴行
　❷わいせつ行為
　❸著しい食事制限や長時間の放置（ネグレクト）
　❹心理的に傷つける言動

・学校の教職員，児童福祉施設職員らに対する虐待早期発見の努力義務を明記

・児童虐待を発見した者に，福祉事務所もしくは児童相談所への通告を義務づけ

・児童相談所が強制立ち入りできるようにし，虐待を受けた児童の安全確認を義務づける。

・知事による出頭命令を無視し正当な理由なく児童相談所の立ち入りを拒否した場合，50万円以下の罰金を科す。
立ち入りの際に警察官への援助要請も可能に

インフォメーション　こども家庭庁▶虐待やいじめ，子どもの貧困などに幅広く対応し，子どもの安全で安心な生活環境の整備に関する政策を推進するために設置された。内閣府の子ども・子育て本部や厚生労働省の子ども家庭局などが移管され，「企画立案・総合調整部門」「成育部門」「支援部門」の3つの部門が設けられる。

小論文キーワード
子ども食堂，児童虐待防止法，子どもの貧困対策法 （⇨p.369）

② ひとり親家庭への支援制度

離婚や配偶者との死別など，さまざまな理由によって，母親または父親が1人で子どもを育てている「ひとり親」は少なくない。

その他の支援事業として，ショートステイ（保護者の疾病や仕事など養育困難時に児童養護施設で一時的に預かる）や，児童訪問援助事業（児童訪問援助員を児童の家に派遣）などをおこなっている。

◐ 母子家庭・父子家庭の現状

	母子世帯	父子世帯
世帯数（推計値）	119.5万世帯	14.9万世帯
ひとり親世帯になった理由	離婚 79.5% 死別 5.3%	離婚 69.7% 死別 21.3%
就業状況	86.3%	88.1%
うち正規の職員・従業員	48.8%	69.9%
うち自営業	5.0%	14.8%
うちパート・アルバイト等	38.8%	4.9%
平均年間収入（母または父自身の収入）	272万円	518万円
平均年間就労収入（母または父自身の就労収入）	236万円	496万円
平均年間収入（同居親族を含む世帯全員の収入）	373万円	606万円

（厚生労働省「2021年度 母子家庭の母及び父子家庭の父の自立支援施策の実施状況」）

とくに母子家庭では，厳しい経済状況にある場合も多いため，❶子育てと生活支援 ❷就業支援 ❸養育費の確保 ❹経済的支援などの自立のための支援施策が講じられている。

また2010年8月より，母子家庭対象だった児童扶養手当が，父子家庭にも支給され，支援の対象も広がった。

◐ ひとり親家庭への就労支援のしくみ

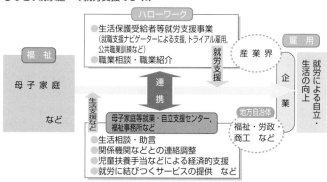

③ 世界の子どもたち

世界中の12億人の青少年のその多くは，後発開発途上国で暮らしている。しかし，貧困や不衛生な環境での暮らしなどのために5歳未満で亡くなる子どもの数は，毎日約2万人にものぼるとされている。安全で健康的な暮らしと平等な教育が望まれる。

◐ 世界と後発開発途上国の格差

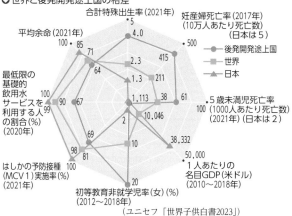

（ユニセフ「世界子供白書2023」）

◐ 安全な水の確保

◐ 机もない教室で学ぶ子ども

◐ 慢性的な栄養失調の子ども

◐ 予防接種で助かる命

Column

子どもの貧困

2015年の「子どもの貧困率」は13.9%で，およそ7人に1人の子どもが貧困状態におちいっている。子どもの貧困のひろがりには，ひとり親家庭の増加と働く親の所得の減少が影響している。たとえば，母子家庭の母親は，子育てをしながら働かなければならず，パートタイマーなどの不安定な仕事にしかつけないため，働いてもなかなか貧困から抜け出せない。働く貧困層ともよばれる「ワーキングプア」は，2007年ころからその存在が顕在化してきたが，十分な支援策はとられなかった。子どもの貧困は，子どもにはまったく責任がないものである。生まれ育った環境によって，子どもの将来が左右されることのないよう，社会全体で子どもたちを支え，貧困の連鎖を食い止めることをめざして，「子どもの貧困対策法」が2013年6月に可決成立した。

（厚生労働省「2022年国民生活基礎調査」）

※子どもの貧困率とは，17歳以下の子ども全体にしめる，等価可処分所得の中央値の半分に満たない17歳以下の子どもの割合（等価可処分所得は，世帯合計の可処分所得を世帯人数の平方根で割った値）

超高齢社会を生きる

100年ライフ──3ステージの人生からマルチステージの人生へ

　私たちの人生は，これまでになく長くなる。私たちは，人生のさまざまな決定の基準にしているロールモデル（生き方のお手本となる人物）より長い人生を送り，社会の慣習や制度が前提にしているより長く生きるようになるのだ。（中略）

　20世紀には，人生を三つのステージにわける考え方が定着した。教育のステージ，仕事のステージ，そして引退のステージである。しかし，寿命が延びても引退年齢が変わらなければ，大きな問題が生じる。ほとんどの人は，長い引退生活を送るために十分な資金を確保できないのだ。この問題を解決しようと思えば，働く年数を長くするか，少ない老後資金で妥協するかのどちらかだ。いずれの選択肢も魅力的とは言い難い。これでは，長寿が厄災に思えたとしても無理はない。（中略）

　しかし，長寿を厄災にしない方法はある。多くの人がいまより長い年数働くようになることは間違いないが，呪われたように仕事に追いまくられ，疲弊させられる未来は避けられる。3ステージの人生の縛りから自由になり，もっと柔軟に，もっと自分らしい生き方を選ぶ道もある。仕事を長期間中断したり，転身を重ねたりしながら，生涯を通じてさまざまなキャリアを経験する──そんなマルチステージの人生を実践すればいい。（中略）

　たとえば，生涯に二つ，もしくは三つのキャリアをもつようになる。まず，金銭面を最も重視して長時間労働をおこない，次は，家庭とのバランスを優先させたり，社会への貢献を軸に生活を組み立てたりする。寿命が延びることの恩恵の一つは，二者択一を強いられなくなることなのだ。

　マルチステージの人生が普通になれば，私たちは人生で多くの移行を経験するようになる。3ステージの人生では，大きな移行は2回だけだ。教育から仕事へ，そして仕事から引退への2回である。しかし，人生のステージが増えれば，移行の機会も増える。（中略）

　マルチステージの人生では，新しい人生の節目と転機が出現し，どのステージをどの順番で経験するかという選択肢が大きく広がる。ステージをへる順番は，3ステージの人生の論理ではもはや決まらない。それは，一人ひとりの嗜好と状況によって決まるのだ。（中略）

　いまは，ある人が大学生だと聞けば，だいたい年齢がわかる。ある人が上級管理職だと言われれば，年齢はおよそ察しがつくし，今日まで歩んできた道のりもほぼ推測できる。マルチステージの人生が当たり前になれば，そうはいかない。「大学生」という情報だけでは，年齢を推測できなくなる。「エイジ（＝年齢）」と「ステージ」がイコールで結びつかなくなるのだ。とくに，新たに出現するステージは，ますます年齢と関係がなくなっていく。

（リンダ・グラットン／アンドリュー・スコット『LIFE SHIFT』東洋経済新報社）

3ステージの人生

教育 → 仕事 → 引退

マルチステージの人生

教育
自分探し　会社勤め
教育　組織に雇われない働き方（個人事業主）
ポートフォリオ型（仕事と副業などさまざまな活動の組み合わせ）
引退

↑3ステージの人生とマルチステージの人生

Do action!

身近なところに，マルチステージの人生を実践している人がいないか，探してみよう。クラスで意見交換してみよう。

1 健康に暮らせるめやす─健康寿命

　「健康寿命」は，平均してどの年齢まで健康に暮らしていけるかを示すもので，病気やけがで健康が損なわれている期間を平均寿命から差し引いている。「平均寿命は長くても健康寿命が短い」ということは，生涯のうち，病気や重い障害に悩まされる期間が長く，健康に過ごす期間が短いことを示している。

(2019年)

国名	健康寿命	平均寿命
日本	74.1歳	84.3歳
韓国	73.1歳	83.3歳
スイス	72.5歳	83.4歳
フランス	72.1歳	82.5歳
スウェーデン	71.9歳	82.4歳
ドイツ	70.9歳	81.7歳
中国	68.5歳	77.4歳
アメリカ	66.1歳	78.5歳
インド	60.3歳	70.8歳

(WHO「World Health Statistics 2023」)

2 平均寿命の伸長

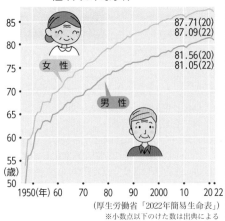

↻「平均寿命」の伸長による高齢化の進行
〈日本人の平均寿命〉

女性　87.71(20)　87.09(22)
男性　81.56(20)　81.05(22)

（厚生労働省「2022年簡易生命表」）
※小数点以下のけた数は出典による

〈平均寿命の国際比較〉　（　）内は調査年

	男性		女性
1位	スイス　81.6 (2022)	1位	香港　87.16 (2022)
2位	スウェーデン　81.34 (2022)	2位	日本　87.09 (2022)
3位	オーストラリア　81.30 (2019-21)	3位	韓国　86.6 (2021)
4位	香港　81.27 (2022)	4位	スペイン　85.83 (2021)
5位	日本　81.05 (2022)	5位	オーストラリア　85.41 (2019-21)
6位	ノルウェー　80.92 (2022)	6位	スイス　85.4 (2022)
7位	アイスランド　80.9 (2022)	7位	フランス　85.23 (2022)
8位	イスラエル　80.80 (2016-20)	8位	シンガポール　85.2 (2022)

ⓘインフォメーション　**国民年金の空洞化**▶本来国民年金の保険料の納付義務を負うもののうち，適切な手続きをせず国民年金に加入しない者や，保険料の未納者が増えることをいう。空洞化により保険料収入が少なくなると，財政への影響だけでなく，未納者は将来無年金や低年金になるおそれがある。

③ 進む高齢化

◔ 総人口に対して65歳以上人口の占める割合

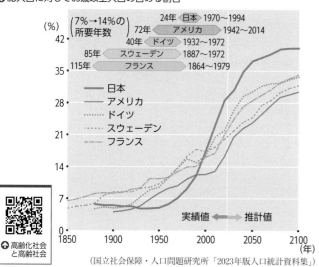

7%→14%の所要年数		
24年	日本	1970〜1994
72年	アメリカ	1942〜2014
40年	ドイツ	1932〜1972
85年	スウェーデン	1887〜1972
115年	フランス	1864〜1979

（国立社会保障・人口問題研究所「2023年版人口統計資料集」）

総人口に対して65歳以上人口の占める割合が7％（高齢化社会）から14％（高齢社会）に達した期間を見ると，日本の高齢化が世界に類を見ないスピードで進み，今後もさらに高齢化することがわかる。

◔ 日本の人口と出生率の推計 （出生中位・死亡中位）

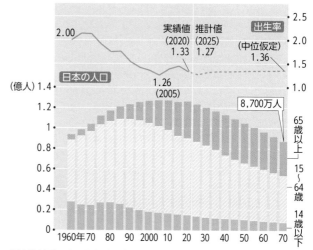

実績値（2020）1.33　推計値（2025）1.27　出生率（中位仮定）1.36
2.00　1.26（2005）　8,700万人

（国立社会保障・人口問題研究所「日本の将来推計人口（2023年推計）」「2023年版人口統計資料集」）

日本の総人口は，2056年に1億人を割り，2070年には8,700万人まで減る見通しであり，50年後の人口は3割減ることになる。また，生産年齢人口1.3人で高齢者1人を支える時代となり，4割は高齢者となる。

④ 理想の高齢社会像をめざす取り組み

今後，都市部の高齢化が急速に進むとされている。

高齢者が安心して生活を送ることができ，いつまでも元気に活躍できる「まち」とはどのようなものだろうか。千葉県柏市の豊四季台地域の団地では，建てかえを機に高齢社会に対応したまちづくりを進めている。

定年退職後に，農業・育児・生活支援など無理なく働くことで地域や社会に貢献したり，慣れ親しんだ地域や家でいつまでも安心して暮らすことのできるように，医療・介護サービス体制を整えるなど，さまざまな試みが進んでいる。

◔ 柏市豊四季台地域の高齢社会のまちづくり案

方針	方策	内容
いつまでも在宅で安心した生活が送れるまち ↓ 地域包括ケアシステム	在宅医療を推進するシステムの構築	主治医の訪問診療をおぎなう診療所
		病院の短期受け入れベッドの確保
		24時間対応できる訪問看護・介護の充実と連携
	在宅医療をおこなう医師の増加と質の向上をはかる	在宅医療研修プログラムを構築
	情報共有システムをつくる	病院・診療所・介護施設など機関やサービス種別をこえた患者情報の共有システムを構築
	在宅医療の普及啓発	在宅医療講座を実施し，推進協力員制度を支援
	地域医療拠点の設置	地域医療機関のサポート拠点の整備をおこなう
いつまでも元気で活躍できるまち ↓ 高齢者の生きがい就労	休耕地を活用した農業	農業者が集まって組合組織を創設。土地・人の確保と安定経営。ミニ野菜工場・屋上農園など
	高齢者の生活支援	生活支援サービス（掃除・洗濯・外出支援など）の充実
	地域の育児を支援	放課後の子どもの居場所確保，保育・学童保育・教育の充実のための出前講座，子育て支援センターの創設
	地域の食の環境を改善	単独世帯の欠食など高齢者のニーズにもあう食サービスの提供，地域の職を支えるコミュニティレストランの構築

（柏市豊四季台地域高齢社会総合研究会「長寿社会のまちづくり」より）

地域のなかに多様な活躍の場があり，いつまでも元気で活躍できる

- 休耕地や住宅地内でセカンドライフ就農
- 健康づくりといこいの場，緑豊かな道・公園
- 車いすもベビーカーも移動しやすいバリアフリーのまち
- 多世代が食を楽しむキッチン「コミュニティ食堂」
- 地域全体で子育て応援支援サービス
- 日常の「困った」を手助けする生活支援サービス

在宅で医療・看護・介護サービスを受ける体制が整い，いつまでも安心して生活できる

- 高齢者向け賃貸住宅・在宅医療・看護・介護サービス拠点
- 住み慣れた家で医療・介護サービスが受けられる
- 地域の医療を支える地域医療拠点

小論文ココが出題された ▷ 「人生100年時代」では，すべての人が生涯にわたって健康的に暮らすことが求められる。そのために生活者が各自で行えることは何か，生活全般の総合的な視点からあなたの考えを600字以内で述べよ。【奈良教育大学・教育学部・学校教育教員養成課程・改】

35

人生のなかで高齢期をとらえる

やがては老いを迎えるすべての人への魂のことば

原作：不詳　日本語訳詩：角　智織　作曲：樋口　了一

年老いた私が　ある日　今までの私と違っていたとしても
どうかそのままの私のことを理解して欲しい
私が服の上に食べ物をこぼしても　靴ひもを結び忘れても
あなたに色んなことを教えたように見守って欲しい
あなたと話す時　同じ話を何度も何度も繰り返しても
その結末をどうかさえぎらずにうなずいて欲しい
あなたにせがまれて繰り返し読んだ絵本のあたたかな結末は
いつも同じでも私の心を平和にしてくれた
悲しい事ではないんだ　消え去ってゆくように見える私の心へと
励ましのまなざしを向けて欲しい
楽しいひと時に　私が思わず下着を濡らしてしまったり
お風呂に入るのをいやがるときには思い出して欲しい
あなたを追い回し　何度も着替えさせたり　様々な理由をつけて
いやがるあなたとお風呂に入った　懐かしい日のことを
悲しい事ではないんだ　旅立ちの前の準備をしている私に
祝福の祈りを捧げて欲しい
いずれ歯も弱り　飲み込む事さえ出来なくなるかも知れない

足も衰えて立ち上がる事すら出来なくなったなら
あなたが　か弱い足で立ち上がろうと私に助けを求めたように
よろめく私に　どうかあなたの手を握らせて欲しい
私の姿を見て悲しんだり　自分が無力だと思わないで欲しい
あなたを抱きしめる力がないのを知るのはつらい事だけど
私を理解して支えてくれる心だけを持っていて欲しい
きっとそれだけでそれだけで　私には勇気がわいてくるのです
あなたの人生の始まりに私がしっかりと付き添ったように
私の人生の終わりに少しだけ付き添って欲しい
あなたが生まれてくれたことで私が受けた多くの喜びと
あなたに対する変わらぬ愛を持って笑顔で答えたい
私の子供たちへ
愛する子供たちへ　　　　　　　　JASRAC　出1009445-001

2008年にCD発売され、反響を呼んでいる。

それは突然届いた一通のメールから始まった。
発信人不明のポルトガル語で綴られた魂に響く詩…
人の子として、ひとの親として、
いま、この星の住人すべてのこころのポストに届けたい―

1　ロコモティブシンドローム

　筋肉・骨・関節・軟骨などの運動器に障害をきたした状態をロコモティブシンドローム（運動器症候群）といい，進行すると介護が必要になるリスクが高くなる。骨や筋肉の量のピークはおよそ20〜30代で，若いうちから適度な運動で刺激を与え，適切な栄養をとることで，強く丈夫に維持される。弱った筋肉では40代・50代で身体の衰えを感じやすくなり，60代以降，思うように動けない身体になってしまう可能性がある。

　いつまでも自分の足で歩き続けていくために，ロコモを予防し，健康寿命をのばしていくことが必要である。

●ロコモーショントレーニングの例

腰に両手をついて両脚で立つ → 脚をゆっくり大きく前に踏み出す（踏み出して腰を下げる前の姿勢） → 太ももが水平になるくらいに腰を深く下げる → 身体を上げて踏み出した脚を元に戻す

1日の回数のめやす：5〜10回（できる範囲で）×2〜3セット

2　コロナ禍と高齢者のフレイル

　健康と要介護の間の，虚弱状態をフレイルと呼ぶ。加齢により，筋肉や筋力，心身の活動が低下し，要介護の一歩手前となった状態のことである。フレイルに陥る原因の1つに運動不足があるが，新型コロナウイルス感染拡大予防のために，外出や運動の機会が減り，フレイルの進行が懸念されている。

　フレイルは，筋肉量・筋力の低下，低栄養などの心身の変化である「身体的フレイル」だけでなく，閉じこもりや孤食などの「社会的フレイル」，意欲・判断力・認知機能の低下，うつなどの「精神・心理的フレイル」の3つのフレイルが複雑に影響し合っている。

　フレイルを予防・改善するには，運動と栄養が大切である。テレビ体操をする，散歩をするなどの工夫のほか，1日3食，いろいろな食材をバランスよく，特にたんぱく質を意識して食べるようにしたい。
（女子栄養大学出版部「栄養と料理2021年5月号」参照）

●フレイルの多面性

身体的フレイル
筋肉量・筋力の低下，低栄養

社会的フレイル
閉じこもり，孤食

精神・心理的フレイル
意欲・判断力・認知機能の低下，抑うつ

●フレイルの診断基準

項　目	評価基準
体重減少	6か月で，2kg以上の（意図しない）体重減少
筋力低下	握力：男性＜28kg，女性＜18kg
疲労感	（ここ2週間）わけもなく疲れたような感じがする
歩行速度	通常歩行速度＜1.0m/秒
身体活動	①軽い運動・体操をしていますか？ ②定期的な運動・スポーツをしていますか？ 上記の2つのいずれも「週に1回もしていない」と回答

[判定基準]
3項目以上に該当：フレイル，1〜2項目に該当：プレフレイル，該当なし：健常
2020年改定　日本版CHS基準（J-CHS基準）

ℹ️ インフォメーション　**高齢期の特徴**▶高齢になると，記憶力や判断力などは低下する傾向にあるが，技術や経験をもとにした結晶性知能と呼ばれる領域は，若いときの状態を比較的維持している。高齢者が長年蓄積してきた知識・技術・経験を受けつぐことも次世代の役割となる。

3 高齢者の立場になって理解しよう

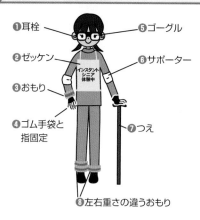

- ❶耳栓
- ❷ゼッケン
- ❸おもり
- ❹ゴム手袋と指固定
- ❺ゴーグル
- ❻サポーター
- ❼つえ
- ❽左右重さの違うおもり

器具の役割
- ❶聴覚の低下を体験する。
- ❷体験中であることを周囲の人に知らせ, 体験者の安全を確保する。
- ❸腕の筋力の低下を体験する。
- ❹指先の感覚の低下を体験する。
- ❺白内障や視野の狭さを体験する。
- ❻関節の曲がりにくさを体験する。
- ❼体験のときに体を支える。
- ❽平衡感覚の変化を体験する。

※外出して道路や階段を歩行するときは周囲に十分気を配り, 事故のないようにする。雑談や悪ふざけはしない。

⬆高齢者擬似体験プログラム――インスタント・シニア®の様子

4 ペアで介助体験をしてみよう

⬆介護の方法

ペアでヨーグルトなどを食べさせあう体験をしてみよう。
❶食事時に理想とされる姿勢は, 足の裏が床にしっかりつき, 上半身が少し前傾になっている状態。
❷失礼のないように, 食事介助は座っておこなう。
❸誤嚥*が起きやすいのは最初のひと口目。水やお茶で口の中を湿らせると, 食べ物を飲み込みやすくなる。
❹スプーンは斜め下から持っていく。真正面や上から持っていくと, それに合わせて顎が上がり, 誤嚥の原因となる。
❺口に食べ物が入っているときは, 誤嚥の原因となるので話しかけない。
❻最後に水やお茶などの水分をとり, 口のなかに残った食べ物を流しこむ。

＊誤嚥：食べ物や飲み物, 胃液などが誤って気管や気管支内にはいること。
(食べ物や飲み物を飲みこむ動作を「嚥下」, この動作が正しく動かないことを「嚥下障害」という)

テーブルは高すぎないものを

いすには深く腰かける。前かがみになれるようクッションなどを間に置いてもいい

いすはかかとが床につく高さのものを

5 介護ロボット

介護ロボットとは, ロボット技術を応用して, 「介護される人」の自立支援や, 「介護する人」の負担の軽減に役立つ介護機器のことである。厚生労働省と経済産業省が, ロボット技術を介護分野で利用する重点分野を定め, 開発と導入を支援している。

⬇介護ロボットの例

「介護される人」の移動支援

介護や支援される人の歩行や移動を助ける電動アシスト歩行器
(RT.ワークス株式会社)

「介護する人」の移乗支援

移乗による腰への負担を減らす装着型サイボーグ
(サイバーダイン株式会社)

6 自立を支える福祉用具

福祉用具は, 要介護者などの日常生活の便宜を図るための用具や, 機能訓練のための用具であって, 自宅で自立した日常生活を営むことができるよう助けるもののことである。介護保険の対象となる品目が定められている。

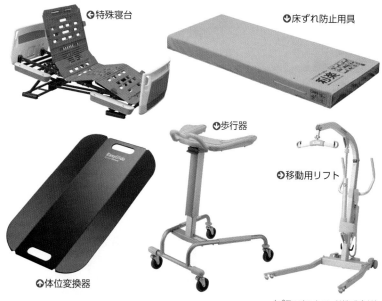

⬅特殊寝台
⬆床ずれ防止用具
⬇歩行器
➡移動用リフト
⬆体位変換器

(パラマウントベッド株式会社)

小論文ココが出題された▷ 近年, 高齢化および少子化社会に関連して, 人の手助けをする福祉ロボットに関心が向けられている。福祉ロボットが社会に普及するための課題を指摘した後に, その活用方法についてあなたの考えを600字以内で述べよ。【東北学院大学・工学部・機械知能工学科】

高齢期の生活

働けるうちはいつまでも仕事をしたい

何歳まで働きたいか就労希望年齢を見ると、「65歳くらいまで」が最も多く25.6％、次いで「70歳くらいまで」が21.7％、「働けるうちはいつまでも」が20.6％となっており、60歳以降も働くことを希望する割合は80％を超えている。

今後、さらなる高齢社会が進展するなかにあって、生産年齢人口の減少を補うためにも、高齢者が仕事の担い手として必要とされる時代の到来が予測されている。

一方、若年層の非正規労働者の増加という社会的な問題もあり、高齢者の再雇用と若年労働者とで、どのように仕事を分け合っていく（シェアしていく）かが今後の課題である。

Do action! 雇用者どうしで労働時間を短縮して雇用を分かち合うワークシェアリングは、高齢者の雇用の確保につながるのではないかと期待されている。ほかにも働く意欲のある高齢者が活躍できる社会のあり方について話し合ってみよう。

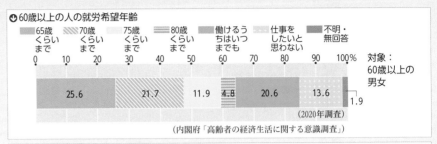

● 60歳以上の人の就労希望年齢

凡例：65歳くらいまで／70歳くらいまで／75歳くらいまで／80歳くらいまで／働けるうちはいつまでも／仕事をしたいと思わない／不明・無回答

65歳くらいまで	70歳くらいまで	75歳くらいまで	80歳くらいまで	働けるうちはいつまでも	仕事をしたいと思わない	不明・無回答
25.6	21.7	11.9	4.8	20.6	13.6	1.9

対象：60歳以上の男女
（2020年調査）
（内閣府「高齢者の経済生活に関する意識調査」）

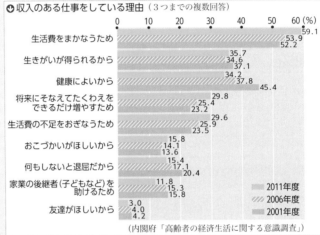

● 収入のある仕事をしている理由（3つまでの複数回答）

理由	2011年度	2006年度	2001年度
生活費をまかなうため	59.1	53.9	52.2
生きがいが得られるから	35.7	34.6	37.1
健康によいから	34.2	37.8	45.4
将来にそなえてたくわえをできるだけ増やすため	29.8	25.4	23.2
生活費の不足をおぎなうため	29.6	25.9	23.5
おこづかいがほしいから	15.8	14.1	13.6
何もしないと退屈だから	15.4	17.1	20.4
家業の後継者（子どもなど）を助けるため	11.8	15.3	15.8
友達がほしいから	3.0	4.0	4.2

対象：60歳以上の男女
「生活費をまかなうため」、「将来にそなえてたくわえをできるだけ増やすため」などの経済的な理由の割合が増加している。
また、「健康によいから」の割合が減少している。

（内閣府「高齢者の経済生活に関する意識調査」）

1 高年齢者雇用安定法

背景	少子高齢化の進展で労働力人口の減少➡経済社会の活力の維持が必要	➡	高齢者が社会の支え手として活躍できるよう、70歳まで働ける労働市場の整備が必要
	年金支給開始年齢引き上げで、生計維持のための収入確保、社会保障制度の担い手確保など		

2007年から2009年にかけて、いわゆる団塊の世代が60歳以上に達した。公的年金の支給開始年齢は、2013年度には定額部分が65歳に引き上げられ、報酬比例部分の引き上げも始まった。このようななかで、70歳までの安定した雇用の確保などをはかるため、事業主は70歳までの段階的な定年引き上げなどの措置を講ずるよう努めることとされている。

●改正高年齢者雇用安定法（2021年4月施行）
❶70歳までの定年の引き上げ
❷定年の定めの廃止
❸70歳までの継続雇用制度（希望者を定年後も引き続き雇用する制度）
❹70歳まで継続的に業務委託契約を締結する制度
❺70歳まで継続的に社会貢献事業などに従事できる制度

いずれかの措置の努力義務

↑いきいきと働く高齢者

2 シルバー人材センター

シルバー人材センターは、地域の福祉・家事援助サービス、育児支援サービスなどの担い手として、元気な高齢者が、サポートを必要とする同世代や若い世代を支えている。働く人は原則60歳以上で、働く意欲のある人。高齢者の知識・経験・能力を生かしながら社会参加をめざす。

● シルバー人材センター利用のしくみ

シルバー人材センター
発注者 仕事を出す人
会員 おおむね60歳以上の健康で働く意欲のある人
配分金の支払い
仕事の発注
契約金の支払い
仕事の受注
契約内容の履行
希望する仕事の登録
仕事の遂行

高齢者が働くことを通じて、生きがいを得るとともに、地域社会の活性化に貢献することができるんだね。

ⓘインフォメーション **高齢者の定義▶**日本では65〜74歳を前期高齢者、75歳以上を後期高齢者としている。国連の世界保健機関（WHO）の定義では、65歳以上を高齢者としている。日本老年学会・日本老年医学会が、65〜74歳を准高齢者、75〜89歳を高齢者、90歳以上を超高齢者としてはどうかと提案し、話題となった。

3 高齢期の家族関係

高齢者が家族や親族のなかで果たしている役割としては，各国とも「家事を担っている」の割合が最も高い。次いで，日本とスウェーデンは「家計の支え手（かせぎ手）である」が，アメリカは「家族・親族の相談相手になっている」が，ドイツでは「家族や親族関係のなかの長（まとめ役）である」が，それぞれ高くなっている。

◆高齢者が家族の生活に果たす役割

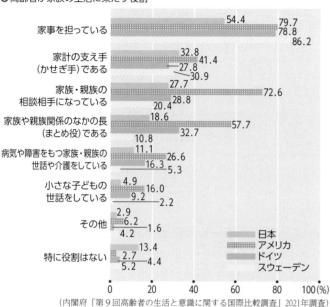

	日本	アメリカ	ドイツ	スウェーデン
家事を担っている	54.4	79.7	78.8	86.2
家計の支え手（かせぎ手）である	32.8	41.4	27.8	30.9
家族・親族の相談相手になっている	27.7	72.6	28.8	20.4
家族や親族関係のなかの長（まとめ役）である	18.6	57.7	32.7	10.8
病気や障害をもつ家族・親族の世話や介護をしている	11.1	26.6	16.3	5.3
小さな子どもの世話をしている	4.9	16.0	9.2	2.2
その他	2.9	6.2	4.2	1.6
特に役割はない	13.4	2.7	4.4	5.2

（内閣府「第9回高齢者の生活と意識に関する国際比較調査」2021年調査）

◆子どもや孫とのつき合い方

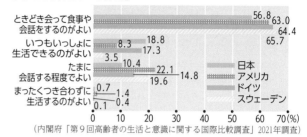

	日本	アメリカ	ドイツ	スウェーデン
ときどき会って食事や会話をするのがよい	56.8	63.0	64.4	65.7
いつもいっしょに生活できるのがよい	8.3	18.8	17.3	3.5
たまに会話する程度でよい	10.4	22.1	19.6	14.8
まったくつき合わずに生活するのがよい	0.7	1.4	0.1	0.4

（内閣府「第9回高齢者の生活と意識に関する国際比較調査」2021年調査）

高齢期の過ごし方はさまざまであり，孫の世話に生きがいを感じている高齢者も多い。共働き夫婦の増加により，孫育ての機会が増えるとともに，今と昔の子育て方法の違いによる世代間ギャップなども問題となっている。

そこで，近年，全国の自治体などが発行する「祖父母手帳」が注目されている。孫育てに役立つ情報が豊富に掲載された，「母子手帳」「父子手帳」の祖父母版である。

ミルクのつくり方，オムツのかえ方など，現代の子育て情報がわかりやすく解説されたものや，孫を連れて遊びに行くことのできる施設の紹介，パパ・ママが祖父母にしてもらってうれしかったことなど，孫育て情報満載の冊子である。

また，自分の孫でなくても，地域の子育て世代の役に立ちたいと思っている高齢者にも参考になる。

↑さいたま市祖父母手帳

4 高齢者の社会参加

年齢にとらわれることなく，現役世代とともに社会の重要な一員として，生きがいをもって活躍できるよう，就労・ボランティア活動など，高齢者が社会活動に積極的に参加することは，とても重要なことである。高齢者が自由な時間を活用し，地域社会へ貢献したり，世代を超えて人との交流を深めることは，人生をさらに豊かなものとするだろう。また，自己実現へ向けて，積極的な活動の場を広げることは，体力の向上とともに気力維持にもつながるといえる。

- 就　業
- ボランティア
- 若い世代との交流
- 学習・スポーツ・レクリエーション
- 健康づくり

4 質の高い教育をみんなに

◆昔ながらの遊びを子どもに教える高齢者ボランティア

◀竹細工

皿まわし▶
（周望学舎シルバーバンク）

5 生涯学習

超高齢社会の到来とともに，医療・社会保障費の増大や地域社会の活力の低下が問題となりつつある。また，一人暮らしの高齢者の孤立も深刻な問題となっている。このようなさまざまな問題を抱えながらも，国民一人ひとりが健康で生きがいをもって，いきいきと豊かな人生を送るには，みずから生活設計し，長い人生を主体的に生きることが求められている。生涯学習は，生涯を通じた継続的な「学び」により，心の豊かさや生きがいを得ることができ，新たな知識や技術を習得することで社会とかかわり，さらなる人生の充実へつながっていく。

↑環境問題の講演会　　↑ワイン城の見学会　（帯広シニアサークルふたば）

高齢者

高齢社会を支える

介護サービスの利用について正しく理解していますか?

要支援1・2の人
➡今後のために，介護予防

Aさん
最近，足腰が弱ってきたけど，仕方がないね。できないことがあったらだれかにたのもう。

Bさん
今後もできる限り自立した生活を続けたいので，前向きに介護予防をしよう。

ポイント	要支援1，2の人は，介護予防サービスの利用によって，自立した生活を続けましょう

介護予防とは介護が必要な状態になることの予防や，介護が必要な状態になっても悪化の防止をはかることを目的としている。

A・Cさんの場合は，解決すべき課題がはっきりしていない。一方B・Dさんの場合は，自分でできることは積極的におこない，介護予防につとめているね。

要介護1～5の人
➡ケアプランの作成　介護サービスを利用する

Cさん
とりあえず，掃除と洗濯をお願いしよう。

Dさん
寝たきりにならないように，デイサービスに通って，足腰もきたえたいし，もっと自分でできることを増やすようにしたい。

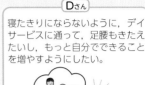

ポイント	ケアマネジャーと一緒に，自分の自立に向けた課題をはっきりさせましょう

＜訪問介護＞

身体介護
・着替えの介助や体位変換
・体ふきや入浴の介助
・起床・就寝の介助
・排せつの介助
・服薬の介助
・食事の介助
・通院の介助など

生活援助
・生活必需品の買い物，薬の受け取り
・一般的な食事の準備や調理
・衣服の整理・補修
・ベッドメイク
・洗濯
・掃除など

＜通所介護＞
デイサービス
デイケア
リハビリテーション

（東京都港区高齢者支援課「介護サービス利用法」をもとに作成）

要介護状態を改善するために，「今できること，できないこと」，「これからできるようになりたいこと」を明らかにして，ただ不自由さを補うだけではなく，潜在的機能をいかして自分でできることを増やし，自立した自分らしい生活をめざそう。

1 介護保険制度のしくみ

高齢化にともない，要介護高齢者の増加，介護期間の長期化，老老介護などの問題が表面化してきたため，高齢者の介護を社会全体で支え合うしくみとして，2000年に**介護保険制度**が創設された。利用者の選択により，原則1割の負担でサービスを利用できる。40歳以上の被保険者が拠出する保険料と，国や都道府県・市町村の拠出金（税金）でまかなわれる。65歳以上を第1号被保険者，40～64歳を第2号被保険者という。

2014年に可決・成立した**医療介護総合確保推進法**（地域における医療及び介護の総合的な確保の促進に関する法律）により，従来，予防給付として提供されていた全国一律の「介護予防訪問介護」と「介護予防通所介護」が，2015年4月から市町村の実施する「**介護予防・日常生活支援総合事業（総合事業）**」に順次移行され，2017年度末までに完全移行された。また，一定以上所得者の自己負担引き上げなどもおこなわれた。

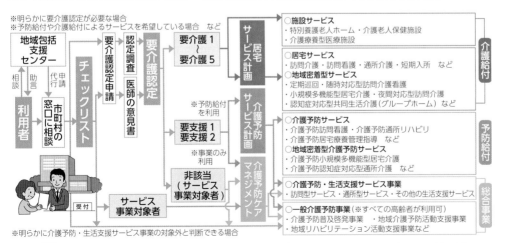

※明らかに要介護認定が必要な場合
※予防給付や介護給付によるサービスを希望している場合　など
※予防給付を利用
※事業のみ利用
※明らかに介護予防・生活支援サービス事業の対象外と判断できる場合

◆要介護認定の区分

要介護度	利用者の状態
要介護5	トイレでの排せつ，食事，立ち上がることもほとんどできない。問題行動が多くみられる。
要介護4	身の回りの世話やトイレでの排せつがほとんどできず，ひとりで歩けない。
要介護3	掃除も含めた身の回りの世話やトイレでの排せつが自分ひとりでできない。しっかり歩けないことがある。
要介護2	家事も含めた身の回りの世話全般に他人のサポートが必要。食事にも支えを必要とすることがある。
要介護1	料理，掃除などに他人の助けが必要。認知症などで介護予防サービスを受けられない。
要支援2	掃除などに他人のサポートが必要。歩く際に支えが必要になることがある。
要支援1	身だしなみを整えたり，部屋の掃除などをするのに他人の支えが必要。

i インフォメーション　介護保険料の徴収▶現在は，40歳以上の全国民が介護保険に加入し，介護保険料の50%相当を徴収されることになっている。残りの50%は国や自治体の公費でまかなわれている。

② 高齢者の生活費

老後の生活費はいくら必要なのだろうか。「人生100年時代」を迎えようとしており，退職後のセカンドライフは20年以上の長期にわたる。このセカンドライフの家計に占める公的年金の割合は高く，約4分の1の人が年金に全面依存の状況である。

公的年金・恩給を受給している高齢者世帯のなかで「公的年金・恩給の総所得に占める割合が100%の世帯」は44.0%となっている。

⚫ 公的年金・恩給を受給している高齢者世帯における
公的年金・恩給の総所得に占める割合別世帯数の構成割合

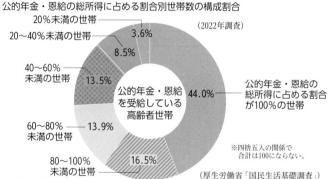

（2022年調査）

- 20%未満の世帯 3.6%
- 20〜40%未満の世帯 8.5%
- 40〜60%未満の世帯 13.5%
- 公的年金・恩給を受給している高齢者世帯
- 公的年金・恩給の総所得に占める割合が100%の世帯 44.0%
- 60〜80%未満の世帯 13.9%
- 80〜100%未満の世帯 16.5%

※四捨五入の関係で合計は100にならない。

（厚生労働省「国民生活基礎調査」）

⚫ 高齢者は赤字経営

勤労単身世帯（平均年齢43.5歳）では，1か月あたり123,924円の黒字であるが，60歳以上の単身世帯（無職）では，23,387円の不足を生じており，節約や貯蓄の取り崩しなどで埋め合わせをせざるをえない。

	収入	支出
369,295→	その他 21,781	黒字 123,924
	勤め先収入 347,514	消費支出 178,434
155,114→ 不足分 収入 支出 -23,387		
	その他 13,355	消費支出 142,879
	社会保障給付 118,372	非消費支出 12,235
		非消費支出 66,937

（2022年）

0 60歳以上の単身世帯（無職）　勤労単身世帯

（単位：円）

（総務省「家計調査」）

Column

公的年金のしくみ

＜2階建て構造＞

日本の公的年金は，日本国内に居住する20歳以上60歳未満のすべての人が加入する**国民年金（基礎年金）**と，サラリーマンが加入する**厚生年金**の2階建てになっている。

iDeCo					

iDeCo（個人型確定拠出年金）※

		確定拠出年金（企業型）	確定給付企業年金	厚生年金基金	退職等年金給付
iDeCo	国民年金基金	厚生年金保険		（代行部分）	2015年10月から共済年金は厚生年金に一元化された
		国民年金（基礎年金）			

自営業者など	民間サラリーマン	公務員など	第2号被保険者の被扶養配偶者
第1号被保険者	第2号被保険者		第3号被保険者

※iDeCoに加入することを認めていない確定拠出年金（企業型）の加入者は加入できない。

＜3つの安心＞

年金は高齢者だけのものだと思いがちだが，老後を支えてくれるだけでなく，一家の働き手が亡くなったときには「遺族年金」が，思わぬ事故や病気で障害が残ったときには「障害年金」が支給される。

老齢年金
65歳以降，国民年金から「老齢基礎年金」を生涯（亡くなるまで）受け取ることができる。また，厚生年金に加入していた人は「老齢厚生年金」が上乗せされる。国民年金・厚生年金ともに保険料を納めた期間が長いほど，老後に受け取る年金額も多くなる。

障害年金
病気やけがで障害が残ったとき，障害の程度に応じて国民年金から「障害基礎年金」を受け取ることができる。また，厚生年金に加入している人は「障害厚生年金」が上乗せされる。

遺族年金
一家の働き手が亡くなったとき，子のある配偶者，または子は，国民年金から「遺族基礎年金」を受け取ることができる。また，亡くなった人が厚生年金に加入していた場合は「遺族厚生年金」が支給される。

【国民年金（基礎年金）】

国民年金（基礎年金）の支給開始年齢は65歳で，納付した期間に応じて給付額が決まる。

【厚生年金保険】

厚生年金の保険料は月ごとの給料に対して定率で，実際に納付する額は個人で異なる。事業主（勤務先）が保険料の半額を負担しており（労使折半），実際の納付額は，給与明細などに記載されている保険料の倍額となる。支給開始年齢は60歳から段階的に引き上げられ，2025年度（女性は2030年度）には全員65歳からとなる。働いていたときの（納付した保険料を計算するときの）給料と加入期間に応じて給付額が決められる。また，現役時代に納付する保険料には国民年金保険料も含まれているため，国民年金分と厚生年金分の両方を受け取ることができる。

＜保険料の納付が難しいとき＞

国民年金保険料の納付が経済的に困難な場合は，保険料の納付が免除または猶予される制度がある。

学生納付特例制度	納付猶予制度
【在学中の保険料納付が猶予される】在学中に所得がない（または一定以下の）人が，保険料の未納期間を理由に，将来，老齢基礎年金や障害基礎年金を受け取れなくなることを防ぐため，本人が申請すれば保険料の納付が猶予される。学生納付特例の期間は年金を受け取るために必要な期間として計算されるが，老齢基礎年金額には反映されない。	【50歳未満で学生以外の人の保険料納付が猶予される】（2025年6月までの時限措置）納付猶予の期間は年金を受け取るために必要な期間として計算されるが，老齢基礎年金額には反映されない。
全額免除制度	一部免除（一部納付）制度	産前産後期間の保険料免除
全額免除の承認を受けた期間がある場合，追納（あとから納めること）をしなければ，保険料を全額納付したときに比べて将来の年金額は少なくなる。	一部免除は4分の3免除，半額免除，4分の1免除の3種類ある。一部免除の承認を受けた期間がある場合，追納をしなければ，将来の年金額は少なくなる。	次世代育成支援の観点から，出産前後の一定期間の国民年金保険料が免除される。産前産後免除の期間は年金を受け取るための期間として計算され，将来受け取る年金額が少なくなることもない。

（日本年金機構「知っておきたい年金のはなし」参照）

社会全体で介護を担う

離れて暮らす大切な人との会話を促す見守りロボット

会話や動作などを通して，人とコミュニケーションを図ることのできる「コミュニケーションロボット」が，身近なものになってきた。特に，高齢者の見守りや，高齢者とのコミュニケーションのツールとして，ロボットの活用が期待されている。

たとえば，インターネットやクラウドなどを利用して，離れた場所からでも高齢者などのようすを知ることができるコミュニケーションロボットがある。また，コミュニケーションロボットをペット代わりに家に置いて，話し相手として活用することもできる。

↻ スマートフォンでメッセージを送信すると，ロボットが音声にしてメッセージを届ける。

↻ メッセージを受け取った側は，ロボットに話しかけることで簡単に返信できる。

↻ 忘れがちな服薬の時間や通院，ごみの日など，日常のスケジュールをスマホから設定しておけば，ロボットが音声で知らせてくれる。

明日の予定は？

明日の予定は？

ただいま！

ただいま！

今日のお薬はもう飲んだ？

（ユカイ工学／ハウステンボス「TELLBO（テルボ）」）

1 だれが介護するか

↻ 高齢者と介護する人との続柄

（2022年調査）
※四捨五入の関係で合計は100にならない。

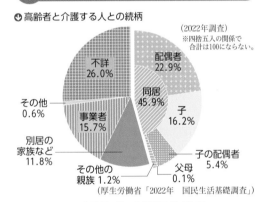

不詳 26.0%
配偶者 22.9%
同居 45.9%
子 16.2%
子の配偶者 5.4%
父母 0.1%
その他の親族 1.2%
別居の家族など 11.8%
事業者 15.7%
その他 0.6%

（厚生労働省「2022年 国民生活基礎調査」）

↻ 同居している介護者の性・年齢別の構成比率 （2022年調査）

介護にあたる人のおよそ4割は70歳以上である。介護する家族も高齢化し，高齢者が高齢者を介護する，いわゆる「老老介護」は，今後ますます増えることが予測される。

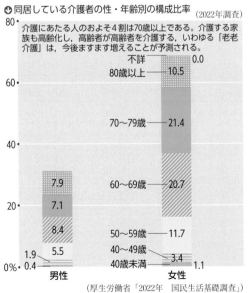

男性
不詳 0.0
80歳以上 10.5
70〜79歳 21.4
60〜69歳 20.7
50〜59歳 11.7
40〜49歳 3.4
40歳未満 1.1

7.9
7.1
8.4
1.9 5.5
0.4

女性

（厚生労働省「2022年 国民生活基礎調査」）

2 ヤングケアラーの支援

家族にケアを要する人がいることで，家事や家族の世話をおこなう18歳未満の子ども（ヤングケアラー）は，年齢や成長の度合いに見合わない重い責任や負担を負うことで，ヤングケアラー自身の育ちや教育に影響をおよぼしていることもあることから，このような子どもや家庭に適切な支援をおこなっていくことが必要である。

しかし，ヤングケアラーについては，関係者にきちんとした認識がされていないこともあり，対応が遅れがちになっている。

ケアをすることになった理由については，「年下のきょうだいがいるため」が最も高く，次いで「ひとり親家庭であるため」，「親が家事をしない状況のため」，「親の病気・障害・精神疾患や入院のため」となっている。

ヤングケアラーである子どもが適切な養育を受け，健やかな成長と教育の機会を得られ，子どもが介護・世話をしている家族に必要な福祉サービスを届けられるように支援することが重要である。

↻ ケアすることになった理由

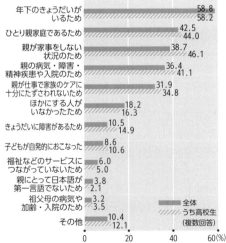

年下のきょうだいがいるため 58.8 / 58.2
ひとり親家庭であるため 42.5 / 44.0
親が家事をしない状況のため 38.7 / 46.1
親の病気・障害・精神疾患や入院のため 36.4 / 41.1
親が仕事で家族のケアに十分にたずさわれないため 31.9 / 34.8
ほかにする人がいなかったため 18.2 / 16.3
きょうだいに障害があるため 10.5 / 14.9
子どもが自発的におこなった 8.6 / 10.6
福祉などのサービスにつながっていないため 6.0 / 5.0
親にとって日本語が第一言語でないため 3.8 / 2.1
祖父母の病気や加齢・入院のため 3.2 / 3.5
その他 10.4 / 12.1

全体
うち高校生
（複数回答）

0 20 40 60(%)

↻ ケアをおこなっている対象者別 ケアの内容

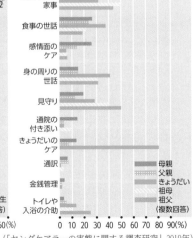

家のなかの家事
食事の世話
感情面のケア
身の周りの世話
見守り
通院の付き添い
きょうだいのケア
通訳
金銭管理
トイレや入浴の介助

母親
父親
きょうだい
祖母
祖父
（複数回答）

0 10 20 30 40 50 60 70 80 90(%)

（「ヤングケアラーの実態に関する調査研究」2019年）

ⓘ インフォメーション 　一声かけることの大切さ▶高齢者のおだやかで明るい笑顔に接すると「ほっと」する。笑顔の奥には高齢者特有の孤独や「老いる」ことへの不安もあるはず。祖父母や身近なお年寄りに，一声かけるということは，高齢者はどんなに救われることだろうか。（「ヤングケアラーの実態に関する調査研究」2019年）

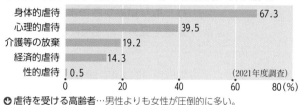
❸ 高齢者虐待

高齢化が進むなかで「高齢者虐待」が社会問題となった。このため，養護者による虐待を防止する目的で，2006年4月から「高齢者虐待防止法」が施行されている。

高齢者虐待の分類

区分	内容	具体的な例
身体的虐待	身体に外傷が生じ，または生じるおそれのある暴行を加える。	・つねる，殴る，ける，無理矢理食事を口に入れる ・ベッドにしばりつけたり，薬を過剰に服用させたりする
介護・世話の放棄・放任	高齢者を衰弱させるような著しい減食，または長時間の放置，養護者以外の同居人の虐待行為を放置する。	・入浴させない，髪がのび放題，皮膚が汚れている ・水分や食事を十分に与えず，脱水症状や栄養失調の状態にする ・室内にごみを放置するなど，劣悪な住環境におく ・介護・医療サービスを何の理由もなく使わせない
心理的虐待	高齢者に対する著しい暴言，または著しく拒絶的な対応など心理的外傷を与える。	・排せつの失敗を笑ったり人前で話したりする ・どなる，ののしる，悪口をいう ・侮辱をこめて，子どものように扱う ・話しかけているのを意図的に無視する
性的虐待	わいせつな行為をしたり，させたりする。	・懲罰的に裸にして放置する ・キス，セックスを強要する
経済的虐待	養護者または親族が当該高齢者の財産を不当に処分したり，財産上の利益を得る。	・日常生活に必要な金銭を渡さない ・自宅を本人に無断で売却する ・年金や預貯金を本人の意思・利益に反して使う

虐待の内容…身体的虐待が最も多く，心理的虐待がそれに続く。

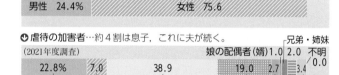

身体的虐待	67.3
心理的虐待	39.5
介護等の放棄	19.2
経済的虐待	14.3
性的虐待	0.5

（2021年度調査）
0　20　40　60　80(%)

虐待を受ける高齢者…男性よりも女性が圧倒的に多い。

（2021年度調査）

男性 24.4%	女性 75.6

虐待の加害者…約4割は息子，これに夫が続く。

（2021年度調査）

| 夫 22.8% | 妻 7.0 | 息子 38.9 | 娘 19.0 | 息子の配偶者（嫁）2.7 | その他3.4 | 娘の配偶者（婿）1.0 | 兄弟・姉妹 2.0 | 不明 0.0 |

孫 3.1

厚生労働省「高齢者虐待の防止，高齢者の養護者に対する支援等に関する法律に基づく対応状況等に関する調査結果」

高齢者虐待の防止策	❶高齢者と介護する人との人間関係をサポート。 ❷介護疲れなど負担軽減の福祉サービスの拡充。 ❸早期発見・通報の義務づけ。

❹ 成年後見制度

認知症，知的・精神障害などの理由で判断能力の不十分な人は，不動産や預貯金などの財産管理，介護サービスや施設入所に関する契約，遺産分割協議をする必要があっても，自分でこれらのことをするのが難しい場合がある。また，自分に不利益な契約であってもよく判断ができずに契約し，悪徳商法の被害にあうおそれもある。このような判断能力の不十分な人を保護し，支援するのが成年後見制度である。また，任意後見制度は，判断能力があるうちに選んだ代理人に代理権を与える契約で，判断能力が低下した後に家庭裁判所が申し立てを受け，任意後見監督人を選任することで，適切な保護支援が可能となる。

また，成年後見登記制度は，成年後見人などの権限や契約の内容をコンピュータシステムによって登記し，登記情報を開示する制度である。

Column
要介護になっても住み慣れた地域で暮らしていくために

団塊の世代が75歳以上となる2025年をめどに，重度の要介護状態となっても住み慣れた地域で自分らしい暮らしを人生の最後まで続けることができるよう，医療・介護・予防・住まい・生活支援が一体的に提供される**地域包括ケアシステム**の構築がめざされている。

介護予防・日常生活支援総合事業（総合事業）は，各市町村の主体的な判断による導入・活用が原則であり，地域包括ケアシステムの具現化につながると期待されている。

介護予防訪問介護・介護予防通所介護以外のサービス（訪問看護，福祉用具など）は，引き続き予防給付によるサービス提供が継続される。

地域包括支援センターによる介護予防ケアマネジメントに基づき，総合事業（介護予防・生活支援サービス事業，一般介護予防事業）のサービスと，予防給付のサービス（要支援者のみ）を柔軟に組み合わせて提供できる。

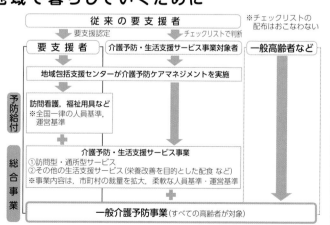

日本における65歳以上の認知症の人の数は約600万人（2020年現在）と推計され，2025年には約700万人（高齢者の約5人に1人）が認知症になると予測されており，高齢社会の日本では認知症に向けた取り組みが今後ますます重要になっている。認知症はだれでもなりうることから，認知症への理解を深め，認知症になっても希望をもって日常生活を過ごせる社会をつくっていこう。

　「認知症」について理解しよう。

資料 1　「認知症」とは，老いにともなう病気の1つで，さまざまな原因で脳の細胞が死ぬ，または働きが悪くなることによって，記憶・判断力の障害などが起こり，意識障害はないものの社会生活や対人関係に支障が出ている状態（およそ6か月以上継続）をいう。

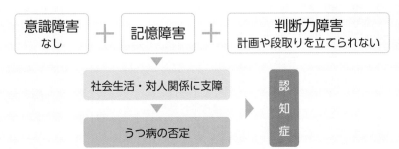

認知症の前段階と考えられている軽度認知障害（MCI*）の人も加えると，さらに割合が大きくなるが，MCIの方がすべて認知症になるわけではない。また，年齢を重ねるほど発症する可能性が高まり，今後も認知症の人は増え続けると予想されている。

*MCI＝Mild Cognitive Impairment　正常と認知症の中間ともいえる状態のことだが，日常生活への影響はほとんどなく，認知症とは診断できない。MCIの人のうち年間で10〜15%が認知症に移行するとされている。

資料 2　年をとればだれでも，思い出したいことがすぐに思い出せなかったり，新しいことを覚えるのが困難になったりするが，「認知症」は，このような「加齢によるもの忘れ」とは違う。たとえば，体験したこと自体を忘れてしまったり，もの忘れの自覚がなかったりする場合は，認知症の可能性がある。

◐「加齢によるもの忘れ」と「認知症によるもの忘れ」の違い（一例）

	加齢によるもの忘れ	認知症によるもの忘れ
体験したこと	一部を忘れる 　例）朝ごはんのメニュー	すべてを忘れている 　例）朝ごはんを食べたこと自体
もの忘れの自覚	ある	ない
探し物に対して	（自分で）努力して見つけようとする	だれかが盗ったなどと，他人のせいにすることがある
日常生活への支障	ない	ある
症状の進行	極めて徐々にしか進行しない	進行する

資料 3　認知症の疾患として，代表的なものは次のとおりである。いくつかの認知症の原因として，異常なたんぱく質が脳にたまることや，脳の神経細胞が死ぬことにより発症することが報告されている。

アルツハイマー型認知症	最も多いパターン。記憶障害（もの忘れ）から始まる場合が多く，ほかのおもな症状としては，段取りが立てられない，気候に合った服が選べない，薬の管理ができないなど。
脳血管性認知症	脳梗塞や脳出血，脳動脈硬化などによって，一部の神経細胞に栄養や酸素が行き渡らなくなり，神経細胞が死んだり，神経のネットワークが壊れたりする。記憶障害や言語障害などが現れやすく，アルツハイマー型と比べて早いうちから歩行障害も出やすい。
レビー小体型認知症	幻視や筋肉のこわばり（パーキンソン症状）などをともなう。
前頭側頭型認知症	会話中に突然立ち去る，万引きをする，同じ行為を繰り返すなど性格変化と社交性の欠如が現れやすい。

 **STEP 2**　身近な人が「認知症」になったらどうすればよいかを知ろう。

認知症になる可能性はだれにでもある。私たちと同様，認知症を患った方々の心情もさまざまである。また，「認知症の本人は自覚がない」という考えも大きな間違いであり，最初に症状に気づき，だれよりいちばん不安になって苦しむのは本人なのである。認知症の人は理解力が落ちているものの，感情面はとても繊細なので，あたたかく見守り適切な援助を受ければ，自分でやれることも増えていく。認知症という病気を理解し，さりげなく自然で優しいサポートを心がけよう。

認知症を正しく知ることから始めましょう。

「認知症」の人のために家族が出来る10ヵ条
1. 見逃すな「あれ，何かおかしい？」は，大事なサイン。
2. 早めに受診を。治る認知症もある。
3. 知は力。認知症の正しい知識を身につけよう。
4. 介護保険など，サービスを積極的に利用しよう。
5. サービスの質を見分ける目を持とう。
6. 経験者は知恵の宝庫。いつでも気軽に相談を。
7. 今できることを知り，それを大切に。
8. 恥じず，隠さず，ネットワークを広げよう。
9. 自分も大切に，介護以外の時間を持とう。
10. 往年のその人らしい日々を。

（公益社団法人認知症の人と家族の会）

（政府広報オンライン「もし，家族や自分が認知症になったら　知っておきたい認知症のキホン」）

 **STEP 3**　「認知症サポーター」について調べよう。

認知症サポーターとは，「認知症に関する正しい知識と理解をもち，地域や職域で認知症の人や家族に対してできる範囲での手助けをする人」のことをいう。何か特別なことをする人ではなく，認知症について正しく理解し，偏見をもたず，認知症の人や家族を温かい目で見守る「応援者」である。認知症サポーターは，地域住民，金融機関やスーパーマーケットの従業員，小，中，高等学校の生徒などさまざまな人がおり，地域活性の担い手として活躍している。

◎高等学校での認知症サポーター養成講座

◎消防職員を対象とした認知症サポーター養成講座

認知症サポーターは，全国で1,300万人以上いるんですね。

（写真はいずれも帯広市提供）

認知症サポーターに期待されること
1. 認知症に対して正しく理解し，偏見をもたない。
2. 認知症の人や家族に対して温かい目で見守る。
3. 近隣の認知症の人や家族に対して，自分なりにできる簡単なことから実践する。
4. 地域でできることを探し，相互扶助・協力・連携，ネットワークをつくる。
5. まちづくりを担う地域のリーダーとして活躍する。

認知症サポーター養成講座
自治体（市町村・都道府県）または企業・職域団体（従業員を対象とする）が実施する「認知症サポーター養成講座」を受講すれば，だれでも認知症サポーターになることができる。

認知症サポーターには「認知症の人を応援します」という意思を示す認知症サポーターカードが渡される。

認知症サポーターカード◎
（全国キャラバン・メイト連絡協議会）

私は 認知症サポーター です。

○○○市

Ninchisho Supporter

生活豆知識

ユマニチュード

ユマニチュードとは「人間らしさを取り戻す」という意味をもつフランス語の造語で，あなたを大切に思っていることを相手にわかるように伝える技術のことであり，4つの要素「見る」「話す」「触れる」「立つ」を「ケアの4つの柱」と名づけている。

「見る」：同じ目の高さで見ることで「平等な存在であること」，近くから見ることで「親しい関係であること」，正面から見ることで「相手に対して正直であること」を相手に伝える

「話す」：低めの声は「安定した関係」を，大きすぎない声は「穏やかな状況」を，前向きなことばを選ぶことで「心地よい状態」を実現することができる

「触れる」：「広い面積で触れる」，「つかまない」，「ゆっくりと手を動かす」ことなどによって優しさを伝えることができる

「立つ」：トイレや食堂への歩行，洗面やシャワーを立っておこなうなどケアをおこなうときにできるだけ立つ時間を増やすことで実現できる

社会保障制度と社会的連帯

共生社会の「参加型社会保障システム」をめざして

子どもの頃は，街全体で高齢化が進み，若者は都会に出て行くばかりで，町はすっかり活気を失い，「ゴーストタウン」などと揶揄する人もいた。市長が変わり，「共生の街」というコンセプトで，人の住まない住宅を再活用して，若い子育て世帯向けの部屋数の多い住宅や，障がい者や高齢者向けのバリアフリー住宅，車の進入を禁止して家族が外で遊べるスペースなどが再整備されると，雰囲気は一変した。(中略)

そんな中で祖母も，元気にボランティア活動をしていたのだが，半年前に脳梗塞を患った。(中略)普段は一人暮らしの祖母は，脳梗塞で倒れたとき，セキュリティセンターにつながるペンダントを胸にぶら下げていたので，すぐにセキュリティの人が飛んできて，救急車も呼んで助かったのだ。あとで聞いたことだが，すぐに受入れの救急病院が決まったことで，後遺障害が少なくなったようだ。祖母の入院を聞いて病院に飛んできた私は，緊急手術の後，意識が完全に回復しないうちからリハビリチームがリハビリをはじめたのにはびっくりしたが，その効果も大きかったと聞いた。ただそれでも右半身に麻痺は残った。問題は，長年住み慣れた自宅に戻るためにどうしたらよいか，だった。(中略)

ホームドクターの先生は地域医療を支えるドクターでもある。地域の中核病院である県立病院や開業医の先生方とも日頃から交流があり，県立病院を退院した患者を受け入れてくれる病院を紹介したり，逆に重症の患者を県立病院に紹介したりしている。一方，介護保険のケアマネージャーは，町内会の婦人部や，地域支援のNPOの人とも懇意で，とにかく顔が広い。こういう人たちが，退院時から今日に至るまで，祖母の心身の状態を記録したデータをネットワークで共有して，チームで対応するようになっているのだ。もちろん祖母本人の了解の元でだ。それに近くの中学校の通学区域ぐらいの比較的こじんまりした中に様々なサービスの拠点がそろうようになり，必要なら送迎してくれたり，訪問してきてくれる。かかりつけ医で訪問診療をしてくれる先生だけでなく，ホームヘルパーや訪問看護師の事業所も30分ぐらいの距離のところにある。デイサービスやショートステイが組み合わさった小規模多機能施設である「ひだまり」もその一つだ。(中略)

「じゃあ，保育園のお迎え，今日は私の当番だからそろそろ行くね。」
「そう。良かったらまた寄ってね。私も，ひだまりでお客さんではなくて何かお手伝い側になろうと思ってるの。ひまわり保育園で子どもの相手するのもいいわね！」

祖母には負ける！と思った。ひまわり保育園はひだまりと同じ場所に併設されている。保育園に着くと，パラパラとお迎えの人とすれ違う。(中略)園に入ると保育士さんが声をかけてくる。
「あら，今日はお母さんのお迎えなんですね。ああそうか，お父さんは遅番なんですね。」

夫は，病院の看護師。普段は，夫がお迎えをするが，遅番のときは私がお迎えをする約束だ。大学時代からつきあっていた夫と医療や福祉の道でともに就職できて，地元に戻れたのはラッキーだと思っている。スキップしながら，大きな声で歌を歌う子どもの手を握り，自分も祖母のように，この街で暮らし続けたいと思った。

(厚生労働省「2010年版厚生労働白書」ポジティブ・ウェルフェア・シナリオ2より)

◑中学校区の単位で充実した福祉サービスが受けられる社会のイメージ

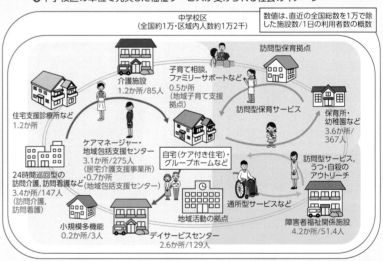

(厚生労働省「2010年版厚生労働白書」)

① ノーマライゼーション

ノーマライゼーションの理念は，障害のある人たちが地域社会のなかで差別されることなく，普通(normal)に暮らせるようにするという発想で始まった。これは，1959年にデンマークのバンク・ミケルセンが提唱したものである。

この理念は，障害のある人もない人も，高齢者も，子どもも，すべての人が社会の一員として，ともに生きることができる社会こそノーマルであるという考えにもとづき，世界的な社会福祉のあり方を示すものとなった。障害のある人の日常のさまざまな欲求も，障害のない人と同じようにごく自然に満たされることが当然であり，障害者の自立した生活をめざすこの理念は，「国際障害者年」とそれ以降の障害者に関する政策の基本となった。

◑民間企業における障害者の法定雇用率，実雇用率の推移

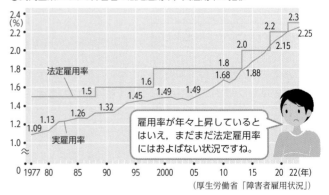

雇用率が年々上昇しているとはいえ，まだまだ法定雇用率にはおよばない状況ですね。

(厚生労働省「障害者雇用状況」)

インフォメーション 共生社会の参加型社会保障(ポジティブ・ウェルフェア)システム▶❶可能な限り自宅を中心とした地域社会における「地域包括ケアシステム」の構築下での生活を望んでいる。❷医療が必要になった場合，要介護の程度に応じて地域や自宅での生活が継続可能なしくみをつくる。❸地域住民が参加し，費用負担が抑えられる制度であることが必要である。

② 人の一生と社会保障制度

社会保障制度は，社会保険（♠）・社会福祉（♥）・公的扶助（◆）・公衆衛生（♣）の４つの柱から成り立っている。少子高齢化の進行，家族形態の変化，雇用基盤の変化など，社会情勢が大きく変化するなか，持続可能な社会保障制度の構築をめざして，安定した財源の確保をめぐる議論が続いている。

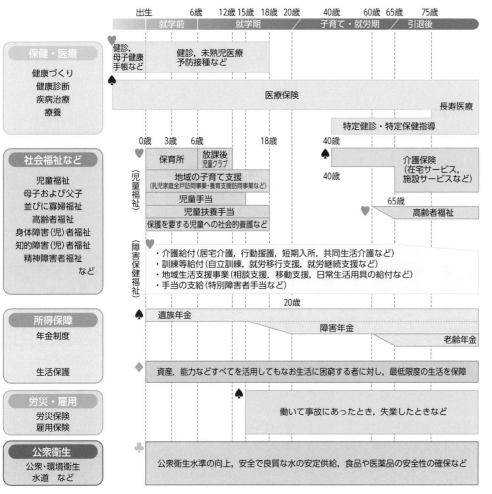

（『社会保障入門』社会保障入門編集委員会ほか）

| 医療保険 …病気になったとき |
| → 医療費が安くなる |

民間会社の労働者とその扶養家族は**健康保険**，公務員とその扶養家族は**共済組合**，自営業者等は**国民健康保険**に加入。義務教育就学後〜69歳は３割，義務教育就学前と70〜74歳は２割，75歳以上は１割（**後期高齢者医療制度**）の自己負担で診療を受けられる。

| 介護保険 …要支援・要介護（⇨p.40参照） |
| → 介護給付等を受けられる |

| 年金保険 …老齢・障害・死亡の場合 |
| → 年金がもらえる |

20歳以上60歳未満のすべての国民が加入。被用者は**厚生年金保険**，自営業者等は**国民年金**に加入し，老齢・障害・死亡などの際，毎年決まった金額（年金）を受け取る。

| 労災保険 …勤務中・通勤中の災害 |
| → 医療費・所得保障を受けられる |

仕事中や通勤途上でのけが・病気・障害・死亡などに対して，必要な給付がなされる。全労働者が強制加入，保険料は事業主が全額負担。

| 雇用保険 …失業したとき |
| → 所得保障を受けられる |

定年，倒産，自己都合などで離職した場合，年齢や加入期間・離職理由などにより90〜360日分の**基本手当**（離職前の平均賃金の原則５〜８割）を支給。職業訓練の受講手当や就職活動のための就職促進給付，能力を開発し雇用安定や再就職促進をはかる**教育訓練給付**，育児・介護休業給付，高年齢雇用継続給付など。

Column

3つのセーフティネット

　私たちの暮らしは，各自が責任をもって努力し，成り立たせていく（**自助**）のが基本だが，長い一生においては，いつ病気やけが，失業など，不慮の事態が発生するかわからない。このようなリスクにそなえて，社会全体で連帯して支えあうこと（**共助**）が大切であり，社会保険は第１のセーフティネットである。これらをもっても対応できない場合は，憲法の定める「健康で文化的な最低限度の生活」を保障する制度（**公助**）が必要である。
　生活保護は第３のセーフティネットであり，最低生活保障のための最後の砦であるが，困窮からの脱却を支援するものではない。この最後のセーフティネットの手前に第２のセーフティネットを張ろうとするものが，2015年４月に施行された**生活困窮者自立支援法**である。自治体の相談支援窓口では，就労支援，生活支援，学習支援，家計相談支援などが実施される。また，地域のＮＰＯなどの活動とつなげた支援も期待されている。

◆生活保護の現状

— 被保護世帯数（世帯）　⋯⋯ 被保護実人員（人）

2,052,114

1,636,959

（月平均）

（厚生労働省「2020年度 被保護者調査」ほか）

小論文ココが出題された ▷ ノーマライゼーションについて説明し，その理念がなぜ必要とされているのか，具体的な生活課題と解決策の例をあげながら800字以内で述べよ。【福岡教育大学・教育学部・中等教育教員養成課程・改】

47

共生

人の多様性と社会参加

社会や環境のあり方・しくみが生み出す障害とは

2021年に，改正障害者差別解消法が成立し，民間事業者においても合理的配慮が義務化されることになった。

この法律では，障害者を「身体障害，知的障害，精神障害（発達障害を含む）その他の心身の機能の障害がある者であって，障害および社会的障壁により継続的に日常生活または社会生活に相当な制限を受ける状態にあるものをいう」と定義しており，単に心身機能の障害だけでなく，社会的障壁が合わさることで制限を受けているという「障害の社会モデル」の考えが取り入れられている。

一般に，「立って歩けない」「目が見えない」「耳が聞こえない」などの心身機能の制約だけが障害ととらえられがちだが，「階段しかない施設」や「高いところに物を置いた陳列」など，社会や環境のあり方・しくみも障害をつくり出している。この障害のとらえ方が「障害の社会モデル」という考え方である。

「障害の社会モデル」では，障害や不利益・困難の原因は，障害のない人を前提につくられた社会のつくりやしくみに原因があると考える。社会や組織のしくみ，文化や慣習などの「社会的障壁」が，障害者など

少数派（マイノリティ）の存在を考慮せず，多数派（マジョリティ）の都合でつくられているために，マイノリティが不利益をこうむる，というマジョリティとマイノリティの間の不均衡が障害を生み出していると考え，社会が障害をつくり出しているからそれを解消するのは社会の責務ととらえる。

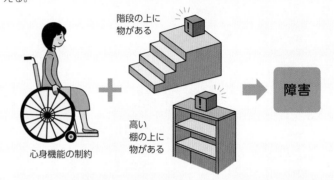

（公益財団法人日本ケアフィット共育機構資料）

1 ソーシャルインクルージョン

従来，貧困は，障害者や持病者，高齢者，社会的規範からの逸脱者（犯罪者）など，排除された人々による社会問題ととらえられてきた。しかし近年，若年失業者や子育てで孤立する女性，定年後に地域から孤立する男性など，社会から排除されていると感じる人々が増大している。

障害や貧困などの困難を有するすべての人々，制度の谷間にあって社会サービスの行き届かない人々を，孤独や孤立，排除や摩擦から援護し，健康で文化的な生活が営めるよう，地域社会の構成員として包み支え合うという考え方を，**ソーシャルインクルージョン**という。

だれも差別されたり排除されたりしない，相互共生的な社会が構築されることが重要であるという考えに立っており，ノーマライゼーションの真の姿ともいえる。ＥＵ諸国では，基本的な福祉の理念とされている。

◯現代社会の社会福祉の諸問題

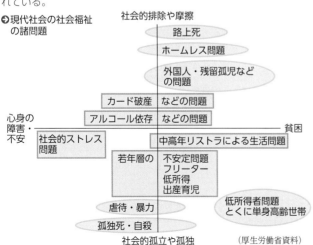

（厚生労働省資料）

2 社会的障壁の具体例

ノーマライゼーションや，ソーシャルインクルージョンの理念実現のための取り組みの1つとしてあげられるのが，**バリアフリー**である。バリアフリーとは，高齢者も含め，何らかの障害のある人が，身体的・精神的な障壁を取り除き，自立した生活ができるようにすることを意味する。

このことばは，もともとは建築用語として登場したもので，建物内の段差の解消など，物理的障壁の除去という意味合いが強いものであったが，現在では，下の❶〜❹に示す「4つのバリア」を取り除き，より広く社会参加を促すという意味でも用いられている。

❶物理的なバリア（施設や設備などによる障壁）

階段しかない入口，路上や点字ブロックの上に停められた自転車，右手でしか使えないはさみなどがバリアとなる。

❷制度的なバリア（ルールや条件などによる障壁）

申込方法が来店のみ・電話のみなどの受付，同伴者を求めるサービス，文字のみの試験問題などがバリアとなる。

❸文化・情報面でのバリア（多数派が従うルール，情報提供など）

緊急時のアナウンスは音声のみ，注意喚起は赤色を使う，視覚でしかわからない署名・印鑑の慣習などがバリアとなる。

❹意識上のバリア（無知，偏見，無関心など）

「こうあるべきだ」，「〜できるはずがない」，「障害者はかわいそう」などという意識がバリアとなる。

インフォメーション 合理的配慮の例 ▶「段差にスロープを渡す」，「高いところの商品を取って渡す」などの物理的環境への配慮，「筆談，読み上げ，手話などによるコミュニケーション」，「わかりやすい表現を使って説明する」などの意思疎通の配慮，「障害の特性に応じた休憩時間の調整」などのルール・慣行の柔軟な変更。

③ アクセシビリティを高めるさまざまな取り組み

　障害者の障害を，本人の個人的な問題にとどめるとらえ方から，社会の側のバリアの問題へと，とらえ方の転換を図り，「合理的配慮」を的確に提供するには，さまざまな情報へのアクセシビリティ向上に取り組まなければならない。これまでは，ボランティアの力も借りながらおこなわれてきたものが，新たな技術の活用などによって，様変わりしてきた。

● 多言語音声翻訳アプリ

日本語→英語

英語→日本語

外国籍の人のなかには，ことばや文化，慣習の違いで，生活上の困難をかかえている人が多い。行政の窓口などにおけることばの壁を解消するアプリが開発され，多くの自治体で活用されている。

● だれもが読める点字

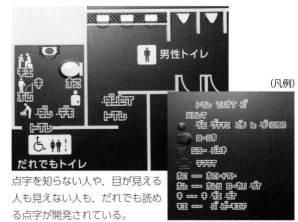

点字を知らない人や，目が見える人も見えない人も，だれでも読める点字が開発されている。

● トイレの音声案内

1 自動音声案内

利用者入室を人感センサーがキャッチし再生（1回再生）

> ≋ アナウンス
> 「多目的トイレ音声案内です。鍵の閉め方，便座の位置を案内します。」
> （日本語のあと外国語が流れます）

2 言語選択

英語・中国語・韓国語で『●▲■』の言語選択ボタンを押すように誘導音声が流れます。

3 選択した言語による音声案内

『●▲■』ボタンで選択された言語による音声案内が始まります。

> ≋ アナウンス
> 「鍵はドア取手下に回転レバー，便座は入口を入って左側，この音声案内側にあります。詳しい案内の必要な方は，この装置中央，丸いボタンを押してください」

4 ボタン操作で詳細音声案内

本体のボタンを押すと，選択された言語による詳細案内が再生されます。

● 電話リレーサービス

聴覚や発話に困難のある方（聴覚障害者等）と聴覚障害者等以外の人との会話を，通訳オペレータが手話・文字と音声を通訳することにより電話で双方向につなぐサービス。

　新しい技術やさまざまなアイデアで，新しい取り組みがどんどん始まっている。身近なところで，社会的障壁を減らし，アクセシビリティを高める取り組みを探してみよう。

小論文ココが出題された▷ 障害を「社会モデル」でとらえることの長所（利点）について，具体例を挙げて600字以内で説明せよ。【広島女学院大学・人間生活学部・管理栄養学科】

49

共生

ユニバーサルデザイン

ユニバーサルデザインとは，最初からすべての人にとって使いやすいようにつくられたデザインのこと。

まちのなかの ユニバーサルデザイン

AI機能を搭載した観光案内多言語タッチパネル。
（永平寺町観光案内所）

だれもが使いやすい「階段」「エスカレータ」「エレベータ」の配置。

階段　エスカレータ　エレベータ

段差をなくして乗り降りしやすくしたノンステップバス（低床バス）。

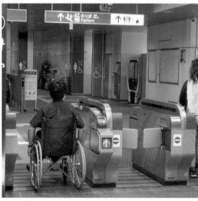

荷物が大きい人や車いすの人も通りやすい，幅の広い改札口。

車いすや子ども連れ，オストメイトの人も使える公衆トイレ。

身長にかかわらず飲みやすい高さに調節した水飲み場。

ピクトグラム

ピクトグラムとは，ことばを理解することができなくても，目で見るだけでだれもが理解できる視覚記号（サイン）の1つである。多様な言語での表示には限界があるが，ピクトグラムなら，その地域にはじめて来た人にとってもわかりやすく，やさしい心づかいとなるとともに，安全を促すことができる。公共交通機関や公共施設での導入も進められている。

↑スロープがあることを示すピクトグラム

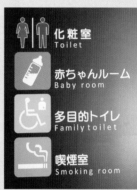

←商業施設で使用されているピクトグラム

化粧室 Toilet
赤ちゃんルーム Baby room
多目的トイレ Family toilet
喫煙室 Smoking room

↓車いすの人やベビーカーを押す人のための車いす専用スペース

コロナ禍でも注目された，センサー式蛇口。

暮らしのなかの ユニバーサルデザイン

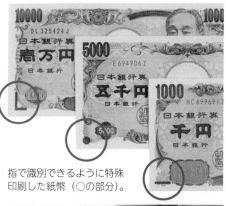

指で識別できるように特殊印刷した紙幣（○の部分）。

使っていくうちに次々新しいカドが現れ，細かい部分をいつでもだれでも快適に消すことができる。（コクヨ株式会社）

レンジの操作面に点字や絵文字があり，わかりやすい。

色の明度や彩度に差をつけて，色の識別をしやすくしたチョーク。（日本理化学工業株式会社）

牛乳パックは，開け口の反対側の半円形の切り欠きで，開け口と中身が牛乳であることがわかる。

←左から
シャンプー（きざみ），
リンス（突起なし），
ボディソープ（直線）

ポンプの頭の部分や側面にきざみや直線の突起がついており，触れただけでシャンプー，リンス，ボディソープの区別ができる。

やわらかいカバーつきで，カバーごと押しこんで刺すことができ，抜くときもカバーをつまんで楽に抜くことができる。（コクヨ株式会社）

TM&©Othello,
Co.and MegaHouse

手ざわりで白黒が区別できるオセロ。石が内蔵型なので，ずれたり紛失したりすることがない。（株式会社メガハウス）

左利きでも隠れないように，4隅にインデックスが描かれたトランプ。

4隅にインデックスがない場合

色ごとに凹凸の形状が異なり，手ざわりだけでもそろえることができるルービックキューブ。（株式会社メガハウス）
RUBIK'S TM &©2021 Spin Master Toys UK Limited, used under license. All rights reserved

右手でも左手でもめくりやすく，片手でも簡単にページをめくることができる，ななめカットのノート。（コクヨ株式会社）

小さい子どもや握力の弱い人でも安心に使えるカスタネットはさみ。（長谷川刃物株式会社）

容易にかめる
歯ぐきでつぶせる
舌でつぶせる
かまなくてよい

↑ユニバーサルデザインフード

食品を「かたさ」や「粘度」に応じて4段階に区分し，商品にはその区分形状とロゴマークを表示している。また，食べ物や飲み物に混ぜるだけでとろみ調節ができる粉末状，ゼリー状の食品もある。日常の食事から介護食まで幅広く利用できる。（日本介護食品協議会）

51

世界の民族衣装

日本には和服という伝統的な衣装があるが，世界各地にはさまざまな民族衣装がある。民族衣装は地域の気候，生活環境，生活文化により，腰布型・巻垂型・貫頭型・前開型・体形型の5つに分類される。現代では日常的に着ることが少なくなり，正装として着用される民族衣装も多い。

ブータン
ロシア
チェコ
イギリス
アラスカ
モンゴル
日本
韓国
トルコ
ミャンマー
カンボジア
メキシコ
ガーナ
インド
タヒチ
ペルー
ケニア
サウジ
アラビア

　　：熱帯(熱帯多雨林)
　　：乾燥帯(砂漠，ステップ)
　　：温帯
　　：亜寒帯(冷帯)
　　：寒帯

体形型

●イギリス（スコットランド）のキルト（男性）

スカート状のタータン（チェック柄）の毛織物で，男性の正装。

●ロシアのサラファン（女性）

ルパシカという上衣に，サラファンというジャンパースカートを重ねる。

●チェコ

男性は白いシャツ・ベスト・細身のズボン・ブーツ，女性は白いブラウス，ベスト・スカートに，美しい刺繍のエプロンやリボン，スカーフなどを身につける。

●アラスカ（イヌイット）

アザラシなどの毛皮でつくった服やブーツをはいて寒さから身を守る。

巻垂型

●ケニアのカンガ

カンガという色鮮やかな2枚1組の布を巻きつけて着る。

●サウジアラビア

男性は丈長の白いトーブというワンピースで，頭には布をかぶり太い輪でとめる。女性は黒いアバヤで全身をおおい，頭も隠す。

●インドのサリー（女性）

細長い布からなり，腰から巻き身体をおおい，残りを肩から後ろに垂らす。

●ガーナのケンテ（男性）

ガーナの男性が儀式のときなどに着用する晴れ着。

前開型

● トルコのカフタン
長袖・袷仕立ての長い前開きのガウン。

● 韓国
男性は上着に袴のバチ（パジ）チョゴリ，女性は丈短の上着と胸からくるぶしまであるスカート状の衣類のチマチョゴリを着る。

● ブータンのゴ（男性）
前に打ち合わせる筒袖の服。ブータンでは民族衣装の着用が義務づけられている。

● 日本の着物
冠婚葬祭などの際に，着物が着用される。また，浴衣は夏祭りや花火大会など，若い世代でも取り入れられている。

● モンゴルのデール
デールは立衿で，首と胸，右側の脇と腰をボタンでとめ，腰を帯で締める。

● 日本（アイヌ）のアットゥシ
袖口，衿，裾まわり，背中に邪気払いの文様をほどこす。

腰布型

● ミャンマーのロンジー（男女）
腰に巻く筒型スカート。男女ともに古代からはいてきた。ミャンマーでは民族衣装の着用が義務となっている。

● タヒチのパレオ
パレオとよばれる巻きスカートを腰に巻く。

● カンボジアのサンポット
幅約50cmの平らな長方形の布を裁断せずに使って形づくる。現在でも男女問わずすべての階級の人が身につけている。

貫頭型

● ペルーのポンチョ
リャマやアルパカなどでつくられた毛織物のポンチョを頭からかぶる。

● メキシコのケスケミトル
長方形の布2枚を縫い合わせたケープ風の上衣。

日本の伝統衣装

振袖
末婚女性の第一礼装。たもとが長いのが特徴。成人式・結婚披露宴など，お祝いの場で着られる。

打掛は上級武士の妻などが着用していたものが今に伝わる。**留袖**は背・両袖・両胸に家紋を染め抜き，裾にめでたい柄のはいった既婚女性の第一礼装。地色が黒のものを黒留袖，黒以外を色留袖という。男性の第一礼装は**黒紋付羽織袴**（黒羽二重，染め抜き五つ紋の紋付羽織と長着に，仙台平の袴）で，花婿や新郎新婦の父が着る。

羽織姿
着流しに羽織を加えた姿。最も一般的な外出着。

訪問着
留袖につぐ礼装で，既婚・未婚を問わない。すべての柄が続くようにつくられており，えりや脇などの縫い目部分でも柄がつながっている。一方，付け下げは訪問着とほぼ同格であるが，すべての模様が上を向いている。

着流し
男性の日常着で，長着を着て帯を締めたスタイル。木綿・麻・ウール・化学繊維などの素材が中心。

着物の歴史

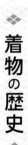

古墳～弥生時代
貫頭衣（女性）
袈裟衣（横幅衣）（男性）

→ やがて身体をまもるためにえりや袖をつけ，小袖の原型に

飛鳥～奈良時代（大陸文化の時代）

→ 貴族の衣服は大陸化

（平安時代の庶民）
小袖（小さな袖口の衣服）

→ 着物の原型に

平安時代
小袖（下着）
十二

→ 宮中儀式の服装

襲の色目
（かさね）

　平安時代の女房装束は，単（ひとえ）の上に多くの衿（うちき）を重ねた姿だった。このような色の組み合わせを襲の色目（しょうぶ）と呼んだ。それは表地の色と裏地の色の組み合わせ，重ねる衣服の表の色と裏の色の関係をあらわした。

春	夏	夏〔五衣　菖蒲（しょうぶ）〕

〔白梅（しらうめ）〕 表：白 裏：薄紅	〔杜若（かきつばた）〕 表：二藍（ふたあい） 裏：萌黄（もえぎ）	青（緑　濃き薄き）， 白，紅梅（濃き薄き） 白の単

秋	冬	冬〔五衣　紅紅葉〕

〔萩襲（はぎがさね）〕 表：紫 裏：薄紫	〔松の雪〕 表：白 裏：青（緑）	紅，山吹，黄，青 （緑　濃き薄き） 紅の単（ひとえ）

伝統的な文様

青海波

紗綾型

亀甲

唐草

麻の葉

井げた

市松

七宝

矢羽根

浴衣を着てみよう！

❶左右の衿先を合わせて背中心を決める。上前（左前身ごろ）の裾をくるぶしに合わせる。

❷上前をいったん広げ，下前（右前身ごろ）を合わせ，つま先を10cmほどあげる。

❸上前を❶で決めた位置に戻し，つま先を5cmほどあげる。腰骨の2～3cm上で腰紐をしめる。

❺胸の下で2番目のひもをしめる。

❻後ろのしわ，両脇のたるみをととのえる。

❹両脇の身八つ口から手を入れ，前後のお端折りをきれいにする。

（文庫結びの場合）

❼帯の手先の幅を2つに折り，肩にあずける。

❽胴に2巻きし，手を下からくぐらせて結ぶ。

❾帯のたれを肩幅くらいにたたむ。

❿羽根のまんなかにひだをとり，手を羽根にかぶせて2巻きする。

⓫余った手は帯と浴衣の間に差しこむ。

⓬結び目が後ろにくるように，右回しで帯を回す。

男帯の結び方（貝の口の場合）

❶手先を30～40cmの2つ折りにし，たれを胴に2～3巻きする。
手先　たれ

❷たれ先（巻いた方）を上にして交差し，ひと結びする。
手先　たれ

❸手先をななめ上に折り上げ，たれと交差させる。

❹たれをななめ上に抜き上げて結ぶ。右回しで体の後ろに回す。

（公家の時代）
→宮中儀式の服装に

鎌倉～室町時代（武士の時代）
打掛
小袖（下着）
直垂（ひたたれ）
小袖
→婚礼衣装に
→動きやすい小袖が表着として広まる

江戸時代（武士の時代・町人文化の開花）
肩衣（かたぎぬ）
袴（かしも）
長袴
羽織
小袖
小袖
→袴に変化
→普段着に

55

私たちと衣生活

平服？

案内状

テーマ 被服とTPO 〜○○に着ていく服装を考えよう

結婚式，披露宴，法事，同窓会などの案内状に「平服でお越しください」と書かれていたら，あなたは何を着ていくだろうか？ドレスコード（服装規定）を意味する文章であることは想像できるが，具体的にどんな服を着ていったらよいのだろうか，あるいはどんな服が適切ではないのか，考えてみよう。

STEP 1 数人のグループをつくって場面を選び，着ていく服と着ていかない服を考えてみよう。
まずは自分の考えを記入し，次にグループ内で意見を交換し合おう。

（　　　　　　　　　）の場合　　　例：結婚式，法事など

	着ていく服	着ていかない服
自分の考え		
グループの考え		

STEP 2 グループごとに話し合ったことを発表しよう。他のグループの発表を聞いたあと，
再度，どんな服がふさわしいか，理由も述べてまとめよう。

周りの人に嫌悪感を
与えない服装か，考
えることも大切です。

1 自分らしさを表現する

　私たちの被服のイメージを決める要素のなかで，色の果たす役割は大きい。つまり，相手に与えるイメージは，色の使い方に左右されることになる。
　明度・彩度・色相（p.58ワーク「カラーコーディネート」参照）についてしっかり理解したうえで，それらをうまく組み合わせて「自分らしさ」を表現しよう。

同じ色相を組 まとまりはつくが，
み合わせる おとなしく平凡

色相の異なるもの にぎやかで
を組み合わせる 楽しい

類似の色相を おだやかで
組み合わせる 親しみやすい

彩度の大きいものを上，背が高く
小さいものを下にする 見える

明度の同じもの シンプルで
でまとめる さわやか

色から連想するイメージ

色	連想するイメージ	色	連想するイメージ
赤	情熱的，熱い，派手	ピンク	赤ちゃん，明るい，メルヘン
オレンジ	夕焼け，暖かい，陽気	ベージュ	地味な，寂しい
黄	タンポポ，楽しい，危険	ブラウン	土，地味，濁った
緑	自然，きれい，平和	オリーブ	渋い，落ち着いた，和風
青	冷たい，さわやか，清潔な	白	静かな，潔白，純粋
紫	スミレ，大人っぽい，高貴	黒	暗い，大人っぽい，高級

インフォメーション　ジーンズの誕生▶サンフランシスコの織物商リーバイ・ストラウス社のもとに仕立屋のヤコブ・ディビスが作業着の補強のため，びょうを打つアイディアをもちこんだのが始まりとされている。1873年に特許を取得し，ブルージーンズの原型ができあがった。

② 被服などによる事故

＜高齢者に多い着衣着火の事故＞

着用している衣服の袖などに着火して服全体に燃え広がる「着衣着火」の事故が多く発生している。衣服に火がつくと、重いやけどや死亡にまで至ることがある。身体機能が衰えている高齢者や注意力に欠ける子どもに対しては周りの人が十分気をつけることが大切である。火のつきやすい衣服（生地の毛足が長いもの、飾りの多いもの、ゆったりした垂れ下がるようなデザインのものなど）を身につけたまま火や熱源に近づくのは危険である。難燃性能や防炎性能のあるエプロンや腕カバーなどを着用するとよい。

＜子ども服のひもの引っかかりによる事故＞

JIS L4129（子ども用衣料の安全性—子ども用衣料に附属するひもの要求事項）が平成27年12月に制定公示された。我が国において、子ども服のひもに起因する重篤な事故事例は公的には報告されていないものの、子どものいる世帯に対しておこなった調査では77%が「危険を感じたことがある」と回答している。主な原因が「ひもの引っかかり」によるものだった。子ども服のひもによる事故の未然防止をはかるために制定された。

◎着衣着火事故年代別被害者数

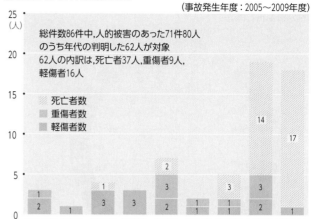

（事故発生年度：2005～2009年度）

総件数86件中、人的被害のあった71件80人のうち年代の判明した62人が対象
62人の内訳は、死亡者37人、重傷者9人、軽傷者16人

■ 死亡者数
■ 重傷者数
■ 軽傷者数

（製品評価技術基盤機構「着衣着火事故の防止について」）

◎JIS L4129で規定するひもの規定事項例（13歳未満が着用する子ども服が対象）

〈頭、および首まわりのひも〉

× × × ○

垂れ下がっているひもがあってはならない。

〈背中のひも〉

×

後ろから出たり、後ろで結ぶひもがあってはならない。
（結びベルト又は帯は除く。）

〈すそのひも〉 ×：許容できない例
○：許容できる例

× ○

股から下にある衣料のすそに、垂れ下がったひもがあってはならない。
（例：上着、ズボンの裾）

（経済産業省資料）

Do action! ほかにも日常生活における被服による事故について考えてみよう。

衣生活

Column

被服などの着装による健康被害

↑被服圧による血行障害

被服が体を押さえる圧力は「被服圧」といわれ、この被服圧が強すぎると、内臓や血管が圧迫されてしまう。被服によるしめつけにより、血流が悪くなったり腫れたりすることがある。また、体にストレスを与えて体調不良になることもあるので、被服には適度な余裕が必要である。

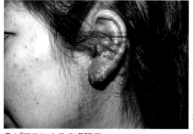

↑ピアスによる皮膚障害

ピアスの普及にともなって、ピアス皮膚炎と呼ばれるいろいろな合併症が増えてきている。上皮欠損した穴に長期にわたってピアスを装着し続けると、ピアス金属に対してアレルギー症状が出る。

外反母趾

自分の足に合わない靴をはき続けていたり、足に負担がかかったりすると、足の親指が内側に曲がる外反母趾を引き起こすことがある。歩行のたびに痛みを感じることもあるので、正しい靴を選ぶことが大切である。

↑つけ爪による健康被害

グリーンネイルとは、つけ爪を乱暴に扱うことや、不適切なつけ爪施術から爪との間に隙間が生じ、緑膿菌が繁殖した状態のことをいう。完治までには、皮膚科での長期的な治療が必要な場合もある。

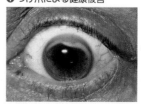

↑カラーコンタクトによる眼障害

カラーコンタクトレンズは酸素透過性が低いものが多く、着色部位が角膜や結膜を傷つける可能性があり、眼障害を起こしやすい。眼科医の処方に従ったレンズ以外や、厚生労働大臣の承認を得ていない銘柄は使用してはいけない。

小論文ココが出題された▶ 一人ひとりの個性や多様性を尊重すべきという意見をよく耳にするが、大学の入学式では、大多数の学生がリクルートスーツで出席している。ファッションにおける「自由」と「規律」についてあなたはどのように考えるか。具体例を挙げて600字以内で論じよ。【共立女子大学・家政学部・被服学科・改】

●PCCS色相環

色を記号化してあらわすしくみの1つ。色相とは，赤・青・黄などの，色を特徴づけている性質のことをいう。ＰＣＣＳ色相環は24の色相で構成されている。

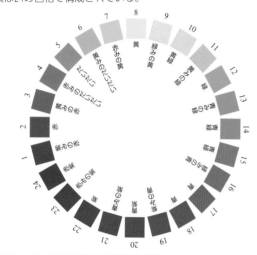

((財) 日本色彩研究所「日本色研配色体系」)

●PCCSトーン

明度（明るさや暗さの度合い）と彩度（鮮やかさの度あい）が組み合わされた色の雰囲気のことをトーンという。ＰＣＣＳでは，トーンを12種類に分類している。

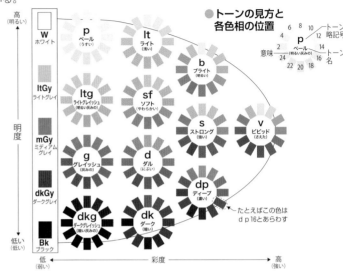

●トーンの見方と各色相の位置

●色相をもとに配色を考えよう

次の例を参考に，❶色相を合わせる，❷色相を近づける，❸色相に差をつけるの3パターンの配色を考えてみよう。

❶同じ色相
（色相環上で同じ位置にある色相）

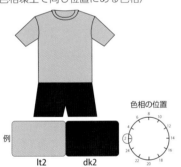

例 lt2　dk2

色相の位置

❷類似色相
（色相環上で隣の位置にある色相）

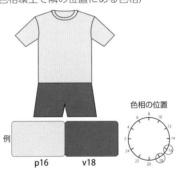

例 p16　v18

色相の位置

❸対照色相
（色相環上で8〜10離れた位置にある色相）

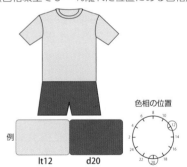

例 lt12　d20

色相の位置

●トーンをもとに配色を考えよう

次の例を参考に，❶トーンを合わせる，❷トーンを近づける，❸トーンに差をつけるの3パターンの配色を考えてみよう。

❶同じトーン
（トーン図で同じトーン）

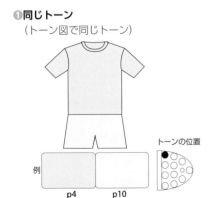

例 p4　p10

トーンの位置

❷類似トーン
（トーン図で隣り合うトーン）

例 ltg22　g24

トーンの位置

❸対照トーン
（トーン図で離れた位置にあるトーン）

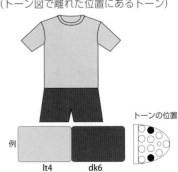

例 lt4　dk6

トーンの位置

●別の色を加えて調和させよう

> 調和感に欠ける配色には，正反対の要素をもつ別の色を加えて印象を変え，配色全体を調和させるとよい。配色の変化を強調し，そのなかに統一感を与えるには，色同士の関係だけでなく，面積や形，配置なども考えるとよい。

❶セパレーション

明度差がほとんどない色の組み合わせや対比が強く起こる配色などに，補助的な役割としておもに無彩色や無彩色に近い色を入れることで，色と色の区別を明快にしたり，対比の効果を弱めたりして，全体を調和させる配色。

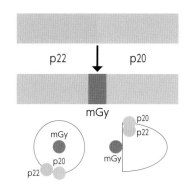

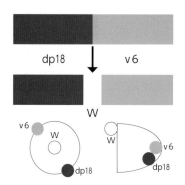

❷アクセント

まとまりがなく，ぼんやりとしたイメージの配色に，強い色を小さい面積で部分的に入れることで視線をそこに引きつけ，全体を引きしめる効果をもつ配色。

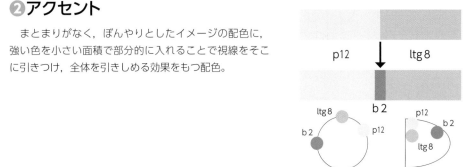

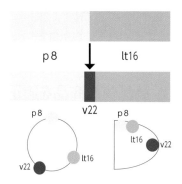

●視覚効果を応用しよう

❶細く見せたい場合

体型を細くすっきり見せたいときは，黒や茶，寒色系の洋服を用いると効果的である。たとえば，下半身が気になる場合は，パンツやスカートに収縮色を選ぶとよい。しかし，収縮色だけで全身をコーディネートすると暗く重い印象になりがちなので，色や柄による視覚効果を応用することが大切である。

右図を見ると，右のたてストライプのTシャツのほうがすっきり見える。膨張色でも細く見えるのは，ストライプで縦のラインを強調したからである。

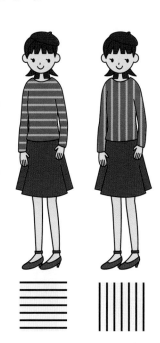

❷背を高く見せたい場合

背を高く見せたいときは，視線を集める色みの強い鮮やかな色を，シャツやジャケットなどの上半身に用いるとよい。

右図を見ると，右のジャケットの前をあけて着ているほうが，背が高く見える。Tシャツとパンツの色を同系色にして，目線が上から下に動いてたてのラインを強調するようにしたからである。このとき，Tシャツ，ジャケット，パンツの色相やトーンを同一にしたり，類似にしたりすることで，自然なグラデーションをつくることができ，より背を高く見せる効果が期待できる。

被服の選び方

既製服のかしこい選び方

服を買いに行ったときに，あなたは何を基準に選んでいるだろうか？「前から欲しかったから」「似合うって店員さんがいっていたから」「安かったから」……などいろいろな場合があるが，その選び方はかしこい買い物といえるだろうか。

欲しいと思って買ったはずなのに，結局着ないままになったり，数はあるのに着回せずいつも服がないと悩んだりしないよう，服を買う前には，今自分が持っているものを事前にチェックして，欲しいアイテムを厳選してみよう。それから予算を決めて買うものを絞りこんでいこう。迷ったら必ず時間を置いて「本当に欲しいもの？」と一度考えてみることも大切である。

◎服を買うときにチェックしたい項目

- ☐ **1** デザインや色柄は着用目的に合っているだろうか
- ☐ **2** サイズは体型に合っているだろうか
- ☐ **3** 脱ぎ着が簡単で，動きやすいだろうか
- ☐ **4** 素材は適切か，着心地はよいだろうか
- ☐ **5** 縫製は丈夫か，仕立てはていねいだろうか
- ☐ **6** 自分に似合っているだろうか
- ☐ **7** 流行に左右されず着回しがきくだろうか
- ☐ **8** 価格は適切だろうか
- ☐ **9** 手持ちの服と組み合わせができるだろうか
- ☐ **10** 洗濯などの取り扱いが難しくないだろうか

> また，選んで買った服は長く着れるようじょうずに管理できるようになっておきたいですね。衣服の取扱い方法を覚えておきましょう。

① 高品質な商品を適正価格で提供する

近年，オーガニック・コットンなど環境負荷の低い素材の使用，フェアトレードなど児童労働の撤廃や人権に配慮した生産・流通過程をめざす「エシカル（倫理的，道徳的）・ファッション」が注目されている。一般的なアパレルメーカーとは異なり，中間業者を介さず，工場と直接提携して商品をつくり，消費者に届けることで，高品質な商品を適正価格で提供している会社がある。

従来の流通構造では中間業者が介在し，メーカーによる"小売希望価格"が決定したうえでものづくりが進むため，低価格を求められるほど工場は過剰な原価削減を強いられ，利益を十分に確保できないという負のサイクルが生まれていた。

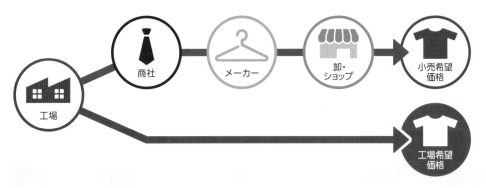

◎通常の流通構造とファクトリエの流通のしくみ

そこで，この提携工場では，自らの"工場希望価格"を提示できるというしくみを採用している。これにより工場は適正な利益を確保することができ，妥協なしに技術やこだわりを詰めこんだものづくりを追求することができる。そして消費者は"本当にいいもの"を適正な価格で購入することができるという，使い手もつくり手も笑顔になれる新しいしくみである。

◎100年以上続く日本最古の革小物工房
（革包司博庵・東京都台東区）

◎和紙ソックスー職人と挑むものづくり
（東洋繊維・岐阜県関市）

◎古き良き編み機を守り続けるメリヤス工場
（今枝メリヤス・愛知県一宮市）

ⓘ インフォメーション 組成表示・性能表示▶繊維製品の表示には，「家庭洗濯等取扱い方法」や「サイズ表示」のほかに，材質を繊維名と混用割合であらわす「組成表示」，はっ水性（水をはじく性質）などをあらわす「性能表示」，ウールマークなどの「品質表示」，「原産国表示」などがある。

2 サイズ表示

既製服のサイズは，日本の場合，日本産業規格（JIS）による基本身体寸法にもとづいて絵と記号・数値で表示することになっており，寸法列記方式である。これに対して，ISO規格では，絵表示が一般的であり，国やブランドによって表示の仕方はさまざまである。このため，日本への輸入衣料品には，ISOによる表示はほとんど使われていない。

輸入衣料品のなかには，日本でもなじみのあるS，M，L，XLなどのサイズ表示があるが，これらは外国人の体格をもとにしたものなので，そのままでは日本人には大きすぎる場合もある。通信販売やオンラインショッピングを利用するときは，写真だけで実物は確認できないので，サイズや取り扱いなどの商品説明，返品や交換方法などについて十分に確認する必要がある。

生活豆知識

日本と海外のサイズ表示の比較（めやす）

成人女性用

	サイズ表示				
日本	7	9	11	13	15
国際規格	XS	S	M	L	XL
アメリカ	4	6	8	10	12
フランス	36	38	40	42	44

成人男性用

	サイズ表示			
日本	S	M	L	LL,XL
国際規格	XS	S	M	L
アメリカ	34~36	38~40	42~44	46~48
フランス	38~40	42~44	46~48	50~52

成人女性用（靴）

	サイズ表示					
日本	22.5	23.0	23.5	24.0	24.5	25.0
アメリカ	5.5	6	6.5	7	7.5	8

成人男性用（靴）

	サイズ表示					
日本	25.0	25.5	26.0	26.5	27.0	27.5
アメリカ	7	7.5	8	8.5	9	9.5

日本におけるサイズ表示（JIS L4004，L4005より）

体型，チェストとウエストの寸法差（cm）

寸法差	20	18	16	14	12	10	8	6	4	0
記号	J	JY	Y	YA	A	AB	B	BB	BE	E

身長の寸法（cm）と番号

寸法	155	160	165	170	175	180	185	190
番号	2	3	4	5	6	7	8	9

範囲表示

呼び方		SS	S	M	L
基本身体寸法	チェスト	72～80	80～88	88～96	96～104
	ウエスト	60～68	68～76	76～84	84～94
	身長（参考）	145～155	155～165	165～175	175～185

呼び方		LL	3L	4L	5L
基本身体寸法	チェスト	104～112	112～120	120～128	128～136
	ウエスト	94～104	104～114	114～124	124～134
	身長（参考）	175～185	175～		

成人男子サイズ表示例

サイズ	
チェスト	92
ウエスト	80
身長	165

92　A　4
チェスト寸法　体型記号　身長番号

成人女子サイズ表示例

サイズ	
バスト	83
ヒップ	91
身長	158

9　R
バスト番号　身長記号

自分の寸法をはかってみよう。

男性	女性
・身長	・身長
・チェスト	・バスト
・ウエスト	・ウエスト
	・ヒップ

Do action!

［自分のサイズ：　　　　　］

バストの寸法（cm）と番号

寸法	74	77	80	83	86	89	92	96	100	104
番号	3	5	7	9	11	13	15	17	19	21

身長の寸法（cm）と記号

寸法	142	150	158	166
記号	PP	P	R	T

〔注〕　P：Petite（小さい）　R：Regular（標準の）　T：Tall（大きい）
PP：Pよりも小さいときは，Pを重ねてあらわす。

範囲表示

呼び方		SS	S	M	L
基本身体寸法	バスト	65～73	72～80	79～87	86～94
	ヒップ	77～85	82～90	87～95	92～100
	身長	154～162			
	ウエスト	52～58	58～64	64～70	69～77

呼び方		LL	3L	4L	5L	6L
基本身体寸法	バスト	93～101	100～108	107～115	114～122	121～129
	ヒップ	97～105	102～110	107～115	112～120	117～125
	身長	154～162				
	ウエスト	77～85	85～93	93～101	101～109	109～117

13 気候変動に具体的な対策を

Column

COOL CHOICE（クールチョイス）

2015年，すべての国が参加する形で，2020年以降の温暖化対策の国際的枠組み「パリ協定」が採択された。世界共通の目標として，世界の平均気温上昇を2℃未満にすること，今世紀後半に温室効果ガスの排出を実質ゼロにすることが打ち出された。日本は，2030年に向けて，温室効果ガス排出量26％削減（※2013年度比）をかかげている。

「COOL CHOICE（クールチョイス）」は，この目標達成のために，省エネ・低炭素型の製品・サービス・行動など，温暖化対策に資する，また快適な暮らしにもつながるあらゆる「かしこい選択」をしていこうという取り組みである。

地球温暖化対策のために環境省が2005年から提唱してきた，冷房時の室温を28℃にしてもオフィスで快適に過ごせる，「クールビズ」や，暖房時の室温20℃設定で心地よく過ごすことのできるライフスタイル「ウォームビズ」も「COOL CHOICE」（かしこい選択）の1つである。

クールビズの基本的な服装は，ノーネクタイ，ノー上着だが，会社によってルールが異なり，これが正しいといいきれるスタイルはない。「クールビズ」も「ウォームビズ」も周りの人に不快感を与えないスタイルを心がけたいものである。

←清涼感のある色使い，薄手の素材感など，快適に過ごせる軽装でさわやかに

↑涼しく着る工夫

←うちわやせんすを利用して体感温度を下げる

↑効果的な重ね着

Do action!

周囲に不快感を与えない服装とはどんなものかグループで話し合い，「就職活動で着たい服」というテーマで意見をまとめて発表してみよう。

衣生活

被服の素材

布は何からできている?

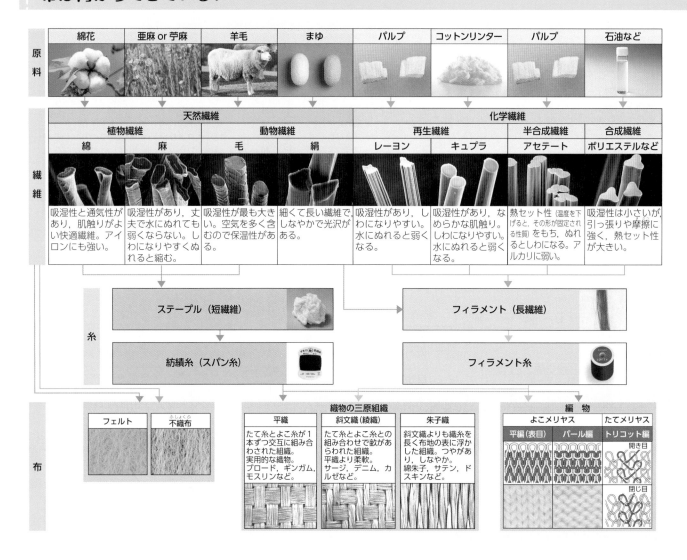

	綿花	亜麻 or 苧麻	羊毛	まゆ	パルプ	コットンリンター	パルプ	石油など
原料								

	天然繊維				化学繊維			
	植物繊維		動物繊維		再生繊維		半合成繊維	合成繊維
	綿	麻	毛	絹	レーヨン	キュプラ	アセテート	ポリエステルなど
繊維	吸湿性と通気性があり、肌触りがよい快適繊維。アイロンにも強い。	吸湿性があり、丈夫で水にぬれても弱くならない。しわになりやすくぬれると縮む。	吸湿性が最も大きい。空気を多く含むので保温性がある。	細くて長い繊維で、しなやかで光沢がある。	吸湿性があり、しわになりやすい。水にぬれると弱くなる。	吸湿性があり、なめらかな肌触り。しわになりやすい。水にぬれると弱くなる。	熱セット性(温度を下げると、その形が固定される性質)をもち、ぬれるとしわになる。アルカリに弱い。	吸湿性は小さいが、引っ張りや摩擦に強く、熱セット性が大きい。

糸

ステープル (短繊維) → 紡績糸 (スパン糸)

フィラメント (長繊維) → フィラメント糸

布

フェルト	不織布

織物の三原組織

平織	斜文織(綾織)	朱子織
たて糸とよこ糸が1本ずつ交互に組み合わされた組織。実用的な織物。ブロード、ギンガム、モスリンなど。	たて糸とよこ糸との組み合わせで斜めがあらわれた組織。平織より柔軟。サージ、デニム、カルゼなど。	斜文織よりも織糸を長く布地の表に浮かした組織。つやがあり、しなやか。綿朱子、サテン、ドスキンなど。

編物

よこメリヤス		たてメリヤス
平編(表目)	パール編	トリコット編

1 においと燃え方からの鑑別法——燃焼実験

繊維を徐々に炎に近づけ、炎のなかに入れ、また離してその状態を観察することで、繊維を見分けることができる。しかし、試料の量が微量ではできないし、混紡の場合は判定を誤りやすい。炎はアルコールランプが見やすい。

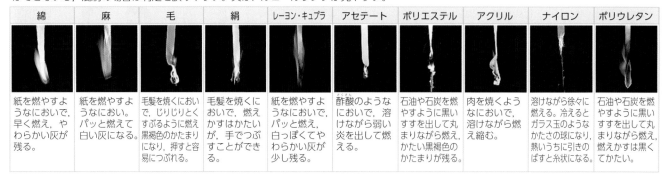

綿	麻	毛	絹	レーヨン・キュプラ	アセテート	ポリエステル	アクリル	ナイロン	ポリウレタン
紙を燃やすようなにおいで、早く燃え、やわらかい灰が残る。	紙を燃やすようなにおい。パッと燃えて白い灰になる。	毛髪を焼くにおいで、じりじりとくすぶるように燃え黒褐色のかたまりになり、押すと容易につぶれる。	毛髪を焼くにおいで、燃えかすはかたく、手でつぶすことができる。	紙を燃やすようなにおいで、パッと燃え、白っぽくてやわらかい灰が少し残る。	酢酸のようなにおいで、溶けながら弱い炎を出して燃える。	石油や石炭を燃やすように黒いすすを出して丸まりながら燃え、かたい黒褐色のかたまりが残る。	肉を焼くようなにおいで、溶けながら燃え縮む。	溶けながら徐々に燃える。冷えるとガラス玉のようなかたさの球になり、熱いうちに引きのばすと糸状になる。	石油や石炭を燃やすように黒いすすを出して丸まりながら燃え、燃えかすは黒くてかたい。

インフォメーション ナノテクノロジー▶ナノとは、10^{-9}を意味するラテン語で、1ナノメートルは、1メートルの1000000000分の1のことである。ナノテクノロジーとは、原子や分子と同じレベルの超微細細技術を意味している。

2 いろいろな布地

シーチング

太番手の綿の単糸を用いた粗目の平織物。
用途：シーツ，トワル（仮縫い）

ブロード

地合いが密で光沢があり，繊細なよこ畝のある柔軟な平織物。
用途：ワイシャツ，パジャマ

ギンガム

先染糸または先晒糸を用い，格子柄か，たて縞に織った綿の平織物。
用途：ブラウス，ワンピース

オーガンジー

平織の薄地で，透かし目のあるかたい手触りの織物。
用途：ドレス，ブラウス，装飾品

サッカー

しじら織ともいう。織物の表面に波状の凹凸がある。
用途：パジャマ，カジュアルウエア

楊柳クレープ

よこ糸に強撚糸を使って，布地に凹凸を出した平織物。
用途：夏用の肌着，ブラウス

デニム

たてにインディゴで染めた糸，よこに晒糸を使った厚手の斜文織物。
用途：ブルージーンズ

サージ

たて，よこ糸の太さ，密度がほぼ同じ正則斜文織の梳毛織物。
用途：制服，背広，スカート

ギャバジン

斜文線がはっきりしていて，急角度の斜文織物。
用途：コート，ジャンパー

フラノ

平織または斜文織の紡毛織物を起毛したもの。
用途：ブレザー，コート

ツイード
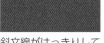
原料に雑種羊毛を使った紡毛織物。平織もあるがほとんどが斜文織。
用途：ジャケット，コート

サテン

織物表面上に糸が長く浮いて出ている朱子織物。光沢がある。
用途：ドレス，ブラウス

コーデュロイ（コール天）

毛羽がたて方向に畝としてあらわれるのが特徴の添毛織物。
用途：ジャケット，パンツ

ジャージー

反物状に編まれた外衣用のニット生地。
用途：スポーツウエア

フェルト
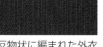
反毛などを縮充させてシート状にしたもの。
用途：手芸用品，帽子，敷物

不織布

羊毛以外の繊維を接着したり，絡ませたりしてつくられた布。
用途：芯地

3 広がるサステナブル素材

リサイクルポリエステルのECOPET®は，環境に優しいだけでなく，繊維の形や太さを変えたり，加工の仕方を工夫したりすることで，機能性も付与されている。繊維テクノロジーの発展は，環境に優しいだけでなく，私たちの生活をよりよくする素材として進化を続けている。

繊維の形や太さを変え，さまざまな機能性が付与されたりリサイクルポリエステル繊維

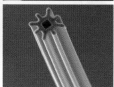

（帝人フロンティア株式会社）

植物由来のバイオマスをおもな原料とし，微生物発酵（ブリューイング）プロセスによりつくられるタンパク質素材。

ブリュード・プロテインを用いた加工例

（Spiber株式会社）

環境面では，主原料を枯渇資源である石油に頼ることなく，環境中に長く存在し続けるマイクロプラスチックを生み出すこともないため，従来の素材よりも海洋汚染に対する影響の少ないことが期待できる。また，動物由来の素材と比べ，温室効果ガスの排出量を大幅に削減できる可能性があり，動物倫理の懸念もない。

衣生活

Column

高性能・高機能繊維

近年，日本では，高性能・高機能を有する繊維の開発がさかんである。この分野においては，日本は世界のトップレベルの技術水準にあるだろう。日本における高性能・高機能繊維は，次のような繊維が，産業資材用途を中心に展開されている。

 Do action! 興味をもった繊維について，図書館やインターネットなどでさらに詳しく調べてみよう。

	繊維名	特徴	用途
高強度・高弾性率系繊維	パラ系アラミド繊維	高強度・高弾性率，耐熱性，耐薬品性，耐摩耗性	タイヤコード，ベルト，防弾服，防護服，航空機部材，コンクリート補強，アスベスト代替
	超高分子量ポリエチレン繊維	高強度・高弾性率，低比重，耐薬品性，耐磨耗性，耐衝撃性，耐候性	ロープ，防護服，スポーツ・レジャー用品，釣り糸，漁網
	ポリアリレート繊維	高強度・高弾性率，耐熱性，耐摩耗性，耐酸性，低伸度，低クリープ性，振動減衰性	ロープ，漁網，スポーツ・レジャー用品，電気絶縁材，成型品
	PBO繊維	高強度・高弾性率，高耐熱性，高難焼性，耐摩耗性，耐衝撃性，耐クリープ性，低吸湿性	防護材，ベルト，ロープ，セイルクロス，各種補強材，耐熱クッション材
	炭素繊維	高強度・高弾性率，耐熱性，難燃性，耐衝撃性	スポーツ，レジャー用品，航空・宇宙部材，自動車材，風力発電ブレード
高耐熱性繊維	メタ系アラミド繊維	耐熱性，難燃性，耐薬品性	フィルター，電線被覆，防炎服，防護服，作業服，抄紙用フェルト，複写機クリーナー，ベルト
	ポリフェニレンサルファイド（PPS）繊維	耐熱性，耐薬品性，絶縁性，170℃から190℃連続使用可能	フィルター，抄紙用フェルト，電気絶縁材
	ポリイミド繊維	耐熱性，難燃性，ループ強度，濾過特性，260℃機械的性質不変，500℃以上で炭化	フィルター，耐熱服，防炎服，航空・宇宙部材
	フッ素繊維	耐熱性，耐薬品性，低摩擦性，非粘着性	フィルター，自動車材，摺動材
不燃性繊維	ガラス繊維	不燃性，高強度・高弾性率，電気絶縁性	建材，工業資材
生分解性繊維	ポリ乳酸繊維	生分解性	シャツ，生ゴミネット，農業資材，園芸資材，土木資材

小論文ココが出題された 近年，サスティナブル（持続可能）なファッションビジネスの実現に向け，多くの企業が行っているさまざまな取り組みの事例を挙げた上で，サスティナブルなファッションビジネスに関して，考察することを600字以内で論述せよ。【大妻女子大学・家政学部・被服学科・改】

63

洗濯方法と表示

あなたは手洗いをしたことがありますか?

↩手洗いを
してみよう

手洗いのコツ—大切な衣類を長もちさせるために

　あなたは洗濯機を万能と考え，任せきっていないだろうか? 確かに洗濯機は便利であるが，繊維によっては再汚染されて黒ずんでいたり，しわがとれない，いたみが早い，それに時間がかかるなどの弱点がある。それよりも「手洗いのほうがきれいに仕上がった」ということもある。手洗いのコツを身につけて生活に役立てよう。

◐水洗いできるマーク

 　液温は30℃を限度とし，洗濯機で弱い洗濯処理ができる

 　液温は40℃を限度とし，手洗いによる洗濯処理ができる

◐ドライクリーニングができるマーク

 　ドライマークがついたものでも，上記のようなマークがいっしょについていれば，家庭で手洗いできる

部分洗いのコツ—がんこ汚れの下洗いにも手洗いを

　洗濯機は，全体の汚れは落ちやすいが，部分汚れは残ってしまうことが多い。くつ下や体操服の泥汚れ，ワイシャツなどのえりやそで口などは，洗濯機に入れる前に部分洗いするとよい。いつもの洗濯用洗剤で，洗剤液につけてたたき洗いやもみ洗いをおこなう。がんこな汚れの場合は，部分洗いのあと，そのまま洗剤液にしばらくつけ置きし，洗剤液ごと洗濯機に入れて本洗いをすると効果的である。洗濯前にえりやそで口の汚れをチェックする習慣をつけるとよい。

●つまみ洗い
えり，そで口などを，たらいなどに入れた水または洗剤液につけ，つまむようにして洗う。

●振り洗い
水または洗剤液に洗濯物をつけ，前後や左右に振って汚れを落とす。シルクやアセテート，レーヨンなどの薄地のもの。

●つかみ洗い
えり，そで口などを，水または洗剤液につけ，両手で，もまずにつかんだり離したりの動作を繰り返す。

●押し洗い
水または洗剤液にウールのセーターや厚地のものをつけ，押して汚れを落とす。生地をいためず，シワもつきにくく，風合いも保てる。

●たたき洗い
水または洗剤液に洗濯物をつけ，一方の手のひらに洗う部分を乗せ，もう一方の手で軽くたたいて汚れを落とす。繊維をいためずに洗える。

●もみ洗い
水または洗剤液に洗濯物をつけ，両手でやさしくもんで汚れを落とす。綿や麻，丈夫な合成繊維を使ったものに。

1　ドライクリーニングのしくみ

　家庭用の洗濯機で，ドライコースが選択できるものがあるが，これは，クリーニング店によるドライクリーニングとはまったく異なる。

　クリーニング店によるドライクリーニングでは，水ではなく有機溶剤が使われ，水洗いによる毛羽立ちや縮み，型崩れなどが起きにくい。

　クリーニング店では，まず，検品が終わったら，洗浄機に入れて洗浄する。洗うときに用いるのは，石油系の成分などが含まれる有機溶剤である。

　溶剤に溶けだした汚れや悪臭は，フィルタでろ過する。さらに，蒸留機で有機溶剤を気化させ，汚れを分離した後，冷却して溶剤を再液化する。

きれいになった有機溶剤は洗浄機に戻す。

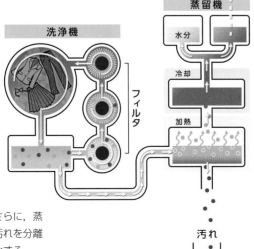

蒸留機
水分
冷却
加熱
洗浄機
フィルタ
汚れ

2　衣類の干し方

つり干し（ラインドライ）

□の中央に縦棒がある記号がついているものは，つるして干す。

平干し（フラットドライ）

□の中央に横棒がある記号がついているものは，平干しネットまたはハンガーを応用するなどして型くずれを防ぐ。

濡れ干し（ドリップドライ）

□の中央の縦棒もしくは横棒が二重線になっている記号がついているものは，脱水せずに干す。

陰干し

□の左上に斜線がはいっている記号がついているものは，日陰に干す。

ⓘインフォメーション　**ドライクリーニングとウェットクリーニング**▶ドライクリーニングは，油性の汚れはよく落ちるが，汗などの水溶性の汚れは落ちにくい。夏場に大量に汗をかいた後のスーツなどは，ドライクリーニングにするかウェットクリーニングにするか，クリーニング店でよく相談するようにしよう。

③ 家庭洗濯等取扱い方法　（左　JIS L0001：2014（2016年12月から使用）　　右　JIS L0217：1995）

表1　洗濯処理のための表示記号

記号（左）	説明（左）	記号（右）	説明（右）
〔95〕	一最高温度 95℃ 一普通の処理		
		〔95〕	一液温は95℃を限度とし，洗濯ができる
〔70〕	一最高温度 70℃ 一普通の処理		
〔60〕	一最高温度 60℃ 一普通の処理		
〔60〕	一最高温度 60℃ 一弱い処理	〔60〕	一液温は60℃を限度とし，洗濯機による洗濯ができる
〔50〕	一最高温度 50℃ 一普通の処理		
〔50〕	一最高温度 50℃ 一弱い処理		
〔40〕	一最高温度 40℃ 一普通の処理		
〔40〕	一最高温度 40℃ 一弱い処理	〔40〕	一液温は40℃を限度とし，洗濯機による洗濯ができる
〔40〕	一最高温度 40℃ 一非常に弱い処理	〔40〕	一液温は40℃を限度とし，洗濯機の弱水流又は弱い手洗いがよい
〔30〕	一最高温度 30℃ 一普通の処理		
〔30〕	一最高温度 30℃ 一弱い処理		
〔30〕	一最高温度 30℃ 一非常に弱い処理	〔30〕	一液温は30℃を限度とし，洗濯機の弱水流又は弱い手洗いがよい
手洗い	一手洗いができる 一最高温度 40℃	〔手洗イ30〕	一液温は30℃を限度とし，弱い手洗いがよい。一洗濯機は使用できない
✕（桶）	一家庭洗濯禁止	✕（手洗イ）	一家庭で水洗いはできない

国際標準化機構（ISO）の洗濯表示が2012年に改正され，日本がこれまで提案してきた自然乾燥記号の追加などが反映され，JISの整合化に向けた環境が整い，2014年に新JIS（JIS L0001）が公表された。家庭用品品質表示法も2015年3月に改正され，2016年12月から施行された。

表2　漂白処理のための表示記号

△	一あらゆる漂白剤が使用できる。
△（斜線）	一塩素系漂白剤による漂白ができる
✕（三角）	一塩素系漂白剤による漂白はできない
△（二本線）	一酸素系／非塩素系の漂白剤のみ使用できる。塩素系漂白剤は使用できない。
✕（△）	一漂白剤の使用禁止／漂白禁止

表3　しぼり方のための表示記号

	記号	説明
自然乾燥記号に併合	⊗	一手絞りの場合は弱く，遠心脱水の場合は短時間で絞るのがよい
	✕（⊗）	一絞ってはいけない

表4　乾燥のための表示記号

	記号（左）	説明（左）	記号（右）	説明（右）
タンブル乾燥	⊙	一タンブル乾燥が可能 一普通の温度：排気温度は最高80℃		
	⊙（低）	一タンブル乾燥が可能 一低温での乾燥：排気温度は最高60℃		
	✕（⊗）	一タンブル乾燥禁止		
自然乾燥	‖	一ラインドライ（吊干し）がよい	吊干し	一吊干しがよい
	‖‖	一ドリップラインドライ（濡れ吊干し）がよい		
	—	一フラットドライ（平干し）がよい	平	一平干しがよい
	≡	一ドリップフラットドライ（濡れ平干し）がよい		
	╱‖	一日陰のラインドライ（日陰の吊干し）がよい	日陰吊干し	一日陰の吊干しがよい
	╱‖‖	一日陰のドリップラインドライ（日陰の濡れ吊干し）がよい		
	╱—	一日陰のフラットドライ（日陰の平干し）がよい	日陰平	一日陰の平干しがよい
	╱≡	一日陰のドリップフラットドライ（日陰の濡れ平干し）がよい		

表5　アイロン処理のための表示記号

記号（左）	説明（左）	記号（右）	説明（右）
〔・・・〕	一底面の最高温度 200℃まで	〔高〕	一210℃を限度とし，高い温度（180〜210℃まで）でかけるのがよい。
〔・・〕	一底面の最高温度 150℃まで	〔中〕	一160℃を限度とし，中程度の温度（140〜160℃まで）でかけるのがよい。
〔・〕	一底面の最高温度 110℃まで	〔低〕	一120℃を限度とし，低い温度（80〜120℃まで）でかけるのがよい。
✕	一アイロン禁止	✕	一アイロンがけはできない。

表6　業者ドライおよびウェットクリーニングのための表示記号

記号（左）	説明（左）	記号（右）	説明（右）
Ⓟ	一業者ドライクリーニング 一テトラクロルエチレン及び記号Fに記載の全ての溶剤 一普通操作	ドライ	一ドライクリーニングができる。溶剤は，パークロロエチレンまたは石油系のものを使用する。
Ⓟ（下線）	一業者ドライクリーニング 一テトラクロルエチレン及び記号Fに記載の全ての溶剤 一弱い操作		
Ⓕ	一業者ドライクリーニング 一石油系溶剤（蒸留温度150〜210℃，引火点38〜70℃） 一普通操作	ドライ セキユ系	一ドライクリーニングができる。溶剤は石油系のものを使用する。
Ⓕ（下線）	一業者ドライクリーニング 一石油系溶剤（蒸留温度150〜210℃，引火点38〜70℃） 一弱い操作		
✕（Ⓟ）	一ドライクリーニング禁止	✕（ドライ）	一ドライクリーニングはできない
Ⓦ	一業者ウェットクリーニング 一普通操作		
Ⓦ（下線）	一業者ウェットクリーニング 一弱い操作		
Ⓦ（二本線）	一業者ウェットクリーニング 一非常に弱い操作		
✕（Ⓦ）	一ウェットクリーニング禁止		

洗濯表示の改正後も，それ以前に購入した衣類には古い表記が残っています。

Column

クリーニングトラブルの防止策

クリーニングトラブルを防ぐために，次のことに気をつけよう。

◆クリーニングに出すとき

出す前の点検
・ポケットのなかを空にする。
・特殊なボタンをはずしておく。

受付に出すとき
・店側としみなど汚れの具合や破損箇所などの有無を確認し合い，「預かり証」をもらう。
・高額な商品は，その旨を伝える。

⬆ポケット部の革から色が移染したズボン

⬆顔料染め製品の白化

⬆接着されたスパンコールが脱落したシャツ

◆クリーニングしたものを受け取るとき

店の人といっしょに
・出したものと同じものかどうか確認する。
・仕上がり具合を確認する。
・出したときと変わったところはないか（あらたな破損やほころびがないか）確認する。
・その他，気がついた点があれば，すぐに申し出る。

〈保管するとき〉
　袋をはずし，風を通すのが原則。十分乾燥させたあと，保管する（クリーニング後の乾燥が十分でないと，溶剤が衣類に残留し，着用したとき，かぶれや化学やけど同様の症状が出ることもある。また，袋をかけたまま保管すると，湿気がこもりやすいので，カビが生えたり，残留した溶剤で変色したりすることもある）。

〈クリーニングトラブルが起きてしまったら〉
　クリーニング店に責任がある場合は，話し合いのめやすとして「クリーニング事故賠償基準」がある。この基準は，LDマーク加盟店とSマーク登録店で適用される。ただし，クリーニングした衣類を受け取ってから6か月が過ぎると，補償が受けられなくなるので注意が必要。

小論文ココが出題された▷ 2016（平成28）年12月1日に衣服の取り扱い表示が変更されたが，それによって衣生活にどのような影響があるか600字以内で述べよ。【鹿児島・教育学部・学校教育教員養成課程・改】　　**65**

洗濯のしくみ

汚れはどうやって落ちる?——界面活性剤の働き

界面活性剤には「浸透作用」「乳化作用」「分散作用」「再付着防止作用」という4つの作用があり,それらが総合的に働いて,衣類の汚れが落ちる。

1 界面活性剤の分子が汚れや繊維の表面に集まる。

〔界面活性剤の分子〕

親油基 ── 親水基

2 浸透作用
汚れが界面活性剤の分子に包まれて離れやすくなる。

3 乳化・分散作用
乳化作用と分散作用によって汚れは溶液中に細かく分散される。

4 機械作用も加わって,汚れは繊維から離れる。

5 再付着防止作用
界面活性剤が布の表面をおおい,分散された汚れが再び布に付着することを防ぐ。

浸透作用	乳化作用	分散作用	再付着防止作用
[水] [洗剤溶液]	[水] [洗剤溶液]	[水] [洗剤溶液]	[水とすすと布] [洗剤液とすすと布]
ウールなどの繊維を水にひたしても,繊維のなかに水はなかなかはいっていかない。これは,界面張力が強く働いているためである。水に界面活性剤を入れると界面張力が下がり,繊維の表面と水がなじみやすくなるため,繊維の中に水が簡単にはいっていく。これを浸透作用という。	水に油を混ぜようとしても,分離してしまう。しかし,ここに界面活性剤を加えると,界面活性剤の親油基が油の粒子を取り囲み,親水基が外側に並ぶため,水と油が均一に混ざり合うことができる。これを乳化作用という。	すすを水にいれても,混ざり合わずに表面に浮かぶ。ここに界面活性剤を入れると,すすの粒子は界面活性剤の分子に取り囲まれて,水中に分散する。これを分散作用という。	水面にすすが浮かんだ状態のところに布を入れると,布にすすがつくが,界面活性剤を加えると,すすが水中に分散し,布を入れても,布にすすはつきにくくなる。洗濯物に汚れが再付着しないのも,この働きがあるからである。

(日本石鹸洗剤工業会資料)

① 組成繊維に応じた扱い方

組成繊維	洗剤	水温	アイロンの温度
綿	弱アルカリ性洗剤,石けん	40℃以下	160～200℃
麻			180～200℃
毛	中性洗剤		130～160℃
絹			110～130℃
レーヨンキュプラ	中性洗剤(丈夫なものは弱アルカリ性洗剤,石けん)	30℃以下	130～160℃
アセテート	中性洗剤		110～130℃
ナイロン	中性洗剤(丈夫なものは弱アルカリ性洗剤,石けん)	40℃以下	90～110℃
ポリエステル			130～160℃
アクリル	中性洗剤		
ポリウレタン	中性洗剤(丈夫なものは弱アルカリ性洗剤,石けん)	30℃以下	90～110℃

※ポリエステルなどの化学繊維は親油性で,油などの汚れを吸着しやすく,汚れの多い衣料といっしょに洗濯した場合には洗濯液中にある汚れを再付着することがあるので注意する。
※中性洗剤でも毛・絹に使用できないものがある。必ず「毛・絹用」の表示のあるものを使用する。

② 洗剤と仕上げ剤

洗　剤

●弱アルカリ性洗剤
洗浄力の高い洗剤。粉末と液体があり,綿や麻に適している。

●中性洗剤
一般的に洗浄力がおだやかな中性の洗剤。綿や麻をはじめ,ウールやシルク,合成繊維,おしゃれ着など,幅広く使える。近年は洗浄力の高い,綿・麻・合成繊維用の中性洗剤も増えてきた。用途によって使い分ける。

石けん

●洗濯用石けん
高温での洗浄力が高い。手肌,環境にやさしいが,石けんかすは黄ばみの原因になる。

のり剤

●洗濯機用・アイロン用
布に適度な張りとかたさを与える。形を整えやすく,光沢も出る。また,防汚性も高まる。

漂白剤

●塩素系漂白剤
白いものをすっきり仕上げたいときや,シミのつけ置き用漂白剤として効果的。漂白力が強いので,素手で触らない,換気しながら扱うといった注意が必要。

●酸素系漂白剤
一般的に塩素系漂白剤に比べると漂白力がおだやかで,多くの素材に使用可能。液体と粉末がある。

柔軟剤

●液体柔軟剤
全自動の場合は液体柔軟剤投入口に入れておき,すすぎの際に使用する。

※柔軟剤の使用目的は多様化し,香りづけや部屋干し臭の抑制にも使われている。香りのマナーのポイントは周囲への配慮である。

●乾燥機用柔軟剤シート
乾燥中の衣類のシワやいたみを抑え,静電気を防止してふっくらした風合いに仕上げる。

(2018年11月現在)

 インフォメーション　石けんの起源 ▶ ローマ時代初期に,サポー(Sapo)の丘で神に供える羊を焼いたときに落ちた脂と,木の灰が混ざり自然に石けんが生成され,この成分で洗うと汚れがよく落ちたことから洗濯に用いられるようになったとされる。サポー(Sapo)はsoapの語源とされている。

③ 洗剤の適量

洗濯機で汚れを落とすには，洗濯するものの量に見合った適切な水や洗剤が必要になる。使う洗濯機の容量はどれくらいなのかを把握し，それに合った水量と洗剤の量を調節すればよい。

1度に洗濯機で洗えるものの量は決まっており，それ以上に入れてしまうと汚れが落ちにくくなり，衣類もいたみやすい。また，洗剤の量も多ければ汚れがよく落ちるというわけでもなく，ある一定の量を過ぎるとそれ以上汚れが落ちやすくなることはない。洗剤の表示にしたがって適量を守り，無駄なく効率的に洗濯をおこなえるようになろう。

◆ 洗浄力と洗剤濃度
標準使用濃度を超えても，洗浄力はほとんど変わらない。

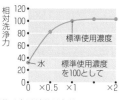

（花王生活科学研究所『清潔な暮らしの科学』）

◆ 洗濯用洗剤の表示例

洗濯機の大きさ（例）	高水位の場合 水量のめやす	洗濯物量のめやす	使用量の目安	
小型 2.2kg	30L	1.5kg	15g	『約15g』の線まで
中型 4.2kg	45L	3.0kg	23g	約1杯
中型 6.0kg	60L	4.5kg	30g	『約20g』の線まで＋『約10g』の線まで
大型 7.0kg	65L	5.5kg	35g	『約20g』の線まで＋『約15g』の線まで

手洗いの場合　2g（料理用小さじ1/2杯）を洗面器（水約4L）にとかす。

◆ 洗濯物の重量　だいたいの重さを把握しておこう。

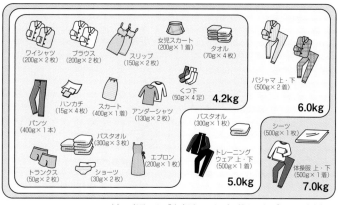

ワイシャツ（200g×2枚）　ブラウス（200g×2枚）　スリップ（150g×2枚）　女児スカート（200g×1着）　タオル（70g×4枚）　くつ下（50g×4足）　パジャマ上・下（500g×2着）
ハンカチ（15g×4枚）　スカート（400g×1着）　アンダーシャツ（130g×2枚）　バスタオル（300g×1枚）
パンツ（400g×1本）　バスタオル（300g×3枚）　エプロン（200g×1枚）　トレーニングウェア上・下（500g×1着）　シーツ（500g×1枚）　体操服 上・下（500g×1着）
トランクス（50g×2枚）　ショーツ（30g×2枚）

4.2kg　6.0kg　5.0kg　7.0kg

（山口恵子ほか『衣生活そのなぜに答える』ブレーン出版）

④ 漂白剤の種類と特徴

洗剤だけではどうしても落ちない汚れや黄ばみや黒ずみを取り除くには漂白をおこなう。普通の洗浄は汚れをはがして除去するのに対して，漂白剤は化学作用によって繊維についた汚れの色素を分解し無色にする。

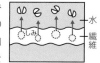

漂白剤が色素を分解して無色にする。
（花王「家事ナビ」）

漂白剤の種類	酸化型		還元型
	塩素系	酸素系	還元系
主成分	次亜塩素酸ナトリウム	過炭酸ナトリウム	二酸化チオ尿素
形状	液状	粉末状	粉末状
液性	アルカリ性	弱アルカリ性	弱アルカリ性
特徴	漂白力が強い 除菌力も大きい	色・柄物衣類にも使える	鉄分による黄変を回復 樹脂加工衣類の黄変を回復
使える物	白物衣類 綿・麻・アクリル・ポリエステル	白物，色物，柄物衣類 綿・麻・アクリル・ポリエステル・アセテート・ナイロンなど	白物衣類 すべての繊維
使えない物	色，柄物衣類 毛・絹・ナイロン・アセテート・ポリウレタンなど 金属製のもの	毛・絹とその混紡 金属製のもの	色・柄物衣類
濃度	0.2%〜1.0%	0.2%〜0.5%	0.5%〜1.0%
時間	15分程度浸漬	30分程度浸漬	30分程度浸漬
注意	原液を直接衣類や皮膚につけない	よく溶かしてから衣類をつける	よく溶かしてから衣類をつける

（片山倫子 『衣服管理の科学』建帛社）

生活豆知識

柔軟剤のしくみ

界面活性剤の親油基を外側にして繊維表面に並び，潤滑油の働きをする。繊維どうしのすべりをよくして柔軟効果を与えるとともに静電気も防ぐ。

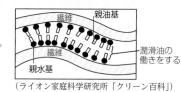

親油基　繊維　親油基　繊維　親水基　潤滑油の働きをする

（ライオン家庭科学研究所「クリーン百科」）

Column
部屋干し臭の原因は？

梅雨の季節など，洗濯物を部屋干ししたときの「部屋干し臭」。生乾きのあのいやな臭いの原因は，「モラクセラ菌」という細菌で，乾くまでの間，増殖して臭い物質を出し続ける。この「モラクセラ菌」が，完全に洗い流されていないと，増殖してバリア状に積み重なり，洗濯しても落ちにくくなって日々積み重なっていく。

モラクセラ菌を増殖させないために
①60℃を超える温度で除菌する
・湿った状態のときに，中温（150℃程度）でアイロンがけする。蒸気が出て，ほぼ乾いた状態になるまでかける。
　または
・コインランドリーの乾燥機（80〜120℃程度）で乾燥させる（家庭用乾燥機の多くは60℃まで上がらないため）。
②酸素系漂白剤を使用する
・40℃のお湯に酸素系漂白剤を溶かし，洗濯物を15〜20分程度つけ置きした後，普通に洗濯する。
　または
・洗濯機に洗剤を入れ，さらに酸素系漂白剤を入れ，40℃のお湯で洗濯する。
　（注）漂白剤は，生地を傷めるため，50℃を超える熱いお湯で使用してはいけない。
　　　　酸素系漂白剤と塩素系漂白剤は，絶対に混ぜてはいけない。
いずれかの操作を，月に1回おこなうだけで，臭いの原因菌を除菌できる。臭いが気になるときはためしてみよう。

（NHK「ガッテン！」参照）

40℃のお湯 酸素系漂白剤　中温

衣生活

被服の手入れと保管

洗濯によるウイルス除去の効果は？

衣服についた新型コロナウイルスは，どのくらいの期間，そこにとどまるのだろうか。

プラスチックや金属，ガラスなどの場合は 2 〜 3 日，ダンボールの場合は24時間程度，生存するといわれており，それに触れると接触感染の可能性がある。布の場合は，ダンボールと同じ 1 日程度は気をつけたほうがよい。

衣服についたウイルスは，洗濯をすればほとんどが物理的に流れ落ちる。

洗濯時の注意点

・新型コロナウイルスが付着したのではないかと疑われる場合は，できるだけ早くその衣服を脱ぎ，洗濯する。

・ウイルスが飛び散る可能性があるため，衣服は振らないこと。

・使い捨ての手袋を着用し，使用後はすぐに廃棄する。または，手袋を使わずにその衣服を触った場合は，しっかり手を洗う。

・洗濯機に入れたら，その衣服に適した範囲で，最も高温のお湯を使って洗濯する。洗剤は適量でよい。

・洗った後は，しっかり乾燥させる。

なお，除菌スプレーを衣服にかける必要はない。衣服全体にスプレーがいきわたるわけではないからだ。除菌スプレーよりは，洗濯のほうがはるかに効果的なようだ。

---

1 アイロンがけ

↧ アイロンがけの基本

● いきなりかけない
アイロンをかける前に，両手で布地をアイロン台に乗せてのばし，しわがつかないようにする。

● 一方向へ動かす
アイロンは，前方か斜め前方へ，なめらかに動かす。

● 反対の手を働かせる
アイロンがけの最中に，反対の手で布地を押さえてのばしたり，縫い目を引っ張ったりする。

● 縫い目は引っ張りながら
縫い目の部分は，反対の手でピンと引っ張りながらかけ，縮んだりつったりしないようにする。

↧ アイロンがけのコツ

❶ そで
縫い目から折り山へ，次にそで口へ向かってかける。タックはアイロンの先をすべりこませる。

そで口の内側を，外から内へかけ，左右から中央に向かってかける。

表からも軽くかける。

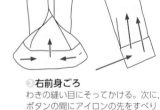

❷ 肩
アイロン台の細いところに肩部分（ヨーク）を乗せ，手でなじませてからかける。

えりを立てて，えりのきわまで。

❸ 右前身ごろ
わきの縫い目にそってかける。次に，ボタンの間にアイロンの先をすべりこませてかける。

縫い目は引っ張りながら。

❹ 後ろ身ごろ
右半分は右わきの縫い目にそって。タックは，下から上へかけたら，上から下へかけて押さえる。左半分も同様に。

❺ 左前身ごろ
わきの縫い目にそってかける。ポケットは外から内へ。前立て（ボタンホールのあるところ）は引っ張りながらかける。

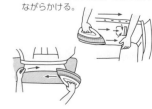

❻ えり
左右から中央に向かってかけ，熱いうちにえりを折り返し，第一ボタンをはめて，完成。

生活豆知識

衣服のたたみ方

＜洋服をじょうずにたたむコツ＞
● 折りじわが出ないようにする。
● 収納スペースの幅や高さに合わせてたたむ。
● 色あせしやすいものは裏返しにする。
● コンパクトに丸める。

後ろでそでを重ねる

ダンボールや下敷きを使うと幅がそろうので便利

  インフォメーション ＬＤマーク▶ ＬＤとは「Laundry（ランドリー）」と「Drycleaning（ドライクリーニング）」の頭文字をとったもので，クリーニング生活衛生同業組合に加盟しているクリーニング店を示すマークである。

小論文キーワード
新型コロナウイルス（⇨p.371）

2 しみ抜きのポイント

しみは時間が経つと落ちにくくなるので，しみがついたらできるだけ早く処理する。落ちないときは無理をせず，専門家（クリーニング店など）に依頼する。

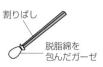

割りばし
脱脂綿を
包んだガーゼ

	しみの種類	1 次 処 理	2 次 処 理
水溶性のしみ	果汁　しょうゆ	布に水を含ませてかたく絞り，汚れた部分をたたく。	中性洗剤液を含ませた布でたたいたのち，漂白剤で処理する。
	血液	水を含ませた布でたたき，下敷布にしみ出させる。	漂白剤を歯ブラシにつけてたたく。
	汗	水で洗い，水溶性の汚れを落とす。	アンモニアをつけてしつこい汚れを溶かし，シュウ酸1％液で処理する。

	しみの種類	1 次 処 理	2 次 処 理
油溶性のしみ	ドレッシング　チョコレート	ベンジンを含ませた布でたたき，下敷布に吸収させる。	中性洗剤を歯ブラシにつけて軽くたたく。
	油性ペン	アルコールまたはベンジンを含ませた布でたたく。	漂白剤をつけた歯ブラシで軽くたたく。
	口紅	アルコールまたはベンジンを含ませた布でたたく。	中性洗剤をつけた歯ブラシでたたく。
その他	ガム	ガムは，氷で冷やしてつめではがす。	ガムにシンナーをつけ指先でもむ。
	泥はね	乾かないうちに洗浄液でたたき，よく乾かしてから，ブラシをかける。	中性洗剤液や漂白剤で処理する。

3 衣服の害虫と防虫剤

🔽衣服の害虫（左：幼虫，右：成虫）とその活動時期（幼虫の季節）

虫の種類		活動時期	虫の種類		活動時期
イガ		5月～10月	ヒメマルカツオブシ虫		5月～6月
5～6mm	約4.5mm		4～5mm	約2.5mm	
コイガ		5月～10月	ヒメカツオブシ虫		5月～7月
6～7mm	約4.5mm		7～10mm	約4mm	

🔽防虫剤の使用上の注意

種　類	特　徴	併　用
ピレスロイド系	においがつかないので，普段着るものに使える。	他の防虫剤と併用しても○K。
しょうのう	すべての衣類に使用できるが，和服によく使われる。環境汚染の心配が最も少ない。	この3種は併用してはいけない。種類を変えるときは必ず虫干しを。
ナフタリン	効果は弱めだが，長もちする。出し入れの少ない衣類に使われる。	
パラジクロロベンゼン	威力が強く，早く効くが長くは続かない。虫のつきやすい衣類に，こまめに取りかえて使用を。	

衣生活

Column

衣類の虫干し

　繊維製品は，適切な保管をすれば，長期間その性能が保たれるが，保管条件が悪いと，虫がついたり，変色したり，カビが生えたりすることがある。

　日本で昔からおこなわれてきた「虫干し」は，家庭の年中行事の1つであった。衣服を外で広げて乾燥させてカビや虫害などを防ぎ，保管中に湿り気をもった衣服を広げて干すことを虫干しという。

　防虫のためには，土用干し（7月末～8月はじめ）よりも寒干し（1月末～2月末）のほうが適している。土用干しの時期は羊毛害虫の成虫の活動期であり，屋外の虫干しでは成虫が衣服に産卵する可能性がある。土用干しの時期は，室内の風通しのよい場所にハンガーやロープにかけて広げて乾燥させたほうがよい。

　また，衣服の状態を点検し，必要に応じて手入れをする。

🔽江戸時代の虫干し

着物の虫干しのようすを描いた江戸時代の錦絵。戸をあけ放ち，衣紋掛けを用いて着物をつるしている。歌川国貞（3世豊国）画『十二月ノ内　水無月（みなづき）　土用干』三枚続　1854年（嘉永7）

ready made clothes（既製服），natural fiber（天然繊維），chemical fiber（化学繊維），fabric（織物），textile（生地），fiber（繊維），laundry detergent（洗濯用洗剤），surface-active agent：SAA（界面活性剤），bleach（漂白剤），needle（針），thread（糸），scissors（はさみ），sew（縫う）

持続可能な衣生活

「3つのR」の課題

12 つくる責任
つかう責任

　衣類のリサイクル率は約2割（リユースを含む）で，古紙やペットボトルなどのリサイクルに比べて進んでいない。これは，従来の代表的なリサイクル用途である反毛とウエスが，縮小傾向にあることや，東南アジアの急速な発展により，東南アジアへのリユース品の輸出の需要が落ちてきていること，複合素材の増加などが原因である。

　このようななかで，古着のチェーン店が店舗数を拡大し，国内の古着流通は拡大している。インターネット上で個人どうしが商品を取り引きできるフリマアプリやフリマサイトの利用も広がっている。また，合成繊維メーカーやアパレルメーカーがリサイクル繊維を使用したり，使用後に回収・リサイクルしたりする動きも出ている。では，私たちには何ができるだろうか。被服のリサイクルは家庭規模ではできないが，リデュースとリユースは私たちの努力でできることが多い。過剰な購入はせず，まだ着ることができる被服を死蔵，廃棄しないようにすることが大切である。計画的な購入→活用→再利用まで考えた被服管理をしよう。

リデュース	リユース	リサイクル
・計画的に購入し，無駄のない衣生活を過ごす。 ・生活に必要な服だけを取りそろえる。 ・大事に着て，できるだけ長もちさせる。	・リフォームして子ども服や小物をつくる。 ・知り合いにゆずる。 ・リサイクルショップを利用する。 ・フリーマーケットやバザーに出す。 ・フリマサービスを利用する。 ・ウエス（工業用ぞうきん）にする。	・セーターなどの天然繊維（単一繊維）は，毛糸に再生する。 ・ぼろ布は反毛（繊維に戻す）して，モップや軍手に再生する。 ・化学繊維を含むものはフェルトに加工し，断熱材や防音材に再生する。

↑ 世界にあふれるファストファッションの商品が最後に行き着く「衣料品の墓場」（チリ・アタカマ砂漠）

1 被服をリフォームしてみよう

● シャツからエプロンをつくろう

材料　・シャツ（例：メンズMサイズ）　・バイアステープ（1.1cm幅）210cm×2本　・自分のサイズに合った肩ひも（そで下の縫いしろ，または綿テープ）

① 両そでを切り取る。
② 後ろヨークの下で前後身ごろを切る。
③ カフスの片方だけを切り取る。
④ そで下の縫いしろを肩ひも用に切り取る。

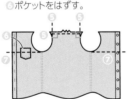

⑤ 後ろ身ごろの裁ち目をまっすぐに切りそろえる。
⑥ ポケットをはずす。
⑦ 前身ごろを切る。

⑧ そでぐりと前身ごろの端をバイアステープでくるんで始末する。

ミシン

バイアステープ（ウエストひも）の端は1cm折りこんで半分に折って縫う。

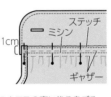

⑨ 後ろ身ごろの上部にギャザーを寄せ，カフスの長さに合わせて縮める。

ステッチ
ミシン
ギャザー

⑩ カフスの裏に後ろ身ごろを1cm重ねて縫う。縫いしろはステッチで押さえる。

⑪ カフスの表側に肩ひもを余ったボタンといっしょに縫いつける。

⑫ ポケットを好みの位置に縫いつける。

● ジーンズからバッグをつくろう

材料　・ジーンズ，チノパンなど1本
・綿テープ（もち手用）
2.5～3cm幅，90～110cm前後を2本

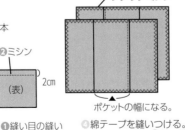

①ジグザグミシン　②ミシン

（表）
2cm

ポケット
20cm

30～40cm

すその三つ折り部分は切る。

①縫い目の縫いしろを合わせる。
②後ろ中央を切り開く。

❶ 縫いしろのしまつをする。
ジグザグミシン

ポケットの幅になる。

❷ 口を折り縫う。
ミシン
2cm
（裏）

❹ 綿テープを縫いつける。
①10～15cmテープの中央を折り，ミシン。
②ミシン

❺ 両わき，底を縫う。中表に合わせる。
1cm
（裏）
ミシン

❸ 1枚の布にポケットを置き，まち針でとめる。縫い目にポケットを重ねる。
（表）
-（表）-
ポケット

❻ 表に返す。

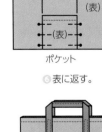

ⓘ インフォメーション　ウエス▶印刷所やガソリンスタンドなどで油をふき取ったり，機械の掃除をしたりするときに使うぞうきんのこと。何度も洗濯してよれよれになったものほど，吸水性，吸油性にすぐれ，ウエスの原料として好適とされる。

② 循環型衣生活

　和服は，反物という長さ12m，幅36cmほどの１枚の長い布を裁断し仕立てて，着る人の体型に合わせて着つける。このような構造のため，糸をほどいてあらたに仕立て直すといったことが比較的容易にできる。江戸時代の人たちは，何世代にもわたって大切に引き継ぎ，衣服として着られなくなったあとも，身の回りのものに再利用していた。ものを最後まで無駄なく大切に扱うという生活は，使い捨ての多い現代の暮らしにとって見習うべきことが多いのではないだろうか。

（石川英輔『江戸のおどろきリサイクル生活』鈴木出版をもとに作成）

❶ 畑で麻や綿などの植物を育てて，糸をつくる。かいこを育てて絹糸をとる。

❷ とれた糸を職人や農家の人が，布に織りあげる。

❸ 呉服屋などで反物として売られる。仕立てて着る。

❹ いらなくなった着物は古着屋で売られたり，中古の布を仕立て直して着る。

❽ ぼろぼろになったらかまどの燃料として燃やす。残った灰は，綿や作物の肥料にする。

❼ 使い古した布は，おむつやぞうきんにして，使い切る。

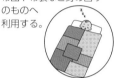
❻ 布団や布袋など身の回りのものへ利用する。

❺ いたんだところをよけて仕立て直し，子どもが着る。孫の代まで着ることも。

江戸時代の人にとって，新しく反物を買って着物を仕立てることはぜいたくなことで，普通は古着や中古の布を買って仕立て直していました。このような衣服のリサイクルは，特別なことでなくあたりまえのこととしておこなわれていました。

生活豆知識

生分解性繊維

　とうもろこしなどの植物のでんぷんを乳酸発酵させてつくったポリ乳酸から，プラスチックをつくり繊維化する。植物からできているので，使用後に廃棄しても土中の微生物の栄養源として利用され，最終的には水と炭酸ガスに分解される地球にやさしい繊維である。

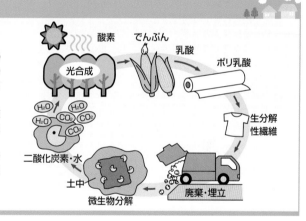

光合成　酸素　でんぷん　乳酸　ポリ乳酸　生分解性繊維　H_2O　CO_2　二酸化炭素・水　土中　微生物分解　廃棄・埋立

Column

手すき和紙の無形文化遺産登録により脚光を浴びた紙の糸

　紙の糸とは紙をテープ状に細く裁断し，撚りをかけて作った糸である。抄繊糸とも呼ばれ，日本で古くから生産されてきた。軽く，シャリ味のある爽やかな風合いを備え，吸放湿性と通気性に優れる。麻に似た特徴から，麻に代わる素材としても注目されている。経糸のテンションの管理が難しく，緯糸に使って他の素材と交織して使うことが多い。原料はマニラ麻が主流。生育が早く，成長時に二酸化炭素を多く吸収するほか，生分解性繊維であることから，環境配慮型の素材としても支持されている。和を感じさせるという点から海外からも注目されている。

（「繊研新聞 2015年6月22日付」）

⬆和紙97%のストレッチ織物
（瀧定名古屋株式会社）

⬆美濃和紙を用いた清涼感あるファンシーツイード
（株式会社和紙の布）

アメリカではとうもろこしからバイオエタノールが生産されています。バイオエタノールは，植物に含まれるセルロースを原料にしているので，綿繊維などからもバイオエタノールはできるということですね。日本には，綿繊維に含まれるセルロースを糖化（セルロースをグルコースに分解すること）し，これを酵母により発酵させてエタノールを生産している会社もあります。

Do action!
衣料品の回収に取り組んでいる企業について，調べてみよう。

小論文ココが出題された　エシカルファッションが日本でも注目されるようになってきた。あなたが消費者として普段の生活でエコロジーについて心掛けていること，また同世代の人々に訴えたいことを，具体例を挙げて600字以内で論じよ。【共立女子大学・家政学部・被服学科・改】

71

サステナブル・ファッション ～私たちにできること

ファッション産業は，石油産業に次ぐ世界で2番目に環境を汚染する産業といわれている。大量にごみとして捨てられているだけでなく，衣服の生産には大量の水が使われ，CO_2も多く排出されている。こうしたなかで，ファッション業界では，消費者に頻繁な服の買い換えを推し進めるこれまでのビジネススタイルから，環境に優しい服づくりで，1着を長く大切に着てもらう「サステナブル・ファッション」への転換が急速に進んでいる。

イギリスの環境NGOのデータによると，衣類の寿命を9か月延ばすだけで，二酸化炭素・水・廃棄物の排出量をおよそ20～30％削減でき，さらに普段よりも低温で洗濯したり乾燥機やアイロンの使用頻度を減らしたりすることでも，二酸化炭素の排出量を減らすことができる。普段の生活で衣類の取り扱い方を少し見直すだけでも，環境負荷の軽減につながる。

私たちの生活にかかわる事実を知ろう

◆ ファッションが流行でなくなる日

（前略）新型コロナウイルスの感染拡大がなくても，いずれ産業としてのファッションは破綻していただろう。バブル期に15兆円あった市場は10兆円に縮んだのに，供給量は倍に増えた。需要と供給のあまりに大きなギャップ。在庫の山が積みあがっても，新しく作るのをやめられない魔物がいる。流行だ。

ファッションの世界では最先端があっという間にダサいに変わる。アパレルは流行の服を定期的に出し，前シーズンの服に「時代遅れ」のレッテルを貼ることで，女性たちの感性をくすぐった。

ファッションは「流行」であり，はかないものだ。はかないから魅力的ともいわれる。降って湧いたようにチェック柄がはやり，突然スカートの丈が短くなる。人の美的感覚は頻繁には変わらないのに，流行に染まる。からだをすっぽり覆う服にはそれだけの力がある。

ところが昨今，女性と服との関係がギクシャクしているように思えてならない。必要以上に服を買いすぎて，何を着ればよいか分からない。9割以上の人が自宅に着ていない服を持っているという調査もある。

ギクシャクの原因をたどるとファストファッションの影響がある。価格の安い流行服を大量に生産し，誰もが先端のおしゃれを楽しめるようになった，「ファッションの民主化」は革命だった。だが服への愛着は薄れ，簡単に捨てられるようになった。

次第にファッションは責められるようになった。きっかけは13年，バングラデシュの縫製工場ビルの倒壊だ。いかに人々が劣悪な環境で働き，地球環境に影響を与えているか。業界の裏側を描いた映画「ザ・トゥルー・コスト」は，「消費とは何か」という根源的な問いを突きつけた。19年の米フォーエバー21の経営破綻は，ファッションの歴史的な転換を印象づけた。

ファッション業界はサステナブルへと大きく振れた。日本でも再生素材の利用が進む。だがサステナブルでさえもエコでおしゃれという甘いフレーズで流行の波に乗ろうとしている。そもそも，はかなさの上に成り立つファッションが，持続可能をうたうこと自体，矛盾しているのではないか。

折しも昨年コロナで世界中のショーが中止になり，流行が消えた。外に出かける機会が減った女性たちは自問した。何のために服を着ていたのだろうか。自己表現といいながら，実のところ他者の視線を意識していた。そんな声を多くの女性から聞いた。

人と人とが対面で会う機会が減るニューノーマルな暮らしの中で，服と人との関係はどう変わるのか。コロナのさなかに設立されたアパレル会社に，未来のファッションの1つのあり方を垣間見た。
（中略）

そう遠くない将来，再生素材の服が当たり前の時代になるだろう。その時，真に問われるのは，時代に左右されず，人の生き方に寄り添い，長く大切に着たいと思わせるデザインの力だ。

ファッション＝「流行」でなくなる日。絶対にありえないと思っていたことが現実味を帯びてきた。

（「日本経済新聞」2021年2月28日）

◉ 崩落した縫製工場（バングラデシュ）

◉ コットン生産地の児童労働（パキスタン）

◉ 新疆綿の生産地（新疆ウイグル自治区）

これらの資料・写真を参考に，私たちの生活に何が起こっているか，調べてみよう。

エシカルの種を探そう

● 循環する服づくり

原料調達から製品まで。たとえ，それがどんなにシンプルな服でも，完成までには本当にたくさんの人の手がかかり，またたくさんのエネルギーが使われている。にもかかわらず，洋服のリサイクル率はたったの20%余り。ちなみに飲料などのアルミ缶は約70%，ペットボトルは約85%。

この低いリサイクル率の原因の1つは，混紡の生地や縫い糸，ボタンやファスナーなど洋服が分別しにくい構造になっていること。そして，過剰生産によって洋服が余ることで，その価値自体も下がり，使い捨てOKという考えがなんとなく蔓延してしまっているのも否定できない。

だからtennenは，まずはコットン製品から，縫い糸も含めた単一素材でリサイクルを前提にした服づくりにチャレンジし始めている。

現在は，洋服のリサイクル工場と一緒に，そこで出る古着から実験的にリサイクル糸を紡ぐ開発をしている真っ只中。そこでわかったことは，リサイクルコットンを繊維に戻すとき，どうしても繊維の長さがまちまちになってしまい，再び糸に戻し直すときに強度がでないこと。それを解決するために，繊維長の長いヴァージンコットンと組み合わせて紡績（生地のための糸づくり）をしてみては？　という仮説を設けて実験を続けている。

ペットボトルからのリサイクル合繊繊維を使ったウェアは少しずつ普及してきた。次は，天然繊維でウェアのリサイクルを推し進めていくことで，洋服にもっと多様性が生まれ，服のつくり方や服への意識がもう一度見直されるきっかけになれれば，そう願っている。
（「天撚tennen」）

● 関わるすべての人々が幸せで，環境をかき乱すことのないジュエリー

人々の営みや自然に配慮された素材と，サステナブルな取り組みによってつむぎ出されたジュエリーを届けるHASUNAというエシカル・ジュエリーブランドがある。

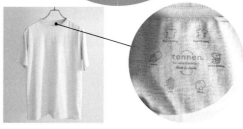

○天然石を磨くパキスタンの女性

○加工技術を学びながら働くルワンダの青年

南米のフェアマインド認証ゴールド

国際非営利団体であるARM*を通じフェアマインド認証ラベルを付与されたゴールド。ARMは，鉱山で働く人々の労働環境改善，有害化学物質の使用低減，インフラの整備など，彼らの人権を守るための基準を設け，マーケット開発の支援をおこなっている。＊Alliance for Responsible Mining（公正な採掘のための連盟）

パキスタンの天然石

パキスタンのフンザ地方は8千メートル級の山がそびえ，美しい渓谷が広がる。以前は観光を主要な産業としていたが，9.11以降観光客は激減。2006年，パキスタン人のルパニ氏が，現地の貧困層の女性たちの生活支援をしたいと，財団を設立。その女性たちの手により，天然石が美しく磨きあげられている。

ルワンダのコルネ（牛の角）

アフリカ東部に位置する国，ルワンダ。HASUNAのパートナーが青年海外協力隊の赴任中に立ち上げた工房では，元ストリートチルドレンの青年たちが加工技術を学びながら職人として働き，自活できる報酬を得ている。
（HASUNA（ハスナ））

● 洗剤・柔軟剤の量り売り

私たちの生活のなかで，プラスチックを削減するだけでなく，そもそもゴミを出さないことが大切である。そこで，洗濯用洗剤・柔軟剤の量り売りの試みが始まっている。

○洗剤の量り売り

● サステナブルな取り組みをしているブランドを探してみよう。
● 買い物をするときは，商品情報を確認し，素材は何か，どんなルートでつくられているかをチェックしよう。
● はやっているから，安いから，ではなく，質がよく，長く使えて，着心地がよいものを選ぼう。
● つくっている人も幸せになるものを選択するなど，新しい視点でファッションを楽しもう。

私のエシカル宣言 —— できることから取り組もう！

私は

に取り組みます。

被服製作の基礎

被服製作には，どんな用具が必要か？

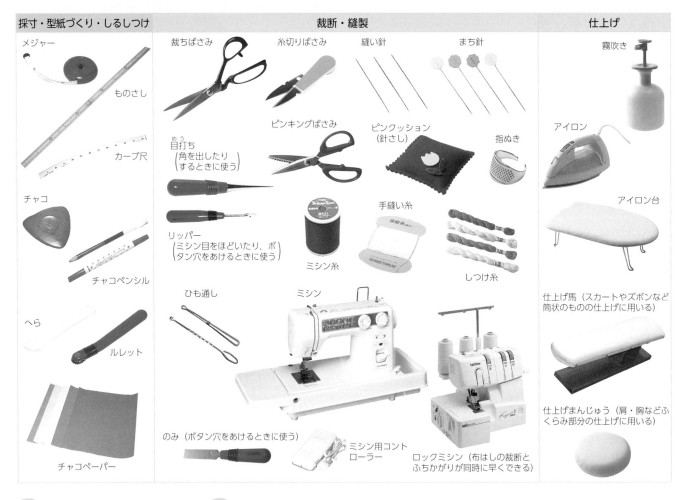

採寸・型紙づくり・しるしつけ	裁断・縫製	仕上げ

採寸・型紙づくり・しるしつけ
- メジャー
- ものさし
- カーブ尺
- チャコ
- チャコペンシル
- へら
- ルレット
- チャコペーパー

裁断・縫製
- 裁ちばさみ
- 糸切りばさみ
- 縫い針
- まち針
- ピンキングばさみ
- 目打ち（角を出したりするときに使う）
- ピンクッション（針さし）
- 指ぬき
- リッパー（ミシン目をほどいたり，ボタン穴をあけるときに使う）
- ミシン糸
- 手縫い糸
- しつけ糸
- ひも通し
- ミシン
- のみ（ボタン穴をあけるときに使う）
- ミシン用コントローラー
- ロックミシン（布はしの裁断とふちかがりが同時に早くできる）

仕上げ
- 霧吹き
- アイロン
- アイロン台
- 仕上げ馬（スカートやズボンなど筒状のものの仕上げに用いる）
- 仕上げまんじゅう（肩・胸などふくらみ部分の仕上げに用いる）

---

1 針について

●手縫い針
和針とメリケン針がある。布に合わせて使いやすいものを選ぶ。

和針 和裁用で「四ノ二」や「三ノ五」と呼ばれ最初の数字は針の太さ，後ろの数字は針の長さを示す。

メリケン針 洋裁用で4〜9番まであり，番号が大きくなるほど細くなる。普通地は7番程度。

●ミシン針（→p.78）
家庭用普通針には，9・11・14・16番がある。番号が大きくなるほど太くなる。普通地は11番。また，ニットを縫うためのニット針もある。

2 糸について

●手縫い糸
木綿・絹・ポリエステルがある。糸の太さは番号が大きくなるほど細くなる。薄地用・普通地用など布に合わせ，布の色に近いものを選ぶ。

●ミシン糸（→p.78）
木綿・絹・ポリエステル・ナイロンがある。木綿はカタン糸と呼ばれる。糸の太さは番手が大きくなるほど細くなる。

糸の種類　ボビン巻　カード巻
番手　m　色番

●しつけ糸
適度の太さがありすべりにくい。白色のしつけ糸を「しろも」という。

手縫い糸とミシン糸の違い
手縫い糸とミシン糸は，糸のよりの方向が違う。手縫い糸をミシン糸として使用するとよりがほどけ，ミシンの故障の原因にもなる。

手縫い糸（右「S」より）　ミシン糸（左「Z」より）

糸の切り方
糸穴に通しやすくするため，糸切りばさみで斜めに切る。

手縫い針は番号が大きいほど細く，ミシン針は番号が大きいほど太いんだね。

 　糸の太さの単位▶「番手」…紡績糸など，繊維の集合からなる糸の場合は，通常，糸の一定の重さのときの長さで太さをあらわすことが多い。「デニール」…絹・ナイロン・レーヨンなど，フィラメント（長い連続した繊維）およびフィラメント糸の場合は，一定の長さのときの糸の重さで太さをあらわす。

③ 布について

●布の選び方
　つくりたい物に合う布地を選ぶ。薄地・普通地・厚地などの布の厚さによって強度も異なる。

●布目の方向
　布は，たてよりよこにのびる性質がある。布目を間違えると，出来上がりのシルエットが不自然になる。また，布はななめ方向に最ものび，ななめのことをバイアスという。パイピングなどに使用する。

●布の裏表
　布の表は，光沢があり，色・柄がはっきりわかる。布端（耳）に文字が書いてある場合は，文字が読めるほうが表。もしくは針穴がある場合は，出っ張っているほうが表になる。ただし，外国製のものなど例外もあるため，購入の際にお店で確認しよう。

④ 地直しの方法

　買ってきたばかりの布地にはゆがみがあり，その状態で服をつくってしまうと，洗濯後に衣服の形が崩れてしまうことがある。これを防ぐために，布地をあらかじめ水にひたし，アイロンを当てることで布目を整える。これを地直しという。

🔄 地直しの基本手順

①布のよこ糸を，はみ出している分だけ抜く　②はみ出したたて糸を切り落とす　③たて糸とよこ糸が直角にまじわるように布を引っ張る

④布を折りたたんで，1～2時間水にひたしておく　⑤布目を整えてさおにかけ，陰干しする
⑥最後に布の裏側から布目にそってスチームアイロンを当てる

🔄 いろいろな布地の地直しの仕方

綿

たっぷりの水に1時間つけ置く → 軽く絞る → 陰干しする → 生乾きの状態で裏側からアイロン（130℃～150℃）をかける

毛

布地の裏からまんべんなくキリを吹きかける → 布地をたたんでポリ袋に入れ1時間以上置く → 裏からアイロン（120℃～150℃）をかける

化学繊維

裏側からあて布をしてドライアイロン（120℃～130℃）をかける

芯地

たっぷりの水につける → アイロン（180℃前後）をかける

※接着芯は左のような作業は必要ないが，ゆがみを直し紙や棒にまいておく。

絹

（注）絹は水分を与えるとシミになるので注意する。
布地目を正しながら折りじわを取る程度にドライアイロンをかける

⑤ 裁ちばさみの使い方

右手にはさみを持ち，左手で布を押さえながら裁断する。

裁ちばさみを台につけて布を切る。

〔直線を切るとき〕
刃の長さの$\frac{2}{3}$くらいのところを使う。

〔曲線を切るとき〕
刃先から1～2cmのところを使う。

⑥ 柄合わせ

●たてのラインの合わせ方
前後中心に柄の中心を合わせる。無地もこの位置に布目を通すようにする。

●よこのラインの合わせ方
ウエストラインで前後の身ごろのよこのラインの柄を合わせる。

●えりの合わせ方
たての場合は，えりの後ろ中心と身ごろの後ろ中心を合わせる。たてよこの場合は，えりの型紙をさかさに置き，柄合わせをする。

●身ごろとそでの合わせ方
前アームホールから5～7cm，そで山から5～7cmのところにいせ分をプラスしたところを合わせる。そでのみのときはそで中心に合わせる。

Column

きれいに仕上げるために　～接着芯を使ってみよう～

　接着芯とは，裏側にのりがついた素材で，布の裏にアイロンではって接着し，バッグやえりなど布にハリをもたせ，美しいシルエットをたもつために使う。片面にのりがついているので，アイロンで簡単に布を補強することができる。

　はり方は，布の裏に接着芯の接着面を当て，中温のスチームアイロンで10～15秒押さえる。アイロンが当たっていない部分ができないようにアイロンはすべらせずに少しずつずらす。

　失敗してしまったら，ドライアイロンをかけてのりを溶かし，熱いうちにそっとはがす。

●接着芯のはり方

布の裏を上にして接着芯の接着面を当て（ザラザラしたほうが接着面），中温のスチームアイロンで上から10～15秒押さえる。冷めるまで布を動かさない。

すき間があかないようにアイロンを当てる

○
アイロンは10～15秒間押し当てたら，すべらずに少しずつずらす。

✕
接着されていない部分
すき間の部分が接着されない。

小論文ココが出題された▷ 人体は複雑な曲面からなる立体であるが，洋服と和服のいろいろな工夫とはどのようなことか，また，洋服と和服の他に，どのような型の衣服があるか，その衣服の型を2つ挙げ，600字以内で簡潔に説明せよ。【大妻女子大学・家政学部・被服学科・改】

衣生活

手縫いの基礎

小・中学校の
復習

⤴ 玉結び・
玉止め

✅Check! **手縫いに必要な基礎知識**

玉結び〈指で結ぶ方法〉

❶人さし指の先に糸を1回
巻く。

❷人さし指をずらしながら
糸をより合わせる。

❸より合わさったところを
中指で押さえる。

❹親指と中指で玉結びを押
さえて糸を引く。

玉止め〈縫い終わり〉

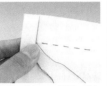

❶縫い終わりの位置に針を
あてる。

❷針を親指で押さえ，糸を
3回巻く。

玉結び〈針で結ぶ方法〉

❶糸の長いほうを針に2〜
3回巻く。

❷親指で押さえながら糸を
針の根元によせる。

❸親指と人さし指で押さえ
ながら針を抜く。

〈玉結びの完成〉

❸親指でしっかり押さえな
がら，針を抜く。

❹糸を0.2cmほど残して切る。

ボタンのつけ方〈4つ穴・玉止めを裏に出さない場合〉

小・中学校の
復習

⤴ ボタンの
つけ方

❶ボタンつけ位置を1針すく
い，穴に通してもう一度す
くう。

❷糸を引いてボタンの穴に通
す。これを2〜3回繰り返
す。

❸糸には布の厚さ分の余裕を
もたせる。これを糸足とい
う。

❹糸の根元をもち，糸足に2
〜3回糸をまきつける。

❺まいた糸がゆるまないよう
に輪をつくって針を通し，
糸をしっかり引く。

❻糸足のできるだけ近くに針
を出す。

❼糸足に針をつけて，玉止め
をする。

❽糸足に針をさして糸を引き
抜き，きわで糸を切る。

2つ穴ボタン

2つ穴ボタンも4つ
穴ボタンと同じ方法
でつけることができ
る。

4つ穴ボタンのつけ方いろいろ

・クロス

ボタンの穴に通すと
きに，はす向かいの
穴に斜めに糸を通す。
糸が×のもようになる。

・スクエア   ・ちどり足

糸の色や通し方を変えることでデザインのポ
イントにもなる。

スナップ・ホックのつけ方

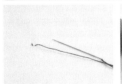

❶つける位置にしるしをつけ，
1針すくう。

❷穴の外側から布をすくい，
穴に針をさす。

❸針を抜いてできた糸の輪に
針をくぐらせて引く。

上前   下前

上前   下前

❹3〜4回繰り返して，次の
穴に移る。

❺すべての穴が縫えたら，1
針すくう。

❻玉止めし，スナップ（ホッ
ク）と布の間に針を通して
糸を切る。

※カギホックもスナップ
と同じ方法でつけるこ
とができる。

基礎縫い

		<表の縫い目>	<裏の縫い目>

・並縫い
仮縫い，ミシンをかける前などに2枚の布を縫い合わせる。

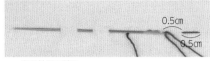 0.5cm / 0.5cm

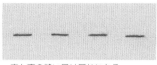

・一定の針目で縫う。

・表と裏の縫い目は同じになる。

・本返し縫い
1針ずつ前の針目に返しながら縫い進める。

 0.2cm

・1針分の針目で返す。

・表はミシン縫いのように見える。

・半返し縫い
本返し縫いの半分だけ針を返して縫い進める。

 0.2cm

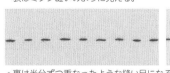

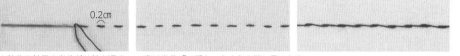

・丈夫に縫うときは1針分の針目の半分だけ針を返す。

・裏は半分ずつ重なったような縫い目になる。

・まつり縫い
そでやスカートやズボンなどのすそのしまつのときに用いる。

 折山 0.5〜1.0cm （裏）

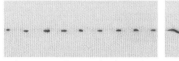

・折山に針を出したら，少し先の裏側を折山にそって平行に，きわをすくい，折山の裏から針を出す。

・表はこまかい縫い目，裏は斜めの縫い目になる。

・たてまつり縫い
縫い目が細かく，そで口やズボンのすそなどをまつるときに向く。

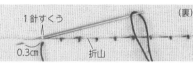 1針すくう 0.3cm 折山 （裏）

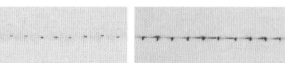

・折山に針を出し，すぐ上の裏を1針平行にすくい，折山の裏から針を出す。

・表は細かい縫い目，裏はたての縫い目になる。

・ちどりがけ
ほつれやすい素材をまつるときに向いている。

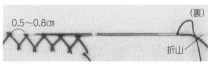 0.5〜0.8cm 折山 （裏）

・折山にそって平行に表布をすくい，折りしろは表布に縫い目が出ないようにする。

・表はまつり縫いと同じようになる。裏は交差した縫い目になる。

ステッチ

チェーンステッチ
チェーンの丸みを残し，ふんわり仕上げる。

❶表の1に針を出し，すぐ横の2に針を刺して，1針先に針先を出す。

❷1から出ている糸を上から回しかけ，針先の下をくぐらせる。

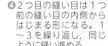

❸針を引くと1針縫える。

❹2つ目の縫い目は1つ前の縫い目の内側からはじまる形になる。1〜3を繰り返し，同じように縫い進める。

 **完成**

フレンチノットステッチ
水玉模様や動物の目，花のつぼみなどに。

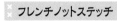

❶針を布の表に出す。

❷針先に糸を2周ほど巻きつける。

❸1で針を出したすぐそばの2に針を刺す。

❹結び目の近くを軽く引いて縫い目を引き締めたら，そのまま針を裏に通す。

 完成

ボタンホールステッチ
布端をかがるときやアップリケの縫いつけに。

❶裏から糸を通し，布の上端に出す。

❷左下の2に針を通し，布の上端の3に針先を出す。右側から針先に糸をかける。

❸針を引くと1針縫える。1〜3を繰り返し，同じように縫い進める。

 **完成**

ミシン縫いの基礎

↑下糸を巻く

↑下糸を入れる

↑針のつけ方

☑Check! ミシン縫いに必要な基礎知識

ミシンの名称

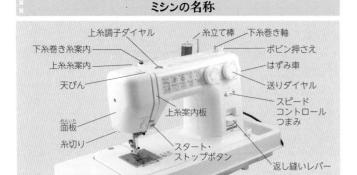

- 上糸調子ダイヤル
- 糸立て棒
- 下糸巻き軸
- 下糸巻き糸案内
- ボビン押さえ
- 上糸糸案内
- はずみ車
- 天びん
- 送りダイヤル
- スピードコントロールつまみ
- 面板
- 上糸案内板
- 糸切り
- スタート・ストップボタン
- 返し縫いレバー

糸の色の決め方

基本的には布と同じ色を選ぶのがよいが, ない場合は右図を参考にしよう。

淡い色の布 → 同系色 布より少し淡い色

濃い色の布 → 同系色 布より少し濃い色

プリント柄 → いちばん分量の多い色

ミシン糸

30番（厚地用）　60番（普通地用）　90番（薄地用）

ミシン針

［細い］
- 9番
- 11番
- 14番
- 16番

［太い］

ミシン縫いの準備をしよう

下糸を巻く

❶順番に糸をかける。
- 1 糸立て棒
- 2 下糸巻き糸案内
- 3 下糸巻き軸
- ボビン押さえ

❷ボビンの穴に内側から糸を通し, ボビンを下糸巻き軸にさしこむ。
- 下糸巻き軸

❸ボビンをボビン押さえに押しつける。糸の端をつまんだまま巻きはじめ, 糸がボビンに数回巻きついたらミシンを止めて穴のきわで糸を切る。再びスタートボタンを押して, 巻く。
- ボビン押さえ

❹巻き終わったら, ボビンをもとに戻して糸を切る。

下糸を入れる

❶ボビンを内がまにセットする。

❷糸は左巻きの向きで入れる。
（○）（×）

❸溝に糸をかけて向こう側に出す。

❹下糸を10cmくらい引き出してカバーを閉める。
- 下糸

針のつけ方

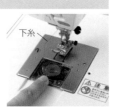

- 針棒
- 針止めねじ
- 針棒のみぞ
- ピン
- 針棒
- 針止めねじ
- 針の平らな面
- 針穴
- 締まる

❶はずみ車を手前に回して針棒をあげ, 針止めねじを回してゆるめる。

❷針止めねじをかたく締めて固定する。

上糸のかけ方

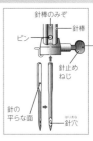

- 1 糸立て棒
- 2 上糸糸案内
- 3 上糸案内板
- 4 天びん
- 5 糸かけ
- 6 針棒糸かけ
- 7 針穴

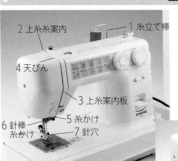

❶上糸を糸立て棒にセットし, 糸案内にかける。

❷溝にそって糸をおろし, 折り返す。

❸天びんにかけ, 溝にそって糸をおろす。

❹糸かけに右側から糸をかける。

❺糸を前から通し, 押さえの間から後ろに出す。

↑上糸のかけ方

下糸の出し方

↑下糸の出し方

- はずみ車

❶左手で上糸のはしを持ち, 右手ではずみ車をゆっくりと手前に回す。

❷針が上がってきたら上糸を手前に引く。下糸が輪になって上がってくるので, 引き上げる。

❸上糸と下糸をそろえて, 押さえの下を通し, 向こう側へ引き出す。

縫い始める前に

- 針棒の正面に座ろう。
- 押さえを上げ，はずみ車を手前に回して天びんを上げよう。
- あまり布で必ず試し縫いをしてから縫い始めよう。

安全のために

- 縫うときは，針の下に指を入れない。
- 縫っているときは，針先から目をそらさない。
- コントローラーはゆっくり踏む。
- 縫っている人の邪魔をしない。

ミシン縫いにチャレンジ

縫い始め

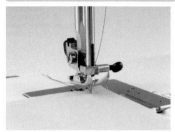

①返し縫いをするため，布端から1cmあけて針を刺す。

押さえレバー

※押さえレバーを使って，押さえの上げ下げをする。

押さえ

②押さえを下げ，返し縫いレバーを押し，布のはしまで返し縫いをする。

③布のはしまで縫ったらスタート・ストップボタンを押して前に縫い進める。

角を曲がる・縫う方向を変える

※角の手前でミシンを止め，はずみ車を回して1針ずつ手動でしるしまで縫うと縫いすぎない。

④しるしまで縫ったら針を刺したまま押さえを上げて布を回す。

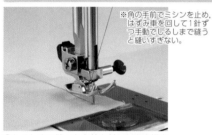

⑤方向を変えたら押さえを下げ，続けて縫い進める。

縫い終わり

⑥布のはしまで縫ったら1cmほど返し縫いをする。針を上げ，押さえを上げて，布を向こう側へ引き，ミシン側に糸を10cmほど残して切る。

こんなときどうする？

糸の調子が悪いとき

正しい糸調子	上糸の調子が強いとき	上糸の調子が弱いとき
上の布／上糸／下糸／下の布		

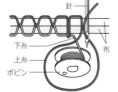

針／下糸／上糸／布／ボビン

上糸と下糸の引っ張り合う強さが合っている状態。

ダイヤルの調節

● 上糸調子ダイヤル

- 数字を小さくする。
  → 上糸が弱くなる。
- 数字を大きくする。
  → 上糸が強くなる。

ミシンの不調とその原因

不調	その原因
針が折れる	・ミシン針のとめねじがゆるんでいる ・針のつけ方が浅い ・針が曲がっている ・針の太さが布の厚さに合っていない
縫い目が飛ぶ	・針が正しくついていない（針棒のみぞと合っていない） ・針が曲がっている ・針のつけ方が浅い
上糸が切れる	・糸かけの順序が間違っている ・針のつけ方が正しくない ・上糸調子ナットを締め過ぎている
下糸が切れる	・ボビンが内かまに正しくセットされていない ・内かまに，ほこりや糸くずが詰まっている ・下糸の巻き方が悪い

フォト ライブラリー

世界の気候と住まい

①ギリシャ・ミコノス島
「エーゲ海に浮かぶ白い宝石」ともいわれ，日照数が300日もあり水資源がとぼしい。雨水を地下にためて利用し，殺菌のために，家の壁が石灰でぬられている。

②イギリス・ハーフティンバーの家
木の骨組みの間を石やレンガなどの壁で固めたハーフティンバーの家。何百年ももつ丈夫な家。

④デンマーク・市民庭園（コロニヘーヴ）
高緯度にありながら比較的穏やかな気候で，過ごしやすい。
週末や夏休みなどをここで過ごし，さまざまな野菜や果物を庭で育て，
収穫したての旬の食材を食べる。

③フランス・石造りの家
寒冷地帯での工夫として，石を積み上げ，
開口部を小さくしている。

⑨モロッコ・カスバ
敵の侵入を防ぐために築いた要塞。
集落への入口は１つしかない。

⑩カメルーン・キルディ族
壁は土壁で，屋根は木の枝や草で厚く屋根をふいて太陽の熱を吸収させて涼しくすごす。

⑪南アフリカ・ンデベレ族
ブロックを積み上げカラフルな壁絵で飾る。
女性の役割で，フリーハンドで仕上げる。

80

⑤ ノルウェー・草屋根の家

屋根の上に木の皮を張り，その上に土を乗せて芝生で
おおっている。夏は芝生の気化熱によって涼しく，冬
は保温性が高く暖かい。

Do action! 他にも世界には気候や風土によってさまざまな住まいが
ある。調べてみよう。

⑥ 北カナダ・氷でつくったイグルー

冬の間，獲物を追って移動するとき，雪氷のブロックを積んでつくる。

⑦ 中国・地下の家ヤオトン

雨が少なく気温差の激しい
地域なので，土中の住まい
ですごす。

⑧ モンゴル・移動式の家ゲル

牧草とそれをおおうフェルトの幕でつくられ，
遊牧民が移動しやすいよう簡単に建てる工夫が
みられる。写真は組み立て中のようす。

地図の凡例:

- 熱帯(熱帯多雨林)
- 乾燥帯(砂漠，ステップ)
- 温帯
- 亜寒帯(冷帯)
- 寒帯

④デンマーク
⑤ノルウェー
②イギリス
フランス
⑨モロッコ
⑩カメルーン
⑪南アフリカ
①ギリシャ
⑫インドネシア
⑧モンゴル
⑦中国
⑬パプアニューギニア
⑥北カナダ
⑭ペルー

⑫ インドネシア・トンコナン

高温多湿の地域なので，高床式で通風・急
斜面の屋根で多雨にそなえている。

⑬ パプアニューギニア

ヤシの葉を使ってつくられた
住まい。風通しがよい。

⑭ ペルー・ウル族

チチカカ湖では湖に生えている葦(トトラ)を使っ
て浮島をつくり，その上にさらに家をつくり生活
している。

日本の住まい

小さな集落や共同体で，大きな労力が必要となる仕事をする時に相互に助け合うことを「結（ゆい）」という。かつての日本ではこの「相互扶助」が日常的におこなわれてきた。白川郷の大型合掌造りの屋根の葺き替えは昔から，近隣の村の人々を含めた無償の助けあいによっておこなわれてきた。現在では，300人以上の人が駆けつけての作業となる。1軒の屋根に必要なカヤは，約1万束。4tトラック20台分にもなり，約30年に一度おこなわれる。

↑岐阜県の家

↑合掌づくりの家の外観

↪合掌づくりの家の内部のようす

②低い屋根（沖縄県）

度々通る台風の強い風雨に耐えられるように，屋根を低くし外壁で囲んでいる。

↑沖縄県の家

①合掌づくり（岐阜県）

白川村では，雪が多いので屋根の傾斜を急にし，積もりにくくするとともに，広い屋根裏で養蚕したり物置として使っている。

↓沖縄の家の内部のようす

③トンバイ塀（佐賀県）

有田焼の登り窯に使った耐火レンガの廃材などを赤土でぬり固めている。

④築地松（島根県）

風の強い出雲地方では，家の周りに松や杉を植えて風を防ぐ。

⑤水切り瓦（高知県）

漆喰でぬられた壁が長持ちするよう，壁にひさしのような水切りをつける。

⑥ 間垣（石川県）
輪島市では、冬の日本海から吹く風から家をまもるため、家の周囲に竹垣をめぐらせている。

⑦ 曲り家（岩手県）
南部地方では、馬の管理がしやすいように母屋と馬屋を接続させている。

⑧ 無落雪住宅（北海道）
屋根に雪を乗せたまま自然処理する。落雪や転落などの事故を減らす。

↑ 北海道の家

Do action! 自分の住む地域の住まいの特徴は何だろう？調べてみよう。

⑨ 蔵造り（埼玉県）
家全体を土蔵にし、火事が広がらないように厚い壁と重厚な屋根瓦を用いている。

⑩ 町家（京都府）
職人や商人が住んでいた町家は、間口の幅が狭く、奥行きが長い。

⑪ 舟屋（京都府）
家の中まで舟が入れるつくりにし、漁に出かけやすくしてある。

↓ 舟屋の内部のようす

私たちと住まい

住まい・居住環境で重要と思うもの

　私たちにとって，住まいとはどんな場所だろうか。

　住まいに関して重要と思う項目については，「日当たり」が最も多く，次いで，「地震時の安全性」，「防犯性」などとなっている。住まいには，さまざまな外敵から身を守るシェルターの役割が求められている。

　また，居住環境に関して重要と思う項目については，「治安」が最も多く，次いで「日常の買い物などの利便」，「通勤・通学の便」，「医療・福祉・文化施設などの利便」となっており，快適な住生活には，安全性，快適性以外に，利便性も欠かせない要素である。

◆住まいに関して重要と思う項目（全世帯）

項目	(%)
日当たり	34.3
地震時の安全性	33.7
防犯性	26.7
広さや間取り	25.4
台風時の安全性	19.4
収納の多さ，使い勝手	18.7
火災に対する安全性	15.3
維持管理のしやすさ	13.6
高齢者への配慮（段差がないなど）	12.9
プライバシー確保	11.6
遮断性	10.9
水回りの広さ，使い勝手	10.7
遮音性	10.5
いたみの少なさ	9.7
エネルギー消費性能（光熱費の節約）	9.1
換気のよさ（臭いや煙などが残らない）	7.1

（複数回答）

◆居住環境に関して重要だと思う項目（全世帯）

項目	(%)
治安	39.8
日常の買い物などの利便	36.6
通勤・通学の便	28.2
医療・福祉・文化施設などの利便	24.5
災害時の避難のしやすさ	17.8
騒音・大気汚染の少なさ	17.6
道路の歩行時の安全性	16.8
敷地の広さや日当たり，風通しなどの空間のゆとり	14.8
水害・津波の受けにくさ	14.8
近隣の人やコミュニティとの関わり	13.3
公園や緑，水辺などの自然環境	12.4
福祉・介護の生活支援サービス	12.4
まちなみ・景観	8.3
周辺からの延焼のしにくさ	7.8
子どもの遊び場，子育て支援サービス	7.3
親・子・親せきとの距離	6.8

（複数回答）

（国土交通省「住生活総合調査」2018年）

1　住まいの歴史

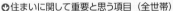

縄文時代　　弥生時代　奈良時代　平安時代　鎌倉時代　室町時代　安土・桃山時代　江戸時代

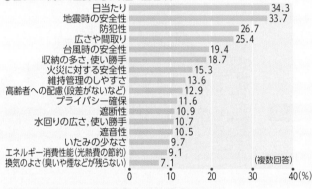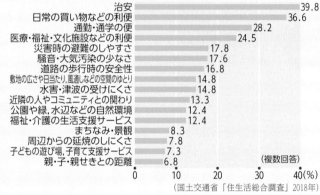

竪穴式
雨露をしのぎ外敵から身を守るため，地面を掘って床面の中央にいろりを設けた。住まいの主流だったが，奈良・平安には消滅。

高床式
低地で米などを栽培するようになると，米の貯蔵や湿気を避けるのに好適な高床式が生まれた。

寝殿造り
都に住む上流階級の貴族の住まい。建物の内部はすべて板敷で，壁がなく開放的であった。几帳やびょうぶで空間が切られていた。

書院造り
客を応対する場が重視された武家や僧侶住宅。畳の敷き詰め，床の間，棚のある座敷，ふすまや引き戸による間仕切りが生まれた。

数寄屋造り
茶室の意匠や建築技術を取り入れた茶室風建築。武家だけでなく，町人や上流階層の農民にも広まっていった。

明治時代　　大正時代　昭和時代

和洋折衷住宅
和風の家に洋間をつけた和洋折衷住宅がつくられた。洋室は応接用で，日常生活するのは，ほぼ和室である。
（小出邸，所蔵：江戸東京たてもの園）

公団住宅
食寝分離が提唱され，機能性と快適性をそなえたモダン住宅として，ダイニングキッチンを配置し，台所作業の効率化がはかられた。

2　和室の名称

長押　鴨居　障子　床の間　畳　欄間　天袋　襖　違い棚　地袋　床柱

欄間：採光，通風，装飾といった目的のために天井と鴨居との間に設けられる開口部材。

長押：柱を水平方向につなぐもので鴨居の上から被せたり，柱間を渡せたりするように壁に沿って取り付けられる。

鴨居：障子や襖など，引き戸の上枠で，溝が彫られた部材のこと。

 インフォメーション　畳のサイズは？▶畳の大きさは地域によって異なる。関西の京間は1.82㎡，関東の江戸間は1.55㎡，名古屋周辺の中京間は1.66㎡，公営団地で使用される団地間は1.45㎡。畳2枚分の大きさが土地の面積や建物の敷地を表す基本単位の「坪」と呼ばれている。

住まいは人に優しいだけでなく，地球環境にも優しいことが求められる時代である。今のようにさまざまな住宅技術が確立されていなかったころの，自然と共存するような生活を振り返ってみることも必要かも知れない。かつて日本人が暮らしていた民家などのさまざまな生活の知恵が「ロハス住宅」などの新しいことばとともに，あらためて脚光を浴びている。

古来から日本家屋は地場の材料（土，木，紙，竹など）を活用して地元の職人がつくるということが基本であった。かつての日本の住まいは，例えば通気性があり常に外の風が吹きこんでいたように，今よりも，自然を住まいのなかに取りこみ，自然と共存しながら，自然の力を借りながら，快適な生活をめざそうとしていたのである。

●土壁
今では住まいの壁はクロス張りなどが主流だが，かつては土壁などが多く用いられていた。

上塗り仕上げ（しっくいなど）

中塗り（泥土+砂+わら）

下塗り（泥土+水+わら）

●縁側
家の建物の縁部分に張り出して設けられた板敷き状の通路。玄関を通らず，庭などから直接屋内に出入りする用途ももつ。室内と屋外とをつなぐ機能があり，近所の人とのおしゃべりを楽しむ応接間になったり，ひなたぼっこや夕涼みを楽しむ憩いの空間にもなる。また，スイカを食べたり，花火をしたり，お月見をしたりと，四季折々のイベントの場でもある。

●ひさし
ひさしが長く出ることにより，夏の高い太陽からの直射日光を遮る（さえぎる）ことができ，一方で冬の低くて長い太陽の日射しはしっかりと取りこむことができる。また梅雨や台風など，雨に見舞われる季節も，ひさしがあることにより，窓を開けることができ，またサッシや外壁の損傷を防ぐ。

（住宅金融普及協会資料ほか）

●障子
ガラスと比べ，室内の日射熱を約半分に抑えるので夏は涼しく，室内の暖気を逃がしにくいため冬は暖かい。さらに，空気を逃がすので湿気を逃がす働きもあり，高温多湿な日本の自然と調和する知恵が詰まっている。

●畳
和室で畳の上に座る生活は，玄関で靴を脱いで生活する日本人にとっては，何よりの癒し，安らぎにつながるものである。

●雪見障子（ゆきみ）
障子枠の一部にガラスをはめこんだもの。部屋から雪景色の庭が見られることからこの名前がついた。

●腰つき障子（腰板障子）（こしいた）
下部35cmほどの高さまで板張りの腰（腰板）をつけたもの。半分程度にまで腰板を貼った腰高障子もある。

●猫間障子（ねこ ま）
障子の一部に開閉できる障子を組みこんだもの。本来は障子を締めた状態で猫が出入りできるよう細工したものであった。

Column

コロナ禍で住まいに求めるものが変化している

コロナ禍で新しい生活様式が広まるにつれて，住宅の性能や間取り，設備などに変化が求められている。在宅時間が増えれば室内が汚れやすく，食事後のかたづけの手間も増える。さらに洗濯や消毒といった新しい家事の手間が生まれている。その結果として，掃除がしやすい浴室やトイレ，かたづけがしやすいキッチンや収納，ウイルス対策がしやすい間取りなどが求められている。在宅ワークへの対応として，あまり使われていない押し入れや階段下などを活用し，ワークスペースをつくるというアイデアもある。

↓玄関に設置された洗面所　↓クローゼットをテレワークスペースに

（株式会社 LIXIL）

◆コロナ禍で増えた新しい家族の習慣

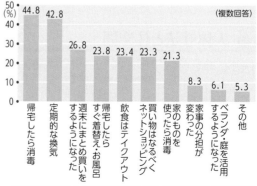

（複数回答）

習慣	(%)
帰宅したら消毒	44.8
定期的な換気	42.8
週末にまとめ買いをするようになった	26.8
帰宅したらすぐ着替え・お風呂	23.8
飲食はテイクアウト	23.4
買い物はなるべくネットショッピング	23.3
家のものを使ったら消毒	21.3
家事の分担が変わった	8.3
ベランダ・庭を活用するようになった	6.1
その他	5.3

（株式会社LIXIL調べ「家族時間の変化と住まいに関する調査」2020年12月）

住生活 2 平面図の活用

11 住み続けられる まちづくりを

テーマ 住宅情報を読もう〜あなたはどの部屋を選ぶ？

将来，一人暮らしをすることになったら，あなたはどんな部屋に住みたいだろうか。住宅広告を見ながら考えてみよう。

STEP 1 部屋を選ぶ際，どのようなことを重視したいか書こう。

STEP 2 下の3つの間取り図の特徴を読み取り，あなたにとってのメリット・デメリットを書こう。

① JR中央線／
吉祥寺駅　徒歩5分❶
8.5万円❷
1K 21.7㎡❸
管 5,000円
礼 1か月❹
敷 1か月　駐 −❺
構 RC造　2階／6階建
　　南向き❻
築 2015❼
入 即入居　損 要❽
室内洗　ロック　エアコン
フロー　EV　宅配B
BT別　駐輪　❾

洗　玄
K2
冷
洋6.2
バルコニー

② 東京メトロ千代田線／
表参道駅　徒歩13分❶
7.8万円❷
ワンルーム 18.7㎡❸
管 5,000円
礼 1か月❹
敷 2か月　駐 −❺
構 RC造　2階／3階建
　　西向き❻
築 1998❼
入 即入居　損 要❽
室内洗　エアコン　フロー
UB　駐輪　ネット
❾

玄
洋6
バルコニー
洗

③ JR京浜東北線／
大宮駅　徒歩18分❶
3.9万円❷
1K 18.0㎡❸
管 −
礼 −❹
敷 −　駐 −❺
構 SRC造　3階／3階建
　　西向き❻
築 1989❼
入 即入居　損 要❽
室内洗　エアコン　フロー
UB　駐輪　❾

洗　玄
UB
K2.5
ロフト2
洋6
バルコニー

❶ **交通アクセス**　最寄り駅と駅からの所要時間。
❷ **家賃・管理費**　月々の部屋代。
❸ **間取り**　1R：ワンルーム，K：キッチン
❹ **入居費用**
　礼金は返金されない。敷金は実費を引いて退去時に
　返金される。

❺ **駐車場料金**
❻ **タイプ**
　[構造] RC（鉄筋コンクリート），SRC（鉄骨鉄筋コン
　クリート），PC（プレキャストコンクリート）など
　[階数] 該当階数／建物全体の階数
❼ **入居情報**　建物の完成年月，入居可能時期

❽ **その他の条件**　損害保険加入，定借契約など
❾ **設備マーク**

室内洗	室内洗濯機置場	ロック	オートロック
UB	ユニットバス	フロー	フローリング
BT別	バス・トイレ別	宅配B	宅配ボックス
EV	エレベーター	駐輪	駐輪場
		ネット	インターネット対応

	メリット	デメリット
①		
②		
③		

STEP 3 STEP 1，2から，実際に物件を選ぶなら①〜③のどの部屋を選ぶのがよいか。理由も考え，クラス内で意見を交換し合おう。

選んだ部屋		理由	

1 人体寸法と住空間

♦ **人体寸法**（単位cm）

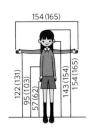

人体の標準寸法・女子（　）内は男子

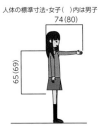

（芦川智ほか『住まいを科学する』地人書館）

♦ **人体寸法と住空間**（単位cm）

リビングスペース　　車いすと調理スペース

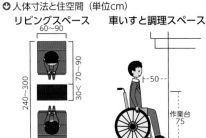

車いすの通れる廊下　　ダイニングスペース

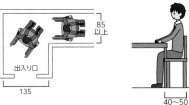

（牧野唯ほか『住まいのインテリアデザイン』朝倉書店ほか）

インフォメーション　住まいを借りるまでの流れ▶❶希望条件を整理する→❷予算を決める→❸住まい情報を集めて探す→❹不動産屋で物件を見学する→❺入居の申しこみをする→❻審査後，物件の説明を受ける→❼賃貸借契約を結び入居する。

② 平面図に用いられる表示記号

平面表示記号（JIS A 0150）

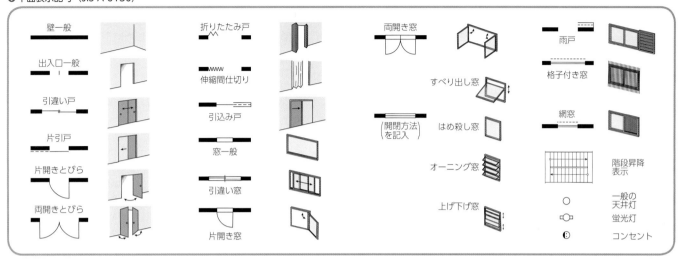

家具・設備の表示記号

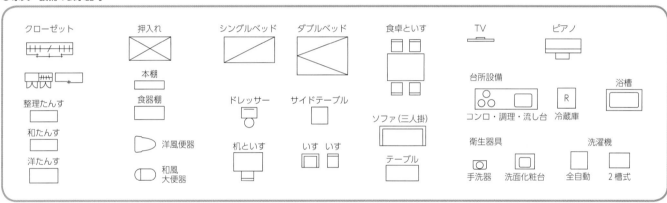

収納の工夫——めざせ，収納の達人！

❶自分が所有している物を把握する

　かたづけたい場所にどんなものがどれだけあるのかを把握しよう。

❷不用品を取り除く

　いらないものは捨てて，収納スペースには使うものだけを。まだ使えそうなら友達にあげたり，フリーマーケットやリサイクルショップへ。

❸置き場所を決める

　ものは使う場所のそばに置く。よく使うものは，取り出しやすいところに，できるだけ種類別にまとめて置くようにしよう。

❹入れ方を決める

　収納が多いかどうかではなく，いかに取り出しやすいかということ。毎日使うものは，簡単に出し入れできるよう収納する。

❺使ったら必ず元に戻す

　せっかくきれいに収納できても，使いっぱなしでは，あっという間にものが散らかってしまう。使ったものは必ず元に戻す習慣をつけよう。

定期的に点検して，不要なものを増やさないようにしよう。

⬆️押入れの収納

➡️クリアケースや箱を利用。よく使うものは前に

生活ワードブック reinforced concrete construction（RC造），floor plan（平面図），built-in（造り付け），condensation（結露），ventilation（換気），earthquake（地震），japanese straw floor covering，tatami mat（畳），sliding screen（襖），paper sliding door（障子），closet（押入），japanese futon（布団）

87

住生活

●あなたのライフスタイルに合った理想の部屋づくりにチャレンジしよう

もし一人暮らしを始めることになったら，どんな部屋にしただろうか。高校卒業後，1年目のあなたは，どこで，何をしているだろうか。そして，どんな部屋に住みたいだろうか。

> 一人の時間を楽しみたい？　　友だちを招いてワイワイしたい？　　勉強・仕事に集中できる部屋にしたい？
> ものを置かずシンプルに暮らしたい？　　それとも，好きなものにたくさん囲まれて暮らしたい？

自分のライフスタイルをイメージして，住まいをデザインしてみよう。

● 起居様式

いす座

メリット
・座る立つの動作が小さくてすむ。
・膝を曲げることがないので負担が少ない。
・床から離れているので衛生的である。

デメリット
・スペースをとる。
・用途固定されるので，転用しにくい。
・冬は足元が冷えやすい。

床座

メリット
・動かしやすく融通がきく。
・人数が増えても対応しやすい。
・低い姿勢で落ち着いた雰囲気がある。

デメリット
・座る立つの動作が大きい。
・膝を折り曲げて座ることが必要になる。

● インテリアデザインとライフスタイル

モダンスタイル
　無駄な装飾をそぎ落とし，機能的でシンプル。モノトーン調のスタイリッシュなインテリア用品。

クラシックスタイル
　伝統的な雰囲気を現代にいかした上品で重厚なスタイル。

シンプルスタイル
　合板やスチールなどの現代的な素材を使い，流行に左右されず，シンプルで飽きのこないスタイル。

カジュアルスタイル
　生活感あふれるなかでくつろぎ，自由で個性的なライフスタイルを楽しむ。

ナチュラルスタイル
　木のぬくもりなど天然素材のもち味をいかす。自然にとけあったコントラストのある色づかい。

アジアンスタイル
　竹や籐，麻といった自然素材や民芸調の家具や織物などにより，リゾートホテルのようなアジアンテイストのあるスタイル。

●コーディネート例 (p.88カジュアルスタイル)

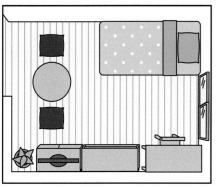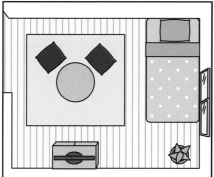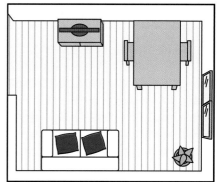

●インテリアのカラーコーディネート

　まず，その部屋の使用目的を考えて，どのような部屋にしたいか（明るい部屋，落ち着いた部屋など）を決めよう。次に，そのイメージを構成するための，ベーシックカラー，サブカラー，アクセントカラーを選ぼう。

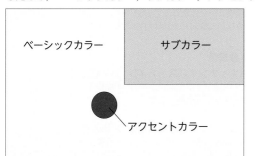

ベーシックカラー……全体の70%
　床，壁，天井など，室内の大部分を占める色

サブカラー……………全体の25%
　ソファなどの家具，カーテン，ベッドカバーなどに使う色

アクセントカラー……全体の5%
　クッションなどのインテリア小物などに使う色

●色のイメージ

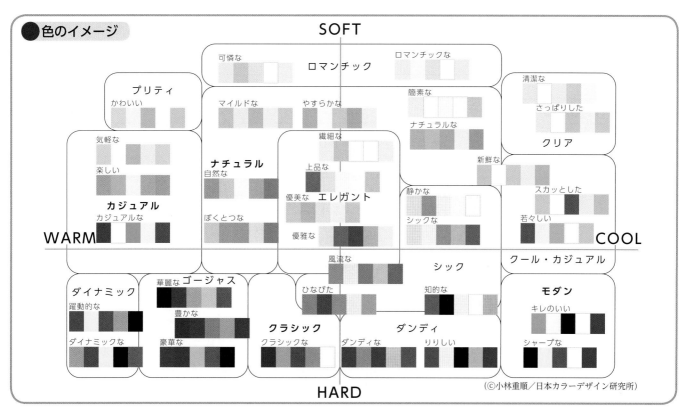

(©小林重順／日本カラーデザイン研究所)

長く住み続けるために

住まいのメンテナンス

新しくて快適な住まいも，年月とともに雨風にさらされ，太陽光や汚染空気のために，汚れ・いたみなど材質の劣化や損傷が起こる。しかし，定期的に点検し，これらの劣化部分を早期に発見して補修すれば，住まい性能を回復させ，耐用年数をのばすことができる。

このように，点検によって維持・整備し，性能を回復することをメンテナンスという。一般的には，木造住宅の耐用年数は30年，鉄筋コンクリート住宅の場合は70年などといわれるが，維持・管理の仕方によって，その長さは大きく変わってくる。

住まいの耐用年数をのばして長く住むことは，環境にもやさしい。どの部分をいつ点検し，どのような措置を施せばいいのか確認してみよう。

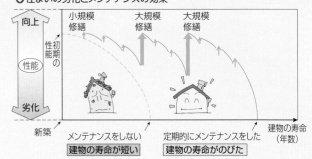

住まいの劣化とメンテナンスの効果

メンテナンスをするかしないかによって建物の寿命は大きく異なってくる。

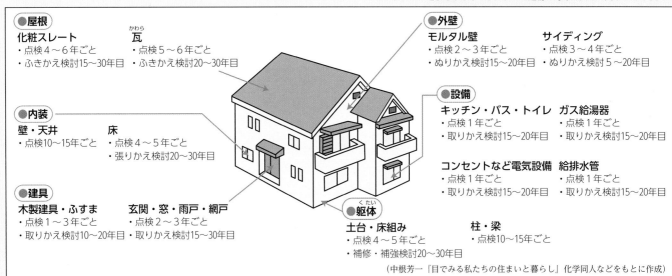

●屋根

化粧スレート
・点検4～6年ごと
・ふきかえ検討15～30年目

瓦
・点検5～6年ごと
・ふきかえ検討20～30年目

●内装

壁・天井
・点検10～15年ごと

床
・点検4～5年ごと
・張りかえ検討20～30年目

●建具

木製建具・ふすま
・点検1～3年ごと
・取りかえ検討10～20年目

玄関・窓・雨戸・網戸
・点検2～3年ごと
・取りかえ検討15～30年目

●外壁

モルタル壁
・点検2～3年ごと
・ぬりかえ検討15～20年目

サイディング
・点検3～4年ごと
・ぬりかえ検討5～20年目

●設備

キッチン・バス・トイレ
・点検1年ごと
・取りかえ検討15～20年目

ガス給湯器
・点検1年ごと
・取りかえ検討15～20年目

コンセントなど電気設備
・点検1年ごと
・取りかえ検討15～20年目

給排水管
・点検1年ごと
・取りかえ検討15～20年目

●躯体

土台・床組み
・点検4～5年ごと
・補修・補強検討20～30年目

柱・梁
・点検10～15年ごと

(中根芳一『目でみる私たちの住まいと暮らし』化学同人などをもとに作成)

1 集合住宅のルール

●騒音トラブル

集合住宅で最も多いのが「騒音トラブル」である。自分は気にならなくても，他人の生活を不快なものにしてしまう危険性があることを覚えておきたい。

また，隣人とのトラブルが発生した場合は，管理会社などの窓口に連絡しよう。

●ゴミ出しの日時・分別のルール

市区町村で指定されたゴミ出しの方法を必ず確認しよう。決められた場所，収集日時に出すことを必ず守ること。ゴミ処理の方法も自治体ごとに異なる。日ごろから分別の習慣をつけておこう。

●共用部分のルール

エントランスや廊下，エレベーターなどの集合住宅に住む人が利用する共用部分は，自分の部屋と同じようにきれいに使おう。ゴミなどを放置することは，ほかの住人に迷惑をかけることになるので，マナーとルールを守って利用しよう。

一人ひとりがルールを守ることが大切である。他にもどんなルールが必要か話し合ってみよう。

i インフォメーション 長もちする住まいの条件▶❶室内の換気がよい。 ❷床下の通風がよい。 ❸日当たりがよい。 ❹水はけがよい。 ❺住まいの手入れがしやすい。 ❻水や空気が汚染されていない。

② 住宅性能表示制度

住宅性能表示制度とは，国土交通省が定めた「住宅の品質確保の促進等に関する法律」（2000年4月施行）にもとづき，住宅の性能についての表示や評価方法を定めたものである。これまでメーカーごとに異なっていた住宅の性能について，ルールを定め，わかりやすく表示し，質のよい住宅を安心して選ぶことができるようになった。

自動車やコンピュータなどを購入する場合は，性能を比較して選ぶ。これらの製品の場合，カタログに馬力や排気量，ＣＰＵ速度やハードディスク容量など，比較できる情報が書かれており，比較検討が簡単である。

住宅の場合でも，「地震に強い家」「省エネの家」など，その住宅の特徴が書かれていることがあるが，これらの性能は，ハウスメーカーや販売会社によって「強さ」や「省エネ」の定義が異なっていることが多く，比較が困難であった。しかし，新築住宅の性能表示制度を使って建設された住宅であれば，住宅の性能が同じ基準で評価されているので，性能の比較が可能になる。

❂ 住宅性能表示制度による評価分野

5. 壁や窓の断熱・結露防止
6. シックハウス対策・換気
8. 騒音の低減
7. 窓などの方位・面積
2. 防火性能・避難対策
10. 開口部の侵入防止策
1. 地震や耐風性能など
9. 移動や介助のしやすさ
3. 土台や柱への劣化対策
4. 配管などの点検・補修のしやすさ

どっちがいいかな？

A社
耐震等級　　　　　2
耐火等級　　　　　2
劣化対策等級　　　3
省エネルギー対策等級 2

B社
耐震等級　　　　　1
耐火等級　　　　　2
劣化対策等級　　　2
省エネルギー対策等級 3

（住宅性能評価・表示協会資料）

長もちする住まいへ——長期優良住宅とは

　これからは，使い捨てではなく長もちする住まいが求められる。長く住まい続けるためには，長期的な視点から，質のよい住まいを建てる必要がある。将来的に資産として活用されることを前提とした建設・維持管理が必要である。また，住まいが長もちすると建築資材など多くの資源を節約することができ，環境保全にもつながる。

〈長期優良住宅とは〉

　2009年に「長期優良住宅の普及の促進に関する法律」が施行され，長期にわたり良好な状態で住宅を使用するために，一定の基準を満たした住宅について認定される。

❶長期に使用するための構造および設備を有していること
❷居住環境などへの配慮をおこなっていること
❸一定面積以上の住戸面積を有していること
❹維持保全の期間，方法を定めていること

　上記のうち❶は建築物に関する技術的な基準で構成されており，その多くは住宅の品質確保の促進などに関する法律にもとづく住宅性能表示制度の基準を準用している。

　また，上記❶～❹のすべての措置を講じ，所管行政庁（都道府県，市または区）に認定申請をおこなえば，長期優良住宅としての認定を受けることが可能となっている。

　1人ひとりが住生活に目を向けて，より快適な暮らしを求めつつ，きちんと手入れをしながら住み継いでいく意識をもつことが大切なんだ。

❂ 滅失住宅の平均築後年数の国際比較

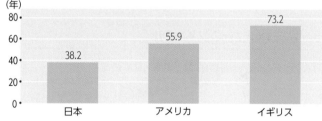

（年）
80
60
40
20
0

日本 38.2
アメリカ 55.9
イギリス 73.2

（注）滅失住宅について，滅失までの期間を推計したもの

（国土交通省「2022年度 住宅経済関連データ」）

　日本の住宅は，これまでの使い捨て社会のなかでつくられ，長期使用の要件が満たされておらず，欧米に比べて住まいの寿命が短くなっている。

❂ 長期優良住宅の概要

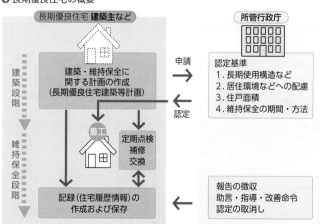

長期優良住宅 建築主など
所管行政庁

建築段階

建築・維持保全に関する計画の作成（長期優良住宅建築等計画）

申請
認定

認定基準
1. 長期使用構造など
2. 居住環境などへの配慮
3. 住戸面積
4. 維持保全の期間・方法

定期点検補修交換

維持保全段階

記録（住宅履歴情報）の作成および保存

報告の徴収
助言・指導・改善命令
認定の取消し

（住宅情報提供協議会「住まいの情報発信局」より）

小論文ココが出題された▷ あなたが考える住み心地の良い住宅とはどのようなものか。800字以内で答えよ。【郡山女子大学・家政学部・人間生活学科】

生涯を見通した住まいの工夫

あなたは買う派？　借りる派？

将来，あなたは住宅を買うか借りるかどちらだろうか？　それぞれのメリットとデメリットについて考えてみよう。

借りる

気軽に住みかえられるのがいいね

家賃がもったいないわね

いろいろなタイプの家に住んでみたいな。

買う

ローン完済後は気楽だね

住居に関する税金がずいぶんかかるわね

私は自分だけの家が欲しいです。

○メリット
- ライフスタイルが変化しても住みかえが簡単。
- 初期費用があまりかからない。
- 維持費が少ない。
- 土地・建物の価格下落に影響されにくい。

✕デメリット
- 広めの物件が少ない。
- 自由にリフォームができない。
- 家賃を払い続けても資産にならない。
- 高齢になると転居が難しい場合がある。

○メリット
- 自分の資産になる。
- ローンを完済すれば，負担が少ない。
- 自由にリフォームができる。
- 「持ち家」という満足感が得られる。

✕デメリット
- 住みかえなど，ライフスタイルの変化への対応が難しい。
- 初期費用がかかる。
- メンテナンスなどの維持費がかかる。
- ローンの金利が上がると負担が重い。
- 土地・建物の値段が下がると，売却できない場合がある。

1 さまざまな住スタイル

●コレクティブ住宅──共有空間で家族同様に暮らす

↑コレクティブ住宅

血縁のない異世代の人が集まって，自分たちの私的スペースのほかに，キッチン・食事室・居間・家事室など共有スペースをもち，暮らしの一部を共同化する住宅をコレクティブ住宅という。家事・育児を他の住人と支え合うことができる。

●グループホーム──認知症高齢者が家庭の雰囲気で暮らす

↑グループホーム

一人暮らしは困難であるが，寝たきりではない高齢者（認知症をもつ高齢者）が5〜9人で生活をともにし，ケアスタッフとともに自宅と同じような家庭的な雰囲気のもとで暮らす住宅を，グループホームという。

●コーポラティブ住宅──家を建てたい人が共同で建てて暮らす

↑入居後のおつきあい

↑住まいづくりに入念な打ち合わせ

入居希望者が集まり組合を結成し，事業主となり，土地取得から設計・建設業者の手配，管理など，建設行為すべてをおこなう集合住宅。経費節約でき，希望の間取りが選べ，入居前から住民同士の人間関係がはぐくまれる。

●ハウスシェアリング──単身者どうしが同居して暮らす

リビング

個室

共有スペース

個室

個室

キッチン

単身者どうしがワンフロアを借りて一人一部屋で過ごす。キッチンやリビングなどは共有スペースとする。家賃・光熱費などは折半するので割安で暮らすことができる。

ｉインフォメーション　ペット可マンション▶マンションでは小動物を除いてペットの飼育が禁止されているケースが多い。それに対して，管理規約でペット飼育を認めているものを「ペット可マンション」という。建物の入口にペット専用の足洗い場を設けたり，飼い主サークルなどをつくっているケースもある。

2 ユニバーサルデザインの住まい

生活スタイルが変化しても住み続けられることが，これからの住まいに求められている。

▲ 段の低い玄関かまち
上がりかまちの高さが低いので，のぼり降りが楽にできる。

▲ ナイトライトのある廊下
足元をやさしく照らすので，まぶしくなく夜間でも移動しやすい。

▲ 段差のない建具下
ドアや引き戸の段差がないので，つまずかない。

▲ 広い引き戸
車いすも通れる幅の開口部で，楽に開閉できる。

▲ 手すりのついた階段
手すりがあるので，足が弱っていても安全にのぼり降りできる。

▲ ステップスライドタイプの洗面台
引き出すと踏み台として利用できる。なかは収納として使える。

▲ トイレ
手すりやひじ置きがあり，立ったり座ったりしやすい。

▲ 座って作業できる調理台
長時間でも楽に調理ができ，車いすの人も利用できる。

▲ プッシュ水栓
蛇口をひねる必要がなく，押すだけでお湯が出る水栓。

▲ すべらない浴室床
水が溜まらないのですべりにくいうえ，冬でも冷たさを感じない。

Column

子育て支援住宅

子育て世代を中心に関心を集めている子育て支援住宅。安心して子育てができるように，子育てに適した設備や施設が整っているのが特徴である。

たとえば，マンションの入り口のすぐ横に，保育園が併設されているので送り迎えの負担がない。また，住居設備についても，安全性など子育てのしやすさに配慮した住宅への試みが広がっている。

● 住居内の仕様
・ファミリー向けの間取り
・収納スペースの確保
・段差の解消，すべらず転びにくい床材
・柱の角の面とり・ドアストッパー
・コンセントの位置への配慮
・指をはさみにくいドア，引き戸など
・低ホルムアルデヒドで健康にやさしい建材
・遮音性のある床材，汚れにくい建材
・大人が介助できるトイレの広さ

● 共有部分の仕様
・エントランスなどのスロープ設置
・子どもが届く高さの手すり設置
・防犯に配慮したエレベーター
・自転車・三輪車・ベビーカーの置き場所の確保
・不審者の侵入を防ぐオートロック
・フェンスなどの侵入制限で事故を防止する
・キッズルーム・遊び場の設置

⬆ マンションの入り口のすぐ左が保育園

⬆ 玄関にベビーカーが置ける

⬆ 感電防止カバーのついたコンセント

住生活

快適で健康な住まい

←ほこりの
動き

ダニ撃退法

衛生管理の行き届いていないところでは，イエダニ，畳やカーペットに住みつくツメダニなどに刺されて「かゆい」思いをすることがある。しかし，最近はむしろ，人を刺さない別種類のダニのしわざで，ぜんそくや鼻炎などのアレルギー症状を引き起こす例が急増している。ダニの多い環境で過ごしていると，健康な人でもアレルギー症状を起こしてしまう。

ダニは，どんなところに生息し，その発生を防ぐにはどうすればよいのだろうか。

←チリダニ
人を刺すことはないが，人のフケや食べ物のカスなどをえさに繁殖し，成虫だけでなく，死がいや糞などもアレルギーの原因となる。

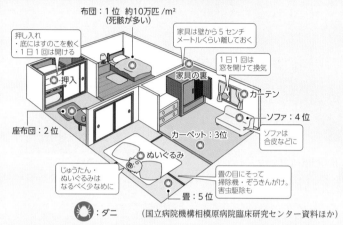

◆チリダニが好む住居環境とダニを排除する効果的な方法

布団：1位 約10万匹/m²
（死骸が多い）

押し入れ
・底にはすのこを敷く
・1日1回は開ける
←押入

家具は壁から5センチ
メートルくらい離しておく

1日1回は
窓を開けて換気
◆家具の裏

◆カーテン

座布団：2位

ソファ：4位
ソファは
合皮などに

カーペット：3位

◆ぬいぐるみ

じゅうたん・
ぬいぐるみは
なるべく少なめに

畳の目にそって
掃除機・ぞうきんがけ。
害虫駆除も

畳：5位

◆：ダニ

（国立病院機構相模原病院臨床研究センター資料ほか）

1 カビ・白アリ対策

●カビ

浴室や押し入れ，家具の裏側などに発生する。湿度（70〜95％）・温度（20〜30℃）・栄養の条件がそろうと繁殖しやすい。

〈対策〉
❶室内の空気を入れかえ，浴室を出るときは水をかけ室温を下げる。
❷窓や押し入れを開け，よく換気する。
❸エアコンフィルターを清掃する。

●白アリ

水はけの悪い台所や床下の木材など湿気の多いところに集まり，木材を食い荒らす。同時に腐朽菌などがみられることも多い。

〈対策〉
❶通風のよい建物のつくり。
❷食害に強い木材を使う。
❸定期的に点検し，発見したら専門業者に処理を頼む。

2 結露

部屋の空気が冷たいものに触れると，空気中の水蒸気が水滴になる。この現象を結露といい，冷たい窓ガラスなどに発生しやすい。結露がひどくなると，壁や家具の裏側，押し入れのなかにまでしみやカビが発生するだけでなく，ダニの発生原因にもなる。また，湿気を好む腐朽菌によって柱や土台の木材が腐ったり，白アリの食害を受けて，家の耐久性が弱くなるので，結露を発生させにくい暮らしを心がけることが必要である。

Do action!

学校や自宅で結露の発生しやすい場所はどこだろう。話し合ってみよう。

〈対策〉
❶水蒸気の発生を抑えて湿度を下げる。
❷断熱材などで，外気との温度差を室内に伝えにくくする。
❸過度の加湿をしない。
❹窓を開けるなど十分な換気をする。

3 シックハウス

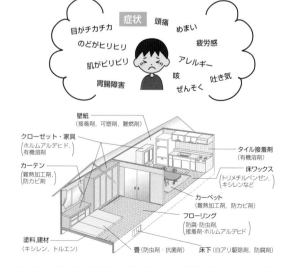

症状
目がチカチカ　頭痛　めまい
のどがヒリヒリ　疲労感
肌がピリピリ　アレルギー
胃腸障害　咳　吐き気
ぜんそく

壁紙
（接着剤，可塑剤，難燃剤）

クローゼット・家具
（ホルムアルデヒド，
有機溶剤）

カーテン
（難燃加工剤，
防カビ剤）

カーペット
（難燃加工剤，防カビ剤）

フローリング
（防腐・防虫剤，
接着剤・ホルムアルデヒド）

塗料，建材
（キシレン，トルエン）

畳（防虫剤・抗菌剤）

タイル接着剤
（有機溶剤）

床ワックス
（トリメチルベンゼン，
キシレンなど）

床下（白アリ駆除剤，防腐剤）

ℹ **インフォ
メーション**　あなたの家にも必ずいる「ダニ」▶一般家庭で調べたところ，掃除機で取れたホコリ小さじ1杯には，平均500〜2000匹のダニの死骸があったという結果が出ている。アレルギー性疾患のなかでも，小児ぜんそくの90％，成人のぜんそくの50％以上は，ダニが原因と考えられている。

4 換気と通風

最近の気密性の高い住宅では，**換気**と**通風**をおこなうことが必要である。

換気とは，必要性に応じて室内外の空気を入れかえて，室内の空気を清浄に保つものである。これに対して通風とは，窓などをあけ放ち，外の風を室内に取り入れて，室内で風を感じるような気流をつくり，人の体への体感温度を低下させたり，室内にたまった熱を除去する空気の流れをいう。

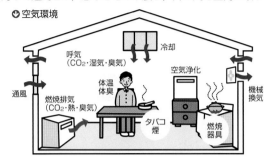

↓ 空気環境

呼気（CO₂・湿気・臭気）
冷却
空気浄化
機械換気
通風
燃焼排気（CO₂・熱・臭気）
体温・体臭
タバコ煙
燃焼器具

5 日照と採光

日照とは直接太陽光が当たることで，いちばん日照がよい方角は南，次に東西である。北面の窓からは日照は得られにくい。また，季節や時間によっても変化する。一般に，日照時間の最も短い冬至（12月22日ごろ）に1階の居室に4時間以上日照が確保されることが必要とされている。

採光とは自然光によって得られる明るさのことで，建築基準法上，住宅などの居室には採光上有効な面積をもつ開口部（窓など）を設けなければならない。一般住宅の居室においては床面積の1/7以上とされている。また，採光を得るうえで，有効となる開口部と敷地境界線とのかかわりも決められている。

伝統的な日本家屋では，大きな南側に面した開口部や，軒，縁側を設けることで，日の高い夏には日射を防ぐ。一方，冬には低い位置から差しこむ日射を取り入れる。

↓ 太陽高度と建物の関係

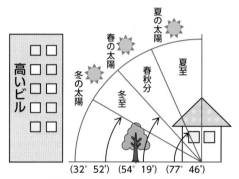

夏の太陽
春の太陽
冬の太陽
高いビル
夏至
春秋分
冬至
(32° 52')　(54° 19')　(77° 46')

（菊裏吉蔵著『健康的で快適な住環境をつくる』オーム社）

6 部屋の用途に応じた照度を選ぶ

↓ 住宅の照度基準（JIS Z 9110）　　　　　　単位：lx（ルクス）

	全般照明	1500	1000	750	500	300	200	150
居間	30〜75		手芸・裁縫		読書		団らん	
子ども室・勉強室	75〜150		勉強・読書			遊び		
応接室	75〜150					テーブル・ソファ		
食堂	30〜75					食卓		
台所	75〜150					調理台・流し台		
寝室	15〜30				読書・化粧			(2)深夜
浴室・脱衣室	75〜150					化粧・洗面		
廊下・階段	30〜75							(2)深夜

日常のなかの危険　トラッキング現象に注意！

冷蔵庫やテレビ，洗濯機など，電源プラグをコンセントに差しこんだまま使い続けている家電製品は少なくない。これらは長年放置していると，トラッキング現象により火災になる危険性がある。

●トラッキング現象について

トラッキング現象とは，コンセントに差しこんだプラグに付着したほこりなどが湿気を含み，微小なスパークを繰り返し，やがてさし刃間に電気回路が形成され出火する現象をいう。

●起こりやすい場所
・洗面所や台所など
・家具などの裏側に設置されたコンセント
・エアコンや暖房器具などの使用で結露の生じやすいところ
・熱帯魚などの水槽に使用されている電気器具の電源プラグ

●安全対策
・冷蔵庫など，常時通電している機器は，ときどきプラグを抜いて，乾燥布でふき取る。
・機器の使用後はスイッチを切って，コンセントからプラグを抜いておく。

トラッキング現象による火災は，毎年多く発生し，特に不在宅時の場合，発見が遅れて炎上火災に至っているケースがほとんどである。プラグなどにほこりがついていないかチェックし，こまめに掃除することが大切である。

↑ 発火したコンセント

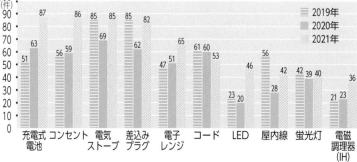

	2019年	2020年	2021年
充電式電池	51	63	87
コンセント	56	59	86
電気ストーブ	85	85	69
差込みプラグ	85	82	62
電子レンジ	47	51	65
コード	61	60	53
LED	23	20	46
屋内線	56	28	42
蛍光灯	42	39	40
電磁調理器（IH）	21	23	36

↑ おもな家庭電気製品の出火件数の推移（東京消防庁資料）

小論文ココが出題された ▷ 住宅の快適と健康の関係について，あなたの考えを600字以内で述べよ。【大阪教育大学・教育学部・教育協働学科・改】

安全で安心な住まい

普段から住まいの防災・安全対策を

☐ …室内の地震対策
☐ …屋外の地震対策
■ …防犯・防火対策

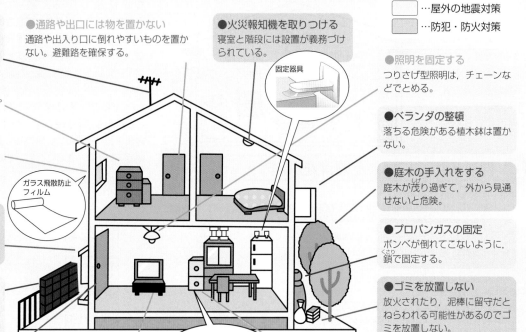

●屋根の安全
不安定な屋根のアンテナは固定しておく。屋根瓦も補強する。

●家具を安全に配置する
出入り口・寝具付近に置かない。横長の建物の場合は，短い側に家具を配置する。

●ガラスの飛散に注意する
窓ガラスや食器棚・額縁などにも飛散防止フィルムを貼る。

ガラス飛散防止
フィルム

●足場をつくらない
車庫や物置は，窓やベランダへの足場にならないように配置する。

●ブロック塀・門柱の管理
基礎部分がない，鉄筋がはいっていないものは補強する。ひび割れ，鉄筋のさびは修理し，門柱も補強する。

●すぐに鍵をかける
近所で短時間でも，家を空けるときは必ず鍵をかける。

●通路や出口には物を置かない
通路や出入り口に倒れやすいものを置かない。避難路を確保する。

●火災報知機を取りつける
寝室と階段には設置が義務づけられている。

固定器具

●照明を固定する
つりさげ型照明は，チェーンなどでとめる。

●ベランダの整頓
落ちる危険がある植木鉢は置かない。

●庭木の手入れをする
庭木が茂り過ぎて，外から見通せないと危険。

●プロパンガスの固定
ボンベが倒れてこないように，鎖で固定する。

●ゴミを放置しない
放火されたり，泥棒に留守だとねらわれる可能性があるのでゴミを放置しない。

●家電を固定する
テレビは家具の上などは避け，低位置に固定する。冷蔵庫は転倒防止器具で固定する。

飛び出し
防止器具
ストッパー　ゲル
転倒防止器具

●家具を固定する
タンスや棚は，L字金具や支え棒で固定し，下にはストッパーをさしこむ。二段重ねの場合は金具で連結する。棚のなかのものが飛び出さないよう，防止器具やすべらないシートを敷く。

1 家庭内での不慮の事故

　2022年の家庭内事故の総数は15,673人で，交通事故死よりはるかに多い。特に65歳以上の高齢者の死亡数がめだっている。日ごろから住まいの安全チェックをおこない，転倒などの不慮の事故を防ぐ対策について考えよう。

◎ 交通事故と家庭内事故の年齢別死亡者数

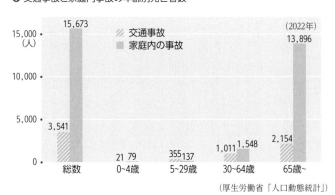

（厚生労働省「人口動態統計」）

◎ 家庭内での不慮の事故の年齢別死亡者数

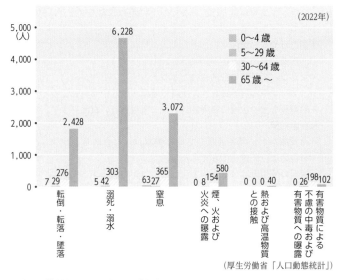

（厚生労働省「人口動態統計」）

ⓘインフォメーション　欠陥住宅への補償▶耐震強度偽装事件の再発防止策として，国土交通省は，❶建築士への罰則強化，❷構造・設備の設計を専門とする一級建築士の新設，❸新築住宅の売り主に保険加入を義務づけ（＝売り主が経営破綻しても補償を確保）を定めている。

❷ 東日本大震災・熊本地震の被害

⬆東日本大震災で倒壊した家屋（岩手県）

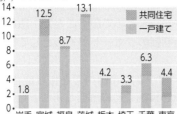
🔻東日本大震災による被災箇所の改修工事をした持ち家

（万戸）
- 共同住宅
- 一戸建て

岩手	宮城	福島	茨城	栃木	埼玉	千葉	東京
1.8	12.5	8.7	13.1	4.2	3.3	6.3	4.4

（総務省統計局「2013年住宅・土地統計調査」）

🔻熊本地震で倒壊した家屋（熊本県）

❹ ヒートショック

溺死を含む入浴中の事故死は，冬季に多く発生しており，12月から2月にかけて，年間の事故数全体の5割が集中している。入浴中の死亡の主な原因はヒートショックである可能性がある。なぜ浴槽や浴室が危ないのだろうか。それには温度差が関係している。暖かい居間などから冷え切った脱衣所や風呂に移動し，熱いお湯につかることで，血圧が変動し，心臓や血管などに負担がかかり，心疾患や脳梗塞などが起こりやすくなる。これがいわゆる「ヒートショック」だ。

高齢者だけでなく，比較的若い年齢の人も，浴槽内や浴室で死亡するケースは少なくない。

🔻ヒートショックを防ぐポイント

（「STOP！ヒートショック」資料）

❸ 耐震から免震・制震へ

1981年の建築基準法改正で耐震基準が厳しくなった。最近では，揺れを吸収したり制限する免震・制震構造の建物が増えてきている。

🔻耐震構造
壁や柱など建物の構造自体を強化して振動エネルギーを受け止める方法。

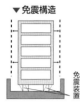
🔻免震構造
地面と建物間の免震装置が揺れを吸収して，建物に振動を伝えない方法。

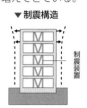
🔻制震構造
振動軽減装置を壁や柱，屋上に設置し，建物の揺れを制限する方法。

🔻免震装置
免震ゴム

🔻制震装置
揺れを吸収するユニット

危険	要注意	一応安全

1950年	1981年	2000年
建築基準法制定	建築基準法改正	建築基準法改正
旧耐震基準 震度5程度の地震に耐え得る	新耐震基準 震度6強の地震で倒れない（法律的な拘束力が低い）	現行の耐震基準 震度6強の地震で倒れない（地盤調査などが事実上義務化）

❺ 防炎カーテンの必要性

住まいの繊維製品は，火がつくと燃え広がりやすく，延焼拡大の要素となる。特にカーテンのように垂れ下がっているものは，いったん着火すると火が立ちのぼり，天井や周辺に急速に拡大し，消火や避難を困難にしてしまう危険性が高い。

防炎カーテンは，非防炎加工のカーテンと比べて，燃え広がりにくいことで，避難する時間がとれたり，火災被害が軽減できたりといった形で役立つ。また，延焼を防げる可能性もある。

防炎

🔻防炎カーテンの設置が義務づけられているところ

高さ31メートルを超える高層マンション（大体11階建て以上）では，火災予防のため，居住している階数に関係なく，カーテン，じゅうたんを使用する場合は，防炎性能のあるものを使わなければならないと消防法で義務づけられている。「居住している階数に関係なく」ということで，高層マンションの居住者は，たとえ1階に住んでいても，カーテンは防炎カーテンを使用しなければならない。

小論文ココが出題された▷ 近年大きな災害が頻発している日本では防災・減災対策の重要性が高まっている。防災・減災を実現するために地域において高校生・大学生などの若者ができること・求められることについて，600字以内で述べよ。【大分大学・福祉健康科学部・福祉健康科学科・改】

Do action!

テーマ	マイ・タイムラインをつくろう

マイ・タイムラインとは，災害が発生した際に，「いつ」「何をするのか」を整理した個人の防災計画のことである。台風の接近などによって河川の水位が上昇した場合などに，住民一人ひとりがとる防災行動を時系列に整理し，あらかじめまとめておくことで，急な判断が迫られる災害時に，自分自身の行動のチェックリスト，また判断のサポートツールとして役立てることができる。

STEP 1　ハザードマップを確認しよう。ハザードマップは市町村ごとに作成されており，土砂災害，洪水，高潮などによって被害が異なるので，災害種別ごとに確認しよう。自宅にハザードマップがあるか確認し，ない場合は，各市町村の窓口またはホームページなどから入手しよう。ハザードマップなどを確認して，避難する場所を決め，被害のおそれのある場所や低い場所などを避け，安全に移動できるルートを考えよう。

国土交通省ハザードマップポータルサイト　https://disaportal.gsi.go.jp/

《ハザードマップ》 自然災害による被害の軽減や防災対策に使用する目的で，被災想定区域や避難場所・避難経路などの防災関係施設の位置などを表示した地図。国土交通省のハザードマップポータルサイトのほか，自治体の Web ページで確認できる。

《生活避難場所》 大規模災害発生直後の緊急避難にあてられるとともに，危険が去った段階では自宅の倒壊・焼失などにともない生活の場を失った被災者の臨時的な宿泊・滞在の場所。避難した被災者には安否確認がおこなわれ，避難生活に必要な最小限の物資が供給される。

《広域避難場所》 生活避難場所が周辺の延焼拡大などによって危険になったときの最終的な避難場所。救援物資の輸送拠点等防災拠点機能を併せもっている。

参考：ひろしまマイ・タイムライン

JIS Z 8210

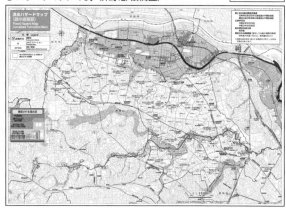

◎ ハザードマップの例（東京都板橋区）

【作成例】

（「ひろしまマイ・タイムライン」参照）

STEP 2 避難情報や気象情報から避難のタイミングを考えよう。マイ・タイムラインに,「避難開始」と「避難完了」を記入しよう。

警戒レベル2	警戒レベル3	警戒レベル4	警戒レベル5
避難行動を確認!	危険な場所から高齢者等は避難!	危険な場所から全員避難!	命の危険 直ちに安全確保!
大雨・洪水・高潮注意報	高齢者等避難	避難指示	～警戒レベル4までに必ず避難!～ 緊急安全確保
危険な区域,避難場所,避難経路の確認	避難に時間がかかる人は避難	非常持ち出し品を持ってすぐに避難	立退き避難が危険な場合は少しでも安全な行動を! ※警戒レベル5は必ず発令される情報ではありません。
公的避難所（市が開設する）避難所	災害に適合する指定緊急避難場所を開設（原則,小学校区に1箇所開設）	必要な避難場所を順次追加開設	
情報発信	防災ポータル,避難誘導アプリ,防災情報メール,テレビ(データ放送)防災行政無線(聴覚障害者用FAX),ホームページ SNS(Twitter,Facebook)	緊急速報メール,サイレン	

・高齢者など早めの避難が必要な家族がいる場合は,早いタイミングで避難を開始しよう。
・それぞれの避難先に安全に移動・到着するまでに必要な時間を踏まえて,避難を完了しよう。

STEP 3 避難開始までの行動・やるべきことを考えて書きこもう。

・たとえば,「避難する親せきの家へ連絡する」や「常用薬を用意する」など,準備の内容と,それに必要な時間を記入しよう。
・だれが準備するかなども考えて記入しておこう。
・すべての避難準備にかかる時間を記入しよう。

STEP 4 避難への備えや,家族との連絡方法を考えよう。

●避難経路・避難場所・連絡方法の確認
●非常用持ち出し袋の点検
●役割分担（だれが持ち出し袋を持つのか,火のしまつ）
●地域の防災訓練に参加する,地域の人とコミュニケーションをはかるなど,いざというとき助けあえる。

↩ 災害時帰宅支援ステーション

　災害発生時,「帰宅困難者」の徒歩帰宅を支援するため,「災害時帰宅支援ステーション」を設置している。水道水・トイレ,道路情報などが提供される。

▶帰宅支援ステーションであることを示すマーク

↩ あると便利なもの
▼手回し充電ラジオライト
　電池がなくても手動で充電できる。一台で,ライト・ラジオ・充電器・サイレンなどの機能をもつ。

↩ 災害用伝言ダイヤル（171）の利用イメージ

　災害発生により,被災地への通信増加で電話がつながりにくい場合に提供される声の伝言板。

被災地
△△小学校に避難します。子どもの無事も確認できました!

遠方の家族など
無事が確認できて安心したよ…

171にダイヤル
ガイダンスが流れます
録音は1 再生は2
ガイダンスが流れます
0xx-xxx-xxxx
被災地の方の電話番号を市外局番から入力。

みんな無事だね!これから△△小学校に向かいます!

今△△小学校に避難しているよ。

↩ 非常用持ち出し袋にいれておきたいもの

食
長期保存水
食器・スプーン・コップ
長期保存米
パンの缶詰
ラップ

衣住
非常用給水袋
レインコート
ローソク&マッチ
ポリ袋
スリッパ
レジャーシート
アルミブランケット
多機能リュック

行動
作業用ロープ
布テープ
懐中電灯
サバイバルナイフ
折り畳みヘルメット
軍手

保健
カイロ
マウスウォッシュ
救急セット

情報
ペン
メモ帳
マジック
緊急笛
ラジオ

衛生
ウェットタオル
タオル
ドライシャンプー
ティッシュペーパー
マスク
アルコール消毒液
簡易トイレ

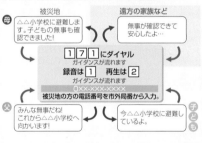

↩ 折り畳み時

STEP 5 地域に対しての行動も考えて記入しよう。

・家族や親せき,顔見知りの人からの避難の呼びかけは,避難を促進することがわかっている。
・日ごろから地域の人と,呼びかけるタイミングや方法,順番などを話し合い,体制をつくっておこう。

●防災・避難訓練をしよう

《避難経路を歩いてみよう》　　《避難ばしごを使ってみよう》

●避難が困難な人を把握しよう

持続可能な住まい

自然とともに暮らす

環境共生住宅とは，地球環境を保全する観点から，地域の特性に応じ，エネルギー・資源・廃棄物などの面で十分な配慮がなされ，また，周辺の環境と親密に調和し，住み手側からも主体的にかかわりながら，健康で快適に生活できるよう工夫された，環境と共生するライフスタイルが実践できる住宅や住環境のことをいう。

「地球にやさしい」「周りの環境と親しむこと」「健康で快適であること」という3つの考え方が，環境共生住宅の基本となる。これらは1つひとつも重要だが，3つが重なり合い，調和していくことが最も大切である。私たちが住まう環境全体が，よりよいものになるために，環境共生住宅という考え方があるのである。

▶コンポスターの利用

生ゴミの処理に役立ち，ガーデニングの土づくりにも活用できる。各家庭でのコンポスター導入に補助金を出している自治体もある。

Do action! ごみ（ウェイスト）をゼロにするためにどんな工夫ができるか，クラスで話し合ってみよう。

⤵太陽光発電

⤵屋上緑化

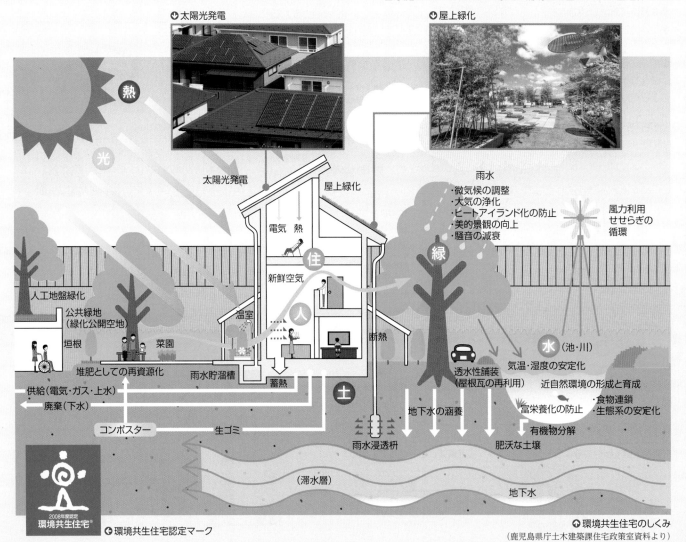

◀環境共生住宅認定マーク

◆環境共生住宅のしくみ
（鹿児島県庁土木建築課住宅政策室資料より）

ℹ️ **インフォメーション** 屋上緑化の効果▶❶CO_2や大気汚染物質を吸収し，空気をきれいにする。 ❷断熱効果によって，夏場は外からの熱の侵入を妨げ，冬場は室内からの熱の放出を防ぐ。 ❸遮音効果があるので外からの音をやわらげる。 ❹心理的なやすらぎ などがあげられる。

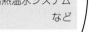

❶ ゼロ・エネルギー住宅 〜省エネと創エネの住まい〜

日本の住宅は環境先進国ヨーロッパの基準と比べると，省エネ性能の面でかなりの遅れを取っている。日本の省エネ住宅でさえ，ヨーロッパの住宅の断熱性能の3分の1程度といわれている。

そして2011年の東日本大震災によって，原子力発電への不安と電力不足から，ゼロ・エネルギー住宅の必要性が高まりつつある。

◑ ゼロ・エネルギー住宅のイメージ

ゼロ・エネルギー住宅…住宅の躯体・設備の省エネ性能の向上，再生可能エネルギーの活用等により，年間での1次エネルギー消費量が正味（ネット）でおおむねゼロになる住宅。

使うエネルギー		省エネの工夫		創るエネルギー	
・冷暖房・給湯 ・家電　・調理器具 ・照明　・換気	−	・高断熱・高気密化 ・HEMSの導入 ・LED照明の採用など	＋	・太陽光発電 ・太陽熱温水システム　　　　　など	＝0

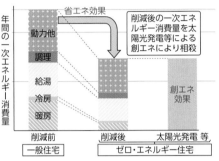

●建物の高気密化・高断熱化

外壁だけでなく，サッシ，ガラス，ドアなども高断熱仕様に。

●省エネ設計の実践

冬は日差しを取りこみ，夏は日差しをさえぎる。風通しをよくし，春秋の冷暖房費を削減。

●創エネ設備の設置

太陽光を使って電気をつくり，太陽熱を給湯や冷暖房に利用する。

太陽光発電　太陽熱温水器

躯体の高断熱化

通風・換気による春・秋など中間期の冷暖房負荷の低減

躯体の高気密化

冬季の日射取得　夏季の日射遮蔽

高効率給湯器　蓄電池

HEMS　地中熱利用　高効率空調

◑ HEMSで電力を「見える化」する

電力の需要・供給を「見える化」するので，省エネ意識も向上する。また，スマートフォンなどで，外出先からのチェックも可能になる。

Column
省エネに暮らすには

照明をLEDに交換

給湯機を使用しないときは電源OFF

エアコンの設定温度を夏は28℃，冬は20℃に

冷蔵庫を省エネ製品に買いかえる

冷蔵庫の扉の開閉回数を減らし，詰めこみ過ぎない，設定温度は強から中へ

内窓（二重窓）を取り付けて断熱効果を高める

ごはんは炊飯器で保温するより，ラップで保存して電子レンジで温め直す

遮光シートを貼るだけでもずいぶん違う

電気カーペットの下には断熱マットをしく

床まで届く長さの厚手のカーテンで暖房を逃がさない

家庭における機器別の　消費電力量

（%）
- 電気冷蔵庫 14.2
- 照明器具 13.4
- テレビ 8.9
- その他 27.4
- 電気カーペット 2.0
- 洗濯機・洗濯乾燥機 2.1
- ジャー炊飯器 2.3
- パソコン 2.5
- 電気ポット 3.2
- 食器洗い乾燥機 3.7
- エアコン 7.4
- 電気温水器 5.4
- エコキュート 3.8
- 温水洗浄便座 3.7

（「民生部門エネルギー消費実態調査」，「機器の使用に関する補足調査」（資源エネルギー庁，2009年）より日本エネルギー経済研究所が試算）

Do action! 他にもどんな省エネアイデアがあるか話し合ってみよう。

住まいと地域社会のかかわり

量の確保から質の向上へ

戦後の住宅不足から，復興のため多くの住宅が建てられた。住宅金融公庫の低利融資による建設促進，低額所得者に対して低家賃の公営住宅の供給をおこない，住宅の確保につとめてきた。そして「量より質」の時代となり，近年では「高齢者住まい法」の制定・改正など，政策と福祉の連携をはかっている。

（総務省「住宅・土地統計調査」）

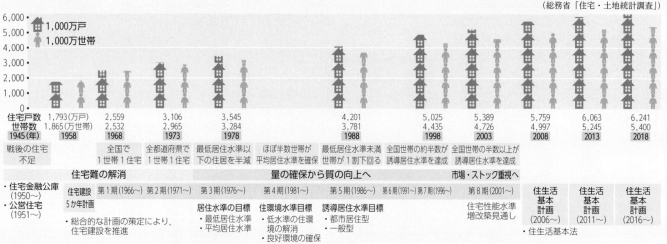

住宅戸数	1,793(万戸)	2,559	3,106	3,545	4,201	5,025	5,389	5,759	6,063	6,241	
世帯数	1,865(万世帯)	2,532	2,965	3,284	3,781	4,435	4,726	4,997	5,245	5,400	
	1945(年)	1958	1968	1973	1978	1988	1998	2003	2008	2013	2018

戦後の住宅不足 ／ 全国で1世帯1住宅 ／ 全都道府県で1世帯1住宅 ／ 最低居住水準以下の住居を半減 ／ ほぼ半数世帯が平均居住水準を確保 ／ 最低居住水準未満世帯が1割下回る ／ 全国世帯の約半数が誘導居住水準を達成 ／ 全国世帯の半数以上が誘導居住水準を達成

住宅難の解消 ／ 量の確保から質の向上へ ／ 市場・ストック重視へ

- 住宅金融公庫（1950〜）
- 公営住宅（1951〜）

住宅建設5か年計画：第1期(1966〜) 第2期(1971〜) 第3期(1976〜) 第4期(1981〜) 第5期(1986〜) 第6期(1991〜) 第7期(1996〜) 第8期(2001〜)

- 総合的な計画の策定により，住宅建設を推進

居住水準の目標
- 最低居住水準
- 平均居住水準

住環境水準目標
- 低水準の住環境の解消
- 良好環境の確保

誘導居住水準目標
- 都市居住型
- 一般型

住宅性能水準増改築見通し

住生活基本計画(2006〜) ／ 住生活基本計画(2011〜) ／ 住生活基本計画(2016〜)
- 住生活基本法

1 改正バリアフリー法施行

2006年，バリアフリー法（高齢者，障害者等の移動等の円滑化の促進に関する法律）が制定され，建築物，公共交通機関，道路だけでなく，路外駐車場，都市公園にもバリアフリー化基準（移動等円滑化基準）への適合が求められるなど，バリアフリー化が促進されている。また，駅を中心とした地区や，高齢者，障害者などが利用する施設が集中する地区において，多面的なバリアフリー化が進められている。さらに，住民参画などのソフト面での施策の充実もはかられている。ハード面のバリアフリー化が進む一方で，使用方法など，ソフト面の対応が十分ではないため，高齢者・障害者などの移動が円滑になされない事例が顕在化してきたことから，2021年4月から改正バリアフリー法が全面施行され，優先席・車いす使用者用駐車施設などの適正な利用の推進，市町村などによる「心のバリアフリー」の推進（学校教育との連携等）などが進められている。

Do action!

自分のまちのバリアフリー化について話し合ってみよう。

↑駅に設置されたエレベーターと視覚障害者誘導用ブロック

↑音響式信号機

↑車いす使用者用駐車施設

↑ノンステップバス

駅 ／ 駐車場 ／ 信号機 ／ バス ／ 病院 ／ ショッピングセンター ／ 都市公園 ／ 老人福祉センター

↑スロープ

↑車いす使用者用トイレ

↑スロープ

↑幅の広い歩道

インフォメーション

景観法▶都市，農山漁村などにおける良好な景観の形成を促進するため，2004年に制定された。美しくうるおいのある豊かな生活環境の創造や個性的で活力ある地域社会の実現をはかり，生活の向上や地域社会の健全な発展に寄与することを目的としている。

② 住生活基本計画

住生活基本計画は、「住生活基本法」（2006年6月に公布・施行）にもとづいて、住宅の総合計画として策定された。

❶「住宅をつくってはこわす」社会から「良質な資産としてストックの形成」へと転換する。

❷計画を推進するための「水準」として次の3つを設定。

住宅性能水準…耐震性・防火性・耐久性・断熱性・遮音性・環境などの住宅ストックの形成。

居住環境水準…地震・火災・自然災害に対する安全性、市街地の緑と景観などへの配慮。

居住面積水準…最低居住面積水準と誘導居住面積水準の到達目標を設定し居住性を向上。

❸この基本計画は2016年に見直され、2016〜2025年までの10年間が計画期間とされている。

		概要	算定式	子どもにかかる世帯人数の換算	世帯人数別の面積(例)(単位:㎡)			
					単身	2人	3人	4人
最低居住面積水準		世帯人数に応じて、健康で文化的な住生活の基本として必要不可欠な住宅の面積に関する水準	❶単身者：25㎡ ❷2人以上の世帯：10㎡×世帯人数+10㎡	3歳未満 0.25人	25	30【30】	40【35】	50【45】
誘導居住面積水準		世帯人数に応じて、豊かな住生活の実現の前提として、多様なライフスタイルを想定した場合に必要と考えられる住宅の面積に関する水準	[都市居住型]都市とその周辺での共同住宅居住を想定 ❶単身者：40㎡ ❷2人以上の世帯：20㎡×世帯人数+15㎡	3歳以上6歳未満 0.5人	40	55【55】	75【65】	95【85】
			[一般型]郊外や都市部以外での戸建住宅居住を想定 ❶単身者：55㎡ ❷2人以上の世帯：25㎡×世帯人数+25㎡	6歳以上10歳未満 0.75人	55	75【75】	100【87.5】	125【112.5】

(注1)子どもにかかる世帯人数の換算により、世帯人数が2人に満たない場合は2人とする【 】内は、3〜5歳児が1名いる場合
(注2)世帯人数が4人を超える場合は、5%控除される

↪ 所有別の最低居住面積水準以上の世帯の割合

最低居住面積水準以上の世帯は4,833万世帯で、世帯全体の約9割となっている。

所有の関係別に見ると、もち家はほぼすべてとなっているのに対し、借家は8割程度にとどまっている。

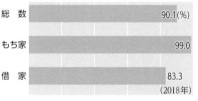

- 総　数　90.1(%)
- もち家　99.0
- 借　家　83.3

(2018年)（総務省「住宅・土地統計調査」）

↪ 所有別の誘導居住面積水準以上の世帯の割合

誘導居住面積水準以上の世帯は3,066万世帯で、世帯全体の5割を超えている。

所有の関係別に見ると、もち家が7割強、借家が3割程度と低い割合である。

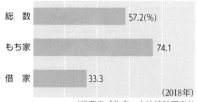

- 総　数　57.2(%)
- もち家　74.1
- 借　家　33.3

(2018年)（総務省「住宅・土地統計調査」）

③ 日本の住宅事情

「日本人はウサギ小屋に住んでいる」

このことばが最初に登場したのは1979年のEC（欧州共同体）の報告書だといわれる。現在は、欧米主要4か国と1戸あたりの平均床面積（全体）を比較すると、日本は決して狭くはない。ただし、日本の借家は狭さが際だっている。46.8㎡という数値はアメリカ以外の国々の約6割である。ちなみに、住宅の価格を見ると、日本の住宅価格は年収の約5倍である（アメリカは年収の3.4倍）。住宅価格の高さに比較して、1人あたりの住宅面積は狭く、日本の住宅事情の厳しさがうかがえる。

↪ 1戸あたり平均床面積（㎡）
■全体 ■もち家 借家

	全体	もち家	借家
日本(2018)	93.0	119.9	46.8
アメリカ(2019)	131.0	157.2	85.6
イギリス(2020)	95.6	109.1	70.3
ドイツ(2018)	104.2	132.6	79.5
フランス(2013)	100.0	123.4	69.3

↪ 1人あたり床面積（㎡）

- 日本(2018) 40.2
- アメリカ(2019) 61.1
- イギリス(2020) 44.0
- ドイツ(2021) 50.8
- フランス(2013) 44.3

（国土交通省「2022年度 住宅経済関連データ」）

Do action! 日本と他国の住宅事情を比べてみよう。

Column

コンパクトシティ－新しいまちづくり

今後も都市を持続可能なものとしていくためには、都市の部分的な問題への対症療法では間に合わず、都市全体の観点からの取り組みを強力に推進する必要がある。

持続可能な都市経営（財政、経済）のため
公共投資、行政サービスの効率化
公共施設の維持管理の合理化
住宅、宅地の資産価値の維持
ビジネス環境の維持・向上、知恵の創出
健康増進による社会保障費の抑制

高齢者の生活環境・子育て環境のため
子育て、教育、医療、福祉の利用環境向上
高齢者・女性の社会参画
高齢者の健康増進
仕事と生活のバランス改善
コミュニティ力の維持

コンパクト＋ネットワーク

地球環境、自然環境のため
CO₂排出削減
エネルギーの効率的な利用
緑地、農地の保全

防災のため
災害危険性の低い地域の重点利用
集住による迅速、効率的な避難

限られた資源の集中的・効率的な利用で持続可能な都市・社会を実現

↪ コンパクトシティとは?

↪ コンパクトなまちづくりの取り組み例（富山市）

理念：公共交通を軸とした拠点集中型のコンパクトなまちづくり

■LRTの整備と、乗り継ぎ環境の向上
・富山ライトレール線の駅にフィーダーバスを接続
■おでかけ定期券事業
・市内各地から中心市街地への公共交通の利用料金を100円とする割引（市内在住65歳以上）
■公共交通沿線への居住の推進
・公共交通沿線への市営住宅の整備
・公共交通沿線への居住の支援
■小学校跡地を活用し、介護予防施設を整備

人生とお金

いつどんなお金がかかるのだろう?

お金の使い方は価値観やライフスタイルにより，人それぞれさまざまである。しかし，おおむね人生にはいくつかの大きなイベントや生活上のリスクなどがあり，まとまったお金が必要なときがあるものである。長期的な視野に立って収入と支出のバランスを考えなければならない。

	できごと	必要な資金		生活上のリスク

青年期

結婚

結婚にかかる費用（2022年調査）

婚約（結納，婚約指輪）	590,000円
結婚式（挙式，披露宴・披露パーティ，結婚指輪）	3,299,000円
新婚旅行（旅行，お土産）	339,000円

※全国（推計値）
（株式会社リクルート「ゼクシィ結婚トレンド調査2022」）

子どもの誕生

出産にかかる費用（2016年度調査）

入院料・室料差額（平均入院日数6日）	129,306円
分娩料	254,180円
その他（新生児管理保育料，処置・手当料など）	122,273円
合計	505,759円

（公益社団法人　国民健康保険中央会「出産費用　2016年度」）

妊娠・出産は病気ではないため健康保険が使えないかわりに，健康保険から出産育児一時金50万円が支給される。また，2009年からは，地方自治体によって異なるが，健診14回分が無料とされている。

病気

事故

壮年期

子どもの教育

教育にかかる費用

	幼稚園	小学校	中学校	高等学校（全日制）
公立	472,746円	2,112,022円	1,616,317円	1,543,116円
私立	924,636円	9,999,660円	4,303,805円	3,156,401円

※数値は幼稚園3年間，小学校6年間，中学校3年間，高等学校3年間の総額である。
（文部科学省「2021年度　子供の学習費調査」）

2010年4月から，公立高等学校の授業料は無償化されるとともに，国立・私立高校などの生徒の授業料にあてる，高等学校等就学支援金が創設されている。
2019年10月から，3歳以上児，住民税非課税世帯の0〜2歳児の幼児教育・保育の無償化が始まった（一部上限あり）。

火事

地震などの自然災害

住宅の取得

住宅購入者の資金調達内訳

	手持金（万円）（構成（%））	融資金（万円）（構成（%））	その他の資金（万円）（構成（%））	1か月あたり予定返済額（円）（総返済負担率（%））	年齢（歳）家族数（人）世帯年収（万円）
土地付注文住宅	449.6（9.6）	4,017.7（85.6）	226.7（4.8）	131,700（25.6）	39.6 3.3 659.5
建売住宅	317.7（8.5）	3,184.9（85.6）	216.4（5.8）	109,400（23.9）	41.7 3.2 593.8
マンション	987.8（20.4）	3,691.8（76.1）	168.7（3.5）	132,200（22.1）	45.7 2.4 844.2

（住宅金融支援機構「2022年度　フラット35利用者調査」）

失業

介護

高齢期

定年退職

老後の生活にかかる費用（2022年度調査）

夫婦2人で老後生活を送るうえで必要と考える最低日常生活費（1か月）	23.2万円
夫婦2人で老後生活を送るうえでゆとりある老後生活費（1か月）	37.9万円

（生命保険文化センター「生活保障に関する調査」）

死亡など

インフォメーション　貯蓄と保険の違い▶貯蓄は徐々にお金が貯まっていくが，保険は加入後から高額保障を受ける権利がある。毎月1万円ずつ貯金すると10年間で120万円になるが，病気やけがは突然起こる。毎月1万円ずつ掛けて120万円の保障を受けられる保険にはいると，万一のときに120万円を受け取ることも可能である。

1 人生とお金

人生は，お金との関係では，「3つの時期」に分けることができる。

Ⅰ期…親などの保護者に「養ってもらう」時期
Ⅱ期…自分で収入を得て「自立」し，「貯蓄」し，子
　　　などを「養う」時期
Ⅲ期…それまでの貯蓄，年金，利子・配当などを
　　　「使う（取り崩す）」時期

（金融広報委員会資料）

人生にはいろいろなお金がかかるが，「3大費用」といわれるものが「教育，住宅，老後」である。3大費用のうち，「老後」はどうしてもかかるもので，「住宅」と「教育」は，"考え方次第"の面がある。人生は長くなっているので，「Ⅱ期」で収入・貯蓄を増やすこと，長く働くこと，お金の管理・運用をうまく行うこと，が課題になっている。

2 将来への投資　～奨学金～

奨学金は高校卒業後に進学する場合の生活に欠かせない収入源となっている。奨学金には自治体や大学などの機関が運営するさまざまなものがあり，「給付型」と「貸与型」に分かれる。「貸与型」の場合は返済が必要で，将来の生活に重い負担となってくることがあるので，注意が必要である。

奨学金受給の状況
（大学昼間部平均）

受給者 **49.6%**
必要ない 42.3%
希望するが申請しなかった 6.0%
申請したが不採用 2.2%

学生生活費の内訳
（大学昼間部収入平均月額　約160,633円）

家庭からの給付 59.4%
アルバイト 19.0%
奨学金 **19.4%**
定職収入・その他 2.2%

（独立行政法人日本学生支援機構「2020年度学生生活調査」より作成）

奨学金を借りる前に

利用者が最も多い日本学生支援機構（JASSO）の貸与型奨学金には，利息のつかないもの（第1種奨学金）と利息のつくもの（第2種奨学金）の2種類がある。貸与型奨学金は卒業後に月賦で返還することになるので，借りる前に返還期間と返還額を必ず確認しよう。

《返還例》【第2種奨学金】大学学部・貸与期間48か月の場合

貸与月額（円）	貸与総額（円）	返還総額（円）	月賦額（円）	返還回数（回）
30,000	1,440,000	1,761,917	11,293	156〈13年〉

※返還利率は，国の財政融資資金の借入金利に連動して変動する（ただし上限年3%）。
　《返還例》は3.0%で計算。
※貸与月額は，3万，5万，8万，10万，12万円から選択
（「若者のための消費者教育副読本　おっと！落とし穴」参照）

奨学金が返還できなくなったら？
延滞すると延滞金が課せられるので，失業等で返還が難しくなった場合は，奨学金の貸与を受けた機関に相談しよう。

3 もしものときに「備える」──保険の種類

生活上のさまざまなリスクに備えて，生活保障の手段について日ごろから考えておく必要がある。生活保障の手段には，公的保険（社会保険）と私的保険（民間保険）がある。

保険は，多数の人がお金を負担し合い，偶然に発生した事故などにより，お金が必要となる場合に一定の給付を受けるしくみである。

生活保障の手段

社会保険	健康保険
	公的年金
	労働保険
	介護保険
民間保険	生命保険
	損害保険　など

おもな民間保険の種類

生命保険	定期保険
	終身保険
	個人年金保険　など
損害保険	自動車保険
	火災保険
	海外旅行保険
	個人賠償責任保険　など
第三分野	がん保険
	傷害保険
	医療保険　など

小論文ココが出題された▷ 老後の生計は公的年金だけで暮らすことは難しく，別途2千万円が必要（老後働かないとすれば，老後を迎えるまでに2千万円の貯蓄が必要）とされている。この問題に対し，あなたはどう思うか。あなたの意見を800字以内で論じよ。【名古屋学院大学・経済学部・経済学科】

消費・環境

収入と支出のバランス

◀買い物の
しかた

かしこいお金の使い方

娘

私，スマートフォン
が欲しいなあ！

息子

ぼくは新しい洋服が欲
しいよ！

父親

それは本当に必要なもの
かな？

わが家の収入は限られているから，お金は
いくらでも使えるわけではないよ。
かしこい買い物をするには，「必要なもの」
と「欲しいもの」に分けて考えよう。

母親

限られた予算のなかで生活するには，買い物をする前に，慎重
に意思決定をすると，あとで後悔することも少なくなるよ。

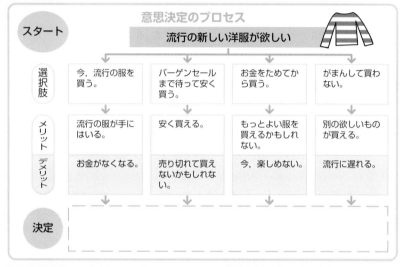

意思決定のプロセス

| | 流行の新しい洋服が欲しい |
| スタート | |

選択肢	今，流行の服を買う。	バーゲンセールまで待って安く買う。	お金をためてから買う。	がまんして買わない。
メリット	流行の服が手にはいる。	安く買える。	もっとよい服を買えるかもしれない。	別の欲しいものが買える。
デメリット	お金がなくなる。	売り切れて買えないかもしれない。	今，楽しめない。	流行に遅れる。

決定

| 必要なもの
Needs
（ニーズ） | 毎日の生活に欠かせないもの
（食べ物，衣服，住まいなど） |
| 欲しいもの
Wants
（ウォンツ） | 生活をさらに快適にしてくれるもの
（その人の欲望や欲求によるもの） |

Do
action!

あなたならどうするか，また，その理由も考えてみよう。
考えた結果を発表し合ってみよう。

1 給与明細の見方——家庭の収入について知ろう

　会社などに勤めると，勤め先から給与をもらうが，その給与明細の例を見てみよう。Aさんの場合，給与の支給額は491,800円だが，自分の手元にはいるお金は差引支給額の342,536円である。控除額の149,264円は社会保険料や税金として国や地方自治体におさめられたり，組合費やローン返済として天引きされたりしている。

Aさんの給与明細（45歳，家族は配偶者と子ども2人）

本給	仕事給	扶養手当	住宅手当	通勤手当	残業手当	役職手当	支給額計
187,620	178,180	38,000	12,000	1,000	0	75,000	491,800

〈控除額〉

健康保険	介護保険	厚生年金	雇用保険	所得税	住民税	組合費	住宅融資返済	控除額計
17,946	2,790	30,179	2,459	10,990	29,900	5,000	50,000	149,264

差引支給額（支給額計－控除額計）＝342,536円

Do
action!

Aさんの給与明細をもとに，右の①～④を計算してみよう。
（⇒解答はP.108）

給与明細の見方

〈支給額〉　基本給＋いろいろな手当など
❶基本給…基本となる支給額
❷手当……扶養手当 ― 扶養家族ができた場合の手当
　　　　　通勤手当 ― 通勤のための交通費の補助
このほか，企業によりいろいろな手当がある。

〈控除額〉　給与から差し引かれる社会保険料や税金など
❸社会保険料…医療保険（健康保険など），介護保険，年金保険
　　（厚生年金保険など），雇用保険などがあり，給与水準により
　　決められる。介護保険は40歳以上の人。
❹税金…直接税として所得税と住民税が引かれる。
このほか，組合費や住宅融資返済などがあれば，給与から引かれることもある。

① 基本給は？……………本給＋仕事給＝（　　　　　）円
② 手当の合計は？…………………………（　　　　　）円
③ 社会保険料の合計は？…………………（　　　　　）円
④ 税金の合計は？…………………………（　　　　　）円

ⓘ インフォ
メーション　エンゲル係数とエンジェル係数▶エンゲル係数は，消費支出に占める食費の割合であるが，エンジェル係数は，消費支出に占める教育費など子育て費用の割合をいう。

② 家庭の収入と支出

2022年の勤労者世帯（いわゆるサラリーマン世帯）の1か月の平均収入（実収入）は，1世帯あたり約61万8千円である。また，実収入から税金や社会保険料など世帯の自由にならない支出（非消費支出）を除いた，いわゆる手取り収入（可処分所得）は約50万1千円である。手取り収入のうちの32万1千円が，食料や住居費などの生活費（消費支出）に使われ，その残り（黒字）の18万円が，預貯金や生命保険の掛け金のほか住宅ローンなどの借金の返済にあてられている。

生活豆知識
可処分所得と非消費支出

実収入から非消費支出を引いた残りの金額。
可処分所得－消費支出の金額が
プラスのとき→黒字，
マイナスのとき→赤字となる。

可処分所得と非消費支出

実収入			
	可処分所得		
非消費支出 所得税・住民税・ 社会保険料など	消費支出 （生活費）		黒字
実支出			

◆ 家計収支の状況（2人以上の世帯のうち勤労者世帯）
1世帯あたり1か月の収入と支出（2022年） （総務省「家計調査」）

世帯平均

世帯人員	3.24人
有業人員	1.79人
世帯主の年齢	50.4歳

実収入	約618,000円
可処分所得	約501,000円

実収入　617,654円

世帯主収入※　450,906円
世帯主の配偶者の収入　97,378円
ほかの世帯員収入　15,728円
その他　53,642円

可処分所得　500,914円
非消費支出　116,740円

※12等分した賞与額も含む

可処分所得　500,914円

食料　80,502円
住居　20,115円
家具・家事用品　13,000円
光熱・水道　24,421円
被服及び履物　11,293円
保健医療　13,708円
交通・通信　50,688円
教育　18,126円
教養娯楽　29,737円
その他の消費支出　59,036円

生活費　約321,000円

消費支出 320,627円（64.0%）
黒字 180,286円（36.0%）

預貯金純増　152,056円
有価証券純購入　3,810円
保険純増　16,162円
土地家屋借金純減（住宅ローン返済）35,560円
財産純増（住宅や土地などの購入－売却）3,342円
その他　－30,644円

金融資産純増

貯金，生命保険の掛け金，住宅ローンなどの返済　約180,000円

---

③ 収入と支出のバランスを考えた予算の立て方

どんなに収入が多くても，支出が収入を上回るようでは，生活は成り立たない。収入と支出のバランスを考えた予算を立てて生活することが大切である。

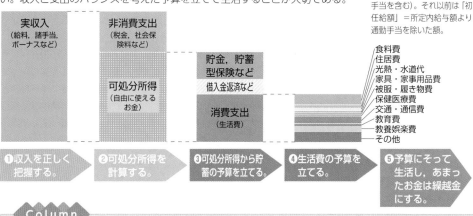

❶収入を正しく把握する。
❷可処分所得を計算する。
❸可処分所得から貯蓄の予算を立てる。
❹生活費の予算を立てる。
❺予算にそって生活し，あまったお金は繰越金にする。

※2020年からは「新規学卒者の賃金」＝所定内給与額（通勤手当を含む）。それ以前は「初任給額」＝所定内給与額より通勤手当を除いた額。

生活豆知識
初任給ってどれぐらいもらえるの？ （千円）

年	男			
	大学院 修士課程修了	大学卒	高専・ 短大卒	高校卒
2005	221.0	196.7	170.3	155.7
10	224.5	200.3	173.6	160.7
15	228.5	204.5	177.3	163.4
20	254.1	227.2	211.6	179.5

年	女			
	大学院 修士課程修了	大学卒	高専・ 短大卒	高校卒
2005	216.6	189.3	164.2	148.0
10	221.2	193.5	168.2	153.2
15	228.5	198.8	174.6	156.2
20	260.1	224.6	199.0	174.6

（厚生労働省「賃金構造基本統計調査」）

Column
40〜50歳代で多い教育関係費

子どもが高校や大学に在学すると考えられる，世帯主が40歳代および50歳代の世帯で教育関係費が多くなり，特に，授業料や教材への支出が最も多くなっている。また，50歳代の世帯では，仕送り金が教育関係費の31.6%を占めている。

◆ 世帯主の年齢階級別1世帯あたりの年間教育関係費（二人以上の世帯）（2022年）

30歳未満	40,389
30歳代	140,570
40歳代	444,295
50歳代	552,415
60歳代	64,525
70歳以上	11,169

その他の教育関係費　補習教育　授業料・教科書・学習参考教材　国内遊学仕送り金

（総務省「家計調査」）

消費・環境

生活ワードブック　Income（収入），expenditure（支出），disposable income（可処分所得），payslip（給与明細），contract（契約），mail order（通信販売），consumer issues（消費者問題），corporate social responsibility（企業の社会的責任），sustainable（持続可能な），ethical（倫理的）

107

将来の経済生活を考える

あなたの買い物が世の中を動かす

「金は天下の回りもの」ということばがあります。お金は世の中をぐるぐる回っています。今あなたが持っているお金も，人の手から手へ渡り歩いているうちに，たまたま，あなたのところに来たのです。

あなたはそのお金で，家賃を払ったり，食べ物を買ったり，日用品を買ったり，洋服を買ったりして，お金を使っています。当然，誰もが同じことをしています。（中略）

あなたが買い物をして払ったお金はどうなるか，想像したことがありますか。そのお金は，その商品に関係した人たちみんなに分配されていくのです。たとえば，あなたがジャケットを1着買えば，その代金は，店員，メーカー，メーカーの下請け会社，そのまた下請け会社・・・と多くの人たちに分けられます。その人たちも，そうして得られた給料で買い物をし，支払った代金が，また別の人たちに分配されていきます。あなたが買い物をすることで，結果として，世の中の人たちの生活を支えていくことになるのです。世の中はこのように，お金を払う，受け取るということの繰り返しによって回っています。あなたがお金を使うことで世の中が回っているとは，こういうことなのです。あなたの買い物は，世の中を動かす力を持っているのですね。

（池上彰『経済のことよくわからないまま社会人になってしまった人へ』海竜社）

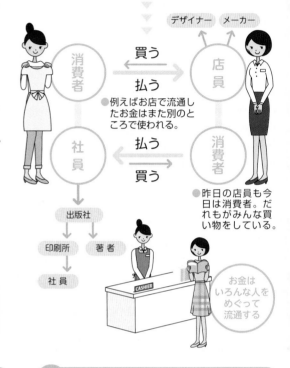

あなたの買い物が世の中の人の生活を支えている

● 例えばお店で流通したお金はまた別のところで使われる。

● 昨日の店員も今日は消費者。だれもがみんな買い物をしている。

お金はいろんな人をめぐって流通する

Do action!

「ある商品を買うことは，その商品を製造販売している企業に1票を投じるようなもの」といわれるが，その意味を考えてみよう。

1 経済の主体——家計・企業・政府

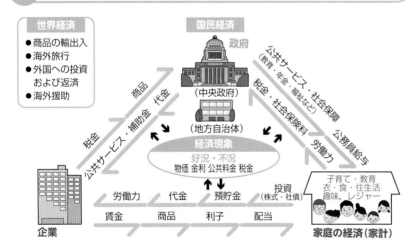

お金は，家計・企業・政府の間を循環している。こうしたお金のやりとりすべてが経済活動である。そして，このお金の循環を担っているのが金融機関である。

家計・・・企業に労働力を提供して得た資金で税金をおさめ，生活に必要な商品やサービスを買う。

企業・・・家計から提供された労働力に対して，賃金を支払って商品やサービスを生産し，政府へ税金をおさめる。

政府・・・企業や家計から税金を受け取って，社会保障や行政サービスを提供する。

P.106の解答：①365,800円，②126,000円，③53,374円，④40,890円

2 急成長する「マネー経済」

商品やサービスの代償としてお金を支払うのを**実物経済**といい，お金そのものが株や国債などの有価証券に形を変えて流通し，その過程で利益をもたらすものを**マネー経済**という。ネットワーク時代の現在，世界金融の垣根を越えてマネー経済は拡大し複雑になっている（現在，国際金融取引の9割近くをマネー経済が占めている）。金融機関の機能が正常に働かなければ経済の循環がうまくいかず，経済は破綻してしまう。

商品・サービスの介在しない，お金だけが動くシステム

インフォメーション　インフレとデフレ▶継続的に物価が上昇し続ける状態をインフレーションといい，お金よりもモノの価値が高くなるので，モノを買っておいたほうがよい。これに対して，物価が下がり続ける状態をデフレーションといい，モノよりもお金の価値が高くなるのでキャッシュ（現金）を持っておいたほうがよい。

③ 資産形成とさまざまな金融商品

将来の生活のためには，計画的に貯蓄をして，お金を貯めなければならない。貯蓄の方法には，預貯金以外に債券，株式，保険などの金融商品がある。金融商品のなかにはリスクをともなうものもあるので，購入する前によく調べた方がよい。

◎ 1世帯あたり種類別金融資産保有額〈2人以上世帯〉

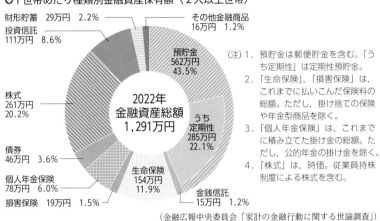

財形貯蓄 29万円 2.2%
投資信託 111万円 8.6%
その他金融商品 16万円 1.2%
預貯金 562万円 43.5%
2022年 金融資産総額 1,291万円
うち定期性 285万円 22.1%
株式 261万円 20.2%
債券 46万円 3.6%
個人年金保険 78万円 6.0%
損害保険 19万円 1.5%
生命保険 154万円 11.9%
金銭信託 15万円 1.2%

（注）1．預貯金は郵便貯金を含む。「うち定期性」は定期性預貯金。
2．「生命保険」，「損害保険」は，これまでに払いこんだ保険料の総額。ただし，掛け捨ての保険や年金型商品を除く。
3．「個人年金保険」は，これまでに積み立てた掛け金の総額。ただし，公的年金の掛け金を除く。
4．「株式」は，時価。従業員持株制度による株式を含む。

（金融広報中央委員会「家計の金融行動に関する世論調査」）

Do action! インターネットなどで金融商品のメリット・デメリットについて調べてみよう。

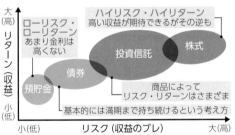

大（高） リターン（収益） 小（低）

ローリスク・ローリターン あまり金利は高くない
ハイリスク・ハイリターン 高い収益が期待できるがその逆も
預貯金
債券
投資信託
株式
基本的には満期まで持ち続けるという考え方
商品によってリスク・リターンはさまざま

小（低） リスク（収益のブレ） 大（高）

※これは一般的なイメージ図で，すべての金融商品があてはまるものではない。

一般に，この3つの要素を満たす金融商品はないので，貯蓄目的によってどの要素を優先させるかを決めるとよいですね。

〈金融商品を購入するときの注意事項〉

❶安全性	金融商品にあてた資金が目減りしたり，期待していた利益が得られなくなる危険がないか。
❷流動性	必要なときにどれくらい自由に現金にかえることができるか。
❸収益性	その金融商品で資金運用することにより，どれくらいの利益が期待されるか。

④ 将来のために「貯める」──金融商品の種類と特徴

●預貯金

銀行などの金融機関は預金を会社や個人に貸しつけて「貸出金利」という利息を受け取る。預金者はその利息の一部を預金の利息として受け取る（貸出利息は預金利息より高い）。

個人 ── 預金／利息 ── 金融機関 ── 貸出／利息 ── 企業

●株式と債券

株式……株式会社に資金を出資し，配当や株式の売却益などを得る。
債券……お金を借りたい会社や国が元本の返済と利息の支払を約束して発行する借用証書のこと。

個人 ── 出資／株式＋配当金 ── 企業 ── 貸出／債券＋利息 ── 個人

●投資信託

多くの人から集めたお金を1つにまとめ，運用の専門家が日本や外国の債券・株式・不動産などで運用する商品。購入した人には運用の成果が分配される。

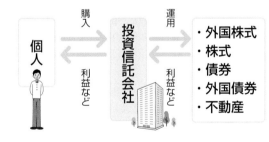

個人 ── 購入／利益など ── 投資信託会社 ── 運用／利益など ── ・外国株式 ・株式 ・債券 ・外国債券 ・不動産

消費・環境

＜新しいNISA（2024年以降）＞

	つみたて投資枠 〈併用可〉	成長投資枠
年間投資枠	120万円	240万円
非課税保有期間	無期限化	無期限化
非課税保有限度額（総枠）	1,800万円 ※薄価残高方式で管理（枠の再利用が可能）	
		1,200万円（内数）
口座開設期間	恒久化	恒久化
投資対象商品	長期の積立・分散投資に適した一定の投資信託〔2023年までのつみたてNISA対象商品と同様〕	上場株式・投資信託など〔①整理・監理銘柄②信託期間20年未満，毎月分配型の投資信託およびデリバティブ取引を用いた一定の投資信託などを除外〕
対象年齢	18歳以上	18歳以上
2023年までの制度との関係	2023年末までに現行の一般NISAおよびつみたてNISA制度において投資した商品は，新しい制度の外枠で，現行制度における非課税措置を適用 ※現行制度から新しい制度へのロールオーバーは不可	

小論文ココが出題された▷ あなたがこれから使ってみたいサービスや，こんなサービスがあったら便利だなと思うようなIT技術（スマホを使った支払いなど）を使った金融サービスについて600字以内で述べよ。【麗澤大学・経済学部・経営学科・改】

契約とは

契約クイズ

次の契約は消費者の都合でやめられるだろうか，考えてみよう。

Q1 A店で2,000円のTシャツを買って，家に帰る途中，B店で同じものが1,500円で売られているのを見つけた。2,000円で買ったA店に戻って，Tシャツを返品してお金を返してもらいたい。

⇒ ヒント ①契約について知ろう「契約とは」

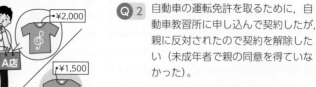

Q2 自動車の運転免許を取るために，自動車教習所に申し込んで契約したが，親に反対されたので契約を解除したい（未成年者で親の同意を得ていなかった）。

⇒ ヒント ①契約について知ろう「未成年者の契約」

Q3 街を歩いているとき，「アンケートに答えれば，無料で肌の診断をします」と声をかけられた。営業所に連れていかれて，高額な化粧品の契約をさせられた。返品して契約を解除したい。

⇒ ヒント ②クーリングオフ制度

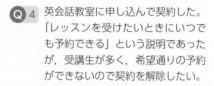

Q4 英会話教室に申し込んで契約した。「レッスンを受けたいときにいつでも予約できる」という説明であったが，受講生が多く，希望通りの予約ができないので契約を解除したい。

⇒ ヒント ③消費者契約法

 契約をやめられる場合とやめられない場合の違いは何だろうか。

⇒クイズの解答・解説はp.112

1 契約について知ろう

 未成年者の法律行為には，親権者などの同意が必要ですが，民法の成年年齢引き下げに伴い，2022年4月1日より18歳になれば親権者の同意なく単独で契約がおこなえるようになりました。

◆ 18歳でできるようになる契約の例 ◆

クレジットカードを持つことができる | ローン契約を結ぶこと（借金）ができる | スマートフォンの契約ができる | 一人暮らしの部屋を借りることができる

契約とは

　私たちは日常生活のなかで多くの契約をしている。たとえば，お店やインターネットで買い物をしたり，レストランで料理を注文したりすることは，すべて「契約」である。契約は，売り手と買い手の意思が合意したときに成立する。口約束でも，契約書があるときでも，どちらでも契約は成立する。

　契約が成立すると，お互いに約束したことを守る義務が生じる。有効に成立した契約を勝手にやめると，「違約金」や「損害賠償」などを求められることがある。

~申しこみ~
ショートケーキを6個ください

~承諾~
かしこまりました
ショートケーキを6個ですね

~契約成立~
双方に『権利』と『義務』発生

未成年者の契約

　未成年者は，法的に契約が成立しないので，契約をおこなうときには親などの同意が必要である。同意を得ずにおこなった契約には未成年者取消権が適用され，親などが契約を取り消すことができる。ただし，代金がこづかいの範囲内である場合，結婚している場合，「未成年ではない」「親の同意を得ている」とうそをついた場合などは契約を取り消すことはできない。

なんで3万円もするサプリを買ったの？
一か月で5キロやせるっていうから…

親の同意なしに未成年者がローン組めるわけがないのよ 今すぐ取り消しますからね
あのぉお母さん…

買うとき未成年じゃないっていっちゃったんだけど…

インフォメーション **特定商取引法**▶訪問販売・通信販売・連鎖販売取引（マルチ商法）の未然防止を目的として定められた「訪問販売法」（1971年制定）に加え，電話勧誘販売・特定継続的役務提供，さらに「内職モニター商法」（2000年制定）などを含め，2001年から施行され，2004年，2008年にも改正されている。

② クーリングオフ制度 (Cooling off　頭を冷やして考える)

　クーリングオフ制度とは，消費者が契約したあとで冷静に考え直す時間を与え，一定期間内であれば無条件で解除できる制度である。適用されるのは**特定商取引法・割賦販売法**や約款で定められた取引に限る。

◯ クーリングオフ可能な取引と期間

取引内容	適用対象	期間
訪問販売	店舗外での訪問販売（キャッチセールス・アポイントメントセールス・SF商法では店舗契約も含む）	8日間
電話勧誘販売	電話勧誘による指定商品・権利・役務の契約	8日間
特定継続的役務提供	エステティック・外国語会話教室・学習塾・家庭教師・パソコン教室・結婚相手紹介サービスを継続的におこなう契約	8日間
連鎖販売取引	マルチ商法	20日間
業務提供誘引販売取引	内職商法・モニター商法	20日間
訪問購入	業者が消費者の自宅などをたずねて，商品の買い取りをおこなうもの	8日間

通知書
私は，貴社と次の契約をしましたが，解除します。

契約年月日　令和〇〇年〇〇月〇日
商品名　〇〇〇〇
契約金額　〇〇〇〇〇〇円
販売者　株式会社×××　□□営業所
　　　　担当者　△△△△

私が支払った代金を〇円は返金してください。
受け取った商品は引き取ってください。

令和〇〇年〇〇月〇日

〇〇県〇市〇町〇丁目〇番〇号
氏名　〇〇〇〇

事業者への通知例

通知書
私は，販売会社と次の契約をしましたが，解除します。

契約年月日　令和〇〇年〇〇月〇日
商品名　〇〇〇〇
契約金額　〇〇〇〇〇〇円
販売会社名　株式会社×××　□□営業所

令和〇〇年〇〇月〇日

〇〇県〇市〇町〇丁目〇番〇号
氏名　〇〇〇〇

信販会社への通知例

※2021年6月の特定商取引法の改正により，クーリングオフの通知は電子メールなどでも可能となった。

◯ クーリングオフの手順

❶ 内容証明郵便やはがき（特定記録郵便・簡易書留）など，証拠の残る書面で通知する。はがきの場合は表裏のコピーをとり，配達記録も保管しておく。
❷「契約を解除する」を明記し，代金の返金や商品の引き取りを求める。
❸ クレジット契約をした場合は，信販会社にも通知する。
❹ 終わったら，関係書類は5年間保管しておく。

※3,000円未満の商品を現金購入した場合，訪問販売でも消耗品（健康食品・化粧品など）を使った場合などには適用されない。

③ 消費者契約法

※民法の成年年齢引き下げにより，若者の契約トラブル増加が予想されることなどを理由に，消費者契約法が改正された（＊は2019年6月施行）。

　消費者と事業者の間には，情報の質や量，交渉力に大きな差があり，そのため契約に関するトラブルが増加している。力の差のある消費者と事業者が対等に契約できるように生まれたルールが消費者契約法である。

● **契約を取消できる場合**　不適切な勧誘で，誤認・困惑して契約した場合

❶ 不実告知
重要な項目について事実と違うことをいう

❷ 断定的判断
将来の変動が不確実なことを断定的にいう

❸ 不利益事実の不告知
利益になることだけいって，重要な項目について不利益になることを故意にいわない

❹ 不安をあおる告知＊
社会生活上の経験不足の不当な利用

❺ 恋愛感情などに乗じた人間関係の濫用＊

❻ 不退去　❼ 退去妨害　❽ 過量契約
❾ 加齢などによる判断力の低下の不当な利用＊
❿ 霊感などによる知見を用いた告知＊
⓫ 契約締結前に債務の内容を実施など＊

● **契約が無効になる場合**　消費者に一方的に不当・不利益な契約条項の一部または全部

❶ 事業者の損害賠償責任を免除したり制限する条項

❷ 不当に高額な解約損料

❸ 不当に高額な遅延損害金（年14.6%以上）
❹ 事業者が自分の責任を自ら決める条項＊
❺ 消費者の解除権を放棄させる条項
❻ 事業者に消費者の解除権の有無を決定する権限を付与する条項＊

❼ 消費者の後見などを理由とする解除条項＊
❽ 任意規定の適用による場合と比べ消費者の権利を制限または義務を加重する条項
❾ 信義則に反して消費者の利益を一方的に害する条項

（消費者庁「消費者契約法活用術」などをもとに作成）

Column

ネットショッピング

　インターネットでの買い物は便利で楽しいが，品物を直接見たり触ったりできないことや，お店の人と直接話せないことなど，今までの買い物とは違うところがある。どんなところに気をつけなければならないか考えよう。

＊インターネット通販の場合　〜信頼できるお店を見分けるポイント〜

❶ 法律を守っているか
　通信販売では「特定商取引法」によって表示義務が規定されている。これらの事項がきちんと書かれているか確認しよう。

❷ どんなお店か書いてあるか
　誰がどこで営業しているかが書いてあり，長く営業していれば信頼できる。

❸ 注文方法，支払い方法，品物の送り方，トラブル時の対応が書いてあるか
　価格，送料，支払い方法と時期，返品とその条件は，表記が義務付けられている。破損時の対応などはお店によって違うので確認する。支払い方法は現金振込，クレジットカード，代金引換がある。最初は代金引換が安心。

❹ 個人情報の取り扱いが書いてあるか
　あなたの名前や住所などのプライバシーを守ってくれるかどうかは大切なことである。プライバシーマークの表示なども参考になる。

❺ 個人情報入力時に暗号化（SSL）に対応しているか
　注文時のデータのやりとりが暗号化で保護されるSSLに対応していないお店の場合，個人情報を盗み見られる可能性がある。

＊ネットオークションの場合　〜トラブルを防ぐために〜

❶ ネットオークションに参加する前に，利用規定をよく読む
　ネットオークションの相手は個人で，ネットショッピングのお店のように，法律で情報の掲載が義務付けられていないので，入札する人が，自己責任で判断する必要がある。

❷ 品物の説明をよく読み，説明の不十分なところや気になるところは質問する
❸ 出品者の評価を参考にする
❹ 価格のつり上げに注意する
❺ 出品者となる場合は，トラブルにならないよう十分な説明を心がける

プライバシーマーク
名前や住所などのプライバシーが守られる

NetShop
信頼できるお店

SSL (Secure Socket Layer)
データを暗号化して保護する

小論文ココが出題された▷　インターネット・ショッピングはわたしたちにとって日常的な行為となっている。このことが社会に与える影響について，具体的事象を挙げながら600字以内で説明せよ。【大妻女子大学・人間関係学部・人間関係学科】

111

消費・環境

消費者問題

問題のある販売方法から身を守ろう

悪質な事業者は「だまし」のプロであり，私たちの知識・情報不足につけこんでくる。被害にあってからでは遅い。消費者自身もしっかりと契約内容を確認し，慎重な消費行動を心がけよう。

その❶ ネガティブオプション

注文していないのに商品を一方的に送りつけ，代金を支払わせる。代金引換の宅配便を利用することもある。

その❷ インターネット・オークション詐欺

インターネット・オークションで商品を落札し，代金を振りこんでも商品が届かない。また，偽物が届くこともある。業者に連絡しようとしても連絡がとれない。

その❸ 不当請求（ワンクリック詐欺）

パソコンやスマートフォンのサイト入場のためのURLをクリックしただけで，自動的に入会登録され，高額な料金を請求される。

その❹ 点検商法

自宅を訪れた業者が「無料で点検します」と点検した後，「すぐに修理が必要」と，高額な補修工事の契約をさせる。

その❺ マルチ商法

商品を買って会員になり，友人や知人に販売したり勧誘したりすれば手数料がもらえるとさそう。結果，会員は勧誘できずに購入した商品だけが残るケースが多い。

その❻ ＳＦ商法

景品を配って閉め切った会場に人を集め，安い商品から売りこみをはじめ，しだいに会場の雰囲気を盛り上げて，最後に高額な商品を売りつける。

その❼ アポイントメントセールス

電話で「景品が当たりました」「イベントに来ませんか」と，喫茶店や営業所に誘い出し，高額な商品やサービスを契約させる。

その❽ キャッチセールス

繁華街の路上などで「アンケートに答えて」「無料で肌を診断します」と声をかけて呼び止め，喫茶店や営業所に連れて行って高額な商品やサービスを売買契約させる。

❶ 契約トラブルに巻き込まれないために

契約トラブルを防ぐために，以下の点に気をつけよう（契約については巻頭❶参照）。

❶契約することに責任をもち，軽い気持ちで契約しない。ネットの情報に流されない。
❷「今すぐ決めて」などと契約をせかされてもその場で契約しない。
❸簡単に大金を稼げるということはあり得ない。もうけ話は信じない。
❹借金やクレジット契約を勧められても，お金がなければ契約しない。
❺困ったら「188（いやや！）」に電話して，消費生活センターに相談する。

消費者ホットライン
☎ **188（いやや!）**
（全国共通，局番なし）

（国民生活センター資料をもとに作成）

契約クイズ（P.110）の解答・解説

Q1 やめられない。契約が成立すると，消費者には商品を受け取る権利とお金を支払う義務，事業者には商品を渡す義務と代金を受け取る権利が発生する。どちらか一方の都合でやめることはできない。

Q2 やめられる。未成年者が契約するときには，親などの同意が必要。未成年者取消権が適用され，契約はなかったことになる。

Q3 やめられる。街で急に声をかけられ勧誘されて契約した場合など，消費者トラブルになりやすい特定の取引については，法律でクーリングオフできると定められている。

Q4 やめられる。契約の重要な事項について事実と異なる説明をされたことにより，消費者が誤認して契約した場合は，契約を取り消すことができる。

  インフォメーション マイナンバーカード▶マイナンバー（個人番号）が記載された顔写真付のカード。金融機関における口座開設・パスポートの新規発給など，さまざまな場面で本人確認のための身分証明書として利用できるほか，コンビニなどで住民票，印鑑登録証明書などの公的な証明書も取得できる。

② 消費者行政のしくみ

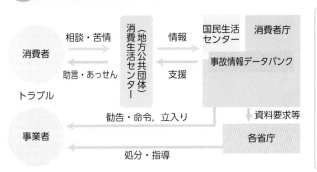

●消費生活センターとは

消費生活センターは，消費者保護を目的とした都道府県・市町村の行政機関。

＜おもな仕事＞

〔消費生活相談〕
消費生活全般に関する商品・サービスへの苦情や相談を受けつけ，問題解決に向けて支援する。

〔情報提供・啓発活動〕
各種パンフレットや資料を発行する。

- 消費者被害の未然防止
- 暮らしに役立つ情報提供
- 講座の開催などの啓発活動
- 暮らしのなかで知っておきたい苦情相談の事例など

③ 消費者問題関連年表

●年表

1955年	森永ヒ素ミルク中毒事件
1962年	サリドマイド事件
1968年	カネミ油症事件
1970年	カラーテレビの二重価格問題発生
1976年	マルチ商法問題・欠陥住宅問題発生
1978年	サラ金被害が続出
1984年	問題商法の横行
1990年	家電メーカーで欠陥商品(発煙・発火)事故が続出
1995年	薬害エイズ事件表面化 規制緩和が進む一方，販売方法，契約解除などに関するトラブルが急増。
2001年	国内でBSE(牛海綿状脳症)に感染した牛を確認 輸入野菜から禁止されている農薬を検出
2002年	輸入牛肉の国産偽装事件が相次ぐ
2004年	振りこめ詐欺(オレオレ詐欺)が問題化
2005年	マンションなどの構造計算書偽装事件 ガス瞬間湯沸かし器による死亡事故
2006年	エレベータでの死亡事故 食品の表示偽装事件多発する
2007年	こんにゃくゼリーによる窒息事故 事故に対応できる法律がないことが問題化
2008年	中国産冷凍ぎょうざによる食中毒事件 事故米(汚染米)不正転売問題
2011年	小麦由来成分の石けんによる健康被害発生
2012年	オンラインゲームに関するトラブル増加
2013年	ホテルや百貨店でのメニュー表示問題が相次ぐ 薬用化粧品による白斑トラブルが発生
2014年	通信教育事業者からの個人情報の大量流出事件発生
2015年	マイナンバー通知開始，便乗詐欺被害が発生
2018年	時価約580億円相当の仮想通貨が不正アクセスにより流失
2020年	新型コロナウイルス関連の消費者トラブルが発生

1968年　消費者保護基本法(➡2004年，消費者基本法に改正)
事業者優先の考え方から，消費者優先の原則に立った消費者政策の実現をめざす。

1970年　国民生活センター開設
1970年～1973年　消費生活センター開設

消費者条例の制定(地方公共団体)

1976年　訪問販売法(➡2000年，特定商取引法に改正)
消費者を保護するためのクーリングオフ制度が設けられた。

1994年　製造物責任法(PL法)
製造物の欠陥が原因で，消費者が生命・身体・財産などに被害を受けたときは，事業者は故意・過失の有無を問わず，損害賠償の責任を負う。

2000年　消費者契約法
製造販売業者から一方的に不利な形でかわされた契約は無効となる。うそをついたり重要な事実をかくした場合，いつまでも居座り帰ってくれない場合は，契約を取り消せる。

2004年　消費者基本法
国や地方自治体が，消費者保護の責任を負っていることを明らかにした。消費者問題における事業者の責務，消費者の役割および消費者行政のあり方を明確に示した。

2009年　消費者庁発足
消費者ホットライン開設(2010年から全国で実施)

2012年　消費者教育推進法

消費者を保護するための「消費者保護基本法」から，消費者がより自立するための支援をする目的に改正され，現在の「消費者基本法」となりました。

生活豆知識

消費者の権利と責任

1962年　消費者の4つの権利 (ケネディ大統領提唱)
- ①安全を求める権利
- ②知らされる権利
- ③選ぶ権利
- ④意見を反映してもらう権利

1975年 (アメリカのフォード大統領による追加)
1983年 (国際消費者機構による追加)

➡

消費者の8つの権利
- ⑤被害を受けた際に補償を受ける権利
- ⑥消費者教育を受ける権利
- ⑦健全な環境のなかで働き，生活する権利
- ⑧生活の基本的ニーズが保証される権利

消費者の5つの責任 (国際消費者機構がまとめた)
- ①批判的意識をもつ責任
- ②みずから主張し行動する責任
- ③社会的弱者に配慮する責任
- ④環境に配慮する責任
- ⑤連帯する責任

縦書き：消費・環境

多様化する支払い方法とリスク防止

お金がないのに買いたいものがあるとき

どうしても10万円のパソコンが欲しい。でも，お金がないし，どうしよう。

解決法 1

お金を貯めてから買う。
毎月8,000円ずつ貯金すると，1年間で96,000円貯まる。

JCB CARD
3540 1234 5678 9012
00/'00
CARDHOLDER NAME

解決法 2
クレジットカードで買う。
たとえば，12回の分割払い（手数料15％）にすると，支払い総額が108,310円になる。

解決法 3
お金がないから，しばらくがまんする。

解決法 4
消費者金融会社からお金を借りて買う。
たとえば，10万円を年利18％で借りた場合，1年後の返済金額は118,000円となる。

Do action!
あなたならどうするか，なぜ，その解決法を選ぶことにしたのか，考えてみよう。

1 クレジット契約って何?

　買い物をしてお金を支払うときには，いろいろな方法がある。たとえば，その場で現金で全額支払う方法以外に，数か月先に支払いをのばしてもらう方法，何回かの分割払いにする方法などである。また，クレジット会社などに代金を立て替えてもらい，あとでクレジット会社に支払うこともできるが，これらを**クレジット契約**という。だれでも利用できるものではなく，約束通りに借金を返すことのできる支払い能力，返済の意思，担保があるなど，返済ルールを守ることができると判断された人だけが利用できる。

〈クレジット契約の特徴〉

消費者	販売店	クレジット会社	金融機関
・現金を持っていなくても買い物ができて便利である。 ・クレジットを利用することは，「借金」をすることなので，手数料(利息)を支払わなくてはならない。	・現金を持っていない人にも買い物をすすめることができ，売り上げが多くなる。 ・クレジット会社が代金を立て替える場合，売上金を確実に得ることができる。	・消費者や販売店から，手数料を受け取ることができる。	・クレジット契約の支払は，銀行などの口座から自動引き落としされることが多いので，金融機関の利用者が増えて，取引も増加する。

2 クレジットカードのしくみ

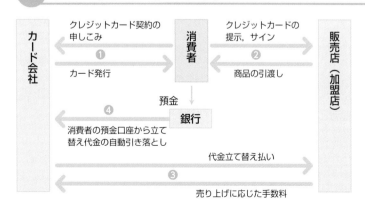

カード会社
クレジットカード契約の申しこみ ①
カード発行
消費者
クレジットカードの提示，サイン ②
商品の引渡し
販売店（加盟店）
預金
銀行
消費者の預金口座から立て替え代金の自動引き落とし ④
代金立て替え払い ③
売り上げに応じた手数料

　買い物をするときに，毎回クレジット契約をするのは大変なので，手続きを簡略化したものがクレジットカードである。カードを提示することにより，現金を持たずに買い物をすることができるが，代金をあと払いにする「借金」であることを忘れてはならない。

　本当に必要な借金であるか，利息はいくら支払うのか，返済計画に無理がないかをよく考える必要がある。

Do action!
クレジットカードの長所，短所を考えてみよう。

i インフォメーション　消費者金融会社やクレジット会社などからの多額の借金を抱えて困っている人のための相談先▶❶弁護士会　❷司法書士会　❸日本司法支援センター　❹日本クレジットカウンセリング協会や消費生活センターなど

③ クレジットカードの利用法

●ショッピング（10万円のパソコンを買う場合）　返済方法は次のように選ぶことができる。

一括払い（手数料なし）	分割払い	リボルビング払い
翌月またはボーナス月にまとめて返済する。手数料はかからないので，元本のみの支払いとなる。	返済回数（返済期間）を選び，それに応じた手数料を元本に加えた額を支払う。	毎月一定額を支払う。毎月の返済額に加えて，あらかじめ限度額を決めておき，その限度額内で繰り返し利用できる。

一括払い（手数料なし）：翌月またはボーナス月に10万円支払う。

分割払い 手数料15%で支払う場合の計算例

返済回数	3回	6回	12回
	34,170	17,403	9,026
	34,170	17,403	9,026
	34,170	17,403	9,026
月々の支払額（円）		17,403	9,026
		17,403	9,026
		17,403	9,026
			9,026
			9,026
			9,026
			9,026
			9,026
			9,026
支払い総額（円）	102,510	104,420	108,310

（実際の支払い総額は，初回の日割計算と最終回の端数調整により，若干異なる。）

リボルビング払い 月々1万円を手数料15%で支払う場合の計算例（元金定額方式の場合）

回数	支払元金（円）	手数料（円）	支払額（円）	利用残高（円）
1	10,000	1,250	11,250	90,000
2	10,000	1,125	11,125	80,000
3	10,000	1,000	11,000	70,000
4	10,000	875	10,875	60,000
5	10,000	750	10,750	50,000
6	10,000	625	10,625	40,000
7	10,000	500	10,500	30,000
8	10,000	375	10,375	20,000
9	10,000	250	10,250	10,000
10	10,000	125	10,125	0
計	100,000	6,875	106,875	

支払い総額　106,875円（リボルビング払いの場合，ほかにいろいろな方式がある。）

生活豆知識

おもなカードの分類と特徴

分類	特徴	支払い時期
プリペイドカード	定額で使い切りの型（図書カード，QUOカードなど）と，チャージで繰り返し使用が可能な型（Suica，PASMO，nanacoなど）がある。	前払い
キャッシュカード	預貯金などの引き出しなどができる。多くはデビットカードの機能をもっている。	即時払い
デビットカード	銀行のキャッシュカードで，買い物などの支払いができる。	即時払い
クレジットカード	銀行口座から引き落とし，店舗販売だけでなく，通信販売の支払いやオンラインショッピングにも使用できる。	後払い
ローンカード	小口の融資が受けられる。	後払い

④ 消費者金融

　消費者のニーズに応じて金銭を直接貸し付けることで，銀行などの金融機関，クレジットカード会社，消費者金融会社などがおこなう消費者向けのローンをさす。

　消費者金融は，消費者金融会社の積極的な貸付姿勢などを背景に貸付額が増加してきたが，改正貸金業法による貸金業者の貸付規制の強化，取立行為規制の強化，出資法の上限金利の引下げ（年29.2%→20%）などにともない，貸付額は急減した。

　なお，クレジットカードによるキャッシングも，消費者金融の一形態である。

⑤ 多重債務

　借金返済のために借金を繰り返し，返済が困難になることを「多重債務」という。返済額分を借り入れていくと手数料分が増えていき，はじめに借りた金額以上に借り入れることになるだけでなく，支払いがいつまでたっても終わらなくなる。カードで気軽にクレジットやローンを利用できるのは，便利な反面，計画的に利用しないと誰もが多重債務に陥る可能性がある。

　万が一，多重債務になってしまったら一人で悩まず，すぐに消費生活センターなどに相談しよう。

多重債務に陥らないために
❶お金を安易に借りない
❷返せる範囲でしか借りない
❸借りたお金はなるべく早く返済する

Do action!　10万円を年利20%で借りた場合，1年後の返済金額はいくらになるか，計算してみよう。
100,000円＋（100,000円×20÷100）＝（　　　　　）円

Column

キャッシュレス決済

　キャッシュレス決済とは，現金以外の方法で支払うことである。店舗における決済形態とお金の支払い形態（清算方法）によって分類することができるが，その組み合わせはさまざまである。利用するにあたっては，サービスの内容をよく理解し，節度ある利用を心がけよう。

●キャッシュレス決済の形態

決済形態	例
カード決済（磁気・ICチップ型）	クレジットカードなど
タッチ決済	電子マネーなど
QR・バーコード決済	スマートフォンのアプリで読み取る

支払形態	方法
前払い（プリペイド）	現金や金融機関の預貯金口座からチャージする。
即時払い（デビット）	金融機関の預貯金口座から即時決済する。
後払い（クレジット）	金融機関の預貯金口座から後日決済する。

●キャッシュレス決済の特徴

＜利用者のメリット＞
・現金を持ち歩かなくてもよい。
・財布のなかの残高を気にする必要が少なくなる。
・ATMに立ち寄る回数が減る。
・何にいくら使ったかの記録をキャッシュレス決済用のアプリで確認したり，家計簿サービスと連動させたりすることで出費の管理が簡単になる。

＜利用者が注意すべきこと＞
・自分の個人情報がどのように収集・活用されるか利用規約を読んで確認する。
・不正使用などのトラブルがあった場合の対応方法や責任関係も含めて，利用規約を読んで確認する。
・セキュリティの確保について，利用者側でも意識しておく。
・収入や預金残高に見合った範囲で，節度ある利用をする。

消費・環境

消費生活と持続可能な社会

CO₂の「見える化」～カーボンフットプリント

いろいろな製品は，製造されてから，使われ捨てられるまでの間，地球温暖化の原因といわれる温室効果ガスを排出している。このような，製品のライフサイクル全体で排出された温室効果ガスの量をCO₂相当量に換算し，それらを合算し表示したものを**カーボンフットプリント**（Carbon Footprint of Products）という。

経済産業省は，企業と消費者が一体となった，地球温暖化防止策として，「カーボンフットプリント制度」の普及に取り組んでいる。この制度は，商品やサービスのライフサイクル全体における温室効果ガス排出量をCO₂量に換算して算定し，マークを使ってわかりやすく表示しようというものである。この「見える化」により，企業がさらなる削減につとめ，提供された情報を消費者が有効活用して低炭素な消費生活への切りかえをはかることを目的としている。

カーボンフットプリントを直訳すると「炭素の足跡」となります。「どこ」で「どれだけ」CO₂排出がされたかを「見える化」できますね。

みかんの缶ジュースのライフサイクルを例に考えてみよう

		製品のCO₂排出量
原材料の調達	原材料をつくる ▶アルミ缶製造 ▶原材料の栽培	18.5g
生産	製品をつくる ▶ジュース製造 ▶パッケージング	30.8g
流通	運ぶ・販売 ▶輸配送 ▶冷蔵輸送 ▶販売	43.1g
使用・維持管理	使う ▶冷蔵	18.5g
廃棄・リサイクル	捨てる ▶空き缶収集	12.1g

カーボンフットプリント＝製品のCO₂排出量
123g

従来はついつい，「製品をつくるとき」だけに目がいきがちだったが，カーボンフットプリントでは製品がつくられてから，使って，捨てるまでのライフサイクル全体でどれだけCO₂が排出されているのかが，はっきりとわかる。

※数値はすべて仮定

（経済産業省「カーボンフットプリントガイドブック」より）

目印はこのマーク！
カーボンフットプリントマークは，"はかり"をモチーフに，目に見えないCO₂を意識的に「はかっている」イメージが伝わるようにデザインされたマーク。
対象：食品関連，生活用品，衣料関連，印刷関連，オフィス関連，土木・建築関連，その他産業用

1 家庭からの二酸化炭素排出量

13 気候変動に具体的な対策を

家庭部門の二酸化炭素排出量は排出量全体の約15%を占めており，それを削減するためには，私たち一人ひとりが日常生活におけるエネルギー消費の実態を把握する必要がある。そして，日ごろから電力の使用量を減らす努力が大きな課題となっている。

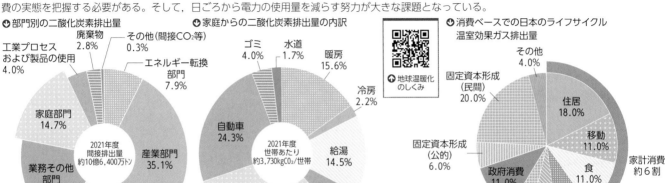

◆部門別の二酸化炭素排出量
- 工業プロセスおよび製品の使用 4.0%
- 廃棄物 2.8%
- その他（間接CO₂等）0.3%
- エネルギー転換部門 7.9%
- 家庭部門 14.7%
- 業務その他部門 17.9%
- 運輸部門 17.4%
- 産業部門 35.1%
- 2021年度 間接排出量 約10億6,400万トン

◆家庭からの二酸化炭素排出量の内訳
- ゴミ 4.0%
- 水道 1.7%
- 暖房 15.6%
- 冷房 2.2%
- 給湯 14.5%
- キッチン 5.6%
- 照明・家電製品 32.1%
- 自動車 24.3%
- 2021年度 世帯あたり 約3,730kgCO₂/世帯

◆地球温暖化のしくみ

◆消費ベースでの日本のライフサイクル温室効果ガス排出量
- その他 4.0%
- 固定資本形成（民間）20.0%
- 固定資本形成（公的）6.0%
- 政府消費 11.0%
- サービス 5.0%
- レジャー 6.0%
- 消費財 8.0%
- 食 11.0%
- 移動 11.0%
- 住居 18.0%
- 家計消費 約6割

（温室効果ガスインベントリオフィス「日本の温室効果ガス排出量データ」）

（環境省「2022年版 環境・循環型社会・生物多様性白書」）

ⓘインフォメーション **カーボン・オフセット**▶消費者や企業が，活動によって発生してしまったCO₂を植林や自然エネルギー活用などの取り組みによって削減したり，排出量を購入したりして相殺（差し引きゼロに）しようというしくみをいう。

持続可能な
社会をめざして
 再生可能
エネルギー
 🔑 小論文キーワード
マイクロプラスチック（⇨p.371）

② 地域や私たちが始める持続可能な社会づくり

持続可能な社会を構築するためには，地域や私たちのライフスタイルを持続可能な形にしていかなければならない。2021年版「環境・循環型社会・生物多様性白書」によると，環境政策を「脱炭素社会への移行」・「循環経済への移行」・「分散型社会への移行」という３つの移行に向け，その上で地方においては地域循環共生圏の考え方に基づいた新たな地域づくり，また私たち国民においては一人ひとりがライフスタイルを変革する社会にリデザイン（再設計）していくことが求められている。

衣

「大量生産・大量消費・大量廃棄」から環境負荷の低減に貢献する「適量生産・適量購入・循環利用」への転換が重要。

<例>

・服を大切に扱い，リペア（補修）をして長く着る。
・おさがりや古着販売・購入などのリユースでファッションを楽しむ。
・可能な限り長く着用できるものを選ぶ。
・環境に配慮した素材でつくられた服を選ぶ。
・店頭回収や資源回収に出して，資源として再利用する。

食

何を食べるのかという選択と，食べた後の配慮の積み重ねが環境に大きな影響を与えていることを知り，行動を変える必要がある。

<例>

・地域資源を活用する（地産地消）。
・環境や社会に配慮した食材や調理品を選択する。
・食品ロスを削減する。

●MSC「海のエコラベル」* が表示されたフィレオフィッシュ®の新パッケージ

MSC-C-57384

（日本マクドナルド株式会社）

*MSC「海のエコラベル」とは，水産資源や環境に配慮し適切に管理された，持続可能な漁業でとられた水産物につけられるラベル（→p.345参照）。

（環境省「2021年版　環境・循環型社会・生物多様性白書」参照）

住

世帯あたりのエネルギー消費量を減らし，脱炭素型の住まいへの転換を図ることが必要である。

<例>

・省エネ家電への買い替えを進める。
・断熱リフォーム・ZEH*化を進める。
・自宅へ太陽光発電設備等の再生可能エネルギー発電設備を設置する。
・小売電気事業者が提供している太陽光や風力等の再生可能エネルギー由来の電力を購入する。

*ZEHとは，「快適な室内環境」と，「年間で消費する住宅のエネルギー量が正味でおおむねゼロ以下」を同時に実現する住宅。

Do action! 環境省のホームページを参考にして，次のロゴマークについて調べよう。

生活豆知識

省エネラベリング制度

2000年８月にJIS規格として導入された表示制度で，エネルギー消費機器の省エネ性能を示すもの。エアコン，冷蔵庫など22品目が対象になっている。

国の目標値を達成している製品はグリーン
まだ目標値を達成していない製品はオレンジ

● 省エネラベル表示例

 省エネ基準達成率 **106%** 年間消費電力量 **100 kWh/年**

 省エネ基準達成率 **65%** 年間消費電力量 **130 kWh/年**

消費・環境

Column

海洋ごみとマイクロプラスチック

近年，海岸へ漂着したり，海に漂う海洋ごみが問題となっている。海洋ごみにはプラスチックが多くふくまれており，海洋の環境や観光・漁業などの経済活動へ影響をあたえている。また，中にはマイクロプラスチックと呼ばれる５ミリメートル以下のプラスチックも増えており，動物が飲みこむなど，生態系へ影響をあたえるとともに，海産物を通じて人の体に取りこまれ人体に影響をあたえることが心配されている。

（環境省「2019年　こども環境白書」参照）

● 海岸に漂着した海洋ごみ

● マイクロプラスチック
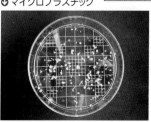

消費者市民社会をめざして

テーマ　環境に配慮した消費行動をしていますか？

環境問題への関心の高まりとともに，「何かできることはないか」と考えている人も多い。商品を購入するとき，「価格」「性能」「安全性」などに「環境」という視点をプラスする「グリーンコンシューマー10原則」を参考にして，実際にできることを考えよう。

STEP 1 次のカードのなかから，自分の生活に取り入れやすいものを選び，最も実行できそうなものを1番上にしてダイヤモンド形ランキングシートの上に並べ，その理由をまとめよう。

①必要なものは**必要な量だけ買う**。	②使い捨て商品ではなく，**長く使えるもの**を選ぶ。	③**包装がないもの**を最優先し，次に最小限のもの，**容器は再使用**できるものを選ぶ。
④つくるとき，使うとき，捨てるとき，**資源とエネルギー消費の少ないもの**を選ぶ。	⑤化学物質による**環境汚染**と健康への影響の少ないものを選ぶ。	⑥自然と**生物の多様性**を損なわないものを選ぶ。
⑦住んでいる地域の近くで生産・製造されたものを選ぶ。（**地産地消**）	⑧つくる人に公正な分配が保証されるものを選ぶ。（**フェアトレード**）	⑨**リサイクル**されたもの，リサイクルシステムのあるものを選ぶ。
⑩環境問題に熱心に取り組み，環境情報を公開しているメーカーや店を選ぶ。	⑪自分で考えたものを書こう！	

ランキングシート

第1位
第2位
第3位
第4位
第5位

> よく考えて自分の考えを整理できるようになることが何より大切だよ。

STEP 2 グループをつくり，進行役を決めて，順位やその理由を発表し合おう。どのランキングが正しいというのではなく，いろいろな考えを出し合うことが大切‼

STEP 3 グループ内の発表が終わったら，意見をまとめて話し合いながらグループとしてのランキングをつけて理由をまとめ，クラスで発表しよう。

> 話し合いに慣れていないので，各自が自分の意見に固執して。困ったな……。

> そんなときは，進行役を中心にして，いろいろな意見を整理しながら，グループとしての新たな考え方を打ち出す観点を探すといいよ。

> メンバー全員が「あぁそうだ」と納得できる観点を発見できれば，そのグループの話し合いは成功だね。

1　エシカル消費

12 つくる責任 つかう責任 ∞

買い物をするとき，価格や品質だけでなく環境への負担や人権，労働条件など社会的な背景まで考慮して商品や企業を選ぶ消費をエシカル（倫理的）消費という。

	環境への配慮	生物多様性への配慮	社会への配慮	地域への配慮	人への配慮
具体例	・エコ商品を選ぶ。	・認証ラベルのある商品を選ぶ。（→p.344~345）	・フェアトレード商品を選ぶ。 ・寄付つきの商品を選ぶ。	・地元の産品を買う。 ・被災地の産品を買う。	・障がいがある人の支援につながる商品を選ぶ。

（消費者庁「エシカル消費ってなぁに？」）

生活豆知識

グリーンコンシューマー活動

誰もが日常的にしている"買い物"を少し変えるだけで，商品のつくり手，売り手，ひいては経済全体に影響を与えることのできる取り組みである。「商品」を購入する際，「価格」を重視する人は多いが，耐久性やデザイン，味なども含めた「性能」，「安全性」も大事なことである。これに「環境」という視点をプラスする，これがグリーンコンシューマーのもの選びである。

（NPO法人環境市民ウェブサイトより）

インフォメーション フェアトレード▶公正貿易のことで，発展途上国の産品を適正な価格で取り引きすることによって，発展途上国の生産者や労働者の生活改善をめざす。フェアトレードによる商品を選択することは，発展途上国が貧困や環境問題を乗り越える1つの手段となる。

② 消費者市民社会をめざそう

あなたならどうしますか？

チラシの広告を見て，宅配でピザを注文したら，届いたピザは広告の写真と全然違っていてがっかり！ 代金を支払って，配達人も帰った後に気がついて……どうしよう。苦情をいおうか？ それとも，泣き寝入り？

批判的に考えよう
・どのような消費者の権利が侵害されたのか？
・消費者としてどのような責任を果たすことが求められるのか？
・消費者がその責任を果たさなかったらどうなるか？

批判的思考は，物事を多面的・客観的にとらえ，論理的にじっくり考えること。何でも否定することではない。

児童労働をさせない，地球にやさしい，このフェアトレードのバナナを買うか……。

それとも児童労働と農薬使用の可能性のあるこの低価格のバナナを買うか……。

消費者が持つ影響力を理解しよう
・安いものの裏側に児童労働問題や環境問題が潜んでいるかもしれない。
・消費は投票と同じで，私たちの選択が社会を変える力になる。

人の命・人権や自然環境に配慮した商品の選択の仕方があることを知り，自分の経済状況でできることを考えよう。

スマホとかの新製品がドンドン出るのって「持続可能な消費と生産」じゃなくて「過度な消費と生産」だよね。とわかっているけど，新製品が欲しくなる……。

持続可能な消費と生産について考えよう
・資源効率の観点から「持続可能でない消費と生産」について，身の回りの具体例を調べよう。
・「持続可能な生産」の実現をはかるための企業の取り組みを調べよう。

持続可能性，社会的そして倫理的な関心を持って，消費の選択をしよう。

それでは，文化祭のクラスの出し物について多数決を取りたいと思います。

まだ十分話し合っていないし，少数意見も尊重してほしい……。

民主主義を学んで消費者市民になろう
・身近な課題を話し合いによって解決するという日常の行為は，政治の意思決定にもつながっている。
・多数決で物事を決めるときは，少数意見の尊重を忘れないようにしよう。

複雑化する社会に応じて，消費をめぐる新たなルールづくりが随時求められている。その際，審議・決定過程が民主的であることが大切である。

（消費者教育支援センター「先生のための消費者市民教育ガイド～公正で持続可能な社会をめざして～」参照）

③ 企業の社会的責任（CSR）

「CSR」はCorporate Social Responsibilityの略である。責任ある行動が持続可能なビジネスの成功につながるという認識を企業が持ち，社会や環境に関する問題意識を，その事業活動やステークホルダー（利害関係者）との関係のなかに，自主的に取り入れていくための考え方。

ステークホルダー（利害関係者）の範囲は広く消費者，従業員，投資家，地域住民，NGOといった通常考えられるものから，環境や地域生態系までを含めるとした考え方もある。

④ ESG投資

SDGsを尊重し，環境や人権などの課題に取り組む企業への投資が近年目立っている。環境（Environment）・社会（Social）・企業統治（Governance）の頭文字を取って「ESG投資」と呼ばれる。

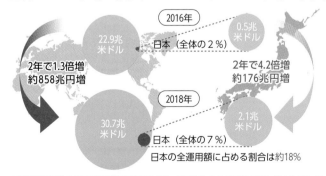

世界のESG市場の拡大　　日本のESG市場の拡大

2016年　日本（全体の2％）　0.5兆米ドル
22.9兆米ドル
2年で1.3倍増　約858兆円増
2年で4.2倍増　約176兆円増
2018年
30.7兆米ドル
日本（全体の7％）　2.1兆米ドル

日本の全運用額に占める割合は約18%

※2019年の日本のESG投資残高は約3兆ドル，2016年から3年で約6倍に拡大している。

消費・環境

小論文ココが出題された▶ 現代の生活は化石燃料を消費して発電した電気を多く用いているが，今後も引き続き化石燃料を利用していくとしたら，どのような取り組みが必要となるか，あなたの考えを600字以内で述べよ。【鹿児島大学・農学部・改】

あなたの暮らしは地球何個分？
～「より良い選択」をめざして

20世紀半ば以降の世界平均気温上昇のおもな原因は，人間活動である可能性が極めて高いとされている。2015年11月，フランスのパリで開催された21度目の国連気候変動枠組条約締結国会議（COP21）では，おもに2020年以降の温室効果ガス削減についての議論が交わされ，パリ協定が採択された。パリ協定は「世界的な平均気温上昇を産業革命以前に比べて2℃より十分低く保つとともに，1.5℃に抑える努力を追求する」という目標をかかげているが，スウェーデンの環境活動家グレタ・トゥンベリさんは，各国の政治家らは「気候変動から逃げている」「いまだにこんな議論をして，化石燃料への補助金に税金を投じているのは恥ずべきこと」と痛烈に批判している。

日本は，温室効果ガスの排出削減目標を，従来の2030年26％減（2013年比）から，2030年46％減（2013年比）に引き上げ，2050年の脱炭素化をめざしている。私たちが今までと同じ生活をしていたのでは，達成は不可能だ。

 ## 私たちの生活にかかわる事実を知ろう

◆ エコロジカル・フットプリント

私たちが消費するすべての再生可能な資源を生産し，人間活動から発生する二酸化炭素を吸収するのに必要な生態系サービスの総量を「エコロジカル・フットプリント（EF）」という。

> **EF＝人口×1人あたりの消費×生産・廃棄効率**

日本人と同じ生活を世界中の人がしたとしたら，必要な地球の個数は2.8個。世界の人の生活を支えるには地球1.7個分が必要で，私たちの生活は，地球が生産・吸収できる能力を超えてしまっている。

地球は何個必要？
もし世界人口がその国と同様の生活をしたら…

🇺🇸 U.S.A.	5.0
🇯🇵 Japan	2.8
🇨🇳 China	2.2
🇮🇳 India	0.7
🌍 World	1.7

(WWF 資料)

◆ 太陽光発電の環境へのデメリット

太陽光発電は環境にやさしい再生可能エネルギーだとだれもが思っているが，建設場所や廃棄方法によっては環境に悪影響をもたらす可能性がある。

大規模メガソーラーのなかには，二酸化炭素を吸収してくれる森林を伐採して建設されているものもある。また，山間部に設置される太陽光発電は，土地の保水能力を低下させ，土砂災害をもたらす懸念もある。

さらに，太陽光パネルのなかには，鉛などの有害物質が使われているものもあり，廃棄の際には適切な処理が必要となるが，廃棄・リサイクルのための費用積立をおこなっている設置者は少ないといわれている。

● エコロジカル・フットプリントを減らす方法

選	減	新
持続可能な方法で生産された認証品を選んで購入	CO₂排出量，食品ロスの削減	再生エネルギーの創出や拡大など新しい技術を応援

● 「より良い選択」をめざして

地球の自然環境を未来に引きつぎ，「地球1個分という観点」から，すべての人に食糧・水・エネルギーを保障できるための，「より良い選択」について考えよう。

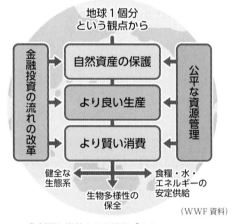

(WWF 資料)

●斜面を崩落する太陽光パネル

これらの資料・写真を参考に，私たちの生活に何が起こっているか，調べてみよう。

エシカルの種を探そう

● サーキュラーエコノミー

サーキュラーエコノミーは，従来の経済システムや，リデュース（Reduce－ごみの減量）・リユース（Reuse－再使用）・リサイクル（Recycle－再利用）の3Rとも異なる。

従来の経済システムは，原料，生産，消費，廃棄という一方通行の直線で図式化される「リニア（直線型）エコノミー」のしくみである。また，3Rによる「リサイクリングエコノミー」も，廃棄物の発生を前提としている。

一方，サーキュラーエコノミーは，これまで廃棄されていたものを新たに原料として利用し，廃棄物を出さない循環システムである。

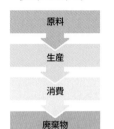

● 部品が取り換えられるスマホ

オランダのメーカーによる「Fairphone（フェアフォン）」は，簡単に修理でき，長く使える設計になっており，これまでのように頻繁な買い替えが必要だったスマートフォンの常識を変えた。また，従業員に人間らしい生活を送れるような賃金を払っている工場でつくられ，紛争地帯の武装勢力の資金源や児童労働につながる鉱物を使用していない。

↩ エシカルスマホ「Fairphone」

● ゼロ・ウェイストタウン上勝 ※ウェイスト＝ごみのこと。

徳島県上勝町は，町民一人ひとりがごみ削減に努め，2003年のゼロ・ウェイスト宣言から17年で，リサイクル率80％以上を達成した。小さな町の大きな挑戦は世界から注目され，持続可能な社会への道筋を示した。上勝町がめざしているのは，豊かな自然とともに，だれもが幸せを感じながら，それぞれの夢を叶えられる町。

上勝町はゼロ・ウェイストの先駆者として，「未来のこどもたちの暮らす環境を自分の事として考え，行動できる人づくり」を2030年までの重点目標に掲げ，再びゼロ・ウェイストを宣言した。

1. ゼロ・ウェイストで，私たちの暮らしを豊かにします。
2. 町でできるあらゆる実験やチャレンジを行い，ごみになるものをゼロにします。
3. ゼロ・ウェイストや環境問題について学べる仕組みをつくり，新しい時代のリーダーを輩出します。

©Transit General Office Inc.
SATOSHI MATSUO

⬆⬇ 上勝町ゼロ・ウェイストセンター

もうごみを"処理"するだけでは解決できない。だから私たちがめざすのは，ごみを"生み出さない"社会。そのためには消費者，事業者，行政の連携が大切である。

消費者	事業者	行 政
・ごみにならないように商品を買う。 ・ごみの出ない工夫を生産者に求める。	・再利用，リサイクルできる商品をつくる。 ・自然界で分解できる素材を開発する。 ・資源が循環するシステムをつくる。	・ごみを出さないための法整備をする。 ・「焼却・埋め立て」処理からの脱却をめざす。

● ソーラーシェアリング

農地に支柱を立て，農業を継続しながら上部空間に設置する太陽光パネルで発電をおこなう。立体的に土地を活用することで，農業と太陽光発電の両方をおこなうことが可能となり，さらに，発電したエネルギーを農業設備や地域の電力供給として利用することもできる。

↩ ソーラーシェアリング

● サステナブルな取り組みをしている企業を探してみよう。
● 毎日どのようなごみを出しているかを調べ，「ごみを0にする」ためにできる取り組みをあげてみよう。

私のエシカル宣言 ── できることから取り組もう！

私は

に取り組みます。

フォトライブラリー 世界の料理

イタリア
オリーブオイルやトマトが
たっぷりのパスタやピザ。

フランス
宮廷料理から広まった手をかけ
たソースなど美食の文化が発展。

↑フランスの
食文化

イギリス
スコーンやケーキ，軽食
と一緒に紅茶を飲みなが
らアフタヌーンティーを
楽しむ。

トルコ
東西の食文化を
融合させた多彩な
素材，味，調理法をもつ。
羊や鶏の肉を使った焼肉
料理（ケバブ）が有名。

スペイン
魚介類豊富な地中海に面した
スペインでは，パエリアが有名。

インド
多彩な香辛料を使ったカ
レー。右手でナンや米を
汁につけながら食べる。

モロッコ
三角のふたをした
タジンなべで野菜
や肉・クスクスを
調理する。

アフリカ（ケニア）
主食はとうもろこし粉を
ねったウガリ。右手でこ
ねながらおかずをつけて
食べる。

ドイツ

ハムやソーセージ,
ザワークラウト(発酵
キャベツの塩漬け)な
ど,保存がきくもの
が多い。

◀ドイツの
食文化

ロシア

肉や野菜,ビートを煮込んだ赤い
スープ「ボルシチ」と,ひき肉や
野菜の揚げパン「ピロシキ」。

◀韓国の
食文化

韓国

金属製のはしとスプーン
を使い,たてに置く。野
菜や山菜が多く,食卓に
キムチは欠かせない。

中国

油を使った揚げ物・炒め物
が多い。大皿に盛り何人か
で料理を囲んで食べる。

◀中国の
食文化

ベトナム

ベトナムの伝統料理フォーは,米
粉でつくられた幅3〜4mm程度
の平たい麺に,肉や野菜,調味料
などを加えたスープ。混ぜそばの
ように食べるドライフォーもある。

インドネシア

ナシゴレン(インドネシア風チャー
ハン),や,サテ(串焼き)など,
香辛料のきいた味つけが特徴。

メキシコ

トウモロコシ粉をのばして焼いたトルティーヤが主食。
これに肉や野菜をはさんだものがタコス。トマトや豆,
唐辛子も欠かせない。

ポリネシア

タロイモの葉でいもや野菜,肉類を包
み,地面に穴を掘って焼いた石といっ
しょに蒸し焼きにする(ウム料理)。

郷土料理と行事食

近畿

⬆ 滋賀県 ふなずし
鴨鍋

⬆ 兵庫県 ぼたん鍋
いかなごのくぎ煮
神戸牛ステーキ

⬆ 京都府
賀茂なすの田楽
京漬物

⬆ 大阪府 箱寿司　白みそ雑煮
お好み焼き

⬆ 和歌山県 めはりずし
鯨の竜田揚げ

⬆ 奈良県 柿の葉寿司
三輪そうめん

中国

⬆ 島根県 出雲そば
しじみ汁

⬆ 広島県 カキの土手鍋
あなご飯　お好み焼き

⬆ 鳥取県 あごのやき
かに汁

⬆ 山口県 ふく料理
岩国寿司

⬆ 岡山県 岡山ばらずし
ままかり寿司

九州

⬆ 長崎県 卓袱料理
具雑煮

⬆ 佐賀県
呼子イカの活きづくり
須古寿し

⬆ 福岡県 がめ煮
水炊き

⬅ 熊本県 からしれんこん
馬刺し
いきなりだご

➡ 大分県 ブリのあつめし
ごまだしうどん
手延べだんご汁

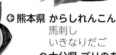
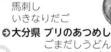

四国

⬆ 愛媛県 じゃこ天
宇和島鯛めし

⬆ 香川県 あんもち雑煮
讃岐うどん

⬅ 高知県 皿鉢料理
かつおのたたき

⬆ 徳島県 そば米雑炊
ぼうぜの姿寿司

沖縄

➡
沖縄県
ゴーヤチャンプルー
沖縄そば　いかすみ汁

➡ 宮崎県
地鶏の炭火焼き
冷や汁

⬆ 鹿児島県 鶏飯
きびなご料理
つけあげ

「年中行事と行事食」

1/1 元旦
お雑煮、おせち料理

年初めに五穀豊穣や家内安全を約束する歳神を、しめ飾りや門松・鏡餅を飾って迎える。

1/7 七草節
（人日の節句）
七草がゆ

2/3 節分
大豆、いわし料理

とくに立春の前日をいう。豆まきをして邪気を払い招福を祈る。

3/3 ひな祭り
（上巳の節句）
すし、貝料理、桜もち、ひなあられ

ひな人形をかざり女の子の健康と幸せを願う。

3/下旬 春分（春の彼岸）
ぼたもち（おはぎ）

春分の日と秋分の日を中日とした前後3日間の計7日間を彼岸という。ぼたもち（おはぎ）を供えて先祖を供養する。

5/5 端午の節句
ちまき、かしわもち

鯉のぼりやよろい兜などを飾り、男の子の成長を祝う。

東北

- ⤵ 秋田県 きりたんぽ鍋
  稲庭うどん
- ⤵ 宮城県 ずんだ餅
  はらこ飯
- ⬆ 青森県 せんべい汁
  じゃっぱ汁
  いちご煮
- ⤵ 岩手県 ひっつみ
  わんこそば
- ⤵ 福島県
  こづゆ
  にしんの山椒漬け
- ⬅ 山形県 どんがら汁
  いも煮

北海道

- ⤵ 北海道
  ジンギスカン
  石狩鍋
  ちゃんちゃん焼き

北陸

- ⬅ 石川県 かぶら寿し
  治部煮
- ⤴ 富山県
  ます寿し
  ぶり大根
- ⬆ 福井県 さばのへしこ
  越前おろしそば

甲信越

- ⬅ 新潟県 のっぺい汁
  笹寿司
- ⬇ 長野県 おやき
  信州そば
- ⬅ 山梨県 ほうとう
  吉田うどん

東海

- ⬆ 愛知県
  ひつまぶし
  味噌煮込みうどん
- ⬆ 岐阜県 朴葉みそ
  栗きんとん
- ⤵ 三重県
  てこね寿司
  伊勢うどん
- ⬆ 静岡県
  桜えびのかき揚げ
  うなぎの蒲焼き

関東

- ⬇ 栃木県 しもつかれ
  ちたけそば
- ⬇ 群馬県
  おっきりこみ
  生芋こんにゃく料理
- ➡ 埼玉県
  冷汁うどん
  いが饅頭
- ⬆ 茨城県 あんこう料理
  そぼろ納豆
- ⬇ 千葉県 太巻き寿司
  イワシのごま漬け
- ⬇ 東京都 くさや
  深川丼
- ⬆ 神奈川県
  へらへら団子
  かんこ焼き

6/30 夏越祓 水無月
半年間の罪やけがれを清める。三角の形は暑気をはらう。

7/下旬 土丑の日 うなぎ料理
暑さに負けぬよう丑の日に「う」のつくものを食べる。

7/13〜16 盆(新暦) 精進料理

先祖の霊を迎えてまつり、再びあの世へ送る。8月の旧盆にかけておこなうのが一般的。

8/15 十五夜(旧暦) 月見だんご，いも名月

中秋の名月を鑑賞し収穫を感謝する。満月のように丸いだんごと魔除けのススキを供える。新暦では9月7日〜10月8日ころ。

11/15 七五三 赤飯・千歳あめ
子どもの成長を祝って、晴れ着を着せ神社にお参りする。

12/下旬 冬至 かぼちゃ，小豆がゆ

無病息災・邪気払いのため、かぼちゃや小豆を食べる。

12/31 大晦日 年越しそば
長生きを願って縁起をかつぐ。

私たちと食事

あなたの食生活は大丈夫?

充実した生活を送るためにちょっと考えてみよう。

ほとんどの高校生が利用するコンビニ。お弁当の種類が多く,温めてもらえる。でも,野菜類が少ないなどかたよっていないだろうか。もう一度,栄養バランスが崩れていないかあなたの食生活を見直してみよう。

お皿に盛ると →

何をプラスすると,充実した食事になるだろうか。

 牛乳　 サラダ　 バナナ　 野菜ジュース

コンビニで購入した弁当などのなかには,野菜類が少なく,ビタミンやカルシウム,鉄分などが不足しがちなものもある。しかし,もう1~2品の食品を加えるだけで栄養のバランスが整う。選び方を工夫して健康的な食生活を送ろう。

東京近郊の高校生が学校の昼食時によく食べるものは,「ごはんとおかず」がトップである。以下「おにぎり」,「パン」,「サンドイッチ」,「うどん・そば」などの順となっている。

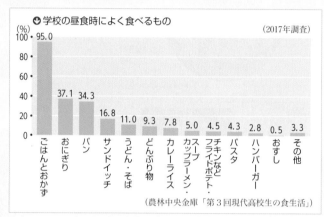
学校の昼食時によく食べるもの　(2017年調査)

（農林中央金庫「第3回現代高校生の食生活」）

1　朝食欠食

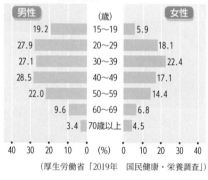
年齢からみた朝食欠食率

男性	（歳）	女性
19.2	15~19	5.9
27.9	20~29	18.1
27.1	30~39	22.4
28.5	40~49	17.1
22.0	50~59	14.4
9.6	60~69	6.8
3.4	70歳以上	4.5

（厚生労働省「2019年 国民健康・栄養調査」）

朝食は1日の活力源であり,健康維持に大切なことはだれもが知っているが,朝食を抜く人はけっこう多い。厚生労働省の国民健康・栄養調査（2019年）によると,朝食抜きは,男性で平均14.3%,女性で平均10.2%,全体としては12.1%で約8人に1人の割合になっている。

朝食を摂取したときと朝食を欠食したときとで体温がどのように変わるか調べてみると,摂取したときは一気に体温が上がっていくが,欠食したときはなかなか上昇しない。また,血液中のぶどう糖量の変化を見ると,摂取したときは急上昇するが,欠食したときは低濃度のままの状態が続くことが実験で裏づけられている。

＜なぜ朝食欠食をする？＞ ❶夕食の時間が不規則 ❷塩分や油分の多い夕食 ❸夜更かしして間食・夜食をとる　など。

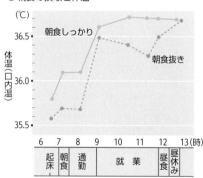
朝食の摂取と体温

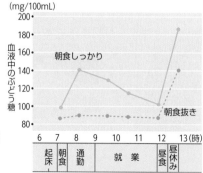
朝食の摂取と血液中のぶどう糖

生活豆知識

1日3回の食事が必要なわけ

脳はエネルギー源としてぶどう糖しか使えないので,不足時には肝臓に蓄えられたグリコーゲンが分解されて補給される。脳が1日に消費するエネルギーは約500kcal（ぶどう糖125g相当）。1回の食事で肝臓に貯蔵可能な約60gのうち40gが脳のエネルギーとして使われるため,1日3回の食事が必要になる。

（早稲田大学スポーツ科学部,鈴木正成）

インフォメーション 時計遺伝子▶時間を感知する遺伝子で,20種類以上ある。60兆個以上ある人間の細胞ひとつひとつに存在し,私たちの体はこの遺伝子の働きによってコントロールされ,時間帯によって分泌されるホルモンの種類や量,栄養素の吸収率などが異なる。

2 食の簡便化，食の外部化

レストランなどへ出かけて食事をする「外食」と，家庭内で手づくり料理を食べる「内食」の中間にあって，市販の弁当や総菜，レトルト食品など，家庭外で調理・加工された食品を家庭内で食べることを「中食」という。

近年，「外食」あるいは「中食」を利用する傾向が増え，家庭での食料消費支出のうち生鮮食品の占める割合は大きく落ちこんでいる。これは単独世帯の増加，女性の社会進出，高齢化の進行，生活スタイルの多様化など社会情勢の変化が影響している。

🔸 食料消費支出の割合の変化

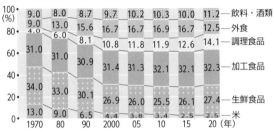

(%)	1970	80	90	2000	05	10	15	20 (年)	
飲料・酒類	9.0	8.0	8.7	9.7	10.2	10.3	10.0	11.2	
外食	9.0	13.0	15.6	16.7	16.7	16.9	16.7	12.5	
調理食品	4.0	6.0	8.1	10.8	11.8	11.9	12.6	14.1	
加工食品	31.0	31.0	30.9	31.4	31.3	32.1	32.1	32.3	
生鮮食品	34.0	33.0	30.1	26.9	26.0	25.5	26.1	27.4	
米	13.0	9.0	6.5	4.4	3.8	3.4	2.5	2.5	

注：1) 2人以上の世帯（農林漁家世帯をのぞく），名目値
　　2) 生鮮食品は，生鮮魚介，生鮮肉，卵，生鮮野菜，生鮮果物。
　　　加工食品は米，生鮮食品，調理食品，外食，飲料・酒類をのぞく食料すべて

（総務省「2020年　家計調査」ほか）

> 食事を通してのコミュニケーションは，食の楽しさを実感でき，精神的な豊かさをもたらしてくれます。食の外部化が進んで簡便化志向が高まっても，楽しく食卓を囲む機会は大事にしたいですね。

3 現代の「5つのこ食」──食べ方の変化

孤食…1人で食べる。
個食…家族がいっしょに食卓を囲んでいても，個人個人がそれぞれ別々のものを食べる。
固食…自分の好きな決まったものばかり食べる。
小食…ダイエットをしたり，ミニ化した食品を食べる。
粉食…パンやスパゲッティなどの小麦粉製品を主食とする。

近年，家族そろって食事をしない「孤食」の傾向が目立ってきたが，いっしょに食卓を囲んでも別々のものを食べる「個食」も増えつつある。

🔸 家族そろって夕食をとる頻度

(年)	毎日	週4日以上	週2～3日	週1日だけ	ほとんどない	不詳
1976	36.5	21.8	24.2	11.3	6.2	
1991	31.5	21.0	29.6	11.5	5.7	0.7
1996	30.8	19.9	30.4	10.8	7.3	0.8
2001	31.6	17.1	31.2	10.8	7.3	2.0
2004	25.9	19.1	36.3	10.6	7.0	1.2
2009	26.2	18.6	36.2	10.1	7.0	1.9
2014	26.4	19.2	35.3	11.7	6.5	1.0

（厚生労働省「児童環境調査」および「全国家庭児童調査」）

🔸 家族そろって食事することのメリット

❶ いろいろな世代の人が集まる食卓では，それぞれの好みに応じてバラエティに富んだ料理が並び，結果的に栄養バランスがとれる。
❷ いっしょに食べながらコミュニケーションをはかり，家族のきずなを深めることができる。
❸ 食事の用意，食事時のマナーや会話の仕方，食事の後片づけなどを，子どもたちが自然に学びとることができる。

4 「時間栄養学」による効果的な食べ方

● 「時間栄養学」にもとづいた，より健康になるための食事のポイント

❶ 1日の食事のエネルギー摂取量を10としたとき，朝食3，昼食3，夕食4の比率にすること
❷ 朝日を浴びてから2時間以内に，たんぱく質と炭水化物に富んだ充実した朝食をとること
❸ 夜9時を過ぎたら，できるだけ軽い夕食にすること

「時間栄養学」とは，「何を，どれだけ」に加えて「いつ食べるか」を考慮した新しい栄養学のことである。私たちは，1日24時間というルールで社会生活を送っているが，実際には少し長い25時間で体内時計が刻まれている。人は日中活動し，夜眠ることで，健康な生活を維持し，体内時計から発信される日周リズムによってベストコンディションに保たれるよう調節されている。

日周リズム（体内時計）をリセットする方法としては，❶朝起きたらカーテンを開け，日光を取り入れる，❷休日の起床時間は平日と2時間以上ズレないようにする，❸1日の活動は朝食から始めるなどである。

よって，誰でも1日は24時間しかないことを自覚するべきで，夜更かししておこなわれている活動をできるだけ朝に回す生活設計が望まれる。

5 5種類の体内時計

どの周期も私たちの身体のなかで働き，生活にリズムをつくっている。例えば，女性の月経周期は月周リズムで体脂肪の合成や分解をおこない，また，睡眠のリズムや集中力は90分リズムが影響する。学習や仕事の合間に集中力が切れて，休憩をしたり，チョコレートを食べたりするのは，これらの周期と食欲との関係が奥深いのである。

週周リズム

日周リズム（サーカディアンリズム）

月周リズム

年周リズム（季節的リズム）

90分リズム（ウルトラディアンリズム）

（香川靖雄編『時間栄養学』女子栄養大学出版部）

Do action!
> 睡眠のリズムや集中力の持続時間など，自分の体のリズムを意識してみよう。

食生活

健康に配慮した食生活

BMIって何？

適正体重を知る方法の1つに，ＢＭＩ（Body Mass Index）がある。これは，体格を調べるための指数で（18歳以上），ＢＭＩ22前後が最も病気にかかりにくいとされている。

ＢＭＩ＝体重（kg）÷身長（m）÷身長（m）

〈例〉身長160cm，体重60kgの人のＢＭＩは？
60÷1.6÷1.6＝23.437…→適正

この計算によって自分のＢＭＩを計算し，肥満の判定が出なければダイエットする必要はないが，肥満の判定が出た場合は，減量をはかる必要がある。

BMI（体格指数）の判定基準

BMI	判定基準	表の色
18.5未満	低体重（やせ）	
18.5以上25未満	普通体重（適正）	
25以上30未満	肥満（1度）	
30以上35未満	肥満（2度）	
35以上40未満	肥満（3度）	
40以上	肥満（4度）	

（日本肥満学会資料）

❤ BMI早見表　□のなかが適正体重である。

体重(kg)／身長(cm)	35	40	45	50	55	60	65	70	75	80	85	90
140	17.9	20.4	23.0	25.5	28.1	30.6	33.2	35.7	38.3	40.8	43.4	45.9
145	16.6	19.0	21.4	23.8	26.2	28.5	30.9	33.3	35.7	38.0	40.4	42.8
150	15.6	17.8	20.0	22.2	24.4	26.7	28.9	31.1	33.3	35.6	37.8	40.0
155	14.6	16.6	18.7	20.8	22.9	25.0	27.1	29.1	31.2	33.3	35.4	37.5
160	13.7	15.6	17.6	19.5	21.5	23.4	25.4	27.3	29.3	31.3	33.2	35.2
165	12.9	14.7	16.5	18.4	20.2	22.0	23.9	25.7	27.5	29.4	31.2	33.1
170	12.1	13.8	15.6	17.3	19.0	20.8	22.5	24.2	26.0	27.7	29.4	31.1
175	11.4	13.1	14.7	16.3	18.0	19.6	21.2	22.9	24.5	26.1	27.8	29.4
180	10.8	12.3	13.9	15.4	17.0	18.5	20.1	21.6	23.1	24.7	26.2	27.8
185	10.2	11.7	13.1	14.6	16.1	17.5	19.0	20.5	21.9	23.4	24.8	26.3

※ＢＭＩの計算式に従って計算し，少数第2位を四捨五入した。

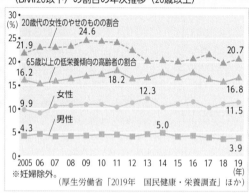

❤ やせのもの（BMI18.5未満）および低栄養傾向のもの（BMI20以下）の割合の年次推移（20歳以上）

20歳代の女性のやせのものの割合　21.9　24.6　20.7
65歳以上の低栄養傾向の高齢者の割合　16.2　18.2　16.8
女性　12.3　11.5
男性　9.9　5.0　3.9
4.3

※妊婦除外。
（厚生労働省「2019年　国民健康・栄養調査」ほか）

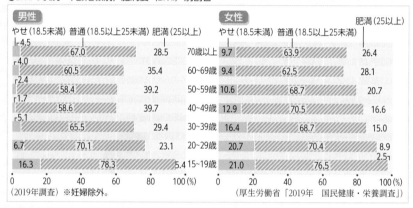

❤ BMIの状況－年齢階級別，肥満度（BMI）別割合

男性　やせ(18.5未満)　普通(18.5以上25未満)　肥満(25以上)

年齢	やせ	普通	肥満
70歳以上	4.5	67.0	28.5
60〜69歳	4.0	60.5	35.4
50〜59歳	2.4	58.4	39.2
40〜49歳	1.7	58.6	39.7
30〜39歳	5.1	65.5	29.4
20〜29歳	6.7	70.1	23.1
15〜19歳	16.3	78.3	5.4

女性　肥満(25以上)　やせ(18.5未満)　普通(18.5以上25未満)

年齢	やせ	普通	肥満
70歳以上	9.7	63.9	26.4
60〜69歳	9.4	62.5	28.1
50〜59歳	10.6	68.7	20.7
40〜49歳	12.9	70.5	16.6
30〜39歳	16.4	68.7	15.0
20〜29歳	20.7	70.4	8.9
15〜19歳	21.0	76.5	2.5

（2019年調査）※妊婦除外。
（厚生労働省「2019年　国民健康・栄養調査」）

1　日本人の栄養素摂取量について

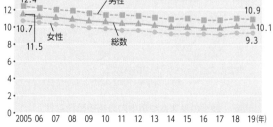

❤ 栄養素等摂取量の平均値の年次推移（総数，1人1日あたり）

炭水化物（左目盛り）　337　280　266　258　258　248.3
たんぱく質（総量）　80.0　81.5　77.7　67.3　69.1　71.4
脂質（総量）　52.0　59.9　57.4　53.7　57.0　61.3
たんぱく質（動物性）　38.9　44.4　41.7　36.0　37.3　40.1
エネルギー（左目盛り）　2,188　2,042　1,948　1,849　1,889　1,903

❤ 食塩摂取量の平均値の年次推移（1人1日あたり）

男性　12.4　10.9
女性　10.7　11.5
総数　10.1　9.3

（厚生労働省「2019年　国民健康・栄養調査」ほか）

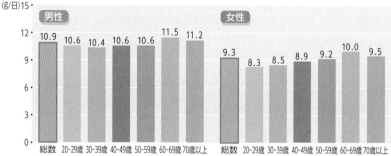

❤ 食塩摂取量の平均値（20歳以上，1人1日あたり）

男性

総数	20-29歳	30-39歳	40-49歳	50-59歳	60-69歳	70歳以上
10.9	10.6	10.4	10.6	10.6	11.5	11.2

女性

総数	20-29歳	30-39歳	40-49歳	50-59歳	60-69歳	70歳以上
9.3	8.3	8.5	8.9	9.2	10.0	9.5

厚生労働省の「2019年　国民健康・栄養調査」によると，2019年における成人の1日あたりの塩分平均摂取量は男性で10.9グラム，女性で9.3グラムであることがわかった。男性，女性ともに20代から60代までは歳とともに摂取量が増加傾向にあり，歳を重ねるに連れて濃い味つけを求める裏づけと解釈できる。また塩分摂取量は中期的に見ると，減少の動きが見受けられる。

健康を維持する際の視点の1つとしてあげられる「塩分」を多量に摂取することは，健康にはマイナスとなることに違いない。日頃の食生活における塩分の摂取について，塩の利用量を少なくしても，美味しく味つけできる方法はいくらでもあるため，もう少し留意する必要がある。

インフォメーション　日本型食生活とは▶日本人の食生活は，主食の米を中心として，畜産物，魚介類，野菜，果物など多彩な副食が組み合わさっており，バラエティ豊かで栄養バランスがとれていることから，「日本型食生活」として欧米からも注目を集めている。

② メタボリックシンドローム

身体のなかの適度な脂肪は免疫力を高める健康の源であるが、内臓に脂肪がたまりすぎて「メタボリックシンドローム（内臓脂肪症候群）」の状態になると、それが心筋こうそくや脳卒中などの生活習慣病を引き起こす原因になる。内臓脂肪は、つきやすい反面、食生活や運動などの生活習慣を見直すことで予防・改善が可能である。

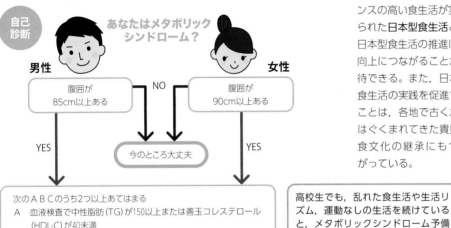

自己診断

あなたはメタボリックシンドローム？

男性 — 腹囲が85cm以上ある — **女性** — 腹囲が90cm以上ある

NO → 今のところ大丈夫

男性 YES ↓　女性 YES ↓

次のＡＢＣのうち2つ以上あてはまる
A　血液検査で中性脂肪（TG）が150以上または善玉コレステロール（HDL-C）が40未満
B　血液検査で空腹時血糖値が110以上
C　最高血圧が130mmHg以上または最低血圧が85mmHg以上

NO → 今のところ大丈夫ですが、要注意！

YES → あなたはメタボリックシンドロームの疑いがあります！

高校生でも、乱れた食生活や生活リズム、運動なしの生活を続けていると、メタボリックシンドローム予備軍になりますよ。今のうちから気をつけましょう。

③ 見直そう「日本型食生活」

日本人は、古くから米、魚、野菜などを調理・加工して、食生活を営んできた。

1960年代以降、欧米の食材や料理が紹介され日本人の食生活は大きく変化した。1980年ごろには、伝統的な食生活に肉、牛乳・乳製品、鶏卵、油脂、果物などが加わって多様性に富み、栄養摂取の量とバランスの高い食生活が実現した。そして欧米の食生活の一部が取り入れられた日本型食生活という食事パターンが形成されたのである。この日本型食生活の推進は、栄養バランスの改善とともに、食料自給率の向上につながることが期待できる。また、日本型食生活の実践を促進することは、各地で古くからはぐくまれてきた貴重な食文化の継承にもつながっている。

Do action!

日本国内でほぼ自給している「お米」。「ごはん」を食べることが少なくなってきている今、文化・環境・健康面などいろいろな角度からもう一度「ごはん」のよさを考えてみよう。

（文部省決定、厚生省決定、農林水産省決定、2016年6月一部改正）

Column

食生活指針

食事を楽しみましょう。
- 毎日の食事で、健康寿命をのばしましょう。
- おいしい食事を、味わいながらゆっくりよく噛んで食べましょう。
- 家族の団らんや人との交流を大切に、また、食事づくりに参加しましょう。

1日の食事のリズムから、健やかな生活リズムを。
- 朝食で、いきいきした1日を始めましょう。
- 夜食や間食はとりすぎないようにしましょう。
- 飲酒はほどほどにしましょう。

適度な運動とバランスのよい食事で、適正体重の維持を。
- 普段から体重を量り、食事量に気をつけましょう。
- 普段から意識して身体を動かすようにしましょう。
- 無理な減量はやめましょう。
- 特に若年女性のやせ、高齢者の低栄養にも気をつけましょう。

主食、主菜、副菜を基本に、食事のバランスを。
- 多様な食品を組み合わせましょう。
- 調理方法が偏らないようにしましょう。
- 手作りと外食や加工食品・調理食品を上手に組み合わせましょう。

ごはんなどの穀類をしっかりと。
- 穀類を毎食とって、糖質からのエネルギー摂取を適正に保ちましょう。
- 日本の気候・風土に適している米などの穀類を利用しましょう。

野菜・果物、牛乳・乳製品、豆類、魚なども組み合わせて。
- たっぷり野菜と毎日の果物で、ビタミン、ミネラル、食物繊維をとりましょう。
- 牛乳・乳製品、緑黄色野菜、豆類、小魚などで、カルシウムを十分にとりましょう。

食塩は控えめに、脂肪は質と量を考えて。
- 食塩の多い食品や料理を控えめにしましょう。食塩摂取量の目標値は、男性で1日8g未満、女性で7g未満とされています。
- 動物、植物、魚由来の脂肪をバランスよくとりましょう。
- 栄養成分表示を見て、食品や外食を選ぶ習慣を身につけましょう。

日本の食文化や地域の産物を活かし、郷土の味の継承を。
- 「和食」をはじめとした日本の食文化を大切にして、日々の食生活に活かしましょう。
- 地域の産物や旬の素材を使うとともに、行事食を取り入れながら、自然の恵みや四季の変化を楽しみましょう。
- 食材に関する知識や調理技術を身につけましょう。
- 地域や家庭で受け継がれてきた料理や作法を伝えていきましょう。

食料資源を大切に、無駄や廃棄の少ない食生活を。
- まだ食べられるのに廃棄されている食品ロスを減らしましょう。
- 調理や保存を上手にして、食べ残しのない適量を心がけましょう。
- 賞味期限や消費期限を考えて利用しましょう。

「食」に関する理解を深め、食生活を見直してみましょう。
- 子供のころから、食生活を大切にしましょう。
- 家庭や学校、地域で、食品の安全性を含めた「食」に関する知識や理解を深め、望ましい習慣を身につけましょう。
- 家族や仲間と、食生活を考えたり、話し合ったりしてみましょう。
- 自分たちの健康目標をつくり、よりよい食生活を目指しましょう。

食生活

小論文 ココが 出題された 近年、若い女性の「やせ（低体重）」が問題視されている。その原因として考えられること、やせにより起こる身体への影響、また、あなたが考える「正しい食生活」とはなにか、600字以内で述べよ。【活水女子大学・健康生活学部・食生活健康学科・改】

あなたが口にしているその食べ物，エシカルですか？

私たちが毎日のようにスーパーやコンビニで手に取り，口に運んでいる食べ物は，どこから来ているのだろうか。人は，自然環境に働きかけて食料を生産し，流通，販売，購入，調理し，食べて廃棄している。そして，食べ物を通じて体内に栄養素を取りこみ，体をつくり，次の生産活動をおこなって，また自然環境に働きかけるという行為を繰り返している。「食べる」ということは，個人で完結する営みではな

く，地域や環境ともつながりをもった行為である。

私たちがどのように食料を生産し，食べるのかが，これほど重要になった時代はないだろう。私たちの持ち物のなかで，食品のように粗末に扱っているものが，ほかにあるだろうか。安価な食品など存在せず，本来かかるはずの価格を外部に転化しているだけである。今，循環型で地域に根づいた食料システムの再構築が求められている。

 ## 私たちの生活にかかわる事実を知ろう

◆ アニマルウェルフェアとは

アニマルウェルフェア（Animal Welfare）とは，生き物としての家畜の心によりそい，誕生から死を迎えるまでの間，ストレスをできる限り少なくし，行動要求が満たされた健康的な生活ができる飼育方法をめざす畜産のあり方のことである。

アニマルウェルフェアの考えに対応し，快適性に配慮した家畜の管理をおこなうことは，家畜のストレスやけが，病気などを減らし，家畜が健康であることによる，安全・安心な畜産物の生産につながるだけでなく，生産者にとっても家畜の能力を引き出し，治療費などのコストの軽減にもなり，生産性の向上につながる。

右の写真は，いずれも日本の家畜の様子である。これらは，アニマルウェルフェアの考えに対応しているだろうか。

↗ バタリーケージで飼育される鶏

↑ 妊娠ストールで飼育される母豚　↑ つなぎ飼いされる牛

◆ チョコレートやポテトチップスを食べるときに考えてみよう

チョコレートの原料であるカカオ豆は，おもに西アフリカのコートジボワールやガーナなどで生産されている。カカオ豆の多くは収入の低い零細農家によって生産され，違法な児童労働もおこなわれている。

また，パーム油といわれても，私たちの生活には関係ないと思われがちであるが，原材料名で「パーム油」と表記されていないだけで，植物油，ショートニング，マーガリンなどと表記され，菓子やパンなど，多くの食品に使用されている。

このパーム油の原料となるアブラヤシを栽培するために，熱帯林が大規模に伐採され，絶滅危惧種であるオランウータンをはじめとする，多くの野生動物がすみかを奪われている。また，アブラヤシ農園での児童労働も問題となっている。

↑ カカオ生産地の児童労働（コートジボワール）

↑ 熱帯林を伐採したアブラヤシ農園　↑ アブラヤシ農園の児童労働（マレーシア）

これらの資料・写真を参考に，私たちの生活に何が起こっているか，調べてみよう。

● ケージフリー宣言

ヨーロッパでは，まず1991年にスイスが採卵のためのバタリーケージを禁止し，1999年スウェーデン，2005年フィンランド，2007年ドイツと続き，2012年にはEU（欧州連合）が禁止を発表している。日本は大きく出遅れている。

↑平飼いの様子

アメリカの小売大手ウォルマートが，取り扱う鶏卵を2025年までにすべて「ケージフリー・エッグ」に切り替えると発表したのは，2016年のことだった。その後，アメリカ国内だけでも，マクドナルド，ネスレ，ケロッグ，デニーズなどが，続々とアメリカ国内でのケージフリーを宣言している。

日本では，オーガニックや無農薬などのことばと比べて，ケージフリーの考え方は，まだまだ普及しているとはいいがたいが，IKEAやスターバックス，ネスレなど，ケージフリーを宣言している企業も増えつつある。

● 大豆たんぱくに注目

新興国の所得水準の向上により，肉や魚の消費量が急増している。畜産や魚の養殖には膨大な量の飼料が必要だが，その供給が追いつかず，近い将来，肉や魚の需給がひっ迫するおそれがある。また，畜産のための熱帯林の伐採や，家畜が排出するメタンガスが温室効果ガスの一因となっていることなど，食肉の生産による環境負荷が問題となっている。

そこで，近年注目されているのが，植物由来の原料でつくる代替肉（疑似肉）である。また，欧米諸国を中心に，ビーガンと呼ばれる完全菜食主義の人が増加しており，代替肉が注目されている。

日本でも，大豆たんぱく由来の代替肉を使った多種多様な商品が出回るようになってきた。

（2021年8月現在）

↑まるでお肉！
大豆ミートシリーズ
（伊藤ハム）

● パーム油の認証制度，RSPO

人間にとって油は生活必需品であり，原材料としてパーム油が暮らしのなかで担っている役割は，食品から日用品まできわめて多岐にわたる。パーム油の利用を避けることで，問題が解決されないどころか，さらなる森林破壊を引き起こしてしまう可能性がある。

仮に，パーム油を世のなかから排除したとしたら，たとえばパーム油を使って食品をつくるメーカーは，代替油脂を使うことになるだろう。しかし現時点で，地球上にパーム油ほど生産性の高い植物油はない。たとえば，なたねや大豆などから，今のパーム油に匹敵する量の油を採ろうとすると，現在のパーム農園よりも，もっと広い土地が必要になる。つまり，ほかの植物油を生産するなかで，さらなる森林破壊が生じるおそれがある。

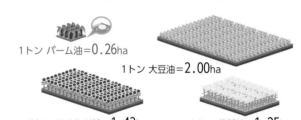

1トン パーム油=0.26ha
1トン 大豆油=2.00ha
1トン ひまわり油=1.43ha
1トン 菜種油=1.25ha

↑1tの油を搾油するのに必要な栽培面積の違い

もともと，パーム油の原料であるアブラヤシはただの農作物で，農作物自体に問題があるわけではない。つまり，パーム油を使うか使わないかではなく，「どのようにパーム油を生産するのか」という視点が，問題の本質である。現在もっとも重要なのは，環境や地域社会に配慮した「持続可能なパーム油」の生産を広げることである。これを実現するための手段の1つとして，RSPO（Roundtable on Sustainable Palm Oil：持続可能なパーム油のための円卓会議）という国際組織が設立された。アブラヤシ農家，農園を所有する企業，油を加工する企業，パーム油で食品や洗剤などをつくる企業，それを売るスーパーなどの小売業，またWWFのようなNGOなど，パーム油の生産と利用をめぐるさまざまな企業や団体，個人がメンバーとして参加し，パーム油の持続可能な生産と利用をめざしている。

（WWF（World Wide Fund for Nature：世界自然保護基金））

● まずは，食品ロスを減らし，量り売りの利用などで無駄な買い物を減らし，地産地消や旬を意識した食品の選択をしよう。
● サステナブルな取り組みをしている食品関連企業を探してみよう。
● 買い物をするときは，商品情報を確認し，原材料は何か，どんなルートでつくられているかをチェックしよう。
● つくっている人も幸せなものを選択することで，新しい視点でサステナブルな食生活を楽しもう。

 私のエシカル宣言 ── できることから取り組もう！

私は

に取り組みます。

持続可能な食生活

食品ロスを減らそう

「食品ロス」とは，本来食べられるにもかかわらず捨てられている食品である。2019年に食品ロス削減推進法が施行され，食品関連事業者から発生する事業系食品ロスを，2000年度比で2030年度までに半減させる目標を設定している。一般家庭から発生する家庭系食品ロスについても同様の目標を設定している。

（総務省「人口推計（2020年10月1日）」，農林水産省「2019年度食料需給表」）

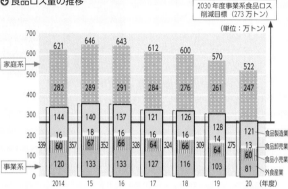

○日本の食品ロスの状況（2020年度）

日本の「食品ロス」 約522万トン

事業系 約275万トン　家庭系 約247万トン

国民1人あたり食品ロス量
1日 約113g
※茶碗約1杯分のごはんの量に近い量
年間 約41kg
※年間1人あたりの米の消費量（約54kg）に近い量

○食品ロス量の推移

2030年度事業系食品ロス削減目標（273万トン）
（単位：万トン）

家庭系／事業系

年度	2014	15	16	17	18	19	20
合計	621	646	643	612	600	570	522
家庭系	282	289	291	284	276	261	247
事業系計	339	357	352	328	324	309	275
食品製造業	144	140	137	121	126	128	121
食品卸売業	16	18	16	16	16	14	13
食品小売業	60	67	66	64	66	64	60
外食産業	120	133	133	127	116	103	81

---

1 食料自給率

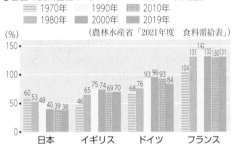

○各国の食料自給率（カロリーベース）の年次推移

1970年　1990年　2010年
1980年　2000年　2019年

（農林水産省「2021年度　食料需給表」）

	日本	イギリス	ドイツ	フランス
1970	60	46	68	104
1980	53	65	76	131
1990	48	75	93	142
2000	40	74	96	132
2010	39	69	93	130
2019	38	70	84	131

主食の米に限ってみると自給率は100％であり，国内で生産したもので私たちの食事をまかなえるが，その他の食料は自給率が低い。日本の伝統食品も，今や原料のほとんどが輸入食材。食文化の継続も海外頼みになっている現状で自給率アップのために私たちができることは何だろうか。

食料自給率の計算方法（カロリーベース）

$$\frac{1人1日あたり国産供給熱量（kcal）}{1人1日あたり供給熱量（kcal）} \times 100$$

※ほかにも重量ベース，生産額ベースの計算方法がある。

○食料自給率を1％向上させるために私たちができること

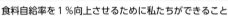

ごはんを一食につきもう一口食べる

国産大豆100％使用の豆腐を月にもう3丁食べる

月に国産米粉パンを3つ食べる

国産小麦100％使用のうどんを月にもう3杯食べる

（農林水産省「いちばん身近な『食べもの』の話」）

食料自給率向上のための5つのアクション

①「いまが旬」の食べ物を選びましょう！
②地元でとれる食材を日々の食事に活かしましょう！
③ごはんを中心に，野菜をたっぷり使ったバランスのよい食事を心がけましょう！
④食べ残しを減らしましょう！
⑤自給率向上を図るさまざまな取り組みを知り，試し，応援しましょう！　　（「FOOD ACTION NIPPON」）

---

2 PFC比率

欧米諸国では，肉類，乳・乳製品，油脂類の消費が多いことから，脂質が4割程度を占めている。一方，ベトナム，タイ，インドなどのアジア諸国では，炭水化物が7割程度を占める。

供給側からの統計をもとに，日本のPFC比率の移り変わりを見ると，日本のPFC比率は，1980年ごろは，ほぼ適正比率に近い状態であった。しかし，その後，炭水化物が減り，脂質が3割程度まで増加しており，PFC比率は欧米諸国に近づきつつある。

なお，中国も近年の経済発展にともなう食生活の多様化などにより，脂質の割合が増加し，日本と似たPFC比率となっている。

○各国のPFC比率　　　　　　　　　　　　　（％）

国名	P	F	C
フランス（2017）	12.7	41.7	45.6
アメリカ（2017）	12.4	41.8	45.7
イギリス（2017）	12.4	38.9	48.7
日　　本（2017）	12.9	29.8	57.3
中　　国（2007）	11.9	27.7	60.4
タ　　イ（2003）	9.3	19.0	71.7
イ　ン　ド（2007）	9.8	18.5	71.7
ベトナム（2003）	9.9	16.2	73.9

［注］1. 農林水産省「食料需給表」，FAO「Food Blance Sheets」をもとに試算
2. （　）内は調査年度。　　　　　　　　　　　（農林水産省資料）

○日本のPFC比率の推移（カロリーベース）

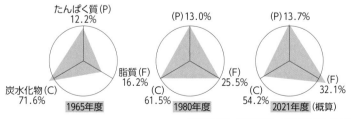

	たんぱく質（P）	脂質（F）	炭水化物（C）	年度
	12.2%	16.2%	71.6%	1965年度
	13.0%	25.5%	61.5%	1980年度
	13.7%	32.1%	54.2%	2021年度（概算）

（農林水産省「2021年度　食料需給表」ほか）

※グラフは，1980年度の日本のPFC比率P：F：C＝13.0：25.5：61.5を100としてあらわしている。なお，「日本人の食事摂取基準」では，摂取目標量をたんぱく質13〜20％エネルギー，脂質20〜30％エネルギー，炭水化物50〜65％エネルギーと設定している。

i インフォメーション **スローフード運動▶**1986年，マクドナルドのイタリア1号店がローマにオープンしたことに対して起きた運動が原点。ただ単にファストフード反対を目的にしたものではなく，伝統的な食材や料理，質のよい食品や，それを提供する小生産者を守ること，消費者全体に味の教育を進めることを目的としている。

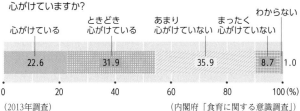

小論文キーワード
食品ロス，食料自給率（⇨p.371）

③ フードマイレージ

　フードマイレージは，食料（food）の生産地から消費地までの輸送距離（mileage）が短いほうが，輸送にともなうエネルギー消費やCO₂排出量が少ないことに着目し，なるべく近くでとれた食材を食べることで，環境への負荷を減らそうという運動である。1994年にイギリスの消費者運動家ティム・ラング氏が提唱したフードマイル運動に由来する。

フードマイレージ（単位：トン・キロメートル）＝食料の輸送量(t)×輸送距離(km)

⬇フードマイレージの試算

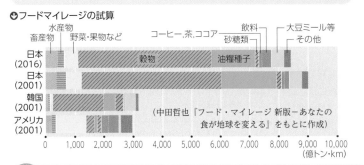

（中田哲也『フード・マイレージ 新版－あなたの食が地球を変える』をもとに作成）

④ 地産地消運動

⬇『地域の郷土料理を食べたり地場産物を活用すること』について，心がけていますか？

心がけている	ときどき心がけている	あまり心がけていない	まったく心がけていない	わからない
22.6	31.9	35.9	8.7	1.0

（2013年調査）　　（内閣府「食育に関する意識調査」）

　世界各地には，その地域特有の食文化があり，そのなかには，その地域でとれる農産物を食材として利用している場合が多い。その地で生産される農産物は，昔から，そこに住む人にとって，身体に最も合っているといわれる。これからは，地産地消（地元で生産されたものを地元で消費する）により，消費者と生産者の相互理解を深め，食の安全安心をはかっていくことが大切である。また，食料自給率を高めることで，輸送にともなうCO₂量を減らし，環境への負荷を小さくしていく必要がある。

⑤ 地球規模で考える食料事情

⬇ハンガーマップ（2021年）

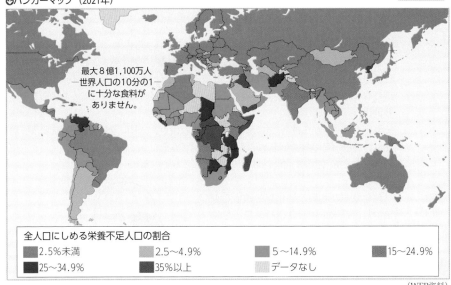

最大8億1,100万人
世界人口の10分の1に十分な食料がありません。

全人口にしめる栄養不足人口の割合
- 2.5%未満
- 2.5～4.9%
- 5～14.9%
- 15～24.9%
- 25～34.9%
- 35%以上
- データなし

（WFP資料）

　国連食糧農業機関（FAO）などによる報告書「世界の食料不安の現状」にもとづき国連世界食糧計画（WFP）が作成している世界の飢餓状況を示す世界地図のことをハンガーマップという。栄養不足の人口の割合を5段階で色分けしている。世界では，すべての人たちが十分食べられるだけの食料は生産されており，交通網の整備や食品加工技術の進歩により，食料は世界各地の先進国へ届けられている。一方で，飢餓に直面している人々はほとんどが発展途上国の農家である。農業は天候や地球温暖化の影響を受けやすく，生活が不安定なため，必要な食料を得ることが難しい。地球規模の課題として考えることが大切である。近年では，食料そのものではなく，電子マネーや食料への引き換え券で，必要なときに必要な食料を得られるようにする支援も始まっている。

Column

バーチャルウォーター

　バーチャルウォーターとは，食料を輸入している国（消費国）において，もしその輸入食料を生産するとしたら，どの程度の水が必要かを推定したものである。たとえば，1kgのとうもろこしを生産するには，灌漑用水として1,800Lの水が必要である。また，牛はこうした穀物を大量に消費しながら育つため，牛肉1kgを生産するには，その約20,000倍もの水が必要である。つまり，日本は海外から食料を輸入することによって，その生産に必要な分だけ自国の水を使わないで済んでいる。いい換えれば，食料の輸入は，形を変えて水を輸入していることと考えることができる。

牛丼のバーチャルウォーター量

1,889リットル＝ペットボトル×3,780本

牛肉
70gは，バーチャルウォーター量1,442リットル＝ペットボトル×2,884本

たまねぎ
20gは，バーチャルウォーター量3.16リットル＝ペットボトル×6本

ごはん
120gは，バーチャルウォーター量444リットル＝ペットボトル×888本

小論文ココが出題された▶ 日本は世界最大の食糧輸入国で，食料自給率（カロリーベース）は先進国の中で最低の水準となっている。このような状況の中，日本の10年後の食料事情を改善するためにはどのような方策が考えられるだろうか。あなたの考えを600字以内で述べよ。【活水女子大学・健康生活学部・食生活健康学科・改】

133

食生活

人はなぜ食べるのか?

「腹が減っては戦ができぬ」といわれるように,私たちは食べなくては,やる気も活力も出ない。激しい運動をしているときはもちろん,寝ている間も,程度の差こそあれ,私たちの体は活動を続けている。そして,心臓・肝臓,胃腸から皮膚まで,すべての組織の細胞がエネルギーを消費している。空腹感は,「エネルギーを補給せよ」との脳からのメッセージでもある。これらの体の活動に必要なエネルギーは,すべて食物の摂取によって得られる。

私たちが食物として摂取した炭水化物・脂質・たんぱく質は,消化によって,ぶどう糖・脂肪酸・アミノ酸などに分解される。これらは,各組織の維持・成長に使われるほか,活動のためのエネルギー源になり,1gあたり炭水化物は約4kcal,脂質は約9kcal,たんぱく質は約4kcalのエネルギーを発生する。

運動などの身体活動は,多くのエネルギーを必要とするが,安静時でも,臓器で58%,骨格筋で22%,脂肪組織で4%のエネルギーが使われている。臓器のうち,脳はぶどう糖をエネルギー源とし,活動中も睡眠時も多量のぶどう糖を消費している。ぶどう糖が供給されなくなると,脳の働きは停止するといわれている。また,肝臓は,あまったぶどう糖をグリコーゲンとして蓄え,必要時にぶどう糖に戻して供給するほか,アミノ酸を体に必要なたんぱく質につくり直したり,皮下脂肪などに蓄えていた脂肪をエネルギーとして利用できるようにしたりする働きをもつ。毎日の食事が,私たちの体をつくり,エネルギーの源となっているのである。

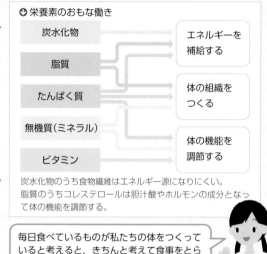

◆栄養素のおもな働き

炭水化物	
脂質	→ エネルギーを補給する
たんぱく質	→ 体の組織をつくる
無機質(ミネラル)	→ 体の機能を調節する
ビタミン	

炭水化物のうち食物繊維はエネルギー源になりにくい。
脂質のうちコレステロールは胆汁酸やホルモンの成分となって体の機能を調節する。

毎日食べているものが私たちの体をつくっていると考えると,きちんと考えて食事をとらなければいけないという気持ちになりますね。

1 人体は何からできているの?

◆人体の成分

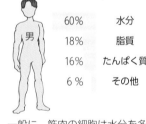
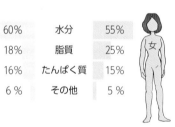

男		女
60%	水分	55%
18%	脂質	25%
16%	たんぱく質	15%
6%	その他	5%

一般に,筋肉の細胞は水分を多く含むが,脂肪の細胞には水分が少ない。女性よりも男性のほうが水分が多いのは,そのためである。　(小池五郎「新やさしい栄養学」)

◆1日に摂取すべき栄養素 (18〜29歳,身体活動レベルⅡ)

男		女
2.3L	水分	2.3L
60g	たんぱく質	50g
74g	脂質	54g
398g	炭水化物	293g
800mg	カルシウム	650mg
1,000mg	リン	900mg
7.0mg	鉄	10.5mg (月経あり)
1.4mg	ビタミンB₁	1.1mg
1.6mg	ビタミンB₂	1.2mg
100mg	ビタミンC	100mg

〔注〕脂質,炭水化物は目標量,その他は目安量または推奨量で示した。

2 消化器系の機能

食物の摂取や消化,吸収および排便をおこなう臓器を消化器系と呼ぶ。消化器系は,口腔から食道,胃,小腸,大腸,肛門までの消化管と消化液を分泌する消化腺から構成される。なお,消化腺は唾液腺,肝臓,すい臓など消化管に存在するものもある。

●消化

消化とは,口から食べたものを,体内で吸収しやすい形に分解する過程をいう。消化は,口腔内での食物を噛み砕き,唾液と混ぜるそしゃくなど(物理的消化)と消化液による分解(化学的消化)などによっておこなわれる。

●吸収

消化された物質が消化管を通して血液やリンパ液に取りこまれることを吸収という。大部分は小腸の空腸と回腸で吸収される。

●代謝

消化器官から吸収した栄養素,またはいったん体内に貯蔵した栄養素を,エネルギーや生命の維持に必要な物質に変える作用をいう。

代謝のなかでも,身体的・精神的な安静の状態で呼吸,血液の循環,排泄,体温の維持などをおこなう,生きるために最低限必要なエネルギーの生成を基礎代謝という。

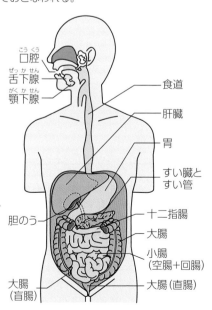

口腔
舌下腺
顎下腺
食道
肝臓
胃
すい臓とすい管
胆のう
十二指腸
大腸
小腸(空腸+回腸)
大腸(盲腸)
大腸(直腸)

　小腸の長さ▶小腸は,十二指腸・空腸・回腸の3つからなっており,長さ6〜7mの管状の消化管である。

③ 消化酵素の働きと吸収のしくみ

消化器官 [消化液]	消化酵素	炭水化物		たんぱく質	脂質
		でんぷん	しょ糖 (スクロース)		トリグリセリド
口腔 [だ液]	アミラーゼ	アミラーゼ			
		麦芽糖 (マルトース)			
胃 [胃液]	ペプシン			ペプシン	
十二指腸 [すい液]	アミラーゼ マルターゼ トリプシン ペプチダーゼ リパーゼ	マルターゼ／アミラーゼ 麦芽糖 (マルトース)		トリプシン ペプチダーゼ ポリペプチド	胆汁酸(乳化) リパーゼ モノグリセリド 脂肪酸
小腸 [腸液]	マルターゼ スクラーゼ ペプチダーゼ	マルターゼ／スクラーゼ		ペプチダーゼ	小腸では，脂肪酸とモノグリセリドが脂質に再合成されたのち，リンパ管に吸収される。
消化産物		ぶどう糖 (グルコース) 果糖 (フルクトース)		アミノ酸	モノグリセリド 脂肪酸

消化酵素のうち，ペプシンはペプシノーゲン，トリプシンはトリプシノーゲンとして分泌され，消化管内で活性化されたのち，それぞれ酵素として働く。肝臓でつくられる胆汁は，脂肪を乳化する胆汁酸を含み，リパーゼの働きを助ける。

小腸の内壁はひだ状になっており，その表面には柔毛と呼ばれる無数の突起がある。この柔毛によって小腸の表面積が増大し，栄養吸収の効率を高めている。

↻ 小腸の柔毛(ヒト)

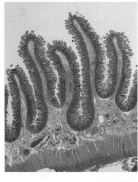

↻ 柔毛からの栄養吸収のしくみ

柔毛
- ぶどう糖 — 毛細血管
- アミノ酸
- モノグリセリド／脂肪酸 — リンパ管

↻ 食べ物を体に取りこむしくみ

柔毛には，毛細血管とリンパ管が分布しており，ぶどう糖やアミノ酸は毛細血管によって，また，モノグリセリドや脂肪酸は脂質に再合成されたのちリンパ管に吸収される。

④ 私たちの体と「水分」

私たちの体のうち約60%は水分で占められており，体内のさまざまな酵素反応にも関与するなど，生体機能を円滑に進める役割を果たしている。

● 体内における水分の働き
1. 血液の成分として栄養素を運んでいる。
2. 生体内の化学反応の場を提供している。
3. 生体反応によって生じた老廃物の排せつを助けている。
4. 汗となって熱を放散させ，体温調節に役立っている。

● 性別・年齢で異なる「水分」含量

人体の水分は，体液のほか細胞内外の構成成分や筋肉・体脂肪などに含まれる形で存在する。体内に含まれる水の割合は，成人男性では60%，女性では55%ほどである。高齢者では減少し，幼児では多くなっている。

幼児 75%
成人 55〜60%
高齢者 50%

● 水分が不足すると「熱中症」になる。

暑いときに，水分補給をしないまま立っていたり運動したりすると，体内の水分が不足して体熱が上昇し「熱中症」に陥ることがある。特に代謝が活発な乳幼児は，汗や蒸発によって水分が失われると，脱水症状を起こしやすい。また高齢者では，体内の水分量が少ないうえ，のどのかわきを自覚しにくいので，のどがかわいていなくても積極的に水分補給を心がけるとよい。

生活豆知識

硬水・軟水とは？

WHOの基準では，水に含まれるカルシウムやマグネシウムの含有量が多いものを「硬水（120〜180mg /L)」，低いものを「軟水（0〜60mg /L)」としている。料理やお茶，コーヒーなどには軟水が適している。日本の水は軟水が多く，硬水は飲みにくいと感じられるが，ミネラルを多く含む水もあり，その供給源としても注目される。

食生活

体を動かすエネルギー源，炭水化物

炭水化物は消化酵素によって分解される糖質と，分解されにくい食物繊維に分類される。糖質はエネルギー源となり，1gあたり約4kcalのエネルギーを生じる。糖質の代表例であるでんぷんは，消化されるとぶどう糖となって吸収され，血液によって各組織細胞に運ばれエネルギーに変わる。人の体は，たんぱく質や脂質からでもエネルギーを供給できるが，脳はぶどう糖をおもなエネルギー源としている。生命活動を維持するためには適切な量を摂取する必要がある。

近年，穀類の摂取量が減っていて，炭水化物エネルギー比率が低くなり，脂肪エネルギー比率が増加している。脂質の増加は，肥満や生活習慣病などを招くので注意が必要である。

炭水化物は，ごはんやパン，めん，いも，果物のほか，お菓子，酒類にも含まれている。エネルギーとして使われなかった糖質の一部は脂肪に変わり体内に蓄積される。とりすぎは肥満の原因となる。

総摂取エネルギー量と栄養バランスを考慮して，ごはんなどの主食に，肉，魚，野菜，豆のおかずを組み合わせて適切に食べることが大切である。

◆ エネルギーの栄養素別摂取構成比の年次推移

(年)	たんぱく質	脂質	炭水化物
1950	13.0	7.9	79.1
60	13.3	10.6	76.1
70	14.1	18.9	67.0
80	14.9	23.6	61.5
90	15.5	25.3	59.2
2000	16.0	26.5	57.5
10	14.7	25.9	59.4

（厚生労働省「国民健康・栄養調査」）

① 炭水化物の種類と食品

分類			種類（構成）		食品
糖質（エネルギーになる）	単糖類		ぶどう糖		果物・にんじん
			果糖	$C_6(H_2O)_6$	果物・はちみつ
			ガラクトース		－
	二糖類		麦芽糖（ぶどう糖＋ぶどう糖）		いも類・あめ
			しょ糖（ぶどう糖＋果糖）	$C_{12}(H_2O)_{11}$	砂糖
			乳糖（ぶどう糖＋ガラクトース）		牛乳（母乳）
	多糖類		でんぷん（ぶどう糖が多数結合）	$(C_6(H_2O)_5)_n$	穀類・いも類
			グリコーゲン（ぶどう糖が多数結合）		肉類・かき・えび
食物繊維（エネルギーになりにくい）	少糖類①（オリゴ糖）		ダイズオリゴ糖		大豆・野菜・果物
			フラクトオリゴ糖		
			ガラクトオリゴ糖		
	多糖類（食物繊維）	水溶性	ペクチン②		果物（果皮）
			アルギン酸		海藻
			グルコマンナン		こんにゃく
			ガラクタン		寒天
		不溶性	セルロース		野菜
			キチン		かに，えび

❶ **少糖類** 2～9個ほどの単糖が結合した糖類の総称で，オリゴ糖ともいわれる。このうち，2個の単糖が結合したものは，特に二糖類と呼ばれる。多糖類との境界は必ずしも明確ではないが，10個以上の単糖が結合したものを，多糖類とすることが多い。

❷ **ペクチン** ペクチンは，野菜や果実に多く含まれている多糖類。水溶性で，糖や酸といっしょに加熱されることでとろみがつく（ゼリー化）。

生活豆知識

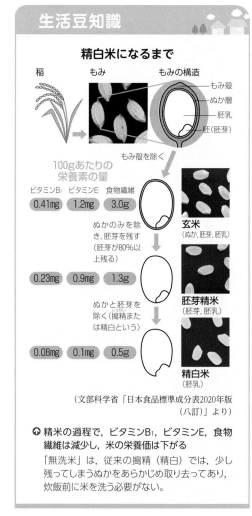

精白米になるまで

稲 → もみ → もみの構造（もみ殻，ぬか層，胚乳，胚（胚芽））

もみ殻を除く

100gあたりの栄養素の量
ビタミンB₁ ビタミンE 食物繊維
0.41mg 1.2mg 3.0g

玄米（ぬか，胚芽，胚乳）

ぬかのみを除き，胚芽を残す（胚芽が80％以上残る）

0.23mg 0.9mg 1.3g

胚芽精米（胚芽，胚乳）

ぬかと胚芽を除く（搗精または精白という）

0.08mg 0.1mg 0.5g

精白米（胚乳）

（文部科学省「日本食品標準成分表2020年版（八訂）」より）

◆ 精米の過程で，ビタミンB₁，ビタミンE，食物繊維は減少し，米の栄養価は下がる

「無洗米」は，従来の搗精（精白）では，少し残ってしまうぬかをあらかじめ取り去ってあり，炊飯前に米を洗う必要がない。

ℹ **インフォメーション** オリゴ糖と腸内細菌▶胃や小腸では消化されずに大腸にそのまま届き，腸内細菌の栄養となる。特にビフィズス菌などの善玉菌を増やし，腸内環境を整え，便秘を予防したり改善する働きがある。

② 食物繊維

食物繊維（ダイエタリーファイバー）は、人の消化酵素では消化されにくく、エネルギーになりにくい成分で、ほとんどが多糖類に属する。腸内環境をよくする働きがあり、生活習慣病の予防からも摂取が必要である。水に溶けない**不溶性食物繊維**と、水に溶ける**水溶性食物繊維**に分類され、両者で生理作用が異なる。

不溶性食物繊維の特徴　穀類、豆類、野菜などに多く含まれる
❶ 腸を刺激して腸のぜん動運動を活発にし、摂取した食品の通過時間を短縮させる。
❷ 水分を吸収して便の量を増加させ、便の排せつを促す。
❸ 腸内環境を改善し、有害な物質（食品添加物、発がん物質など）を吸着して腸の調子を整える。便秘や腸の病気を予防する。

水溶性食物繊維の特徴　果物、こんにゃく、海藻などに多く含まれる
❶ 水分を吸収して繊維自体を膨張させ、摂取した食品の胃での滞留時間を長くさせる。
❷ 糖質の吸収を遅らせて血糖値の上昇をおだやかにし、糖尿病を予防する。
❸ コレステロールの吸収を妨げ、動脈硬化を防ぐ。

③ 食物繊維を多く含む食品と料理例

日本人は昔から、穀類を中心に野菜・豆・海藻など、食物繊維が多く含まれる食品を食べてきた。しかし、食生活の洋風化で、その摂取量は減少傾向にあり、現在の平均摂取量は目標に達していない。

食物繊維は、穀類のほか、野菜、いも、果物、豆、海藻など、特に種や皮ごと食べるものや歯ごたえのあるもの、ぬめりのある食品などに多く含まれている。野菜に多く含まれているが、生野菜のサラダだけでは、かさが多く十分な量をとれない。温野菜や煮物にするなど、加熱調理したほうがかさが減ってたっぷりとることができる。

ひじきの煮物

切り干しだいこんの煮物

⬆ 食物繊維を多く含む料理

⬇ 1食あたり（めやす）の食物繊維の含有量の比較

（文部科学省「日本食品標準成分表2020年版（八訂）」より）

分類	食品	1食あたり（めやす）
穀類	そば（ゆで）	160g
	ライ麦パン	60g
	玄米ごはん	150g（1膳）
	いんげん豆（ゆで）	50g
豆・豆製品	黄大豆（ゆで）	50g
	おから（生）	30g
	糸引き納豆	50g
	グリンピース（冷凍）	50g
野菜類	モロヘイヤ（生）	70g
	西洋かぼちゃ（ゆで）	80g
	ごぼう（ゆで）	40g
	ブロッコリー（ゆで）	60g
いも・きのこ類	さつまいも（焼き）	100g
	じゃがいも（水煮）	100g
	こんにゃく	50g
	エリンギ（焼き）	50g
	えのきたけ（ゆで）	50g
果実・種実類	プルーン（乾）	40g
	キウイフルーツ（緑）	80g
	りんご（皮なし）	100g
	バナナ	100g
海藻類	日本ぐり（ゆで）	50g
	ひじき（ステンレス釜乾）	5g
	乾燥わかめ（素干し）	3g

食生活

脂質

見えない油脂

　食品から摂取している油脂には，植物油やバターのように調理に使うものと，肉類，魚介類，菓子類，調味料さらに，加工品など食品そのものに含まれる油脂がある。炒めものに使う油脂は控えていても，食品に含まれる油脂には気づきにくく，思わぬところで脂質をとっていることがある。わたしたちが摂取している油脂の約7割は，肉類や菓子類などに含まれている「目に見えない油脂」である。肉類は脂質を多く含む食品の1つだが，たんぱく質やビタミンなどのすぐれた供給源でもある。調理方法や低脂肪の部位を選ぶなど脂質を減らす工夫をしたい。また，油脂分の多いスナック菓子やインスタント食品の食べ過ぎにも注意が必要である。バランスのよい健康的な食生活を送るためには，食品に含まれる油脂の摂取にも注意し，動物，植物，魚由来の脂質をバランスよく摂取することが大切である。

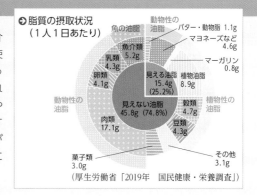

●脂質の摂取状況（1人1日あたり）

（厚生労働省「2019年　国民健康・栄養調査」）

1　脂質の種類

　脂質は，中性脂肪として体内に貯蔵されエネルギー源となる「**単純脂質**」，リンや糖を含み生体膜の成分となる「**複合脂質**」，さらにそれらが加水分解した「**誘導脂質**」の3つに分類される。中性脂肪は，脂肪酸とグリセリンから構成され，1gあたり約9kcalのエネルギーを生じる。

分類	種類	構造など	所在	性質
単純脂質	中性脂肪	脂肪酸＋グリセリン	食用油脂	・食品中の脂質の大部分は中性脂肪からなる。 ・エネルギー源として脂肪組織中に存在している。 ・体温の保持。
	ろう	脂肪酸＋高級アルコール	まっこう鯨，蜜	
複合脂質	リン脂質	脂質の一部にリン酸，糖質，塩基などを含む	卵黄	・リン脂質には乳化作用がある。 ・リン脂質は，細胞膜の構成成分となる。 ・糖脂質は，脳や神経組織に広く分布する。
	糖脂質	塩基などを含む	動物性食品穀類	
誘導脂質	ステロール	コレステロール	バター，食用油，卵黄，えび，いか，あさり，かき，植物油	・細胞膜の構成成分として体内に広く分布している。 ・組織中に蓄積し，分解してエネルギーを供給する。 ・ホルモンや胆汁酸，ビタミンD前駆体の材料となる。
		胆汁酸		
		性ホルモン		

2　脂肪酸の種類

　脂肪酸は，グリセリンとともに脂質を構成する重要な化合物であり，炭化水素鎖中に二重結合をもたない**飽和脂肪酸**と，二重結合をもつ**不飽和脂肪酸**に分類される。また，体内で合成できないため，食物から摂取しなければならない脂肪酸を，**必須脂肪酸**といい，リノール酸，α-リノレン酸などがある。

分類			種類	炭素数	二重結合数	常温での状態	多く含む食品
飽和脂肪酸	短鎖脂肪酸（炭素数6以下）		酪酸	4	0	固体	バター，乳製品
			ヘキサン酸	6	0		バター，乳製品
	中鎖脂肪酸（炭素数8～10）		カプリル酸	8	0		バター，やし油，乳製品
			デカン酸（カプリン酸）	10	0		やし油，バター，乳製品
	長鎖脂肪酸（炭素数12以上）		ラウリン酸	12	0		パーム油
			ミリスチン酸	14	0		やし油，パーム油，バター
			パルミチン酸	16	0		バター，牛脂，豚脂
			ステアリン酸	18	0		牛脂，豚脂
不飽和脂肪酸	一価不飽和脂肪酸		パルミトレイン酸	16	1	液体	牛脂，豚脂
			オレイン酸	18	1		植物油（オリーブ油・なたね油など），肉，魚
	多価不飽和脂肪酸	n-6系	◎リノール酸	18	2	液体	植物油（大豆油・コーン油など）
			○アラキドン酸	20	4		鶏卵（卵黄），肉，魚
		n-3系	◎α-リノレン酸	18	3		植物油（なたね油・えごま油など）
			○ＩＰＡ（イコサペンタエン酸）	20	5		魚類（いわし・さばなど）
			○ＤＨＡ（ドコサヘキサエン酸）	22	6		魚類（まぐろ・ぶりなど）

〔注〕必須脂肪酸は◎で示した。○はリノール酸かα-リノレン酸から生体内で合成される。IPAはEPA（エイコサペンタエン酸）ともいう。

　ⓘ　インフォメーション　脳の健康にアラキドン酸▶脳は水分を除くと約60%が脂質でできており，その大部分がリン脂質である。このリン脂質のなかには，アラキドン酸やドコサヘキサエン酸が含まれ，記憶力，認知力をアップさせている。

③ 脂肪酸の化学構造

〈飽和脂肪酸〉 食品からの摂取のほか，炭水化物やたんぱく質からも合成される。コレステロールを増加させる作用があるので，摂取し過ぎると動脈硬化を発症する原因に，不足すると脳卒中を起こす原因になる。

ステアリン酸 $C_{17}H_{35}COOH$

〈一価不飽和脂肪酸〉 炭素の鎖のなかに二重結合を1個もつ。おもにオレイン酸として食品から摂取されるが，飽和脂肪酸から生体内でも合成される。血中コレステロールを低下させる作用をもつ。

H-C-C-C-C-C-C-C-C=C-C-C-C-C-C-C-C-C-O-H

オレイン酸 $C_{17}H_{33}COOH$

〈多価不飽和脂肪酸〉 炭素の鎖のなかに二重結合を2個以上もつ。多価不飽和脂肪酸は，その二重結合の位置がメチル基末端から数えて何番目にあるかによって，n−3，n−6系などに分けられる。n−6系脂肪酸には，リノール酸と，リノール酸が代謝されてできるアラキドン酸がある。n−3系脂肪酸には，α−リノレン酸とそれが変換してできるIPA（イコサペンタエン酸（エイコサペンタエン酸）），DHA（ドコサヘキサエン酸）などがある（IPAはEPA（エイコサペンタエン酸）ともいう）。

リノール酸 $C_{17}H_{31}COOH$

④ 100gあたりの脂肪酸総量（g）と脂肪酸比率

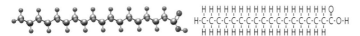

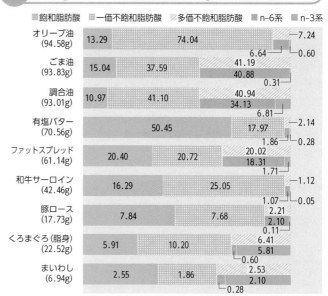

凡例：■飽和脂肪酸 ▨一価不飽和脂肪酸 ▧多価不飽和脂肪酸 ■n-6系 ■n-3系

食品	飽和脂肪酸	一価不飽和脂肪酸	多価不飽和脂肪酸	n-6系	n-3系
オリーブ油（94.58g）	13.29	74.04		7.24	0.60
ごま油（93.83g）	15.04	37.59	41.19	40.88	0.31
調合油（93.01g）	10.97	41.10	40.94	34.13	6.81
有塩バター（70.56g）	50.45	17.97		2.14	0.28
ファットスプレッド（61.14g）	20.40	20.72	20.02	18.31	1.86 / 1.71
和牛サーロイン（42.46g）	16.29	25.05		1.12	1.07 / 0.05
豚ロース（17.73g）	7.84	7.68	2.21	2.10	0.11
くろまぐろ（脂身）（22.52g）	5.91	10.20	6.41	5.81	0.60
まいわし（6.94g）	2.55	1.86	2.53	2.10	0.28

（文部科学省「日本食品標準成分表2020年版（八訂）脂肪酸成分表編」）

⑤ DHA・IPAを多く含む魚

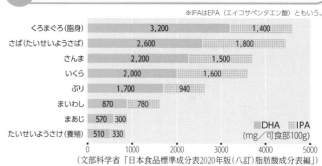

※IPAはEPA（エイコサペンタエン酸）ともいう。

魚	DHA	IPA
くろまぐろ（脂身）	3,200	1,400
さば（たいせいようさば）	2,600	1,800
さんま	2,200	1,500
いくら	2,000	1,600
ぶり	1,700	940
まいわし	870	780
まあじ	570	300
たいせいようさけ（養殖）	510	330

（mg／可食部100g）

（文部科学省「日本食品標準成分表2020年版（八訂）脂肪酸成分表編」）

⑥ トランス脂肪酸

不飽和脂肪酸には，二重結合付近の構造の違いにより，シス型とトランス型に分類される。天然の不飽和脂肪酸のほとんどは，シス型であり，これに対してトランス型の二重結合が1つ以上ある不飽和脂肪酸をまとめて「トランス脂肪酸」と呼んでいる。トランス脂肪酸は，ショートニングやマーガリンなどに含まれ，血液中のLDLコレステロールを増やし，HDLコレステロールを減らす作用をもつ。このため，多く摂取すると動脈硬化や心疾患を起こす原因になるといわれている。WHO（世界保健機関）は，2023年までに世界の食料供給からトランス脂肪酸を排除する指針を発表し，すでにアメリカのように全廃されている国もある。日本では，日本人の大部分が摂取量は少なく，通常の食生活では健康への影響は小さいとされている。食品への使用は規制されていないが，消費者庁では，食品の容器や包装にトランス脂肪酸の含有量などの情報を表示する際の指針を公表している。

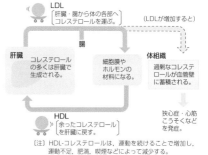
食生活

小論文 ココが 出題された ▷ 「必須脂肪酸」や「必須アミノ酸」は，脂肪やたんぱく質に含まれる人間の成長にとって不可欠なものである。これらを食品から摂取するためには，どのような食事をすることが望ましいか，あなたの考えを600字以内で述べよ。【日本大学短期大学部・食物栄養学科・改】

たんぱく質

体をつくるたんぱく質

　たんぱく質は，英語で「pro-tein」という。その語源は，ギリシャ語の「pro-teios」で最も重要なものという意味である。体の約20％はたんぱく質でできており，生命を維持するうえで欠かせない物質といえる。私たちは，食物を食べることによって，たんぱく質を取りこみ，いったんアミノ酸に分解し，必要なアミノ酸を吸収し，体に合ったたんぱく質につくり変えている。体のたんぱく質を構成するアミノ酸は20種類あり，その種類や量，組み合わせによって，性質や働きの異なるたんぱく質がつくられる。

　最近のスポーツ栄養学では，必須アミノ酸のBCAA（分岐鎖アミノ酸）であるバリン・ロイシン・イソロイシンに注目が集まっている。運動をすると筋肉に疲労物質がたまったり，筋肉に傷がつくが，それらが回復するときに，BCAAが有効であるといわれている。

たんぱく質のおもな働き

❶ 体の形質や個性を決める生命の基本物質である
　その人の遺伝子の指令にもとづいて体をつくる。
❷ 臓器や筋肉など，体を構成する成分となる
　あらゆる組織を構成する材料となる。
❸ 酵素やホルモンなど，体の機能を調整する成分となる
　体内の代謝や免疫にも関与している。
❹ エネルギー源にもなる
　1gあたり約4kcalのエネルギーを生じる。

1　たんぱく質の種類

　たんぱく質は，アミノ酸が多数結合した高分子化合物で，アミノ酸だけが結合してできた単純たんぱく質と，アミノ酸のほかにリンや核酸など他の物質が結合してできた複合たんぱく質の2種類に分けられる。

◆ たんぱく質の種類と性質・所在

分類	種類	性質	所在と名称
単純たんぱく質	アルブミン	水に溶ける。加熱により凝固する。	乳汁(ラクトアルブミン)，血液(血清アルブミン)
	グロブリン	塩溶液に溶ける。加熱により凝固する。	卵白，血液(グロブリン)，大豆(グリシニン)，落花生(アラキン)
	グルテリン	酸・アルカリに溶ける。	小麦(グルテニン)，米(オリゼニン)
	プロラミン	アルコールに溶ける。	とうもろこし(ツェイン)，小麦(グリアジン)
	硬たんぱく質	水・塩溶液　酸・アルカリに溶けない。	骨(コラーゲン)，つめ，毛(ケラチン)
複合たんぱく質	リンたんぱく質	たんぱく質にリン酸が結合したもの。	乳汁(カゼイン)，卵黄(ホスビチン)
	核たんぱく質	たんぱく質に核酸が結合したもの。	細胞核
	糖たんぱく質	たんぱく質に糖質が結合したもの。	粘液，消化液，卵白(オボムコイド)，だ液(ムチン)
	色素たんぱく質	たんぱく質に色素体が結合したもの。	血液(ヘモグロビン)，筋肉(ミオグロビン)
	リポたんぱく質	たんぱく質にリン脂質が結合したもの。	血しょう，神経組織，卵黄(リポビテリ)
その他	誘導たんぱく質	たんぱく質を物理的，化学的に処理したもの。	ゼラチン

生活豆知識

たんぱく質とビタミンの関係

　摂取したたんぱく質が体内で有効に利用されるためには，ビタミンB₆の助けが必要である。

　日ごろ，たんぱく質を多く摂取している人，サプリメントの「プロテイン」を飲んでいる人は，ビタミンB₆の摂取も忘れないようにしよう。

◆ 必須アミノ酸の働き

アミノ酸	おもな働き
イソロイシン	成長促進。神経機能・肝機能を高める。筋力を強くする。
ロイシン	肝機能を高める。筋肉を強くする。
リシン(リジン)	体の組織をつくる(アレルギー症状を抑える)。新陳代謝を活発にする。
含硫アミノ酸	ヒスタミンの血中濃度を下げる。かゆみや痛みを抑える。
芳香族アミノ酸	神経伝達物質の材料になる。血圧を上げる。
トレオニン(スレオニン)	成長促進。脂肪肝を予防する。
トリプトファン	精神を安定させる。不眠やうつ状態を改善する。
バリン	成長促進。
ヒスチジン	成長促進。神経伝達物質として作用。ヒスタミンを産生。

◆ 必須アミノ酸と可欠アミノ酸

　たんぱく質を構成するアミノ酸のうち，体内で合成されない9種類のアミノ酸を必須アミノ酸（不可欠アミノ酸）といい，食物から摂取しなければならない。それ以外を可欠アミノ酸（グリシン，アラニン，セリン，シスチン，アスパラギン，グルタミン，チロシン，プロリン，アスパラギン酸，グルタミン酸，アルギニン）という。必須アミノ酸のうち，メチオニン，フェニルアラニンは，栄養的にはその一部を可欠アミノ酸のシスチン，チロシンに置きかえることができる。メチオニンとシスチンを総称して含硫アミノ酸，フェニルアラニンとチロシンを芳香族アミノ酸という。

　ⓘ インフォメーション　コラーゲン▶私たちの体に含まれるたんぱく質のうち30％はコラーゲンで占められる。骨や筋肉を支えたり，組織どうしを結びつけたりする働きがあり，皮膚の再生にも関係することから「若がえりのたんぱく質」と呼ばれる。

2 たんぱく質とその栄養価——アミノ酸価

◉各食品のアミノ酸価を比べてみよう。

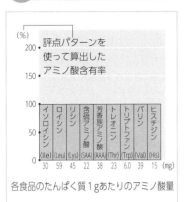

(%)
200 … 評点パターンを
    使って算出した
150 … アミノ酸含有率
100

	イソロイシン (Ile)	ロイシン (Leu)	リシン (Lys)	含硫アミノ酸 (SAA)	芳香族アミノ酸 (AAA)	トレオニン (Thr)	トリプトファン (Trp)	バリン (Val)	ヒスチジン (His)
(mg)	30	59	45	22	38	23	6.0	39	15

各食品のたんぱく質1gあたりのアミノ酸量

※ここでは、WHO／FAO／UNUによる2007年発表の評点パターン（18歳以上）と、アミノ酸成分表2020（第3表）の数値をもとに、アミノ酸価を計算している。p.362～365には評点パターン（1～2歳，15～17歳）によるアミノ酸価も参考として掲載している。

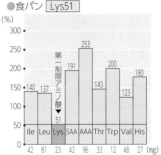

●食パン Lys51

第一制限アミノ酸はリシン（アミノ酸評点パターン45）であるから，アミノ酸価は51になる。

$$\frac{23}{45} \times 100 ≒ 51$$

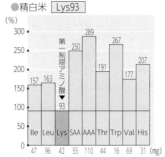

●精白米 Lys93

第一制限アミノ酸はリシン（アミノ酸評点パターン45）であるから，アミノ酸価は93になる。

$$\frac{42}{45} \times 100 ≒ 93$$

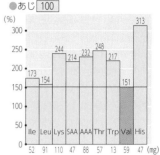

●あじ 100

あじを構成するアミノ酸の量（mg/gたんぱく質）が評点パターンの数値をすべて上回っているので，アミノ酸価は100になる。

評点パターン（1～2歳）…	食パン Lys44	精白米 Lys81	あじ 100
評点パターン（15～17歳）…	食パン Lys49	精白米 Lys89	あじ 100

◉アミノ酸価（アミノ酸スコア）とは？

たんぱく質の栄養価は，アミノ酸価（アミノ酸スコア）によってあらわされる。アミノ酸価は，人間にとって理想的な必須アミノ酸をもつアミノ酸評点パターンを100として，その食物中に含まれるたんぱく質の必須アミノ酸のうち，最も不足度の高い「第一制限アミノ酸」の比率から算出される。

$$アミノ酸価＝\frac{第一制限アミノ酸含量（mg/gたんぱく質）}{アミノ酸評点パターンの当該アミノ酸含量（mg/gたんぱく質）}×100$$

◉たんぱく質の補足効果とは？

たんぱく質はいくつかのアミノ酸から構成されており，そのなかに必須アミノ酸が十分に含まれていれば栄養価は満たされている。しかし，必須アミノ酸のうちの1つでも量が不足していると，そのために栄養価は低くなる。

一般に，動物性たんぱく質は，必須アミノ酸をバランスよく含み，栄養価は高い。それに対して，植物性たんぱく質は，必須アミノ酸が不足しているものが多い。しかし，栄養価の低い植物性たんぱく質でも，動物性たんぱく質といっしょに食べることで栄養価を高めることができる。これをたんぱく質の補足効果という。

最小量で決まるたんぱく質の栄養価

たんぱく質の栄養価は，「おけのなかの水」に，たとえることができる。今，おけを組み立てている板の1つひとつを必須アミノ酸とする。大部分の必須アミノ酸が基準の100をいくら上回っていても，1つの板（たとえばリシン）が100よりも小さければ，水はいちばん低いリシン以上には高くならない。つまり，この場合はリシンの高さが栄養価に相当する。

アミノ酸価100

アミノ酸価44（リシン）

Column

スポーツと栄養の考え方 （→p.152参照）

トップアスリートも私たちも食事の考え方は同じで，「主食，主菜，副菜，乳製品，果物をバランスよく！」が基本。大切なことは，たんぱく質やビタミン，ミネラルなどが豊富な食材を組み合わせ，欠食せずに食べることである。アスリートはエネルギー消費が多い分，多くのエネルギーと栄養素が必要で，特に身体をつくるたんぱく質，エネルギーになる炭水化物，不足しがちな鉄，疲労回復に必要なビタミンB₁を意識してとる。一度にたくさん食べられないときや，練習で食事時間が乱れ，栄養バランスが崩れがちになるときは，補食を利用し，1日トータルで見直すとよい。運動前は，おにぎり，サンドイッチ，バナナなど糖質を中心にとる。運動中は，口にしやすいゼリー飲料などを活用してもよい。運動後は，糖質を中心にし，たんぱく質を合わせてとる。競技後できるだけ速やかに補給し，筋たんぱく質の分解を抑えることが必要である。

◉疲労回復を助けてくれる食品

糖質を多く含む食品	エネルギー(kcal)	糖質(g)
スパゲッティ（乾）90g	312	66.1
ごはん150g	234	57.2
うどん（ゆで）230g	219	49.2
ロールパン60g（2個）	185	29.2
食パン60g（6枚切り1枚）	149	28.9
100%オレンジジュース250g	115	27.5
バナナ100g（1本）	93	21.1
スポーツドリンク250g	53	12.8

＋

ビタミンB₁を多く含む食品
・豚肉

・ハム・ソーセージ
・緑黄色野菜
・大豆

・胚芽精米

◉1食あたりの含有量はp.147参照

（田口素子編著「戦う身体をつくるアスリートの食事と栄養」ナツメ社などをもとに作成）

◉スポーツ選手におすすめの「食事の基本型」

食生活

---

nutrition（栄養），metabolism（代謝），carbohydrate（炭水化物），lipid（脂質），protein（たんぱく質），starch（でんぷん），dietary fiber（食物繊維），
food poisoning（食中毒），food additives（食品添加物），pan（フライパン），microwave（電子レンジ），soup stock（だし），seasoning（調味料）

無機質（ミネラル）

塩分をとり過ぎていませんか？

　食塩とは，ナトリウムと塩素が結合した塩化ナトリウムのことで，私たちは，毎日の食事から調味料として摂取している。また，食品にはもともと含まれているナトリウムがある。生活習慣病などで影響を与えるのはナトリウムで，食品中のナトリウムの量を食塩に換算したのが食塩相当量である。

　現代の食生活では塩分のとり過ぎが指摘されており，「日本人の食事摂取基準」2020年版では，成人男性は1日8.0gから7.5gに，成人女性は7.0gから6.5gと以前よりも少なく設定された。ナトリウムは，食塩やみそ，しょうゆといった調味料のほか，めん類，せんべいやスナック菓子，加工食品などに多く含まれている。とり過ぎは高血圧につながり，生活習慣病の原因ともなる。減塩を心がけ，めん類のスープは残すなど気をつけたい。また，ナトリウム量を減らすだけでなく，カリウムの摂取を増やすようにするとナトリウムの排出が促されて効果的である。カリウムは，野菜，いも，海藻のほか，リンゴやバナナなどの果物に多く含まれている。

「日本人の食事摂取基準」による1日の目標量
（15〜17歳，18〜29歳）

男性 7.5g 　　女性 6.5g

市販の食品に含まれる食塩相当量＊
カップめん（めんのみ1食80g）　から揚げ（100g）
5.5g　　2.5g
＊「日本食品標準成分表2020年版（八訂）」より

1 無機質（ミネラル）の種類

　無機質（ミネラル）とは，人体を構成する酸素・炭素・水素・窒素以外の元素をさす。

　体重に占める無機質の割合は約4％であり，残り約96％は人体を構成する炭水化物・たんぱく質・脂質・水などの有機化合物である酸素・炭素・水素が占める。無機質は，燃焼すれば灰として残る。

　無機質は，体の機能の維持・調節に欠くことのできない栄養素で，とても少ない量で重要な働きをし，体の構成成分にもなっている。

　無機質は，体内でつくることはできないため，食品から摂取する必要があり，食事摂取基準が示されているものは13種類ある。しかし，過剰症や欠乏症を起こしやすいものがあるため，特に健康食品やサプリメントでの摂取については注意しなければならない。日本人の場合は，カルシウムや亜鉛は不足しやすく，ナトリウムやリンはとり過ぎる傾向がある。

■多量ミネラル
　　　　　　　　　　　　　　　：欠乏症や過剰症に注意が必要なもの

●カルシウム（Ca）
　カルシウムは，人間の体に最も多く存在する無機質である。約99％が骨や歯に存在しており，残りの1％は血液などの体液や筋肉，細胞に分布し，身体の様々な機能を調整している。

生理作用	歯や骨の主成分，神経伝達や筋肉の収縮を正常に保つ，血液の凝固に関与
欠乏症	骨・歯の発育不全，骨粗しょう症
過剰症	尿路結石，高カルシウム血症，鉄や亜鉛の吸収障害（通常はみられない）
多く含む食品	牛乳，乳製品，小魚，大豆製品，一部の緑黄色野菜，海藻類

■ミネラルを多く含むおもな食品
■：可食部100gあたり　■：1人1回使用量あたり
●推奨量・目安量・目標量は15〜17歳の数値を示す。

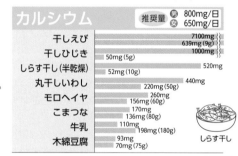

| カルシウム | 推奨量 男 800mg/日 女 650mg/日 |

干しえび　7100mg
干しひじき　639mg（9g）　1000mg
しらす干し（半乾燥）　50mg（5g）　520mg
丸干しいわし　52mg（10g）　440mg
モロヘイヤ　220mg（50g）　260mg
こまつな　156mg（60g）　170mg
牛乳　136mg（80g）　198mg（180g）
木綿豆腐　110mg　93mg　70mg（75g）

しらす干し

（文部科学省「日本食品標準成分表2020年版（八訂）」

Column

成長期にカルシウムを十分にとって骨粗しょう症を予防しよう

健康な骨
骨密度が大きく丈夫である。

骨粗しょう症の骨
スポンジのようにスカスカになる。

（写真提供：浜松医科大学
井上哲郎名誉教授）

　私たちの食生活で不足しがちな栄養素にカルシウムがある。カルシウムは，骨や歯の形成だけでなく，体のさまざまな機能も調整している。もし，体内のカルシウムが不足すると，血液中のカルシウム濃度を保つために，骨からカルシウムが溶け出して補うしくみになっている。このため，カルシウム不足が長く続くと，骨からのカルシウムの溶出が続き，ついには骨がスポンジのようにスカスカになって，骨粗しょう症になる。骨粗しょう症になると，腰や背中が曲がったり，重い荷物の上げ下ろしはおろか，わずかな衝撃に耐えられず，簡単に骨折してしまう。

　人間の骨量は20歳くらいがピークで，それ以降は加齢とともに減少する。若い時期に，カルシウムを十分とって骨量のピークを高くしておくことが重要で，骨粗しょう症を防ぐことにつながる。カルシウムは，牛乳や乳製品，小魚，大豆製品，緑黄色野菜などに多く含まれている。なかでも，牛乳の吸収率は高く，1回の摂取量も多いので，効率よくカルシウムをとることができる。また，適度な運動も必要で，ジョギング，なわとびなど足に圧力がかかる運動も効果的である。

◆骨量の変化
g/cm²
最大骨量　閉経後数年間の急激な骨減少
骨量（腰椎）
1.0
0.8
閉経
骨量を増やすには，この時期が大切
骨粗しょう症　男性　女性
10 20 30 40 50 60 70 80 90（歳）

インフォメーション　超微量ミネラル▶体内にごくわずかに存在し，機能維持や向上に役立つものがあることがわかってきた。フッ素（虫歯予防に効果），バナジウム（インスリンと同様の働き），ケイ素（コラーゲンなどの結合組織を強化），ニッケル（尿素を分解する酵素に存在）。

●ナトリウム（Na）

ナトリウムはおもに体内の細胞外液に陽イオン（Na⁺）として存在している。ナトリウムはほとんどが食塩として摂取されており，日本人は食塩のとり過ぎが指摘されている。ナトリウムを過剰に摂取し続けると，体内に蓄積しやすくなりむくみや高血圧の原因となる。

生理作用	細胞外液の浸透圧の調整，筋肉の収縮・弛緩，神経伝達に関与
欠乏症	食欲減退，脱力感（通常はみられない）
過剰症	浮腫，高血圧，胃がんのリスクが高まる可能性がある
多く含む食品	食塩，みそ，しょうゆ，漬物，加工食品

●カリウム（K）

カリウムは，体内では陽イオン（K⁺）としておもに細胞内液に存在し，ナトリウムとバランスをとりながら，細胞内の水分量を適切に維持している。近年，カリウムの摂取により血圧の低下，脳卒中の予防，骨密度の増加につながることがわかってきた。しかし，腎機能が低下している人はカリウムの摂取に制限のある場合があるので，要注意である。

生理作用	細胞内液の浸透圧の調整，筋肉の収縮・弛緩，神経伝達に関与
欠乏症	疲れやすい（通常はみられない）
過剰症	高カリウム血症（通常はみられない）
多く含む食品	さまざまな食品に含まれる，野菜類，いも類，果物

●マグネシウム（Mg）

マグネシウムは，骨や歯の形成に必要で，カルシウムやリンとともに骨をつくっている無機質である。マグネシウムは50～60％が骨に含まれていて，不足すると骨から遊離し，神経の興奮を抑えたり，エネルギーをつくる助けや，血圧の維持などの重要な働きに利用される。

生理作用	骨の形成に関与，血圧・筋肉の収縮，神経伝達の調整
欠乏症	骨形成異常，神経症状，循環器障害（通常はみられない）
過剰症	下痢（通常はみられない）
多く含む食品	種実類，魚介類，緑黄色野菜

●リン（P）

リンは体内の無機質の中でカルシウムの次に多い栄養素である。体内のリンはその85％が骨や歯をつくる成分になっていて，残りの15％は筋肉，脳，神経などのさまざまな組織に含まれ，エネルギーをつくりだす時に重要な役割をする。

生理作用	骨・歯の成分，エネルギー代謝に関与，リン脂質・核酸の成分
欠乏症	骨折を起こしやすくなる，歯が弱くなる（通常はみられない）
過剰症	副甲状腺の機能異常
多く含む食品	さまざまな食品に含まれる，乳製品，穀類，魚類

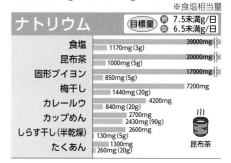

※食塩相当量（g）＝ナトリウム（g）×2.54

※食塩相当量

ナトリウム　目標量　男 7.5未満g/日　女 6.5未満g/日

食塩	39000mg / 1170mg（3g）
昆布茶	20000mg / 1000mg（5g）
固形ブイヨン	17000mg / 850mg（5g）
梅干し	7200mg / 1440mg（20g）
カレールウ	4200mg / 840mg（20g）
カップめん	2700mg / 2430mg（90g）
しらす干し（半乾燥）	2600mg / 130mg（5g）
たくあん	1300mg / 260mg（20g）

昆布茶

カリウム　目安量　男 2700mg/日　女 2000mg/日

刻みこんぶ	8200mg / 820mg（10g）
乾燥わかめ	5200mg / 52mg（1g）
切干しだいこん	3500mg / 350mg（10g）
干ししいたけ	2200mg / 132mg（6g）
きな粉	2000mg / 200mg（10g）
ほうれんそう	690mg / 414mg（60g）
じゃがいも	410mg / 492mg（正味120g）
バナナ	360mg / 324mg（正味90g）

刻みこんぶ

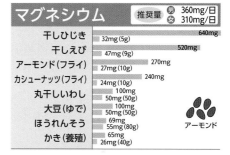

マグネシウム　推奨量　男 360mg/日　女 310mg/日

干しひじき	640mg / 32mg（5g）
干しえび	520mg / 47mg（9g）
アーモンド（フライ）	270mg / 27mg（10g）
カシューナッツ（フライ）	240mg / 24mg（10g）
丸干しいわし	100mg / 50mg（50g）
大豆（ゆで）	100mg / 50mg（50g）
ほうれんそう	69mg / 55mg（80g）
かき（養殖）	65mg / 26mg（40g）

アーモンド

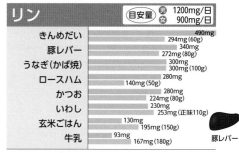

リン　目安量　男 1200mg/日　女 900mg/日

きんめだい	490mg / 294mg（60g）
豚レバー	340mg / 272mg（80g）
うなぎ（かば焼）	300mg / 300mg（100g）
ロースハム	280mg / 140mg（50g）
かつお	280mg / 224mg（80g）
いわし	230mg / 253mg（正味110g）
玄米ごはん	130mg / 195mg（150g）
牛乳	93mg / 167mg（180g）

豚レバー

生活豆知識

カルシウム吸収のためにリンのとり過ぎに注意！

リンは，現代の食生活では一般に不足することはなく，むしろとり過ぎが問題である。リンを多く含む食品添加物が加工食品や清涼飲料水などに使用されるためである。リンはカルシウムの吸収と深く関係しており，体内でもリンとカルシウムはリン酸カルシウムとして骨格化している。カルシウムの摂取量が低く，かつリンを過剰にとる食事を長期間続けた場合，骨量や骨密度が減る可能性がある。

●**カルシウムの吸収を阻害するもの**
　・野菜に含まれるシュウ酸
　・穀類や豆類に含まれるフィチン酸
　・食物繊維

> ビタミンDは1日15分の日光浴により皮下でつくり出すことができます。

干ししいたけ　　さけ

●**カルシウムの吸収をよくするもの**
　・ビタミンD（カルシウムの吸収に必要なたんぱく質の合成，カルシウムが骨に沈着するのを促す）
　・ビタミンK（カルシウムの吸収や骨への沈着を助ける）
　・アルギニンやリシンなどのアミノ酸
　・牛乳やチーズに含まれるCPP（カゼインホスホペプチド，たんぱく質の一種）
　また，マグネシウムもカルシウムとのかかわりが深く，ともに働いて筋肉の働きを調整する。カルシウムが血管を収縮させようとするのを防ぎ，血管を広げる作用がある。心臓が正常に動くのもこの働きによる。カルシウムとマグネシウムのバランスは2：1が理想的なとり方である。マグネシウムをとる量が少なすぎてマグネシウムが慢性的に不足すると，虚血性心疾患や高血圧の誘発，不整脈の発生につながる。

小論文ココが出題された▷ 和食には，牛乳は合わないという意見がある。日本人の食生活にとって牛乳摂取はどうあるべきか，あなたの考えを600字以内で述べよ。【大妻女子大学・家政学部・食物学科・改】

食生活

■微量ミネラル

●鉄（Fe）

鉄は、おもに赤血球をつくるのに必要である。体内の鉄は、その約70％が血液中の赤血球をつくっているヘモグロビン（呼吸で取りこんだ酸素と結びつき、肺から体のすみずみまで運ぶ働きをする）の成分になっていて、約25％は肝臓などに貯蔵されている。

生理作用	赤血球の成分，酸素の運搬，血液中の酸素を筋肉に取りこむ
欠乏症	鉄欠乏性貧血（疲れやすい，頭痛，動悸，食欲不振）
過剰症	嘔吐（通常はみられない）
多く含む食品	肉類（レバー，赤身肉），魚介類（一部），緑黄色野菜（一部），ひじき

●亜鉛（Zn）

亜鉛は、味覚を正常に保つのに働き、皮膚や粘膜の健康維持を助ける栄養素で、おもに骨，肝臓，腎臓，筋肉に存在する。また、代謝に必要な反応に関係する多種類の酵素をつくる成分となるほか、たんぱく質の合成や遺伝子情報を伝えるＤＮＡの転写にかかわっている。

生理作用	酵素・たんぱく質の成分，細胞の生成，体の成長に関与
欠乏症	味覚障害，皮膚炎，成長障害，性腺発育障害
過剰症	貧血，めまい，吐き気（通常はみられない）
多く含む食品	肉類，魚介類，牛乳，玄米

●銅（Cu）

銅は、血液中の赤血球中のヘモグロビンをつくるため鉄を必要な場所に運ぶ役割をする。また、身体の中の数多くの酵素となって、活性酸素を除去するなどの働きをしたり、骨の形成を助けたりする役割もしている。身体の中には骨，骨格筋，血液を中心として存在する。

生理作用	鉄の代謝・運搬，活性酸素の除去，酵素の構成成分として関与
欠乏症	貧血，骨異常，コレステロールや糖の代謝異常（通常はみられない）
過剰症	肝障害，腎不全，脳神経障害（通常はみられない）
多く含む食品	甲殻類，レバー

●マンガン（Mn）

マンガンは、さまざまな酵素の構成成分になったり、酵素を活性化させたりする無機質である。骨の形成に関与するほか、炭水化物および脂質の代謝に働く酵素や抗酸化作用のある酵素など多くの種類の酵素の成分として、成長や生殖に関係している。

生理作用	骨・肝臓の酵素作用を活性化，骨の生成を促進
欠乏症	植物性食品に広く含まれ，欠乏することはまずない
過剰症	肺炎，中枢神経系の障害（通常はみられない）
多く含む食品	さまざまな食品に含まれる

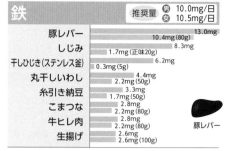

鉄　推奨量 男 10.0mg/日　女 10.5mg/日

豚レバー	10.4mg（80g） 13.0mg
しじみ	1.7mg（正味20g） 8.3mg
干しひじき（ステンレス釜）	0.3mg（5g） 6.2mg
丸干しいわし	2.2mg（50g） 4.4mg
糸引き納豆	1.7mg（50g） 3.3mg
こまつな	2.2mg（80g） 2.8mg
牛ヒレ肉	2.2mg（80g） 2.8mg
生揚げ	2.6mg（100g） 2.6mg

豚レバー

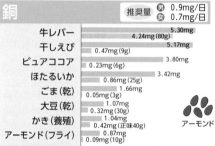

亜鉛　推奨量 男 12mg/日　女 8mg/日

かき（養殖）	5.6mg（正味40g） 14.0mg
パルメザンチーズ	0.7mg（10g） 7.3mg
ピュアココア	0.4mg（6g） 7.0mg
豚レバー	5.5mg（80g） 6.9mg
ごま（乾）	0.2mg（3g） 5.5mg
牛肩肉（赤身）	5.0mg（90g） 5.5mg
ほたてがい	2.2mg（正味80g） 2.7mg
玄米ごはん	1.2mg（150g） 0.8mg

かき

銅　推奨量 男 0.9mg/日　女 0.7mg/日

牛レバー	4.24mg（80g） 5.30mg
干しえび	0.47mg（9g） 5.17mg
ピュアココア	0.23mg（6g） 3.80mg
ほたるいか	0.86mg（25g） 3.42mg
ごま（乾）	0.05mg（3g） 1.66mg
大豆（乾）	0.32mg（30g） 1.07mg
かき（養殖）	0.42mg（正味40g） 1.04mg
アーモンド（フライ）	0.09mg（10g） 0.87mg

アーモンド

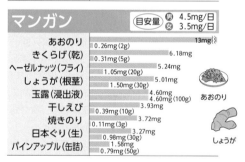

マンガン　目安量 男 4.5mg/日　女 3.5mg/日

あおのり	0.26mg（2g） 13mg
きくらげ（乾）	0.31mg（5g） 6.18mg
ヘーゼルナッツ（フライ）	1.05mg（20g） 5.24mg
しょうが（根茎）	1.50mg（30g） 5.01mg
玉露（浸出液）	4.60mg（100g） 4.60mg
干しえび	0.39mg（10g） 3.93mg
焼きのり	0.11mg（3g） 3.72mg
日本ぐり（生）	0.98mg（30g） 3.27mg
パインアップル（缶詰）	0.79mg（50g） 1.58mg

あおのり

しょうが

Column

鉄と貧血

　貧血は、何らかの原因によって血液の赤血球に含まれるヘモグロビンの量が減ることによって起こる。貧血になると全身の細胞に酸素が行きわたりにくくなり、頭痛やだるさ、肩こりなどの症状を引き起こす。ほとんどがヘモグロビンの材料である鉄が不足することで起こる鉄欠乏性貧血で、女性に多くみられる。

　鉄不足は、●ダイエットや偏食などによる鉄の摂取不足●妊娠・授乳などによる鉄の必要量の増加●胃切除や胃酸分泌低下などによる鉄の吸収低下●月経過多、潰瘍、痔など失血による鉄の排せつ増加などが原因で起こる。

　日ごろから鉄を多く含む食事を心がけ、貧血を予防することが大切である。レバーや魚類（血合い部分のある魚で、かつお、まぐろなど）など動物性の食品に含まれるヘム鉄は、緑黄色野菜や海藻類に多い非ヘム鉄よりも体内への吸収率が15～25％と高く効率的である。鉄とともにヘモグロビンをつくるのに必要な良質のたんぱく質を補給することが必要である。ビタミンＣは、鉄の吸収をよくしてヘモグロビンの合成を助ける働きがあり、かんきつ類の酸味には胃液を分泌させて鉄の吸収を高める働きがある。ダイエットで食事の量が少なかったり、朝食欠食をしたりすると、必要な栄養素が不足することもあるので、1日3食、栄養バランスに注意しながら食事をすることが大事である。

●ヨウ素（I）

ヨウ素は，人間の体内に約10〜20mgあり，そのほとんどがのどの辺りにある甲状腺に存在している。ヨウ素は，海藻や魚介類に多く含まれ，海産物を多く摂取する習慣がある日本人の場合，ヨウ素が不足する心配はない。

生理作用	甲状腺ホルモンの成分，発育促進，基礎代謝を促進
欠乏症	甲状腺肥大（通常はみられない）
過剰症	甲状腺が肥大し，甲状腺腫になる
多く含む食品	海藻類（特にこんぶ），魚介類

●セレン（Se）

セレンは，抗酸化作用がある酵素の構成成分で，活性酸素を分解する。セレンは，わかさぎやかつおなど魚介類に多く含まれる。活性酸素を打ち消す過程で働く酵素やたんぱく質を構成し，体内の抗酸化作用において重要な役割を担っている。

生理作用	酵素の構成成分，抗酸化作用で組織細胞の酸化を防ぐ
欠乏症	心筋症（克山病）（通常はみられない）
過剰症	脱毛・つめの変形・脱落，胃腸障害，神経障害
多く含む食品	魚介類

●クロム（Cr）

クロムは，さまざまな食品に微量ずつ含まれ，代謝にかかわる。糖質をエネルギーに変えるにはインスリンの働きが必要で，インスリンを活性化させる成分の材料になる。クロムがないと糖質の代謝異常が起こりやすくなり，糖尿病になるおそれがある。

生理作用	糖質代謝・脂質代謝に関与
欠乏症	インスリンの働きが低下する（通常はみられない）
過剰症	通常はみられない
多く含む食品	海藻や香辛料などの乾燥品に多く含まれる

●モリブデン（Mo）

モリブデンは，豆類に多く含まれ，肝臓に比較的多く存在している。おもに尿酸の代謝にかかわる酵素の構成成分であり，体内の老廃物を適切に排せつするために重要である。

生理作用	酵素の成分として尿酸の生成に関与
欠乏症	成長遅延（通常はみられない）
過剰症	通常はみられない
多く含む食品	豆類，穀類

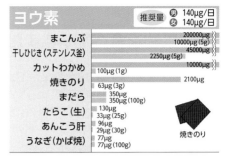

ヨウ素 推奨量 男 140μg/日 女 140μg/日

食品	含有量
まこんぶ	200000μg
干しひじき（ステンレス釜）	10000μg（5g）
	45000μg
カットわかめ	2250μg（5g）
	10000μg
焼きのり	100μg（1g）
	2100μg
まだら	63μg（3g）
	350μg
たらこ（生）	350μg（100g）
	130μg
あんこう肝	33μg（25g）
	96μg
うなぎ（かば焼）	29μg（30g）
	77μg
	77μg（100g）

焼きのり

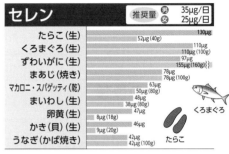

セレン 推奨量 男 35μg/日 女 25μg/日

食品	含有量
たらこ（生）	130μg
くろまぐろ（生）	52μg（40g） 110μg
	110μg（100g）
ずわいがに（生）	97μg
	155μg（160g）
まあじ（焼き）	78μg
	78μg（100g）
マカロニ・スパゲッティ（乾）	63μg
	50μg（80g）
まいわし（生）	48μg
	38μg（80g）
卵黄（生）	47μg
	8μg（18g）
かき（貝）（生）	46μg
	9μg（20g）
うなぎ（かば焼き）	42μg
	42μg（100g）

くろまぐろ
たらこ

クロム 目安量 男 10μg/日 女 10μg/日 ＊

食品	含有量
あおのり	39μg
	1μg（2g）
刻み昆布	33μg
	4μg（15g） 26μg
干しひじき	13μg
あずき（さらしあん）	3μg（20g） 13μg
黒砂糖	1μg（10g） 9μg
ウスターソース	2μg（18g） 8μg
がんもどき	8μg（100g）
アーモンド（フライ）	6μg
	1μg（20g）
じゃがいも（生）	4μg
	4μg（100g）

あおのり
アーモンド

＊…15〜17歳はなし。18〜29歳を掲載。

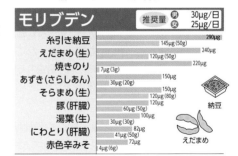

モリブデン 推奨量 男 30μg/日 女 25μg/日

食品	含有量
糸引き納豆	290μg
	145μg（50g）
えだまめ（生）	240μg
	120μg（50g） 220μg
焼きのり	7μg（3g）
あずき（さらしあん）	150μg
	30μg（20g）
そらまめ（生）	150μg
	120μg（80g） 120μg
豚（肝臓）	60μg（50g）
湯葉（生）	100μg
	30μg（30g） 82μg
にわとり（肝臓）	41μg（50g） 72μg
赤色辛みそ	4μg（6g）

納豆
えだまめ

2　無機質（ミネラル）を上手にとろう

●ナトリウム・カリウムポンプ〜細胞内外の濃度差を保つ

私たちの体内では，細胞内と細胞外のカリウムとナトリウムの濃度差は，「ナトリウム・カリウムポンプ」によって常に一定に保たれている。ナトリウム・カリウムポンプは細胞膜に存在し，ＡＴＰのエネルギーを利用して細胞内のナトリウムイオン（Na$^+$）を細胞外に出し，カリウムイオン（K$^+$）を細胞内に取りこむ働きをする。

カリウムとナトリウムは，相互に作用しながら，浸透圧の調節や水分の保持をおこなっている。カリウムは，ほとんどが腎臓から排せつされ，ナトリウムが尿細管から再吸収されるのを防ぎ，尿中への排せつを促す。そこで，カリウムは食塩のとりすぎによる高血圧に対する降圧作用がある。しかし，腎機能低下時のカリウムの摂取は，高カリウム血症を発症するおそれがあり，カリウムの補給を慎重におこなわなければならない。

ナトリウム・カリウムポンプ

このポンプは，細胞内外の濃度差をつくるためにも必要なメインポンプである。ＡＴＰ（アデノシン三リン酸・エネルギーの放出・貯蔵，あるいは物質の代謝合成の役目）を使って，３個のNa$^+$を細胞の外に，２個のK$^+$を細胞の内に運ぶ。

食生活

ビタミン

野菜や果物を食べていますか?

ビタミンは,ごく微量でありながら体内のさまざまな機能を調整し,生命活動の代謝を促進したり,体の生理作用を調整したりする働きがある。ビタミンの多くは体内で合成できないため,食物から摂取する必要がある。毎食,さまざまな食品からバランスよく食べていれば,ビタミンが不足することはない。しかし,現代人は欠食やかたよった食事をしている人も多く,ビタミンが不足しがちである。ビタミンは,野菜類,果物類,きのこ類などの食品に多く含まれている。「健康日本21(第2次)」(厚生労働省策定,2013年から)では,野菜摂取量の平均値を282g(2010年現状)から350g(2022年目標)に,果物摂取量100g未満のものの割合を61.4%から30%にする目標がかかげられている。

◐野菜摂取量350gの例

◐果物摂取量200gの例

摂取量200gのめやすは,みかんなら2個,りんごなら1個,ぶどうなら1房。

1 ビタミンの種類

食事摂取基準で取りあげられている13種のビタミンは,4つの脂溶性ビタミンと9つの水溶性ビタミンに分類される。脂溶性ビタミンは,油に溶けやすいため,油といっしょに調理すると吸収率が高まり,効率よく摂取できる。また,水に溶けないため,摂取し過ぎるとそれが体内に蓄積して過剰症を起こすことが多い。サプリメントなどで摂取する場合は,必要量をオーバーしやすいため,注意が必要である。一方,水溶性ビタミンは,水に溶けるので,摂取し過ぎても尿中に排出され,過剰症を起こすことはないが,毎食とるのが望ましい栄養素である。ビタミンB群とビタミンCとがあり,多くは補酵素として働く。

■脂溶性ビタミン

●ビタミンA(レチノール)

ビタミンAは,複数の成分から成り立っており,動物性の食品に含まれるレチノールと,植物性の食品に含まれるα,β,γなどのカロテン類である。レチノールは70～90%が吸収され,体内で効率よく利用される。一方,カロテン類はビタミンAとしての利用効率は高くなく,レチノールの12分の1とされているが,抗酸化作用をもつ。ビタミンAの総量は,レチノール当量(μgRE)で示している。

*当量:ある栄養成分が複数の物質から成り立っている場合,その総量を示すのに当量が使われる。

生理作用	成長促進,視力維持,皮膚や粘膜を健康に保つ
欠乏症	夜盲症(暗い所で視力がきかなくなる),乾燥性眼炎(小児),成長阻害
過剰症	頭痛,吐き気,筋肉痛,胎児の奇形(妊娠中)
多く含む食品	緑黄色野菜,卵黄,うなぎ

●ビタミンD(カルシフェロール)

カルシウムが体内で吸収されやすくなるよう助ける。血液中のカルシウム濃度が下がるとビタミンDが活性化して,カルシウムの吸収能力を高める。日光浴により皮膚で合成される。

生理作用	骨の形成に関与
欠乏症	くる病(小児),骨軟化症,骨粗しょう症
過剰症	全身倦怠感,食欲不振,嘔吐,腎障害
多く含む食品	魚類,レバー,干ししいたけ

■ビタミンを多く含むおもな食品
■:可食部100gあたり ■:1人1回使用量あたり
●推奨量・目安量は15～17歳の数値を示す。

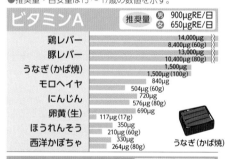

ビタミンA	推奨量	男 900μgRE/日 女 650μgRE/日

鶏レバー 14,000μg
8,400μg(60g)
豚レバー 13,000μg
10,400μg(80g)
うなぎ(かば焼) 1,500μg
1,500μg(100g)
モロヘイヤ 840μg
504μg(60g)
にんじん 720μg
576μg(80g)
卵黄(生) 690μg
117μg(17g)
ほうれんそう 350μg
210μg(60g)
西洋かぼちゃ 330μg
264μg(80g)

うなぎ(かば焼)

ビタミンD	目安量	男 9.0μg/日 女 8.5μg/日

きくらげ(乾) 85.0μg
1.7μg(2g)
しらす干し(半乾燥) 61.0μg
6.1μg(10g)
丸干しいわし 50.0μg
さけ 25.0μg(50g)
32.0μg
うなぎ(かば焼) 25.6μg(80g)
19.0μg
さんま 19.0μg(100g)
16.0μg
干ししいたけ 16.0μg(正味100g)
17.0μg
ひらめ(養殖) 1.0μg(6g)
1.9μg
0.6μg(30g)

しらす干し

(文部科学省「日本食品標準成分表2020年版(八訂)」)

生活豆知識

ビタミンをじょうずにとるためのコツ

・緑黄色野菜に多く含まれるβ-カロテン(ビタミンA)は,脂溶性ビタミンなので,炒めものにして油といっしょに食べることで吸収率がよくなる。

◐にんじんを食べた場合のビタミンAの吸収率

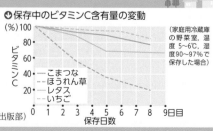

8% 生で食べる
30% 煮て食べる
50%～70% 油といっしょに食べる

・ビタミンCは温度や湿度,紫外線などの影響を受け,保存中でも失われやすい。新鮮な食材を選び早めに調理したい。

◐保存中のビタミンC含有量の変動
(%) 100
(家庭用冷蔵庫の野菜室,温度5～6℃,湿度90～97%で保存した場合)
ビタミンC
80
60
40
20
――こまつな
----ほうれん草
――レタス
――いちご
0 1 2 3 4 5 6 7 8 9日目
保存日数

(「食品成分表」女子栄養大学出版部)

ⓘ インフォメーション 納豆の作用▶納豆は,納豆菌が腸内でビタミンKを産出する。納豆の消費量が多い県ほど,大腿骨頸部骨折の頻度が低い傾向があるらしい。欧米人より発症頻度が低いのは,ビタミンKの摂取量がその理由の1つとも考えられている。

●ビタミンE（トコフェロール）

おもに細胞膜に存在し，抗酸化作用をもつ。細胞膜の機能を保ち，細胞の老化予防に役立つ。ビタミンEの8種類の成分のうち，α-トコフェロールは最も生理活性作用が強く，食品からの摂取量も最も多い。

生理作用	体内過酸化の抑制（抗酸化作用をもつ），細胞膜の機能を保つ，血行改善，生殖機能の維持
欠乏症	溶血性貧血（赤血球がもろくなる），動脈硬化の進行
過剰症	なし（通常はみられない）
多く含む食品	植物油，種実類，小麦胚芽

●ビタミンK（フィロキノン）

出血を止める「止血ビタミン」。フィロキノンは植物性食品に含まれ，メナキノン類は動物性食品や納豆に含まれる。カルシウムの骨への沈着を助け，骨粗しょう症の治療薬（メナキノン-4）にも用いられている。

生理作用	血液凝固作用に補酵素として作用，骨の形成に関与
欠乏症	血液凝固遅延，内出血（新生児）
過剰症	なし（通常はみられない）
多く含む食品	緑黄色野菜，豆類，鶏肉

■水溶性ビタミン

●ビタミンB₁（チアミン）

炭水化物（糖質）がエネルギーに変わるときに必要な酵素の働きを促進させる補酵素である。米を主食としてでんぷんから多くのエネルギーを得ている日本人には特に重要なビタミンである。

生理作用	炭水化物の代謝に関与，神経機能の調整
欠乏症	かっけ，神経障害，疲れやすい，イライラ感
過剰症	頭痛，皮膚炎（通常はみられない）
多く含む食品	胚芽精米，豚肉，豆類

●ビタミンB₂（リボフラビン）

炭水化物，脂質，たんぱく質がエネルギーに変わるときに必要な酵素の働きを促進させる補酵素である。とりわけ，脂質からのエネルギー産生に深くかかわっている。「発育のビタミン」といわれ，たんぱく質の合成をサポートして細胞の再生を促し，成長を促進させる。皮膚や粘膜を守る働きもある。

生理作用	成長促進，たんぱく質，脂質，炭水化物の代謝に関与
欠乏症	口角炎，口内炎，成長阻害
過剰症	なし（通常はみられない）
多く含む食品	レバー，卵，魚類（うなぎ，魚肉ソーセージ，さば）

●ナイアシン（ニコチン酸，ニコチン酸アミド）

炭水化物，脂質，たんぱく質が代謝されるときの補酵素として働く。アルコールの代謝にもかかわっており，その代謝の過程で生じるアセトアルデヒドを分解する補酵素である。ナイアシンの総量は，ナイアシン当量（mgNE）で示している。

生理作用	たんぱく質，脂質，炭水化物の代謝に関与
欠乏症	ペラグラ，口舌炎，皮膚炎
過剰症	皮膚が赤くなる，下痢，便秘，肝臓障害
多く含む食品	肉，魚，らっかせい，エリンギなどのきのこ類

●ビタミンB₆（ピリドキシン，ピリドキサール，ピリドキサミン）

補酵素として，たんぱく質の分解や合成に関与する。アミノ酸やグリコーゲンをエネルギーに変換したり，神経伝達物質や赤血球を合成したりとさまざまな反応に働く。

生理作用	たんぱく質やアミノ酸の代謝の促進，エネルギー産生，成長促進
欠乏症	食欲不振，皮膚炎（通常はみられない）
過剰症	感覚神経障害
多く含む食品	レバー，生魚，種実類，にんにく

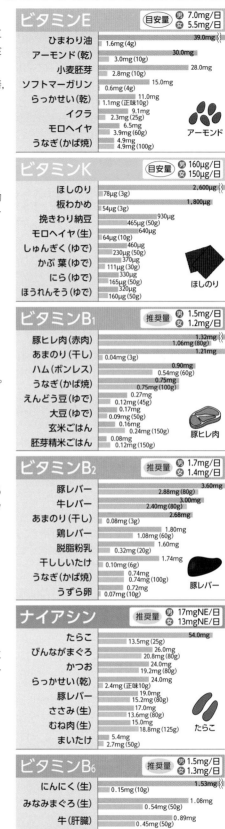

ビタミンE 目安量 男 7.0mg/日 女 5.5mg/日
- ひまわり油 39.0mg / 1.6mg (4g)
- アーモンド（乾） 30.0mg / 3.0mg (10g)
- 小麦胚芽 28.0mg / 2.8mg (10g)
- ソフトマーガリン 15.0mg / 0.6mg (4g)
- らっかせい（乾） 11.0mg / 1.1mg（正味10g）
- イクラ 9.1mg / 2.3mg (25g)
- モロヘイヤ 6.5mg / 3.9mg (60g)
- うなぎ（かば焼） 4.9mg / 4.9mg (100g)
アーモンド

ビタミンK 目安量 男 160μg/日 女 150μg/日
- ほしのり 2,600μg / 78μg (3g)
- 板わかめ 1,800μg / 54μg (3g)
- 挽きわり納豆 930μg / 465μg (50g)
- モロヘイヤ（生） 640μg / 64μg (10g)
- しゅんぎく（ゆで） 460μg / 230μg (50g)
- かぶ 葉（ゆで） 370μg / 111μg (30g)
- にら（ゆで） 330μg / 165μg (50g)
- ほうれんそう（ゆで） 320μg / 160μg (50g)
ほしのり

ビタミンB₁ 推奨量 男 1.5mg/日 女 1.2mg/日
- 豚ヒレ肉（赤肉） 1.32mg / 1.06mg (80g)
- あまのり（干し） 1.21mg / 0.04mg (3g)
- ハム（ボンレス） 0.90mg / 0.54mg (60g)
- うなぎ（かば焼） 0.75mg / 0.75mg (100g)
- えんどう豆（ゆで） 0.27mg / 0.12mg (45g)
- 大豆（ゆで） 0.17mg / 0.09mg (50g)
- 玄米ごはん 0.16mg / 0.24mg (150g)
- 胚芽精米ごはん 0.08mg / 0.12mg (150g)
豚ヒレ肉

ビタミンB₂ 推奨量 男 1.7mg/日 女 1.4mg/日
- 豚レバー 3.60mg / 2.88mg (80g)
- 牛レバー 3.00mg / 2.40mg (80g)
- あまのり（干し） 2.68mg / 0.08mg (3g)
- 鶏レバー 1.80mg / 1.08mg (60g)
- 脱脂粉乳 1.60mg / 0.32mg (20g)
- 干ししいたけ 1.74mg / 0.10mg (6g)
- うなぎ（かば焼） 0.74mg / 0.74mg (100g)
- うずら卵 0.72mg / 0.07mg (10g)
豚レバー

ナイアシン 推奨量 男 17mgNE/日 女 13mgNE/日
- たらこ 54.0mg / 13.5mg (25g)
- びんながまぐろ 26.0mg / 20.8mg (80g)
- かつお 24.0mg / 19.2mg (80g)
- らっかせい（乾） 24.0mg / 2.4mg（正味10g）
- 豚レバー 19.0mg / 15.2mg (80g)
- ささみ（生） 17.0mg / 13.6mg (80g)
- むね肉（生） 15.0mg / 18.8mg (125g)
- まいたけ 5.4mg / 2.7mg (50g)
たらこ

ビタミンB₆ 推奨量 男 1.5mg/日 女 1.3mg/日
- にんにく（生） 1.53mg / 0.15mg (10g)
- みなみまぐろ（生） 1.08mg / 0.54mg (50g)
- 牛（肝臓） 0.89mg / 0.45mg (50g)
- かつお（生） 0.76mg / 0.38mg (50g)
- にわとり ひき肉（生） 0.52mg / 0.26mg (50g)
- ごま（いり） 0.64mg / 0.03mg (5g)
- ささみ（ゆで） 0.63mg / 0.25mg (40g)
にんにく

食生活

●ビタミンB₁₂（シアノコバラミン）

深紅色のコバルトを含み，赤血球の生成に働く「赤いビタミン」。食品中のビタミンB₁₂はたんぱく質と結合しており，腸ではじめて吸収される。神経細胞の機能維持にも働き，睡眠障害やアルツハイマー病，動脈硬化の発症予防などにも何らかの関連があるとみられている。

生 理 作 用	赤血球の形成に関与，神経細胞の機能維持
欠 乏 症	悪性貧血
過 剰 症	なし（過剰に摂取しても体内に吸収されない）
多く含む食品	レバーなどの内臓，貝類

●葉酸（プテロイルグルタミン酸）

細胞があらたに合成されるとき，その遺伝情報をもつDNAの合成にかかわり，細胞の新生に重要な役割をもつ。胎児の発育や妊娠の可能性のある女性，妊婦に特に重要。「造血のビタミン」ともいわれ，赤血球の合成に不可欠。

生 理 作 用	細胞の新生，赤血球の生成
欠 乏 症	貧血，動脈硬化
過 剰 症	発疹，発熱
多く含む食品	レバー，緑色野菜，豆類

葉酸は，胎児の神経組織が発達していくときに必要とされる重要な栄養素です。胎児の神経管閉鎖障害のリスクを低減させるために，妊娠を計画している女性や妊娠の可能性のある女性は，妊娠の1か月以上前から妊娠3か月までの間，通常の摂取量に加えて，葉酸を1日400μg摂取することが厚生労働省の「妊産婦のための食生活指針」で推奨されています。

●パントテン酸

ビタミンB群の一種で，多くの食品に含まれ，体内では腸内菌によって合成もされる。コエンザイムAの構成成分になり，3大栄養素のエネルギー代謝の過程で多くの酵素をサポートする働きがある。

生 理 作 用	補酵素（コエンザイムA）の成分として，たんぱく質，脂質，炭水化物の代謝に関与，エネルギー代謝やホルモン合成に関与
欠 乏 症	成長停止，副腎障害（通常はみられない）
過 剰 症	なし（通常はみられない）
多く含む食品	レバー，鶏肉，いくら，たらこ，卵，納豆，きのこ類

●ビオチン

ビタミンB群の一種で，体内で腸内菌によって合成される。食品中のビオチンの多くがたんぱく質中のリシンと結合しており，消化の過程で分離され，吸収される。

生 理 作 用	カルボキシラーゼの補酵素として，たんぱく質，脂質，炭水化物の代謝に関与，皮膚を健康に保つ
欠 乏 症	乾燥肌などの皮膚トラブル，腸内菌の働きが弱い乳児の場合，皮膚炎が起こる場合がある
過 剰 症	なし（通常はみられない）
多く含む食品	レバー，豆類，種実類，卵

▬：可食部100gあたり　▬：1人1回使用量あたり
●推奨量・目安量は15〜17歳の数値を示す。

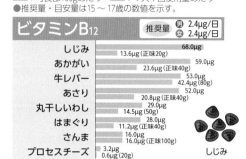

ビタミンB₁₂　推奨量　男 2.4μg/日　女 2.4μg/日

食品	可食部100gあたり	1回使用量あたり
しじみ	68.0μg	13.6μg（正味20g）
あかがい	59.0μg	23.6μg（正味40g）
牛レバー	53.0μg	42.4μg（80g）
あさり	52.0μg	20.8μg（正味40g）
丸干しいわし	28.0μg	14.5μg（50g）
はまぐり	28.0μg	11.2μg（正味40g）
さんま	16.0μg	16.0μg（正味100g）
プロセスチーズ	3.2μg	0.6μg（20g）

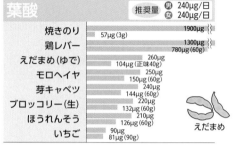

葉酸　推奨量　男 240μg/日　女 240μg/日

食品	可食部100gあたり	1回使用量あたり
焼きのり	1900μg	57μg（3g）
鶏レバー	1300μg	780μg（60g）
えだまめ（ゆで）	260μg	104μg（正味40g）
モロヘイヤ	250μg	150μg（60g）
芽キャベツ	240μg	144μg（60g）
ブロッコリー（生）	220μg	132μg（60g）
ほうれんそう	210μg	126μg（60g）
いちご	90μg	81μg（90g）

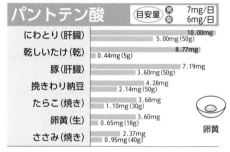

パントテン酸　目安量　男 7mg/日　女 6mg/日

食品	可食部100gあたり	1回使用量あたり
にわとり（肝臓）	10.00mg	5.00mg（50g）
乾しいたけ（乾）	8.77mg	0.44mg（5g）
豚（肝臓）	7.19mg	3.60mg（50g）
挽きわり納豆	4.28mg	2.14mg（50g）
たらこ（焼き）	3.68mg	1.10mg（30g）
卵黄（生）	3.60mg	0.65mg（18g）
ささみ（焼き）	2.37mg	0.95mg（40g）

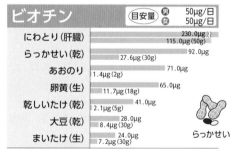

ビオチン　目安量　男 50μg/日　女 50μg/日

食品	可食部100gあたり	1回使用量あたり
にわとり（肝臓）	230.0μg	115.0μg（50g）
らっかせい（乾）	92.0μg	27.6μg（30g）
あおのり	71.0μg	1.4μg（2g）
卵黄（生）	65.0μg	11.7μg（18g）
乾しいたけ（乾）	41.0μg	2.1μg（5g）
大豆（乾）	28.0μg	8.4μg（30g）
まいたけ（生）	24.0μg	7.2μg（30g）

---

② ビタミン様物質

ビタミンと同様，体内に微量に存在する有機化合物で，体の機能を維持する働きがある。ビタミンとは違い，体内で合成されるなどして，欠乏症が起こらない。健康維持に役立つとして，注目されるようになった。

●イノシトール

筋肉や神経細胞に多く存在している栄養素で，脂質の代謝をスムーズにしている。「抗脂肪肝ビタミン」とも呼ばれ，肝臓に余分な脂肪がたまらないようにする働きがある。また，動脈硬化の予防や神経の伝達を正常に保つ働きもある。

●コエンザイムQ10

「ユビキノン」ともいわれ，抗酸化作用などが期待される。また，白血球や免疫細胞の活動を活発にして，病気への抵抗力，精子の活動も高める働きがある。

●コリン

細胞膜を構成するレシチンの材料になり，血管の内壁や肝臓にコレステロールや脂肪がたまるのを防ぎ，動脈硬化や肝硬変を予防する。アルツハイマー症や認知症の症状が改善したという報告もある。

●ビタミンP

レモンから抽出された栄養素で，別名「フラボノイド化合物」ともいわれる。ビタミンCを助けて，毛細血管を健康で丈夫にする働きや，出血性の病気の予防，ウイルスへの抵抗力を高める働きがある。

●ビタミンU

キャベツから発見された栄養素で，別名「キャベジン」ともいわれる。胃潰瘍や十二指腸潰瘍を予防したり，改善したりする働きがある。たんぱく質を合成するときに必要な栄養素の1つで，胃酸の分泌を抑える。

　インフォメーション　ルチン▶そばに多く含まれるルチンは，フラボノイド化合物の仲間で，ビタミンPの一種である。ビタミンCの吸収を助け，抗酸化作用があり，毛細血管を丈夫にしたり，血圧を下げる働きがある。ルチンは，水溶性なので，そばだけでなくそば湯をいっしょにとると効率よく摂取できる。

●ビタミンC（アスコルビン酸）

壊血病予防から発見されたビタミンである。細胞と細胞をつなぐコラーゲンの合成に関与している。強い抗酸化作用があり，皮膚や血管の老化を防ぐ。

生理作用	コラーゲンの合成に関与，免疫機能の強化，ホルモンの合成の促進，鉄の吸収を助ける
欠乏症	壊血病（皮下や歯ぐきからの出血），子どもの場合，骨の成長が悪くなる
過剰症	なし（通常はみられない）
多く含む食品	野菜（生），果物，いも類

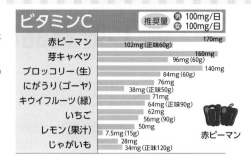

ビタミンC　推奨量 男 100mg/日　女 100mg/日

食品	含有量
赤ピーマン	170mg 102mg（正味60g）
芽キャベツ	160mg 96mg（60g）
ブロッコリー（生）	140mg 84mg（60g）
にがうり（ゴーヤ）	76mg 38mg（正味50g）
キウイフルーツ（緑）	71mg 64mg（正味90g）
いちご	62mg 56mg（90g）
レモン（果汁）	50mg 7.5mg（15g）
じゃがいも	28mg 34mg（正味120g）

赤ピーマン

---

③ フィトケミカル

フィトケミカルのフィト（phyto）はギリシャ語で植物，これに「化学成分」を意味する英語のケミカル（chemical）を組み合わせた言葉である。一般的に「通常の身体機能維持には必要とされないし，欠乏症が起こることはないが，健康によい影響を与えるかもしれない植物由来の化合物や栄養素」を意味する。植物の色素，香り，アクの成分などの化学物質はフィトケミカル，またはファイトケミカルと呼ばれ，おもに野菜，豆，いもなどに多く含まれている。フィトケミカルがすごいのは，「抗酸化作用」「免疫力増強作用」「抗がん作用」のいずれにおいても非常に優れているという点である。5大栄養素のように代謝のしくみや摂取基準は明らかでないが，動物実験などで健康効果が確認されており，近年注目が集まっている。

■いろいろなフィトケミカル

●ポリフェノール

ポリフェノールとは，植物の色素や苦味の成分のうち，ベンゼン環（六角形に並んだ炭素原子の環）にヒドロキシ基と呼ばれる突起が複数ついたものの総称で，ほとんどの植物に含まれている。野菜や果物（p.215参照）のほか，緑茶などのし好飲料からも日常的に摂取している成分である。ポリフェノールは，強力な抗酸化作用（有害な活性酸素を除去する働き）がある。活性酸素とは，体内でさまざまな物質を酸化させ，動脈硬化やがんなどの生活習慣病の原因にもなる。1つの食品から集中して摂取するのではなく，いろいろな食品からとり入れるようにしたい。

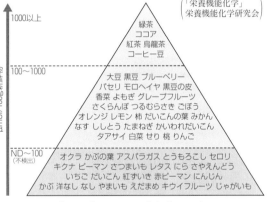

「栄養機能化学」
栄養機能化学研究会

μmol/100g新鮮物

1000以上
緑茶
ココア
紅茶 烏龍茶
コーヒー豆

100～1000
大豆 黒豆 ブルーベリー
パセリ モロヘイヤ 黒豆の皮
香菜 よもぎ グレープフルーツ
さくらんぼ つるむらさき ごぼう
オレンジ レモン 柿 だいこんの葉 みかん
なす ししとう たまねぎ かいわれだいこん
タアサイ 白菜 せり 桃 りんご

ND～100（不検出）
オクラ かぶの葉 アスパラガス とうもろこし セロリ
キクナ ピーマン さつまいも レタス にら さやえんどう
いちご だいこん 紅ずいき 赤ピーマン にんじん
かぶ 洋なし なし やまいも えだまめ キウイフルーツ じゃがいも

⬆食品のポリフェノール含有ピラミッド

ポリフェノールの多い食品には，アルコールや脂質などを多く含むものもあり，とり過ぎには注意が必要である。

 🔻緑茶（カテキン）　 🔻赤ワイン（アントシアニン）

 🔻コーヒー（クロロゲン酸）　 🔻そば（ルチン）

 🔻ココア・チョコレート（カカオマスポリフェノール）

●イソフラボン

大豆に多く含まれているイソフラボンはフラボノイドの一種で，強い抗酸化力をもち，遺伝子を守る。イソフラボンは女性ホルモンに似た化学構造をもっている。そのため，女性ホルモンの欠乏を補うと同時に，分泌過剰を抑制する働きがある。乳がんや子宮がんの予防にも役立つ。また，更年期障害改善，骨粗しょう症予防にも働く。

⬆大豆

●スルフォラファン

ブロッコリーに微量に含まれており，ピリッとする辛味のもととなる成分である。肝臓では，発がん物質を無毒化する解毒酵素がつくられるが，スルフォラファンにはこの解毒酵素の合成を促進する働きがある。肝臓がもともともっている解毒する力を間接的にサポートする。

⬆ブロッコリースプラウト

●リコピン

トマトやスイカの赤い色のもとになっている色素成分で，カロテノイド（野菜や果物などに含まれる色素）に分類される。その抗酸化力はカロテノイドのなかでも断トツで，がん細胞の芽をつくる活性酸素を除去し，がんを予防してくれる。

⬆トマト

●ギンゲロール

ギンゲロールは生のしょうがに含まれる辛味成分である。体内にはいると，免疫細胞はこれを敵と勘違いし，増殖させて免疫力が増強される。そのほかに抗アレルギー作用や抗炎症作用があり，さらに殺菌作用や発汗作用もある。しょうがを加熱したり乾燥させたりすると，ギンゲロールはショウガオールという成分に変わり，血行を促進させて，免疫力を高める効果がある。

⬆しょうが

●カロテン

にんじんに含まれるα-カロテンとβ-カロテンは，どちらも黄色～橙色のカロテノイドの一種で，色が濃いものほど含有量が多いとされる。α-カロテンは抗酸化作用により活性酸素を除去する。β-カロテンは，必要に応じて体内でビタミンAに変換され，皮膚や粘膜などを健康に保ち，免疫力もアップする。

⬆にんじん

食生活

し好食品と健康増進のための食品

サプリメントを利用する前に

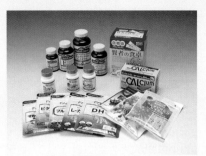

健康志向が強まるなかでサプリメント（栄養補助食品）の利用が増えている。しかし，よく理解していなかったり，誤った利用をしたりしている人も少なくない。

サプリメント（栄養補助食品）は，形は錠剤であっても医薬品ではない。医薬品の認可には，厳しい審査をクリアしなければいけないが，サプリメントの場合は，食品扱いなので厳しい審査がない。医薬品に比べて規制もゆるく，製造や販売をだれでも簡単におこなうことができる。そのかわり，「××に効く」「××の予防に」という表示はできないし，「やせる」などの表記も禁止されている。

つまり，効果がどうであれ，食品として危険でなければ，サプリメントとして売ることができるしくみになっている。

サプリメントは，「食事のかわりにならないし，薬のかわりにもならない」ことを理解し，利用するときも過剰摂取に注意しなければならない。何よりもまず，ふだんの食事をきちんととることが大切である。

●安全利用のポイント●

❶あくまでも食生活の補助的なものと考える
❷病気や体の不調を治せるものと期待しない
❸食事以外に本当に補給する必要のある成分かどうか考える
❹商品を選ぶ際は，表示や広告をよく確認する
❺特定の成分を過剰摂取しないように気をつける
❻利用期間や利用量などの記録をとっておく
❼体調不良を感じたらすぐに利用をやめて医療機関を受診する
❽治療中の人は利用前に医師や薬剤師に相談する

1 「機能性」を表示できる3つの食品

医薬品	食品			
医薬品 医薬部外品を含む	保健機能食品 ※機能性の表示ができる			一般食品 いわゆる「健康食品」も含む ※機能性の表示ができない
	特定保健用食品	栄養機能食品	機能性表示食品	

特定保健用食品（トクホ）
消費者庁が個別に許可

栄養機能食品
食品表示基準に適合

栄養機能食品
【カルシウム】　カルシウムは、骨や歯の形成に必要な栄養素です。

機能性表示食品
事業者が消費者庁に届出

・体の生理学的機能に影響を与える保健機能成分を含んでいて「脂肪の吸収を抑える」など，食品のもつ特別の用途が期待できることを表示した食品。
・製品ごとに食品の有効性や安全性などの科学的根拠に関する審査を受け，消費者庁の許可を受けた食品で，許可を受けたものにはマークが表示されている。

・栄養素の補給のために利用される食品。
・食品表示法にもとづく食品表示基準を満たしていれば許可を受ける必要はない。
・指定された栄養成分の機能が表示されている。
【対象となる栄養素】
（ビタミン）ナイアシン，パントテン酸，ビオチン，ビタミンA，ビタミンB₁，ビタミンB₂，ビタミンB₆，ビタミンB₁₂，ビタミンC，ビタミンD，ビタミンE，ビタミンK，葉酸
（ミネラル）亜鉛，カリウム＊，カルシウム，鉄，銅，マグネシウム
（脂肪酸）n-3系脂肪酸　　　＊カリウムについては，錠剤・カプセルなどは対象外

・事業者の責任において，科学的根拠にもとづいた機能性を表示した食品。
・販売前に，安全性や機能性の根拠に関する情報，生産・製造，品質の管理に関する情報，健康被害の情報収集体制，その他必要な事項を消費者庁に届け出ることが必要。ただし，特定保健用食品とは異なり，消費者庁長官の個別の許可を受けたものではない。
・野菜や果物などの生鮮食品も対象。

【その他の健康増進のための食品】

●特別用途食品
・乳児，幼児，妊産婦，病者などの発育や健康の維持・回復などに適するという特別の用途について表示されたもので，個別の審査を受け消費者庁の許可を受けた食品。
・許可を受けたものにはマークが表示されている。

●サプリメント（栄養補助食品）
・一般にビタミン・ミネラルなどの栄養素を1種類以上含む錠剤，カプセル状のもの。医薬品と同じ形状だが，一般食品に分類される栄養補助食品である。

 インフォメーション　トクホ（特定保健用食品）の利用が増える要因▶グルメ志向の高まりのなかで，生活習慣病への不安が増し，健康増進により効果のあるものが求められていることから利用が増えている。トクホは国による厳しい検査により許可されることも関係している。

2 発酵食品を見直そう

　日本は，気温，湿度など発酵に適した気候に恵まれ，古くから「発酵食品」がつくり出され，食べられてきた。「魚醤」や「醤油」など中国から仏教伝来とともに伝わり，納豆も古代から食べられてきた。

　発酵食品にかかわる微生物は，酵母，細菌，カビの3つで，発酵食品とは，微生物の働きによって物質が変化し，人間にとって有益な食品になることをいう。発酵させることで，香りや新しい味わい，色，栄養価をつくり出し，それらの成分がとてもおいしく，健康によく，食品の保存性も高まる。発酵食品には栄養面でもすぐれた機能があり，ヨーグルト，チーズ，漬物などでは腸内環境を整える乳酸菌が増える，納豆では成分が変化して栄養価が高くなる（ビタミンB₂が増える）などがある。また，塩麹は，便通改善，免疫力や抗酸化作用のアップ，アンチエイジング効果，デトックス効果（老廃物を排除し，やせやすい体になる）もあり，注目されている食品である。

↑ハタハタ寿司
↑かぶら寿司
↑豆腐餻

北海道 飯寿司
秋田 ハタハタ寿司
佐渡 ふぐの卵巣の糠漬け
会津 三五八漬け
金沢 かぶら寿司
新潟 かんずり
香川 いかなご醤油
長野 しょうゆの実
水戸 納豆
東京 べったら漬け
沖縄 豆腐餻

↑日本の発酵食品の例（日本発酵文化協会資料）

3 コンビニやファストフード店でよく購入するもの

　高校生のほとんどが利用するコンビニ。東京近郊の高校生がよく購入する飲食物は，パン，おにぎりなどの軽食類のほか，おやつが多くなっている。また，友達といっしょに行くことが多いファストフード店では，ハンバーガー，フライドポテト，ドリンクをよく購入している。これらの食品には，脂質・塩分・糖分が多く含まれ，いずれも高カロリーである。食べ過ぎには注意したい。

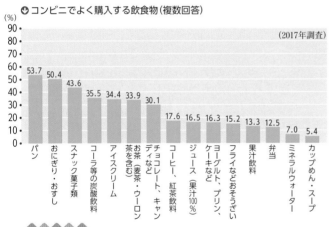

↓コンビニでよく購入する飲食物（複数回答）（2017年調査）

品目	(%)
パン	53.7
おにぎり・おすし	50.4
スナック菓子類	43.6
コーラ等の炭酸飲料	35.5
アイスクリーム	34.4
お茶（麦茶・ウーロン茶を含む）	33.9
チョコレート，キャンディなど	30.1
コーヒー，紅茶飲料	17.6
ジュース（果汁100％）	16.5
ヨーグルト，プリン，ケーキなど	16.3
フライなどおそうざい	15.2
果汁飲料	13.3
弁当	12.5
ミネラルウォーター	7.0
カップめん・スープ	5.4

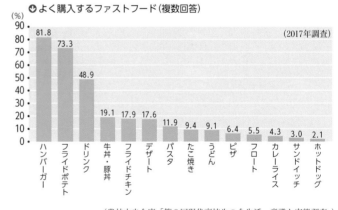

↓よく購入するファストフード（複数回答）（2017年調査）

品目	(%)
ハンバーガー	81.8
フライドポテト	73.3
ドリンク	48.9
牛丼・豚丼	19.1
フライドチキン	17.9
デザート	17.6
パスタ	11.9
たこ焼き	9.4
うどん	9.1
ピザ	6.4
フロート	5.5
カレーライス	4.3
サンドイッチ	3.0
ホットドッグ	2.1

（農林中央金庫「第3回現代高校生の食生活，意識と実態調査」）

Column

ペットボトル症候群

　夏場暑いとついつい，冷たい飲み物をたくさん飲みたくなる。とくに，糖分の多いジュースを大量に飲み続けていると，急激に血糖値が上がる「ペットボトル症候群」におちいる危険性がある。ペットボトル症候群は，「ソフトドリンク（清涼飲料水）・ケトーシス」ともいわれる。続けて大量にジュースなどの清涼飲料水を摂取することで，血糖値が上昇し，血糖値を下げるホルモンであるインスリンの働きが低下してしまう。それによってぶどう糖をエネルギーとして使えなくなり，細胞は脂肪を分解して利用しようとする。その際に「ケトン体」とよばれる代謝成分が増え，これが体にたくさんたまった状態をケトーシスという。意識がもうろうとしたり，倦怠感があったりし，昏睡状態におちいるという危険性もある。若者を中心に患者が年々増加している。　　　（産経新聞，2011年7月12日付などをもとに作成）

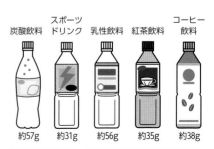

炭酸飲料 約57g
スポーツドリンク 約31g
乳性飲料 約56g
紅茶飲料 約35g
コーヒー飲料 約38g

↑清涼飲料水500mL中に含まれる糖分のめやす量

食生活

Do action!

| テーマ | スポーツ栄養を学んで食事を提案しよう |

スポーツ栄養学とは，スポーツによって身体活動量が多い人にとって必要な，栄養学的理論・知識・スキルを体系化したものである。スポーツにおけるパフォーマンスを最大限に上げるために，どんな栄養素を，どれくらい，どのようなタイミングで摂取するかが大切である。スポーツ栄養について学んで，食事例を考え，提案してみよう。

STEP 1 1日にどれくらいのエネルギーをとればよいかを確認しよう。

運動部でスポーツをする高校生は，活動量別に，下記の「1日の摂取エネルギー」を参考にしよう。スポーツをする人，特に成長期の高校生は，1日に必要なエネルギーに，「スポーツに必要な分」「成長に必要な分」を加えて考える必要がある。

1日の摂取エネルギー

2,000kcal の人とは…

軽い運動をする
成人女性　など

1日の摂取エネルギー

3,300kcal の人とは…

運動部*に所属する男子・女子高校生，
運動習慣のある成人男性　など

*陸上，テニス，バスケットボール，卓球，バレー，サッカーなど。

1日の摂取エネルギー

5,000kcal の人とは…

ハードな運動をおこなう運動部*に所属する男子高校生，運動しながら体を大きくしたい男子高校生　など

*野球，ラグビー，競泳など。

STEP 2 どんな栄養素が必要かを確認しよう。

糖質 糖質は体内に少量しか蓄えられない。激しく体を動かすスポーツ選手は特に，毎食，糖質を補給する必要がある。

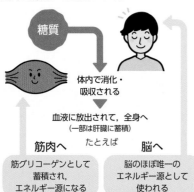

糖質

体内で消化・吸収される

血液に放出されて，全身へ
（一部は肝臓に蓄積）

たとえば

筋肉へ
筋グリコーゲンとして蓄積され，エネルギー源になる

脳へ
脳のほぼ唯一のエネルギー源として使われる

たんぱく質 体内では，体のさまざまな組織がつねに新しくつくり変えられている。そのとき材料として必要なのが，食事で摂取するたんぱく質である。

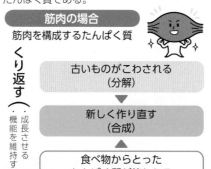

筋肉の場合
筋肉を構成するたんぱく質

く
り
返
す

成長させる・機能を維持する

古いものがこわされる（分解）

新しく作り直す（合成）

食べ物からとったたんぱく質が使われる

カルシウム 牛乳コップ1杯に含まれるカルシウムの量は約220mg。男子高校生なら1日4杯，女子高校生なら1日3杯で必要なカルシウム量を摂取できる。ただし，スポーツをする人は汗でカルシウムが失われやすいため，より多くのカルシウムが必要である。(p.142参照)

カルシウムの食事摂取基準（推奨量）

年齢	男性	女性
10～11歳	700mg	750mg
12～14歳	1000mg	800mg
15～29歳	800mg	650mg
30～74歳	750mg	650mg
75歳以上	700mg	600mg

ビタミンK 新しい骨をつくるとき，材料になるのはカルシウムだが，ビタミンKは，骨をつくるときカルシウムが骨に沈着するのを助ける働きがあり，欠かせない栄養素である。(p.147参照)

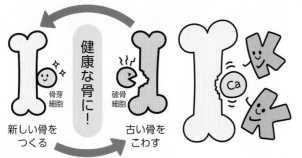

健康な骨に！

骨芽細胞
新しい骨をつくる

破骨細胞
古い骨をこわす

Ca

K

鉄 アスリートが貧血になると，ヘモグロビンが不足し，体が酸欠状態になり，パフォーマンスも低下する。運動すると大量の汗とともに鉄が失われやすい。「練習についていけない」「疲れが取れない」「集中力・判断力が低下して，ミスが増える」「記録が落ちる」などの症状があれば，要注意である。

ヘム鉄
（動物性食品に多く含まれる）

豚レバー・100g	13.0mg
鶏レバー・50g	4.5mg
牛もも肉・100g	2.2mg
アサリ・50g	1.9mg
キハダマグロ・70g	1.4mg

レバーにはヘム鉄が豊富！

ヘム鉄のほうが，吸収率が高い！

非ヘム鉄
（植物性食品に多く含まれる）

大根の葉・50g	1.6mg
納豆・50g	1.7mg
厚揚げ・50g	1.3mg
小松菜・100g	2.8mg
ほうれん草・60g	1.2mg

吸収率 10～20%

吸収率 2～5%

STEP 3　どのようなタイミングで食べればよいかを確認しよう。

普段の食事

すべての栄養素をバランスよく，1日3食をきちんととる。①〜⑤がそろった定食スタイルを心がける。

3食だけでは必要なエネルギーや栄養素をとり切れない場合は，補食が重要である。

①主食	②主菜	③副菜	④くだもの	⑤牛乳・乳製品
ごはん，パン，めん類など	肉，魚，卵，大豆製品	野菜，きのこ，いも，海藻類		
糖質が豊富で，エネルギーになる食べ物	たんぱく質が豊富で，筋肉や血になる食べ物	ビタミン・ミネラルが豊富で，体の調子を整える食べ物	ビタミン・ミネラルが豊富で，体の調子を整える食べ物	カルシウムやたんぱく質などが豊富で，骨や歯をつくる食べ物

練習1〜2時間前	練習直前	練習	練習後30〜40分
エネルギー源となる糖質が豊富な食べ物（おにぎりやバナナなど）と水分（果汁100%のジュース）などをとる。	吸収が早く，糖質がすばやく補給できるゼリー飲料やスポーツドリンクを。		おにぎりやゆで卵，カステラ，ヨーグルトドリンクなどで，糖質とたんぱく質を補給。

いずれか

試合前の食事

試合1週間前〜	試合2,3日前〜前日	
●普段どおりの食事を心がける！ ●練習量を減らしたら，その分，エネルギー量を減らす ただし，ごはんの量やたんぱく質源の量は減らさない！	●糖質の量を増やす（体重1kgあたり糖質10〜12gが目安） 主食以外の主菜や副菜でも糖質がとれるように工夫を	試合

試合当日の食事

試合の3〜4時間前	試合の2時間前	試合の約1時間前
通常の食事をしっかりととる。ごはんやパン，めん類などの主食を多めにとって，おかずにも糖質が豊富ないも類やおもちなどをプラス。くだものもしっかりとる。その分，おかずはやや少なめに。	糖質中心の軽食をとる。持ち運びやすく，食べやすいおにぎりやカステラ，あんぱん，バナナなどがおすすめ。	消化吸収の早い食品で糖質を補給する。バナナやエネルギーゼリー，果汁100%ジュースやスポーツドリンクなどがおすすめ。

試合前・試合中・試合後の水分補給

試合前	試合中	試合後
試合に備えて充分な水分を補給しておく。試合開始1〜2時間前に，500mLの水分を摂取するようにする。	できるだけ自由に水分がとれるように準備しておき，15分ごとくらいに，のどが渇く前にこまめに水分補給を。	スポーツドリンクなどで，試合中に失われた水分やミネラルを補う。何度かに分けて飲むことが大切。

試合後の食事

　すべての試合が終わったら，糖質だけでなくたんぱく質も補給する。運動後30分は，成長ホルモンの分泌が促進される「ゴールデンタイム」で，筋肉が効率よく修復される。その時間に合わせて，筋肉の材料になるたんぱく質をとることが大切。

　また，糖質が不足すると，エネルギーをつくり出すために，筋肉のたんぱく質が分解されてしまう。試合後はなるべく早く糖質をとる。

参考文献：解説・監修　上西一弘『女子栄養大学のスポーツ栄養教室』女子栄養大学出版部
競技の種類別栄養のポイント，筋肉をつけるための食事，持久力をつけるための食事，疲労を回復するための食事など，さらに詳しく知りたい人は参照しよう。

　グループごとに，食事を提案したい人を決めて，食事例を考えよう。

対象	メニューの提案	工夫した点
1日に必要なエネルギー量　　　　　Kcal		
不足しがちな栄養素		

食品の選択と保存

€ 商品の表示

あなたは，食品表示を見て選択・購入していますか

食品には，**食品表示法**によって，いろいろな表示が義務づけられているが，近年，産地偽装や期限表示の偽装，遺伝子組換え表示の偽装など，食の安全を揺るがす事件があとを絶たない。私たち消費者は，これらの表示をもとに安心・安全な食品を選んで購入することが常に求められている。

●加工食品

すべての加工食品のいちばん多い原材料に産地を表示する

名　　称	洋菓子
原材料名	小麦粉(国内製造), 植物油脂, 卵黄(卵を含む), 砂糖，生クリーム(乳成分を含む)，ごま，油脂加工品(大豆を含む)/加工でん粉, 膨張剤, 乳化剤, 香料
内 容 量	100グラム
賞味期限	欄外上部に記載
保存方法	直射日光，高温多湿を避けて保存
販 売 者	□□□□株式会社 東京都千代田区○○町1の1の1
製 造 者	○○○○株式会社　広島工場 広島県広島市西区△△町1の1の1

アレルギー表示の特定加工食品の廃止により，「卵黄（卵を含む）」，「生クリーム（乳成分を含む）」など，「(○○を含む)」が省略不可になる

アレルギー表示は個別表示が原則だが，表示面積が足りない場合など例外的に一括表示が可能に。この例の一括表示の場合は，最後に「(原材料の一部に小麦，卵，乳成分，ごま，大豆を含む)」となる

添加物以外の原材料と添加物を明確に区分するために，「／」や「：」，改行などで区切る

製造所固有記号のルールが変更。これまで製造所固有記号を用いていたが，製造所所在地や製造者名の表記が原則（複数工場で製造する場合のみ，製造所固有記号が使える）

●農産物

＜国産＞都道府県名（市町村または知られている地名）
＜輸入食品＞原産国名（知られている地名）

●畜産物

＜国産＞飼養地が属する都道府県名，市町村名
＜輸入食品＞原産国名

●水産物

生産した水域名または地域名（または養殖場が属する都道府県名）
冷凍したものを解凍して販売するときは「解凍」，養殖されたものを販売するときは「養殖」と記載

●遺伝子組換えの表示

❶遺伝子組換え農作物を原材料とした
　→「遺伝子組換え」（表示義務）
❷遺伝子組換えが不分別の農作物を原材料とした
　→「遺伝子組換え不分別」（表示義務）
❸原材料として不使用 →「使用していない」（任意表示）

JAS法関係 52基準	食品衛生法関係 5基準	健康増進法関係 1基準
遺伝子組換え食品 など	アレルギー表示 など	栄養表示基準 など

食品表示の規定を統合

食品表示法 ・栄養成分表示の義務化 ・アレルギー表示の改善 ・機能性表示食品の新設　など

食品表示に関するルールは，これまで食品衛生法，JAS法，健康増進法の3つの法律で定められていたが，よりわかりやすくするため，食品表示に関する規定をまとめた**食品表示法**が定められ，2015年4月に施行された。

●アレルギー表示

アレルギー症状を引き起こす物質（アレルギー物質）を表示する制度が2002年からスタートしている。2008年には，必ず表示しなければならない「特定原材料」にえび・かにが追加され，現在は特定原材料は8品目，特定原材料に準ずるものとして20品目の，計28品目が指定されている。

必ず表示される8品目

卵　乳　小麦　そば　落花生　えび　かに　くるみ

表示がすすめられている20品目

あわび　いか　いくら　オレンジ　キウイフルーツ　牛肉
さけ　さば　大豆　鶏肉　バナナ　豚肉　まつたけ
もも　やまいも　りんご　ゼラチン　カシューナッツ　ごま　アーモンド

表示対象作物（9品目）

大豆，とうもろこし，なたね，じゃがいも，わた，てんさい，アルファルファ，パパイヤ，カラシナ
※加工食品については，全原材料に占める重量割合が上位3品目以下で，原材料に占める重量の割合が5％以上のもの，製造の過程で組みこまれた遺伝子やその遺伝子がつくるあらたなたんぱく質が，技術的に検出できない場合には，表示が義務づけられていない。
※流通段階で遺伝子組換え農産物の意図せざる混入がある場合でも「遺伝子組換えでない」と表示できる条件が，「5％以下」から「不検出」に厳格化された（2023年4月より適用）。

1　消費期限と賞味期限の違い

消費期限（食品衛生上の有効期限：およそ5日間以内）

消費期限	期限内	期限外
日もちのしない加工食品 [例]弁当，サンドイッチ，総菜など	[例]○月○日まで（5日間） 食べてもよい	売ってはいけない 食べないほうがよい

賞味期限（風味の有無期限：3か月以上は年月表示でも可）

賞味期限	期限内	期限外
日もちのする加工食品 [例]スナック菓子，カップめん，缶詰	[例]3か月以内 2022年10月までの6か月以内 おいしく食べられる	まだ食べられる

インフォメーション 食物アレルギー▶じんましんや湿疹などの皮膚症状，下痢・嘔吐などの消化器症状などのアレルギー症状が起こる疾患のことをいい，近年，食物アレルギーの症状を起こす人が増えている。呼吸困難などの呼吸器症状や血圧低下，意識障害などが出るアナフィラキシーショックは命にかかわる場合もある。

2 食品の栄養表示

栄養成分表示は，これまで任意表示であったが，原則としてすべての加工食品と添加物に栄養成分表示が義務づけられた。

表示が義務づけられたのは，熱量（エネルギー），たんぱく質，脂質，炭水化物，ナトリウムの5つ。このうち，ナトリウムは，原則として「食塩相当量○ g」のように，食塩相当量に換算して表示されることになった。また，積極的に表示することが望ましい栄養成分として「飽和脂肪酸」「食物繊維」が推奨されている。

熱量	kcal
たんぱく質	g
脂質	g
－飽和脂肪酸	g
－n-3系脂肪酸	g
－n-6系脂肪酸	g
コレステロール	mg
炭水化物	g
－糖質	g
－糖類	g
－食物繊維	g
食塩相当量	g
上記以外の栄養成分	mgまたはμg（ビタミン，ミネラルなど）

太字：義務表示，赤字：推奨表示，その他：任意表示

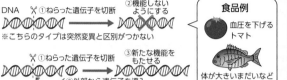
3 食品添加物

食品添加物は，❶食品の保存性を高める　❷品質を向上させる　❸栄養価を補充・強化する　❹風味をよくする　などの目的で食品に使用される。具体的には，保存料・甘味料・酸化防止剤・乳化剤・膨張剤・香料などがある。厚生労働大臣が安全性と食品に対する有効性を確認し，食品添加物として指定されたものだけが使用を認められる。

◆食品添加物の種類

種類	おもな物質名	用途	食品例
着色料 発色剤 漂白剤	食用赤色2号，食用黄色4号 亜硝酸ナトリウム，硝酸カリウム 亜硫酸ナトリウム，次亜硫酸ナトリウム	食品を着色し，色調を調節する。 ハム・ソーセージなどの色調・風味を改善する。 食品を漂白する。	菓子，飲料，漬物 ハム，ソーセージ，ベーコン 卵類，かんぴょう
甘味料 酸味料 調味料	アスパルテーム，キシリトール クエン酸，乳酸 L-グルタミン酸ナトリウム，5'-イノシン酸二ナトリウム	食品に甘味を与える。 食品に酸味を与える。 食品にうま味を与える。	清涼飲料水，菓子，チューインガム 清涼飲料水，菓子，漬物 一般食品
香料	酢酸エチル，オレンジ香料，バニリン	食品に香りをつけ，おいしさを増す。	菓子
増粘剤 安定剤 ゲル化剤 乳化剤	カルボキシメチルセルロースナトリウム， アルギン酸ナトリウム，キサンタンガム， グァーガム，ペクチン グリセリン脂肪酸エステル，植物レシチン	少量で高い粘性を与え，分離を防止。 食品成分を均一にし，安定させる。 液体のものをゼリー状にかためる。 水と油を均一に混ぜ合わせる。	アイスクリーム，シャーベット かまぼこ，アイスクリーム ジャム，ゼリー アイスクリーム，チーズ，マーガリン
保存料 防かび剤 酸化防止剤 pH調整剤	ソルビン酸，安息香酸 オルトフェニルフェノール，ジフェニル エルソルビン酸，トコフェロール DL-リンゴ酸，乳酸ナトリウム	かびや細菌などの発育を抑制し，食品の保存性をよくする。 かんきつ類などのかびの発生を防止する。 油脂などの酸化を防ぎ，保存性をよくする。 食品のpHを調節し，品質をよくする。	しょうゆ漬，魚肉練り製品 かんきつ類，バナナ 加工食品，バター コーヒーホワイトナー，弁当
ガムベース 栄養強化剤 膨張剤 かんすい イーストフード 豆腐凝固剤	エステルガム，酢酸ビニル樹脂，チクル L-アスコルビン酸，乳酸カルシウム 炭酸水素ナトリウム，焼ミョウバン 炭酸ナトリウム，ポリリン酸ナトリウム リン酸三カルシウム，炭酸アンモニウム 塩化マグネシウム，グルコノデルタラクトン	チューインガムの基材に用いる。 栄養成分を強化する。 ケーキなどをふっくらさせ，ソフトにする。 中華めんの食感，風味を出す。 パンのイースト発酵をよくする。 豆腐をつくるときに使用し，豆乳をかためる。	チューインガム 健康食品 菓子 中華めん 食パンなど各種のパン 豆腐，油揚

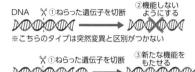

動物実験によって求められた，毒性のあらわれない最大無作用量（無毒性量）の1/100を食品添加物の許容量とし，「ヒトが生涯にわたって摂取し続けても安全であると考えられる量」をADI：acceptable daily intake（mg/kg/日）といいます。

Column

ゼロ表示とは？

手に取ったお菓子や飲料水の「カロリーオフ」や「カロリーゼロ」などの表示に目がいく人も多いのではないだろうか。近年ダイエット志向が高まり，商品を選ぶ際にカロリーや糖質などの表示を確認する人が多くなっている。

ところが実は，必ずしもカロリーゼロ＝0kcalではない。もしかしたら商品に含まれているカロリーや糖質は，自分の想定している量よりもずっと多いかもしれない。カロリーや糖質に限らず，栄養成分表示をチェックして商品を選ぶ習慣をつけるとよい。

◆飲み物のカロリー表示と栄養表示基準

カロリー表示	栄養表示基準
0カロリー （カロリーゼロ）	100mlあたり 5kcal未満
ノンカロリー	
カロリーオフ	100mlあたり 20kcal未満
低カロリー	
カロリーひかえめ	
ダイエット	

小論文ココが出題された▷ なぜ多くの消費者はゲノム編集食品に不安を感じ，食べたくないと思っているのか，その原因についてあなたの思うことを書け。また，あなた自身のゲノム編集食品に対する考えも合わせて600字以内で書け。【鹿児島大学・農学部・食料生命科学科・改】 **155**

食の安全

食の安全はまもられていますか?

⊙食の安全にかかわる最近の出来事

2001. 9	●国内ではじめてBSE(牛海綿状脳症)に感染した牛が発見される
2002. 3	●中国産冷凍ほうれんそうから農薬検出
2002. 8	●牛肉偽装・隠ぺい問題(日本ハム)
2004. 1	●国内で鳥インフルエンザ発生
2007. 1	●賞味期限切れ原材料使用問題(不二家)
2007. 6	●牛肉ミンチの品質表示偽装事件(ミートホープ)
2007.10	●賞味期限偽装,牛肉・鶏肉の産地・品種偽装(船場吉兆)
2007.12	●中国製の冷凍ギョーザで中毒症状
2008. 6	●中国産ウナギを国産と偽装(魚秀・神港魚類)
2008. 9	●事故米(汚染米)を食用といつわり転売(三笠フーズ)
2010. 3	●宮崎県で口蹄疫発生
2011. 3	●東日本大震災が発生,福島第一原子力発電所より放射性物質が漏出
2011. 4	●腸管出血性大腸菌O111食中毒で4人死亡
2012. 7	●牛レバーの生食用としての販売禁止
2013. 2	●BSE対策の見直しにともなう月齢基準などの改正
2014.11	●チキンナゲットに使用期限切れ鶏肉使用発覚(マクドナルド)
2014.12	●ハンバーガー商品に異物混入(マクドナルド)
2016. 1	●食品廃棄業者が委託したcoco壱番屋の賞味期限切れビーフカツを横流し(ダイコー)

日常の食生活で悩みや不安を感じている人は,全体の約2割である。そのなかで「自分の健康について」に次いで多いのが,「食品の安全性について」である。近年,食の安全性をおびやかす問題があとを絶たない。消費者にとっては「健康」や「生命」にかかわる大問題であり,社会全体での取り組みが必要である。

⊙食生活での悩みや不安
(2011年調査)

わからない 0.1%
感じている 22.8%
感じていない 77.1%

(内閣府「食育に関する意識調査」)

⊙悩みや不安の内容

内容	(%)
自分の健康	62.0
食品の安全性	53.8
家族の健康	51.9
家計や食費	19.5
食べ残し・廃棄など環境への影響	17.4
将来の食料供給	14.1
食文化の継承	8.0
その他・わからない	1.1

(2011年調査)
(内閣府「食育に関する意識調査」)

1 食品偽装問題

食品偽装とは,食品を提供する際に,産地,内容物,消費期限・賞味期限などについて,本来とは異なる表示で販売される問題のことをいう。

<食品偽装の例>
・産地表示偽装(ブランド偽装)
・原材料表示偽装
・消費期限・賞味期限表示偽装

このほか,工業用としてのみ購入が認められている事故米(汚染米)を食用といつわって販売した事件や,客が食べ残した食事を別の客に再度提供した事件などもあった。消費者にとっては,食品に表示されている原産地や原材料,賞味期限などの情報がすべてであり,それらの偽装は食の安全をゆるがす,許されない行為である。

企業は法令遵守(コンプライアンス)を実践し,消費者はそうでない企業の商品を買わない・食べないといった消費行動をとって,このような事件がなくなるようつとめたいですね。

2 食品のトレーサビリティ

トレーサビリティとは,生産,製造・加工,流通,小売段階の各段階の情報を追跡できるシステム。各事業者が食品を取り扱った際の記録を作成・保存しておく。これにより,健康に影響を与える問題や事故などが発生した際に,原因を調べ,商品の回収など迅速に対応したりすることができる。

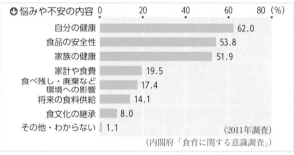

食品がどこから来たのか調べる(遡及),原因究明
ここで問題が発覚した場合
食品がどこへ行ったか調べる(追跡),商品を回収

①② 生産 → 加工・製造 → ③ 流通 → ③ 小売 → 情報提供 → ④ 消費者

●牛肉トレーサビリティの流れ

❶国内で生まれたすべての牛と輸入牛(生体)に10桁の個体識別番号をつける
❷性別・種別・出生から屠殺までをデータベースに記録

❸販売業者が個体識別番号を表示し,仕入れの相手先などを帳簿に記録・保存

❹購入した牛肉に表示されている10桁の個体識別番号により,情報を追跡・遡及

牛肉については,国内でBSEが発生したことをきっかけに,2003年に牛肉トレーサビリティ法が制定され,生産から流通・消費の各段階を通じて移動が把握されている。

↑耳標をつけた牛

国産黒毛和牛サーロインステーキ用
ラップ:PE
消費期限 00.0.00
個体識別番号 1234567890
100g当り(円) 000
内容量(g) 00
価格(円) 000
加工者(株)○○○○○○
保存温度 4℃以下
0 123456 789012

↑商品ラベルへの表示例

HACCP(危害分析重要管理点) ▶Hazard Analysis Critical Control Point。食品の製造工程で問題が起きやすい部分を予測・管理して危害を防止する方法。2018年6月に食品衛生法が改正され,原則,すべての食品等事業者に実施が義務づけられた。

③ 残留農薬・有害物質の規制

●ポジティブリスト制度
　この制度は，2006年から施行されている。従前の制度では，食品から農薬などが検出されても，その食品の販売を禁止するなどの措置をとれなかった。新しい制度では，残留農薬の基準値を設け，使用を認めるものについてリスト化（ポジティブリスト）するよう改められた。これにより，無登録農薬が基準を超えて食品に残留している場合など，従来は規制できなかった事例についても規制の対象にされた。

●ポストハーベストに対する規制
　輸入農産物に対して広くおこなわれている農薬処理に，ポストハーベストがある。ポストハーベストは，収穫後の農作物に害虫やカビが発生しないようにするために農薬を散布することをいう。収穫前の農薬処理に比べると，何倍も残留性が高いとされ，厳しい規制がおこなわれている。
　食卓に並ぶ前に食品から残留農薬や有害物質を除去するには，水洗い，皮をむく，煮る，炒める，焼く，蒸すなどをおこなえばよい。これらによって，10 ～ 90％程度の残留農薬を減らせることが知られている。

⬆日本への輸出用に収穫されたレモン（アメリカ）

⬆薬をしみこませた紙とともに箱詰めされるレモン

④ 食品中の放射性物質の基準値

　2011年の福島第一原子力発電所事故後，食品中の放射性物質の暫定規制値が設定され，それを超える食品が市場に流通しないよう出荷制限などの措置がとられた。しかし，よりいっそう食品の安全と安心を確保するために，事故後の緊急的な対応としてではなく長期的な観点からあらたな基準値が設定され，2012年4月から施行された。私たちは不確定な情報をもとにおそれるのではなく，知識をもって選択したり，行動したりする力が求められている。

●放射性セシウムの基準値（ベクレル）

食品群	基準値
一般食品	100
乳児用食品	50
牛乳	50
飲料水	10

- 調整粉乳（フォローアップミルクを含む），乳幼児向け乳料，乳幼児用食品（おやつなど），ベビーフード，服薬補助ゼリー，栄養食品など
- 牛乳，低脂肪乳，加工乳などのほか，乳飲料も含む（乳酸菌飲料・ヨーグルト・チーズなどは一般食品）

⑤ HACCPとは

　原材料の受け入れから最終製品までの工程ごとに，微生物による汚染，金属の混入などの危害要因を分析（HA）したうえで，危害の防止につながる特に重要な工程（CCP）を継続的に監視・記録する工程管理システムである。

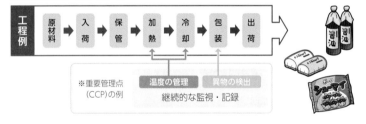

HA（Hazard Analysis）危害要因の分析（微生物，異物など）	CCP（Critical Control Point）重要管理点（加熱工程における温度，時間など）

工程例：原材料 ➡ 入荷 ➡ 保管 ➡ 加熱 ➡ 冷却 ➡ 包装 ➡ 出荷

※重要管理点（CCP）の例　温度の管理　異物の検出　継続的な監視・記録

Column

風評被害を起こさないために

　風評被害とは，いつわりの情報や根拠のないうわさ話によって，原因とは関係のない人が損害を受けることをいう。過去にも，O157の集団感染はかいわれだいこんが原因という厚生省（現厚生労働省）の発表で生産業者が風評被害にあったり，テレビで埼玉県の葉物野菜からダイオキシンが検出されたと報道され，ほうれんそうの価格が暴落したりした。
　国や生産者には，検査結果などの情報をすみやかに公表し，わかりやすく解説することが求められる。情報をかくしたり，公表を遅らせたりすると，かえって風評被害が拡大する。私たち消費者は，事実を正確に知り，報道やうわさ話におどらされず，冷静に判断するようにしたい。

●鳥インフルエンザ
　一般に人には感染しないが，感染した鳥の死骸や排せつ物を扱うなど濃厚に接触した場合に感染のおそれがある。しかし，鶏肉や鶏卵を食べて人が感染することは報告されていない。また，豚インフルエンザの場合も，豚肉やその加工品を食べることで感染することはない。

●口蹄疫
　牛，豚，羊などの偶蹄類の病気で，感染力が強く，発生すると被害が大きいため，移動制限と殺処分による感染拡大防止措置がとられる。もちろん，口蹄疫に感染した動物に由来する食品を食べても，人に感染することはない。

◑風評被害がひろがるしくみ

××県産の野菜から放射性物質が検出されたと公表
↓
××県産のほかの野菜も
「買うのをやめようかしら・・・」××県産
↓
「××県産は売れないから○○県産を仕入れよう」××県産　○○県産　スーパー

「○○県産のほうが安心だからこっちにしよう」○○県産
↓
「××県産の買い控えが起こっています」▲▲スーパー
↓
「やっぱり」買い控え・売り控えの動きがますますひろがる
風評被害

食生活

食品の衛生

食中毒クイズ

次の❶〜❼について，正しいものには○，誤っているものには×をつけよう。

- □❶冷凍すれば，細菌は死滅する。
- □❷十分温め直した食品なら食中毒は起きない。
- □❸食品を冷蔵庫に入れておけば，食中毒は起きない。
- □❹まず親が食べてみて大丈夫であれば，子どもも大丈夫である。
- □❺とれたての新鮮野菜は清潔である。
- □❻食中毒菌が増えた食品はにおうのでわかる。
- □❼野菜は土がついているほうが長もちするので，そのまま冷蔵庫へしまうほうがよい。

（「朝日新聞」2006年6月18日参照）

いくつできましたか？
実は正解はすべて×。満点が取れなかった人は，これから正しい知識を身につけて，安全な食生活を送りましょう。

食中毒予防の3か条

つけない
❶調理をおこなう前後には，石けんで手を洗い，洗剤とよごれを流水で洗い流す。
❷肉・魚・野菜などの生鮮食品は新鮮なものを購入し，消費期限を確かめたうえで使う。
❸洗剤をつけたタワシなどでまな板のよごれを落とし，水分を切ったのち，立てかけて乾燥させる。
❹調理台・流し台・ガス台周辺は掃除し，タオルやふきんは乾かして清潔なものにかえておく。

増やさない
❶冷蔵庫や冷凍庫への食品の詰めこみはせいぜい7割までにとどめ，冷蔵庫は10℃以下，冷凍庫は−15℃以下をめやすにする。
❷生肉や魚を冷蔵庫に入れるときは，その水分がほかにかからないよう，ビニール袋などに入れる。
❸調理前の食品を室内に長く放置しないで，時間が経たないうちに調理する。

殺菌する
❶生肉や魚などの食品は，中心部が75℃の状態になるようにして1分間以上加熱する。
❷生肉や魚を切った包丁やまな板は，よごれを洗い落とし，熱湯をかけ，日光に当てて乾燥させる。ときには漂白剤などで殺菌する。

1 食中毒発生状況

❷病因物質別にみた発生状況
（厚生労働省「2022年　食中毒発生状況」）

寄生虫による食中毒の割合が多いね。

円グラフ：
- 自然毒（5%）2
- 化学物質（1%）
- その他3（0.1%）9
- 不明（2%）50
- カンピロバクター 185（19%）
- 細菌総数 258件
- サルモネラ属菌（2%）22
- ウェルシュ菌（2%）22
- ぶどう球菌（2%）15
- 腸管出血性大腸菌（1%）8
- その他（1%）
- ウイルス 63（7%）
- ノロウイルス 63
- 寄生虫 577（60%）（アニサキス）566
- 事件総数 962件（2022年）

❷おもな病因物質別の患者数

グラフ（人数 0〜1,000人，1〜12月）：
- カンピロバクター
- サルモネラ属菌
- ぶどう球菌
- 腸管出血性大腸菌
- ウェルシュ菌
- ノロウイルス

（厚生労働省「2022年　食中毒発生状況」）

梅雨から夏場にかけて多発する食中毒は，細菌によるものが多く，冬場はウイルスによる食中毒が増えるのが通常だね。

2 ノロウイルスによる食中毒

ノロウイルスは，急性胃腸炎を起こす小型の球形ウイルスで，感染力が非常に強く，集団感染の原因となる。

免疫力の弱い高齢者や乳幼児，病人に感染すると，重症になることもある。このウイルスは，人の腸管内でのみ増殖し，自然界や食品中では繁殖しない。感染が多発する冬場は特に注意が必要である。

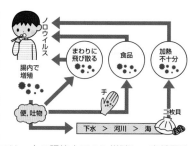

下水 ＞ 河川 ＞ 海

おもな症状	・急な吐き気や嘔吐，腹痛，下痢，発熱（38℃以下）などが1〜2日続く。
感染経路	・食品の調理者が感染していた場合（その人を介して食品を汚染することがある） ・二枚貝（あさり，かきなど）が海水中のノロウイルスを取りこんでいた場合 ・患者の便や吐物に触れた場合（乾燥すると空気中にただよいやすくなる）
予防方法	・調理や食事の前に石けんを使ってよく手を洗う。 ・二枚貝（あさり，かきなど）は十分に加熱する。 ・患者の世話をするときは，便や吐物の消毒を適正におこなう。

🛈 **インフォメーション** 食品の衛生と安全を守る法律▶〔食品衛生法〕飲食に起因する危害の発生防止，公衆衛生の向上・増進。食品および食品添加物の販売に先立ち，製造から運搬までの衛生管理。〔PL法（製造物責任法）〕飲食店や小売店のものを食べて身体異常があった場合，製造業者と販売業者は責任を取る。

③ 食中毒の原因物質・症状と予防策

	原因となるもの	おもな感染源・原因食品		症状	予防策	
細菌（感染型）	サルモネラ属菌	動物の腸管，河川，下水などに広く分布　卵（加工品含む），食肉（鶏肉），うなぎ		潜伏期：6～72時間　腹痛，下痢，嘔吐，発熱	卵の割り置きをしない，割卵後ただちに調理し早めに食べる	細菌性食中毒予防ポイント ①新鮮なものを消費期限を確認して購入 ②すぐに冷蔵庫や冷凍庫に保管 ③手洗い，調理器具の殺菌 ④中心部75℃以上で1分以上加熱 ⑤室温に長く放置しない ⑥清潔な容器で保存，再加熱
	カンピロバクター	家畜・ペットなどの腸管内　食肉（特に鶏肉），飲料水，生野菜		潜伏期：1～7日（長い）　腹痛，下痢，発熱37～38℃	加熱不十分な食肉を避ける，調理器具をよく乾かす	
	腸炎ビブリオ	海水，海泥　魚介類（刺身，すし，魚介加工品）		潜伏期：8～24時間　腹痛，下痢，発熱，嘔吐	真水でよく洗う，短時間でも冷蔵庫（4℃以下）で保存	
	病原性大腸菌	人や動物の腸管　糞便に汚染された食品		潜伏期：12～72時間　腹痛，下痢，発熱38～40℃	生野菜などはよく洗う，食肉は中心部まで十分加熱する	
細菌（毒素型）	黄色ぶどう球菌	人や動物，切り傷のある手指，化膿そう　にぎりめし，すし，肉，卵，乳，菓子類		潜伏期：30分～6時間　吐き気，嘔吐，腹痛，下痢	手指に化膿そうがある人は食品に触れない，低温保存が有効	
	ボツリヌス菌	土壌，河川，動物の腸管　缶詰，瓶詰，真空パック食品，いずし		潜伏期：8～36時間　吐き気，嘔吐，神経症状	膨張した缶詰などは食べない，レトルト類似品は必ず冷蔵	
	セレウス菌（嘔吐型）	土壌，水，ほこりなどの自然環境　チャーハン，ピラフ，スパゲッティ		潜伏期：30分～6時間　吐き気，嘔吐	大量調理，つくり置きをしない，小分けにして低温保存	
細菌（生体内毒素型）	セレウス菌（下痢型）	土壌，水，ほこりなどの自然環境　食肉，野菜，スープ，弁当，プリン		潜伏期：8～16時間　腹痛，下痢	大量調理，つくり置きをしない，小分けにして低温保存	
	ウェルシュ菌	人や動物の腸管，土壌，下水　煮込み料理（カレー，シチュー，スープ）		潜伏期：6～18時間　腹痛，下痢	前日調理，大量調理は避け，小分け後急速に冷却する	
	腸管出血性大腸菌O157	人や動物の腸管　牛肉（加工品含む），サラダ，飲料水		潜伏期：4～8日　激しい腹痛，血便	食肉は中心部までよく加熱する，二次汚染対策を十分に	
ウイルス	ノロウイルス	感染者の便や吐しゃ物　貝類（二枚貝）		潜伏期：24～48時間　吐き気，嘔吐，下痢，腹痛	中心部まで十分に加熱（85～90℃で90秒間）次亜塩素酸ナトリウムで殺菌するか，煮沸消毒	
寄生虫	アニサキス	アニサキス幼虫が寄生した魚介類の生食　さば，あじ，いわし，いか，さんま		生食の数時間後，激しい上腹部痛，悪心，嘔吐	目視で確認し除去する，60℃で1分加熱，または－20℃で24時間以上冷凍（酢では死なない）	
自然毒	動物性自然毒	ふぐの卵巣・肝臓の毒（テトロドトキシン）		手指・口唇まひ・呼吸困難，呼吸障害にともなう身体の赤紫色化	ふぐ調理は免許をもった専門家に任せる	
		毒かますの毒（シガテラ）		下痢・腹痛・嘔吐・口唇まひ・顔面まひ，歩行困難	市場管理	
		あさり，紫貝の貝毒（ゴニオトキシン）		吐き気・嘔吐・黄だん，口唇まひ，手足のまひ	禁止地域で採取したものは食べない	
	植物性自然毒	毒きのこ（アルカロイド類）		嘔吐・腹痛・下痢・神経症状	見慣れないものは食べない	
		じゃがいもの芽（ソラニン）		腹痛・頭痛・めまい・意識障害	芽を取り除く	
		青梅（アミグダリン）		嘔吐・下痢・けいれん	未熟な青梅・あんずは食べない	
		種実類のかび（アフラトキシン）		肝臓・腎臓の障害，神経まひ・発がん	かびのついたものは避ける	
化学物質	有機毒	残留農薬　殺虫剤，殺鼠剤	輸入食品　食品容器	胃痛・嘔吐・下痢・けいれん・呼吸困難	輸入時のチェックと管理，薬品の管理	
	無機毒（重金属）	水銀，鉛，ヒ素　カドミウム	産業廃棄物からの溶出	嘔吐・腹痛・下痢・けいれん・呼吸困難	食品関係器具の取り扱い，急性中毒・慢性中毒に注意	
	ヒスタミン	赤みの魚　（さば，いわしなど）		顔面紅潮・頭痛・発熱・じんましん	低温処理で菌によるヒスタミンの生成を防ぐ	

（食品安全委員会「食中毒予防のポイント」，東京都福祉保健局「食品衛生の窓」などをもとに作成）

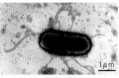
↑ サルモネラ属菌

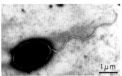
↑ 腸炎ビブリオ

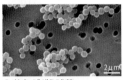
↑ 黄色ぶどう球菌

↑ ボツリヌス菌

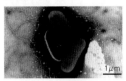
↑ 腸管出血性大腸菌O157

↑ ノロウイルス

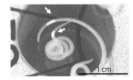
↑ アニサキス

Column

原因がわかってきた寄生虫による食中毒

　アニサキスによる食中毒は以前からあるが，2012年までは寄生虫を原因とする食中毒は，食中毒統計では「その他」の項に分類されていた。2013年からは，寄生虫による食中毒が個別に集計されている。

　また，ここ数年，全国的に，食後数時間で一過性の嘔吐や下痢を発症し，軽症で終わる原因不明の食中毒が発生していた。こうした事例の多くでは，特にひらめの刺身が提供されていたため，厚生労働省などが調査をしたところ，ひらめに寄生したクドア・セプテンプンクタータが下痢症状などを引き起こすことがわかってきた。ひらめは，冷凍もしくは加熱すれば，クドア・セプテンプンクタータによる食中毒を防ぐことができるが，生で食べることが好まれ，冷凍すると品質が低下することから，現在，冷凍以外の食中毒予防方法について研究が進められている。

↑ さばの内臓に寄生するアニサキス

↑ クドア・セプテンプンクタータ

小論文ココが出題された▷ 食中毒を防止するために家庭で，および個人でどのようなことに注意すべきと考えるか。その理由も含めて600字以内で述べよ。【大阪教育大学・教育学部・学校教育教員養成課程・改】

食生活

マナーと配膳

食卓から生まれるコミュニケーション

くつろぎ，なごみ，おいしく食べることができるようにするにはどのようにしたらよいのだろうか。テーブルコーディネートとは，食卓に座る家族やお客などの人のことを中心に考えて，食空間を演出することである。その空間のなかで，清潔感，食べやすさ，美しさ，楽しさなどに配慮することからはじまる。全体のイメージを組み立てるには，6W1Hのポイントを押さえることが大切である。コミュニケーションをとる大切な場所である食卓にふさわしいテーブルコーディネートを考えよう。

○6W1H

Who	だれが食べるのか
With whom	だれと食べるのか
When	いつ食べるのか
Where	どこで食べるのか
What	何を食べるのか
Why	何のために食べるのか
How	どのように食べるのか

高価な食器やテーブルクロスなどをそろえる必要はないんだね。

→母の日のコーディネート

1 日本料理のマナー

小・中学校の復習
○配膳の仕方
○箸の持ち方
○マナーに反する箸づかい

・添え物の量は少ない。
・しょうがを立てかけたり，だいこんおろしを右手前に置いたりする。
・料理は各自に1点ずつ盛って配膳する。
・時には，大盛りにして取り分けることもある。

食べ方 ●●●●●

・まず，汁を最初に温かいうちに飲む。ふたがついている場合は，飲み終わったあと，ふたを元通りにする。
・尾頭つきの魚料理を食べるときは，片身を食べたのち，そのままの状態で骨をはずし，下方の身を食べる（裏返して下方の身を食べない）。骨は皿のすみにまとめる。
・煮物は，箸を用いて「ひと口大」に切り分けながら食べる。切り分けて食べにくいものは，器をもって口元に近づけて食べてもよい。
・おかわりするときは，茶わんに両手を添えて差し出し，出されたお盆の上に置く。
・ゆっくり落ち着いて食べ，食べ終わったあと料理を残さないよう心がける。

○箸の持ち方

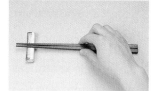

①右手で箸を上から持ちあげる。

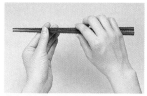

②左手を箸の下に添える。

③右手を箸にそって右方向にすべらせながら下に添える。

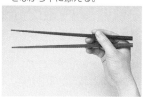

④人さし指と中指ではさんだ箸を動かし，もう一方の箸は動かさない。

〈マナーに反する箸づかい〉

寄せ箸
箸で器を引き寄せる。

空箸（そらばし）
料理に箸をつけたのに，取らずに箸を戻す。

探り箸
器の中の料理を箸でかきまぜ，なかを探る。

迷い箸
何を食べるか迷って，料理の上で箸をうろうろさせる。

刺し箸
箸を料理に突き刺し，食べる。

受け箸
箸を持ったままでおかわりをする。

込み箸
口いっぱいに料理をほおばり，箸で押しこむ。

ねぶり箸
料理を何もはさんでいない箸先をなめる。

涙箸
箸先の料理から，汁やしょうゆをポタポタたらす。

ⓘインフォメーション 　**韓国料理のマナー**▶目上の人が食べはじめてから箸をつけるようにする。ごはんはスプーンで食べ，箸を使うのはおかずを食べるときだけである。食器を手で持たないのは，西洋料理や中国料理と同じ。

2 中国料理のマナー

・香辛料や乾物の種類を多く用い，でんぷん，油脂，野菜を組み合わせる。
・前菜，大菜（主菜），点心などがある。
・中央の回転する円卓上に大皿に盛った料理を置く。

↓テーブルセッティング

大皿
小皿
ちりれんげ
こばち 小鉢
取り皿

中国料理のテーブルセッティングは厳密な決まりごとはないが，普通1人分の食器として上図のように並べる。箸の位置は，日本式に取り皿の前に横にしておく場合もある。基本的には箸を使っていただくが，食べづらいものは，ちりれんげを自由に使ってもよい。

↓ちりれんげの持ち方

持ち方はいろいろあるが，図のように，柄のみぞに人さし指を入れ，親指と中指ではさむようにして持つと扱いやすい。

食べ方

・回転卓は，時計周りにまわす。料理は座ったままで取り，立ち姿勢で取らない。
・料理がまわってきたら，取り皿に早めに取る。全体の人数を考えて適量を取り，好きな料理だからといって取り過ぎない。
・料理の取り箸は常に回転卓上の料理のそばに置き，自分の箸や取り皿は手元に置く。
・料理ごとに取り皿を替え，味が混ざらないようにする。料理は残さない。

めんは，ちりれんげにのせて食べる。

3 西洋料理のマナー

↓テーブルセッティング

シャンパングラス
タンブラー
ワイングラス（赤ワイン）
ワイングラス（白ワイン）
ナプキン
パン皿
位置皿

西洋料理のテーブルセッティングには決まりがあり，上図のようにセッティングする。正式には白いテーブルクロスをかけるが，略式には色柄物でもよい。飾り花は切り花を用いるが，料理をひきたたせるよう強い香りのものは避けて，視線より低い位置に生ける。ナイフやフォークは基本的には，外側に並べられているものから順番に使う。

↓ナイフとフォークの持ち方と置き方
[持ち方]

↓ナプキンの使い方
・ナプキンは，最初の注文をしたあとに広げる。
・ナプキンは2つ折りにし，輪になったほうを手前にしてひざに広げる。
・ナプキンを広げるのは，服をよごさないためであるが，唇やグラスについたよごれをふきとるときも使う。

[食べる途中で置くとき]

[食べ終わったあとで置くとき]

▼ナプキンは胸元にかけないでひざに置く。

▶中座するときはいすの上へ

食べ方

●スープ

・スプーンで皿の手前からスープをすくい，口にあてて流しこむ。
・スープの量が少なくなってきたら，皿の手前を少し持ち上げ，すくって食べる。

●魚料理

・中骨にそって頭のほうからナイフを入れ，身をはずす。
・左からひと口ずつ切り，ナイフでソースをからませながら食べる。
・骨をはずしたら，左から身を切って食べる。

●パン

・パンは，皿の上で，ひと口大にちぎってバターをつけながら食べる。
・バターは，バタークーラーから自分のバターナイフで，あらかじめひと切れ取っておく。

●肉料理

・左から，ひと口大に切り，ナイフでソースをからませながら食べる。
・最初に全部を切るのではなく，ひと口大に切りながら食べる。

●ライス

・ライスは，フォークの腹に乗せて食べる（背には乗せない）。
・食べにくいときは，フォークを右手に持ちかえてもよい。

●デザート

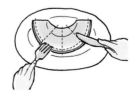

・アイスクリームなどは，スープと同じ食べ方。
・メロンなどフルーツは，フォークで左端を固定し，ナイフを身の下側に通して，ひと口大の大きさで食べる。

小論文 ココが 出題された あなたの食生活（食卓の風景，日頃食している食品や料理，行事食など）についての考えをまとめ，800字以内で述べよ。【鹿児島純心女子大学・看護栄養学部・健康栄養学科】

161

食生活

テーマ　災害食を考案しよう

災害食や非常食は，災害などの異常事態が発生したとき，その直後から日常的な生活に復帰するまで用いられる食べ物のことをいう。食物繊維の不足，乳幼児や高齢者，えん下障害や食物アレルギーがある人などへの配慮の問題，同じものばかり食べ続けることになるストレスなど，被災地ではさまざまな課題が明らかになっている。いざというときに備えて，災害食づくりにチャレンジしよう。

STEP 1

災害発生後，食事を取りまく環境や，食べる側の欲求は，どのように変化するのだろうか，知っておこう。

《発生直後に備えて用意しておきたい災害食》

	時期	食をとりまく環境	腹の足しになるもの	飲み物（500mL）	心の足しになるもの
ステップ1 米や乾燥野菜を食べるのは不可能。包装を開けてすぐ食べられるものが望ましい。	災害が起こった直後（発災〜3日後）	非常持ち出し袋のなかの災害食を飲食する	ビスケット，クラッカー，缶入りパン，かゆ・雑炊などの缶詰・レトルト，バランス栄養系食品	飲料水，野菜ジュース缶，お茶缶，缶紅茶，缶コーヒー	みかん缶詰，缶入りケーキ，プリン缶詰，ミックスフルーツ缶詰，一口ようかん

《発災4日以降のおすすめメニューと食への欲求の変化》（1人分）

	時期	食をとりまく環境	主食系	魚か肉のおかず系	野菜のおかず系	デザート系
ステップ1〜2までの間	4日〜約1週間まで	家に置いてある災害食を飲食する	運よく電気が回復すればカップ麺6個，アルファ化米など6袋，そうでなければステップ1を続ける	缶詰・レトルト12個	缶詰・レトルト12個	好みのデザートを選ぶ1日1個
ステップ2 飲料水の備蓄があれば，かなりの食品が役立つ。	やや落ち着きを取り戻した時期（約1週間後〜）	電気が回復，電気釜使用可，ごはんとおかずが食べられる	アルファ化米，無洗米など	缶詰，レトルト，カレー，卵丼の素など	缶詰，レトルト，八宝菜の素，炊き込みごはんの素，のりの佃煮など	おかきの缶詰，干菓子など
ステップ3 ビタミン，ミネラル，食物繊維などが不足してくる。	日常へ向かう回復時期（約1か月後〜）	野菜や新鮮な食べ物が欲しくなる，店舗が開き始める	乾麺（スパゲッティ，うどん，そばなど）無洗米	生野菜，肉，魚が欲しくなる	炊事がしたくなる 調味料，油，マヨネーズ，ケチャップ，しょうゆ	生菓子が食べたくなる

（NHKウェブサイト「そなえる防災」（http://www.nhk.or.jp/sonae/）より，甲南女子大学名誉教授　奥田和子先生のコラムを元に作成）

STEP 2

災害食の備蓄方法について，家族で確認しておこう。

●災害食のポイント

《ローリングストックする》備蓄する食品の賞味期限は6か月程度で十分。ローリングストック方式（普段食べているものを多めに買い置きし，期限が切れる前に食べ，不足分を新たに補充する）なら，賞味期限が長い必要はない。廃棄が出ず，環境にも優しい。

●災害食の保管場所　−だれがどこに置けばよい？−

自分が主人公になり，自分で買い物をして，自分で管理し，自分の長く居る部屋に置こう。1か所集中より，分散備蓄がよい。

●津波対策の場合：最上階に置く。

●住居が災害に巻きこまれやすい場所の場合：安全地帯に住む友人・親戚に預け発災後に届けてもらってもよい。

《取り出しやすく便利な置き方》主食系，魚・肉系，野菜系，デザート系に分類する。ステップ1の食品（3日分）と飲料水や野菜ジュース缶などは，体力に合った大きさの不燃性の非常用持ち出し袋に入れ，持ち出しやすい場所に置く。

●家族構成にあわせた備蓄を考えよう

普段から食べ物にこだわりがある人，高齢の人，介護の必要な人，アレルギーなど持病のある人，粉ミルクを飲んでいる乳児，離乳食を食べている幼児がいる家庭は，特に手厚い備蓄をしておこう。

《乳幼児がいる場合》

●災害時には母乳が出なくなることもあるため，粉ミルク（計量不要で水を加えるだけの固形キューブタイプのミルク，液体ミルクなども便利），ほ乳びんを用意しておく。

●食物アレルギーの乳幼児がいる場合は，アレルギー用食品（半調理品，調味料，菓子類など）を普段から余分に買っておく。

《高齢者がいる場合》

●そしゃく困難な人がいる場合はやわらかく食べやすい備蓄品を用意する。

●慢性疾患をもっている場合は，自分に合う非常食を用意しておく。

◆非常用持ち出し袋に入れる災害食の例　自分好みに改定して災害食を準備しよう

腹の足しになるもの

ビスケット

缶入りパン

アルファ化米

粥

レトルトかゆ

飲み物

飲料水

野菜ジュース缶

缶紅茶

心の足しになるもの

一口ようかん

ミックスフルーツ缶詰

プリン缶詰

 **STEP 3**　便利な保存食にはどんなものがあるかを調べ，自分の家族に合ったものを検討しよう。

⤵水を入れるだけのアルファ化米

（尾西食品株式会社）

⤵付属の発熱剤で温まる食品

（ホリカフーズ株式会社）

⤴パンの缶詰

（株式会社
パン・アキモト）

⤵温めずに食べられるレトルトカレー

（ハウス食品株式会社）

⤵野菜をしっかりとることができるパウチ

（株式会社明治）

⤴賞味期限の
長い菓子
（江崎グリコ
株式会社）

 **STEP 4**　簡単なサバイバルレシピにチャレンジしよう。

タンタン風春雨スープ

【材料】練りゴマ・みそ・しょう油・鶏がらスープの素　各小さじ１　豆板醤　少々
紙コップ　お湯　春雨（ビーフンやそうめんでも
〇K）　＊調味料は好みで加減する
【つくり方】春雨は水で30分ほど戻し，紙コップに入れる。調味料を入れてお湯をそそぐ。

（練馬区サバイバルレシピ参照）

ポリ袋ごはん

【材料】無洗米150g（無洗米カップ１合分）
水200ml　ポリ袋
【つくり方】ポリ袋に，無洗米と水を入れ，
20〜30分浸水させる。
ポリ袋の空気を抜きながらねじり，高い位置
で結ぶ（米がふくらむ分を考慮する）。
鍋底に皿を敷き，お湯を沸かしてポリ袋を入れ，約20分加熱する。
火を止め，鍋に入れたまま約10分蒸らす。

 **STEP 5**　自分だけのサバイバルレシピを考案しよう。

【条件】
・保存食（備蓄品）を使用する。
・水道や電気，ガスなどのライフラインがストップしているものとして，
　できるだけ余計な水を使わないもの，火力としては，カセットコンロ
　などを使用するものを考案する。
・お皿などが必要ないもの，洗い物が出ないものを工夫する。
●クラスで試食して，評価し合おう。あらかじめクラスで「おいしいか」
「食物繊維など，栄養バランスが考慮できているか」「避難所でみんな
の心がなごむようなレシピか」など，評価の観点も自分たちで決めて
から取り組もう。

◆あると便利！

ラップ　アルミホイル　キッチンペーパー　紙コップ　プラスチックスプーンフォーク　マイはし　卓上コンロ　ポリタンク　ポリ袋　歯ブラシ　マスク　体温計　ロープ　ホイッスル　ガムテープ　アルコールタイプのウェットティッシュ　アルコール消毒液

備えあれば
うれいなし

163

調理の基本

1 調理の基本手順

献立作成	⇒	準備	⇒	調理	⇒	食事	⇒	あとかたづけ

主食

主菜

副菜

決定

準備

●材料をそろえる
・在庫品のチェック！

●調理法を確認
・用具の使いまわし
・コンロ使用の手順
→イメージ化！

●身支度をする
・手をきれいに洗い，衛生に気をつける！

調理

洗う　土や農薬を落とす！
↓
切る　火の通り方／味のしみこみ方／見ための美しさ〕を考える。
↓
加熱
↓
調味 ▶ 盛りつけ ▶ 配膳
　　　食べやすさ／見ための美しさ〕を考える。

食事
●正しい姿勢
●マナーを守る
●食事を楽しむ

あとかたづけ
●汚れの度合いによって分ける。
●油汚れはあらかじめ取り除く。
●洗いおけにつけ置きしておいてから落とす。
●汚れ落ちを確認しながらすぐに。

2 調理器具の扱い方

鍋・やかん
・鍋の柄に炎がかからないように注意する。
・片手鍋の柄を引っかけないよう注意する。
・柄が熱くなっているときは，鍋つかみや乾いたふきんで持つ。ぬれたふきんは熱くなるので注意する。ふきんを炎の近くに置きっぱなしにしない。
・やかんのもち手は，熱くならないように立てた状態で加熱する。

フライパン・中華鍋
・使用後は温かいうちに手早く湯と洗剤で洗う。汚れが落ちにくいときは，湯をそそいでしばらく置いておく。
・まず油汚れは紙などでふき取る。次に湯だけで洗い，表面に黒い膜ができたら洗剤で洗う。

包丁
・きれいに水洗いしたのち熱湯をかけ，水気をふきんでふき取り，乾燥させてからしまう。

まな板
・調理台の上に安定よく置く。ぬれたふきんを敷くとすべらない。
・使う前には水でよくぬらし，水気をふき取ってから使うと汚れやにおいがしみこみにくい。
・野菜用と生の魚や肉用は，できれば分けるほうが好ましい。同じまな板を使う場合は，野菜から切るようにする。
・使用後は水で洗い流し，洗剤をつけて汚れを完全に落とす。次に，熱湯をかけて消毒し水気をふいて乾燥させる。

菜ばし・木べら
・熱湯をかけ，よく水気をふき取ったのち，カビが生えないよう日光に当てて乾燥させる。

すり鉢・すりこぎ
・すり鉢はぬらさずに使う。魚や，肉のときはすりこぎだけをぬらしてから使う。
・きき手ですりこぎを握り，もう一方の手はすりこぎの上を支えるようにして回す。
・使用後は刻み目にそって洗剤とタワシで洗い，乾燥させる。ほこりが溝にはいりこまないように伏せておく。

調理台・ガス台
・ぬれたふきんで清掃し，乾燥させる。

ふきん
・熱湯や漂白剤で殺菌する。

その他の調理器具

穴じゃくし　泡だて器　フライ返し　バット　巻きす

3 調理用電化製品

電磁調理器　磁石線によって鍋を発熱させて加熱調理する。火を使わないので安全。銅，アルミ，耐熱ガラス，陶磁器，土鍋などは使用できない。また，鉄製であっても鍋底の丸い中華鍋などは使えないので注意する。

フードプロセッサー　混ぜる・刻む・する・おろす・切るなどの作業が短時間でできる。

電気圧力鍋　鍋とふたを密着させて加圧し，水の沸点を高くして加熱するため，短時間で調理することができる。

ハンドミキサー　泡立てやかくはんをする機器。お菓子づくりのときにあると便利。

電気調理器　電気を熱源とした加熱調理器具。専用の鍋や焼肉用のプレートなどがあり，卓上用としても使われる。

電子レンジ
・食品を温めるだけでなく，ゆでる・蒸すといった下ごしらえから煮るなどの調理を手早く簡単におこなうことができる。
・庫内に汚れがあると電波がそこに吸収されてしまうので，使用後はすぐにかたく絞った布で飛び散った汚れをふき取っておくとよい。
・庫内のにおいが気になるときは，耐熱容器に酢を少量入れて加熱し，その後，しばらく扉を開けておく。

④ 手の洗い方

❶ 流水で汚れを簡単に洗い流す。
❷ 石けんを十分泡立て、手のひらをよく洗う。
❸ 両手の甲をよく洗う。
❹ 両手を組むように、指の間もこすり洗う。
❺ 親指を反対側の手でねじるようにして洗う。
❻ 指先と爪の間を洗う。
❼ 手首も忘れずにしっかり洗う。
❽ 流水で石けんと汚れを洗い流す。

⑤ 包丁の扱い方

小・中学校の復習

◆包丁の部位と使い方

腹　峰　つば　柄

切っ先
・材料に切りこみを入れる。

刃先
・野菜を薄く切る。
・刺身を切る。

あご・じゃがいもの芽を除く。
刃元・かたいものを切る。
・皮をむく。

中央
・輪切り、せん切りなど切ること全般に。

刃先を使うとき

人さし指をみねにあてて、刃先を安定させる。

中央から刃元を使うとき

親指をつばにあてて柄をしっかりと握る。

皮をむくとき

刃元に親指をあて、残りの指で柄を握る。

◆食品の押さえ方

・指先を丸めて、切るものを押さえる（指先を伸ばすと、危険）。
・指の関節に包丁の腹をあてて、押さえた手をずらしながら切る。

全体に力を注いで切るとき
斜め前方に押しながら切る（おもに野菜など）。

刃先に神経を注いで切るとき
手前に引くようにして切る（おもに肉・魚など）。

◆日常よく使う包丁の種類

牛刀
肉・魚・野菜・パンなど多用途に使える。

ペティナイフ
果物・野菜の皮むきや小細工に用いる。

出刃包丁
魚をおろしたり、骨を切る。

⑥ 野菜の切り方

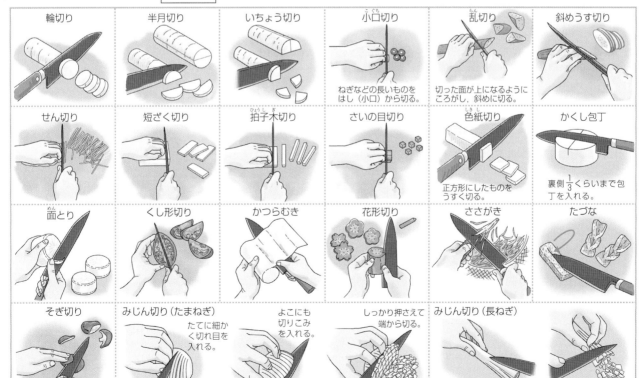

輪切り	半月切り	いちょう切り	小口切り	乱切り	斜めうす切り
			ねぎなどの長いものをはし（小口）から切る。	切った面が上になるようにころがし、斜めに切る。	
せん切り	短ざく切り	拍子木切り	さいの目切り	色紙切り	かくし包丁
				正方形にしたものをうすく切る。	裏側 $\frac{1}{3}$ くらいまで包丁を入れる。
面とり	くし形切り	かつらむき	花形切り	ささがき	たづな

そぎ切り	みじん切り（たまねぎ）			みじん切り（長ねぎ）	
	たてに細かく切れ目を入れる。	よこにも切りこみを入れる。	しっかり押さえて端から切る。	縦に数本切れ目を入れる。	端から細かく切る。

165

調理の基本

7 魚の下ごしらえ

 ←あじの
三枚おろし

 ←いかの
おろし方

●魚介類のおろし方

あじの三枚おろし

❶胸びれの下から頭を落とす。内臓をかき出してなかを水洗いする。

❷腹を手前に，尾を左に置き，中骨にそって包丁を入れる。

❸裏返して，中骨と身の間に包丁を入れて切り離す。

❹腹骨をそぎ取り，仕上げる。

腹わた・えらの取り方

腹を開く

●頭を落とし，腹を切り開いて切り目から，包丁の先でわたをかき出す。

頭から引き出す

●いわしなどは頭を落として，切り口からわたを引き出して取り除く。

小さな切り目を入れる

●姿をいかした料理は，裏になる側の腹に小さな切り目を入れ，包丁の先で押しつけて取り出す。

つぼ抜き

●割りばしを左右のえらに突き刺し，腹まで差しこみ，ひねって取り出す。

えびの背わた取り

●背の峰のやや下に，ようじを横から刺して背わたを引き出す。

えびの尾先

●油料理に使うときは，尾の先を切って水をしごき出す。

えらを取る

●腹を上に向けて，えらぶたを指で押し広げ，包丁を差し入れてえらのつなぎ目を切り，包丁に引っかけて取り出す。

いかのおろし方

❶足のつけ根から胴に指を入れて足をはがし，足を引き抜く。軟骨も取る。

❷えんぺらをはがす。

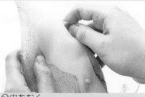
❸皮をむく。

❹頭にたてに包丁を入れて切り開き，口と目を除く。

●魚介類の下処理の方法
※下処理の多くは，生ぐさみを取り除いたり，うま味を引き出すことが目的。料理や材料によって適切な方法を選ぶ。

塩じめ	立て塩	酢じめ	湯通し・霜降り	たこの塩もみ	貝の砂出し

ザルに並べ，適量の塩（2～4％塩分：あじ2％，さば4％など）を振る。 ➡余分な水分と生ぐさみが抜け，身がしまってうま味を引き出す。	海水程度の塩水（2～4％塩分：あじ2％，こはだ3％，いわし4％など）に，おろした魚をひたす。 ➡塩を振るよりも早く塩がまわり，身がしまって，生ぐさみが抜ける。	塩じめしたあと，かぶるくらいの酢にひたす。 ➡生ぐさみを除くとともに，酢の殺菌作用を利用する。	・湯通し…盛りつけの裏になるほうから表へ，熱湯をかける。 ・霜降り…沸騰した湯に入れ，表面が白くなったら水に取り，洗う。	内臓を除いたあと，たっぷりの塩でしっかりもみ，水洗いする。 ➡ぬめりを除くと早くゆであがり，口触りがよくなる。	殻の表面をきれいに洗い，海水ぐらいの塩水（3％塩分）に，ひたひたにつける（貝をザルに入れると吐き出した砂を再び吸いこまない。）

8 肉の下ごしらえ

●そぎ切りにする
肉をひと口大にする方法。肉の端を押さえ，包丁を寝かせてそぐように薄く切る。
↓
味がしみこみやすい。

●細切りにする
肉の繊維にそって端から細長く切る。
↓
炒めるときに縮んだりちぎれたりしない。

●筋切りをする
肉と脂肪層の間にある白い筋に，包丁の先を入れて2〜3mm間隔で押し切る。
↓
そり返りを防ぐ。

●筋を抜く
筋の両側の肉に軽く包丁を入れてから，肉を包丁でしっかり押さえながら筋を引っ張り抜く。

●肉をたたく
肉たたきなどを用いて肉質をやわらかくしておく。
↓
火の通りがよく，口当たりもやわらかくなる。

●たこ糸をかける
ローストビーフ，焼き豚の肉などには，たこ糸をかける。
↓
加熱しても形が悪くならない。

9 あく抜き・水抜き・油抜き

⤵あくの抜き方

なす

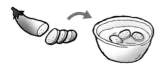

切ったらすぐに水につける。

だいこん

米のとぎ汁で下ゆでする。

ごぼう・れんこん

切ったらすぐに水や酢水につける。

たけのこ

先を切り落とす。
たてに切り目を入れる。

ぬかと赤とうがらしを入れる。
1時間ゆがく。

わらび・ぜんまい

わらび　重曹

・重曹を加えた熱湯でさっとゆがき，冷水に取ってさらす。
・ふきのとう，よもぎなども。

ふき

塩　板ずり

まな板に乗せて塩を振って板ずりし，熱湯でさっとゆでて，冷水にさらす。

ほうれんそう・しゅんぎく

熱湯でゆで，冷水にさらす。

さつまいも

皮を厚めにむき，切ったあと，水にさらす。

⤵水の抜き方

きゅうり

両手で包むように絞る。

塩を振り混ぜ，しんなりさせる。

こんにゃく

水分とくさみが抜ける。

切れ目を入れたり，ちぎったりして沸騰した湯でゆでる。

豆腐

熱湯で2〜3分ゆでると，水気が抜け，崩れにくくなる。

⤵油の抜き方

油揚げ・生揚げ

ザルに乗せて熱湯をかけると，油くささが抜け，味もしみこみやすくなる（熱湯のなかにくぐらせてもよい）。

10 電子レンジで下ごしらえ

電子レンジでは電磁波の力で内側から一気に加熱するため，他の調理法と比較しても短時間で食品を温めることができる。

豆腐の水切り

キッチンペーパーで包み，耐熱皿に乗せてラップなしで約2分加熱。

干ししいたけを戻す

裏まで水でぬらしてから水にひたして，ラップをして3分加熱。

じゃがいもの下準備

まるごと加熱する時は，竹串で数か所穴をあけて，ラップなしで2分加熱。

バターを溶かす

ラップなしで20秒加熱。余熱でも溶けるので，加熱し過ぎない。

電子レンジの有効利用

「ゆでる」調理は電子レンジを使う方が断然省エネ！
・電子レンジの方が短時間で火が通り，料理の時間が短縮できる。
・フライパンや鍋で調理しながら，同時進行で利用できる。

1Lの水をガスコンロで沸騰させて野菜（100g程度）をゆでるのと，同じ食材を電子レンジで同程度まで下ごしらえするのでは，年間約1,200円もの差がある（365日，1日1回調理の場合，野菜の種類や量によっても金額は変わる）。

調理の基本

11 だしの取り方

かつお・こんぶだし

❶ぬらしてかたく絞ったふきんで，こんぶ表面のゴミや汚れを取る。

❷水とこんぶ（水に対して1%）を鍋に入れ30分ほどつける。中火にかけ，沸騰直前に取り出す。

❸削りかつお（水に対して3%）を入れ，沸騰したら火を止める。

❹削りかつおが下に沈むまで2～3分置く。

❺ボールにザルを乗せ，ぬらしてかたく絞ったふきんかペーパータオルを敷いて，❹の汁をこす。

こんぶだし

❶鍋に水とこんぶ（水に対して1%）を入れて火にかける。火にかける前に，30分ほど水につけておいてもよい。

❷沸騰する直前にこんぶを取り出す。

煮干しだし

❶煮干しの頭を折って除き，身をたてに割りさいてわたも取り除く。

❷鍋に水と煮干し（水に対して2%）を入れて火にかける。火にかける前に，15分ほど水につけておいてもよい。

❸沸騰したら，あくを取りながら弱火で5～6分煮て，こし取る。

12 米の洗い方・炊き方

❶ボールにたっぷりの水をためて洗う。1回目は手早く洗ってすぐに水をかえる。

❷何度かかき混ぜるように洗い，4～5回水をかえてすすぐ。

❸分量の水を加えて，夏は30分，冬は1時間以上浸水させて炊く。炊き上がったら全体を軽く混ぜる。

13 乾物の戻し方

- 干ししいたけ　手早く洗って冷水に5～6時間。
- 切り干し大根　手早く洗って水に15分。
- かんぴょう　塩でもんで手早くゆでる。
- きくらげ　水に20分。
- 塩蔵わかめ　手早く洗って塩を流し，水に10分。
- 芽ひじき　水に20分。

14 計量と調味

計量カップ・スプーンの正しい使い方

●粉状のもの

砂糖・小麦粉などは，かたまりがあればつぶし，粉状にしておく。ふんわりと盛ってすり切り用へらを使ってはかる。

スプーン1杯
スプーンを平らにならし，へらを多少傾けてすり切る。

スプーン1/2杯
へらの曲線部分を真ん中に直角に立て，先を払う。

スプーン1/4杯
1/2の状態から同じ要領で1/4を取り除く。

●液体

しょうゆ，植物油など，表面張力で液体が盛り上がるくらいまでいれてはかる。

スプーン1杯
水平に持ち，表面が盛り上がるくらいまで入れる。

スプーン1/2杯
スプーンの深さの2/3まで入れる。

●計量カップ

1カップは200mL。1/2カップは目盛りの100mLまで入れる。

●塩分と糖分

調味料によって塩分や糖分の含有量は異なる。塩分は塩を基準として，それぞれの調味料が塩に相当する塩分をどれだけ含むかで使用量が変わる。糖分についても同じである。

●だしの塩分含有率

だしにも塩分は含まれており，その量は削り節とこんぶの一番だしで0.09%，二番だしで0.02%，こんぶだしで0.15%程度である（手づくりの場合）。また手づくりのだしよりインスタントのだしのほうが塩分含有率は高い。

⤵塩分と糖分の換算

調味料	塩分含有量（%）	使用量の比率（重量g）
塩	95以上	1
濃い口しょうゆ	約15	6
みそ	約12	8

調味料	糖分含有量（%）	使用量の比率（重量g）
砂糖	99以上	1
みりん	約42	3

●レシピの読み方

レシピには容量（mL）ではなく重量（g）で分量が書かれている場合がある。それぞれの調味料の容量と重量を把握して味つけを失敗しないようにしたい（調理早見表参照）。

また，レシピの分量が何人分なのか確認し，つくりたい量と違うときは必要分に計算してからつくろう。

⑮ 調理の基本技術

ゆでる

[野菜のゆで方]

根菜類
水からゆでる

小・中学校の復習

かぶるぐらいの水を入れて火にかける。なかまで火が通る。

葉菜類
沸騰させてからゆでる

小・中学校の復習

葉菜(ほうれんそう, しゅんぎく, こまつな)は, 根や茎のかたい部分からゆで, 次に葉の部分をゆでる。ゆであがったら, 水に取ってさらす(アクの成分であるシュウ酸が抜け, 緑色が鮮やかに仕上がる)。

ブロッコリーは, 茎, 花蕾の順に入れ, 3〜5分ゆでてザルに取って冷ます。

[めんのゆで方]

乾めん

沸騰したたっぷりの湯にめんを入れ, 菜箸で混ぜながらゆでる。

ゆで上がったらザルにあげ, 流水で洗う。

スパゲッティ

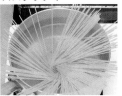

塩味をつけたい場合, 沸騰した湯に1%の塩を入れ, めんを放射線状に入れる。

軽く混ぜ, 吹きこぼれない程度の火加減で「アルデンテ(少し芯が残った状態)」にゆでる。

ゆでためんにバターやオイルをからめておくと, めんがくっつきにくい。

煮る

野菜  **魚**  **肉と野菜**

野菜：大きいものにはあらかじめかくし包丁や面取りをする。煮汁が足りなくなったら水を足し, 多すぎたら煮汁をとばす。沸騰まで強火にするが, その後は煮汁の様子を見て加減する。さ(砂糖), し(塩), す(酢), せ(しょうゆ), そ(みそ)の順番に調味し, 煮汁が行きわたるように落としぶたをする。

魚：うま味が流れ出ないように煮汁を煮立たせたところに魚を入れる。魚が重ならないように並べて入れ, 落としぶたをして手早く煮る。くさみがある魚には, しょうがや梅干しなどを加えて煮る。

肉と野菜：ポトフ, シチュー, カレーなどの煮こみ料理では水から煮る。コトコトゆるく, 下から沸き上がる程度の火加減で煮る。アクが表面にまとまってきたら取り除く。

炒める

- 材料から水が出る前に, 早く火を通せるように, 鍋は表面積が大きいものを選ぶ。熱が伝わりやすい鉄製の中華鍋などがすぐれている。
- 鍋を十分加熱し, 油を全体になじませてから材料を入れる。
- 材料は大きさをそろえて切り, かたいもの・火の通りにくいものから順に炒める。
- 材料を常時かき混ぜるのではなく, 鍋に材料をしばらく広げ, 火がまわるたびに炒め合わせることを繰り返す。

焼く

魚  **牛肉**  **豚肉**  **卵**

盛りつけで上になる側から焼き始め, 適度な焼き色がついたら裏返して焼き, なかまで火を通す。

室温に戻しておいた牛肉を表になるほうを下にして強火で焼き, 中火にして裏返してから, 好みの焼き具合に火を通す。

そり返しを防ぐために筋を切った豚肉を強火で焼き, 焼き色がついたら中火にして, なかまでしっかり火を通す。

手早く大きく混ぜ, 卵液が均一に半熟状になるよう, フライパンと菜箸を動かして混ぜる。

調理の基本

あえる

- 塩もみ，ゆでる，薄味をつけるなど，材料の下ごしらえをきちんとしておく。
- 食べる直前にあえる。

あえ物…具とあえ衣をそれぞれ別に調理し，冷ましてからあえる。

寄せる

寒天：乳白色になるまで十分な水につけて戻す。鍋で加熱したあとはこして不純物を取り除く。水でぬらした型へ入れて冷却する。ようかんなどに用いられる。

ゼラチン：氷水の中で戻す。加熱後は水でぬらした型に流し冷却する。凝固力が弱く，常温で長時間放置すると溶けてしまうので，食べる直前まで冷やしておく。果物ゼリーやババロアに用いられる。使用に適さない果物もある（p.235参照）。

でんぷん：加熱すると粘性がでる。加熱後は水でぬらした型に流して冷却する。ブラマンジェやごま豆腐などに用いられる。

蒸す

[蒸し器の使い方]
- 蒸し水は2/3程度入れ沸騰させる。
- 蒸気があがってから食品を入れる。
- 途中で湯を補うときは熱湯を用いる。

利点
❶食品の形や素材の味成分がそのまま残る。
❷煮物に比べると，栄養素の損失が少ない。
❸蒸す操作以降は比較的手間がかからない。

欠点
❶あくの成分が残りやすい。
❷調理の途中で味つけなどができない。

蒸し魚

100℃の温度を持続しながら蒸す。

赤飯

100℃の温度を持続したうえ，打ち水をして蒸す。

茶わん蒸し

80℃〜90℃程度に温度を低くして蒸す。

揚げる

●揚げ物のコツ
- 一定の温度を保つことができる厚手の鍋を用いる。
- 材料は表面の水気をよくふき取ってから揚げる。
- てんぷらは粉を冷やしたり，衣に氷水を入れる。
- 衣はあまりかき混ぜず，ダマ（小麦粉のかたまり）が残るぐらいに軽く混ぜる。
- タネを入れる量は少なめに。一度にたくさんのタネを入れると油の温度が下がる。

⬆材料を入れてすぐの状態
大きな泡がたくさん立ち，ジュワジュワというにごった音がする。

⬆揚げごろの状態
泡が小さく少なくなり，ピキンパキンという澄んだ音がする。

●揚げ物の適温と温度の見分け方
〈揚げ物の適温〉

フライ類		
1〜2分	魚介類のてんぷら	1〜2分
2〜3分	野菜のてんぷら	
	鶏のから揚げ	
春巻き	ドーナツ	
	フライドポテト	フライド中国料理の油通し

〈油の温度の見分け方〉

- 200 はじけるようにすぐに浮かぶ
- 200℃以上 途中で沈んで浮き上がる
- 170〜180℃ 底にいったん沈んでから浮き上がる
- 150〜160℃ 底に沈んでなかなか浮き上がらない
- 140℃以下（水どきの衣を落として調べる）

温度目盛：140, 150, 160, 170, 180, 190, 200

揚げ油の廃棄の仕方

新聞紙や古紙を詰めておく

＊油を再利用するときは，熱いうちにこして，冷暗所に保存し，早めに使いきる。

油の温度を下げてから新聞紙などに吸わせる。

※そのまま流しに捨てるのは絶対にダメ！

市販の凝固剤や吸収剤を使う。発火の危険があるので，温度に気をつける。

Column

和食を海外に紹介しよう

次のレシピは何の料理かわかるだろうか。和食は，2013年にユネスコ世界無形文化遺産に登録されたことをきっかけに，以前に増して世界中から注目されている。この例を参考にしてあなたが海外の人々にアピールしたい和食のレシピを英訳してみよう。p.178〜331の食品名に併記している英名も参考にしよう。

<Ingredients (1 serving)>
Square rice cake 1slice, chicken 40g
kamaboko 2slices(cut into thickness of 1cm)
spinach 25g, Japanese soup stock 200mL
soy sauce 1.7mL, salt 1g

<Directions>
1 Slice the chicken and kamaboko. After boil the spinach, cut them into 5cm length.
2 Warm up the soup stock. When it comes to the boil, add the chicken, and season with salt and soy sauce after 2 minutes.
3 Heat the spinach and kamaboko in a pot.
4 Toast the square rice cake and run hot water.
5 Put a piece of all ingredients in a bowl, then pour the soup.

<How to prepare Japanese soup stock>
1 Combine water and kelp in a pot. Place over for 30minutes.
2 Simmer over lower heat until it almost begins to boil, then take out the kelp.
3 Add the dried bonito flakes in a pot. Turn off the heat when it comes to a boil.
4 Wait a few minutes until it sinks in bottom of the pot.
5 Strain so as not to bring out the unfavorable taste of dried bonito flakes.

⑯ 冷蔵庫

保存に適切な温度

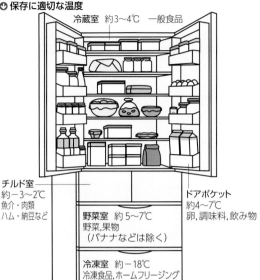

冷蔵室 約3～4℃ 一般食品

チルド室
約−3～2℃
魚介・肉類
ハム・納豆など

ドアポケット
約4～7℃
卵,調味料,飲み物

野菜室 約5～7℃
野菜,果物
　（バナナなどは除く）

冷凍室 約−18℃
冷凍食品,ホームフリージング
した食品,アイスクリームなど

上手に使うコツ‼

- **ドアの開閉は少なく，素早く**
  開閉するたびに庫内の温度があがる。

- **熱いものは冷ましてから**
  熱い食品をそのまま入れると庫内の温度が上昇し，他の食品の温度をあげてしまう。電気代もよけいにかかる。

- **食品は詰めこみすぎない**
  詰めこむと冷気の流れが悪くなり，庫内が均一に冷えなくなる。食品のいたみも早まる。

- **食品をそのまま入れない**
  他の食品ににおいが移ったり，水分が蒸発する原因となる。

- **冷蔵庫のなかはつねに清潔に**

ホームフリージングのポイント

- **新鮮な素材を購入する**
  食品の鮮度が良いほどおいしく冷凍保存できる。

- **食品は小分けに**
  フリージングのコツは早く凍らせること。

- **容器などに入れ密封する**
  食品の乾燥とにおいが移るのを防ぐため。

- **調理した食品はよく冷まして**

- **早めに使いきる**
  パックや容器には，日付・食品名を記入する。冷凍でも劣化する。

冷凍に向かない食品

牛乳，ヨーグルト，生卵，ゆで卵，こんにゃく，たけのこ，ごぼう，生野菜（きゅうり，レタス，トマト，セロリなど），一度解凍してある生の魚

冷凍食品の解凍方法

自然解凍

包装のまま冷凍室から冷蔵室へ移して，時間をかけて解凍する。

加熱解凍

凍ったまま調理し，同時に解凍する。

水中解凍

包装のままビニール袋に入れ，空気を抜き，水が入らないようにし，水（流水）に漬けながら解凍する。

電子解凍

電子レンジのなかで加熱し，解凍をおこなう。

〈解凍するポイント〉
- 使う量だけ解凍する。一度解凍したものの再凍結は，鮮度はもちろん，品質・風味を低下させる。
- 戻し過ぎない。

⑰ 台所トラブルSOS‼

包丁で切った！

❶洗浄する
傷口を水道水でよく洗い流す。汚れていたら石けんを使って汚れ・雑菌を洗い流す。

❷消毒する
傷口を消毒し，ばんそうこうかガーゼで覆う。傷口が深い場合は，洗浄・消毒をして病院で診察を受ける。

❸止血する
清潔なガーゼ，タオルなどを当て，傷口をくっつけるようにして強く圧迫する。

やけどをした！

- **軽いやけどの場合**
  すぐに流水にあてるか，または，清潔な布でくるんだ氷をあて，痛みが取れるまで，十分に冷やす。そのあとに，患部の水分を布で静かにたたいてふき取り，布または包帯で覆う。

- **重いやけどの場合**
  軽い場合と同様にし，病院に行く。

⑱ あとかたづけ

食事をすませたあとの「あとかたづけ」は，食中毒予防など衛生面だけでなく，その後の調理をより効率よく進めるうえで不可欠である。調理を楽しむうえでも，つねに「あとかたづけ」を心がけたい。

❶ガスなど熱源の元栓を切る。
❷ゴミは分別する。

燃えるゴミ（生ゴミ，古い油）

燃えないゴミ（プラスチックなど）

資源ゴミ（空き缶，びん，新聞紙など）

油が燃えだした！

❶消火器で消す
安全栓を抜く↑

ホースを火元に向け，レバーを握る。
油と火の境目あたりをねらって，手前から順に奥へ消していく。

❷ふたで消す
鍋をすっぽり覆うふたをかぶせる。

❸ぬれた布で消す
布を顔まであげて広げ，楯のようにして体を守りながら火に近づいてコンロごと覆う。

●洗う順序

1 油汚れのないもの

2 油汚れのあるもの

3 調理器具

調理の基本

調理の基本用語集

🔧：調理の技術・工夫　🍴：料理名・材料名・名称　🧂：調味料

あ

あえる 🔧1種類または数種類の素材を，調味料と混ぜ合わせながら味をつける。

青み 🍴料理のいろどりがよくなり，味をひきたてるためにそえる緑色の野菜のこと。

赤だし 🍴赤みそでつくったみそ汁のこと。本来は豆みそで仕立てたみそ汁をいう。

あく 🍴野菜・野草や肉に含まれる苦味・えぐ味・くさみ，また空気が触れると色を悪くする成分のこと。

あしらい 🍴料理を盛った際にそえるものをいう。それによっていろどりや味を引きたてる。たとえば刺身の穂じそなど。

味をととのえる 🔧料理の仕上がり直前に味見をして，調味料を加え，ちょうどよい味に仕上げること。

あたりごま 🍴煎ってよくすりつぶしたごまのこと。「する」ということばが縁起が悪いので「あたる」にしたもの。

油通し 🔧下ごしらえとして材料を油でさっと揚げること。うま味を閉じこめ，色も鮮やかになる。

油抜き 🔧油揚げや生揚げなどに熱湯をかけ，表面の余分な油を落とすこと。

甘酢 🧂あわせ酢の1つ。酢に砂糖などを加えた甘味の強いものをいう。

あら 🍴魚をおろした後に残った頭・中骨・カマなどのこと。あら煮やだしに用いる。

あらい 🍴刺身の一種。新鮮な魚をそぎ切りにし氷水にさらしたもの。

アラカルト 🍴品書きのなかから好みのものを1品ずつ選んで注文する料理のこと。

あら熱を取る 🔧加熱した素材の熱を，ほどほどの熱さまで冷ますこと。

あらみじん 🔧2〜3mm角程度に，あらめに切ったみじん切りのこと。

アルデンテ 🍴イタリア語で「歯ごたえのある」状態のこと。スパゲッティに針穴ぐらいの芯を残すようにゆでる。

あわせ調味料 🧂数種類の調味料を，あらかじめ混ぜ合わせたもの。

泡立てる 🔧泡立て器でかくはんして空気を抱きこませ，卵白や生クリームを泡状にすること。

あんかけ 🍴水で溶いたかたくり粉を汁に溶き入れた，とろみのあるあんをかけた料理。

アンティパスト 🍴イタリア料理の前菜のこと。オードブル。

い

活け締め 🍴生きている魚を即死するようにしめ，血抜きし，鮮度と美味しさを保つ方法。

石づき 🍴しいたけなどのきのこ類の軸の根元にあるかたい部分。

板ずり 🔧材料に塩をまぶし，まな板の上で押さえながら転がす下処理で，色が鮮やかになる。

炒め煮 🔧🍴材料を油で炒めてから，味つけしながら煮ること。

一番だし 🍴こんぶやかつお節でとった最初のだし。

いとこ煮 🍴小豆と野菜（ごぼう・さつまいも・さといも・だいこんなど）をいっしょに煮た料理。

糸づくり 🔧🍴刺身の切り方で，細長く棒状に切ったもの。

う

煎る 🔧材料に油や水を加えず，かき混ぜながら煮詰めて水気をとばしたり，乾いたものを熱してカリッとさせること。

色止め 🔧材料自身の色を保ち，変色を防ぐこと。冷水や塩水・酢水につける。

ウェルダン 🍴ビーフステーキの焼き加減の1つ。肉の中心までしっかり火を通した焼き方。

潮汁 🍴鮮度のよい魚介類を水から煮出し，酒と塩で調理したすまし汁のこと。

打ち粉 🍴粉をこねた生地をのばすときに，こね板や棒に生地がくっつかないようにするためにふる粉。

うねり串 🔧魚を姿焼きにするときの串の打ち方。または踊り串ともいう。

梅酢 🧂梅の実を塩漬けにしたときに出てきた酸味の強い液。

裏ごし 🔧野菜や卵などを網に木べらで押しつけて，きめ細かくこすこと。

え

えぐみ 🍴野菜などに含まれるあくの代表的なもの。苦味と渋味をあわせたような不快な味。

エスニック料理 🍴東南アジア，アラブ，アフリカ，中南米の民族的な料理の通称。

XO醤 🧂干しえびや干し貝柱・中国ハム・塩漬けの魚などをスパイスとともに植物油に漬けこんだ調味料。

えんがわ 🍴ひらめやかれいの，背びれ・腹びれに沿った平らな部分。

えんぺら 🍴いかの胴の先の三角部分。耳ともいう。

お

追いがつお 🔧だしにかつお節を加えて，さらにうま味や香りを追加すること。

オイスターソース 🧂かきを主原料とした，濃厚なうま味と特有の香りが特徴の調味料。

尾頭つき 🍴尾も頭もついた姿のままの魚（おもに鯛）のこと。祝儀・神事の献立に用いる。

おせち料理 🍴正月を祝う伝統的な料理のこと。重箱の一段ずつに縁起が良く保存のきく料理を詰めていく。

落としぶた 🔧煮物をするときに煮くずれを防ぎ，味を十分にしみこませるために材料の上に直接のせるフタのこと。

おひたし 🍴ゆでたほうれんそうなどの青菜を，しょうゆ味で食べる料理。

おろしあえ 🍴だいこんおろしをあえ衣に用いたあえもの。みぞれあえともいう。

おろす 🔧だいこんなどをおろし器ですりおろすこと。魚や鶏肉を切り分けること。

温泉卵 🍴卵黄はかたまり，卵白は半熟状態になったゆで卵のこと。卵黄と卵白の凝固温度の違いを利用した料理。

か

会席料理 🍴宴会に出される酒を楽しむための料理のこと。

懐石料理 🍴茶の湯の席で出される料理のこと。一汁三菜を基本に，旬をいかしたおもてなしの膳。

解凍 🔧凍っている食品をとかして元の状態に戻すこと。

掻敷 🍴食物や料理を盛る器に敷く白紙や葉のこと。

かえし 🍴そばつゆのもとになるもの。しょうゆ・砂糖・みりんなどを合わせる。

かくし味 🔧メインの味を引き立てるために，異なる調味料を少量加えること。

かくし包丁 🔧料理を盛りつける際に裏になる面に，包丁で切りこみを入れること。火の通りや味の浸透が早まる。

飾り切り 🔧料理に季節感やはなやかさを出すための切り方。

飾り包丁 🔧見栄えをよくし火の通りや味の含みもよくするために，材料の表面に包丁で切り目を入れること。

片づま折 🔧魚の串の打ち方の1つ。皮目を下にして身の一端を内側に折り曲げて串を打つ。

かつらむき 🔧だいこんなど円筒状の材料をごくうすく，帯状にむくこと。

蒲焼き 🍴開いて串を打つなどした魚に，濃厚なたれをつけながら焼いたもの。うなぎ・あなご・さんま・いわしなど。

かぶと 🍴魚の頭のこと。形が武具のかぶとに似ているところから。

かぶるくらい（の水） 🔧材料の頭がちょうど隠れる程度にまで水を入れた状態のこと。

かま 🍴魚のエラから下の，胸びれ・腹びれのつけ根までの部分。

紙ぶた 🔧煮物をするとき，鍋の口径より小さい和紙・クッキングシートなどを直接かぶせ，落としぶたのかわりにしたもの。

かやく 🍴ご飯やうどんに加える具のことをいう。主材料に薬味を加えるという意味。

から揚げ 🔧🍴材料に小麦粉やかたくり粉などをまぶして揚げたもの。

からいり 🔧水や油を使わずに材料をなべで煎ること。

カルパッチョ 🍴イタリア料理の前菜の1つ。本来は牛肉の薄切りを生のままオリーブ油・チーズをかけて食べるもの。

皮霜づくり 🔧皮にうま味のある魚の，皮の部分にだけ熱湯をかけて霜降りにした刺身のこと。

皮目 🍴鶏肉や魚の切り身などの皮のついている面のこと。

皮を引く 🔧刺身などの下ごしらえに皮を薄く取り除くこと。

観音開き 🔧身の厚い魚や鶏肉を，厚みの半分まで切りこんで左右に開くこと。

き

生地 🍴小麦粉などに水を加えてこねた，加熱前の状態のもの。

菊花切り 🔧飾り切りの1つ。縦横に細かい切りこみを入れて，菊の花に見たてた切り方。

衣かつぎ 🍴小粒のさといもを皮のまま蒸して，上部の皮をむいたもの。

木の芽あえ 🍴さんしょうなどの木の芽みそを衣にしたあえもの。

黄身酢 🧂卵黄が主体のあわせ酢の1つ。

切りごま 🔧煎ったごまを，乾いたまな板の上で細かく刻んだもの。

切りちがい 🔧飾り切りの1つ。互い違いになるように切りこみを入れる手法。きゅうりやうどんなどに。

錦糸卵 🍴うす焼き卵を糸のように細かく切った

もの。

きんぴら　■ごぼうなどを油で炒め，砂糖・しょうゆで味つけし，仕上げにとうがらしを振り混ぜたもの。

く

くし打ち　■材料に串をさすこと。おもに魚を直火焼きするときに用いる。

グラッセ　■煮汁を煮詰めて材料につやをつけること。

グリル（グリエ）　■肉などを焼く焼き網・鉄板のこと。また，それらを用いて焼くこと，焼いた料理をいう。

クルトン　■さいの目や型抜きしたパンを揚げたり焼いたりしたもの。スープの浮き実やサラダに使う。

グレービーソース　■肉を焼いたときに出る肉汁（グレービー）を利用したソース。

薫製（スモーク）　■肉や魚などを香りのよい木片の煙にいぶして，風味をつけながら保存性を高める調理法。

け

化粧塩　■魚を塩焼きするときに，焼き上がりを美しくするために振る塩のこと。

けん　■刺身の口直しにそえられるせん切りにした野菜のこと。

けんちん　■小さく切って炒めた野菜に，くずした豆腐を加えた料理法。

こ

香の物　■漬け物の別名。おもに懐石料理に用いられることば。

香味野菜　■料理の香りづけや風味づけに使われる野菜のこと。

コキーユ（ル）　■ほたてなどの貝の殻に盛りつけた料理（グラタンなど）のこと。

こそげる　■魚のうろこや野菜の皮を，包丁の背などでこすりながら落とすこと。

こぶじめ　■刺身などをこんぶではさみ，香りと味を移す料理法。

ごまあえ　■香ばしく煎ってすりつぶしたごまを，砂糖・しょうゆなどで調味して野菜とあえたもの。

ころも揚げ　■衣をつけて揚げるものの総称。天ぷら・フライ・フリッターなど。

コンソメ　■西洋料理の美しく澄んだスープの総称（ポタージュ - クレール）。

さ

西京焼き　■酒・みりんでのばした西京みそに漬け，魚の切り身を焼いたもの。

さ・し・す・せ・そ　■調味料を入れる順番を表したもの。砂糖は塩より浸透しにくいので塩より先に入れる。

酒蒸し　■材料に酒と塩，または酒だけを振りかけて蒸す調理法。

さく　■刺身にしやすい直方体に切り整えた（さく切り）魚の身のこと。

ささがき　■ごぼうなどの細長い材料を，鉛筆を削るようにまわしながらそぎ切りすること。

さし水　■めんや豆をゆでるときに，沸騰をしずめるために加える水のこと。びっくり水。

さらす　■材料の苦味などのあくを除いたり，生野菜をパリッとさせるために，水や流水につけること。

三杯酢　■あわせ酢の1つ。酢・しょうゆ・砂糖などをあわせたもの。

し

塩抜き　■塩蔵品を真水もしくは薄い塩水につけて，余分な塩を抜いてほどよい塩けにすること。

塩もみ　■刻んだ野菜などに塩を振って手でもみ，しんなりしたら水気を絞る。

塩焼き　■材料に塩を振って焼くこと，またはその料理。

塩ゆで　■塩を加えた熱湯で材料をゆでること。青菜類など。

時雨煮　■魚介や牛肉をしょうゆ・砂糖などで汁気がなくなるまで甘辛く煮たもの。しょうがを加えて生ぐさみを取る。

下味　■材料にあらかじめ味をつけておくこと。

下ごしらえ　■調理の最初におこなう材料の下処理のこと。洗う・不要な部分を除く・味をつけておくこと。

下煮　■煮えにくいものや味のしみこみにくい材料を，あらかじめ薄味で煮ておくこと。

下ゆで　■本調理の前にあらかじめゆでておくこと。煮えにくい材料を煮たり，あく抜き・色出しのために用いる。

信田・信太　■油揚げを用いた料理につける名称。

しぶ切り　■小豆を水からゆでて沸騰した後，ゆでた水を捨てること。

霜降り　■肉や魚の表面が白くなる程度に，さっと熱湯にくぐらせる下処理の1つ。または，赤身肉に脂肪が網目状にはいったものをさす。

シャトー切り　■飾り切りの1つ。じゃがいもやにんじんなどをくし形に切って薄く面取りする。

蛇の目　■細長い野菜の中心をくりぬいて輪切りにしたもの。

じゃばら　■おもにきゅうりの側面の両側から，それぞれ太さの半分まで細かく切り目を入れて蛇腹状にする切り方。

ジュリエンヌ　■野菜などを細いせん切りにすること。

旬　■魚介・野菜・果物などの味が最もよく，多く出まわる時期をいう。

精進料理　■肉や魚を用いず，野菜・穀物・豆・海藻などの植物性食品のみで調理したもの。仏教の殺生禁断の思想から。

しょうゆ洗い　■おひたしなど，ゆでた野菜に直接しょうゆをかけて下味をつけること。

白あえ　■豆腐と白ごまをすりつぶしたあえ衣でつくったあえ物。

白髪ねぎ　■長ねぎの白い部分をせん切りにし水にさらしパリッとさせたもの。薬味として盛りつける。

しんじょ　■白身魚のすり身につなぎを加えて形を整え，蒸したりゆでたりしたねり物。

す

素揚げ　■材料に衣をつけず，そのまま揚げること。

酢洗い　■魚介類の酢の物やあえ物をつくる前に，材料を酢であらうこと。生ぐさみが取れ，身がしまる。

吸い口　■吸い物に香りをそえる薬味のこと。季節感が出て味がひきしまる。

吸い物　■日本料理の汁物の1つ。名前通り吸うもので，味つけした澄んだだし汁をさす。

スープストック　■西洋料理に用いるだしのこと。またはブイヨン（仏）。牛・鶏・魚・香味野菜をじっくり煮出してつくる。

末広　■材料を扇の形に切ったり，扇状に串を打つこと。

すが立つ　■だいこんなどの野菜の中心部が変質して，穴があいた状態のこと。茶わん蒸しなどを加熱し過ぎて，表面や内部に穴ができてしまうこと。

筋切り　■かたい筋肉の繊維を加熱前に切ること。肉が縮まらず均一に火が通る。

酢じめ　■魚に塩を振って身をしめてから，酢につけて生ぐさみを取り，風味を高めること。

スタッフド（ト）　■肉や魚，野菜などをくり抜いてなかに詰めものをして料理したもの。

砂出し　■貝を調理する前に海水程度の食塩水につけて，貝の砂を吐き出させること。

スパイス　■香辛料のこと。香りや風味・色を高める。植物の種子・根・茎・葉・果実などを乾燥させたものからつくられる。

スフレ　■泡立てた卵白を加えて仕上げた，ふくらんだ菓子や料理のこと。

スペアリブ　■豚の骨つきバラ肉のこと。オーブン焼きや煮こみにむく。

素焼き　■材料に調味料をつけずに焼くこと。または白焼きという。

スライス　■薄切りにすること。

せ

ぜいご（ぜんご）　■あじの尾びれから頭にむかってついているかたいウロコのこと。取り除いてから調理する。

背わた　■えびの背に走っている黒い線状の腸管のこと。竹串を引っかけて抜き取る。

前菜　■食事の最初に出される料理。次に出る料理への食欲をわかせるような味つけや分量で出される。

千六本　■だいこんなどのせん切りのこと。マッチ棒程度の太さに切る。

そ

そぎ切り　■包丁を斜めに入れて薄くそぐようにして切ること。またはへぎ切りともいう。

ソテー　■バターや少量の油を熱して，材料を炒めること。

そぼろ　■ひき肉や魚の身を味つけし，あらくポロポロになるまで煎りあげたもの。

た

大名おろし　■小さい・身割れしやすい魚の場合など，頭を落とした断面から，身と骨の間に包丁を横に入れて一気におろす方法。

炊きあわせ　■二種類以上の材料を別々に煮て盛りあわせた料理のこと。

だし汁　■かつお節・いりこなどの動物性，こんぶ・しいたけなどの植物性の材料から煮出したり水にひたしたりして，うま味成分を抽出した汁のこと。

たたき　■包丁の刃や腹，すりこぎ，手などでたたいた料理。あじなどを細かくたたいたものは「たたきなます」という。

田づくり　■かたくちいわしの幼魚の素干し品。またはこれを煎ってしょうゆ・砂糖で煮詰めた液をからめたもの。正月料理に欠かせない。

竜田揚げ　■材料をしょうゆ・みりん（酒）で下味をつけてかたくり粉をまぶして油で揚げたもの。

立て塩　■海水程度の濃度の塩水のこと。魚介類を洗ったり塩味を含ませるときに用いる。

たで酢　■たでの葉をすりつぶして酢でのばしたもの。鮎の塩焼きにはつきもの。

たね　■和風料理に使う材料や下準備をしたもの（すし種，椀種）。西洋料理は小麦粉でつくった生地のこと（パン種，パイ種）。

ダマ　■粉類を液体で溶かすときに，溶けきらずに残った粒状のかたまりのこと。

卵とじ　■汁物や煮物に溶き卵を流し入れて，とじ包む料理のこと。

タルタルソース　■マヨネーズにたまねぎ・ゆで

卵・ピクルスなどを細かく刻んで混ぜ合わせたソース。

タルト ■ パイ生地やビスケット生地をパイ皿に敷き，果物やナッツを詰めて焼いたお菓子。

ち

血合い ■ 魚の背肉と腹肉の境に走る暗褐色の部分。

血抜き ■ 肉や内臓の血を抜くこと。水や塩水につけてくさみを取り微生物の繁殖を抑える。

茶きん（しぼり） ■■ あん状の材料をふきんやラップで包み絞り上げて絞り目をつけたもの。

茶せん切り ■■ 飾り切りの1つ。小型のなすなどに細かく切りこみを入れ，調理後にねじると茶せんのように見える。

ちり鍋 ■ 白身魚と野菜を主材料とした鍋料理。魚を煮るとちりちりと縮まることから。

ちりれんげ ■ おもに中華料理でよく用いる，くぼみが深い陶製のさじのこと。

つ

つくだ煮 ■ 魚介・肉・野菜・海藻などをしょうゆ，砂糖などで甘辛く煮詰めたもの。水分が少ないので保存にむく。

つけあわせ ■ 主菜にそえる脇役の料理のこと。主役を引き立て味の調和をよくする。

筒切り ■ 頭を落とした魚の内臓を抜き出して，骨のまま輪切りにするおろし方。

つなぎ ■ 材料に粘着力をつけてまとまりやすくするために加えるもの。小麦粉・卵・やまいもなど。

角を立てる ■ 生クリームや卵白を泡立て器でかくはんし続けて，すくった先が角のように鋭く立った状態にすること。

つま ■ 刺身や吸い物などの主材料にそえるもののこと。いろどりと味わいが深まる。

つま折り串 ■ おろした魚の身の端を折り曲げて串を打つ方法。魚が小さくても安定して焼くことができる。または平串。

て

照り焼き ■ 魚介類や肉にたれをつけて，照りが出るように焼くこと。またはその料理。

田楽 ■ 豆腐を串にさし，練りみそをぬって焼いたもの。本来は豆腐だが，さといも・こんにゃく・なすなどもある。

点心 ■ 中国料理の軽食や菓子・デザートのこと。ぎょうざ・シュウマイ・月餅・杏仁豆腐などがある。

天盛り ■ 日本料理で煮物・酢の物・あえ物などの上に，香りのあるものを小高く盛ること。

と

ドウ ■ 水を加えた小麦粉を練った，粘り気のある生地のこと。パン生地やうどん生地をいう。

当座煮 ■ 野菜などをしょうゆ・酒で塩辛く煮つけたもの。つくだ煮ほど塩分は高くない。

豆板醤 ■ そら豆に塩・こうじ・赤とうがらしなどを加えて発酵させた，中国の四川省特有のとうがらしみそ。

遠火の強火 ■ 焼き物の火加減のこと。強火でうま味を逃さず，焦げないように遠火で焼く。

土佐酢 ■ かつお節のうま味をもたせたあわせ酢のこと。酢・しょうゆ・みりんにかつお節とこんぶを入れ，煮立ててこす。

屠蘇 ■ 正月の祝いの薬酒。とそ散という生薬を酒やみりんにひたしたもの。

土手鍋 ■ 鍋の内側に練りみそを土手のようにぬ

りつけ，だしと貝や野菜などの具を，みそを溶かしながら煮る料理。

トマトソース ■ トマトをベースにつくるソースの1つ。トマトとベーコンや香味野菜を炒めて煮こんだもの。

ドミグラスソース ■ ブラウンソースに同量のフォン（だし）を加えて煮詰め風味をつけた濃いソース。

ドリップ ■ 冷凍した魚や肉を解凍したときに流れ出る液体のこと。

ドルチェ ■ イタリア料理のデザートのこと。

とろ火 ■ 火加減のなかでもごく弱い火加減のこと。長時間煮こむ料理などに用いられる。

とろみをつける ■ 汁に濃度をつけること。のどごしがよく，味もからみやすくなる。水溶きかたくり粉などを用いる。

な

中落ち ■ おろした魚の中骨や，中骨に残った多少身のついた部分を指す。

七草 ■ せり・なずな・ごぎょう・はこべら・ほとけのざ・すずな・すずしろの7種類のこと。正月7日にかゆにして食べる。

鍋肌 ■ 鍋の内側の周囲のこと。しょうゆなどの調味料を，鍋をつたわせて入れることで香りが引き出される。

なます ■ 魚介や野菜を刻んで生のまま食べる料理の総称。酢で調味することがほとんど。

南蛮 ■ ねぎやとうがらしを用いた料理につける名称。

ナンプラー ■ 塩漬けの魚を発酵させ，その液体をこしてつくったタイの基本的調味料。

に

煮えばな ■ 汁物や煮物がグラッと沸騰する瞬間のこと。特にみそ汁は香りがとぶので，煮えばなに火を止める。

煮きる ■ 日本酒やみりんのアルコール分を，中火または弱火で加熱してとばすこと。

肉をたたく ■ 繊維を切ることで肉がやわらかく，厚みが均一になり火の通りがよくなる。

煮こごり ■ ゼラチン質を多く含む肉や魚の煮汁が冷えてかたまったもの。またその性質を利用した料理。

煮ころがし ■■ 少ない煮汁で焦げないよう鍋の中で転がすように煮上げること。

煮しめ ■ 「煮染」と書く。煮汁が少し残る程度に，濃いめのしょうゆ味でじっくりと煮たもの。

煮つけ ■■ 少ない煮汁で甘辛くこってりと仕上げた煮物。魚介類や根菜類などにむく。

二度揚げ ■ 材料を2回揚げること。最初は火を通すために低温で，2度目はカリッとさせるために高温で揚げる。

二杯酢 ■ あわせ酢の1つ。酢としょうゆをあわせたもの。

二番だし ■ 一番だしをとったあとのだしがらに，再び半量の水を加えてとっただしのこと。かつお節を加える場合もある。

煮びたし ■ うす味の多めの煮汁で時間をかけて煮る煮物の1つ。青菜類やあゆやあじの素焼きなどに用いられる。

煮含める ■ 多めのうす味の煮汁でゆっくりと材料に味をしみこませるよう弱火で煮ること。

煮干しだし ■ 煮干しでとっただしのこと。頭と腹を取り除き，身を2つに割るとうま味が出やすい。

ぬ

ぬた ■ 魚介類や青菜類をゆでて酢みそ・からし酢みそであえたもの。いか・貝類とね

ぎ・わかめなど。

ぬめりをとる ■ さといもやうなぎなどのぬるぬるした粘液成分を，塩もみやゆでたりして取り除くこと。

ね

ねかす ■ 調理途中のものをしばらくそのままの状態にして，熟成させること。

練りみそ ■ みそに砂糖・酒・だしなどを加えて加熱しながら練ったもの。田楽などに。

練り物 ■ 練る工程を経た料理や加工品のこと。おもに魚のすり身に塩を加えて練った加工食品をいう。かまぼこ・ちくわなど。和菓子やごま豆腐なども練り物。

の

のし串 ■ 加熱によって形が曲がらないように用いる串の打ち方。おもにえびに用いられる。縫い串ともいう。

のす ■ 厚みのある材料を平らにのばす，あるいは曲がったものをまっすぐにすること。

のばす ■ だしや水などを加えてうすめたり，やわらかくすること。または生地などを薄く広げることなど。

は

はかま ■ アスパラガスやつくしにある節のこと。取り除くと，口当たりがよくなる。

はし休め ■ 食事の途中で口をさっぱりさせたり，味に変化をもたせるための簡単な料理のこと。

はしり ■ その年にはじめてとれた季節の野菜・果物・魚介類などのこと。

八方だし ■ 多めのだし汁にうすくちしょうゆ・酒・みりんを合わせた基本的な煮汁のこと。どんな料理にもあうので八方の名がある。

腹骨を欠く ■ 魚の内臓を包んでいる骨をなるべく身を残さないようにそぎ取ること。

針しょうが ■■ しょうがを針のように細長く切ったもの。水にさらして魚・肉料理の薬味，煮物の仕上げにそえる。

バルサミコ酢 ■ ぶどう果汁を煮詰め，一定の期間熟成させたイタリア特産の酢。

ひ

ピカタ ■ 肉や魚介を塩こしょうして小麦粉をまぶし，溶き卵をつけてフライパンで焼いたもの。

ひたひた（の水） ■ 材料の頭がほんの少し水面から出ている程度の水の量の加減をいう。

ひと塩 ■ 軽く薄く塩を振ること。魚などに塩味を含ませたり，余分な水分を取り除くときにおこなう。

ひとつまみ ■ 塩や砂糖などを，親指・人さし指・中指の3本の指先でつまんだ量。

ひと煮立ち ■ 汁物などを一度沸騰させてからひと呼吸おいて火を止めること。

人肌 ■ 人の体温と同じぐらいの温度のこと。

ピュレ（ピューレ） ■ 野菜・果物・肉・魚介などを，火を通したあと，または生のまますりつぶして裏ごししたもの。

平づくり ■■ まぐろやぶりなどを厚めに平たく切る刺身用の切り方。

ピラフ ■ 中近東を発祥とする洋風炊きこみご飯。たまねぎと米を炒めてブイヨンで炊いたもの。

ふ

ブイヤベース ■ 南仏・プロバンス地方の魚介鍋料理。数種類の魚介類とにんにく・トマトにサフランなどを加えて煮こむ。

ブイヨン ■ 牛・鶏・魚・香味野菜から煮出した西洋料理のだしのこと。スープや煮こみ・ソースなどのベースに用いる。

フィリング ■ 中身・詰め物という意味。サンド

イッチの具やパイなどに詰める具のこと
をさす。

ブーケガルニ ■ タイム・パセリ・ローリエなど
の香草類を花束のように束ねたもの。煮
こみ料理などの風味づけに用いる。

ブールマニエ ■ バターと小麦粉をよくこね合わ
せたもの。煮こみ・ソース・ポタージュの
つなぎ・とろみづけとして用いる。

吹き寄せ ■ 秋〜冬の献立に用いる，風に吹き寄せ
られた木の葉を思わせる盛りつけをした
料理のこと。

節取り ■ 3枚におろした魚を血合いから背・腹
身に切り分けること。刺身をつくるとき
などに用いる。

ぶつ切り ■ 長さ4〜5cmにそろえて切ること。

ブラウンソース ■ 西洋料理に用いる茶褐色のソース
のこと。ルウに焦げ色をつけて香ばし
さと色を出し，だしで溶けのばす。

フランベ ■ 加熱調理中の肉やデザートに酒をふり
かけ，火をつけて燃やすことで風味をつ
けること。

振り塩 ■ 材料に塩を振ること。魚などの身を引
きしめ，生ぐさみが取れる。あて塩。

フリッター ■ 泡立てた卵白を加えた衣をつけ
て揚げた料理。衣がフワっとして口当た
りがよい。

フレンチドレッシング（フレンチソース） ■ ビネ
グレットソースともいい，酢と油をベー
スに塩・こしょうで調味したサラダ用の
基本的なソース。

ブロシェット ■ 西洋料理の串焼きのこと。また
はそれに使う串のことをいう。

ふろふき ■ だいこんやかぶなどの野菜をやわらか
く煮て，熱いうちに練りみそをかけて食
べる煮物のこと。

へ　へぎゆず ■ ゆずの皮を包丁で小さく薄くそいだも
の。お吸い物などに用いる。

ベシャメルソース（ホワイトソース） ■ 西洋料理
の白い基本のソースのこと。小麦粉とバ
ターを炒め，牛乳でのばしてつくる。

ペースト ■ 材料をすりつぶして練った状態のもの。
レバーペーストやトマトペーストなどが
ある。

へた ■ トマトやなす，果物のなり口にあるガ
クのこと。調理の際には取り除く。

べた塩 ■ 魚の表面が白くなるぐらいに多めに塩
を振ること。強塩ともいう。

ほ　ホイップ ■ 卵白や生クリームを泡立てること。

奉書焼き ■ 奉書と呼ばれる上質の和紙で包んだ魚
介類を蒸し焼きにした料理。

ポタージュ ■ 西洋料理のスープの総称。日本では，
野菜の煮たものをこして濃度をつけ調味
したものをさす。

ポトフ ■ 肉と大きく切った野菜を長時間かけて
じっくり煮こんだフランスのスープ料理。

骨きり ■ 小骨が多く取り除きにくいはもやあい
なめなどの身を，皮1枚を残して身に細
かく切り目を入れること。

骨抜き ■ 魚の小骨などを抜くこと。またはその
調理器具のこと。

ま　前盛り ■ 日本料理で，メインの料理の前に盛り
そえられる料理のこと。

松かさ切り ■ いか・あわびなどの表面に，包丁
で細かく格子状に切りこみを入れたもの。
熱を加えると松かさ状になる。

マッシュ ■ つぶす，つき混ぜることをいう。ゆで
たじゃがいもをつぶしたマッシュポテト
など。

マリネ ■■ 肉・魚・野菜を調味した漬け汁に漬
けること。または漬けた料理。味や香り
がしみこんで保存性が高まる。

まわし入れる ■ 調味料を直接材料にかけるので
はなく，鍋の内側に沿ってつたわせるよ
うに入れることをいう。

まわし切り ■ ごぼうやにんじんなどの細長い材
料を，手前，向こう側と交互にまわしな
がら斜めに切ること。乱切りともいう。

み　水溶きかたくり粉 ■ かたくり粉を水で溶いたも
の。料理の仕上げに加えて煮汁にとろみ
をつける。

水にさらす ■ 材料を水にひたして，えぐみ・く
さみ・辛味などを取り除くこと。

水に放す ■ 材料を水にひたして，水分を吸わせて
パリっとさせ，歯ざわりよくすること。

みぞれ ■ おもにだいこんおろしを用いた料理に
つけられる。

ミネストローネ ■ イタリアを代表する野菜・豆・
パスタなどを煮た，具だくさんのスープ。

ミンチ ■ ひき肉のこと。「ミンス＝細かく刻む」
からきたことば。ハンバーグ・つくねな
どに用いる。

む　ムース ■ 泡立てた卵白や生クリームを加えて調
理し，ふんわりとさせたもの。

むき身 ■ えびや貝を生のまま殻をむいた状態の
身のこと。

向付 ■ 懐石料理で汁物と飯の向こう側に置か
れる料理，またはその位置に置く器のこ
とをさす。

蒸し焼き ■ オーブンや容器に入れたり，何かに包
んで間接的に熱をあてて焼く方法。

ムニエル ■ 白身魚などに塩こしょうで味をととの
え，小麦粉をまぶしてバターで両面を焼
きあげたもの。

め　メレンゲ ■ 泡立てた卵白に砂糖を加えたもの。

面取り ■ 切った根菜類などの角を薄くそぐよう
に切って形を整え，煮崩れしないように
すること。

も　戻す ■ 塩蔵品や乾燥品を水やぬるま湯にひた
したりゆでたりして，元の状態に近づけ
ること。

もみじおろし ■ だいこんに赤とうがらしを差し
こんですりおろしたもの。赤い色になぞ
らえた名前。

や　焼き霜 ■ 刺身の手法で，表面だけを強火であ
ぶって焼き目をつけること。すぐに冷水
に取ってなかは生に仕上げる。

薬膳 ■ 体質に合わせて目的に合った体によい
働きをする料理のこと。中国の「医食同
源」の考えにもとづく。

薬味 ■ 料理にそえて，香りや風味をいかして
料理を引き立てる香味野菜や香辛料のこ
と。

飲茶 ■ 軽食（点心）をとりながらお茶を飲む，
中国の簡単な食事の仕方のこと。

ゆ　湯洗い ■ 刺身のつくり方の1つ。60〜70℃の湯
にさっと通して冷水で急冷する。

幽庵焼き ■ 切り身魚を，幽庵地と呼ばれる漬け
汁に漬けこんでから焼くこと。

湯がく ■ ゆでること。沸騰した湯に通してやわ
らかくしたり，あくをぬくこと。

湯せん ■ 大きめの鍋に湯を沸かし，そのなかに
小鍋を浮かすようにして間接的に加熱す
る方法。

湯炊き ■ 水からではなく湯から飯を炊く方法。
急ぎで大量に炊く場合に用いる。

ゆでこぼす ■ 材料をゆでて，そのゆで汁をいっ
たん捨て去ること。あくやぬめりが除か
れる。

湯通し ■ 材料にさっと熱湯をかけたり，くぐら
せたりすること。

湯引き ■ 刺身のつくり方の1つ。熱湯をかけ
て冷水に取る。まぐろの赤身やこい・は
もなどに用いる。

湯むき ■ 材料を熱湯にくぐらせて冷水に取り，
皮を縮ませてむくこと。トマトと桃の皮
などに用いる。

よ　寄せる ■ 材料をゼラチンや寒天・くず粉・卵な
どを加えてまとめたりすることをいう。

予熱 ■ オーブンなどで調理する際に，前もっ
て庫内温度を目的の温度まで上げておく
こと。

余熱 ■ 加熱を止めても，冷めずに残っている
熱のこと。これを利用して火の通し過ぎ
を防ぐことができる。

呼び塩 ■ 薄い塩水につけて，塩分の高いものの
塩を抜くこと。または迎え塩。

ら　ラザーニェ（ラザニア） ■ イタリアの代表的な手
打ちパスタの1つ。うすく板状にのばし
ソースと交互に重ねてオーブンで焼いた
料理のこと。

ラヴィオリ ■ イタリアのパスタ料理で，薄くの
ばした2枚の生地に具をはさみ，ゆでて
ソースをからめたもの。

り　リゾット ■ イタリアの米料理。バターで炒めた
まねぎ・米をスープで煮炊きし，最後にチー
ズで仕上げる。

両づま折り ■ 魚の串の打ち方の1つ。皮のほう
を下にして，頭と尾を内側に巻いて2本
の串で止める。

る　ルウ ■ 小麦粉とバターを炒めて混ぜ合わせた
もの。ソースやスープにとろみをつける
ためのつなぎとして用いる。

れ　レア ■ ビーフステーキなどの焼き加減のめや
すで，中心部が生に近い状態の焼き方の
ことをいう。

レシピ ■ 料理の材料・分量・調理方法・盛りつ
け方などを明記した献立表のこと。

ろ　ロースト ■■ 主に肉類をかたまりごとオーブンで
焼き上げること，またはその料理のこと。

六方むき ■ さといもやかぶ・くわいなどの球形の
ものの皮を，角をたてて断面が正六角形
になるようにむく方法。

ロワイヤル ■ 卵とスープを合わせて蒸した卵豆
腐のようにかためたもの。スープの浮き
実に用いる。

わ　わた ■ はらわたの意味で，魚などの内臓のこ
とをさす。または，果菜類（かぼちゃなど）
の種を包む部分もわたという。

割り下 ■ 鍋料理に使う味をととのえた煮汁のこ
と。関東風のすき焼きは，割り下で味つ
けする。

椀種 ■ 吸い物の主体になる実のこと。季節の
魚介類や野菜・豆腐・ゆばなども。

調理の基本

食品成分表の特色と見方

日常の食生活にかかわりの深い食品を中心に**991品目**を取り上げ、食品ごとに解説や栄養素の成分値、およびそれらに関連する食品情報などを紹介した。栄養素の成分値は、「日本食品標準成分表（八訂）増補2023年」（以下「成分表2023」）にもとづいている。❶〜⓬は、表中に示した番号に対応する。

■食品群

〔食品群の分類〕 「成分表2023」に準拠して食品群を18項目に分類し、並びも「成分表2023」に準拠した。

〔食品群の概説〕 はじめの見開きページの上部を使って、その食品群全体にわたる概説として「特徴」「栄養上の特性」「選び方」「保存の仕方」などをまとめた。

■食　品

❶〔食品名〕 原材料としての食品の名称は、学術名または慣用名を採用した。また、加工食品については、一般的に用いられている名称や、食品規格基準などで公的に定められている名称を採用した。

❷〔食品番号〕 食品番号は、「成分表2023」に従い、5桁で記載した。はじめの2桁が食品群を、あとの3桁が食品群内の細分をあらわしている。

❸〔食品の基本解説〕 各食品の「名称」「特徴」「産地」「調理の特性」などを簡潔に説明し、「実物写真」や「使用例」を掲載した。また、必要に応じて、「概量のめやす」、食品の名称の「漢字・英名表記」など、学習に効果的と思われる情報も盛りこんでいる。

〔食品の名称・配列〕 個々の食品の配列は、基本的に「成分表2023」による5桁の食品番号の順に掲載した。しかし、一連の食品としての内容が改ページによって分断される場合は、食品のまとまりを優先し、一部順序を変えたところもある。変更箇所には赤字で注を付している。

■栄養素の成分値

成分値は、原則として可食部100gあたりで示してある。表中には、「成分表2023」にもとづく数値を示すと同時に、その量の多少をグラフの長さと本数で示して視覚的に読み取りやすくした。

❹廃棄率
廃棄率は、通常、廃棄される部分が、食品全体または購入形態に占める重量の割合(%)で

表示したものである。

❺エネルギー
成分表2020以降、エネルギー値の算出方法が変更され、FAO/INFOODSの推奨する組成成分を用いる計算方法が導入された。具体的には、原則として、可食部100gあたりのアミノ酸組成によるたんぱく質、脂肪酸のトリアシルグリセロール当量、利用可能炭水化物（単糖当量）、その他（食物繊維総量など）に各成分のエネルギー換算係数を乗じて算出されており、本書では上段に表示した（青字）。

成分表2023を用いて食品のエネルギー量を算出すると、実際の摂取エネルギー値に近似させることができるが、これまでの方法で算出したエネルギー値との比較はできない。また、食品によってエネルギー計算に用いる成分項目が一定していないので留意する必要がある。

参考として、成分表2023第3章より、従来のたんぱく質、脂質、炭水化物をもとに食品ごとのエネルギー換算係数を乗じて算出されたエネルギー値を下段に併記した（成分表2023第3章に記載のない場合は−とした）。

❻たんぱく質
FAO/INFOODSの推奨する「アミノ酸組成によるたんぱく質」を上段に表示した（青字）。下段には、従来の窒素量×換算係数で

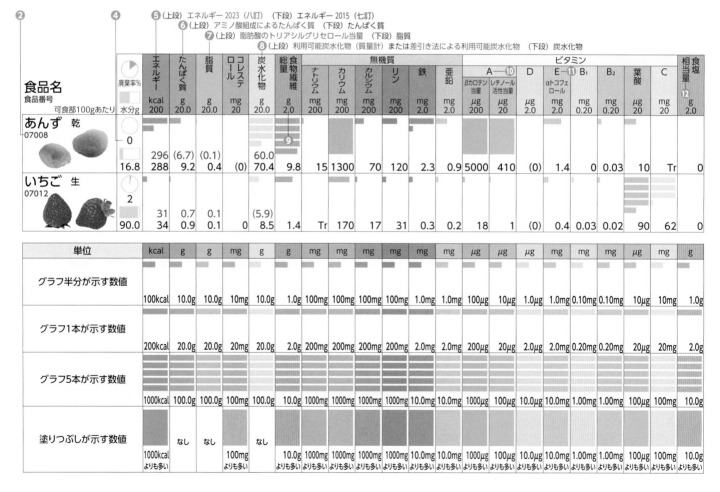

❷ ❹ ❺(上段) エネルギー 2023 (八訂) (下段) エネルギー 2015 (七訂)
❻(上段) アミノ酸組成によるたんぱく質 (下段) たんぱく質
❼(上段) 脂肪酸のトリアシルグリセロール当量 (下段) 脂質
❽(上段) 利用可能炭水化物（質量計）または差引き法による利用可能炭水化物 (下段) 炭水化物

食品名 食品番号 可食部100gあたり	廃棄率% 水分g	エネルギー kcal 200	たんぱく質 g 20.0	脂質 g 20.0	コレステロール mg 20	炭水化物 g 20.0	総量 食物繊維 g 2.0	ナトリウム mg 200	カリウム mg 200	カルシウム mg 200	リン mg 200	鉄 mg 2.0	亜鉛 mg 2.0	A β カロテン当量 μg 200	A レチノール活性当量 μg 20	D μg 2.0	E αトコフェロール mg 2.0	B₁ mg 0.20	B₂ mg 0.20	葉酸 μg 20	C mg 20	食塩相当量 g 2.0
あんず 乾 07008	0 16.8	296 288	(6.7) 9.2	(0.1) 0.4	(0)	60.0 70.4	9.8	15	1300	70	120	2.3	0.9	5000	410	(0)	1.4	0	0.03	10	Tr	0
いちご 生 07012	2 90.0	31 34	0.7 0.9	0.1 0.1	0	(5.9) 8.5	1.4	Tr	170	17	31	0.3	0.2	18	1	(0)	0.4	0.03	0.02	90	62	0

単位	kcal	g	g	mg	g	g	mg	mg	mg	mg	mg	mg	μg	μg	μg	mg	mg	mg	μg	mg	g
グラフ半分が示す数値	100kcal	10.0g	10.0g	10mg	10.0g	1.0g	100mg	100mg	100mg	100mg	1.0mg	1.0mg	100μg	10μg	1.0μg	1.0mg	0.10mg	0.10mg	10μg	10mg	1.0g
グラフ1本が示す数値	200kcal	20.0g	20.0g	20mg	20.0g	2.0g	200mg	200mg	200mg	200mg	2.0mg	2.0mg	200μg	20μg	2.0μg	2.0mg	0.20mg	0.20mg	20μg	20mg	2.0g
グラフ5本が示す数値	1000kcal	100.0g	100.0g	100mg	100.0g	10.0g	1000mg	1000mg	1000mg	1000mg	10.0mg	10.0mg	1000μg	100μg	10.0μg	10.0mg	1.00mg	1.00mg	100μg	100mg	10.0g
塗りつぶしが示す数値	1000kcal よりも多い	なし	なし	100mg よりも多い	なし	10.0g よりも多い	1000mg よりも多い	1000mg よりも多い	1000mg よりも多い	1000mg よりも多い	10.0mg よりも多い	10.0mg よりも多い	1000μg よりも多い	100μg よりも多い	10.0μg よりも多い	10.0mg よりも多い	1.00mg よりも多い	1.00mg よりも多い	100μg よりも多い	100mg よりも多い	10.0g よりも多い

穀類

いも・でんぷん類

砂糖・甘味類

豆類

種実類

野菜類

果実類

きのこ類

藻類

魚介類

肉類

卵類

乳類

油脂類

菓子類

し好飲料類

香辛料・調味料類

調理済み流通食品類

市販食品

外食・一般調理食品

算出した「たんぱく質」の値を併記した。

❼脂質

FAO/INFOODSの推奨する「脂肪酸のトリアシルグリセロール当量」を上段に表示した（青字）。下段には、従来の溶媒で抽出した物質を重量法によって測定した「脂質」の値を併記した。

❽炭水化物

FAO/INFOODSが推奨する「利用可能炭水化物（単糖当量）」がエネルギー計算に利用されている食品は、摂取量の算出に用いる「利用可能炭水化物（質量計）」（青字）を、FAO/INFOODSが許容する「差引き法による利用可能炭水化物」が利用されている食品は、「差引き法による利用可能炭水化物」（赤字）を上段に表示した。下段には、従来の「炭水化物」（水分、たんぱく質、脂質、灰分などの合計を100gから差し引いた値）を併記した。

> エネルギー・たんぱく質・脂質・炭水化物の整合性を重視し、推奨方式（上段）と従来法（下段）の混用は避ける。

❾食物繊維総量

食物繊維総量については、新しい分析法（AOAC.2011.25法）を用いた値がある場合には上段に表示するとともに（青字）、下段には、炭水化物成分表2023年版別表1より、

従来の分析法（酵素-重量法）による値（水溶性食物繊維と不溶性食物繊維を合計した総量）を併記した（炭水化物成分表2023年版別表1に記載のない場合は−とした）。

❿ビタミンA

ビタミンAの総量は、**レチノール活性当量***（μgRAE）で示した。ビタミンAには、レチノールのほか、β-カロテンのように生体内でビタミンAに転換される物質がいくつかあり、これをまとめて**プロビタミンA**という。プロビタミンAは、これまで単にカロテンと呼ばれていたものに相当し、β-カロテン当量で示した。レチノールはおもに動物性食品に、プロビタミンAはおもに植物性食品に含まれる。

*それぞれの成分が同じような機能をもつ場合でも、同等の効力をもたない場合がある。そのような成分の場合、基準となる成分の相当量として、○○当量と表す。レチ

ノールに相当する値としては次の計算式により求めた値を「レチノール活性当量」として示している。

レチノール活性当量＝レチノール＋1/12β-カロテン当量

⓫ビタミンE

ビタミンEは、α-トコフェロールなど4種の成分の総称である。食事摂取基準2005年版以降、α-トコフェロールを指標にビタミンEの摂取基準が策定されたことをふまえ、α-トコフェロールの成分値を示した。

⓬食塩相当量

食塩相当量は、ナトリウム量に2.54を乗じて算出した値を示した。ナトリウム量には、食塩に由来するもののほか、グルタミン酸ナトリウム、アスコルビン酸ナトリウム、リン酸ナトリウム、炭酸水素ナトリウムなどに由来するナトリウムも含まれる。

> 「日本食品標準成分表（八訂）増補2023年」には、以下の成分項目が収載されている。本書では、主要な成分項目として、●印の成分値を掲載した。
>
> ●エネルギー、●水分、●アミノ酸組成によるたんぱく質、●たんぱく質、●脂肪酸のトリアシルグリセロール当量、●コレステロール、●脂質、利用可能炭水化物（単糖当量）、●利用可能炭水化物（質量計）、●差引き法による利用可能炭水化物、●食物繊維総量、糖アルコール、●炭水化物、有機酸、灰分、●ナトリウム、●カリウム、●カルシウム、●マグネシウム、●リン、●鉄、●亜鉛、銅、マンガン、ヨウ素、セレン、クロム、モリブデン、ビタミンA（レチノール、●α-カロテン、β-カロテン、β-クリプトキサンチン、●β-カロテン当量、●レチノール活性当量）、ビタミンD、ビタミンE（●α-トコフェロール、β-トコフェロール、γ-トコフェロール、δ-トコフェロール）、ビタミンK、●ビタミンB₁、●ビタミンB₂、ナイアシン、ナイアシン当量、ビタミンB₆、ビタミンB₁₂、●葉酸、パントテン酸、ビオチン、●ビタミンC、アルコール、●食塩相当量

---

❸ ❶ 概量のめやす

あんず【杏】 Apricots

1個＝4g

中国北部原産。国内は、長野・山梨が主産地で、旬は6〜7月。酸味が強く、干したりジャム・果実酒などに。

いちご【苺】 Strawberries

1粒＝10〜20g, ジャム大1＝21g

旬は3〜5月。現在はハウス栽培で一年中出回っている。いちごにはビタミンCが多く含まれている。代表的な品種は、女峰（栃木）、とよのか（福岡）、とちおとめ（栃木）、あまおう（福岡）など。生食のほかに、ジュース、ジャムなどに加工されたり、ケーキのデコレーションなどに用いる。

◀とちおとめ

白いちご▶　　　あまおう▶

■栄養成分値グラフの読み取り方

廃棄率	◯ 0%	◔ 25%	◑ 50%	◕ 75%
水　分	0g	25g	50g	75g

■棒グラフによる量の表示

> ・各栄養成分の名称のところに付記した 200, 20, 2.0, 0.20 などの数字は、**グラフ1本分の相当量**である。
> ・グラフが一面に塗りつぶされているものは、**棒グラフ5本分より多い数値**であることを示す。

■記号の意味

> − ：未測定
> 0 ：食品成分表の最小記載量の1/10（ヨウ素, セレン, クロム, モリブデンは3/10, ビオチンは4/10）未満または検出されなかったことを示す。
> Tr（微量, Trace）：最小記載量の1/10以上含まれているが5/10未満であることを示す。
> ※食塩相当量の0は算出値が最小記載量（0.1g）の5/10未満であることを示す。
> (0)：測定をしていないが、文献等により含まれていないと推定されるもの。
> (Tr)：微量に含まれていると推定されるもの。
> ※「アミノ酸組成によるたんぱく質」、「脂肪酸のトリアシルグリセロール当量」「利用可能炭水化物（単糖当量）」については、原則としてアミノ酸成分表編、脂肪酸成分表編、炭水化物成分表編の収載値に基づき個別の組成成分値から算出した。さらに、これらの組成を諸外国の食品成分表の収載値から借用した場合や原材料配合割合（レシピなど）をもとに計算した場合には、（ ）をつけて数値を示した。
> ※無機質、ビタミンなどにおいては、類似食品の収載値から推計や計算により求めた成分について、（ ）をつけて数値を示した。

■重さの単位

mg：ミリグラム	μg：マイクログラム
1g＝1,000 mg	1mg＝1,000 μg
	1g＝1,000,000 μg

本書の食品成分値は、文部科学省科学技術・学術審議会資源調査分科会報告「日本食品標準成分表（八訂）増補2023年」（2023年4月28日現在）によるものである。
https://www.mext.go.jp/a_menu/syokuhinseibun/mext_00001.html

稲の刈り入れ

穀類

食用として栽培されるイネ科の植物の種子を穀類という。米、麦類（小麦、大麦、ライ麦、えんばく）、とうもろこし、きび、あわ、ひえなどがある。そのほかに、タデ科のそば、ヒユ科のアマランサスなども含める。米、小麦、とうもろこしは、世界三大作物とされ、世界各地で主食として食べられている。穀類は、栽培が比較的簡単であり、単位面積あたりの収穫量も多く、水分が少ないため長期保存に適し、味も淡泊で飽きがこないことから、古くから重要な食料とされている。

栄養上の特性

穀類は、生活活動の主要なエネルギー源である。その成分は、約70％が炭水化物から成り、たんぱく質も約10％含んでいる。日本人の主食である米は、たんぱく質源としても良質である。米の種子は、胚芽、胚乳、種皮から成り、種皮であるもみ殻を取り除き（脱穀）、胚芽や胚乳を食用とする。脱穀したままの玄米は、胚乳の外皮が残っており食感や消化率が悪いので、搗精（精米）で外皮を取り除いて食べることが多い。しかし、ビタミンや無機質は外皮や胚芽に多く含まれるので、精米するほど、栄養価も落ちる。

選び方・保存の仕方

	選び方	保存の仕方
米	粒がそろっていて、つやのあるもの。精米したてがおいしく、日が経つと味が落ちるので、日付を見て新しいものを選ぶ。	湿度が高いと劣化が進むので、直射日光の当たらない涼しい場所に保管する。湿気やぬかによって害虫（コクゾウムシ）がわくので、容器を掃除する。また、ぬれた手で米を扱わない。
小麦粉	古くなると固まるので、製造年月日の新しいものを選ぶ。	湿気によってカビたり、古くなると虫がついて線状になったりするので、密閉容器に保管し、早めに使い切る。
パン	パンのきめが均一で細かく、焼きむらのないものを選ぶ。	湿気が多いとカビが生え、室内や冷蔵庫では乾燥してパサパサになりうま味がなくなる。小分けして冷凍保存するとよい。
スパゲッティ・マカロニ	よく乾燥した、こはく色でつやのあるものを選ぶ。	湿気に注意し、密閉して保存する。
乾めん（うどん・そば・中華そば）	包装の破れていないもの、変色したり、カビの生えたりしていないものを選ぶ。	湿気に注意して、密封保存する。できるだけ、早めに使い切る。
生めん	日付の新しいもの、めんの表面にぬるぬるの出ていないものを選ぶ。	冷蔵庫で保存し、できるだけ早く食べる。

食品名 / 食品番号 / 可食部100gあたり	廃棄率% / 水分g	エネルギー kcal 200	たんぱく質 g 20.0	脂質 g 20.0	コレステロール mg 20	炭水化物 g 20.0	食物繊維総量 g 2.0	ナトリウム mg 200	カリウム mg 200	カルシウム mg 200	リン mg 200	鉄 mg 2.0	亜鉛 mg 2.0	A βカロテン当量 μg 200	A レチノール活性当量 μg 20	D μg 2.0	E αトコフェロール mg 2.0	B1 mg 0.20	B2 mg 0.20	葉酸 μg 20	C mg 20	食塩相当量 g 2.0
アマランサス 玄穀 01001	0 / 13.5	343 / 358	(11.3) / 12.7	5.0 / 6.0	(0)	57.8 / 64.9	7.4	1	600	160	540	9.4	5.8	2	Tr	(0)	1.3	0.04	0.14	130	(0)	0
あわ 精白粒 01002	0 / 13.3	346 / 367	10.2 / 11.2	4.1 / 4.4	(0)	63.3 / 69.7	3.3	1	300	14	280	4.8	2.5	(0)	(0)	(0)	0.6	0.56	0.07	29	0	0
えんばく オートミール 01004	0 / 10.0	350 / 380	12.2 / 13.7	(5.1) / 5.7		57.4 / 69.1	9.4	3	260	47	370	3.9	2.1				0.6	0.20	0.08	30	(0)	0
おおむぎ 七分つき押麦 01005	0 / 14.0	343 / 341	(9.7) / 10.9	1.8 / 2.1	(0)	(64.9) / 72.1	10.3	2	220	23	180	1.3	1.4				0.2	0.22	0.07	17	(0)	0
麦こがし 01010	0 / 3.5	368 / 391	(11.1) / 12.5	(4.2) / 5.0	(0)	63.8 / 77.1	15.5	2	490	43	340	3.1	3.8				0.5	0.09	0.10	24	(0)	0
きび 精白粒 01011	0 / 13.8	353 / 363	10.0 / 11.3	2.9 / 3.3	(0)	70.9 / 70.9	1.6	2	200	9	160	2.1	2.7	(0)	(0)		Tr	0.34	0.09	13	0	0
小麦粉 プレミックス粉 お好み焼き用 01146	0 / 9.8	335 / 352	9.0 / 10.1	1.8 / 1.9	1	67.6 / 73.6	2.8	1400	210	64	320	1.0	0.7	8	1	0.1	0.6	0.21	0.03	17	Tr	3.7
ホットケーキ用 01024	0 / 11.1	360 / 365	(7.1) / 7.8	(3.6) / 4.0	31	(72.4) / 74.4	1.8	390	230	100	170	0.5	0.3	3	9	0.1	0.5	0.10	0.08	10	0	1.0

※薄力粉はp.180に掲載

インフォメーション きびだんごの由来 ▶岡山県の銘菓として有名だが、古くから吉備神社の境内ではきびでつくっただんごが売られていた。幕末に、茶席向けにぎゅうひもちが創作され、これをきびと吉備国のごろあわせから、また、吉備津彦命（きびつひこのみこと）の桃太郎伝説とも結びつけて、名づけたそうだ。

食のお話　米・もちと人々の暮らし

米は日本人にとって大事な主食である。特に,もちはお雑煮のように本来祭りや年中行事などハレの日に欠かせない食材である。

↑鏡もち　　↑雑煮

↑赤飯　　　↑おはぎ（ぼたもち）

●稲わらの利用

かつて日本では,脱穀したあとに残るわらは非常に重要な資源で,衣食住の広い分野にわたってさまざまな用途があった。

みの　雨具としてのほか,防寒,日よけなどにも用いられた。

米俵　脱穀した米を保管したり運んだりするための入れもの。1俵は60kg入り。

しめなわかざり　かつては各家庭でしめなわかざりをつくっていた。玄関に飾って正月を迎える。

わらじ　履き物。長距離の歩行に適し,昔の旅の必需品だった。

卵つと　「つと」とはわらなどをたばねてそのなかに食品を包んだもののこと。貴重だった卵を持ち運ぶためにつくられた。

アマランサス　Amaranth

大1＝10g

中南米原産。米と混ぜて炊いたり,粉にして菓子やパンなどに利用する。穀類のなかでは,カルシウムが多い。

あわ【粟】　Foxtail millet

1C＝160g

米,麦,あわ,きび,豆の五穀の1つ。うるち種ともち種があり,あわおこしやあわもち,だんごなどにして食べる。

えんばく【燕麦】　Common oats

1C＝80g

イネ科の1・2年草。精白し粉砕してオートミールに加工して食べる。穀類のなかでは,たんぱく質,脂質が多い。

↑オートミールがゆ

おおむぎ【大麦】　Barley

七分つき押麦1C＝125g

大麦は胚乳部が硬いので,押麦にして利用する。主食のほかに,麦みそ,麦茶,ビールなどの原料に用いられる。
〔七分つき押麦〕　大麦を精白し,蒸気で加熱しローラーで平たくしたもので,精白度合を7割に抑えた押麦。
〔麦こがし（はったい粉）〕　大麦をあぶってからひいた粉。砂糖を混ぜてお湯で粘土状に練り,焼いた練り菓子として食べる。焙煎してあることにより,消化しやすく,素材の甘みがあり香ばしさがある。

きび【黍】　Proso millet

1C＝160g

昔からあわとともに栽培され,米の代用とされた。うるち種ともち種があり,もち種は粉にしてだんごや菓子にして食べる。

小麦粉　Premixed flour

ホットケーキ用1C＝110g

〔プレミックス粉・お好み焼き用〕　お好み焼きなど簡便に調理できる調整粉。小麦粉に糖類,油脂,脱脂粉乳,全卵粉末,膨張剤,食塩,香料などを必要に応じて配合しており,山いも,だしを加えたものもある。
〔プレミックス粉・ホットケーキ用〕　ホットケーキ用に,小麦粉,砂糖,ベーキングパウダー,脱脂粉乳,全卵粉末,ショートニング,食塩などを配合したもの。

ⓘ **インフォメーション**　アマランサス▶ヒユ科でおもにメキシコ原産の種や江戸時代に観賞用にされたヒモゲイトウがある。カルシウムが豊富で,日本ではおもに東北地方で生産されている。米に混ぜて炊いたり,パンやめんの材料に用いられる。　**179**

食品名 / 食品番号	廃棄率%	水分g	エネルギー kcal	たんぱく質 g	脂質 g	コレステロール mg	炭水化物 g	食物繊維総量 g	ナトリウム mg	カリウム mg	カルシウム mg	リン mg	鉄 mg	亜鉛 mg	βカロテン当量 μg	レチノール活性当量 μg	D μg	E αトコフェロール mg	B1 mg	B2 mg	葉酸 μg	C mg	食塩相当量 g
小麦粉 薄力粉 1等 01015	0	14.0	349 / 367	7.7 / 8.3	1.3 / 1.5	(0)	73.1 / 75.8	2.5	Tr	110	20	60	0.5	0.3	(0)	(0)	0	0.3	0.11	0.03	9	(0)	0
中力粉 1等 01018	0	14.0	337 / 367	8.3 / 9.0	1.4 / 1.6	(0)	69.5 / 75.1	2.8	1	100	17	64	0.5	0.5	(0)	(0)	0	0.3	0.10	0.03	8	(0)	0
強力粉 1等 01020	0	14.5	337 / 365	11.0 / 11.8	1.3 / 1.5	(0)	66.8 / 71.7	2.7	Tr	89	17	64	0.9	0.8	(0)	(0)	0	0.3	0.09	0.04	16	(0)	0
強力粉 全粒粉 01023	0	14.5	320 / 328	(11.7) / 12.8	(2.4) / 2.9	(0)	(55.6) / 68.2	11.2	2	330	26	310	3.1	3.0	(0)	(0)	(0)	1.0	0.34	0.09	48	(0)	0
パン 食パン 角形食パン 01026	0	39.2	248 / 258	7.4 / 8.9	3.7 / 4.1	0	44.2 / 46.4	4.2 / 2.2	470	86	22	67	0.5	0.5	4	0	0	0.4	0.07	0.05	30	0	1.2
乾パン 01030	0	5.5	386 / 393	(8.7) / 9.5	(4.0) / 4.4	(Tr)	(74.9) / 78.8	3.1	490	160	30	95	1.2	0.6	(0)	(0)	(0)	1.1	0.14	0.06	20	(0)	1.2
フランスパン 01031	0	30.0	289 / 279	8.6 / 9.4	(1.1) / 1.3	(0)	58.2 / 57.5	2.7	620	110	16	72	0.9	0.8	0	(0)	0	0.1	0.08	0.05	33	(0)	1.6
ライ麦パン 01032	0	35.0	252 / 264	6.7 / 8.4	(2.0) / 2.2	(0)	49.0 / 52.7	5.6	470	190	16	130	1.4	1.3	0	(0)	Tr	0.3	0.16	0.06	34	(0)	1.2
ぶどうパン 01033	0	35.7	263 / 269	(7.4) / 8.2	(3.3) / 3.5	(Tr)	49.9 / 51.1	2.2	400	210	32	86	0.9	0.6	1	Tr	Tr	0.4	0.11	0.05	33	(Tr)	1.0
ロールパン 01034	0	30.7	309 / 316	8.5 / 10.1	8.5 / 9.0	(Tr)	48.6 / 48.6	2.0	490	110	44	97	0.7	0.8	15	1	0.1	0.5	0.10	0.06	38	(0)	1.2
クロワッサン リッチタイプ 01035	0	20.0	438 / 448	(7.3) / 7.9	(25.4) / 26.8	(35)	44.1 / 43.9	1.8	470	90	21	67	0.6	0.6	69	6	0.1	1.9	0.08	0.03	33	(0)	1.2
イングリッシュマフィン 01036	0	46.0	224 / 228	(7.4) / 8.1	(3.2) / 3.6	(Tr)	40.6 / 40.8	1.2	480	84	53	96	0.9	0.8	1	Tr	(0)	0.3	0.15	0.08	23	(0)	1.2
ナン 01037	0	37.2	257 / 262	(9.3) / 10.3	3.1 / 3.4	(0)	46.9 / 47.6	2.0	530	97	11	77	0.8	0.7	0	(0)	(0)	0.6	0.13	0.06	36	(0)	1.3
ベーグル 01148	0	32.3	270 / 275	8.2 / 9.6	1.9 / 2.0	—	53.6 / 54.6	2.5	460	97	24	81	1.3	0.7	—	—	—	0.2	0.19	0.08	47	—	1.2

※プレミックス粉（お好み焼き用，ホットケーキ用）はp.178に掲載

インフォメーション 小麦粉の成分▶小麦粉には，80種類を超えるたんぱく質が含まれているが，そのなかで量が最も多いのがグリアジンとグルテニンである。この２つで，小麦粉中のたんぱく質の８割を占め，水分を加えてこねることによりグルテンを形成して粘性，弾性をもたらす。

小麦粉

Soft flour, Medium-strength flour, Hard flour

薄力粉，強力粉大1＝9g，1C＝110g，全粒粉大1＝9g，1C＝100g

小麦は世界で最も生産量の多い穀物で，パン小麦，パスタ用のデュラム小麦，菓子用のクラブ小麦などがあるが，ほとんど製粉して用いられる。成分は糖質とたんぱく質が多く，たんぱく質のグルテンの量によって，薄力粉，中力粉，強力粉に分けられる。

〔薄力粉〕　たんぱく質が最も少なく，粘性も弱い。おもに菓子類，てんぷらの衣に用いられる。

〔中力粉〕　たんぱく質含有量が中間で，うどんやそうめんなどに用いられる。

〔強力粉〕　たんぱく質が最も多く，粘性も強い。パンやピザに用いられる。

〔全粒粉〕　小麦の表皮，胚芽，胚乳をすべて粉にしたもの。薄力粉と比較して食物繊維や鉄，ビタミンB₁の含有量が高い。

↑小麦

●小麦の構造

胚乳（はいにゅう）
（小麦粒の約83%）
（この部分が小麦粉になる）

表皮（ひょうひ）
（小麦粒の約15%）

胚芽（はいが）
（小麦粒の約2%）

↑薄力粉

↑中力粉

↑強力粉

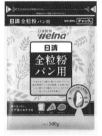
↑全粒粉

●小麦粉の種類と調理例

	薄力粉	中力粉	強力粉
たんぱく質含有量	約8〜9%	約9〜10%	約12%
グルテンの量	少ない	中くらい	多い
グルテンの性質	弱い	普通	強い
おもな用途	ケーキ・クッキー	うどん・そうめん	パン・パスタ

パン

Bread

食パン1斤＝360g，食パン8枚切り1枚＝45g，6枚切り1枚＝60g，フランスパン10cm＝75g，ぶどうパン1枚＝65g，ロールパン1個＝30g，クロワッサン1個＝40g，イングリッシュマフィン1個＝60g，ナン1枚＝80g，ベーグル1個＝90g

パンが日本に伝えられたのは16世紀ポルトガル人によるが，一般に普及したのは，明治以降である。パンの基本材料は，小麦粉，水，塩，イースト，またはベーキングパウダーなどで，これらを混ぜ合わせ発酵させて香ばしく焼き上げたもの。小麦粉のほかにライ麦粉を使ったり，卵や乳・乳製品，干した果実などを加えたものなど，種類が豊富である。日本のパンは，食パン類，菓子パン類，学校給食パン，その他のパンに分けられる。

〔食パン〕　強力粉に，塩，砂糖，イーストを加えてこねた生地を箱型に入れ焼き上げる。角形と山形のものがある。

〔乾パン〕　普通のパンより水分を6％以下と少なく焼き上げたもので，貯蔵性に富み，災害用の備蓄食品に用いられている。

〔フランスパン〕　小麦粉，塩，水，酵母だけでつくり，外側をかたく，中をやわらかく焼く。

〔ライ麦パン〕　ライ麦粉はグルテンを形成しないので小麦粉を混ぜ合わせてつくる。黒パンともいう。

↑サンドイッチとクロワッサンサンド

↑フランスパン

↑ベーグル

↑ナン

〔ぶどうパン〕　レーズン（干しぶどう）入りのパンで，小麦粉100に対し，40前後の割合で加えられる。

〔ロールパン〕　バターや卵を生地に練りこみ，薄くのばした生地を巻いてつくる小型パンの総称。和製英語。

〔クロワッサン〕　三日月形の小さなパン。長方形にのばした生地を二等辺三角形に切り，底辺から巻き上げて焼く。

〔イングリッシュマフィン〕　英米の家庭で朝食に食べられる薄焼きされたパン。側面から割ってトーストし，バターなどを添えて食べる。

〔ナン〕　発酵させた生地を薄くのばし，タンドールという釜に貼りつけて焼く。北インド地方でよく食べられる。

〔ベーグル〕　中近東，西アジアがルーツとされ，アメリカ東部のユダヤ人が食べていたが，1950年代から全米に広まった。サーモン，チーズなどをはさんで食べる。

✓Check なぜパンがふくらむのだろう?

小麦粉に水分を加えてこねると，小麦粉のたんぱく質のグリアジンとグルテニンが「グルテン」を形成し，粘りと弾力性をもつようになる。イーストは，生地に含まれる糖を分解して，アルコールと炭酸ガスを発生させる。このガスをグルテンが包みこむことで生地がふくらみ，焼くことによって，生地が膨張した状態で固まる。

グリアジン（粘り）　→　グルテン（粘りと弾力性）
水分を加えてこねる
グルテニン（弾力性）

✓Check 世界のいろいろなパン

●無発酵パン

チャパティー（インド）
全粒小麦粉に塩味を加えて練ったものでカレーといっしょに食べる。

トルティーヤ（メキシコ）
とうもろこし粉に水，塩を加えてかための生地をつくり，平たくのばして油で揚げるか焼いたもの。

●発酵パン

フォカッチャ（イタリア）
平焼きで，独特の形，味わいをもつ軽食向きのパン。オリーブ，ドライトマトを乗せたものもある。

饅頭（マントウ）（中国）
蒸しパン。塩味か，ごく軽い甘味をつける。具などは何もはいらない。

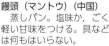

ⓘ インフォメーション　天然酵母▶工場で培養したイースト（パン用酵母菌）以外の小麦や果実，いもや米などの植物に付着する酵母で，自然の力で培養し，パンの発酵に利用できる。イーストより発酵力が弱いが，ゆっくり発酵するので独特の味わいがある。

181

CEREALS

食品名 食品番号 可食部100gあたり	廃棄率% 水分g	エネルギー kcal 200	たんぱく質 g 20.0	脂質 g 20.0	コレステロール mg 20	炭水化物 g 20.0	食物繊維総量 g 2.0	無機質 ナトリウム mg 200	カリウム mg 200	カルシウム mg 200	リン mg 200	鉄 mg 2.0	亜鉛 mg 2.0	ビタミン A βカロテン当量 μg 200	A レチノール活性当量 μg 20	D μg 2.0	E αトコフェロール mg 2.0	B₁ mg 0.20	B₂ mg 0.20	葉酸 μg 20	C mg 20	食塩相当量 g 2.0
うどん・そうめん うどん 生 01038	0 33.5	249 270	5.2 6.1	(0.5) 0.6	(0)	54.2 56.8	3.6 —	1000	90	18	49	0.3	0.3	0	(0)	(0)	0.2	0.09	0.03	5	(0)	2.5
うどん ゆで 01039	0 75.0	95 105	2.3 2.6	(0.3) 0.4	(0)	19.5 21.6	1.3 —	120	9	6	18	0.2	0.1	0	(0)	(0)	0.1	0.02	0.01	2	(0)	0.3
干しうどん 乾 01041	0 13.5	333 348	8.0 8.5	(1.0) 1.1	(0)	(69.9) 71.9	2.4 —	1700	130	17	70	0.6	0.4	0	(0)	(0)	0.3	0.08	0.02	9	(0)	4.3
そうめん・ひやむぎ 乾 01043	0 12.5	333 356	8.8 9.5	(1.0) 1.1	(0)	71.0 72.7	2.5 —	1500	120	17	70	0.6	0.4	0	(0)	(0)	0.3	0.08	0.02	8	(0)	3.8
中華めん 生 01047	0 33.0	249 281	8.5 8.6	(1.0) 1.2		47.6 55.7	5.4 —	410	350	21	66	0.5	0.4	0	(0)	(0)	0.2	0.02	0.02	8	(0)	1.0
蒸し中華めん 01049	0 57.4	162 184	4.7 4.9	(1.5) 1.7	Tr	30.6 35.6	3.1 1.7	110	80	10	40	0.4	0.2	0	(0)	(0)	0.1	0	0.16	4	(0)	0.3
沖縄そば 生 01052	0 32.3	266 284	(9.1) 9.2	(1.7) 2.0	(0)	52.5 54.2	2.1	810	340	11	65	0.7	1.1	(0)	(0)	(0)	0.3	0.02	0.04	15	(0)	2.1
即席中華めん 油揚げ 乾 (添付調味料等を含まないもの) 01144	0 3.7	453 474	8.2 8.9	18.6 19.6	4	59.3 65.5	5.5 —	580	150	220	97	0.6	0.4	1	0	0	2.2	0.16	0.19	9	0	1.5
非油揚げ 乾 (添付調味料等を含まないもの) 01145	0 10.7	334 352	7.9 8.5	1.5 1.9	1	67.7 75.2	6.5 —	1200	310	230	130	0.6	0.4	62	5	0	1.7	0.01	0.01	8	0	3.0
中華スタイル即席カップめん 油揚げ しょうゆ味 調理後全体 (添付調味料等を含むもの) 01200	0 (80.8)	90 101	(2.0) (2.3)	(4.4) (4.5)	(2)	(9.8) (12.9)	(1.4) —	(590)	(43)	(46)	(27)	(0.2)	(0.1)	(31)	(3)	0	(0.6)	(0.14)	(0.12)	(3)	(1)	(1.5)
油揚げ 焼きそば 調理後全体 (添付調味料等を含むもの) 01202	0 (53.6)	222 258	(4.2) (5.0)	(10.6) (11.3)	(3)	(25.8) (34.2)	(3.3) —	(910)	(100)	(94)	(54)	(0.4)	(0.3)	(19)	(2)	0	(1.8)	(0.28)	(0.30)	(9)	(2)	(2.3)
和風スタイル即席カップめん 油揚げ 調理後全体 (添付調味料等を含むもの) 01204	0 (80.5)	91 95	(1.9) (2.2)	(4.4) (4.7)	(1)	(10.3) (11.2)	(1.4) —	(550)	(34)	(41)	(38)	(0.2)	(0.1)	(6)	(Tr)	0	(0.6)	(0.19)	(0.08)	(2)	(2)	(1.4)
マカロニ・スパゲッティ 乾 01063	0 11.3	347 378	12.0 12.9	1.5 1.8	(0)	66.9 73.1	5.4 3.0	1	200	18	130	1.4	1.5	9	1	(0)	0.3	0.19	0.06	13	(0)	0
生パスタ 生 01149	0 42.0	232 247	7.5 7.8	1.7 1.9	(0)	45.9 46.9	1.5	470	76	12	73	0.5	0.5	(0)	(0)	—	0.1	0.05	0.04	9	(0)	1.2

インフォメーション 手打ちめんの定義▶原料に加水してグルテンを形成するように練り合わせ，熟成させたあとにのべ棒でのばして包丁で細長い線状に裁断するか，熟成後に細長くのばして一定の長さに裁断することで，すべて手作業でおこなうことをいう。

穀類

うどん・そうめん　Udon (thick wheat noodles), Somen and Hiyamugi (thin wheat noodles)

うどん生1玉=140g, ゆで1玉=250g, そうめん1束=50g

小麦粉に食塩と水を加えてよくこね合わせ, めん棒で薄くのばし, 折りたたんで均一の太さに切る。切り分けためんの形状によって, きしめん, うどん, ひやむぎ, そうめんに分類される。
〔うどん〕　秋田の稲庭（いなにわ）うどん, 名古屋のきしめん, 香川の讃岐（さぬき）うどんなどが有名である。市販されているものには, 生めん, ゆでめん, 乾めんがある。生めんは, ゆでる手間はかかるが, ゆでたてを食べることができる。ゆでめんは, 温めるだけで手軽に食べることができる。乾めんは, 生めんを乾燥させたもので, 保存性がよいなど, それぞれに特徴がある。
〔そうめん・ひやむぎ〕　乾めんの一種。違いは, めんの太さで, そうめんがいちばん細く, ひやむぎは, うどんより細くそうめんより太い。そうめんは索（なわ）のようなめんという意味に由来する。三輪（みわ）そうめん, 揖保乃糸（いぼのいと）, 五色そうめんなどがある。夏期の料理としてゆでてから冷水にさらし, つけ汁で食べる。

⤶そうめん

即席めん　Instant Chinese noodles, Instant Japanese thick wheat noodles

1食分=90g

インスタント食品の代表的なもの。湯をそそいだり, 加熱するだけで簡単に食べられるめん類。
包装形態や味つけ, めんの特徴などの種類によって分類される。
製法としては, 蒸して, でんぷんをα化させた後, 乾燥させる。乾燥させる方法として, 油で揚げる, 熱風により乾燥させる, マイクロ波で加熱して乾燥させるなどの方法があり, それによってでんぷんの老化を防いでいる。乾燥させてあるので保存性はよいが, 油で揚げてあるものは油の酸化が起きやすいので, 賞味期限に注意し, 直射日光の当たらない冷暗所を選ぶなどの注意が必要である。
栄養的には, 塩分が比較的多く含まれ, エネルギーも高いが, ビタミン類は少ない。別鍋で野菜や卵をゆでて添えるなど, 具を工夫することによってバランスをとるようにするとよい。

⤶ファルファッレ　⤶カネロニ
ロングパスタ⤵
⤶ルマキーネ　⤶フジッリ
リソーニ⤵　　　⤶ルオーテ
　　　　　　　⤶カッペッレッティ
⤴生パスタ　⤴コンキリエ　タリアテッレ⤵

各地のうどん ✓Check!

●稲庭（いなにわ）うどん（秋田県）
手のべうどんの一種だが油は使用せず, 全工程を手作業でおこなう。

●讃岐（さぬき）うどん（香川県）
腰が強くやわらかく, 歯切れのよいうどん。弘法大師が唐から持ち帰ったのが始まりといわれている。

●きしめん（愛知県）
一般的なうどんに比べると生地が薄く, めんが長く平たい。

●五島（ごとう）うどん（長崎県）
特産のツバキ油をぬり, 両手で細くしながら2本の細竹にかけて乾燥させつくる。地獄炊きは, あご（とびうお）だしつゆに, ゆでたうどんをつけて食べる長崎県五島地方の郷土料理。

マカロニ・スパゲッティ　Macaroni and spaghetti

スパゲッティ1人分=100g

イタリアのパスタ（小麦粉からつくったもの）の1つ。デュラム小麦という硬質の小麦をひいたセモリナ粉を使ってつくられている。マカロニは2.5mm以上の太さの管状（棒状, 帯状のものを除く）のもの, スパゲッティは1.2mm以上2.5mm未満の太さの棒状のものをいう。
〔生パスタ〕　デュラム小麦セモリナ粉に水やオリーブオイルなどを加えて練った生地を長期保存用に乾燥せず, そのまま成形したものをいう。

中華めん　Yellow alkaline noodles

生めん1玉=130g, 蒸しめん1袋=150g

強力粉にかん水を加えてよくこね, 製めんしたもの。かん水はアルカリ性で, その作用によってめんが黄色に変化し, グルテンの伸展性が強まり, 独特の歯ごたえが生まれる。めんの状態により, 生, ゆで, 蒸し, 乾などがある。湯めん（汁そば）, 炒めん（焼きそば）, 冷めん（冷やしそば）などにして食べる。

沖縄そば　Okinawa noodles

生1玉=160g

沖縄地方の特産で, 強力粉にかん水, 灰汁を入れてこねた太めのめん。豚骨スープに豚バラの煮物を添える（p.285）。

めんの製法 ✓Check!

①切り出し法
こねためん生地を帯状に整えて, 線状に切る。
例：そば, うどん, そうめん, 中華めんなど

②押し出し法
こねためん生地に圧力をかけて, 穴から押し出す。
例：スパゲッティ, マカロニ, ビーフン, 春雨など

③撚延法
めん生地をひも状に引きのばす。
例：手のべそうめん, 手のべひやむぎなど

パスタ料理の例 ✓Check!

●ニョッキ
小麦粉にじゃがいもやかぼちゃなどを加えて練り, 棒状にのばして小さく切ったり丸めたりしてゆでたもの。チーズやソースとあえる。

●ラヴィオリ
肉, チーズ, 野菜を練りこんだ具材を, 薄くのばした生地で包みこんだもの。

●ラザーニェ
ひき肉やトマトを使ったボローニャ風ソースなどとラザーニェを交互に重ね合わせオーブンで焼くのが一般的。

ⓘ インフォメーション　おいしいスパゲッティ▶パスタをおいしく食べるコツはゆで方にある。大きめの鍋にたっぷりのお湯と塩。ゆであがったときにパスタの中心部に白い芯（しん）がポツンと残る状態がちょうどよい。これをアルデンテ（aldente）という。denteとはイタリア語でいう「歯」の意味である。

183

食品名 / 食品番号 （可食部100gあたり）	廃棄率% 水分g	エネルギー kcal 200	たんぱく質 g 20.0	脂質 g 20.0	コレステロール mg 20	炭水化物 g 20.0	食物繊維総量 g 2.0	ナトリウム mg 200	カリウム mg 200	カルシウム mg 200	リン mg 200	鉄 mg 2.0	亜鉛 mg 2.0	βカロテン当量 μg 200	レチノール活性当量 μg 20	D μg 2.0	αトコフェロール mg 2.0	B₁ mg 0.20	B₂ mg 0.20	葉酸 μg 20	C mg 20	食塩相当量 g 2.0
ふ 生ふ 01065	0	161	(11.7)	(0.7)		26.8																
	60.0	163	12.7	0.8	(0)	26.2	0.5	7	30	13	60	1.3	1.8	(0)	(0)	(0)	Tr	0.08	0.03	7	(0)	0
焼きふ 車ふ 01068	0	361	(27.8)	(2.9)		54.4																
	11.4	387	30.2	3.4	(0)	54.2	2.6	110	130	25	130	4.2	2.7	(0)	(0)	(0)	0.4	0.12	0.07	11	(0)	0.3
ぎょうざの皮 01074	0	275	(8.4)	(1.2)		(54.9)																
	32.0	291	9.3	1.4	0	57.0	2.2	2	64	16	60	0.8	0.6	(0)	(0)	(0)	0.2	0.08	0.04	12	0	0
しゅうまいの皮 01075	0	275	(7.5)	(1.2)		(55.7)																
	31.1	295	8.3	1.4	(0)	58.9	2.2	2	72	16	60	0.6	0.5	(0)	(0)	(0)	0.2	0.09	0.04	9	0	0
ピザ生地 01076	0	265	–	2.7		(48.5)																
	35.3	268	9.1	3.0	(0)	51.1	2.3	510	91	13	77	0.8	0.6	0	(0)	(0)	0.3	0.15	0.11	20	(0)	1.3
ちくわぶ 01069	0	160	(6.5)	(1.0)		30.3																
	60.4	171	7.1	1.2	(0)	31.1	1.5	1	3	8	31	0.5	0.2	(0)	(0)	(0)	Tr	0.01	0.02	4	(0)	0
パン粉 生 01077	0	277	(9.1)	(4.6)		(47.2)																
	35.0	280	11.0	5.1	(0)	47.6	3.0	350	110	25	97	1.1	0.7	3	Tr	(0)	0.3	0.11	0.02	40	(0)	0.9
乾燥 01079	0	349	(12.4)	(3.7)		62.5	6.5															
	11.9	373	14.9	4.1	(0)	67.4	3.5	570	160	25	120	1.1	0.9	1	Tr	(0)	0.4	0.16	0.05	24	Tr	1.4
こめ 水稲穀粒 玄米 01080	0	346	6.0	2.5		71.3																
	14.9	353	6.8	2.7	(0)	74.3	3.0	1	230	9	290	2.1	1.8	1	Tr	(0)	1.2	0.41	0.04	27	(0)	0
水稲穀粒 精白米 うるち米 01083	0	342	5.3	0.8		75.6																
	14.9	358	6.1	0.9		77.6	0.5	1	89	5	95	0.8	1.4	0	(0)	(0)	0.1	0.08	0.02	12	(0)	0
水稲穀粒 精白米 もち米 01151	0	343	5.8	1.0		77.4																
	14.9	359	6.4	1.2	(0)	77.2	(0.5)	Tr	97	5	100	0.2	1.5	(0)	(0)	(0)	(0.2)	0.12	0.02	(12)	(0)	0
水稲穀粒 精白米 インディカ米 01152	0	347	6.4	0.7		78.3																
	13.7	363	7.4	0.9	(0)	77.7	0.5	1	68	5	90	0.5	1.6	0	(0)	(0)	Tr	0.06	0.02	16	(0)	0
水稲穀粒 はいが精米 01084	0	343	–	1.9		72.2																
	14.9	357	6.5	2.0	(0)	75.8	1.3	1	150	7	150	0.9	1.6	(0)	(0)	(0)	0.9	0.23	0.03	18	(0)	0
水稲穀粒 発芽玄米 01153	0	339	5.5	2.8		69.3																
	14.9	356	6.5	3.3	(0)	74.3	3.1	3	160	13	280	1.0	1.9	(0)	(0)	(0)	1.2	0.35	0.02	18	(0)	0

インフォメーション はいが精米▶胚芽が取れないようやさしく手早く米を洗う。玄米と同様にビタミンE・B群，リノール酸が豊富である。白米のように消化吸収がよく栄養素が多いので，胃弱な人や子ども，高齢者に食べやすい食材である。

ふ【麩】　Fu (wheat gluten cake)

生ふ1本=220g，車ふ4枚=35g（戻した状態210g）

　小麦粉のたんぱく質のグルテンを分離し，それを原料にしてつくった日本の伝統的な食品の1つ。室町時代の禅僧が中国から伝えたといわれている。
〔生ふ〕　小麦粉のグルテンのみを原料として蒸しあげたもの。
〔焼きふ〕　原料のグルテンに合わせ粉を加えて練り，成形して焼いたもの。

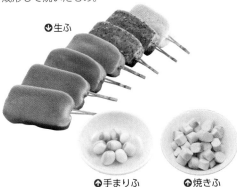
↓生ふ

↑手まりふ　　↑焼きふ

こめ【米】　Rice

精白米，はいが精米，玄米1C=170g

　米は，小麦，とうもろこしと並ぶ世界三大穀物の1つ。日本で栽培されているのはジャポニカ米で，うるち米，もち米がある。このほかに，赤米，黒米，香り米，酒造米などがある。
〔玄米〕　もみからもみ殻を除いたもの。外皮がついたままなのでかたく消化吸収率が低いが，ぬかや胚芽が残っているので，精白米より栄養価は高い。
〔精白米〕　玄米を搗精してぬかと胚芽を除いたもの。消化吸収率はよいが，ビタミンB₁は減少する。
〔はいが精米〕　ぬかは除くが栄養分を多く含む胚芽を残したもの。
〔発芽玄米〕　わずかに0.5〜1mmくらい発芽した玄米。ビタミンB₁，無機質を豊富に含んでおり，消化も味もよい。甘みが多く感じられ，比較的口にしやすい。

✓Check! 米の分類

　食用の米は，大きくジャポニカ米とインディカ米に分けられる。国内で出回っている米は，ほとんどがジャポニカ米だが，海外ではむしろインディカ米が主流である。ジャポニカ米はでんぷんの成分によってうるち米ともち米に分けられる。でんぷんにはぶどう糖が鎖状に結合したアミロースと，いくつも枝分かれしてつながったアミロペクチンがある。アミロペクチンは枝分かれした分子の腕がからみ合うので，アミロースよりも粘りが強い。

↓もち米　↓うるち米　↓インディカ米

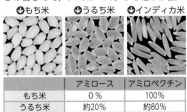

	アミロース	アミロペクチン
もち米	0%	100%
うるち米	約20%	約80%
インディカ米	約30%	約70%

ぎょうざの皮　Outer steamed wheat dough of "Jiaozi"

1枚=6g

　強力粉に水を加えて練り，薄く丸くのばしたもの。この皮で肉や野菜などのあんを包んで焼いたり蒸したりする。

しゅうまいの皮　Outer steamed wheat dough of "Shumai"

1枚=3g

　中国料理の点心の1つであるしゅうまいの皮。強力粉と薄力粉に水を加えてつくったもの。

ピザ生地　Pizza crust

1枚=100g

　ピザの台となるもの。小麦粉にイーストを加えて練り，発酵させた生地を薄く円形にのばして焼いたもの。

ちくわぶ　Chikuwabu (tube-shaped steamed wheat dough)

1本=100g

　生ふの一種で，グルテンに小麦粉などを混ぜ，ちくわの型に流し入れて蒸したもの。おでん（関東風）に用いられる。

パン粉　Bread crumbs

1C=40g

　パンを粉状にしたもの。市販品には，よく乾燥してきめの細かいもの，半乾きできめの粗いものやフレーク状のものなどがある。フライやコロッケなどの衣に利用される。

↑ぎょうざの皮ピザ

↑おでんに入れたちくわぶ

↑いわしのパン粉焼き

↑玄米　　↑精白米　　↑はいが精米　　↑発芽させた発芽玄米

✓Check! 米づくりの1年

❶苗づくり（春）
　種をまき，ビニールハウスで育苗をする。

❸稲が育つ（夏）
　苗は根を張り出し，新しい茎が増え，茎ものびていく。

❷田植え（初夏）
　田んぼに水を入れて土を砕き，代かきし，田植えをする。

❹実が実り，稲刈り（秋）
　田んぼ一面が黄金になるといよいよ収穫。

✓Check! いろいろな米

●赤米（あかごめ・あかまい）
　玄米の色が赤褐色で，ぬか層にタンニン系の色素があり，完全に精米すると白色になる。玄米のままか，軽く精米して食べるのが一般的である。

●黒米
　玄米の色が黒色で，ぬか層にアントシアン系の色素があり，ビタミン，ミネラルが含まれている。中国やインドネシアのバリ島では古くから栽培される。

●香り米
　炊きあげると独特の香りがする米で，バスマティ（インド・パキスタン）やジャスミンライス（タイ）が有名。ピラフやカレーに適している。日本でも栽培されているが，そのままでは香りが強いので，普通の米に混ぜて炊く。

↑田んぼアート（青森県田舎館村）

ⓘ インフォメーション　無洗米とは▶炊飯するときに米をとがずに，水を加えるだけで炊くことができる白米である。普通の白米は表面にぬかが残っているため，米をとぐ必要がある。無洗米は，そのぬか片を取りのぞいてあるので洗う必要がない。

CEREALS

食品名 / 食品番号	廃棄率% / 水分g	エネルギー kcal	たんぱく質 g	脂質 g	コレステロール mg	炭水化物 g	食物繊維総量 g	ナトリウム mg	カリウム mg	カルシウム mg	リン mg	鉄 mg	亜鉛 mg	βカロテン当量 μg	レチノール活性当量 μg	D μg	E αトコフェロール mg	B1 mg	B2 mg	葉酸 μg	C mg	食塩相当量 g
めし 水稲めし 玄米 01085	0	152	2.4	(0.9)		32.0																	
	60.0	165	2.8	1.0	(0)	35.6	1.4	1	95	7	130	0.6	0.8	0	(0)	(0)	0.5	0.16	0.02	10	(0)	0
水稲めし 精白米 うるち米 01088	0	156	2.0	0.2		34.6	1.5															
	60.0	168	2.5	0.3	(0)	37.1	0.3	1	29	3	34	0.1	0.6	0	(0)	(0)	Tr	0.02	0.01	3	(0)	0
かゆ 水稲全かゆ 精白米 01093	0	65	(0.9)	(0.1)		(14.7)																
	(83.0)	71	(1.1)	(0.1)		(15.7)	(0.1)	(Tr)	(12)	(1)	(14)	(Tr)	(0.3)	0	(0)	(0)	(Tr)	(0.01)	(Tr)	(1)	(0)	0
水稲五分かゆ 精白米 01097	0	33	(0.4)	(0.1)		(7.4)																
	(91.5)	36	(0.5)	(0.1)	(0)	(7.9)	(0.1)	(Tr)	(6)	(1)	(7)	(Tr)	(0.1)	0	(0)	(0)	(Tr)	(Tr)	(Tr)	(1)	(0)	0
水稲おもゆ 精白米 01101	0	19	(0.2)	(0)		(4.3)																
	(95.0)	21	(0.3)	0	(0)	(4.7)	(Tr)	(Tr)	(4)	(Tr)	(4)	(Tr)	(0.1)	0	(0)	(0)	(Tr)	(Tr)	(Tr)	(Tr)	(0)	0
アルファ化米 一般用 01110	0	358	5.0	0.8		79.6																
	7.9	388	6.0	1.0	(0)	84.8	1.2	5	37	7	71	0.1	1.6	0	(0)	(0)	0.1	0.04	Tr	7	(0)	0
おにぎり 01111	0	170	2.4	(0.3)		39.3																
	57.0	179	2.7	0.3	(0)	39.4	0.4	200	31	3	37	0.1	0.6	0	(0)	(0)	Tr	0.02	0.01	3	0	0.5
焼きおにぎり 01112	0	166	(2.7)	(0.3)		(36.9)																
	56.0	181	3.1	0.3		39.5	0.4	380	56	5	46	0.2	0.7	0	(0)	(0)	Tr	0.03	0.02	5	0	1.0
きりたんぽ 01113	0	200	(2.8)	(0.4)		46.2																
	50.0	210	3.2	0.4		46.2		1	36	4	43	0.1	0.7	0			Tr	0.03	0.01	4	0	0
上新粉 01114	0	343	5.4	(0.8)		75.9																
	14.0	362	6.2	0.9	(0)	78.5	0.6	2	89	5	96	0.8	1.0	0	(0)	(0)	0.2	0.09	0.02	12	(0)	0
米粉 01158	0	356	5.1	0.6		82.2																
	11.1	374	6.0	0.7	(0)	81.9	0.6	1	45	6	62	0.1	1.5	0			−	0.03	0.01	9	(0)	0
米粉パン 小麦グルテン不使用のもの 01159	0	247	2.8	2.8		50.8																
	41.2	255	3.4	3.1	−	51.3	0.9	340	92	4	46	0.2	0.9	−	−	−	0.5	0.05	0.03	30	−	0.9
白玉粉 01120	0	347	5.5	(0.8)		76.5																
	12.5	369	6.3	1.0	(0)	80.0	0.5	2	3	5	45	1.1	1.2	0	(0)	(0)	0	0.03	0.01	14	(0)	0
道明寺粉 01121	0	349	(6.1)	0.5		(77.3)																
	11.6	372	7.1	0.7	(0)	80.4	0.7	4	45	6	41	0.4	1.5	0	(0)	(0)	Tr	0.04	0.01	6	(0)	0

※ビーフン，もち，赤飯はp.188に掲載

インフォメーション　加工米飯▶加工米飯で最初につくられたものは，かんそう米飯（アルファ化米）である。1935年に軍隊用の食料として開発された。今では，軽くて持ち運びに便利でキャンプや登山に利用されている。また，常温で5年間保存できるので，災害時の非常食として利用されている。

めし【飯】　Meshi (cooked rice)
1杯=150g

穀類を炊いたものの総称であるが，米飯の普及につれて米を炊いたものをさすようになった。めしは，米をとぐ→吸水させる→加熱する→蒸らすという手順でおこなう。吸水時間は少なくとも30分程度は必要。急ぐときは温湯で。
〔玄米〕　圧力鍋で炊くとよいが，電気釜では米の容積の1.5倍の水加減にする。
〔精白米〕　米の容積の1.2倍の水加減にするが，新米の場合はそれより少なめに，古米の場合は少し多めにする。

↑おひつに入れたごはん

↑土鍋で炊いた玄米ごはん

かゆ【粥】　Zengayu (gruel), gobugayu (diluted gruel), omoyu (thin gruel)
全かゆ，五分かゆ1杯=200g，おもゆ1杯=150g

普通のめしより水分を多くしてやわらかく炊いたもので，米と水の割合によって全かゆ，七分かゆ，五分かゆ，三分かゆ，米粒をこしとったおもゆなどがある。手術直後の人や病者の流動食として用いられることが多い。食塩で味つけしただけの白がゆのほかに，卵を入れたり，茶がゆにしたり，正月の七草がゆ，小豆がゆなどの行事食としても食べられている。
〔全かゆ〕　米1に対して水5の割合。
〔五分かゆ〕　米1に対して水10の割合。
〔おもゆ〕　かゆの上ずみをこしたもの。

↑七草がゆ

アルファ化米　Quick-cooking rice
1 C=100g

炊飯した米を急速に脱水乾燥させたもの。でんぷんがα化の状態で保存されており，湯をそそぐと通常のめし状になる。

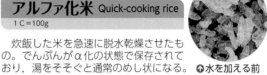
↑水を加える前　↑水を加えた後

きりたんぽ　Kiritanpo (baked tube-shaped cooked rice)
1本=65g

新米をかために炊き，米粒の形が残る程度につぶし，杉の串にぬりつけて焼く。秋田の郷土料理として有名。

↑きりたんぽ鍋

おにぎり　Onigiri (rice ball)
1個=100g

塩をつけて，炊いた米を三角形や俵形ににぎったもの。梅干し，さけ，たらこなどで変化をつける。携行に便利。

焼きおにぎり　Yaki-onigiri (baked rice ball)
1個=100g

おにぎりにしょうゆをぬって焼いたもの。ほかに，みそをぬったものもある。冷凍のものも市販されている。

↑三角形や俵形のおにぎり　↑焼きおにぎり

上新粉　Joshinko (ordinary rice flour)
1 C=130g

精白したうるち米を水にひたしたままの状態で粉砕し，乾燥したもの。かしわもちやだんごなどの和菓子材料に用いる。

↩かしわもち
↑上新粉

米粉　Fine flour
1 C=100g

米を精白後に粉砕したもの。製粉技術の進歩で小麦粉に似た粒度と特性をもち，製パンや製めんにも適している。

米粉パン　Rice bread
1枚（15mm厚さ）=20g

小麦粉などのムギ類ではなく，米粉を利用して製造されたパンのことで，米粉だけのものと，小麦粉などに米粉を混ぜたものがある。

↩米粉入りパン　↑米粉

白玉粉　Shiratamako (flour milled in water)
1 C=120g

寒ざらし粉ともいう。もち米を水にひたし，水びきして乾燥させたもの。白玉だんごなど，和菓子材料に用いる。

↑白玉だんご　↑白玉粉

道明寺粉　Domyojiko (steamed flour)
1 C=150g

もち米を蒸し，乾燥させたものを粗く粉にひいたもの。桜もちなどの和菓子や揚げ物の衣に利用する。

↑桜もち　↑道明寺粉

つくってみよう！
米粉のマドレーヌ

<材料>（4個分）
卵（L）1個　バター 50g　砂糖 50g
米粉 50g　ベーキングパウダー 小1/2

<つくり方>
❶オーブンを180℃で予熱しておく。
❷米粉とベーキングパウダーをよく混ぜ合わせておく。
❸溶かしバターをつくっておく。
❹卵を溶きほぐし，砂糖を加え泡立て器で泡立てる。量が増えて白っぽく，字が書けるくらいまで泡立てる。
❺泡立てた❹に❷の粉を一度に入れて軽く混ぜる。まだ粉が半分残っているくらいのころに❸の溶かしバターを加え，均一に混ぜる。
❻マドレーヌ型に八分目くらいまで均一になるよう入れ，オーブンの中段で約15分焼く。

インフォメーション　米粉の利用▶最近では，製粉技術の向上により，米粉のパンやめん，ケーキなどがつくられるようになった。小麦粉でつくられた製品と比べ，くちどけが良く，ソフトでモチモチとした食感がある。

CEREALS

食品名 / 食品番号	廃棄率% / 水分g	エネルギー kcal 200	たんぱく質 g 20.0	脂質 g 20.0	コレステロール mg 20	炭水化物 g 20.0	食物繊維総量 g 2.0	ナトリウム mg 200	カリウム mg 200	カルシウム mg 200	リン mg 200	鉄 mg 2.0	亜鉛 mg 2.0	βカロテン当量 μg 200	レチノール活性当量 μg 20	D μg 2.0	E αトコフェロール mg 2.0	B1 mg 0.20	B2 mg 0.20	葉酸 μg 20	C mg 20	食塩相当量 g 2.0
ビーフン 01115	0 / 11.1	360 / 377	5.8 / 7.0	(1.5) / 1.6	(0)	80.3 / 79.9	0.9	2	33	14	59	0.7	0.6	(0)	(0)	(0)	0	0.06	0.02	4	(0)	0
もち 01117	0 / 44.5	223 / 234	3.6 / 4.0	(0.5) / 0.6	(0)	50.8 / 50.8	0.5	0	32	3	22	0.1	0.9	0	(0)	(0)	Tr	0.03	0.01	4	(0)	0
赤飯 01118	0 / 53.0	186 / 190	(3.6) / 4.3	(0.5) / 0.6	0	41.1 / 41.9	1.6	0	71	6	34	0.4	0.9	1	0	(0)	Tr	0.05	0.01	9	(0)	0
そば そば粉 全層粉 01122	0 / 13.5	339 / 361	10.2 / 12.0	2.9 / 3.1	(0)	63.9 / 69.6	4.3	2	410	17	400	2.8	2.4	(0)	(0)	(0)	0.2	0.46	0.11	51	(0)	0
そば 生 01127	0 / 33.0	271 / 274	8.2 / 9.8	(1.7) / 1.9	(0)	(51.3) / 54.5	6.0 / —	1	160	18	170	1.4	1.0	(0)	(0)	(0)	0.2	0.19	0.09	19	(0)	0
そば ゆで 01128	0 / 68.0	130 / 132	(3.9) / 4.8	(0.9) / 1.0	(0)	(24.5) / 26.0	2.9 / 2.0	2	34	9	80	0.8	0.4				0.1	0.05	0.02	8	(0)	0
干しそば 乾 01129	0 / 14.0	344 / 344	11.7 / 14.0	(2.1) / 2.3	(0)	(65.9) / 66.7	3.7	850	260	24	230	2.6	1.5				0.3	0.37	0.08	25	(0)	2.2
とうもろこし コーンミール 黄色種 01132	0 / 14.0	375 / 363	(7.0) / 8.3	(3.6) / 4.0		(72.5) / 72.4	8.0	2	220	5	130	1.5	1.4	160	13	(0)	1.1	0.15	0.08	28	(0)	0
ジャイアントコーン フライ 味付け 01135	0 / 4.3	409 / 435	(5.2) / 5.7	10.6 / 11.8		67.8 / 76.6	10.5	430	110	8	180	1.3	1.6				1.4	0.08	0.02	12	(0)	1.1
ポップコーン 01136	0 / 4.0	472 / 484	(8.7) / 10.2	(21.7) / 22.8	(0)	(54.1) / 59.6	9.3	570	300	7	290	4.3	2.4	180	15	(0)	3.0	0.13	0.08	22	(0)	1.4
コーンフレーク 01137	0 / 4.5	380 / 381	6.8 / 7.8	(1.2) / 1.7	(0)	(82.2) / 83.6	2.4	830	95	1	45	0.9	0.2	120	10	(0)	0.3	0.03	0.02	6	(0)	2.1
はとむぎ 精白粒 01138	0 / 13.0	353 / 360	12.5 / 13.3	— / 1.3	(0)	72.4 / 72.2	0.6	1	85	6	20	0.4	0.4	0	(0)	(0)	0	0.02	0.05	16	(0)	0
ひえ 精白粒 01139	0 / 12.9	361 / 366	8.4 / 9.4	3.0 / 3.3		70.8 / 73.2	4.3	6	240	7	280	1.6	2.2	(0)	(0)	(0)	0.1	0.25	0.02	14	0	0
ライむぎ ライ麦粉 01143	0 / 13.5	324 / 351	7.8 / 8.5	1.2 / 1.6		64.0 / 75.8	12.9	1	140	25	140	1.5	0.7	(0)	(0)	(0)	0.7	0.15	0.07	34	(0)	0

可食部100gあたり

※白玉粉，道明寺粉はp.186に掲載

インフォメーション　赤飯が赤い理由▶赤飯の色は，小豆やささげの煮汁による。これは，古代食用にした赤米に色を近づけるため，赤い色には邪気を払う厄よけの力があるためといった説があるが，はっきりしたことはわかっていない。

ビーフン　Dried noodles

1食分＝80g

うるち米の粉でつくった押し出しめん。春雨によく似た白色半透明で、弾力がある。中国料理の油炒めなどに用いる。

赤飯　Sekihan (steamed rice with adzuki beans or cowpeas)

1杯＝150g

もち米にゆでた小豆やささげを混ぜて蒸す。豆の煮汁で赤い色がつくので赤飯という。炊飯器で炊く方法もある。

もち【餅】　Rice cake

丸もち1個＝40g、角もち1個＝50g

もち米をひと晩水にひたし、蒸しあげてうすでついたもの。ハレの日の食べ物として、正月や節句には欠かせない。

↓丸もち

↓いろいろなもち

↑角もち

そば【蕎麦】　Buckwheat

そば粉1C＝110g、生1玉＝120g、ゆで1玉＝230g

そばは、やせた土地でもよく育つので救荒作物として古くから栽培されてきた。おもな産地は、長野や北海道。夏に白い花が咲き、秋に実をつける。そばの実を製粉してそば粉をつくる。一番粉（内層粉）、二番粉（中層粉）、三番粉（表層粉）と殻以外の部分をそのままひいた全層粉に分けられる。一番粉は、種実の中心部だけをひいたもので、色もいちばん白く、更科（さらしな）と呼ばれている。全層粉は、黒っぽい。そばは、そば粉をこねて薄くのばし、細く切ったもの。そば切りともいう。初期はそば粉100％であったが、粘性がとぼしいので、つなぎを混ぜた割りそばが主流となった。「二八そば」とは、小麦粉2にそば粉8の割合のこと。つなぎには、小麦粉、卵、やまのいもなどを用いる。

↑そばの実

↑一番粉　　↑二番粉　　↑三番粉　　↑全層粉

とうもろこし【玉蜀黍】　Corn meal, Popcorn, Cornflakes

コーンミール1C＝130g、ポップコーン1C＝8g、コーンフレーク1C＝20g

米、小麦と並ぶ世界三大穀物の1つ。日本では、特に北海道が有名。種類はデント種・ソフト種（でんぷん製造に）、フリント種（乾燥させて粉に）、ポップ種（ポップコーンに）、スイート種（青果用、缶詰用に）、ワキシー種（コーンスターチなどに）などがある。

〔コーンミール〕　乾燥させたとうもろこしをひいて粉にした食品で、トルティーヤやタコスなど、主食として食べられる。

〔ポップコーン〕　ポップ種を油で炒ってはじけさせ味つけしたもの。

〔コーンフレーク〕　炒ったとうもろこしをつぶして乾燥させたもの。朝食用シリアルに。

↑イエローデント種　　↑フリント種

↓ポップ種　　↓ワキシー種

はとむぎ【薏苡】　Job's tears

1C＝150g

米とともに炊飯したり、粉にしてパンや菓子などに用いられる。また、せんじて、はとむぎ茶に利用される。

ひえ【稗】　Japanese barnyard millet

大1＝12g、1C＝160g

五穀の1つ。精白したものは米より栄養価は高いが味はよくない。粉にして菓子材料や、飼料として用いる。

ライむぎ　Rye

小1＝2g、大1＝6g、1C＝90g

製粉して黒パンに用いられ、独特の酸味と風味がある。また、酒（ウォッカ）などの原料として用いられる。

五穀　Mixture of five grains

大1＝12g、1C＝160g

日本においては、「いつつのたなつもの」とも読み、米・麦・粟・豆・黍（きび）または稗（ひえ）を指すことが多い。

つくってみよう！　そば粉のガレット

＜材料＞
■生地　そば粉 50g、塩 ひとつまみ、水 50mL、牛乳 50mL、卵 1個
■好きな具材　ベーコン 2枚、チーズ 適量、卵 1個、パセリ 少量

＜つくり方＞
❶ボールにそば粉と塩を入れ、卵を加えて混ぜる。
❷水と牛乳を少しずつ加えて、だまがなくなるまでよく混ぜる（できれば生地を1時間寝かせる）。
❸温めたフライパンにバターをひき、生地を薄くのばす。
❹生地がパリパリしてきたら、真ん中の卵部分を避けてベーコンとチーズを乗せる。
❺卵を生地の真ん中に割り入れ卵白がかたまってきたら、端を4つ折りにたたむ。
❻卵黄が半熟になったら、パセリを散らす。

✓Check!　地方の名物そばと食べ方

●わんこそば（岩手県）
給仕人がわんにすべりこませたひと口のそばに薬味を加えてさっと食べる。食べる人がわんのふたを閉めるまで、そばがわんに入れられ続ける。

●出雲そば（島根県）
割子という独特の丸い容器にそばを分け入れ、3段重ねる。そばの上に薬味を乗せ、めんつゆはそばに直接かけて食べる。

●出石皿そば（兵庫県）
出石焼きの小さな皿に盛って汁をかける。ねぎやわさびのほかにとろろや生卵などを入れて食べる。

いもおよびでんぷん類

じゃがいも畑

栄養上の特性

　いも類のおもな成分は炭水化物であるが，水分を65%以上含んでおり，穀類と比較して低エネルギーである。体内の塩分バランスを調整する働きをもつカリウムも多く含んでいる。また，じゃがいもやさつまいもに含まれるビタミンCは，でんぷんの緻密な構造に守られて，調理損失が少ない。さつまいものなかにはカロテンを多く含むものがある。紫いもにはアントシアニンが含まれている。

選び方・保存の仕方

	選び方	保存の仕方
じゃがいも	皮にしわや傷がなく，ずっしりと重みのあるものを選ぶ。芽が出ていたり，皮が緑色のものは避ける。	光が当たると光合成によって有害物質（ソラニン）が生成されるので，直射日光に当てない。室内の風通しのよいところで保存する。
さつまいも	ふっくらとした紡錘形で，皮の色が鮮明なものを選ぶ。	低温障がいを起こすので冷蔵庫には入れない。購入後はポリ袋から出して，新聞紙に包んで保存する。
さといも	品種によるが，丸く太って，表面に湿り気のあるものがよい。土つきのものは日もちする。	冷蔵庫に入れず，新聞紙に包んで室内で保存する。
やまのいも	ながいもは，皮につやがあり，ふっくらと太く，まっすぐにのびたもの，いちょういもは切り口が白いものがよい。	丸ごとのものは，新聞紙に包み，室内で保存する。切り売りのものや使いかけのものは切り口をラップで包んで，冷蔵庫で保存する。

いも類

　いも類は，植物の地下茎や根の一部が肥大して塊茎，塊根となったもので，そこに多量のでんぷんやその他の多糖類を蓄えている作物のことをいう。

　いも類は，水分含量が多いため，貯蔵や輸送に難しい面はあるが，収穫量が安定しているので救荒作物として栽培されてきた。米，小麦，とうもろこしの世界三大作物に次ぐ農作物として，世界では現在でも主食として利用している地域もある。

　また，食用のほか，でんぷんの原料や飼育用飼料としても利用されている。

食品名 食品番号（可食部100gあたり）	廃棄率% / 水分g	エネルギー kcal	たんぱく質 g	脂質 g	コレステロール mg	炭水化物 g	食物繊維総量 g	ナトリウム mg	カリウム mg	カルシウム mg	リン mg	鉄 mg	亜鉛 mg	βカロテン当量 μg	レチノール活性当量 μg	D μg	E αトコフェロール mg	B₁ mg	B₂ mg	葉酸 μg	C mg	食塩相当量 g
こんにゃく 板こんにゃく 精粉こんにゃく 02003	0 / 97.3	5 / 5	– / 0.1	– / Tr	(0)	0.1 / 2.3	2.2	10	33	43	5	0.4	0.1	(0)	(0)	(0)	0	(0)	(0)	1	(0)	0
しらたき 02005	0 / 96.5	7 / 6	– / 0.2	– / Tr	(0)	0.1 / 3.0	2.9	10	12	75	10	0.5	0.1	(0)	(0)	(0)	0	(0)	(0)	0	(0)	0
さつまいも 塊根 皮なし 生 02006	9 / 65.6	126 / 134	1.0 / 1.2	0.1 / 0.2	(0)	28.3 / 31.9	2.2	11	480	36	47	0.6	0.2	28	2	(0)	1.5	0.11	0.04	49	29	0
塊根 皮なし 焼き 02008	10 / 58.1	151 / 163	1.2 / 1.4	(0.1) / 0.2	(0)	34.4 / 39.0	4.5 / 3.5	18	500	23	78	0.9	0.2	35	3	(0)	1.4	0.13	0.06	52	13	0
じゃがいも 塊茎 皮つき 生 02063	1 / 81.1	51 / 70	1.4 / 1.8	Tr / 0.1	(0)	6.2 / 15.9	9.8 / –	1	420	4	46	1.0	0.2	2	0	(0)	Tr	0.08	0.03	20	28	0
塊茎 皮なし 生 02017	10 / 79.8	59 / 76	1.3 / 1.8	Tr / 0.1	(0)	8.5 / 17.3	8.9 / 1.2	1	410	4	47	0.4	0.2	3	0	(0)	Tr	0.09	0.03	20	28	0
フライドポテト（市販冷凍食品を揚げたもの）02020	0 / 52.9	229 / 237	(2.3) / 2.9	(10.3) / 10.6	Tr	30.2 / 32.4	3.1	2	660	4	48	0.8	0.4	Tr	(0)	(0)	1.5	0.12	0.06	35	40	0
乾燥マッシュポテト 02021	0 / 7.5	347 / 357	5.3 / 6.6	0.5 / 0.6	(0)	76.1 / 82.8	6.6	75	1200	24	150	3.1	0.9	0	0	(0)	0.2	0.25	0.05	100	5	0.2

※さといも類はp.192に掲載

インフォメーション　**こんにゃくは体の砂払い**▶古くから整腸作用があるとされていたこんにゃく。食用として栽培しているのは日本だけだという。ほとんどが水分だが，グルコマンナンという不消化性の成分を含み，腸内部の老廃物をからめとって，体外へ排出してくれるのでこういわれた。

でんぷん類

でんぷんは，いも類，穀類などの根・茎・種実などに蓄えられた多糖類を精製，乾燥させてつくる。原材料により粒子の形や大きさが異なるが，白色，無味・無臭で，水に溶けない。

でんぷんに水を加えて加熱するとでんぷん核がふくれ，全体が糊状になる。これを糊化（α化）という。この性質を利用して，加工食品や医薬品などに用いられている。また，糊化したでんぷんは油脂の乳化を助ける性質もあり，ドレッシングなどに用いられている。

種実	とうもろこし（コーンスターチ） 小麦（浮き粉）
根，茎	じゃがいも（かたくり粉の代替品として） さつまいも（わらびもち粉，くず粉の代替品として） くず（くず粉） キャッサバ（タピオカ） かたくり（かたくり粉）

食のお話　でんぷんの調理特性を利用した料理例

※でんぷんは，原料となる植物にはさまざまなものがあるが，調理上の働きは共通している。

❶汁物の粘度（とろみ性）を高め，汁の実を安定させる。
❷少ない汁で材料の表面に味をからませ，なめらかな舌ざわりを与え，つやよく仕上げる。
❸冷えてもゲルの状態で粘度が安定しているので，一定の形を保つ。

↑かきたま汁　　↑吉野煮（くず煮）　　↑ブラマンジェ（コーンスターチ）

❹温度の降下を遅らせる。
❺材料の水分を吸収し，調味料をからませる。
❻材料のつなぎの働きをし，弾力を与える。

↑あんかけ　　↑から揚げ　　↑肉だんご

こんにゃく【蒟蒻】　Konjac
板1丁＝250g，しらたき1玉＝200g

こんにゃくいもに含まれるグルコマンナンがアルカリと反応して凝固するという性質を利用してつくる。成分の97％は水分で，板こんにゃく，糸こんにゃく，しらたきなどがある。グルコマンナンは食物繊維の一種で，体内でほとんど消化吸収されないため，ダイエット食品として注目されている。

↑いろいろなこんにゃく

さつまいも【薩摩芋】　Sweet potato
1本＝250g

かんしょ，からいもともいう。救荒作物として栽培され，各地に広がった。おもな産地は，鹿児島，茨城，千葉など。水分と糖質が多く，糖質の8割はでんぷんで，残りが，しょ糖，ぶどう糖，果糖など。これらがいもの甘みとなっている。揚げ物，煮物，焼きいも，スイートポテト，大学いもなどに利用する。

↑土中のさつまいも

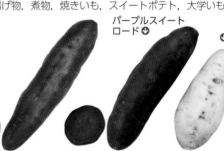 

パープルスイートロード↑　↑安納こがね（安納いも）　↑シルクスイート®

鳴門金時→

じゃがいも【馬鈴薯】　Potatoes
1個＝150g，乾燥マッシュポテト1 C＝70g

原産地は南米。名称は，ジャカルタ経由で日本へはいってきたことに由来する。代表的な品種は男爵（だんしゃく）とメークイン。男爵は，ほくほくとした食感があり粉ふきいもなどに，メークインは煮崩れしにくいので肉じゃがなどの煮物に向く。芽にはソラニンという毒素があるので取り除いて調理する。
〔フライドポテト〕　じゃがいもを拍子木切りにして油で揚げたもの。冷凍のものも市販されている。
〔乾燥マッシュポテト〕　薄切りのじゃがいもを蒸し煮し，裏ごしして乾燥させたもの。熱湯を加え，戻して使う。

↑ジャーマンポテト

↰土中のじゃがいも

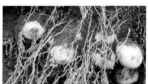

↑メークイン　↑インカのめざめ

↑キタアカリ　↑十勝こがね　↑インカのひとみ　↑ノーザンルビー

✓ Check! こんにゃくのつくり方

❶こんにゃくいもをよく洗い，3〜4cmの大きさに切り，ゆでる。
❷1と水をミキサーに入れ，かくはんする。
❸2をボールに移し，30分置く。
❹3に凝固剤を入れて，かき混ぜる。
❺バットなどに流し入れ，好みの大きさに切り分ける。
❻たっぷりの湯でゆでて，アクを抜く。

↑こんにゃく畑とこんにゃくいも（右上）

ⓘ インフォメーション　男爵（だんしゃく）いもの男爵とは▶北海道の開拓が始まった明治時代，外国品種のじゃがいもを取りよせて試作したところ，病気に強く収量も多い品種が生まれた。その農場主であった川田龍吉男爵にちなみ，この名がつけられた。　191

可食部100gあたり

食品名 / 食品番号	廃棄率% / 水分g	エネルギー kcal	たんぱく質 g	脂質 g	コレステロール mg	炭水化物 g	食物繊維総量 g	ナトリウム mg	カリウム mg	カルシウム mg	リン mg	鉄 mg	亜鉛 mg	A βカロテン当量 μg	A レチノール活性当量 μg	D μg	E αトコフェロール mg	B₁ mg	B₂ mg	葉酸 μg	C mg	食塩相当量 g
さといも 球茎 生 02010	15 / 84.1	53 / 58	1.2 / 1.5	0.1 / 0.1	/ (0)	10.3 / 13.1	/ 2.3	/ Tr	/ 640	/ 10	/ 55	/ 0.5	/ 0.3	/ 5	/ Tr	/ (0)	/ 0.6	/ 0.07	/ 0.02	/ 30	/ 6	/ 0
さといも 球茎 冷凍 02012	0 / 80.9	56 / 72	1.8 / 2.2	0.1 / 0.1	/ (0)	7.4 / 16.0	8.7 / 2.0	/ 3	/ 340	/ 20	/ 53	/ 0.6	/ 0.4	/ 4	/ Tr	/ (0)	/ 0.7	/ 0.07	/ 0.01	/ 23	/ 5	/ 0
やつがしら 球茎 生 02015	20 / 74.5	94 / 97	2.5 / 3.0	0.3 / 0.7	/ (0)	18.4 / 20.5	/ 2.8	/ 1	/ 630	/ 39	/ 72	/ 0.7	/ 1.4	/ 7	/ 1	/ (0)	/ 1.0	/ 0.13	/ 0.06	/ 39	/ 7	/ 0
やまのいも ながいも いちょういも 塊根 生 02022	15 / 71.1	108 / 108	3.1 / 4.5	0.3 / 0.5	/ (0)	21.5 / 22.6	/ 1.4	/ 5	/ 590	/ 12	/ 65	/ 0.6	/ 0.4	/ 5	/ Tr	/ (0)	/ 0.3	/ 0.15	/ 0.05	/ 13	/ 7	/ 0
ながいも ながいも 塊根 生 02023	10 / 82.6	64 / 65	1.5 / 2.2	0.1 / 0.3	/ (0)	13.8 / 13.9	/ 1.0	/ 3	/ 430	/ 17	/ 27	/ 0.4	/ 0.3	/ Tr	/ (0)	/ (0)	/ 0.2	/ 0.10	/ 0.02	/ 8	/ 6	/ 0
ながいも やまといも 塊根 生 02025	10 / 66.7	119 / 123	2.9 / 4.5	0.1 / 0.2	/ (0)	24.5 / 27.1	/ 2.5	/ 12	/ 590	/ 16	/ 72	/ 0.5	/ 0.6	/ 6	/ 1	/ (0)	/ 0.2	/ 0.13	/ 0.02	/ 6	/ 5	/ 0
じねんじょ 塊根 生 02026	20 / 68.8	118 / 121	1.8 / 2.8	0.3 / 0.7	/ (0)	25.7 / 26.7	/ 2.0	/ 6	/ 550	/ 10	/ 31	/ 0.8	/ 0.7	/ 5	/ Tr	/ (0)	/ 4.1	/ 0.11	/ 0.04	/ 29	/ 15	/ 0
でんぷん くずでんぷん 02029	0 / 13.9	356 / 347	— / 0.2	— / 0.2	/ (0)	(85.6) / 85.6	/ (0)	/ 2	/ 2	/ 18	/ 12	/ 2.0	/ Tr	/ (0)	/ (0)	/ (0)	/ —	/ (0)	/ (0)	/ (0)	/ (0)	/ 0
じゃがいもでんぷん 02034	0 / 18.0	338 / 330	— / 0.1	— / 0.1	/ (0)	(81.6) / 81.6	/ (0)	/ 2	/ 34	/ 10	/ 40	/ 0.6	/ Tr	/ 0	/ 0	/ 0	/ —	/ 0	/ 0	/ 0	/ 0	/ 0
とうもろこしでんぷん 02035	0 / 12.8	363 / 354	— / 0.1	(0.7) / 0.7	/ (0)	(86.3) / 86.3	/ (0)	/ 1	/ 5	/ 3	/ 13	/ 0.3	/ 0.1	/ 0	/ 0	/ 0	/ —	/ 0	/ 0	/ 0	/ 0	/ 0
くずきり 乾 02036	0 / 11.8	341 / 356	— / 0.2	— / 0.2	/ (0)	81.5 / 87.7	/ 0.9	/ 4	/ 3	/ 19	/ 18	/ 1.4	/ 0.1	/ (0)	/ (0)	/ (0)	/ —	/ (0)	/ (0)	/ (0)	/ (0)	/ 0
ごま豆腐 02056	0 / 84.8	75 / 81	(1.5) / 1.5	(3.5) / 4.3	/ 0	8.9 / 9.1	/ 1.0	/ Tr	/ 32	/ 6	/ 69	/ 0.6	/ 0.4	/ 0	/ 0	/ 0	/ 0	/ 0.10	/ 0.01	/ 6	/ 0	/ 0
タピオカパール ゆで 02057	0 / 84.6	61 / 62	— / 0	— / Tr	/ (0)	15.1 / 15.4	/ 0.2	/ Tr	/ 1	/ 4	/ 1	/ 0.1	/ 0	/ (0)	/ (0)	/ (0)	/ —	/ (0)	/ (0)	/ (0)	/ (0)	/ 0
はるさめ 普通はるさめ 乾 02040	0 / 12.9	346 / 350	— / 0	— / 0.2	/ (0)	85.4 / 86.6	/ 1.2	/ 7	/ 14	/ 41	/ 46	/ 0.4	/ Tr	/ (0)	/ (0)	/ (0)	/ —	/ (0)	/ (0)	/ (0)	/ (0)	/ 0

※じゃがいもはp.190に掲載

ⓘ インフォメーション　やまのいものねばねば▶じゃがいもなどと違ってやまのいもは、でんぷん分解酵素のアミラーゼ（ジアスターゼ）を含んでいるので消化がよく、生で食べられる。粘り気の成分はムチンという糖たんぱく質で、さといも、オクラ、モロヘイヤなどにも含まれる。

さといも【里芋】 Taro (Satoimo, Yatsugashira)

さといも1個=60g, やつがしら1個=450g

地下茎が肥大した塊茎を食用とする。親いもの周りに多くの子いもができ，普通はこの子いもをさといもという。さといもには特有のぬめり（ガラクタン）があり，塩でもんだり，塩水でゆがくと取れる。また，皮膚がかゆくなるのはシュウ酸塩が含まれているためで，ゆでてから皮をむくと防げる。最近では，ゆでて冷凍したものが出回っている。

〔やつがしら〕 親いもと子いもが分かれずに塊状になったもので，煮物や雑煮の具として用いられる。おせち料理に珍重される。

↑さといもの煮物

↑さといも

まぐろの→
山かけ

やまのいも【薯蕷】 Chinese yam (Ichoimo, Nagaimo, Yamatoimo), Japanese yam

いちょういも手の平大1個=350g, ながいも長さ10cm=250g, やまといも1個=500g

山野に自生することからやまのいもと呼ばれている。現在では，栽培種と自然種に分類されている。ほかのいもと違って，すりおろして山かけ，とろろ汁に，刻んで酢の物にしたりして，生で食する。そのほかに，そばのつなぎ，和菓子の材料，練り製品の材料にも使用される。

〔いちょういも〕 いちょうの葉に似ているところから，いちょういもと呼ばれる。粘りが強く味もよい。

〔ながいも〕 太い棒状をしている。水分が多く肉質が粗いので粘りは少ない。

〔やまといも〕 いもの形が手でだんご状に練りかためたつくねのようなので，つくねいもともいう。粘りが強く肉質がしまって味もよい。産地の名をつけた伊勢いも，丹波いもなどがある。

〔じねんじょ〕 山野に自生し，平たくよじれている。粘りが最も強い。

↑いちょういも

↑やまといも

↑ながいも

↑じねんじょ

タピオカパール Tapioca pearls

1食分=10g

南米原産のキャッサバという木の塊根からとれるでんぷんを小粒状に加工したもので，デザートやスープの実に用いられる。

↑タピオカ入りココナッツミルク

↑キャッサバ

はるさめ【春雨】 Harusame (thin starch noodles)

1袋=100g

じゃがいもとさつまいものでんぷんが原料。湯で戻して酢の物や鍋物に。また，短く切って揚げ衣にも用いる。

↑はるさめの中華風酢の物

でんぷん【澱粉】 Starch (Kudzu starch, Potato starch, Corn starch), Goma-dofu, Kuzukiri

くず1C=120g, じゃがいも1C=130g, とうもろこし1C=100g, くずきり1食分=45g

根や茎，種実に蓄えられたでんぷんを取り出し製粉したもの。とろみをつけたり揚げ物の衣に用いたりする。

〔くずでんぷん〕 くずの根からとれるでんぷん。品質はよいが，生産量は少ない。吉野くず，筑前くずなどが有名。くずもちやくず湯にして食べる。

〔じゃがいもでんぷん〕 じゃがいもからとれるでんぷんは，粘性や透明度が高いので，練り製品などに利用される。また，かたくり粉の代替品としても出回っている。

〔とうもろこしでんぷん〕 コーンスターチともいう。吸湿性が低く，粘性が強い。ケーキやアイスクリームなどに使われている。

〔ごま豆腐〕 皮を取って，または皮を取らずにすりつぶしたごまとくずでんぷんに水を加え，加熱して練り，冷やして豆腐のように固めたもの。

〔くずきり〕 くず粉を水で溶いて加熱し，練ったものを冷やし固めて細長く切ったもの。乾燥品は水で戻して鍋物などに用いる。

↓くずきり

↑ごま豆腐

←かたくり粉でとろみをつける

☑Check! 消えたでんぷん

現代のでんぷんは，じゃがいも，さつまいも，とうもろこしなどから大量につくられている。これらの植物が導入されるまで，古来日本では，自然にある野草のでんぷんが利用されていた。

くず粉，わらび粉，かたくり粉など，今もその名前は残っているが，とれる量は非常に少ないか，流通そのものがない。代わりに，冒頭のでんぷんが使われているのである。

品　名	片栗粉
原材料名	馬鈴薯澱粉
産地名	北海道
内容量	250g
賞味期限	枠外右下に記載
保存方法	直射日光，高温多湿の場所をさけて保存して下さい。

↑でんぷんの表示

でんぷんの原料になる地下鱗茎

↑かたくり

でんぷんの原料になる地下茎

↑わらび

↑くずの根

↑くずの花

↑かたくりの花

↑わらびの新芽

☑Check! いもを使った料理のいろいろ

●ビシソワーズ
じゃがいもとたまねぎにバターと牛乳を加えて煮こみ，裏ごししたスープ。冷たくしても，温かくしてもおいしい。

●きぬかつぎ
小粒のさといもの皮に切れ目を入れて蒸すと，上側をつまむだけで皮がむける。塩やみそで食べる。

●とろろ汁
やまのいもは，皮をむいてすりおろし，さらにすり鉢でよくすって粘りを出し，味をつけただし汁ですりのばす。

ⓘ **インフォ／メーション** 捨てるところがないくず▶くず粉は和菓子の材料として親しまれている。くずは昔から根や葉，花，つるまですべての部分が利用される植物で，土のなかにある根は，大量のでんぷんが含まれ，葛根（かっこん）という生薬名でも取り扱われている。また花にはイソフラボンやサポニンが豊富にある。

193

砂糖および甘味類

砂糖類

さとうきび畑

砂糖の主成分は炭水化物で，多くの植物の樹液，種子，茎，果実，花，根などに含まれるしょ糖を取り出してつくられる。日本では，さとうきびが栽培され，砂糖がつくられるようになる前は，ツタの一種の甘葛煎（あまずらせん），はちみつ，果実の含む自然の甘味などがおもな甘味料であり，貴重品であった。

栄養上の特性

しょ糖は，二糖類（ぶどう糖＋果糖）で，消化吸収が非常によい。1gあたり4kcalのエネルギーとなる。

ぶどう糖は，脳や神経組織にとって唯一のエネルギー源となっている。過剰に摂取すると脂肪として蓄積されるので，注意が必要である。

選び方・保存の仕方

選び方	砂糖の種類により，含まれる成分や，色，味，香りに違いがあるので，用途に合ったものを選ぶ。
保存の仕方	砂糖は，湿気やにおいを吸収しやすいので，密閉容器に入れて保存する。

砂糖の分類と種類

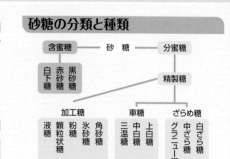

含蜜糖 ─── 砂 糖 ─── 分蜜糖
白下糖・赤砂糖・黒砂糖 ／ 精製糖
加工糖：液糖・顆粒状糖・粉糖・氷砂糖・角砂糖
車糖：三温糖・中白糖・上白糖
ざらめ糖：グラニュー糖・中ざら糖・白ざら糖

成分表（可食部100gあたり）

食品名 / 食品番号	廃棄率% / 水分g	エネルギー kcal	たんぱく質 g	脂質 g	コレステロール mg	炭水化物 g	食物繊維総量 g	ナトリウム mg	カリウム mg	カルシウム mg	リン mg	鉄 mg	亜鉛 mg	A βカロテン当量 μg	A レチノール活性当量 μg	D μg	E αトコフェロール mg	B₁ mg	B₂ mg	葉酸 μg	C mg	食塩相当量 g
砂糖 黒砂糖 03001	0	352	0.7	—	(0)	88.9								13	1	(0)	(0)					
	4.4	356	1.7	Tr	(0)	90.3	(0)	27	1100	240	31	4.7	0.5	13	1	(0)	(0)	0.05	0.07	10	(0)	0.1
和三盆糖 03002	0	393	—	—	(0)	(99.6)								Tr	0	(0)	(0)					
	0.3	384	0.2	Tr	(0)	99.0	(0)	1	140	27	13	0.7	0.2	Tr	0	(0)	(0)	0.01	0.03	2	(0)	0
車糖 上白糖 03003	0	391	—	—	(0)	99.3								(0)	(0)	(0)	(0)					
	0.7	384	(0)	(0)	(0)	99.3	(0)	1	2	1	Tr	Tr	0	(0)	(0)	(0)	(0)	(0)	(0)	(0)	(0)	0
車糖 三温糖 03004	0	390	—	—	(0)	99.0								(0)	(0)	(0)	(0)					
	0.9	383	Tr	(0)	(0)	99.0	(0)	7	13	6	Tr	0.1	Tr	(0)	(0)	(0)	(0)	Tr	0.01	(0)	(0)	0
ざらめ糖 グラニュー糖 03005	0	394	(0)	(0)	(0)	(99.9)								(0)	(0)	(0)	(0)					
	Tr	387	(0)	(0)	(0)	100	(0)	Tr	Tr	Tr	(0)	Tr	Tr	(0)	(0)	(0)	(0)	(0)	(0)	(0)	(0)	0
加工糖 粉糖 03011	0	393	(0)	(0)	(0)	(99.7)								(0)	(0)	(0)	(0)					
	0.3	386	(0)	(0)	(0)	99.7	(0)	1	1	Tr	0	0.2	0	(0)	(0)	(0)	(0)	(0)	(0)	(0)	(0)	0
水あめ 酵素糖化 03024	0	342	—	—	(0)	85.0								(0)	(0)	(0)	(0)					
	15.0	328	(0)	(0)	(0)	85.0	(0)	Tr	0	Tr	1	0.1	0	(0)	(0)	(0)	(0)	(0)	(0)	(0)	(0)	0
黒蜜 03029	0	199	—	—	0	(49.7)								0	0	0	0					
	46.5	199	1.0	0	0	50.5	0	15	620	140	17	2.6	0.3	0	0	0	0	0.03	0.04	6	0	0
はちみつ 03022	0	329	(0.2)	—	(0)	81.7								1	0	0	0					
	17.6	303	0.3	Tr	(0)	81.9	(0)	2	65	4	5	0.2	0.1	1	0	0	0	Tr	0.01	7	0	0
メープルシロップ 03023	0	266	—	—	0	66.3								0	0	0	0					
	33.0	257	0.1	0	0	66.3	(0)	1	230	75	1	0.4	1.5	0	0	0	0	Tr	0.02	1	(0)	0

インフォメーション　砂糖は即効性のエネルギー源▶砂糖は肥満の元として敬遠されているが，脳や神経系の唯一のエネルギー源は糖質。試験勉強で疲れたときには，消化吸収が速くて即効性のエネルギー補給源となる砂糖が有効である。

●新甘味料

分 類	名 称	熱 量	甘味度 (砂糖＝100)
低熱量	エリスリトール	0kcal/g	70
	ステビア	－＊	8500～15000
	グリチルリチン	－＊	10600～22500
	アスパルテーム	－＊	16000～22000
虫歯の 予防に	パラチノース	4kcal/g	50
	マルチトール	2kcal/g	80
	キシリトール	3kcal/g	100
腸内環境を ととのえる	フラクトオリゴ糖	2kcal/g	50
	イソマルトオリゴ糖	2kcal/g	50

(＊糖類と同程度の熱量があるが，高甘味で使用量が少なくてすむため，熱量がほとんどゼロとなる。)

　これらの新甘味料は，❶砂糖のように糖質がなく，エネルギー源にならない，❷消化吸収されにくい，❸甘味度が高いため使用量が少なく，実質的に低エネルギーのもの，などである。

食のお話　砂糖の調理特性

※砂糖は，エネルギー源や，甘味料としての働きだけでなく，料理や菓子に用いることによって次のような働きをする。

❶腐敗防止

↑砂糖漬け

❷でんぷんの老化防止

↑すし飯

❸たんぱく質の熱凝固抑制

↩プリン

❹ペクチンに作用してゼリー形成作用

↑ジャム（マーマレード）

❺イースト菌の発酵促進

↑パン生地

❻油脂の酸化防止（抑制）

↑クッキー

❼泡の安定化

↑メレンゲ

❽着色・着香作用（メイラード反応）

↑ホットケーキ

甘味糖類

砂糖　Sugars

黒砂糖大1＝9g，上白糖・三温糖大1＝9g，グラニュー糖大1＝12g

　さとうきびからつくるかんしょ糖，てんさい（ビート）からつくるてんさい糖に大別できる。また，製法から，遠心分離機で取り出した分蜜糖と，煮詰めてかためた含蜜糖に分けられる。

　砂糖は，甘味料のほかに，でんぷんの老化を防ぐ，たんぱく質の凝固を遅らせやわらかくする，卵白の泡の安定性をよくするなどの働きがある。

〔車糖〕　純度により，上白糖，中白糖，三温糖に分けられる。水分がやや多く，溶けやすい。調理全般に広く用いる。上白糖は漂白されて白いわけではなく，不純物が取り除かれたことで，無色透明な結晶が光の乱反射によって白く見えている。三温糖は，純度が高いグラニュー糖や上白糖を精製した後に残った糖蜜を数回加熱したもの。この加熱によりカラメル化して薄茶色になる。

↩上白糖　↩三温糖
グラニュー糖➡　氷砂糖➡

〔グラニュー糖〕　純度が高く，不純物を含まないので，クセのない甘味。角砂糖の原料。コーヒーや紅茶に適する。
〔粉糖〕　グラニュー糖を細かく粉状にしたもので，非常に溶けやすいのが特徴。サラサラとした質感とあっさりとした甘みをもつ。
〔氷砂糖〕　氷糖ともいう。原料のグラニュー糖を溶かして，精製，ろ過したものを加熱して作られた結晶。ひと粒ひと粒の形が違う自然結晶タイプのロックと，十六面体の結晶のクリスタルの2種類がある。果実酒・非常食・おやつなどに利用する。

↑さとうきび

↩てんさい（ビート）

〔黒砂糖〕　さとうきびの搾り液を直火で加熱濃縮したもの。おもな産地は沖縄，奄美大島。かりんとうやようかんに使用する。

↑黒砂糖

〔和三盆糖〕　古くから徳島県（阿波）と香川県（讃岐）の特産として有名で，現在もこの地域でとれたさとうきび「竹糖」だけを原料にしてつくられている。白下糖からさらに糖みつを抜くために，水をつけて手で練り上げる「研ぎ」という精製工程を3回おこなうことから，「和三盆」の名になったという。

水あめ　Glucose syrup
大1＝21g

　でんぷんを酸または酵素で糖化し，濃縮してつくられる（酸糖化水あめ，酵素糖化水あめ）。製菓，製パン，キャンディ，つくだ煮などに用いられる。

黒蜜　Brown sugar syrup
大1＝21g

　黒砂糖を水で溶かして煮詰め，とろみをもたせたもの。ところてんやわらび餅などにかけて利用する。

↑くずきり

はちみつ【蜂蜜】　Honey
大1＝21g

　みつばちが集めた花みつが濃縮，熟成されたもの。植物の種類により，味，色，香り，成分が異なる。

↑はちみつの採取

メープルシロップ　Maple syrup
大1＝21g

　さとうかえでの樹液を採取し，それを煮詰めてつくる。独特の風味があり，ホットケーキのシロップや菓子に用いる。

↑さとうかえでの樹液の採取

✓Check! 砂糖の加熱による変化と利用例

温度℃		利用例
190 カラメル	140 タフィー（140℃）	
180 カラメルソース（165～180℃）	130	
170	120 キャラメル（115～121℃）	
160 べっこうあめ（165℃）	110 フォンダン（107～115℃）	↑カラメルソース
150	100 シロップ（103～105℃）	
ドロップ（145℃）		↑べっこうあめ

✓Check! 乳児にはちみつはダメ!

　はちみつに含まれるボツリヌス菌は極微量であり，大人が食べても問題はない。しかし，免疫力が低く，腸内環境が整っていない乳児が食べてしまうと，ボツリヌス菌の増殖を止めることができず，乳児ボツリヌス症を発症し，死に至る場合もある。

　市販のはちみつの注意喚起表示には「生ものなので与えないで」「加熱殺菌していないので与えないで」などと記載されているものもあるが，加熱しても毒素は消滅しないため，乳児には絶対にはちみつを与えてはいけない。

↑はちみつの注意喚起表示例

ⓘ インフォメーション　はちみつの保存性▶はちみつは強い殺菌力をもっており，保存性の高い食品である。だいたい2年ぐらいはおいしく食べられる。ある考古学者がピラミッド発掘の際，約3300年前のはちみつのはいった壺を見つけたが，なかのはちみつはまったく変質していなかったという。

195

豆類

豆類は，世界で食用に供されているマメ科植物で，おもにその種子を食用とするものをいう。種類も多く，それぞれの地域で独自の発展をとげている。

湯葉

日本でも古くから栽培され，五穀の1つに数えられた重要な食料であった。水分が少なく貯蔵性があり，良質なたんぱく質と脂質あるいは糖質に富んでいる。ただし，組織がかたいため，そのままでは消化吸収が悪く，発酵食品としてしょうゆ，みそ，納豆や豆腐，もやしなど，栄養性，消化吸収性のすぐれた独自の加工品を生み出してきた。

成熟した種子を収穫し，乾燥保存して利用するが，未熟な種子や若さやを利用する場合もあり，これらは野菜として扱われる (p.206～野菜類参照)。

選び方・保存の仕方

	選び方	保存の仕方
豆	色つやがよく，よく乾燥し，粒のそろったものを選ぶ。虫食いや，黒ずんで色つやの悪いもの，皮の破れているもの，水に浮くものは取り除く。	缶などに入れて，湿気のない場所に保存する。古くなるとかたくなり，虫がつくので，早めに使う。虫がついたときは，日光に当てるとよい。
豆腐	傷みやすいので，製造年月日の新しいもの，水がきれいに澄んでいるものを選ぶ。	水に入れて冷蔵庫で保存する。1～2日で使い切るようにする。
油揚げ類	表面に張りがあり，色つやがよいものを選ぶ。使うときは湯通しする。	乾燥しないように，密封して冷蔵庫で保存する。時間がたつと油が酸化し，味，香りとも悪くなるので，早めに使い切る。
納豆	粒がそろっており，表面に白っぽい粘性物質ができているものがよい。	冷蔵庫で保存するが，1週間がめやす。
みそ	適度なかたさ，色つや，香りがよいものを選ぶ。	乾燥しないよう，密閉容器に入れて冷蔵庫で保存する。塩分濃度が低く，防腐剤無添加のものも増えているので，早めに使い切る。

栄養上の特性

豆類は，大豆のようにたんぱく質と脂質に富んで，糖質の少ないものと，小豆，いんげん豆のように，たんぱく質と糖質に富んで，脂質の少ないものがある。

たんぱく質と脂質に富む大豆は，たんぱく質のアミノ酸組成が動物たんぱく質に似ているため，消化吸収の効率がよく，脂質，ビタミン，ミネラルも豊富に含まれた栄養価の高い食品であることから，「畑の肉」と呼ばれている。仏教の伝来により肉食が禁じられた時代には，大豆は重要なたんぱく源であり，米に少ない必須アミノ酸のリシンやトレオニンを多く含むので，その補足効果は大であった。

食品名 食品番号 可食部100gあたり	廃棄率% 水分g	エネルギー kcal 200	たんぱく質 g 20.0	脂質 g 20.0	コレステロール mg 20	炭水化物 g 20.0	食物繊維 総量 g 2.0	ナトリウム mg 200	カリウム mg 200	カルシウム mg 200	リン mg 200	鉄 mg 2.0	亜鉛 mg 2.0	A βカロテン当量 μg 200	A レチノール活性当量 μg 20	D μg 2.0	E αトコフェロール mg 2.0	B₁ mg 0.20	B₂ mg 0.20	葉酸 μg 20	C mg 20	食塩相当量 g 2.0
あずき 全粒 乾 04001	0 14.2	304 343	17.8 20.8	0.8 2.0	0	42.3 59.6	24.8 15.3	1	1300	70	350	5.5	2.4	9	1	(0)	0.1	0.46	0.16	130	2	0
全粒 ゆで 04002	0 63.9	124 146	7.4 8.6	(0.3) 0.8	(0)	18.3 25.6	8.7 12.1	1	430	27	95	1.6	0.9	4	Tr	(0)	0.15	0.04	23	Tr	0
あん こし生あん 04004	0 62.0	147 155	8.5 9.8	(0.3) 0.6	(0)	23.6 27.1	6.8	3	60	73	85	2.8	1.1	0	(0)	(0)	0	0.02	0.05	2	Tr	0
つぶし練りあん 04006	0 39.3	239 244	4.9 5.6	0.3 0.6	0	51.6 54.0	5.7	56	160	19	73	1.5	0.7	0	(0)	(0)	0.1	0.02	0.03	8	Tr	0.1
いんげんまめ 全粒 乾 04007 （金時豆）	0 15.3	280 339	17.7 22.1	1.5 2.5	(0)	38.1 56.4	19.6	Tr	1400	140	370	5.9	2.5	6	Tr	(0)	0.1	0.64	0.16	87	Tr	0
うずら豆 04009	0 41.4	214 237	6.1 6.7	0.6 1.3	(0)	43.2 49.6	5.9	110	230	41	100	2.3	0.6	(0)	(0)	(0)	0	0.03	0.01	23	Tr	0.3
ささげ 全粒 乾 04017	0 15.5	280 336	19.6 23.9	1.3 2.0	(0)	37.1 55.0	18.4	1	1400	75	400	5.6	4.9	19	2	(0)	Tr	0.50	0.10	300	Tr	0
べにばないんげん 全粒 乾 04068 （白花豆）	0 15.4	273 332	(13.8) 17.2	1.2 1.7	(0)	38.4 61.2	26.7	1	1700	78	430	5.4	3.4	4	Tr	(0)	0.1	0.67	0.15	140	Tr	0

※えんどうはp.198に掲載

インフォメーション ぼたもちとおはぎの違い ▶実は基本的に同じものである。漢字で書くと「牡丹餅」「お萩」となる。つまり，ぼたもちは牡丹の季節である春のお彼岸に食べるもので，一方おはぎは萩の季節，秋のお彼岸に食べるものなので，こう呼ばれている。

たんぱく質と糖質に富む小豆やいんげん豆は，ビタミンB₁も多く，疲労を回復させる働きがある。無機質は，カリウム，リンが比較的多く，大豆にはカルシウムも多い。ビタミンはB群が多く含まれるが，AやCはほとんど含まれない（もやしにするとCが生成する）。

■大豆の機能性成分

大豆たんぱく質（ペプチド）	コレステロール値や血圧を下げ糖代謝を改善し，内臓脂肪をつきにくくするなど抗メタボ効果を発揮。疲労回復にも効果。
大豆イソフラボン*	女性ホルモンに似た働きをもち，骨粗しょう症や更年期特有の不調の改善に役立つ。乳がんのリスク低減作用もある。
大豆オリゴ糖	ビフィズス菌等の有用な腸内細菌のえさとなり腸内環境を整え便通をよくする。
サポニン	抗酸化力が強く，大腸がん細胞の増殖抑制や肝臓障害の予防に働く。コレステロール値を下げる作用もある。
植物コレステロール	コレステロールに似た構造をもち，腸でのコレステロールの吸収を妨げる。
ギャバ（γ-アミノ酪酸）	アミノ酸の一種で，ストレスを和らげる作用がある。特に発芽大豆に多い。
大豆レシチン	水と油を乳化する作用があり血管に付着したコレステロールを取り除く効果も高いため，糖尿病を予防する働きがある。

＊サプリメントのような濃縮物として，食事でとる以上に大量摂取した場合，有害性を示唆する報告もある。

食のお話　伝統行事と豆料理

●正月（1月1～3日）－黒豆
黒大豆を甘く煮たもの。「まめに元気に暮らせるように」との願いがこめられている。

おたふく豆－そら豆
そら豆を砂糖と塩で煮たもの。
多くの福があるようにとの願いがこめられている。

●鏡開き（1月11日）－おしるこ（小豆）
お正月にお供えした鏡もちを割り，甘く煮た小豆の汁に入れてつくる。1年の家族円満を願いながらいただく。

●節分（2月3日）－豆まき（大豆）
炒った大豆を「鬼は外，福は内」といいながらまき，家のなかに福を招き入れる。歳の数だけ食べると，その年を元気に過ごせるといわれている。

●彼岸（3月20日頃・9月20日頃）－ぼたもち・おはぎ（小豆）
蒸したもち米を丸め，小豆のつぶあんやこしあんで包んでつくる。これを食べてご先祖様を供養する。

●子どもの誕生や成長の節目のお祝い－赤飯（小豆・ささげ）
家族や地域のお祝いのときには，もち米に小豆またはささげを入れて蒸した赤飯を食べる。

（豆類協会資料）

あずき【小豆】　Adzuki beans
乾1C＝160g，ゆで1C＝145g，こしあん1C＝240g

東洋が原産で，日本へは中国から伝わり，古くから栽培されていた。代表的な品種に，大納言，少納言，円葉（まるば），金時，早生大粒，白小豆などがある。北海道，東北，九州地方など全国で栽培されているが，小豆は天候に左右されやすく，輸入も多い。
おもな成分は，糖質約60％，たんぱく質約21％，食物繊維を約25％含み，脂質は少ない。そのほかに，腸の動きを高めるサポニンを含む。
ほとんどが和菓子用のあんや甘納豆に利用されるが，赤飯や煮豆，小豆がゆなどにも用いられる。
〔あん〕　小豆をやわらかく煮た生あんから，皮つきのままつぶしたつぶしあん，皮を取り除いたこしあん，こしあんを水にさらしてアクを抜いて乾燥させたさらしあん，生あんやさらしあんに砂糖などを加えて練りあげた練りあんなどがある。

いんげんまめ【隠元豆】Kidney beans
乾1C＝160g，うずら（煮豆）1食分＝30g

未熟な若ざやを食べるさやいんげん（p.206参照）と，完熟豆を乾燥させて保存し，加工用に用いられるものがある。たっぷりの水にひたし，ひと晩しっかり吸水させてから煮る。煮豆，あん，甘納豆などや，豚肉と煮こんでポークビーンズなどに。

↑大正金時　↑雪手芒　↑とら豆
↑パンダ豆　↑紫貝豆　↑福うずら

ささげ【豇豆】　Cowpeas
乾1C＝130g

種実用のはたささげは，色，形とも小豆によく似ている。色がよく出て皮が破れないので，赤飯や和菓子あんに用いられる。

べにばないんげん【紅花隠元】Scarlet runner beans
乾1C＝135g

中南米原産で，花豆（はなまめ）とも呼ばれる。種皮は白色，黒斑がある紫色および黒色があり，煮豆，甘納豆，白あんの原料となる。

↑紫花豆　↑白花豆

↑小豆

↑甘納豆

↑小豆がゆ

↑白玉ぜんざい

✓Check! 世界の豆料理

●ポークビーンズ（アメリカ）
白いんげん豆，ささげ，豚肉，トマト，たまねぎなどを煮こんだアメリカの家庭料理。

●チリコンカン（メキシコ）
いんげん豆とひき肉，たまねぎ，トマトなどを煮こみ，チリペッパー（唐辛子）で味つけしたもの。

●麻婆豆腐（中国）
豆腐とひき肉を，豆板醤（トウバンジャン）などの調味料で煮こんだもの。

●豆カレー（インド）
インドでは，ひよこ豆，レンズ豆などがカレーに用いられる。

ⓘインフォメーション　小豆とささげ▶どちらも見た目は似ているが，ささげのほうが皮がかたいため，古くから赤飯に用いられていた。武士の間では，小豆は煮ると，胴割れしやすいので切腹につながるとして嫌われていたそうだ。

食品名 / 食品番号	廃棄率% / 水分g	エネルギー kcal 200	たんぱく質 g 20.0	脂質 g 20.0	コレステロール mg 20	炭水化物 g 20.0	総量 食物繊維 g 2.0	ナトリウム mg 200	カリウム mg 200	カルシウム mg 200	リン mg 200	鉄 mg 2.0	亜鉛 mg 2.0	A βカロテン当量 μg 200	A レチノール活性当量 μg 20	D μg 2.0	E αトコフェロール mg 2.0	B1 mg 0.20	B2 mg 0.20	葉酸 μg 20	C mg 20	相当食塩当量 g 2.0
えんどう 全粒 青えんどう 乾 04012	0 / 13.4	310 / 352	17.8 / 21.7	1.5 / 2.3	(0)	47.8 / 60.4	17.4	1	870	65	360	5.0	4.1	92	8	(0)	0.1	0.72	0.15	24	Tr	0
うぐいす豆 04016	0 / 39.7	228 / 240	(4.5) / 5.6	0.3 / 0.7	(0)	49.1 / 52.9	5.3	150	100	18	130	2.5	0.8	6	Tr	(0)	0	0.02	0.01	4	Tr	0.4
そらまめ 全粒 乾 04019	0 / 13.3	323 / 348	20.5 / 26.0	1.3 / 2.0	(0)	52.8 / 55.9	9.3	1	1100	100	440	5.7	4.6	5	Tr	(0)	0.7	0.50	0.20	260	Tr	0
おたふく豆 04021	0 / 37.2	237 / 251	(6.1) / 7.9	0.6 / 1.2	(0)	48.7 / 52.2	5.9	160	110	54	140	5.3	0.8	Tr	(0)	—	0.2	0.01	0.01	30	Tr	0.4
だいず 全粒 黄大豆 国産 乾 04023	0 / 12.4	372 / 422	32.9 / 33.8	18.6 / 19.7	Tr	6.7 / 29.5	21.5 / 17.9	1	1900	180	490	6.8	3.1	7	1	(0)	2.3	0.71	0.26	260	3	0
全粒 黒大豆 国産 乾 04077	0 / 12.7	349 / 412	31.5 / 33.9	16.5 / 18.8	Tr	7.3 / 28.9	20.6 / 16.0	1	1800	140	620	6.8	3.7	26	2	0	3.1	0.73	0.23	350	3	0
炒り大豆 黄大豆 04078	0 / 2.5	429 / 439	35.0 / 37.5	20.2 / 21.6	(Tr)	15.9 / 33.3	19.4	5	2000	160	710	7.6	4.2	7	1	(0)	2.2	0.14	0.26	260	1	0
水煮缶詰 黄大豆 04028	0 / 71.7	124 / 140	12.5 / 12.9	(6.3) / 6.7	(Tr)	0.8 / 7.7	6.8	210	250	100	170	1.8	1.1	0	(0)	—	0.5	0.01	0.02	11	Tr	0.5
きな粉 青大豆 全粒大豆 04082	0 / 5.9	424 / 431	34.9 / 37.0	20.9 / 22.8	(Tr)	14.7 / 29.3	16.9	1	2000	160	690	7.9	4.5	53	4	(0)	2.4	0.29	0.29	250	1	0
黄大豆 全粒大豆 04029	0 / 4.0	451 / 450	34.3 / 36.7	24.7 / 25.7	(Tr)	13.9 / 28.5	18.1	1	2000	190	660	8.0	4.1	4	Tr	—	1.7	0.07	0.24	220	1	0
豆腐 木綿豆腐 04032	0 / 85.9	73 / 80	6.7 / 7.0	4.5 / 4.9	0	0.8 / 1.5	1.1 / 0.4	9	110	93	88	1.5	0.6	0	0	(0)	0.2	0.09	0.04	12	0	0
絹ごし豆腐 04033	0 / 88.5	56 / 62	5.3 / 5.3	(3.2) / 3.5	(0)	0.9 / 2.0	0.9 / 0.3	11	150	75	68	1.2	0.5	0	0	(0)	0.1	0.11	0.04	12	0	0
沖縄豆腐 04036	0 / 81.8	99 / 106	(8.8) / 9.1	(6.6) / 7.2	(0)	(1.0) / 0.7	0.5	170	180	120	130	1.7	1.0	(0)	(0)	(0)	0.4	0.10	0.04	14	Tr	0.4
焼き豆腐 04038	0 / 84.8	82 / 88	7.8 / 7.8	(5.2) / 5.7	(0)	0.6 / 1.0	0.5	4	90	150	110	1.6	0.8	(0)	(0)	(0)	0.2	0.07	0.03	12	Tr	0

可食部100gあたり

インフォメーション　豆腐は豆が腐ったもの？▶中国では「腐」は腐敗するという意味ではなく，液状のものが「寄り集まり」固形状になる状態を意味する。豆腐は，豆乳ににがりを加えて寄せ集めてつくるため，こう呼ばれた。けっして腐っているわけではない。

えんどう【豌豆】　Peas

乾1C＝160g, うぐいす豆1食分＝30g

未熟なさやごと食用にするもの（p.208参照）と種実用がある。種実用には, 青えんどうと赤えんどうがある。青えんどうは, 炒り豆, 煮豆, フライビーンズなどに, 赤えんどうは, みつ豆やゆで豆に用いられる。
〔うぐいす豆〕　ひと晩水にひたし, 甘く煮て, 黄緑色に仕上げた煮豆。

↑青えんどう

↑赤えんどう

↑みつ豆

そらまめ【蚕豆】　Broad beans

乾1C＝120g

別名なつまめ。未熟のうちに収穫して食べる青果用（p.214参照）と完熟して用いる種実用がある。煮豆, 炒り豆, おたふく豆にする。中国料理では炒め物のほか, トウバンジャンの材料としても用いられる。
〔おたふく豆〕　大粒のものを皮つきのまま黒砂糖などで黒く甘く煮たもの。

↑フライビーンズ

↑しょうゆ豆
（香川県の郷土料理）

だいず【大豆】　Soybeans

乾1C＝150g, ゆで1C＝135g, きな粉大1＝5g

大豆は「畑の肉」といわれ, 栄養的にすぐれた食品である。豆の組織がかたく, 消化吸収が悪いので, 粉にしたり, みそ, しょうゆ, 豆腐などに加工して用いられる。
色によって, 黄大豆・黒大豆・青大豆がある。黒大豆（黒豆）は丹波が有名で, おせち料理には欠かせない。
〔きな粉〕　大豆を炒って粉末にしたものがきな粉である。黄色が一般的だが淡緑色の粉もある。砂糖を加えて, 安倍川もちやわらびもちに。

↑黄大豆

↑黒大豆

↑青大豆

↑五目煮豆

↑きな粉をかけた
わらびもち

↑うぐいす粉（青大豆からできたきな粉）をかけたうぐいすもち

↑やせうま
（大分県の郷土料理）
小麦粉でつくった平たいめんをゆで, きな粉をまぶしたもの

↑節分の福豆（炒り豆）

豆腐　Tofu

1丁＝270g, 沖縄豆腐1丁＝500g, 焼き豆腐1丁＝300g

一晩水にひたした大豆を, 水を加えながら粉砕し加熱する。こしとった豆乳ににがりなどの凝固剤を加えてかためる。つくり方によって, 木綿, 絹ごし, ソフト, 充てん豆腐などがある。
冷ややっこ, 湯豆腐, 田楽, 豆腐ハンバーグなど, さまざまに利用される。
〔木綿豆腐〕　孔のあいた型に布を敷いて脱水成型する。きめが粗く, かため。
〔絹ごし豆腐〕　木綿豆腐より濃い豆乳を使う。なめらかな食感がある。
〔沖縄豆腐〕　沖縄特有の豆腐。つくり方は木綿豆腐とほぼ同じだが, かたく絞ってつくり, 崩れにくい。
〔焼き豆腐〕　かためにつくった豆腐の水気をさらに切り, 両面を直火で焼き, 焼き目をつけたもの。すき焼きや煮物などに使う。

↑冷ややっこ

↑揚げだし豆腐

↑湯豆腐

✓Check! 江戸時代のベストセラー『豆腐百珍』

日本に豆腐が伝えられたのは, 奈良時代。当初は高級食材であったが, 江戸時代には広く庶民に食べられていた。天明2（1782）年, 豆腐を使った料理だけを集め, そのつくり方を紹介した『豆腐百珍』が刊行された。この本では, 100品の豆腐料理を, 次の6種類に分類している。

❶尋常品　どの家庭でも常に料理するもの
❷通品　　一般によく知られているもの
❸佳品　　風味が尋常品よりもややすぐれ, 見ためにきれいなもの
❹奇品　　ひときわ変わった意表をついたもの
❺妙品　　少し奇品にまさるもの
❻絶品　　さらに妙品にまさるもの

↑玲瓏とうふ（奇品）

✓Check! 家庭での豆腐のつくり方

❶大豆は洗い, 水に一昼夜ひたして, ミキサーですりつぶす。

❷大きな鍋に❶を入れて煮る。

❸さらしの布袋で❷を絞り, 豆乳とおからに分ける。

❹豆乳に凝固剤（にがり液）を入れる。
❺箱型に❹を入れる。

❻重石を乗せ, しばらく置く。

❼水を張ったボールのなかで箱型をはずしてできあがり。

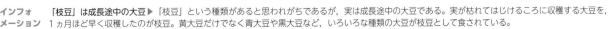

ⓘ インフォメーション　「枝豆」は成長途中の大豆▶「枝豆」という種類があると思われがちであるが, 実は成長途中の大豆である。実が枯れてはじけるころに収穫する大豆を, 1ヵ月ほど早く収穫したのが枝豆。黄大豆だけでなく青大豆や黒大豆など, いろいろな種類の大豆が枝豆として食されている。

199

豆類

PULSES

食品名 食品番号 可食部100gあたり	廃棄率% 水分g	エネルギー kcal 200	たんぱく質 g 20.0	脂質 g 20.0	コレステロール mg 20	炭水化物 g 20.0	食物繊維総量 g 2.0	ナトリウム mg 200	カリウム mg 200	カルシウム mg 200	リン mg 200	鉄 mg 2.0	亜鉛 mg 2.0	βカロテン当量 μg 200	レチノール活性当量 μg 20	D μg 2.0	αトコフェロール mg 2.0	B₁ mg 0.20	B₂ mg 0.20	葉酸 μg 20	C mg 20	食塩相当量 g 2.0
絹生揚げ 04113	0 / 80.5	103 –	7.6 7.9	7.2 7.7	–	1.2 2.9	1.5	17	260	34	130	1.2	0.8	1	0	–	0.7	0.12	0.04	16	0	0
油揚げ 生 04040	0 / 39.9	377 410	23.0 23.4	31.2 34.4	(Tr)	0.5 0.4	1.3	4	86	310	350	3.2	2.5	(0)	(0)	(0)	1.3	0.06	0.04	18	0	0
がんもどき 04041	0 / 63.5	223 228	15.2 15.3	(16.8) 17.8	Tr	2.0 1.6	1.4	190	80	270	200	3.6	1.6	(0)	(0)	(0)	1.5	0.03	0.04	21	Tr	0.5
凍り豆腐 乾 04042	0 / 7.2	496 536	49.7 50.5	32.3 34.1	(0)	0.2 4.2	2.5	440	34	630	820	7.5	5.2	9	1	(0)	1.9	0.02	0.02	6	0	1.1
納豆 糸引き納豆 04046	0 / 59.5	184 200	14.5 16.5	(9.7) 10.0	Tr	(4.8) 12.1	9.5 6.7	1	690	91	220	3.3	1.9	4	Tr	(0)	0.5	0.13	0.30	130	3	0
挽きわり納豆 04047	0 / 60.9	185 194	15.1 16.6	(9.7) 10.0	(0)	6.4 10.5	5.9	2	700	59	250	2.6	1.3	0	(0)	(0)	0.8	0.14	0.36	110	Tr	0
おから 生 04051	0 / 75.5	88 111	5.4 6.1	(3.4) 3.6	(0)	3.2 13.8	11.5	5	350	81	99	1.3	0.6	0	(0)	(0)	0.4	0.11	0.03	14	Tr	0
豆乳 豆乳 04052	0 / 90.8	43 46	3.4 3.6	2.6 2.8	(0)	0.9 2.3	0.2	2	190	15	49	1.2	0.3	1	0	(0)	0.1	0.03	0.02	28	Tr	0
大豆たんぱく 繊維状大豆たんぱく 04058	0 / 5.8	365 383	(56.5) 59.3	3.6 5.0	(0)	23.8 25.2	5.6	1400	270	70	630	8.2	2.4	0	(0)	(0)	0.3	0.62	0.16	170	Tr	3.6
湯葉 生 04059	0 / 59.1	218 231	21.4 21.8	12.3 13.7	(0)	5.1 4.1	0.8	4	290	90	250	3.6	2.2	10	1	(0)	0.9	0.17	0.09	25	Tr	0
干し 乾 04060	0 / 6.9	485 530	49.7 50.4	30.0 32.1	(0)	2.6 7.2	3.0	12	840	210	600	8.3	4.9	8	1	(0)	2.4	0.35	0.12	38	Tr	0
金山寺みそ 04061	0 / 34.3	247 256	(5.8) 6.9	2.6 3.2	(0)	48.5 50.0	3.2	2000	190	33	130	1.7	0.7	(0)	(0)	(0)	0	0.12	0.18	34	Tr	5.1
ひよこまめ 全粒 乾 04065	0 / 10.4	336 374	(16.7) 20.0	4.3 5.2	(0)	49.4 61.5	16.3	17	1200	100	270	2.6	3.2	19	2	(0)	2.5	0.37	0.15	350	Tr	0
りょくとう 全粒 乾 04071	0 / 10.8	319 354	20.7 25.1	1.0 1.5	(0)	49.4 59.1	14.6	0	1300	100	320	5.9	4.0	150	13	(0)	0.3	0.70	0.22	460	Tr	0

※べにばないんげんはp.196に掲載

インフォメーション　おからをうの花と呼ぶのは▶おからは「からっぽ」を連想して縁起が悪いため，うの花やきらずとも呼ばれる。うの花は，「ウツギ」という木の別名で，卯月（陰暦4月）ごろに咲く白い花に，おからの白さが似ていることからこう呼ばれた。

生揚げ　Nama-age (fried slices of drained tofu)
1枚=135g

厚揚げともいう。厚めに切った木綿豆腐の水気を切り，180℃前後の油で揚げたもの。熱湯をかけて油抜きして用いる。絹ごし豆腐を揚げたものもある。

⇧生揚げとしいたけの煮物

油揚げ　Abura-age (fried thin slices of pressed tofu)
中1枚=30g

薄揚げともいう。かための豆腐を薄く切って水切りし二度揚げしたもの。みそ汁の具，炊き合わせなどに用いる。

⇧きつねうどん　⇧いなり寿司

がんもどき　Ganmodoki
1個=95g

別名ひりょうず。水気を切った豆腐にすりおろしたやまのいもや野菜を混ぜ，丸めて揚げたもの。おでんや煮物に用いる。

⇧がんもどきの煮物

凍り豆腐　Kori-dofu
1個=17g

高野豆腐，しみ豆腐ともいう。豆腐を凍らせた後，乾燥させてつくる。保存性が高い。含め煮や寿司の具に使用する。

⇧凍り豆腐づくり
⇧凍り豆腐の含め煮

納豆　Natto
1食分=50g

蒸し煮した大豆に納豆菌をつけて発酵熟成させたもの。納豆菌によりたんぱく質が分解され，消化吸収がよくなる。発酵によって特有の粘りと風味が生まれる。ねぎやのりなど，好みの薬味を加えて食べる。

〔挽きわり納豆〕大豆を炒った後，皮を取り除き粗く砕いた大豆でつくる。

⇧納豆菌のふきつけ

おから　Okara (insoluble residue from soy milk processing)
1C=70g

うの花，きらずともいう。豆腐をつくる工程のなかでできる豆乳の絞りかす。食物繊維が多い。炒り煮などに用いる。

⇧おからコロッケ

豆乳　Soy milk
1C=200g

豆腐をつくる工程でできる乳状の液体。古くから牛乳や母乳の代替品として用いられていた。独特の豆乳臭があり，敬遠されていたが，最近はにおいを取る技術も進み，普及している。

⇦豆乳鍋

大豆たんぱく　Soy protein

繊維状大豆たんぱくは，大豆たんぱくを主原料とし，繊維状に成形し，かつ，肉様の組織を有する。

⇧大豆ミートを使ったカレー

湯葉　Yuba (film formed on surface of warmed soy milk)
生1枚=30g，干し1個=2.5g

濃いめにつくった豆乳を沸騰させないように加熱し，表面にできた薄い膜をすくいあげたもの。生ゆばと，乾燥ゆばのほかに，半乾燥の状態で成形した巻きゆば，結びゆばなどがある。京都，日光が有名。
生ゆばはそのまま，干しゆばは水で戻して使う。煮物，椀種（わんだね）に。

⇧生ゆばの刺身

⇧湯葉のすくいあげ

金山寺みそ　Kinzanji-miso
大1=20g

なめみそその一種。脱皮大豆と大麦，塩に，刻んだ野菜を仕こみ，発酵熟成させ，水あめや砂糖で調味したみそ。

⇧金山寺みそ

ひよこまめ【雛豆】Chickpeas
1C=170g

原産は西アジア。インドでの栽培が多い。エスニック料理によく使われ，ひきわりにしてカレーやスープに使用する。

りょくとう【緑豆】Mung beans
1C=150g

もやしやはるさめの原料として輸入されている。日本ではほとんど栽培されていない。

つくってみよう！　おからクッキー

<材料>
小麦粉（薄力粉）50g　砂糖　50g　おから　50g
卵　1/2個　バター（またはマーガリン）50g

<つくり方>
❶小麦粉はふるう。バターは常温に戻しておく。
❷ボールにバターを入れ，泡立て器でクリーム状になるまでよく練る。
❸❷に砂糖を加えてよく混ぜ，おから，卵を加えて混ぜる。
❹小麦粉をふり入れてさっくり混ぜる。ラップに包んで棒状に形を整え，冷蔵庫に30分入れて生地を休ませる。
❺厚さ5mmに切り，オーブンシートを敷いた天板に間隔をあけて並べる。
❻170℃に熱したオーブンで約20分焼く。

✓Check! 世界の納豆料理

キネマ（ネパール）：粒状で粘りもあり，日本の納豆に近いが，色は黒っぽい。カレーやスープに入れて食べることもある。

ダウダウ（西アフリカ）：生ではかたくて食べられないマメ科植物の種子に納豆菌をつけて無塩発酵させた納豆のような調味料があり，スープの味つけに使う。

テンペ（インドネシア）：ゆでた大豆に植物の葉の裏につく菌（クモノスカビ）をつけて発酵させたもの。淡白な味で消化がよく，栄養価も高い。

トゥアナオ＜トナオ＞（タイ）：トゥアは豆，ナオは腐るという意味がある。せんべいのような形をしており，そのまま食べたり，あぶって調味料として使ったりする。

豆鼓（中国）：色が黒く，塩気が効いていて，塩辛納豆に近い。そのまま食べるというよりは，調味料として使われている。

⇧ダウダウ
⇦テンペ

⇧トゥアナオ

⇦豆鼓

ℹ **インフォメーション**　納豆と骨の関係▶納豆に含まれるビタミンK₂は，骨の形成を促進させる。納豆を食べる地域に比べて，食べない地域は骨の老化が早く，骨折の割合も高いそうだ。豊富に含まれるカルシウムとともに，ご飯などの糖質といっしょに摂取すれば効果的。

種実類

栗の木

種実類

　種実類とは、その形態により果実の種子中の仁（胚や胚乳）が肥大して食用となったナッツ（堅果）類と、果実以外の植物の種子である種子類とに分類される。

　くり、ぎんなん、とち、なら、しいの実など、でんぷんが主成分であるものは、穀物の不足を補うための主食として古くから利用されており、縄文時代の遺跡からも、これらが出土している。

　くるみ、らっかせい、まつの実など、脂肪分を主とするものは、調理や製菓の副材料として生のまま、あるいは加熱したり、味つけをしたりして賞味される。また、ごま、らっかせい、ひまわりなどは、油脂原料としても利用される。

栄養上の特性

　種実類は発芽に必要な栄養素を含むため、糖質、脂質に富み、たんぱく質を含む高エネルギー食品である。また、カリウム、リン、鉄、カルシウムなどの無機質やビタミンも含み、栄養豊かで濃厚な味わいが楽しめるが、食べ過ぎには注意が必要である。サラダに振りかける、すりつぶしてあえ衣にする、揚げ物の衣に加えるなどのほか、製菓材料としても粉末やスライス、または細かく刻んで使用する。

　リノール酸やリノレン酸、オレイン酸など多くの不飽和脂肪酸を含むため血中コレステロール値を下げる効果や、ビタミンB群やビタミンEも含むため動脈硬化の予防や老化防止の効果が期待されている。

選び方・保存の仕方

	選び方	保存の仕方
アーモンド	栄養面からは生がよい。手にはいらない場合は、味つけのない素焼きのものを選ぶ。	脂質が多いため、空気に触れると酸化も早い。密閉容器に入れて冷凍する。
ぎんなん	殻の色が白くてつやがあり、大ぶりのものを選ぶ。	殻つきのまま、よく乾燥させて密閉容器に入れて保存するが、古くなると色が悪くなるので、殻や薄皮を除いて冷凍してもよい。
くり	皮につやがあり、大粒で、持つと重みがあるものを選ぶ。	生のくりは虫がつきやすい。密閉容器に入れて冷凍保存するか、甘露煮などにするとよい。
ごま	粒が大きくそろっていてつやがあり、よく乾燥しているものを選ぶ。	密閉容器や缶に入れて保存する。いりごま、すりごまは酸化しやすいのでなるべく早く使い切る。
らっかせい	できるだけ新しく、殻つきのものを選び、油くさいものやカビくさいものは避ける。	酸化しやすいため密閉容器に入れて冷凍保存する。

食品名 食品番号	廃棄率% 水分g	エネルギー kcal 200	たんぱく質 g 20.0	脂質 g 20.0	コレステロール mg 20	炭水化物 g 20.0	食物繊維 総量 g 2.0	ナトリウム mg 200	カリウム mg 200	カルシウム mg 200	リン mg 200	鉄 mg 2.0	亜鉛 mg 2.0	A βカロテン当量 μg 200	A レチノール活性当量 μg 20	D μg 2.0	E αトコフェロール mg 2.0	B1 mg 0.20	B2 mg 0.20	葉酸 μg 20	C mg 20	食塩相当量 g 2.0
アーモンド いり 無塩 05040	0 / 1.8	608 / 608	(19.0) / 20.3	(54.2) / 54.1	(5.6) / −	(5.6) / 20.7	11.0	Tr	740	260	480	3.7	3.7	9	1	(0)	29.0	0.03	1.04	48	0	0
カシューナッツ フライ 味付け 05005	0 / 3.2	591 / 576	19.3 / 19.8	47.9 / 47.6	(0)	(17.2) / 26.7	6.7	220	590	38	490	4.8	5.4	10	1	(0)	0.6	0.54	0.18	63	0	0.6
かぼちゃ いり 味付け 05006	35 / 4.5	590 / 575	(25.3) / 26.5	(48.7) / 51.8	(0)	9.0 / 12.0	7.3	47	840	44	1100	6.5	7.7	31	3	(0)	0.6	0.21	0.19	79	Tr	0.1
ぎんなん ゆで 05009	0 / 56.9	169 / 174	(4.0) / 4.6	(1.2) / 1.5	(0)	34.3 / 35.8	2.4	1	580	5	96	1.2	0.4	290	24	(0)	1.6	0.26	0.07	38	23	0
くり 日本ぐり ゆで 05011	20 / 58.4	152 / 167	(2.9) / 3.5	0.5 / 0.6	(0)	30.0 / 36.7	6.6	1	460	23	72	0.7	0.6	37	3	(0)	0	0.17	0.08	76	26	0
日本ぐり 甘露煮 05012	0 / 40.8	232 / 238	(1.5) / 1.8	(0.3) / 0.4	(0)	54.4 / 56.8	2.8	7	75	8	25	0.6	0.1	32	3	(0)	0	0.07	0.03	8	0	0
中国ぐり 甘ぐり 05013	20 / 44.4	207 / 222	(4.3) / 4.9	(0.9) / 0.9	(0)	(40.2) / 48.5	8.5	2	560	30	110	2.0	0.9	68	6	(0)	0.1	0.20	0.18	100	2	0
くるみ いり 05014	0 / 3.1	713 / 674	13.4 / 14.6	70.5 / 68.8	(0)	2.6 / 11.7	7.5	4	540	85	280	2.6	2.6	23	2	(0)	1.2	0.26	0.15	91	0	0

インフォメーション　くるみ▶漢字で「胡桃」と書く。昔シルクロードの西方の国、胡国から伝わってきた桃という意味である。

種実類を使った料理例

↓くりごはん

↓とり肉とカシューナッツの炒め物

↓茶わん蒸し（ぎんなん）

↓モンブラン（くり）

↓ごまだんご

↓けしの実パン

食のお話　ごまのパワーに注目

●ごまは紀元前3000年の太古から……

古代エジプトでは1頭の牛と交換してもごま1粒を手に入れ栽培しようとしたほど貴重な食品だった。日本へは早くから伝来し，縄文後期と推定される遺跡からごまが出土している。日本でごまが食用にされるようになった背景には，仏教伝来の影響が大きく，肉食を禁じられた禅僧の精進料理に豆腐とともに使われ，健康維持に役立ってきた。

●ごまの種類と栄養

種子の色により，白ごま，黒ごま，茶（金）ごまがある。白ごまはすりごまに向き，ごま油の原料としても利用される。

ごまは大さじ1杯（約10g）で約60kcalとカロリーも高く，ビタミンB₁や鉄，カルシウム，ビタミンEなどを多く含む。

↑白ごま　↑黒ごま　↑茶ごま

●ゴマリグナンに注目!!

ごまは昔から滋養強壮食品として知られ，疲労回復，美肌，老化防止，便秘の解消など，さまざまな効果が認められてきた。こうした作用をもつごまの成分を総称してゴマリグナンという。

ごまにしか含まれないゴマリグナンは抗酸化物質の1つ。なかでもセサミノールは悪玉コレステロールを減らす作用，肝臓機能を向上させる作用，ビタミンEの酸化を防ぐことが確認されている。

ただし，ごまそのものは外皮がかたく消化が悪いのが難点。調理する前にいったり，すったりしてから使うとよい。

フライパンなどでごまをいり，すり鉢でする。

すったごまは，ごまあえにしたり，おひたしなどにかけたりする。

種実類

アーモンド　Almonds

1粒=1.3g

地中海沿岸やカリフォルニア（アメリカ）が主産地。かたい核のなかの仁を食用にする。スライス，刻み，粉末などにして利用する。

↑アーモンドの花

かぼちゃ【南瓜】Pumpkin seeds

20粒=10g

ウリ科カボチャの種子で，たんぱく質や亜鉛，カリウムが豊富。「いり，味付け」は種子を焙煎し，食塩を加えたものである。

↓かぼちゃのカップケーキ

ぎんなん【銀杏】Ginkgo nuts

10粒=20g

いちょうの実。かたい殻と薄皮を除いて食べる。でんぷんが主で脂質は少ない。茶碗蒸しや中国料理に用いる。

くり【栗】　Chestnuts

日本ぐり1個=20g，甘露煮1粒=10g，
中国ぐり1個=6g

くりは，北半球の温暖な気候帯に分布し，日本ぐりは柴ぐりから品種改良された。東北地方から九州南端まで広い地域で栽培され，果実が大きく，甘みが強い。

〔甘露煮〕皮をむき，アク抜きして煮たくりをシロップに漬けたもの。

〔甘ぐり〕日本ぐりに比べて小粒で甘みが強く，渋皮離れがよい。焼きぐりが天津甘栗の名で市販されている。

カシューナッツ　Cashew nuts

1粒=1.5g

ブラジル原産といわれ，カシューアップルという果実の種子の仁がカシューナッツ。フライ，味つけして食べる。

くるみ【胡桃】　Walnuts

1粒=6g

主産地は長野。脂質，たんぱく質に富む。いってつまみにしたり，あえ物，あめ煮，菓子材料として用いられる。

甘ぐり→

つくってみよう！　ブラウニー

＜材料＞ 角型1個分

チョコレート	100g
バター（無塩）	100g
小麦粉（薄力粉）	80g
ベーキングパウダー	小さじ1/2
ナッツ類	60g
（くるみ・アーモンドなど）	
卵	2個
砂糖	60g

＜つくり方＞

❶バターは常温に戻す。型にオーブンシートを敷く。

❷小麦粉とベーキングパウダーは合わせてふるう。

❸ナッツ類は粗く刻み，オーブン（170℃）で約5分焼く。

❹チョコレートは細かく刻み，バターといっしょにボールに入れ，お湯（約50～55℃）で湯せんにかけて溶かす。

❺❹を湯からはずし，溶いた卵，砂糖を入れ，泡立て器で混ぜ合わせる。さらに，❷を加えて，粉っぽさがなくなったら❸を混ぜる。

❻型に❺を流し入れ，オーブン（180℃）で約20～25分焼く。

❼焼きあがったら粗熱を取り，型からはずして好みの大きさに切り分ける。

可食部100gあたり（上段・下段の2値）

食品名／食品番号	廃棄率%	水分g	エネルギー kcal	たんぱく質 g	脂質 g	コレステロール mg	炭水化物 g	食物繊維総量 g	ナトリウム mg	カリウム mg	カルシウム mg	リン mg	鉄 mg	亜鉛 mg	βカロテン当量 μg	レチノール活性当量 μg	D μg	E αトコフェロール mg	B₁ mg	B₂ mg	葉酸 μg	C mg	食塩相当量 g
けし 乾 05015	0	3.0	555 / 567	(20.2) / 19.3	47.6 / 49.1	— / (0)	3.2 / 21.8	16.5	4	700	1700	820	23.0	5.1	6	Tr	(0)	1.5	1.61	0.20	180	0	0
ココナッツ ココナッツパウダー 05016	0	2.5	676 / 668	(5.6) / 6.1	(64.3) / 65.8		11.5 / 23.7	14.1	10	820	15	140	2.8	1.4	(0)	(0)	(0)	0	0.03	0.03	10	0	0
ごま いり 05018	0	1.6	605 / 599	19.6 / 20.3	51.6 / 54.2		9.3 / 18.5	12.6	2	410	1200	560	9.9	5.9	7	1	(0)	0.1	0.49	0.23	150	Tr	0
ごま ねり 05042	0	0.5	646 / 640	(18.3) / 19.0	57.1 / 61.0	— / (0)	9.0 / 15.6	11.2	6	480	590	670	5.8	5.3	8	1	(0)	0.1	0.32	0.15	99		0
チアシード 乾 05046	0	6.5	446 / 492	18.0 / 19.4	32.7 / 33.9	— / 1	0.9 / 34.5	36.9 / —	0	760	570	820	7.6	5.9	3	0	(0)	0.3	0.97	0.25	84	1	0
ピスタチオ 味付け いり 05026	45	2.2	617 / 615	16.2 / 17.4	55.9 / 56.1	— / (0)	(7.7) / 20.9	9.2	270	970	120	440	3.0	2.5	120	10	(0)	1.4	0.43	0.24	59	(0)	0.7
ひまわり 味付け フライ 05027	0	2.6	603 / 611	19.2 / 20.1	49.0 / 56.3	— / (0)	17.4 / 17.2	7.9 / 6.9	250	750	81	830	3.6	5.0	10	1	(0)	12.0	1.72	0.25	280	0	0.6
ブラジルナッツ フライ 味付け 05028	0	2.8	703 / 669	(14.1) / 14.9	68.9 / 69.1		(2.9) / 9.6	7.2	78	620	200	680	2.6	4.0	12	1	(0)	4.1	0.88	0.26	1	0	0.2
ヘーゼルナッツ フライ 味付け 05029	0	1.0	701 / 684	(11.0) / 13.6	69.3 / 69.3		(4.6) / 13.9	7.4	35	610	130	320	3.0	2.0	Tr	(0)	(0)	18.0	0.26	0.28	54	0	0.1
マカダミアナッツ いり 味付け 05031	0	1.3	751 / 720	7.7 / 8.3	76.6 / 76.7	— / (0)	(4.5) / 12.2	6.2	190	300	47	140	1.3	0.7	Tr	(0)	(0)	Tr	0.21	0.09	16	(0)	0.5
まつ 生 05032	0	2.5	681 / 669	(14.5) / 15.8	66.7 / 68.2	— / (0)	(3.8) / 10.6	4.1	2	730	14	680	5.6	6.9	0	(0)	(0)	11.0	0.63	0.13	79	Tr	0
らっかせい 大粒種 いり 05035	30	1.7	613 / 588	23.6 / 25.0	50.5 / 49.6	— / (0)	10.1 / 21.3	11.4 / 7.1	2	760	50	390	1.7	3.0	6	1	(0)	10.0	0.24	0.13	58	0	0
バターピーナッツ 05036	0	2.4	609 / 601	22.6 / 23.3	51.8 / 53.2	— / (0)	8.3 / 18.3	9.5 / 6.8	120	700	50	380	2.0	3.1	5	Tr	(0)	1.9	0.20	0.10	98	0	0.3
ピーナッツバター 05037	0	1.2	599 / 636	19.7 / 20.6	47.8 / 50.4		18.6 / 24.9	7.6 / 6.1	350	650	47	370	1.6	2.7	4	Tr	(0)	4.8	0.10	0.09	86	(0)	0.9

インフォメーション 「仙人の霊薬」と呼ばれる木の実▶まつの実は，中国では「長生果」とも呼ばれ，料理や菓子のほかに，不老長寿の薬，滋養強壮として薬用に利用されている。特に，酸化防止や老化防止作用がある「ビタミンE」が多い。

けし【芥子】 Poppy seeds
大1＝8g

食用のほか，油を採取する。いったり焼いたりすると香ばしさが増す。焼き物やパン，菓子の上に振りかける。

↓くりまんじゅう

ココナッツパウダー Coconut powder
大1＝5g

ココヤシの果肉を乾燥して糸切りしたものを粉末状にし，菓子材料として用いる。糸状のものは独特の食感がある。

↓糸状のココナッツ

ごま【胡麻】 Sesame seeds
すりごま，いりごま小1＝2g，ねりごま小1＝6g

油脂原料や精進料理の食材，菓子材料とされる。種子の色で白，黒，茶（金）に分けられる。
〔ねりごま〕 いりごまを細かくすりつぶすことにより，ごまの油分をしみ出させて，ペースト状にしたもの。

↑ごまの花
←黒ごま
茶ごま→

種実類

チアシード Chia seeds
大さじ1＝10g

南米由来の植物チアの種。水にひたすとゲル状になる。無味無臭。ゲル状もしくは乾燥したチアシードを飲み物などに加えて食べる。

↑ヨーグルトとチアシード

ピスタチオ Pistachio nuts
10個＝15g

原産地は中央〜西アジア。殻つきのまま塩いりし，なかの緑色の仁を食したり，菓子材料として用いたりする。

ひまわり【向日葵】Sunflower seeds
大1＝9g

原産地は北アメリカ。リノール酸を含む良質の油脂原料とされるほか，フライ，味つけして食する。

ブラジルナッツ Brazil nuts
1粒2.8g

ブラジルを主産地とする熱帯南アメリカ産の大型ナッツ。1日1〜2粒でセレン（無機質）の必要量を摂取できる。過剰摂取に注意。

ヘーゼルナッツ Hazel nuts
1粒1.5g

セイヨウハシバミの果実の仁を食用とする。フライ，味つけしたものが一般的で，ほとんどが輸入される。

マカダミアナッツ Macadamia nuts
1粒2.5g

オーストラリア原産。別名クイーンズランドナッツ。かたい殻のなかの仁を塩いりして食べる。脂質が特に多い。

↑マカダミアナッツ

まつ【松】 Pine nuts
大1＝10g

松は約100種類あるが，市販されているのは朝鮮五葉松の種子である。味は淡泊で中国料理や菓子に用いる。

←まつ

らっかせい【落花生】 Peanuts
10個＝20g，ピーナッツバター大1＝17g

南京豆，ピーナッツともいう。南アメリカ原産で，日本へは中国から伝来した。花が咲き終わると房柄がのびて地中にはいり，胚珠が肥大してさやとなる。種実類のなかで最も生産量が多い。小粒種は採油用に，大粒種は食用にされる。たんぱく質，脂肪が多く，ビタミンB₁も多量に含んでいる。
〔バターピーナッツ〕 皮をはいだ大粒種の種子をやし油で揚げ，バターや食塩をまぶしてつくる。
〔ピーナッツバター〕 小粒種を，ショートニングと合わせてペースト状にしたもの。パンにぬったり，あえ物に。

つくってみよう！ のしどり

＜材料＞ 1人分
鶏ひき肉 40g，練りみそ（赤みそ）8g，砂糖 4g，みりん 2.5g
酒 3.2g，卵 10g，パン粉 5g，けしの実 少々（白ごまでもよい）

＜つくり方＞
❶鍋に赤みそ，砂糖，みりん，酒を入れて火にかけ，ややかための練りみそをつくっておく。
❷鶏ひき肉に，練りみそ，卵，パン粉を加え，なめらかになるまで混ぜる。
❸焼き型に❷を厚さ約3cmになるように広げ，表面をならしてけしの実をふりかけておく。
❹180℃に熱したオーブンで約20分焼く。
❺冷めたら適当な大きさに切り，器に盛る。おせち料理の時は，扇形に切るとよい。

ⓘ インフォメーション 「けし」の花にご用心！▶「けし」には，栽培が禁止されている種類がある。それは，未熟な種子からは，アヘンやモルヒネなどの麻酔性のある乳液が採取されるためである。植えてもよい「けし」は，観賞用のひなげし，おにげしなどである。

野菜類

野菜のいろいろ

野菜類

　野菜類は，食用にするために栽培される作物で，蔬菜類（そさい）ともいう。エネルギー源にはならないが，主食，主菜の働きをいかし補う副食物として体調を整える重要な働きをもっている。近年，品種改良，栽培技術の向上，山菜の栽培化，流通手段の発達などによって，旬の時期だけでなく，周年供給されるようになってきた。また，輸入野菜も増加している。

野菜の分類

　これらの野菜は，利用する部位によって，花菜類（かさい），果菜類（かさい），葉菜類（ようさい），茎菜類（けいさい），根菜類（こんさい）に大別される。野菜にはフラボノイド系，クロロフィル系，アントシアン系，カロテノイド系などの色素が含まれ，豊かな色彩で食卓をいろどっている。

花菜類	果菜類	葉菜類	茎菜類	根菜類
ブロッコリー，カリフラワー，みょうが，きく　など	きゅうり，ピーマン，なす，トマト，かぼちゃ，えだまめ　など	ほうれんそう，キャベツ，はくさい，レタス，こまつな　など	アスパラガス，たまねぎ，たけのこ，にんにく　など	だいこん，ごぼう，にんじん，かぶ，ビーツ，やまのいも　など

選び方・保存の仕方

	選び方	保存の仕方
花菜類	花芽がしまってみずみずしいもの。	野菜類は生で食べることが多いため，取り扱いには衛生的な配慮が必要である。また水分が多いために鮮度低下が早く，栄養価や風味が損なわれるので，乾燥，冷凍，漬物，びん詰，缶詰などさまざまに加工して保存する。 ・いも，たまねぎ，にんにくなどは，冷暗所での常温保存とする。そのほかの野菜は水分の蒸散を抑えるために，新聞紙やラップで包んでから，冷蔵庫の野菜室で保存する。 ・だいこんなどは葉をつけたままにしておくと質が落ちやすいため，葉を切り離してから保存するようにする。 ・天に向かってまっすぐにのびる野菜（ほうれんそうやねぎ）は，収穫後も垂直に立てて保存したほうが，野菜の生理的活性が高く，味もおいしく保つことができる。
果菜類	重量感があり，ヘタがしっかりしているもの。	
葉菜類	葉の色が濃く，葉肉に厚みのあるもの。	
茎菜類	茎がよくしまって，弾力のあるもの。	
根菜類	実がしまって重量感のあるもの。	

食品名 / 食品番号 🍀は緑黄色野菜を示す。 可食部100gあたり

食品名 食品番号	廃棄率% 水分g	エネルギー kcal 200	たんぱく質 g 20.0	脂質 g 20.0	コレステロール mg 20	炭水化物 g 20.0	総量食物繊維 g 2.0	ナトリウム mg 200	カリウム mg 200	カルシウム mg 200	リン mg 200	鉄 mg 2.0	亜鉛 mg 2.0	βカロテン当量 μg 200	レチノール活性当量 μg 20	D μg 2.0	E αトコフェロール mg 2.0	B1 mg 0.20	B2 mg 0.20	葉酸 μg 20	C mg 20	相当量食塩 g 2.0
あさつき 葉 生 06003 🍀	0 89.0	34 33	(2.9) 4.2	(0.1) 0.3	(0)	3.8 5.6	3.3	4	330	20	86	0.7	0.8	750	62	(0)	0.9	0.15	0.16	210	26	0
あしたば 茎葉 生 06005 🍀	2 88.6	30 33	(2.4) 3.3	— 0.1	(0)	2.0 6.7	5.6	60	540	65	65	1.0	0.6	5300	440	(0)	2.6	0.10	0.24	100	41	0.2
アスパラガス 若茎 生 06007 🍀	20 92.6	21 22	1.8 2.6	(0.2) 0.2	Tr	2.1 3.9	1.8	2	270	19	60	0.7	0.5	380	31	(0)	1.5	0.14	0.15	190	15	0
水煮缶詰 06009	0 91.9	24 22	(1.6) 2.4	(0.1) 0.1	(0)	3.4 4.3	1.7	350	170	21	41	0.9	0.3	7	1	(0)	0.4	0.07	0.06	15	11	0.9
アロエ 葉 生 06328	30 99.0	3 3	— 0	0.1	(0)	0.3 0.7	0.4	8	43	56	2	0	0	1	0	(0)	0	0	0	4	1	0
いんげんまめ さやいんげん 若ざや 生 06010	3 92.2	23 23	1.3 1.8	(0.1) 0.1	Tr	3.0 5.1	2.4	1	260	50	41	0.7	0.3	590	49	(0)	0.2	0.06	0.11	50	8	0
うど 茎 生 06012	35 94.4	19 18	(0.8) 0.8	— 0.1	(0)	2.9 4.3	1.4	Tr	220	7	25	0.2	0.1	0	0	(0)	0.2	0.02	0.01	19	4	0
えだまめ 生 06015	45 71.7	125 135	10.3 11.7	5.7 6.2	(0)	5.7 8.8	5.0	1	590	58	170	2.7	1.4	260	22	(0)	0.8	0.31	0.15	320	27	0
ゆで 06016	50 72.1	118 134	(9.8) 11.5	5.8 6.1	(0)	(4.3) 8.9	4.6	2	490	76	170	2.5	1.3	290	24	(0)	0.6	0.24	0.13	260	15	0

インフォメーション　アスパラガスの語源▶地面を押しのけて次々に生えてくるアスパラガスは，「たくさん分かれる」「激しく裂ける」というギリシャ語が語源で，新芽のことをさす。江戸時代に伝えられたがはじめは観賞用であった。

栄養上の特性

野菜は，副食物として体調を整える働きをする。カロテン，ビタミンB_1，B_2やビタミンCなどのビタミン類やカリウム，カルシウムなどの無機質を多く含み，食物繊維の供給源としても重要である。特にカロテンの多い野菜を緑黄色野菜という。

ビタミン類のほとんどは，体内で生成することができないため，外部からの摂取に頼るしかない。それが不足した場合，特有の欠乏症を示す。野菜は日常的に手に入れやすく種類も豊富で，ほかの食品との組み合わせが容易であり，調理のしやすさなどから食卓にのぼる頻度が多く，すぐれた食品といえる。

野菜に含まれるビタミン類は，調理法によって摂取量が変化するため，損失を防いだり吸収率を高めたりする調理上の工夫が必要となってくる。また，食物繊維は，空腹感の抑制，整腸作用，コレステロールの低下，生活習慣病の予防などに有効であると注目されている。

食のお話 緑黄色野菜をとろう

緑黄色野菜とは，一般にカロテンを100gあたり600µg※以上含む野菜のグループをさす。トマトやピーマンなどは，100gあたりの量は600µgに足りないが，一度に食べる量や食べる機会が多いので緑黄色野菜として扱われている（表中に★で示した）。

現代の日本人の食生活は，野菜，なかでも"緑黄色野菜"が不足しているといわれる。緑黄色野菜を積極的に食べるよう心がけたい。

※日本食品標準成分表2023のβ-カロテン当量に相当する。この本のグラフでは，バー3本が600µgである。

●緑黄色野菜一覧（厚生労働省発表）　表中の□は，この本に収録されている野菜を示す。

あさつき	からしな	せり	とうがらし(葉・果実)	ミニキャロット	ひろしま菜	よめな
あしたば	ぎょうじゃにんにく	タアサイ	トマト	茎にんにく	ふだんそう	よもぎ
アスパラガス ★	キンサイ	かいわれだいこん	ミニトマト	葉ねぎ	ブロッコリー(花序・芽ばえ)	リーキ ★
さやいんげん ★	クレソン	葉だいこん	とんぶり	こねぎ	ほうれんそう	サラダ菜
エンダイブ	ケール	だいこん(葉)	ながさきはくさい	のざわな	みずかけな	リーフレタス
トウミョウ(茎葉・芽ばえ)	こごみ	つまみな	なずな	のびる	みずな	サニーレタス
さやえんどう ★	こまつな	たいさい	和種なばな	パクチョイ	切りみつば	ロケットサラダ(ルッコラ)
おおさかしろな	さんとうさい	たかな	洋種なばな	バジル	根みつば	わけぎ
おかひじき	ししとう ★	たらのめ ★	にら	パセリ	糸みつば	
オクラ ★	しそ(葉・実)	チンゲンサイ	花にら	青ピーマン ★	めキャベツ	
かぶ(葉)	じゅうろくささげ	つくし	葉にんじん	赤ピーマン	めたで	
日本かぼちゃ	しゅんぎく	つるな	にんじん	トマピー	モロヘイヤ	
西洋かぼちゃ	すぐきな(葉)	つるむらさき	きんとき(にんじん類)	ひのな	ようさい	

あさつき【浅葱】 Chive
5本=15g

ねぎ類のなかで，最も茎が細い。わけぎに似た香りがある。汁の実にしたり，刻んで薬味として用いられる。

あしたば【明日葉】 Angelica
1束=180g

伊豆大島，八丈島が主産地。本州中部の太平洋岸にも自生する。ゆでておひたしやあえ物，天ぷらなどに。

アロエ Aloe

外皮をむいたゼリー質の部分にはさまざまな効用があり，生のまま食べたり，ジュースや粉末にしたりと多くの使い道がある。

アスパラガス Asparagus
生1本=25g，水煮缶詰1本=15g

ユリ科で南ヨーロッパからロシア南部が原産地。旬は春から夏。
〔グリーン〕 若茎が伸長するときに土寄せせずに栽培したもの。ビタミンC，カロテンなどが多い。
〔ホワイト〕 若茎が伸長するときに土寄せして軟白栽培したもの。ほとんど缶詰に加工される。

いんげんまめ【隠元豆】 Kidney beans
1さや=8g

原産は中南米で，日本には17世紀ごろ伝来。さやいんげんは，いんげんまめの未熟な若ざやを食用とする。

うど【独活】 Japanese spikenard
1本=250g

野生の山うどと，日光に当てないように栽培した軟白うどがある。生食に適し，香りや歯触りを楽しむ。

えだまめ【枝豆】 Soybeans
1さや=3g

大豆を完熟前に収穫したもの。塩ゆでが一般的。すりつぶして甘く味つけした東北地方のずんだもちも有名。

ずんだもち➡

✓Check! ベジブロス

「ベジブロス」とは，ベジタブル（野菜）＋ブロス（だし）の略，つまり，野菜の皮，へた，種などを煮こんでつくるだしのことである。

野菜の皮や種，へたなど，今まで捨てていた部分に，植物に含まれる天然の化学物質で，強い抗酸化成分や免疫力増強効果がある「フィトケミカル（ポリフェノール，イソフラボン，カテキン，アントシアンなど）」が多く含まれている。

この「フィトケミカル」を余すところなくまるごと味わう，ホールフードの考え方にもつながる野菜だしで，高い栄養効果だけでなく，まろやかな甘みとうまみが，スープや味噌汁，おひたし，カレーなどの煮こみ料理をさらにおいしくする。

食品名 食品番号	廃棄率% / 水分g	エネルギー kcal	たんぱく質 g	脂質 g	コレステロール mg	炭水化物 g	食物繊維 総量 g	ナトリウム mg	カリウム mg	カルシウム mg	リン mg	鉄 mg	亜鉛 mg	βカロテン当量 μg	レチノール活性当量 μg	D μg	E αトコフェロール mg	B1 mg	B2 mg	葉酸 μg	C mg	食塩相当量 g
エンダイブ 葉 生 06018	15	14	(0.9)	(0.1)	—	1.1																
	94.6	15	1.2	0.2	(0)	2.9	2.2	35	270	51	30	0.6	0.4	1700	140	(0)	0.8	0.06	0.08	90	7	0.1
えんどう トウミョウ 芽ばえ 生 06329	0	27	(2.2)	—		2.6																
	92.2	24	3.8	0.4	(0)	3.2	2.2	1	130	7	47	0.8	0.5	3100	250	(0)	1.6	0.17	0.21	120	43	0
さやえんどう 若ざや 生 06020	9	38	1.8	(0.2)		5.8																
	88.6	36	3.1	0.2	(0)	7.5	3.0	1	200	35	63	0.9	0.6	560	47	(0)	0.7	0.15	0.11	73	60	0
スナップえんどう 若ざや 生 06022	5	47	(1.6)	(0.1)		8.7																
	86.6	43	2.9	0.1	(0)	9.9	2.5	1	160	32	62	0.6	0.6	400	34	(0)	0.4	0.13	0.09	53	43	0
グリンピース 生 06023	0	76	5.0	0.2		9.5																
	76.5	93	6.9	0.4	0	15.3	7.7	1	340	23	120	1.7	1.2	420	35	(0)	0.1	0.39	0.16	76	19	0
グリンピース 水煮缶詰 06026	0	82	(2.6)	(0.2)		13.8																
	74.9	98	3.6	0.4	(0)	19.7	6.9	330	37	33	82	1.8	0.6	200	17	(0)	0	0.04	0.04	10	0	0.8
おおさかしろな 葉 生 06027	6	12	(1.1)	(0.1)		0.9																
	94.9	13	1.4	0.2	(0)	2.2	1.8	22	400	150	52	1.2	0.5	1300	110	(0)	1.2	0.06	0.18	150	28	0.1
おかひじき 茎葉 生 06030	6	16	—	—		0.9																
	92.5	17	1.4	0.2	(0)	3.4	2.5	56	680	150	40	1.3	0.6	3300	280	(0)	1.0	0.06	0.13	93	21	0.1
オクラ 果実 生 06032	15	26	1.5	(0.1)		2.2																
	90.2	30	2.1	0.2	Tr	6.6	5.0	4	280	92	58	0.5	0.6	520	44	(0)	1.2	0.09	0.09	110	11	0
かぶ 葉 生 06034	30	20	(2.0)	(0.1)		1.4																
	92.3	20	2.3	0.1	(0)	3.9	2.9	24	330	250	42	2.1	0.3	2800	230	(0)	3.1	0.08	0.16	110	82	0.1
根 皮つき 生 06036	9	18	0.6	(0.1)		3.0																
	93.9	20	0.7	0.1	(0)	4.6	1.5	5	280	24	28	0.3	0.1	0	(0)	(0)	0	0.03	0.03	48	19	0
漬物 塩漬 根 皮つき 06041	0	21	(0.8)	(0.1)		3.2																
	90.5	23	1.0	0.2	(0)	4.9	1.9	1100	310	48	36	0.3	0.1	0	(0)	(0)	0	0.02	0.03	48	19	2.8
からしな 葉 生 06052	0	26	2.8	—		1.5																
	90.3	26	3.3	0.1	(0)	4.7	3.7	60	620	140	72	2.2	0.9	2800	230	(0)	3.0	0.12	0.27	310	64	0.2
カリフラワー 花序 生 06054	50	28	2.1	(0.1)		3.2																
	90.8	27	3.0	0.1	0	5.2	2.9	8	410	24	68	0.6	0.6	18	2	(0)	0.2	0.06	0.11	94	81	0

🍀は緑黄色野菜を示す。
可食部100gあたり

※かぼちゃ類はp.210に掲載

インフォメーション　オクラの故郷▶いかにも日本の野菜と思いきや，実は原産地はアフリカで，外国でもオクラで通じる。フランス語ではガンボといい，南米ではオクラとり肉，魚介類を煮こんだシチュー「ガンボ料理」が有名。

えんどう【豌豆】　Peas (Sprouts, Snow peas, Snap peas, Green peas)

さやえんどう1枚=3g，スナップえんどう1個=10g，グリンピース10粒=10g，1C=130g，トウミョウ1パック=130g

えんどうは，おもに若ざやを食用とする品種と若い種子を食用とする品種に分けられる。

【トウミョウ】　えんどうの若い茎葉をつみ取って食用にする。香りがよく，味はほうれんそうに似ている。炒め物，吸い物などに用いる。

【さやえんどう】　えんどうの若ざやをさやごと食べる。洋種大さや，洋種小さや，在来種がある。洋種大さやではオランダさや，在来種では絹さやが代表的。旬は4～5月ごろであるが1年中流通している。ゆでると鮮やかな緑色になる。煮物や吸い物，五目寿司などのいろどり，かき揚げなどに。

【スナップえんどう】　1970年代末にアメリカから導入された品種で，実が大きくなってもさやがかたくならず，さやごと食べられる。さっとゆでてサラダやつまみに。また，煮物やバター炒めに用いられる。

【グリンピース】　えんどうの若い種子を食用とするもの。スナップえんどうと違い，皮はかたくて食べられない。生は春から初夏にかけて出回り，豆ごはんにしたり，煮豆にしたりして，春を感じる食材の1つである。スープやサラダなどにも用いる。ゆでて冷凍したものや缶詰が出回っており，料理のいろどりにも手軽に利用できる。

⬆ゆでたスナップえんどう

⬆トウミョウ

⬆さやえんどうの卵とじ　⬆たけのことグリンピースの煮物

エンダイブ　Endive

1株=300g

キク科の葉菜。外側の葉に苦みがある。葉が生育したら，束ねて内部を軟白して収穫する。サラダや煮物に。

おおさかしろな【大阪白菜】　Non heading Chinese cabbage

1株=150g

「はくさい」と「チンゲン菜」との交配種。葉の基部は結球し，上部は大きく広がる。漬物やおひたし，炒め物に。

おかひじき【陸鹿尾菜】　Japanese saltwort

1パック=100g

海辺の砂地に自生する野草。別名みるな。茎や葉のやわらかい部分をゆでておひたしやあえ物に。山形県の特産。

オクラ　Okra

1本=9g

開花後5～10日の若い果実を食用とする。特有の粘りがあり，下ゆでしてあえ物や酢の物，吸い物などに。

かぶ【蕪】　Turnip

1個=85g，漬物1人分=10～20g

すずなと呼ばれ，春の七草の1つとして，古くから食用とされていた。でんぷん分解酵素のアミラーゼをもつ。

【葉】　かぶは根だけでなく，葉も栄養価が高く，ビタミンCは根より多く，カロテン，カルシウム，鉄分も含む。葉を主体に利用するものに，野沢菜やすぐき菜があり，これらはかぶ菜と呼ばれる。

【根】　肉質が緻密で，甘みがあり，やわらかい。煮物や菊花かぶ，すりおろして「かぶら蒸し」などに。

【漬物】　塩漬のほか，千枚漬（聖護院かぶ），赤かぶ漬，ぬか漬などがある。

からしな【芥子菜】　Leaf mustard

1束=450g

辛みの成分であるシニグリンを含む。種子は辛子粉に利用される。茎と葉はおひたし，煮物，炒め物，漬物などに。

カリフラワー　Cauliflower

1個=500g

キャベツの変種で，花野菜，花キャベツともいう。白くかたい花蕾を食べる。ゆでてサラダやシチューに用いる。

✓ Check! 七草がゆ

せり，なずな，ごぎょう，はこべら，ほとけのざ，すずな，すずしろ。「春の七草」と呼ばれるこの7種の野草をおかゆに入れた「七草がゆ」を1月7日に食べる習わしは，古来，外敵が来ないよう祈り，魔除けや無病息災を願う行事であった（p.124参照）。七草にはそれぞれに薬効があるとされているが，近年こうした意味合いは薄くなり，胃腸の調子を整え便通をよくするため，正月のごちそう続きで弱った体調を戻すための行事になっている。最近では，七草のセットが販売され，手軽に春の七草が楽しめる。

⬆せり　⬆ごぎょう　⬆なずな
　　　別名：ははこぐさ　別名：ぺんぺん草，三味線草

⬆はこべら
別名：はこべ，ひよこぐさ

⬆ほとけのざ
正式名：コオニタビラコ

⬆すずな
かぶの一種

⬆すずしろ
だいこんの一種

🍚 つくってみよう！　豆ごはん

＜材料＞（4人分）
米4合，えんどう豆1袋，塩1つまみ

＜つくり方＞
❶米をよくとぎ，ざるにあげて水を切る。
❷豆をさやからはずし，さっと水洗いする。さやを7～8本取っておく。
❸炊飯器に米と分量の水を入れ，30分以上浸水する。塩とさやを入れてごはんを炊く（豆は入れない）。
❹鍋に湯をわかし，塩を1つまみ入れて，豆をゆでる。
❺ごはんが炊きあがったら，さやを取り除き，ゆでた豆を入れて蒸らす。
※さやを入れず，最初から豆を入れて炊く方法もある。その場合は，色が少しあせる。

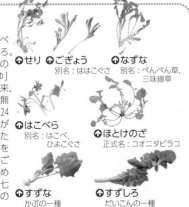

VEGETABLES

食品名 食品番号
🍃は緑黄色野菜を示す。
可食部100gあたり

食品名 / 食品番号	廃棄率% / 水分g	エネルギー kcal 200	たんぱく質 g 20.0	脂質 g 20.0	コレステロール mg 20	炭水化物 g 20.0	食物繊維総量 g 2.0	ナトリウム mg 200	カリウム mg 200	カルシウム mg 200	リン mg 200	鉄 mg 2.0	亜鉛 mg 2.0	A βカロテン当量 μg 200	A レチノール活性当量 μg 20	D μg 2.0	E αトコフェロール mg 2.0	B1 mg 0.20	B2 mg 0.20	葉酸 μg 20	C mg 20	食塩相当量 g 2.0
かぼちゃ 日本かぼちゃ 果実 生 06046 🍃	9	41	1.1	Tr		7.8																
	86.7	49	1.6	0.1	0	10.9	2.8	1	420	20	55	0.5	0.3	1400	120	(0)	2.2	0.08	0.05	80	16	0
西洋かぼちゃ 果実 生 06048 🍃	10	78	1.2	0.2		15.9																
	76.2	91	1.9	0.3	0	20.6	3.5	1	430	22	48	0.4	0.3	2600	210	(0)	3.9	0.07	0.08	42	43	0
西洋かぼちゃ 果実 冷凍 06050	0	75	(1.3)	(0.2)		(14.6)																
	78.1	83	2.2	0.3	(0)	18.5	4.2	3	430	25	46	0.5	0.6	3800	310	(0)	4.2	0.06	0.09	48	34	0
そうめんかぼちゃ 果実 生 06051	30	25	(0.5)	(0.1)		4.9																
	92.4	24	0.7	0.1	(0)	6.1	1.5	1	260	27	35	0.3	0.2	49	4	(0)	0.2	0.05	0.01	25	11	0
かんぴょう 乾 06056	0	239	4.4	—		40.0																
	19.8	260	6.3	0.2		68.1	30.1	3	1800	250	140	2.9	1.8	0	(0)	(0)	0.4	0	0.04	99	0	0
ゆで 06057	0	21	(0.5)	—		2.1																
	91.6	28	0.7	0	(0)	7.2	5.3	1	100	34	16	0.3	0.2	0	(0)	(0)	0.1	0	0	7	0	0
きく 花びら 生 06058	15	25	(1.2)	—		3.3																
	91.5	27	1.4	0	(0)	6.5	3.4	2	280	22	28	0.7	0.3	67	6	(0)	4.6	0.10	0.11	73	11	0
キャベツ キャベツ 結球葉 生 06061	15	23	0.8	Tr		3.9	1.8															
	92.9	23	1.2	0.1	(0)	5.2	1.8	5	190	42	26	0.3	0.1	24	2	(0)	0.1	0.04	0.03	66	38	0
グリーンボール 結球葉 生 06063	15	20	(1.0)	(Tr)		(3.2)																
	93.4	20	1.4	0.1	(0)	4.3	1.6	4	270	58	41	0.4	0.4	110	9	(0)	0.2	0.05	0.04	53	47	0
レッドキャベツ 結球葉 生 06064	10	30	(1.3)	Tr		4.7																
	90.4	30	2.0	0.1	(0)	6.7	2.8	4	310	40	43	0.5	0.3	36	3	(0)	0.1	0.07	0.03	58	68	0
きゅうり 果実 生 06065	2	13	0.7	Tr		1.9																
	95.4	14	1.0	0.1	(0)	3.0	1.1	1	200	26	36	0.3	0.2	330	28	(0)	0.3	0.03	0.03	25	14	0
漬物 ぬかみそ漬 06068	2	28	—	(Tr)		4.8																
	85.6	27	1.5	0.1	(0)	6.2	1.5	2100	610	22	88	0.3	0.2	210	18	(0)	0.2	0.26	0.05	22	22	5.3
漬物 ピクルス スイート型 06069	0	70	(0.2)	(Tr)		(17.0)																
	80.0	67	0.3	0.1	(0)	18.3	1.7	440	18	25	16	0.3	0.1	53	4	(0)	0.1	Tr	0.01	2	0	1.1
ぎょうじゃにんにく 葉 生 06071 🍃	10	35	(2.4)	(0.1)		4.5																
	88.8	34	3.5	0.2	(0)	6.6	3.3	2	340	29	30	1.4	0.4	2000	170	0	0.4	0.10	0.16	85	59	0

※からしな, カリフラワーはp.208に掲載

ⓘ **インフォ メーション** かぼちゃの種の威力▶料理するときには捨ててしまう種だが, 中国では昔から滋養強壮に役立つものとして, おつまみやおやつに食べられている。種には ミネラルやビタミン類が豊富に含まれている。かぼちゃを食べるなら実も皮も種も丸ごといただきたい。

かぼちゃ【南瓜】 Japanese squash, Winter squash, Spaghetti squash

1個＝1kg，1切＝40g

　栽培種として，日本かぼちゃ，西洋かぼちゃ，ペポかぼちゃ（そうめんかぼちゃ）などがある。カロテンやビタミンCを多く含み，風邪などの予防効果がある。旬は夏であるが保存性は高いので，野菜の不足しがちな冬の大切な栄養源となっている。
〔日本かぼちゃ〕　中央アメリカ原産。表面が凸凹している。水分が多く，甘みは薄いが，ねっとりした味わいがあるので，含め煮や天ぷらに合う。
〔西洋かぼちゃ〕　南アメリカ原産。甘みが強くてほくほくしているのでくりかぼちゃとも呼ばれる。
〔そうめんかぼちゃ〕　糸かぼちゃとも呼ばれ，完熟した果実を輪切りにしてゆでると果肉がそうめん状にほぐれる。さくさくとした歯触りで酢の物，あえ物などに利用する。

西洋かぼちゃ→

↑かぼちゃの煮物

←日本かぼちゃ

↑かぼちゃのポタージュ

野菜類

きく【菊】 Chrysanthemum

1輪＝12g

　食用にする菊の花は，苦みが少なく，色，香りを楽しむ。さっとゆがいて酢の物，あえ物に。

ぎょうじゃにんにく【行者大蒜】 Japanese victory onion

5本＝20g

　修行中の行者が滋養強壮に食べたことからついた名。にんにく臭と辛みがある。酢みそあえや炒め物に。

ぎょうじゃにんにくの酢みそあえ→

キャベツ Cabbage, Green ball, Red cabbage

葉1枚＝50g，グリーンボール1個＝800g

　西洋料理のなかで最も普及している野菜の1つ。春に収穫する春キャベツは巻きがゆるく葉肉がやわらかく生食に向く。冬キャベツは巻きがかたく，煮こむと甘みが出て，煮崩れしにくい。
〔グリーンボール〕　春に出回り，内部まで緑色で葉肉がやわらかく生食することが多い。サラダなどに。
〔レッドキャベツ〕　赤キャベツ，紫キャベツとも呼ばれ，葉が赤紫色をしている。紫色はアントシアン系色素によるもの。サラダに。

↑キャベツ

↑レッドキャベツ

きゅうり【胡瓜】 Cucumber

長さ20cm＝100g，ピクルス長さ5cm＝20g

　ウリ科のつる性植物。原産地はヒマラヤ地方といわれているが，世界的に食べられている。本来は夏野菜であるが，品種改良が重ねられ，1年中出回っている。普通のきゅうりのほかに，つまもの用のもろきゅうり，花丸きゅうりなどもある。成分としては，水分が約95％を占め，栄養価はとぼしいが，さわやかな香りと食感が好まれている。
〔ぬかみそ漬〕　ぬかみそに漬けることによりビタミンB₁が増える。
〔ピクルス〕　歯切れのよいピクルス用の小型種を甘酢に漬けたもの。

かんぴょう【干瓢】 Kanpyo

1本＝15g

　ゆうがおの果肉を薄く細長くむいて乾燥させたもの。食物繊維やカルシウムが多い。甘辛く煮て巻き寿司の具に。

↑かんぴょう巻き

↑ピクルスのはいったハンバーガー

✓Check! かんぴょうができるまで

●ゆうがおの栽培
　排水のよい畑でつくり，7月下旬から8月に収穫する。

●かんぴょうむき
　電動の機械で固定した実をモーターで回して，果肉の部分を帯状にむく。

●干す
　長さを切りそろえ，竹竿にかけ，夏の強い日差しで1日半干しあげる。

✓Check! エディブルフラワー

　エディブルフラワーとは，食べられる花のこと。食用花は，日本でも古くからあり，菊や桜の花，菜の花などが用いられてきた。サラダやドレッシングの香りづけ，スープの具，料理の盛りつけなどに用いる。

↑食用菊「もってのほか」（山形県）　　↑ベルローズ　　↑デンファレ

↑桜の塩漬け　　↑桜湯　　↑プリムラ　　↑盛りつけ例

食品名 / 食品番号	廃棄率% / 水分g	エネルギー kcal 200	たんぱく質 g 20.0	脂質 g 20.0	コレステロール mg 20	炭水化物 g 20.0	総量食物繊維 g 2.0	ナトリウム mg 200	カリウム mg 200	カルシウム mg 200	リン mg 200	鉄 mg 2.0	亜鉛 mg 2.0	βカロテン当量 μg 200	レチノール活性当量 μg 20	D μg 2.0	E αトコフェロール mg 2.0	B1 mg 0.20	B2 mg 0.20	葉酸 μg 20	C mg 20	相当量食塩 g 2.0
クレソン 茎葉 生 06077	15 / 94.1	13 / 15	(1.5) / 2.1	(0.1) / 0.1	/ (0)	(0.5) / 2.5	2.5	23	330	110	57	1.1	0.2	2700	230	(0)	1.6	0.10	0.20	150	26	0.1
くわい 塊茎 生 06078	20 / 65.5	128 / 126	− / 6.3	/ 0.1	/	24.2 / 26.6	2.4	3	600	5	150	0.8	2.2	0	(0)	(0)	3.0	0.12	0.07	140	2	0
ケール 葉 生 06080	3 / 90.2	26 / 28	(1.6) / 2.1	0.1 / 0.4	/ (0)	2.7 / 5.6	3.7	9	420	220	45	0.8	0.3	2900	240	(0)	2.4	0.06	0.15	120	81	0
こごみ 若芽 生 06083	0 / 90.7	25 / 28	(2.2) / 3.0	− / 0.2	/ (0)	0.9 / 5.3	5.2	1	350	26	69	0.6	0.7	1200	100	(0)	1.7	0	0.12	150	27	0
ごぼう 根 生 06084	10 / 81.7	58 / 65	1.1 / 1.8	(0.1) / 0.1	/ (0)	10.4 / 15.4	5.7	18	320	46	62	0.7	0.8	1	Tr	(0)	0.6	0.05	0.04	68	3	0
こまつな 葉 生 06086	15 / 94.1	13 / 14	1.3 / 1.5	0.1 / 0.2	/ (0)	0.8 / 2.4	1.9	15	500	170	45	2.8	0.2	3100	260	(0)	0.9	0.09	0.13	110	39	0
ザーサイ 漬物 06088	0 / 77.6	20 / 23	(2.0) / 2.5	− / 0.1	/ (0)	0.5 / 4.6	4.6	5400	680	140	67	2.9	0.4	11	1	(0)	0.2	0.04	0.07	14	0	13.7
ししとう 果実 生 06093	10 / 91.4	24 / 27	1.3 / 1.9	(0.1) / 0.3	/ (0)	2.6 / 5.7	3.6	1	340	11	34	0.5	0.3	530	44	(0)	1.3	0.07	0.07	33	57	0
しそ 葉 生 06095	0 / 86.7	32 / 37	3.1 / 3.9	Tr / 0.1	/ (0)	1.0 / 7.5	7.3	1	500	230	70	1.7	1.3	11000	880	(0)	3.9	0.13	0.34	110	26	0
実 生 06096	0 / 85.7	32 / 41	(2.7) / 3.4	0.1 / 0.1	/ (0)	0.7 / 8.9	8.9	1	300	100	85	1.2	1.0	2600	220	(0)	3.8	0.09	0.16	72	5	0
じゅうろくささげ 若ざや 生 06097	3 / 91.9	22 / 24	(1.8) / 2.5	− / 0.1	/ (0)	1.3 / 4.8	4.2	1	200	31	54	0.5	0.7	1200	96	(0)	0.5	0.08	0.09	150	25	0
しゅんぎく 葉 生 06099	1 / 91.8	20 / 22	1.9 / 2.3	0.1 / 0.3	/ (0)	1.3 / 3.9	3.2	73	460	120	44	1.7	0.2	4500	380	(0)	1.7	0.10	0.16	190	19	0.2
じゅんさい 若葉 水煮びん詰 06101	0 / 98.6	4 / 5	− / 0.4	− / 0	/ (0)	0 / 1.0	1.0	2	2	4	5	0	0.2	29	2	(0)	0.1	0	0.02	3	0	0
すぐきな すぐき漬 06115	0 / 87.4	30 / 34	(2.1) / 2.6	(0.5) / 0.7	/ (0)	1.6 / 6.1	5.2	870	390	130	76	0.9	0.4	3000	250	(0)	2.2	0.12	0.11	110	35	2.2

🍀は緑黄色野菜を示す。
可食部100gあたり

※しょうが，しろうり，ずいきはp.214に掲載

インフォメーション　ごぼう抜き▶多くのなかから１つだけ勢いよく抜けだすこと，徒競走などで数人を一気に抜き去ることをごぼう抜きという。地面のなかへまっすぐにのびていて長いごぼうだが，そのわりには抜きやすいことからこういわれている。

クレソン　Watercress
1本＝5g

オランダみずがらしともいう。ほのかな辛みと香りがある。肉料理のつけ合わせやサラダ，サンドイッチに。

⤴肉料理のつけ合わせに用いられるクレソン

くわい【慈姑】　Arrowhead
1個＝20g

水田で栽培され，地下茎の塊茎を食用とする。ほろ苦さと甘さが特徴。塊茎に芽があることから縁起物に用いる。

⤴おせち料理に
用いられるくわい

ケール　Kale

温暖な気候であれば1年中栽培可能。栄養に富み，ビタミンの含有量が多く，青汁の材料として利用される。

こごみ【屈】　Ostrich-feather fern

クサソテツの若芽。独特のぬめりがありアクがないため調理が容易。おひたし，サラダ，ごまあえ，天ぷらなどに。

ごぼう【牛蒡】　Edible burdock
1本＝200g

特有の香りと歯ごたえがある。アクが強く，水にさらしてアクを取る。食物繊維が豊富。きんぴらなどに。

たたきごぼう⤴

こまつな【小松菜】　Spinach mustard
1束＝400g

ふゆなともいわれる。冬の代表的な緑黄色野菜。アクがなく，カロテン，ビタミンCが多い。

こまつなのあえもの⤴

ザーサイ【搾菜】　Stem mustard
1個＝80g，漬物1食分＝15g

茎用からしなの肥大した茎を割って干し，塩，香料で漬けこんだ中国の漬物。薄切りまたは刻んで，炒め物やスープに。

⤴ザーサイの原材
（茎用からしな）

⤴ザーサイ

ししとう【獅子唐】　Sweet peppers
1本＝4g

辛みの少ないとうがらし。青とうともいう。緑色が鮮やかで，つけ合わせ，天ぷら，串焼などに。

ししとうの⤴
天ぷら

しそ【紫蘇】　Perilla
葉1枚＝1g，実1枝＝5g

芽，葉，花穂，実と，ほとんど利用できる香味野菜。青じそ，赤じそ，片面じそに分類される。大葉は青じそのちりめん状のものをいう。

〔葉〕　大葉は薬味や料理のあしらいに，赤じそは，梅干しやしば漬の色づけに。

〔実〕　吸い口やつくだ煮に。

⤵赤じそ　　　⤵青じそ

じゅうろくささげ【十六大角豆】　Yardlong beans
1本＝20g

豆は熟すと赤褐色になり，豆としても食用となるが，一般的には若いさやごとおひたし，ごまあえ，煮物にして食べることが多い。

⤴じゅうろくささげ

じゅんさい【蓴菜】　Water shield
1食分＝20g

池や沼に自生する。栽培種もある。ゼリー状の粘膜に包まれたぬめりが特徴。水中の若菜を酢の物，あえ物の実に。

⤴じゅんさい　　⤴すぐきな

しゅんぎく【春菊】　Garland chrysanthemum
1束＝250g

菊菜ともいう。葉の切れこみの少ない大葉と，切れこみのある中葉がある。香りがよく，おひたし，鍋物などに。

⤴しゅんぎく

すぐきな【酢茎菜】　Turnip
すぐき漬1個＝250g，5切＝30g

かぶの変種。京の伝統野菜の1つで，肉質やわらかで葉，茎，根とそれぞれおいしく，すぐき漬の材料となる（→p.223）。

🍳つくってみよう！

こまつなと果物のジュース

＜材料＞（2人分）
こまつな　　　　　　　1/4束
パイナップルジュース（100%）
　　　　　　　1カップ，氷2〜3個

＜つくり方＞
❶こまつなはよく洗い，ざく切りにする。
❷ジュースとこまつな，氷をミキサーに入れて，かくはんする。
※オレンジジュースなどに変えたり，はちみつを加えたりしてもよい。

☑Check! 青菜をゆでるときに加える「塩」は色をよくするため？

青菜をゆでるときに加える塩は，色のためではなく，材料のもち味を引き立てるためのものである。色よくゆでるという意味で塩を加えるとしたら，それは湯の3%以上，つまり湯1Lに対して大さじ2もの塩を加えないと効果がない。こんなに入れたのでは塩辛くて食べられない。色よくゆでるためには，それよりもまず新鮮な素材を求め，それをたっぷりの沸騰湯で一気にゆであげ，ゆだったら冷水で手早く冷やすことのほうが効果的である。

といっても，もち味を引き立てるためには湯の0.3%，つまり湯1Lに小さじ3/5程度の塩を加えることもある。塩のかわりに砂糖を同じく0.3%加えてもよい。

食品名 / 食品番号	廃棄率% / 水分g	エネルギー kcal	たんぱく質 g	脂質 g	コレステロール mg	炭水化物 g	食物繊維総量 g	ナトリウム mg	カリウム mg	カルシウム mg	リン mg	鉄 mg	亜鉛 mg	A βカロテン当量 μg	A レチノール活性当量 μg	D μg	E αトコフェロール mg	B1 mg	B2 mg	葉酸 μg	C mg	相当食塩量 g
しょうが 葉しょうが 根茎 生 06102	40 / 96.3	9 / 11	(0.4) / 0.5	(0.1) / 0.2	- / (0)	0.7 / 2.1	1.6	5	310	15	21	0.4	0.4	4	Tr	(0)	0.1	0.02	0.03	14	3	0
しょうが 根茎 皮なし 生 06103	20 / 91.4	28 / 30	0.7 / 0.9	(0.2) / 0.3	- / (0)	4.6 / 6.6	2.1	6	270	12	25	0.5	0.1	5	Tr	(0)	0.1	0.03	0.02	8	2	0
しょうが 漬物 甘酢漬 06105	0 / 86.0	44 / 47	(0.2) / 0.2	(0.3) / 0.4	- / (0)	8.6 / 10.7	1.8	800	13	39	3	0.3	Tr	4	0	(0)	0.1	0.63	0	1	0	2.0
しろうり 果実 生 06106	25 / 95.3	15 / 15	(0.6) / 0.9	(Tr) / 0.1	- / (0)	2.5 / 3.3	1.2	1	220	35	20	0.2	0.2	70	6	(0)	0.2	0.03	0.03	39	8	0
漬物 奈良漬 06108	0 / 44.0	216 / 197	- / 4.6	- / 0.2	- / (0)	37.2 / 40.0	2.6	1900	97	25	79	0.4	0.8	27	2	(0)	0.1	0.03	0.11	52	0	4.8
ずいき 干しずいき 乾 06111	0 / 9.9	232 / 246	(2.6) / 6.6	(0.3) / 0.4	- / (0)	41.8 / 63.5	25.8	6	10000	1200	210	9.0	5.4	15	1	(0)	0.4	0.15	0.30	30	0	0
干しずいき ゆで 06112	0 / 95.5	9 / 13	(0.2) / 0.5	- / 0	- / (0)	0.6 / 3.4	3.1	2	160	130	5	0.7	0.3	(0)	(0)	(0)	0.1	0	0.01	1	0	0
ズッキーニ 果実 生 06116	4 / 94.9	16 / 14	(0.9) / 1.3	(0.1) / 0.1	- / (0)	(2.3) / 2.8	1.3	1	320	24	37	0.5	0.4	320	27	(0)	0.4	0.05	0.05	36	20	0
せり 茎葉 生 06117	30 / 93.4	17 / 17	(1.9) / 2.0	(0.1) / 0.1	- / (0)	1.0 / 3.3	2.5	19	410	34	51	1.6	0.3	1900	160	(0)	0.7	0.04	0.13	110	20	0
セロリ 葉柄 生 06119	35 / 94.7	12 / 15	0.4 / 0.4	0.1 / 0.1	- / (0)	1.3 / 3.6	1.5	28	410	39	39	0.2	0.2	44	4	(0)	0.2	0.03	0.03	29	7	0.1
ぜんまい 生ぜんまい 若芽 生 06120	15 / 90.9	27 / 29	(1.3) / 1.7	- / 0.1	- / (0)	3.2 / 6.6	3.8	2	340	10	37	0.6	0.5	530	44	(0)	0.6	0.02	0.09	210	24	0
そらまめ 未熟豆 生 06124	25 / 72.3	102 / 108	8.3 / 10.9	0.1 / 0.2	- / (0)	15.6 / 15.5	2.6	1	440	22	220	2.3	1.4	240	20	(0)	Tr	0.30	0.20	120	23	0
タアサイ 葉 生 06126	6 / 94.3	12 / 13	(1.1) / 1.3	(0.1) / 0.2	- / (0)	0.6 / 2.2	1.9	29	430	120	46	0.7	0.5	2200	180	(0)	1.5	0.05	0.09	65	31	0.1
たいさい つまみな 葉 生 06144	0 / 92.3	19 / 20	(1.7) / 1.9	0.1 / 0.3	- / (0)	1.7 / 3.6	2.3	22	450	210	55	3.3	0.4	1900	160	(0)	1.4	0.06	0.14	65	47	0.1

食品名 🌿は緑黄色野菜を示す。
可食部100gあたり

※すぐきなはp.212，だいこん類はp.216に掲載

インフォメーション しょうがを「ガリ」という理由▶寿司を食べるときに必ずついてくるしょうがの甘酢漬けを「ガリ」というが，食べたときに「ガリ，ガリ」と音がするからこう呼ばれた。ほかにもしょうゆを「ムラサキ」，たまごのことを「ギョク」など，寿司には独特のことばが使われている。

葉しょうが【葉生姜】 Ginger:immature rhizome with stem

1本＝5g

新しょうがが小指の大きさくらいになった初夏に葉をつけたまま収穫したもの。みそをつけたり，酢漬けに。

ずいき【芋茎】 Taro

1本＝7g

さといもの葉柄のことで，乾燥させたものを干しずいき，いもがらともいう。干しずいきは繊維質，無機質に富む。

↪ずいき（生）
（赤ずいき）

ズッキーニ Zucchini

1本＝200g

ペポかぼちゃ（そうめんかぼちゃ）の一種。開花4〜5日後の幼果を食用とする。味は淡泊。炒め物，煮物などに。

せり【芹】 Water dropwort

1わ＝120g

春の七草の1つ。特有の香りがある。田のあぜに自生する野ぜり，清流に育つ水ぜり，水田の田ぜりがある。

しょうが【生姜】 Ginger

1片＝25g，甘酢漬1食分＝10g

地下茎が肥大したもので，食用，香辛料として利用する。繊維質で強い香りと辛み成分がある。すりおろして肉や魚のにおい消しや風味づけに用いる。種しょうがから分かれて肥大したものを新しょうがと呼び，甘酢漬にし，寿司に添える。

しろうり【白瓜】 Oriental pickling melon

大1本＝300g，奈良漬1食分＝40g

まくわうりやメロンと同種だが，熟しても甘くならない。熟すと外皮が白くなることからこの名がついた。味が淡泊なので薄切りにして酢の物にしたりするが，漬物材料として用いることが多い。酒かすに漬ける奈良漬が有名。ほかに，ぬか漬け，一夜漬け，みそ漬けなどにも用いる。

↑奈良漬

そらまめ【蚕豆】 Broad beans

1粒＝3g

若ざやの未熟豆を食する。鮮度が落ちやすいので，その日のうちに調理する。塩ゆで，含め煮，すり流し汁などに。

そらまめの➡
塩ゆで

セロリ Celery

1本＝120g

特有の香りと歯ごたえがある。茎が太く新鮮なものを選ぶ。生でサラダにしたり，甘酢漬，炒め物などに。

タアサイ【塌菜】 Tatsoi

1株＝120g

しわのある濃緑色の葉が，地をはうように広がる。冬を越すと甘みが増す。味にクセがなく，おひたしや炒め物に。

ぜんまい【薇】 Japanese royal fern

10本＝120g

春先に若芽を食用とする山菜。アクが強いので重曹などでアク抜きする。炊きこみごはん，おひたし，あえ物に。

たいさい【体菜】 Chinese mustard

つまみな1袋＝130g

きょうな，こまつななどと類縁の野菜で，しゃくしなとも呼ばれる。関東地方では，おもに雪白体菜を本葉4〜5枚で若採りしたものが「つまみな」として利用されている。

つくってみよう！
新しょうがの甘酢漬

<材料>
新しょうが	300g
酢	1カップ
砂糖	75g
塩	大さじ1弱

<つくり方>
❶しょうがは薄切りにし，熱湯のなかに10秒ほど通す。
❷甘酢液を合わせ，50℃くらいに熱し，冷ましてからしょうがを漬ける。
❸1日程度でおいしく食べられる。

✔Check! 野菜・果物の色

野菜や果物には，緑，黄，赤など，食欲をそそる色をもつものも多い。最近は色素の抗酸化作用などの機能性が見直されてきている。

❶クロロフィル系	❷カロテノイド系	❸アントシアン系	❹フラボノイド系
葉緑体のなかにあり，緑色，黄緑色を与える。熱や酸に弱いため，短時間でゆで，食べる直前にあえる。	黄，だいだい，赤色を与える色素で，ビタミンAの供給源としても重要。水には不溶だが油脂には溶け，吸収がよくなる。	紫色を与える色素で，酸性で赤色，中性で紫色，アルカリ性で青色となる。加熱によって退色や褐変が起きやすい。	フラボノイドそのものは無色または淡黄色であるが，アルカリ性のときは濃い黄色を呈する。
ピーマン パセリ ほうれんそう さやいんげん チンゲンサイ	にんじん かぼちゃ かき とうもろこし すいか トマト	なす 赤じそ みょうが 根しょうが ラディッシュ	ごぼう たまねぎ れんこん レタス カリフラワー

野菜類

VEGETABLES

食品名 / 食品番号
🍀は緑黄色野菜を示す。
可食部100gあたり

食品名 / 食品番号	廃棄率% / 水分g	エネルギー kcal	たんぱく質 g	脂質 g	コレステロール mg	炭水化物 g	食物繊維総量 g	ナトリウム mg	カリウム mg	カルシウム mg	リン mg	鉄 mg	亜鉛 mg	A βカロテン当量 μg	A レチノール活性当量 μg	D μg	E αトコフェロール mg	B₁ mg	B₂ mg	葉酸 μg	C mg	食塩相当量 g
だいこん かいわれだいこん 芽ばえ 生 06128 🍀	0 / 93.4	21 / 21	(1.8) / 2.1	(0.2) / 0.5	/ (0)	2.0 / 3.3	1.9	5	99	54	61	0.5	0.3	1900	160	(0)	2.1	0.08	0.13	96	47	0
だいこん 葉 生 06130 🍀	10 / 90.6	23 / 25	1.9 / 2.2	Tr / 0.1	/ (0)	1.6 / 5.3	4.0	48	400	260	52	3.1	0.3	3900	330	(0)	3.8	0.09	0.16	140	53	0.1
だいこん 根 皮つき 生 06132	10 / 94.6	15 / 18	0.4 / 0.5	Tr / 0.1	/ 0	2.6 / 4.1	1.4	19	230	24	18	0.2	0.2	0	(0)		0	0.02	0.01	34	12	
切干しだいこん 乾 06136	0 / 8.4	280 / 301	(7.3) / 9.7	(0.3) / 0.8	/ (0)	51.3 / 69.7	21.3	210	3500	500	220	3.1	2.1	2	0	(0)	0	0.35	0.20	210	28	0.5
漬物 たくあん漬 塩押しだいこん漬 06138	0 / 85.0	43 / 46	(0.5) / 0.6	— / 0.3	/ (0)	8.5 / 10.8	2.3	1300	56	16	12	0.2	0.1	1	(0)	(0)	Tr	0.01	0.01	10	40	3.3
漬物 福神漬 06143	0 / 58.6	137 / 136	— / 2.7	— / 0.1	/ (0)	29.4 / 33.3	3.9	2000	100	36	29	1.3	0.1	100	8	(0)	0.1	0.02	0.10	3	0	5.1
たかな たかな漬 06148 🍀	0 / 87.2	30 / 32	(1.5) / 1.9	— / 0.6	/ (0)	2.1 / 6.2	4.0	1600	110	51	24	1.5	0.2	2400	200	(0)	1.6	0.01	0.03	23	Tr	4.0
たけのこ 若茎 生 06149	50 / 90.8	27 / 26	2.5 / 3.6	(0.1) / 0.2	/ (0)	2.5 / 4.3	2.8	Tr	520	16	62	0.4	1.3	11	1	(0)	0.7	0.05	0.11	63	10	0
水煮缶詰 06151	0 / 92.8	22 / 23	(1.9) / 2.7	(0.1) / 0.2	/ (0)	(2.2) / 4.0	2.3	3	77	19	38	0.3	0.4	0	(0)	(0)	1.0	0.01	0.04	36	0	
めんま 塩蔵 塩抜き 06152	0 / 93.9	15 / 19	(0.7) / 1.0	(0.4) / 0.5	/ (0)	0.6 / 3.6	3.5	360	6	18	11	0.2	Tr	0	(0)	(0)	Tr	0	0	1		0.9
たまねぎ たまねぎ りん茎 生 06153	6 / 90.1	33 / 36	0.7 / 1.0	Tr / 0.1	/ 1	6.9 / 8.4	1.5	2	150	17	31	0.3	0.2	1	0	0	Tr	0.04	0.01	15	7	0
赤たまねぎ りん茎 生 06156	8 / 89.6	34 / 38	(0.6) / 0.9	(Tr) / 0.1	/ (0)	(7.2) / 9.0	1.7	2	150	19	34	0.3	0.2	0	(0)	(0)	0.1	0.03	0.02	23	7	0
葉たまねぎ りん茎および葉 生 06337	1 / 89.5	33 / 37	(1.2) / 1.8	— / 0.4	/ (0)	(5.1) / 7.6	3.0	3	290	67	45	0.6	0.3	1500	120	(0)	1.1	0.06	0.11	120	32	0
たらのめ 若芽 生 06157 🍀	30 / 90.2	27 / 27	— / 4.2	— / 0.2	/ (0)	0.1 / 4.3	4.2	1	460	16	120	0.9	0.8	570	48	(0)	2.4	0.15	0.20	160	7	0

※たいさいはp.214に掲載

ⓘ **インフォメーション** だいこん役者▶だいこんは消化がよいから，めったに食あたりしない。これから転じてあたらない（ウケない）ヘボ役者のことを「だいこん役者」というようになった。脂っぽい焼き物や揚げ物に添えただいこんおろしは，消化を助けるのに一役かっている。

だいこん【大根】 Daikon (Japanese radishes)
かいわれだいこん1パック=50g, 葉1本分=150g, 根長さ10cm=300g, 漬物1食分=20g

肥大した根と葉を食用とする。料理の用途が広く、全国で四季を通じて栽培されている。収穫の時期によって、秋冬だいこん、春だいこん、夏だいこんがある。葉も栄養価が高く、できれば葉つきで、葉の生き生きとしているものを選ぶ。葉をつけたまま保存すると葉から水分が蒸発して、根にすがはいりやすいので、切り分けて保存する。

〔かいわれだいこん〕 だいこんの種を水耕栽培し、双葉が開いたころのものを食する。ピリッとした辛みがあり、あしらいやサラダに。

〔葉〕 カロテン、ビタミンC、カルシウムが豊富。刻んで菜飯にしたり、汁の実、漬物に。

〔根〕 消化を助けるジアスターゼが含まれている。生でおろし、刺身のつま、酢の物、薬味に。煮物やふろふきだいこん、みそ汁の具などに。

〔切干しだいこん〕 切って天日乾燥させたもの。甘みと風味が加わる。水で戻して煮物や、はりはり漬に。

〔たくあん漬〕 生干ししただいこんに米ぬかと塩を混ぜて漬けたもの。

〔福神漬〕 だいこんを主材料に、塩漬けにした7種類の野菜を細かく刻み、みりんじょうゆに漬けこんだもの。

たかな【高菜】 Leaf mustard
1食分=40g

辛みがあり、繊維がしっかりしているので、おもに漬物に利用される。おにぎりに巻いたり、刻んで炒飯の具に用いたりする。

たまねぎ【玉葱】 Onions
大1個=250g, 中1個=200g

世界各地で食べられ、和洋中すべてに向く。甘たまねぎと辛たまねぎ、色によって黄、白、赤系に分類される。日本では、辛たまねぎの黄系が主流。特有の辛みは、切って水にさらすとやわらぎ、加熱すると甘みに変わる。

〔赤たまねぎ〕 辛みが少なく、サラダに使うといろどりがよい。

たまねぎ➡

⬅赤たまねぎ

葉たまねぎ Immature onions

たまねぎを早い時期に収穫したもので、玉の部分は新たまねぎよりさらにみずみずしく柔らかいので食べやすく、葉の部分もねぎと同様に利用できる。

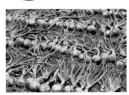

たけのこ【筍】 Bamboo shoots
生1本=1〜2kg, 水煮1本=50g, めんま1食分=10g

竹の地下茎から出た幼茎で、自生、または栽培される。孟宗竹（もうそうちく）、淡竹（はちく）、真竹（まだけ）などがある。掘りたてはえぐみもなく生でも食べられるが、時間が経つとアクが強くなるので、米ぬか、米のとぎ汁で下ゆでし、アクを抜く。若竹煮、たけのこごはん、汁の実、姫皮の酢の物、あえ物などに。水煮にある白い粒状のものはうま味成分のチロシンが結晶化したもので無害。水洗いして食べる。

〔めんま〕 麻竹（まちく）を蒸し、塩漬けして乳酸発酵させたあと天日乾燥させる。水で戻して中華そばの具に。

たらのめ【たらの芽】 Japanese angelica-tree
1本=10g

日当たりのよい山野に自生する。4〜5月ごろの新芽をつんで、天ぷら、あえ物などにして、春を味わう。

野菜類

✓Check! 変わりダネだいこん

一般に、だいこんというと青首だいこんをさすことが多いが、全国を見渡すとさまざまなだいこんがある。細長いもの、太くて大きいものなど見た目の違いや、肉質、味わいの違いをいかし、豊かな食文化が形成されている。

しかし、なかには農産物として成り立たなくなり、絶滅した種もある。地域の食文化が失われることのないよう、郷土の伝統的な野菜のよさを見直し、守り育てていきたいものである。

守口漬➡

●守口だいこん（愛知県, 岐阜県）
根長1m以上にもなる世界最長種。かす漬けにした守口漬が有名。

●桜島だいこん（鹿児島県）
最大で40kgを超える世界最大のだいこん。

●聖護院だいこん
京野菜の1つ。肉質がやわらかく甘みが強いので煮物に適している。

●中国だいこん
内部紅色のものや、表皮が赤色で内部が白色のもの、表皮も内部も緑色のものなど数種類ある。

VEGETABLES

食品名 食品番号
🍃は緑黄色野菜を示す。
可食部100gあたり

食品名 / 食品番号	廃棄率% / 水分 g	エネルギー kcal 200	たんぱく質 g 20.0	脂質 g 20.0	コレステロール mg 20	炭水化物 g 20.0	食物繊維総量 g 2.0	ナトリウム mg 200	カリウム mg 200	カルシウム mg 200	リン mg 200	鉄 mg 2.0	亜鉛 mg 2.0	A βカロテン当量 μg 200	A レチノール活性当量 μg 20	D μg 2.0	E αトコフェロール mg 2.0	B1 mg 0.20	B2 mg 0.20	葉酸 μg 20	C mg 20	食塩相当量 g 2.0
チコリ 若芽 生 06159	15	17	(0.8)	–		3.0																
	94.7	16	1.0	Tr	(0)	3.9	1.1	3	170	24	25	0.2	0.2	11	1	(0)	0.2	0.06	0.02	41	2	0
チンゲンサイ 葉 生 06160 🍃	15	9	0.7	(0.1)		0.7																
	96.0	9	0.6	0.1	(0)	2.0	1.2	32	260	100	27	1.1	0.3	2000	170		0.7	0.03	0.07	66	24	0.1
つくし 胞子茎 生 06162	15	31	–			0																
	86.9	38	3.5	0.1		8.1	8.1	6	640	50	94	2.1	1.1	1100	88		4.9	0.07	0.14	110	33	0
つるむらさき 茎葉 生 06165 🍃	0	11	(0.5)	–		0.6																
	95.1	13	0.7	0.2	(0)	2.6	2.2	9	210	150	28	0.5	0.4	3000	250	(0)	1.1	0.03	0.07	78	41	0
とうがらし 果実 乾 06172 🍃	0	270	(10.8)	(4.4)		23.5																
	8.8	345	14.7	12.0	(0)	58.4	46.4	17	2800	74	260	6.8	1.5	17000	1500	(0)	30.0	0.50	1.40	30	1	0
とうがん 果実 生 06173	30	15	(0.3)	(0.1)		2.7																
	95.2	16	0.5	0.1	(0)	3.8	1.3	1	200	19	18	0.2	0.1	(0)	(0)	(0)	0.1	0.01	0.01	26	39	0
とうもろこし スイートコーン 未熟種子 生 06175	50	89	2.7	1.3		14.8																
	77.1	92	3.6	1.7	0	16.8	3.0	Tr	290	3	100	0.8	1.0	53	4	(0)	0.3	0.15	0.10	95	8	0
缶詰 クリームスタイル 06179	0	82	(1.5)	(0.5)		17.0																
	78.2	84	1.7	0.5	(0)	18.6	1.8	260	150	2	46	0.4	0.4	50	4	(0)	0.1	0.02	0.05	19	3	0.7
ヤングコーン 幼雌穂 生 06181	0	29	(1.7)	(0.2)		(4.1)																
	90.9	29	2.3	0.2		6.0	2.7	0	230	19	63	0.4	0.8	35	3		0.4	0.09	0.11	110	9	0
トマト 赤色トマト 果実 生 06182 🍃	3	20	0.5	0.1		3.5																
	94.0	19	0.7	0.1	0	4.7	1.0	3	210	7	26	0.2	0.1	540	45	(0)	0.9	0.05	0.02	22	15	0
赤色ミニトマト 果実 生 06183 🍃	2	30	(0.8)	(0.1)		5.6																
	91.0	29	1.1	0.1	(0)	7.2	1.4	4	290	12	29	0.4	0.2	960	80	(0)	0.9	0.07	0.05	35	32	0
加工品 ホール 食塩無添加 06184	0	21	(0.9)	(0.1)		(3.6)																
	93.3	20	0.9	0.2	(0)	4.4	1.3	4	240	9	26	0.4	0.1	570	47	(0)	1.2	0.06	0.03	21	10	0
加工品 トマトジュース 食塩添加 06185	0	15	(0.7)	(0.1)		(2.9)																
	94.1	17	0.7	0.1	(0)	4.0	0.7	120	260	6	18	0.3	0.1	310	26	(0)	0.7	0.04	0.04	17	6	0.3
とんぶり ゆで 06188 🍃	0	89	–	2.6		6.7																
	76.7	90	6.1	3.5	(0)	12.9	7.1	5	190	15	170	2.8	1.4	800	67		4.6	0.11	0.17	100	1	0

インフォメーション トマトの語源▶原産地は南アメリカで，アステカのジトマテ (zitomate) に由来する。スペインで「シマーテ」となり，英語で「トマト」となった。日本には18世紀ごろに伝わり，江戸期には「赤なす」と呼ばれ，観賞用であった。

チコリ　Chicory
1個＝100g

地中海沿岸原産。根株を軟白栽培し，若芽を食する。サクッとした歯触りや苦みを味わう。サラダやソテーで。

チンゲンサイ【青梗菜】Green bok choy
1株＝100g

中国野菜。茎は肉厚だがやわらかい。味にクセがなく，炒め物，クリーム煮などによく合う。カロテンを多く含む。

↓チンゲンサイのクリーム煮

つくし【土筆】Field horsetail
10本＝20g

すぎなの胞子茎。つくしの頭が開かないうちにつみ，はかまを取ってゆでてアク抜きする。卵とじや煮物に。

つるむらさき【蔓紫】Malabar nightshade
1束＝200g

熱帯アジア原産。緑茎種と紫茎種があり緑茎種を食用にする。特有のぬめりがある。ゆでてあえ物やおひたしに。

とうがらし【唐辛子】Hot peppers
乾1本＝0.5g

実は熟すと赤くなる。甘味種のピーマン，辛味種の鷹の爪など品種が多い。種は辛みが強いので取り除いて使う。

とうもろこし【玉蜀黍】Corn
1本＝350g, 缶詰クリーム1C＝220g, ヤングコーン1本＝10g

多くの品種があるが，完熟前のやわらかいものを食用とするのは，スイートコーン種のハニーバンタム，ピーターコーンなど。ヤングコーンは若芽のうちに収穫したもので，中国料理によく用いられる。
〔缶詰〕 粒状のホールタイプと，すりつぶしたクリームタイプがある。
〔ヤングコーン〕 ベビーコーンとも呼ばれ，スイートコーンの幼い穂を芯ごと収穫したもの。缶詰にもされ，丸ごと食べられる。サラダや中国料理に。

↑ヤングコーン

トマト　Tomatoes
1個＝150g, ミニトマト1個＝10g, 缶詰ホール1C＝200g, ジュース1C＝206g

原産地は南米のペルー，エクアドルで，ナス科の1年草。日本にはいってきたころは，赤なすといわれ，観賞用であった。生食用には，水分が多く甘みのある桃色系，加工用には，酸味やにおいが強く果肉分の多い赤色系の品種が用いられている。
〔ミニトマト〕 プチトマトともいう。小粒で，赤，黄色などもある。熟してから収穫するので香りも甘みも強い。
〔缶詰ホール〕 加工用トマトの果皮，へたおよび芯を除去した果実を詰めたもの。パスタソースや煮こみ料理など，幅広く用いられる。
〔トマトジュース〕 トマトの皮，芯，種子を取り除いて果肉を絞ったもの。塩分や果汁を混ぜたものもある。

←ミニトマト

とうがん【冬瓜】Chinese preserving melon
1個＝2kg

長円筒形で大きい。果肉は白くやわらかい。ほとんどが水分で，味は淡泊。だしをきかせて，煮物やすり流しに。

↑とうがんのあんかけ

野菜類

✓Check! 新顔野菜を探してみよう

流通の進歩により，食生活の多様化という消費者のニーズに応えて，新しい野菜が続々と登場し，食の楽しさを消費者に提供している。

●**アイスプラント**
　葉の表面が凍っているように見える，サボテンのような多肉植物で，プチプチとした食感が特徴。

●**トレビス**
　多くはアメリカからの輸入品で，レストランなどで利用されている。淡い苦味があり，サラダの彩りに。

●**パクチー**
　乾燥させたものは香辛料としてコリアンダー，タイ料理などで生食する葉はパクチーと呼ぶ。

●**ルバーブ**
　特有の香りと酸味をもち，見た目はふきに似ている。おもにジャムなどにして食べる。

●**ロマネスコ**
　1990年頃からフランスで栽培され，近年スーパーでも見かけるようになった。カリフラワーの一種。

とんぶり　Summer cypress
大1＝10g

干したホウキギの種実を煮て果皮を除いたもの。酢の物ややまのいもなどに混ぜて食感を楽しむ。秋田県の特産。

🍳つくってみよう！ トマトのブルスケッタ

＜材料＞

トマト	1個
フランスパン	1/2本（薄切り）
オリーブオイル	大さじ11/2
にんにく	1/2片
塩	少々（好みでバジル）

＜つくり方＞
❶トマトは1cm角に切ってボールに入れ，オリーブオイルと塩を加えて混ぜる。
❷焼いたフランスパンににんにくをすりつけ❶を乗せる。
※ブルスケッタはイタリアの軽食の1つで前菜として用いられる。

✓Check! 野菜の栽培法のいろいろ

●**露地栽培**
　昔ながらの方法でおこなう基本的な栽培方法。収穫時期・生産量や品質が自然条件の影響を直接受けるが，味わいに根強い人気がある。

●**ハウス栽培**
　ガラスやフィルムで覆ったハウスのなかで野菜を栽培する。気温や水量などを管理できるので，収穫時期や品質を調整しやすく，見栄えのよい野菜をつくることができ，生産性が高い。

●**水耕栽培**
　土を使わず，成長するのに必要な成分を溶かした溶液を与えて栽培する方法。

●**軟白栽培**
　光を当てずに生育させ，根や茎が白くやわらかい野菜をつくる栽培法。

VEGETABLES

食品名 食品番号
🍀は緑黄色野菜を示す。
可食部100gあたり

食品名 / 番号	廃棄率%	水分g	エネルギー kcal	たんぱく質 g	脂質 g	コレステロール mg	炭水化物 g	食物繊維 総量 g	ナトリウム mg	カリウム mg	カルシウム mg	リン mg	鉄 mg	亜鉛 mg	A βカロテン当量 μg	A レチノール活性当量 μg	D μg	E αトコフェロール mg	B₁ mg	B₂ mg	葉酸 μg	C mg	食塩相当量 g
なす なす 果実 生 06191	10	93.2	18 / 22	0.7 / 1.1	Tr / 0.1	/ 1	2.6 / 5.1	2.2	Tr	220	18	30	0.3	0.2	100	8	(0)	0.3	0.05	0.05	32	4	0
べいなす 果実 生 06193	30	93.0	20 / 22	(0.9) / 1.1	(Tr) / 0.1	(0)	(2.6) / 5.3	2.4	1	220	10	26	0.4	0.2	45	4	(0)	0.3	0.04	0.04	19	6	0
漬物 ぬかみそ漬 06196	0	88.7	27 / 27	– / 1.7	– / 0.1		3.4 / 6.1	2.7	990	430	21	44	0.5	0.2	26	2		0.3	0.10	0.04	43	8	2.5
なばな 和種なばな 花らい・茎 生 06201	0	88.4	34 / 33	(3.6) / 4.4	(0.1) / 0.2	(0)	2.5 / 5.8	4.2	16	390	160	86	2.9	0.7	2200	180	(0)	2.9	0.16	0.28	340	130	0
にがうり 果実 生 06205	15	94.4	15 / 17	0.7 / 1.0	(0.1) / 0.1	(0)	1.6 / 3.9	2.6	1	260	14	31	0.4	0.2	210	17	(0)	0.8	0.05	0.07	72	76	0
にら にら 葉 生 06207 🍀	5	92.6	18 / 21	1.3 / 1.7	(0.1) / 0.3	Tr	1.7 / 4.0	2.7	1	510	48	31	0.7	0.3	3500	290	(0)	2.5	0.06	0.13	100	19	0
黄にら 葉 生 06210	0	94.0	18 / 18	(1.5) / 2.1	(Tr) / 0.1	(0)	1.9 / 3.3	2.0	Tr	180	15	35	0.7	0.2	59	5	(0)	0.3	0.05	0.08	76	15	0
にんじん にんじん 根 皮つき 生 06212 🍀	3	89.1	35 / 39	0.5 / 0.7	0.1 / 0.2	(0)	6.8 / 9.3	2.8	28	300	28	26	0.2	0.2	8600	720	(0)	0.4	0.07	0.06	21	6	0.1
きんとき 根 皮つき 生 06218 🍀	15	87.3	39 / 44	(1.3) / 1.8	0.1 / 0.2	(0)	6.3 / 9.6	3.9	11	540	37	64	0.4	0.9	5000	410	(0)	0.5	0.07	0.05	110		0
にんにく にんにく りん茎 生 06223	9	63.9	129 / 136	4.0 / 6.4	0.5 / 0.9	(0)	24.1 / 27.5	6.2	8	510	14	160	0.8	0.8	2	0	(0)	0.5	0.19	0.07	93	12	0
茎にんにく 花茎 生 06224 🍀	0	86.7	44 / 45	(1.4) / 1.9	(0.1) / 0.3	(0)	7.5 / 10.6	3.8	9	160	45	33	0.5	0.3	710	60	(0)	0.8	0.11	0.10	120	45	0
ねぎ 根深ねぎ 葉 軟白 生 06226	40	89.6	35 / 34	1.0 / 1.4	Tr / 0.1	2	6.4 / 8.3	2.5	Tr	200	36	27	0.3	0.3	83	7	(0)	0.2	0.05	0.04	72	14	0
葉ねぎ 葉 生 06227 🍀	7	90.5	29 / 30	1.3 / 1.9	0.1 / 0.3	(0)	4.0 / 6.5	3.2	1	260	80	40	1.0	0.3	1500	120	(0)	0.9	0.06	0.11	100	32	0
こねぎ 葉 生 06228 🍀	10	91.3	26 / 27	(1.4) / 1.9	(0.1) / 0.3	(0)	3.7 / 5.4	2.5	1	320	100	36	1.0	0.3	2200	190	(0)	1.3	0.08	0.14	120	44	0

インフォメーション　キャロットの語源はカロテン▶こういわれるほどにんじんにはカロテンが豊富に含まれている。カロテンは油といっしょにとると吸収率が高くなるため，天ぷらやきんぴら，炒め物などにするとよい。

なす【茄子】　Eggplant

なす1個=100g, べいなす1個=300g

　インド原産で，中国を経て渡来した。形も大きさもさまざまで，長なす，中長なす（千成），丸なす（賀茂なす），小なす，べいなすなど。切り口が変色するので，切ったらすぐに水につけてアク抜きをする。油との相性もよく，天ぷらや炒め物に。漬物にも。
〔べいなす〕　洋なすの一種。大型の丸なすで，果肉は緻密でやわらかい。油，みそ，ひき肉を使った料理によく合う。
〔ぬかみそ漬〕　なすの色を鮮やかに保つために，くぎや焼きミョウバンを入れるとよい。

◐なすの
煮びたし

⬆なすの田楽

⬆小なすの漬物

にんにく【大蒜】　Garlic

1個=55g, 1片=5g, 茎1株=100g

　半卵球状のりん茎5〜6個が放射状に並んでいる。強烈なにおいと辛みがあり，殺菌作用，疲労回復，強壮作用がある。すりおろしたり，刻んだり，スライスしたりして，味つけに用いる。
〔茎にんにく〕　花が咲く前の茎を食用にする。にんにくよりもにおいが少なく甘みがある。肉と合わせ炒め物に。

⬆スライスして肉料理に

なばな【菜花】　Turnip rape

1束=200g

　アブラナ科の花茎や葉をつんで食用とする。ほろ苦さがある。ゆでて水にさらし，辛子あえやおひたしに。

◐なばなの
おひたし

にがうり【苦瓜】　Bitter melon

1本=130g

　沖縄ではゴーヤという。果皮全体を無数のこぶが覆っている。苦みが強い。ビタミンCを多く含む。

にんじん【人参】　Carrot

1本=150g, ジュース1C=210g

　緑黄色野菜を代表する野菜の1つ。カロテンが多いが，そのカロテン臭を苦手とする人も多い。東洋種には，赤色のきんとき，西洋種には，だいだい色の三寸にんじん，五寸にんじん，ミニキャロットなどがある。煮物，炒め物，なます，サラダ，スープの香味野菜として，どんな料理にも合う。

ねぎ【葱】　Welsh onions

根深ねぎ1本=150g, 葉ねぎ1本=20g, こねぎ5本=30g

　土寄せして日が当たらないようにして軟白栽培したねぎを根深ねぎという。細くてやわらかく，葉の青い部分が多いねぎを葉ねぎという。
〔根深ねぎ〕　関東以北では，ねぎといえば根深ねぎ。すき焼きや鍋物，薬味として欠かせない。
〔葉ねぎ〕　関西では一般的に葉ねぎのことをねぎといい，根深ねぎは白ねぎという。
〔こねぎ〕　葉ねぎを若どりしたもの。生のまま刻んで薬味やいろどりに用いる。万能ねぎなどの名で市販されている。

にら【韭】　Chinese chive

にら1束=100g, 黄にら1束=50g

　東アジア原産。特有の刺激臭は，たまねぎに含まれるものと同じ。葉の大きな大葉にら，つぼみを食用にする花にら（p.225参照），ほのかな香りと甘みがある黄にらなどがある。肉のくさみを消し，消化吸収を助ける働きがある。
〔黄にら〕　萌芽する前に根株にわらやもみ殻をかぶせて軟白栽培したもの。

⬆ぎょうざの種

⬆きんときを
入れた雑煮

料理に添えたしらがねぎ➤
（根深ねぎのせん切り）

☑Check! 新鮮・おいしい野菜の見分け方

●キャベツ	●レタス	●はくさい	●アスパラガス	●トマト	●たまねぎ
・葉が鮮やかなグリーンで，ツヤがあって張りがあり，株の切り口が変色せずみずみずしいもの。 ・春・夏秋キャベツは，巻きがやわらかく弾力があるもの。 ・冬キャベツは，かたくて重量感のあるもの。	・葉が淡い緑色でツヤがあり，球形にまとまって弾力のあるもの。 ・株の切り口が10円玉程度の大きさで，白くみずみずしく，赤く変色していないもの。	・持つと重量感があり，外葉は緑色が濃く，黄ばみがない。葉の巻きがかたくしっかりしているもの。 ・軸の表面にあらわれる黒い斑点は，栄養が蓄積したもので，食べても問題はない。	・茎が太くて丸く，太さが一定のもの。緑色が濃く鮮やかなもの。 ・切り口がみずみずしく新鮮で，乾燥していないもの。 ・穂先がかたく，しまっていて，ピンと張っているもの。	・ずっしりと重くしまっていて，丸みが均等なもの。 ・全体が均一に赤く色づき，ツヤがあるもの。 ・ヘタがピンと張っていて，緑色で生き生きしているもの。 ・ヘタの周辺がひび割れていないもの。	・表面の皮に傷がなく，乾いていてツヤがあるもの。 ・頭の部分がかたくしっかりしているもの。 ・芽や根がのびていないもの。

芯に切りこみを入れると成長が止まり，水分・栄養分が抜けない。

カットされたものは，中心部が盛り上がっていないものを選ぶ。

横にすると栄養分を浪費し風味が落ちるので，立てて保存（上にのびようとして穂先が曲がる）。

中心の芽が上までのびている場合は，休眠からさめているので，取り除いて使う。

ⓘ **インフォメーション**　ゴーヤの苦み▶モモルデシンなどのさまざまな苦み成分。この苦みには，食欲増進，肝機能を高める効果などがあるとされている。苦手な場合は，種とわたの部分を取ったり，塩もみや水にさらしたりするとよい。　**221**

野菜類

VEGETABLES

食品名 食品番号 🍀は緑黄色野菜を示す。 可食部100gあたり	廃棄率% 水分g	エネルギー kcal 200	たんぱく質 g 20.0	脂質 g 20.0	コレステロール mg 20	炭水化物 g 20.0	食物繊維総量 g 2.0	無機質 ナトリウム mg 200	カリウム mg 200	カルシウム mg 200	リン mg 200	鉄 mg 2.0	亜鉛 mg 2.0	ビタミン A βカロテン当量 μg 200	A レチノール活性当量 μg 20	D μg 2.0	E αトコフェロール mg 2.0	B₁ mg 0.20	B₂ mg 0.20	葉酸 μg 20	C mg 20	食塩相当量 g 2.0
のざわな 漬物 調味漬 06231	3 89.5	22 23	– 1.7	– 0	(0)	2.3 5.4	3.1	960	360	94	36	0.7	0.3	2400	200	(0)	1.3	0.03	0.11	35	26	2.4
はくさい 結球葉 生 06233	6 95.2	13 14	0.6 0.8	Tr 0.1	(0)	2.0 3.2	1.3	6	220	43	33	0.3	0.2	99	8	(0)	0.2	0.03	0.03	61	19	0
漬物 塩漬 06235	4 92.1	17 17	(1.1) 1.5	(Tr) 0.1	(0)	1.8 3.3	1.8	820	240	39	41	0.4	0.2	14	1	(0)	0.2	0.04	0.03	59	29	2.1
漬物 キムチ 06236	0 88.4	27 32	– 2.3	– 0.1	(0)	2.7 5.4	2.2	1100	290	50	48	0.5	0.2	170	15	(0)	0.5	0.04	0.06	22	15	2.9
バジル 葉 生 06238 🍀	20 91.5	21 24	(1.2) 2.0	(0.5) 0.6	(0)	0.9 4.0	4.0	1	420	240	41	1.5	0.6	6300	520	(0)	3.5	0.08	0.19	69	16	0
パセリ 葉 生 06239 🍀	10 84.7	34 43	3.2 4.0	(0.5) 0.7	(0)	0.9 7.8	6.8	9	1000	290	61	7.5	1.0	7400	620	(0)	3.3	0.12	0.24	220	120	0
はつかだいこん 根 生 06240	25 95.3	13 15	0.7 0.8	(0.1) 0.1	(0)	(1.9) 3.1	1.2	8	220	21	46	0.3	0.1	(0)	(0)	0	0.02	0.02	53	19	0
ビーツ 根 生 06243	10 87.6	38 41	(1.0) 1.6	(0.1) 0.1	(0)	(6.9) 9.3	2.7	30	460	12	23	0.4	0.3	(0)	(0)	0	0.1	0.05	0.05	110	5	0.1
ピーマン 青ピーマン 果実 生 06245 🍀	15 93.4	20 22	0.7 0.9	0.1 0.2	0	3.0 5.1	2.3	1	190	11	22	0.4	0.2	400	33	(0)	0.8	0.03	0.03	26	76	0
赤ピーマン 果実 生 06247 🍀	10 91.1	28 30	(0.8) 1.0	(0.2) 0.2	(0)	(5.3) 7.2	1.6	Tr	210	7	22	0.4	0.2	1100	88	(0)	4.3	0.06	0.14	68	170	0
黄ピーマン 果実 生 06249 🍀	10 92.0	28 27	(0.6) 0.8	(0.1) 0.2	(0)	5.7 6.6	1.3	Tr	200	8	21	0.3	0.2	200	17	(0)	2.4	0.04	0.03	54	150	0
ひろしまな 塩漬 06255 🍀	5 92.7	15 16	(0.9) 1.2	(0.2) 0.2	(0)	1.2 3.3	2.4	840	120	74	17	0.8	0.3	2100	170	(0)	0.6	0.02	0.07	15	15	2.1
ふき ふき 葉柄 生 06256	40 95.8	11 11	– 0.3	– 0	(0)	1.7 3.0	1.3	35	330	40	18	0.1	0.2	49	4	(0)	0.2	Tr	0.02	12	2	0.1
ふきのとう 花序 生 06258	2 85.5	38 43	– 2.5	– 0.1	(0)	3.6 10.0	6.4	4	740	61	89	1.3	0.8	390	33	(0)	3.2	0.10	0.17	160	14	0

ℹ インフォメーション　キムチづくり▶はくさいなどを主材料として，野菜・果物・魚肉類に香辛料を加えて乳酸発酵させてつくる。そのため，うま味があり栄養価にもすぐれている。韓国でははくさいの収穫時期に親戚が集まり，大量のキムチをいっしょに漬ける「キムジャン」という風習がある。

のざわな【野沢菜】 Turnip green
1食分＝40g

長野県特産の青菜。かぶの一種であるが，根は使わず，おもに漬物にされる。油炒めやあえ物などにも用いられる。

バジル Basil
1枚＝1g

香辛料や香草として利用される。トマトとの相性がよく，トマトソースやトマトの煮こみ料理には欠かせない。

↻ジェノベーゼ

パセリ Parsley
1本＝5g

香味野菜。料理のつけ合わせのほか，刻んでスパゲッティやスープのいろどりに，茎はブーケガルニに用いる。

はつかだいこん【二十日大根】 Little radish
1個＝12g

英名ラディッシュ。だいこんと同一種。種まきして20日あまりで生育する。表皮は赤いが，なかは白く小さい球形。

野菜類

はくさい【白菜】 Chinese cabbage
1株＝3〜3.5kg，葉1枚＝100g，漬物1食分＝50g

鍋物，浅漬けなど冬野菜の代表。栽培種は中国北部が原産地。一般的には結球型で，外側の緑色の葉から，内側になるにつれて淡黄色になる。ビタミンCが多い。太く短く葉が縮れていて，結球のかたいものがよい。
【塩漬】干したはくさいを2つまたは4つに割って，握り塩をしてたるに詰め，重石を乗せて下漬けする。下漬けにとうがらしやゆずの皮などを入れて漬け直す（本漬け）。
【キムチ】はくさいを主材料に，とうがらし，にんにく，さんしょうなどの香辛料を入れた朝鮮半島の漬物。

ビーツ Red beet
1個＝300g

青果用の品種はテーブルビートと呼ばれ輪切りにすると同心円状の赤紋がある。ボルシチには欠かせない。

ひろしまな【広島菜】 Non-heading Chinese cabbage
1食分＝50g

広島地方特産の青菜で，漬物に用いる。塩で漬けた浅漬けと，米こうじ，とうがらし，こんぶを加えた本漬けがある。

ピーマン Sweet peppers
青1個＝30g，赤・黄1個＝150g

とうがらしの甘味種で，大型のものをいう。皮が厚く，中空で，ほろ苦さと青ぐさみがある。色が濃いほどビタミンC，カロテンが多い。ピーマンのビタミンCは加熱しても損失が少ない。大型で肉厚の赤ピーマン，黄ピーマンがある。ピーマン臭がなく甘味がある。サラダやマリネに。赤・黄ピーマンは，油料理に適し，ビタミン，カロテンの吸収がよくなる。炒め物，肉詰め，天ぷらなど。加熱しても変色しない。収穫時期が遅いほどカロテン，ビタミンCが多い。25℃が適温のため，施設栽培が多い。露地物の旬は，7〜8月。

ふき【蕗】 Japanese butterbur
1本＝60g，ふきのとう1個＝10g

全国の山野に自生するが，市場に出回っているものはほとんど栽培種。愛知早生（わせ）が最も一般的。大型の秋田ふきは促成栽培，抑制栽培され，周年供給される。塩をつけて板ずりし，水煮してアクを抜く。煮物，つくだ煮など。
【ふきのとう】ふきのとうはつぼみの部分にあたり，春先にいっせいに芽を吹き出す。苦みが強い。刻んでみそに混ぜたり煮びたしに。

↻ふきのとう

ふきの煮物→

✓Check! 野菜の板ずり

板ずりには，❶塩をしみこませる，❷表面をなめらかにして口当たりをよくする，❸色を鮮やかにする，❹アクを抜くなどの目的があり，ふきやきゅうりに用いられる。
❶まな板に野菜を乗せ，たっぷりの塩を振り，手のひらで前後に転がす。
❷塩がついたまま湯に入れてゆでる。
※きゅうりなどの生で食べる野菜であれば，水でよく洗って塩を落とす。

✓Check! 地域色豊かな漬物

●いぶりがっこ（秋田県）
「がっこ」は秋田の方言で漬物の意。つるしただいこんを煙でいぶして干し，ぬか漬けする。煙にいぶされて独特の風味が出る。

●すぐき（京都府）
京野菜の1つ「酢茎菜」を塩漬けし，室で乳酸発酵させてつくる。強い酸味と香りが特徴。てこを使った重石のかけ方も珍しく，上加茂の晩秋の風物詩となっている。

●すんき（長野県）
塩を使わない漬物。かぶ菜を使い，乳酸発酵による酸味が強い。前年のすんき漬を乳酸菌の漬種として入れる。

●山川漬（鹿児島県）
干しただいこんに塩をまぶしながら杵でついてやわらかくし，底にすのこを敷いたつぼに漬ける。密閉して数か月，熟成させる。

VEGETABLES

食品名 🌿は緑黄色野菜を示す。 可食部100gあたり	廃棄率% 水分g	エネルギー kcal 200	たんぱく質 g 20.0	脂質 g 20.0	コレステロール mg 20	炭水化物 g 20.0	総量 食物繊維 g 2.0	ナトリウム mg 200	カリウム mg 200	カルシウム mg 200	リン mg 200	鉄 mg 2.0	亜鉛 mg 2.0	A βカロテン当量 μg 200	A レチノール活性当量 μg 20	D μg 2.0	E αトコフェロール mg 2.0	B₁ mg 0.20	B₂ mg 0.20	葉酸 μg 20	C mg 20	相当量 食塩 g 2.0
ブロッコリー 花序 生 06263 🌿	35 / 86.2	37 / 41	3.8 / 5.4	0.3 / 0.6	0	2.3 / 6.6	5.1	7	460	50	110	1.3	0.8	900	75	0	3.0	0.17	0.23	220	140	0
芽ばえ 生 06354 🌿	0 / 94.3	18 / 19	(1.3) / 1.9	(0.3) / 0.6	(0)	1.6 / 2.6	1.8	4	100	57	60	0.7	0.4	1400	120	(0)	1.9	0.08	0.11	74	64	0
ほうれんそう 葉 通年平均 生 06267 🌿	10 / 92.4	18 / 20	1.7 / 2.2	0.2 / 0.4	0	0.3 / 3.1	2.8	16	690	49	47	2.0	0.7	4200	350	(0)	2.1	0.11	0.20	210	35	0
葉 夏採り 生 06355 🌿	10 / 92.4	18 / 20	(1.7) / 2.2	0.2 / 0.4	0	(0.3) / 3.1	2.8	16	690	49	47	2.0	0.7	4200	350	(0)	2.1	0.11	0.20	210	20	0
葉 冬採り 生 06356 🌿	10 / 92.4	18 / 20	(1.7) / 2.2	0.2 / 0.4	0	(0.3) / 3.1	2.8	16	690	49	47	2.0	0.7	4200	350	(0)	2.1	0.11	0.20	210	60	0
ホースラディシュ 根茎 生 06270	25 / 77.3	69 / 79	(2.5) / 3.1	(0.3) / 0.3	(0)	10.2 / 17.7	8.2	1	510	110	58	1.0	2.3	7	1	(0)	0	0.10	0.10	99	73	0
みずな 葉 生 06072 🌿	15 / 91.4	23 / 23	(1.9) / 2.2	— / 0.1	(0)	2.1 / 4.8	3.0	36	480	210	64	2.1	0.5	1300	110	(0)	1.8	0.08	0.15	140	55	0.1
みつば 糸みつば 葉 生 06278 🌿	8 / 94.6	12 / 13	(0.8) / 0.9	— / 0.1	(0)	0.7 / 2.9	2.3	3	500	47	47	0.9	0.1	3200	270	(0)	0.9	0.04	0.14	64	13	0
みょうが 花穂 生 06280	3 / 95.6	11 / 12	(0.7) / 0.9	— / 0.1	(0)	0.7 / 2.6	2.1	1	210	25	12	0.5	0.4	31	3	(0)	0.1	0.05	0.05	25	2	0
めキャベツ 結球葉 生 06283 🌿	0 / 83.2	52 / 50	(3.9) / 5.7	(0.1) / 0.1	(0)	6.2 / 9.9	5.5	5	610	37	73	1.0	0.6	710	59	(0)	0.6	0.19	0.23	240	160	0
もやし アルファルファもやし 生 06286	0 / 96.0	11 / 12	— / 1.6	(0.1) / —	(0)	(0.3) / 2.0	1.4	7	43	14	37	0.5	0.4	56	5	(0)	1.9	0.07	0.09	56	5	0
だいずもやし 生 06287	7 / 92.0	29 / 37	2.8 / 3.6	1.2 / 1.4	Tr	0.6 / 2.5	2.3	3	160	25	54	0.5	0.3	22	2	(0)	0.3	0.08	0.06	44	4	0
りょくとうもやし 生 06291	2 / 95.4	15 / 14	1.3 / 1.8	(0.1) / 0.1	(0)	(1.7) / 2.4	1.3	3	79	9	27	0.2	0.2	3	Tr	(0)	0.1	0.04	0.05	36	7	0
モロヘイヤ 茎葉 生 06293 🌿	0 / 86.1	36 / 38	(3.6) / 4.8	(0.4) / 0.5	(0)	1.8 / 6.3	5.9	1	530	260	110	1.0	0.6	10000	840	(0)	6.5	0.18	0.42	250	65	0

インフォメーション みょうがを食べると物忘れがひどくなる？▶実験の結果，みょうがを食べても記憶力は下がらなかった。迷信ができた理由は，物忘れが激しかった昔のお坊さんのお墓からみょうがが生えてきたという説と，みょうがは刺激が強いので子どもに食べさせないように親がいい出したという2つの説がある。

ブロッコリー　Broccoli
1株＝300g

キャベツの変種。つぼみが大きく密集し，色が濃いものを選ぶ。塩ゆでして，サラダ，シチュー，炒め物に。
〔芽ばえ（スプラウト）〕 スルフォラファンという抗酸化物質がブロッコリーの20倍以上も含まれていて，その抗酸化作用は3日間も持続するといわれている。

⬆ブロッコリースプラウト

ほうれんそう【菠薐草】　Spinach
1束＝200g

葉が薄く，茎が短く，根元が赤く甘みのある東洋種と，丸葉で葉肉が厚い西洋種がある。ほうれんそうのアクはシュウ酸で，カルシウムの吸収を阻害するので，下ゆでしてアクを抜く。近年は改良されたサラダほうれんそうも出回り，生食できる。おひたし，あえ物，バター炒めなどに。

⬆ほうれんそうのごまあえ

野菜類

ホースラディシュ　Horseradish
すりおろし大1＝15g

わさび大根。西洋わさびとも呼ばれ，根をすりおろすと辛みと芳香がある。ローストビーフや魚料理に添える。

⬆ローストビーフに添えて

みずな【水菜】　Leaf green
1袋＝450g

別名京菜。葉のぎざぎざが特徴。寒さに強く，霜にあってからがやわらかくておいしくなる。鍋物，煮びたしに。

⬆はりはり鍋

みつば【三葉】　Japanese hornwort
1袋＝50g

葉が3枚つくので，この名がある。糸みつば，根みつば，切りみつばがある。おひたし，あえ物，吸い物，鍋物に。

⬆かつ丼に添えて

みょうが【茗荷】　Japanese ginger
1個＝10g

地下茎から出た花穂を，花みょうが，みょうがの子といって食する。特有の香りがあり，酢の物，薬味，漬物に。

めキャベツ【芽キャベツ】　Brussels sprouts
3個＝45g

キャベツの変種。苦みがあるので，十字の切りこみを入れて下ゆでして，シチュー，グラタン，つけ合わせに。

もやし【萌やし】　Bean sprouts
1袋＝250g

米，麦類，豆類の種子を水にひたし，暗所で発芽させた若葉で，一般的には豆もやしが多く出回っている。黒色の皮の豆を使用したブラックマッペもやしは，細くて長く，関西で多く流通している。
〔アルファルファもやし〕 糸もやしとも呼ばれ，おもにサラダに用いる。
〔大豆もやし〕 太くて長く，歯触りがよい。韓国料理のビビンバやナムルには欠かせない。
〔りょくとうもやし〕 ほのかな甘みと豊富な水分が特徴で軸も太い。炒め物やひたし物，あえ物などに用いる。

⬆大豆もやし

⬆ブラックマッペもやし

⬆アルファルファもやし

⬆りょくとうもやし

モロヘイヤ　Tossa jute
1袋＝100g

エジプト原産。刻むとねばりが出てくる。栄養価が高い。スープ，グラタン，天ぷら，おひたし，酢の物に。

✓Check! スプラウト

スプラウトとは，英語で植物の種子や豆を発芽させた新芽の総称である。新芽は最も成長の著しい時期なので，ビタミン類や無機質が豊富に含まれているといわれている。もやしやかいわれだいこん（→p.216）もその1つ。スプラウトは鮮度が大切で，葉の色が濃く，ピンピンしているものを選ぶとよい。

⬆レッドキャベツ

⬆そば

✓Check! 花菜類のいろいろ

花菜類（→p.206）にはエディブルフラワー（→p.211）のように花を食用にするもの，「はなやさい」とも呼ばれるブロッコリー，カリフラワー，花にら，アーティチョークなどがある。

⬆花にら
中国料理の材料に用いられる。炒め物などに。

アーティチョーク⬆
フランス料理やイタリア料理に用いられる。ゆでて前菜やつけ合わせに。

ℹ **インフォメーション** モロヘイヤのパワー▶モロヘイヤの語源は，「王様の野菜」を意味するアラビア語。その昔，重い病気にかかった王様が，栄養満点のモロヘイヤのスープで治ったことから名づけられたとか。特にカロテンは野菜のなかでもトップクラスの含有量である。

VEGETABLES

食品名 食品番号 / 廃棄率% 水分g	エネルギー kcal 200	たんぱく質 g 20.0	脂質 g 20.0	コレステロール mg 20	炭水化物 g 20.0	食物繊維総量 g 2.0	ナトリウム mg 200	カリウム mg 200	カルシウム mg 200	リン mg 200	鉄 mg 2.0	亜鉛 mg 2.0	βカロテン当量 μg 200	レチノール活性当量 μg 20	D μg 2.0	E αトコフェロール mg 2.0	B₁ mg 0.20	B₂ mg 0.20	葉酸 μg 20	C mg 20	食塩相当量 g 2.0
ゆりね りん茎 生 06296 / 10 66.5	119 125	(2.4) 3.8	– 0.1	(0)	24.3 28.3	5.4	1	740	10	71	1.0	0.7	(0)	(0)	(0)	0.5	0.08	0.07	77	9	0
よもぎ 葉 生 06301 / 0 83.6	43 46	(4.2) 5.2	– 0.3	(0)	1.9 8.7	7.8	10	890	180	100	4.3	0.6	5300	440	(0)	3.2	0.19	0.34	190	35	0
らっきょう 甘酢漬 06306 / 0 67.5	117 118	(0.3) 0.4	(0.2) 0.3		26.5 29.4	2.9	750	9	11	7	1.8	0.1	0	(0)	–	0.2	Tr	Tr	Tr	0	1.9
エシャレット りん茎 生 06307 / 40 79.1	59 76	(1.4) 2.3	(0.1) 0.2	(0)	7.3 17.8	11.4	2	290	20	47	0.8	0.5	18	2	(0)	0.4	0.03	0.05	55	21	0
リーキ りん茎葉 生 06308 / 35 90.8	30 29	(1.2) 1.6	(0.1) 0.1	(0)	4.9 6.9	2.5	2	230	31	27	0.7	0.3	45	4	(0)	0.3	0.06	0.08	76	11	0
ルッコラ 葉 生 06319 / 2 92.7	17 19	– 1.9	0.1 0.4	(0)	0.8 3.1	2.6	14	480	170	40	1.6	0.8	3600	300	(0)	1.4	0.06	0.17	170	66	0
レタス 土耕栽培 結球葉 生 06312 / 2 95.9	11 12	0.5 0.6	Tr 0.1	(0)	1.7 2.8	1.1	2	200	19	22	0.3	0.2	240	20	(0)	0.3	0.05	0.03	73	5	0
サラダな 葉 生 06313 / 10 94.9	10 14	0.8 1.0	0.1 0.2	(0)	0.7 2.7	1.8	6	410	56	49	2.4	0.2	2200	180	(0)	1.4	0.06	0.13	71	14	0
サニーレタス 葉 生 06315 / 6 94.1	15 16	(0.7) 1.2	(0.1) 0.2	(0)	1.7 3.2	2.0	4	410	66	31	1.8	0.4	2000	170		1.2	0.10	0.10	120	17	0
サンチュ 葉 生 06362 / 0 94.5	14 15	(1.0) 1.2	(0.2) 0.4		1.0 2.5	2.0	3	470	62	39	0.5	0.2	3800	320	(0)	0.7	0.06	0.10	91	13	0
れんこん 根茎 生 06317 / 20 81.5	66 66	1.3 1.9	Tr 0.1	0	14.1 15.5	2.0	24	440	20	74	0.5	0.3	3	Tr	(0)	0.6	0.10	0.01	14	48	0.1
わけぎ 葉 生 06320 / 4 90.3	30 30	(1.1) 1.6	– 0	(0)	5.1 7.4	2.8	1	230	59	25	0.4	0.2	2700	220	(0)	1.4	0.06	0.10	120	37	0
わさび 根茎 生 06322 / 30 74.2	89 88	– 5.6	0.2	(0)	14.0 18.4	4.4	24	500	100	79	0.8	0.7	7	1	(0)	1.4	0.06	0.15	50	75	0.1
わらび 生わらび 生 06324 / 6 92.7	19 21	1.8 2.4	– 0.1	(0)	1.0 4.0	3.6	Tr	370	12	47	0.7	0.6	220	18	(0)	1.6	0.02	1.09	130	11	0

🍀は緑黄色野菜を示す。
可食部100gあたり

インフォメーション 野菜ジュースと食べる野菜の違い▶ジュースの場合，製造工程で加熱や破砕をおこなうため，野菜の細胞壁がこわれて栄養成分が体内に吸収されやすくなっている。しかし食物繊維は製造上，一部取り除かれてしまうという。それぞれの特性を知ったうえでじょうずに利用しよう。

ゆりね【百合根】 Lily bulb

1個=70g

食用種のおにゆり，小おにゆりのりん茎を食する。ほのかな甘みとほくほくした食感がある。茶碗蒸しや煮物に。

よもぎ【蓬】 Japanese wormwood

1つかみ=20g

山野に自生し，春に新芽をつんで食用とする。ゆでて水にさらしアクを抜いて用いる。

リーキ Leeks

1本=350g

ポロネギともいう。葉はかたく食用に適さない。軸の白い部分を食べる。やわらかく甘い。スープ煮，ソース煮に。

↑リーキを
使ったポトフ

らっきょう【辣韭】 Japanese scallion

らっきょう3個=25g，エシャレット1個=15g

ユリ科の多年草で中国およびヒマラヤが原産。りん茎を食用とする。強いにおいと辛みをもつ。塩漬け，甘酢漬け，しょうゆ漬けに。
【エシャレット】 土寄せ軟白栽培のらっきょうを生食用に若採りしたもの。フランス語でエシャロットと呼ばれる香味野菜とは異なる。

↳エシャレット

↑らっきょう

レタス Lettuce

結球型1個=250g，大1枚=10g，サラダな1株=100g，1枚=7g，
サニーレタス1株=300g，サンチュ1枚=6g

レタスは，元来，日本のちしゃ類の総称である。結球型，半結球型，非結球型がある。成分は，どの種類もビタミンCやカルシウムなどの無機質が豊富。生で食べることが多く，冷水につけてパリッとさせ適当な大きさにちぎる。炒め物やスープ煮にも用いる。
【結球型】 日本で最も一般的なレタスで，パリパリした歯触りが特徴。
【サラダな】 葉はやわらかく表面に光沢がある。結球する前のものを用いる。
【サニーレタス】 非結球型の葉レタス。葉先が紫色を帯びている。サラダのほか，焼き肉を包んで食べたりする。
【サンチュ】 カキチシャあるいは包菜ともいわれるリーフレタスの仲間。焼き肉を包んで食べるほか，ゆでても炒めてもおいしい。

↳サラダな

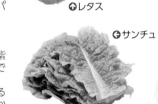

↑レタス

↑サニーレタス

↳サンチュ

↑ロメインレタス

ルッコラ Rocket salad

1袋=30g

ロケットサラダとも呼ばれ，「ごま」のような風味をもち，サラダに利用される。

↓生ハムとルッコラのサラダ

れんこん【蓮根】 East Indian lotus root

1節=250g

はすの地下茎。シャキッとした歯ごたえが特徴なので，煮すぎないようにする。煮物，きんぴら，辛子れんこんなど。

わけぎ【分葱】 Green onion

1本=18g

ねぎとたまねぎの種間雑種。種子ができないので，株分けで増やす。ねぎよりやわらかく，ぬた，薬味に。

わさび【山葵】 Wasabi

1本=60g

日本の特産。清流で栽培される。辛み成分には殺菌作用があり，すりおろして，刺身，そば，寿司などに用いる。

わらび【蕨】 Bracken fern

10本=90g

葉先が巻きこんだ若葉を食する。重曹でアク抜きし煮物や炊きこみごはんなどに。栽培したものが出回っている。

↑わらびのナムル

よもぎだんご

＜材料＞

よもぎ	50g	ぬるま湯	100mL
だんごの粉	150g	あんこ，きな粉	適量

＜つくり方＞

❶よもぎはやわらかい新芽をつみ，よく洗って沸騰した湯でゆがき水にさらす。よもぎの水気を切り，細かく刻み，すり鉢でする。
❷だんごの粉を入れて混ぜ，ぬるま湯を少しずつ加えて混ぜながら耳たぶくらいのかたさにする。
❸だんごの形に丸めて沸騰した湯に入れてゆでる。浮き上がって1分経ったら冷水に取り，ザルにあげる。
❹器に盛り，あんこやきな粉を添える。

✓Check! 夏バテにぬめり野菜

夏野菜の，あしたば，オクラ，つるむらさき，モロヘイヤに共通するのは，調理すると出てくるねばねばである。この粘性物質はムチンと呼ばれ，これが胃の粘膜にやさしく，消化を助けてくれる。また，ぬめり野菜はビタミンやミネラル類も豊富に含んでおり，夏バテの体にピッタリの食材といえる。

●モロヘイヤのスープ
　モロヘイヤの葉をゆでて包丁で細かくたたく。だしを煮立ててしょうゆと塩で調味し，好みの具，モロヘイヤを加えてひと煮立ちさせ，器に盛りおろししょうがを入れる。

✓Check! わさびの辛み

わさびはそのまま食べると辛みは強くないが，すりおろして細胞組織をつぶすことによって独特の香りと辛みが鮮やかになる。また，わさびは金気（かなけ）を嫌うため，サメ皮でおろすとよいといわれている。辛み成分は根元よりも葉側に多いので，葉のほうから使うのがおろし方のコツである。おろし器に対してわさびを垂直に当て，円を描くようにすると，きめ細かいクリーミーなおろしわさびができる。

↑サメ皮のわさびおろし　↑サメ皮の表面拡大

ℹ️ **インフォメーション** れんこんの穴の秘密▶穴の数は真んなかに1つ，その周りに9つが普通。穴は葉，花柄にも連結していて，根に外の空気を送る通気口の役割を果たしている。穴があいていることから，「先が見える」「見通しがいい」とされ，縁起のよい食べ物として慶事には欠かせない。

227

野菜類

かきの木

果実類

果実類は、種子植物の花が受粉、受精し、その子房または周辺の器官が発達したものである。

日本には、四季折々に豊かな果物がある。特有の芳香や色、甘みと酸味に富み、みずみずしさ、さわやかさが食欲を増進させるとともに、し好を満足させ、食生活にうるおいを与えてくれる。

果実類は、おもに生食されるため、野菜類と同様にその鮮度や色、味、香りなどが重要な要素となる。

また、果実類は、生食だけでなく、ドライフルーツ、ジャム、マーマレード、砂糖漬け、果実酒などに加工して楽しむことができる。

栄養上の特性

ほとんどの果実が水分を80〜90％含み、炭水化物は糖質と食物繊維で10〜20％含まれる。たんぱく質や脂質は少ないが、無機質では、カリウム、カルシウムが多く、ビタミン類ではCが多い。果物は、生食することが多いので、ビタミンCの供給源として重要である。また、あんずなど、果肉が黄色いものは、カロテンも多く含んでいる。

選び方・保存の仕方

選び方	保存の仕方
・特有の色、香り、形、模様のはっきりしたもの、重量感のあるものを選ぶ。 ・ぶどうは果皮全体に白い粉を吹き、果軸が太く黒ずんでいないものがよい。 ・バナナは、茶色の斑点の出はじめが食べごろ。メロンやキウイフルーツは、なり口がやわらかくなり、香りが強くなったら食べごろ。 ・りんごやオレンジなどは、ワックスでつや出しされたものは、できるだけ避けるようにする。 ・輸入果実は残留農薬などの心配があるので、皮を厚めにむく。	・一般に、冷蔵庫の野菜室（5℃前後）で保存する。 ・バナナなどの、熱帯性・亜熱帯性の果物は、冷蔵庫に入れると低温障害を起こすので、室温で保存する。 ・メロンやキウイフルーツなど、追熟して食べることが多いものは、熟すまでは室温で保存し、食べる1〜2時間前に冷蔵庫で冷やして食べる。

果物の分類

仁果類	準仁果類	核果類	液果類	果菜類
子房・がく・花たくの肥大した部分を食用とする。	子房の発達した部分を食用とする。	内果皮が核になり、そのなかに種実ができる。	1果1子房からでき、やわらかく多汁質。	本来野菜に属するが、成分・用途により果実類に分類する。
りんご・びわ・なし	グレープフルーツ・みかん・かき	さくらんぼ・もも・あんず	ぶどう・いちご・ブルーベリー	マスクメロン・すいか

食品名 食品番号 可食部100gあたり	廃棄率% 水分g	エネルギー kcal 200	たんぱく質 g 20.0	脂質 g 20.0	コレステロール mg 20	炭水化物 g 20.0	食物繊維総量 g 2.0	ナトリウム mg 200	カリウム mg 200	カルシウム mg 200	リン mg 200	鉄 mg 2.0	亜鉛 mg 2.0	βカロテン当量 μg 200	レチノール活性当量 μg 20	D μg 2.0	αトコフェロール mg 2.0	B1 mg 0.20	B2 mg 0.20	葉酸 μg 20	C mg 20	食塩相当量 g 2.0
あけび 果肉 生 07001	0 77.1	89 82	− 0.5	− 0.1	0	20.9 22.0	1.1	Tr	95	11	22	0.3	0.1	0	(0)	(0)	0.2	0.07	0.03	30	65	0
アサイー 冷凍 無糖 07181	0 87.7	62 65	− 0.9	− 5.3	−	0.2 5.0	4.7 −	11	150	45	19	0.5	0.3	410	34	−	3.7	0.03	0.06	13	1	0
アセロラ 甘味種 生 07159	25 89.9	36 36	− 0.7	− 0.1	0	7.1 9.0	1.9	7	130	11	18	0.5	0.5	370	31	(0)	0.7	0.03	0.04	45	800	0
アボカド 生 07006	30 71.3	176 182	1.6 2.1	15.5 17.5	Tr	4.8 7.9	5.6	7	590	8	52	0.6	0.7	87	7	(0)	3.3	0.09	0.20	83	12	0
あんず 乾 07008	0 16.8	296 288	(6.7) 9.2	(0.1) 0.4	(0)	60.0 70.4	9.8	15	1300	70	120	2.3	0.9	5000	410	(0)	1.4	0	0.03	10	Tr	0
いちご 生 07012	2 90.0	31 34	0.7 0.9	0.1 0.1	0	(5.9) 8.5	1.4	Tr	170	17	31	0.3	0.2	18	1	(0)	0.4	0.03	0.02	90	62	0
ジャム 低糖度 07014	0 50.7	194 197	(0.4) 0.5	(0.1) 0.1	(0)	47.5 48.4	1.1	12	79	12	14	0.4	0.1	Tr	(0)	(0)	0.2	0.01	0.01	27	10	0
いちじく 生 07015	15 84.6	57 54	0.4 0.6	(0.1) 0.1	(0)	12.5 14.3	1.9	2	170	26	16	0.3	0.2	18	1	(0)	0.4	0.03	0.03	22	2	0

インフォメーション　無花果（いちじく）の名前の由来▶いちじくを漢字で書くと"無花果"で、花のない果物という意味になる。本当は実と思って食べている部分が花である。外から花が見えないため、この字があてられた。

●りんごの花と果実（構造）

↓花（りんご）

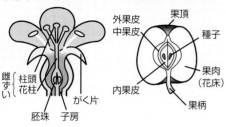

外果皮
中果皮
内果皮

雌ずい〔柱頭 花柱〕
がく片
胚珠 子房

↓果実（りんご）

果頂
種子
果肉（花床）
果柄

●ももの花と果実（構造）

↓花（もも）

柱頭
花弁
胚珠 子房 がく片

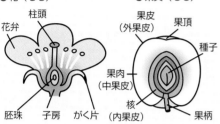

↓果実（もも）

果皮（外果皮）
果頂
種子
果肉（中果皮）
核（内果皮）
果柄

果実類

食 のお話　梅干しのつくり方

やや黄色みをおびた熟した梅を選ぶ。塩分を減らすために減塩のものが好まれるが、この漬け方では塩を梅の重さの20%にするのが限度。6月末頃から、気温、湿度が高くなるので、カビに注意する。赤しその葉でできあがりの色が決まるので、よい葉を選ぶのがポイント。

❶下準備　梅の軸を、竹串を使って取り除き、洗う。
❷塩漬け　梅の重さの20%の塩をまぶして、押しぶたをする。
❸赤じその準備　葉を洗って水気を切り、塩を加えてあくが出るまでもむ。さらに梅酢でもむ。
❹ざるにあげる　梅をざるにあげ、梅酢と実に分け、土用干しをする。
❺本漬け　梅の実をかめに戻し、赤じそを広げ梅酢を戻す。
❻容器で保存　冷暗所で保存する。

↑塩漬け

↑押しぶた

↑赤じその準備

↑土用干し

↑本漬け

あけび【通草】　Akebia

果肉1個分＝30g、果皮1個分＝100g

昔から日本に自生している秋の果物。すっきりとした甘さと素朴な味わいがある。果皮は薄紫色で、熟すと表面が割れる。なかにはゼリー状の小さな果肉が詰まっており、スプーンなどですくって食べる。

アサイー　Assai palm

ブラジル産のヤシ科の果実。5%しかない可食部に多くの栄養素やポリフェノールなどの抗酸化成分を蓄えており、「スーパーフルーツ」と呼ばれている。スムージーにしたり、フルーツをのせて「アサイーボウル」にしたりして食する。

↑アサイーボウル

アセロラ　Acerola

1缶＝190g

西インド諸島周辺が原産。ビタミンCの含有量が非常に多い。生食よりもジュース、ゼリーなどに利用される。

アボカド　Avocados

1個＝230g

中南米原産。多くの脂肪を含み、栄養豊富で、森のバターと呼ばれる。レモンじょうゆをかけたりサラダなどに。

あんず【杏】　Apricots

1個＝4g

中国北部原産。国内は、長野・山梨が主産地で、旬は6〜7月。酸味が強く、干したりジャム・果実酒などに。

白いちご→

いちご【苺】　Strawberries

1粒＝10〜20g、ジャム大1＝21g

旬は3〜5月。現在はハウス栽培で一年中出回っている。いちごにはビタミンCが多く含まれている。代表的な品種は、女峰（栃木）、とよのか（福岡）、とちおとめ（栃木）、あまおう（福岡）など。生食のほかに、ジュース、ジャムなどに加工されたり、ケーキのデコレーションなどに用いる。

←とちおとめ

あまおう→

いちじく【無花果】　Figs

大1個＝50g

地中海沿岸原産。食物繊維のほか、多くの消化酵素を含んでいる。生食のほかにジャムや乾果、シロップ漬けに。

↑ドライフィグ（乾燥いちじく）

☑Check!　ジャムのとろみの秘密

果実類にはペクチンが含まれ、細胞どうしを結着させて組織を支え、また、柔軟性、保水性に役立っている。みかんの皮やりんご、いちご、バナナなどに含まれている。これらの果実に含まれるペクチンと酸、および糖質によってゼリー化されたものがジャムである。

FRUITS

食品名 食品番号 可食部100gあたり	廃棄率% 水分g	エネルギー kcal 200	たんぱく質 g 20.0	脂質 g 20.0	コレステロール mg 20	炭水化物 g 20.0	総量 食物繊維 g 2.0	無機質 ナトリウム mg 200	カリウム mg 200	カルシウム mg 200	リン mg 200	鉄 mg 2.0	亜鉛 mg 2.0	ビタミン A βカロテン当量 μg 200	A レチノール活性当量 μg 20	D μg 2.0	E αトコフェロール mg 2.0	B1 mg 0.20	B2 mg 0.20	葉酸 μg 20	C mg 20	相当量 食塩 g 2.0
うめ 梅漬 調味漬 07021	20 80.2	45 53	– 1.5	(0.4) 0.5	(0)	7.2 10.5	3.4	2700	100	87	17	1.2	0.1	27	2	(0)	0.2	0.03	0.03	2	0	6.9
オリーブ 塩漬 ブラックオリーブ 07038	25 81.6	121 118	(0.6) 0.8	12.0 12.3	Tr	1.5 3.4	2.5	640	10	68	5	0.8	0.2	Tr	0	(0)	4.6	0.05	0.06	2	Tr	1.6
かき 甘がき 生 07049	9 83.1	63 60	0.3 0.4	0.1 0.2	0	14.5 15.9	1.6	1	170	9	14	0.2	0.1	420	35	(0)	0.1	0.03	0.02	18	70	0
干しがき 07051	8 24.0	274 276	(1.0) 1.5	(0.8) 1.7	(0)	58.7 71.3	14.0	4	670	27	62	0.6	0.2	1400	120	(0)	0.4	0.02	0	35	2	0
かりん 生 07053	30 80.7	58 68	– 0.4	0.1 0.1	(0)	9.4 18.3	8.9	2	270	12	17	0.3	0.2	140	11	(0)	0.6	0.01	0.03	12	25	0
いよかん 砂じょう 生 07018	40 86.7	50 46	(0.5) 0.9	– 0.1	(0)	11.1 11.8	1.1	2	190	17	18	0.2	0.1	160	13	(0)	0.1	0.06	0.03	19	35	0
うんしゅうみかん じょうのう 普通 生 07027	20 86.9	49 46	0.4 0.7	Tr 0.1	0	11.3 12.0	1.0	1	150	21	15	0.2	0.1	1000	84	(0)	0.4	0.10	0.03	22	32	0
砂じょう 普通 生 07029	25 87.4	49 45	(0.4) 0.7	(Tr) 0.1	0	11.4 11.5	0.4	1	150	15	15	0.1	0.1	1100	92	(0)	0.4	0.09	0.03	22	33	0
果実飲料 ストレートジュース 07030	0 88.5	45 41	0.3 0.5	(Tr) 0.1	0	10.9 10.6	0	1	130	8	11	0.2	Tr	420	35	(0)	0.2	0.06	0.01	15	29	0
缶詰 果肉 07035	0 83.8	63 64	– 0.5	(Tr) 0.1	(0)	14.9 15.3	0.5	4	75	8	8	0.4	0.1	410	34	(0)	0.5	0.05	0.02	12	15	0
オレンジ ネーブル 砂じょう 生 07040	35 86.8	48 46	0.5 0.9	(0.1) 0.1	0	10.3 11.8	1.0	1	180	24	22	0.2	0.1	130	11	(0)	0.3	0.07	0.04	34	60	0
バレンシア 米国産 砂じょう 生 07041	40 88.7	42 39	(0.7) 1.0	(0.1) 0.1	0	9.4 9.8	0.8	1	140	21	24	0.3	0.2	120	10	(0)	0.3	0.10	0.03	32	40	0
果実飲料 濃縮還元ジュース 07043	0 88.1	46 42	(0.3) 0.7	(0.1) 0.1	0	11.0 10.7	0.2	1	190	9	18	0.1	0.1	47	4	(0)	0.3	0.07	0.02	27	42	0
マーマレード 低糖度 07047	0 51.7	190 193	(0.2) 0.3	– 0.1	(0)	46.5 47.7	1.3	9	49	19	5	0.2	Tr	56	5	(0)	0.4	0.01	0	3	4	0

インフォメーション　優秀な食品「干しがき」▶栄養面でカリウムは高血圧やむくみの予防，食物繊維は便秘改善効果が期待できる。さらに疲労回復などの効果もある。渋がきのほうが甘がきよりも糖度が高く，タンニンの効果で腐りにくい点などから，干しがきは渋がきでつくることが一般的で，食材活用の知恵も詰まっている。

うめ【梅】 Mume (Japanese apricots)

1個=15g

未熟な青梅は中毒を起こすことがあり，生食しない。梅干し，梅酒，はちみつ漬けに。梅干しには殺菌作用がある。

青梅➡

オリーブ Olives

1個=3g

地中海沿岸原産。日本ではおもに小豆島（香川県）で栽培されている。苦味成分を含むため，ピクルスなどに加工して利用する。

グリーンオリーブ➡

かき【柿】 Japanese persimmons

1個=200g，干しがき1個=35g

東アジアが原産で，日本では古くから栽培されている。種類は，甘がきと渋がきがある。甘がきは生食するが，渋がきはそのままでは食べられないので，アルコールなどで渋抜きしたり，干しがきにして食する。干しがきには，半乾燥状態にしたあんぽがき，さらに乾燥させた枯露（ころ）がきがある。

⬅あんぽがき

かきの葉寿司は，魚と飯をかきの葉で包んだもの。葉の香りを移すことで食欲を刺激し，タンニンの殺菌作用で日もちをよくしている。

⬆かきの葉寿司

⬇枯露がき

かりん【花梨】 Chinese quinces

1個=400g

中国が原産とされるバラ科の落葉樹になる果実で，古くから薬用として用いられていた。果実はかたくて渋いため，生食には向かず，果実酒として利用されることが多い。

✓Check! かきと日本の生活

日本の田園風景には，民家の庭先や田んぼの脇に植えられたかきの木がよく似合う。かきは古くから栽培され，私たちの生活に深くかかわってきた植物の1つといえるだろう。
かきには多くの品種があるが，大きく甘がきと渋がきに分けられる。かきの渋味はタンニンによるもので，渋がきは干しがきにするなどして渋味を抜いて食べる。

●さまざまなかきの品種（カッコ内は原産地） （写真提供：農研機構）

甘がき

⬆富有柿（岐阜県）

⬆次郎柿（静岡県）
※発見者の名から，治郎柿ともいわれる。

⬆筆柿（愛知県）

⬆西村早生（滋賀県）

渋がき

⬆愛宕柿（愛媛県）

⬆紋平柿（石川県）

⬆甲州百目（山梨県）

⬆西条柿（広島県）

いよかん【伊予柑】 Iyokan

1個=250g

みかんとオレンジの雑種で，主産地は愛媛県。生食に適し，果皮は厚いがむきやすく，果汁が多くやわらかい。

うんしゅうみかん【温州蜜柑】 Satsuma mandarins

1個=95g，缶詰10房=130g

一般にみかんと呼んでいるもので，日本原産。旬は冬であるが，ハウス栽培物，早生みかん，普通みかん，貯蔵物と，一年中出回っている。皮がむきやすく，種もなく，食べやすいのが特徴。みかんに多く含まれるビタミンCには免疫機能を高める作用があり，風邪などの予防にもつながるので，冬の果実として適している。1日3個で1日分のビタミンC必要量を摂取できる。生食のほか，みかん全生産量の約2割が，ジュース，缶詰などに加工される。みかんは果汁に加工しても変色や成分変化が少ないため，ほかの果実に比べてジュースに加工されることが多い。ジュースには，搾汁そのものと，濃縮還元果汁のものとがある。缶詰は，皮をむいて水にさらし，シロップ漬けにしたもの。

オレンジ Oranges

1個=200g，マーマレード大1=21g

オレンジには，スイート種とサワー種の2種類あるが，日本でオレンジといえばスイートオレンジをさす。
【ネーブル】 ブラジル原産。オレンジの「へそ（Navel：ネーブル）」の部分が幹の反対側にできることから，この名前がついた。香りがよく，多汁で甘みに富む。
【オレンジ】 世界中で広く栽培されるが，日本では気候が合わないため，ほとんど栽培されず，おもにカリフォルニアから輸入される。5～7月に最盛期を迎えることから，バレンシアオレンジは「サマーオレンジ」とも呼ばれる。香りが高く，甘みに富む。また，かんきつ類のなかでもビタミンCが多い。生食のほかに，ジュースやシャーベットにしたり，果皮と果汁を使ってジャム（マーマレード）にしたりする。

⬆ネーブル

⬆バレンシア

🍳つくってみよう！ はくさいとみかんのサラダ

＜材料＞（2人分）
はくさい 2枚 みかん 1個 塩 少々 マヨネーズ 30g

＜つくり方＞
❶はくさいは太めのせん切りにし，塩をしてしんなりさせ，水気をきる。
❷みかんは房から出しておく。
❸ボウルに❶，❷を入れ，マヨネーズであえて器に盛りつける。
（キユーピー「とっておきレシピ」参照）

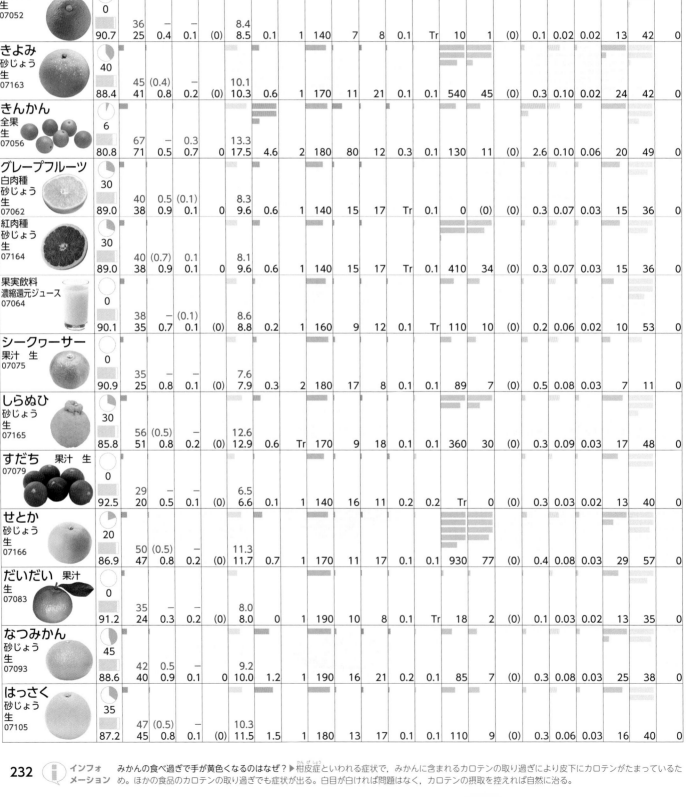

食品名 食品番号 可食部100gあたり	廃棄率% 水分g	エネルギー kcal 200	たんぱく質 g 20.0	脂質 g 20.0	コレステロール mg 20	炭水化物 g 20.0	食物繊維 総量 g 2.0	ナトリウム mg 200	カリウム mg 200	カルシウム mg 200	リン mg 200	鉄 mg 2.0	亜鉛 mg 2.0	A βカロテン当量 μg 200	A レチノール活性当量 μg 20	D μg 2.0	E αトコフェロール mg 2.0	B₁ mg 0.20	B₂ mg 0.20	葉酸 μg 20	C mg 20	相当量 食塩 g 2.0
オロブランコ 砂じょう 生 07048	45 88.7	43 40	(0.5) 0.8	— 0.1	0	9.5 10.1	0.9	1	150	12	19	0.2	0.1	5	Tr	(0)	0.3	0.09	0.02	34	38	0
かぼす 果汁 生 07052	0 90.7	36 25	— 0.4	— 0.1	(0)	8.4 8.5	0.1	1	140	7	8	0.1	Tr	10	1	(0)	0.1	0.02	0.02	13	42	0
きよみ 砂じょう 生 07163	40 88.4	45 41	(0.4) 0.8	— 0.2		10.1 10.3	0.6	1	170	11	21	0.1	0.1	540	45	(0)	0.3	0.10	0.02	24	42	0
きんかん 全果 生 07056	6 80.8	67 71	— 0.5	0.3 0.7	0	13.3 17.5	4.6	2	180	80	12	0.3	0.1	130	11		2.6	0.10	0.06	20	49	0
グレープフルーツ 白肉種 砂じょう 生 07062	30 89.0	40 38	0.5 0.9	(0.1) 0.1	0	8.3 9.6	0.6	1	140	15	17	Tr	0.1	0	(0)	(0)	0.3	0.07	0.03	15	36	0
紅肉種 砂じょう 生 07164	30 89.0	40 38	(0.7) 0.9	0.1 0.1	0	8.1 9.6	0.6	1	140	15	17	Tr	0.1	410	34	(0)	0.3	0.07	0.03	15	36	0
果実飲料 濃縮還元ジュース 07064	0 90.1	38 35	— 0.7	(0.1) 0.1	(0)	8.6 8.8	0.2	1	160	9	12	0.1	Tr	110	10	(0)	0.2	0.06	0.02	10	53	0
シークヮーサー 果汁 生 07075	0 90.9	35 25	— 0.8	— 0.1	(0)	7.6 7.9	0.3	2	180	17	8	0.1	0.1	89	7	(0)	0.5	0.08	0.03	7	11	0
しらぬひ 砂じょう 生 07165	30 85.8	56 51	(0.5) 0.8	— 0.2		12.6 12.9	0.6	Tr	170	9	18	0.1	0.1	360	30	(0)	0.3	0.09	0.03	17	48	0
すだち 果汁 生 07079	0 92.5	29 20	— 0.5	— 0.1	(0)	6.5 6.6	0.1	1	140	16	11	0.2	0.2	Tr	0	(0)	0.3	0.03	0.02	13	40	0
せとか 砂じょう 生 07166	20 86.9	50 47	(0.5) 0.8	— 0.2	(0)	11.3 11.7	0.7	1	170	11	17	0.1	0.1	930	77	(0)	0.4	0.08	0.03	29	57	0
だいだい 果汁 生 07083	0 91.2	35 24	— 0.3	— 0.2	(0)	8.0 8.0	0	1	190	10	8	0.1	Tr	18	2	(0)	0.1	0.03	0.02	13	35	0
なつみかん 砂じょう 生 07093	45 88.6	42 40	0.5 0.9	— 0.1	0	9.2 10.0	1.2	1	190	16	21	0.2	0.1	85	7	(0)	0.3	0.08	0.03	25	38	0
はっさく 砂じょう 生 07105	35 87.2	47 45	(0.5) 0.8	— 0.1	(0)	10.3 11.5	1.5	1	180	13	17	0.1	0.1	110	9	(0)	0.3	0.06	0.03	16	40	0

インフォメーション みかんの食べ過ぎで手が黄色くなるのはなぜ？▶柑皮症（かんぴしょう）といわれる症状で，みかんに含まれるカロテンの取り過ぎにより皮下にカロテンがたまっているた め。ほかの食品のカロテンの取り過ぎでも症状が出る。白目が白ければ問題はなく，カロテンの摂取を控えれば自然に治る。

オロブランコ Oroblanco
1個＝350g

別名スイーティー。グレープフルーツとポムロを交配した新種。果皮は緑色、果実は白黄色。酸味が少なく甘い。

かぼす【香燈】 Kabosu
果汁1個分＝20mL

大分県の特産。クエン酸、リンゴ酸などを含み、強い酸味と香りが特徴。果汁をポン酢、焼き魚、酢の物などに。

きよみ【清見】 Kiyomi

うんしゅうみかんとオレンジを交配させたもので、形は扁球形、果皮は濃橙色で肉質はやわらかく、果汁が多い。名前は育成地（静岡市）にある清見潟に由来する。

きんかん【金柑】 Kumquats
1個＝10g

かんきつ類のなかで最小。ほろ苦い甘さがあり、皮ごと食べられる。生食のほか、シロップ漬け、マーマレードに。

グレープフルーツ Grapefruit
1個＝300g

ぶどうの房のように実るため、グレープのようなフルーツという名称に。日本では栽培されておらず、ほとんど輸入である。果肉の色によって、ホワイト種、ピンク種、ルビー種に分けられる。果肉は多汁で甘く、適度な酸味があり、ビタミンCが豊富。生食のほか、ジュース、ジャムやマーマレードに。

↑淡肉種（ピンク）

シークヮーサー Shiikuwasha
大1＝15g

南西諸島から台湾に分布。別名ひらみレモン。酸味が強く、酸味料やジュースの原料に。熟すと生食も。

しらぬひ【不知火】 Shiranuhi

ぽんかんときよみを交雑して育成した品種。一般にデコポンの名称で流通しているものが多い。ジューシーで濃厚な甘みがあり、酸味はそれほど強くなく苦みがない。外皮は厚いがむきやすく房ごと食べられる。

↑白肉種（ホワイト）　↑紅肉種（ルビー）

すだち【酢橘】 Sudachi
大1＝15g

徳島県の特産。果汁の強い酸味とすがすがしい香りが特徴。日本料理には欠かせない。

せとか Setoka

きよみ、アンコール、マーコットを交雑して育成した品種。とろりととろける食感で、濃厚でジューシーな味わいがあり、外皮が柔らかく、内皮ごと食べることができる。

だいだい【橙】 Sour oranges
果汁1個分＝50g

正月飾りに使われる縁起物の果物。酸味と苦味が強く、生食には不向き。果汁はポン酢に、果皮はマーマレードに。

↑だいだいのしぼり汁

なつみかん【夏蜜柑】 Natsudaidai
1個＝350g

夏だいだい、夏かんとも。酸味が強いが、季節に合ったさわやかな味が特徴。生食のほか、果皮はマーマレードに。

はっさく【八朔】 Hassaku
1個＝250g

橙黄色の美しい果皮が特徴。果汁は少ないが、果肉は歯ごたえもあり、甘みと酸味がほどよく合って風味がよい。

✓Check! みかんの品種

かんきつ類の品種開発は、まず、元となるかんきつ類の花にほかの品種の花粉をつけ、その果実の種を取り出して育てることから始まる。同じ果実からできた種でも、それぞれ違う特徴をもっていることもあるため、原則すべての種をまく。その後、「つぎ木」によって5～6年育成し、実を味やむきやすさなどから検査する。合格すればつぎ木でなく、1本の木として育て、実のつけ方や育てやすさなどを検証する。交配から登録まで15～20年程度かかるとされる。

●みかんのさまざまな品種

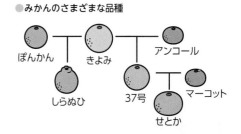

ぽんかん　きよみ　アンコール
しらぬひ　37号　マーコット
せとか

食品名 食品番号 可食部100gあたり	廃棄率% 水分g	エネルギー kcal 200	たんぱく質 g 20.0	脂質 g 20.0	コレステロール mg 20	炭水化物 g 20.0	食物繊維総量 g 2.0	ナトリウム mg 200	カリウム mg 200	カルシウム mg 200	リン mg 200	鉄 mg 2.0	亜鉛 mg 2.0	βカロテン当量 μg 200	レチノール活性当量 μg 20	D μg 2.0	αトコフェロール mg 2.0	B1 mg 0.20	B2 mg 0.20	葉酸 μg 20	C mg 20	相当量食塩 g 2.0
ひゅうがなつ じょうのう及びアルベド 生 07112	30 87.2	46 45	(0.3) 0.6	— 0.1	(0)	9.9 11.7	2.1	1	130	23	11	0.2	0.1	11	1	(0)	0.3	0.05	0.03	16	26	0
ぶんたん 砂じょう 生 07126	50 89.0	41 38	(0.4) 0.7	— 0.1	(0)	9.2 9.8	0.9	1	180	13	19	0.1	0.1	15	1	(0)	0.5	0.03	0.04	16	45	0
ぽんかん 砂じょう 生 07129	35 88.8	42 40	(0.5) 0.9	— 0.1	(0)	9.3 9.9	1.0	1	160	16	16	0.1	Tr	620	52	(0)	0.2	0.08	0.04	13	40	0
ゆず 果皮 生 07142	0 83.7	50 59	0.9 1.2	0.1 0.5	(0)	8.0 14.2	6.9	5	140	41	9	0.3	0.1	240	20	(0)	3.4	0.07	0.10	21	160	0
ライム 果汁 生 07145	0 89.8	39 27	(0.3) 0.4	— 0.1	(0)	9.2 9.3	0.2	1	160	16	16	0.2	0.1	0	(0)	(0)	0.2	0.03	0.02	17	33	0
レモン 全果 生 07155	3 85.3	43 54	— 0.9	0.2 0.7	0	5.0 12.5	4.9	4	130	67	15	0.2	0.1	26	2	(0)	1.6	0.07	0.07	31	100	0
果汁 生 07156	0 90.5	24 26	0.3 0.4	(0.1) 0.2	0	1.5 8.6	Tr	2	100	7	9	0.1	0.1	6	1	(0)	0.1	0.04	0.02	19	50	0
キウイフルーツ 緑肉種 生 07054	15 84.7	51 53	0.8 1.0	0.2 0.2	0	9.5 13.4	2.6	1	300	26	30	0.3	0.1	53	4	(0)	1.3	0.01	0.02	37	71	0
黄肉種 生 07168	20 83.2	63 59	— 1.1	(0.2) 0.2	0	13.6 14.9	1.4	2	300	17	25	0.2	0.1	41	3	(0)	2.5	0.02	0.02	32	140	0
キワノ 生 07055	40 89.2	41 41	— 1.5	— 0.9		5.4 8.0	2.6	2	170	10	42	0.4	0.4	36	3	(0)	0.7	0.03	0.01	2	2	0
グァバ 赤肉種 生 07057	30 88.9	33 38	(0.3) 0.6	0.1 0.1	(0)	5.1 9.9	5.1	3	240	8	16	0.1	0.1	600	50	(0)	0.3	0.03	0.04	41	220	0
くこ 実 乾 07185	0 4.8	387 346	(6.6) 12.3	— 4.1	—	81.0 75.3	—	510	1400	47	180	4.0	1.2	3000	250	0	5.7	0.28	0.40	99	9	1.3
ココナッツ ココナッツミルク 07158	0 78.8	157 150	(1.8) 1.9	14.9 16.0	0	3.8 2.8	0.2	12	230	5	49	0.8	0.3	0	0	(0)	Tr	0.01	0	4	0	0
ナタデココ 07170	0 79.7	80 73	— 0	— Tr	(0)	19.7 20.2	0.5	2	0	1	Tr	0	0	0	0	(0)	0	0	0	0	0	0

インフォメーション　かんきつ類の利用▶かんきつ類には，疲労回復・食欲増進効果があるクエン酸や，風邪予防にも効果があるビタミンCが多く含まれている。また，皮には気分を爽快にし，血行をよくする効果もあり，古くから冬至にはゆず湯につかる習慣がある。

ひゅうがなつ [日向夏] Hyuga-natsu
1個=200g

別名ニューサマーオレンジ。甘みが強く，酸味は少ない。薄く皮をむき，果皮の内側の白色部も含めて食べる。

ぶんたん 【文旦】 Pummelo
1個=1～2kg

別名ざぼん。かんきつ類ではいちばん大きい。果皮が厚く，果肉は苦味があり，果汁は少ない。ざぼん漬けが有名。

ざぼん漬け ➡

ぽんかん 【椪柑】 Ponkanmandarins
1個=150g

香気にすぐれ，食味がよい。酸味が少なく甘みは強い。晩秋から冬にかけてが旬。生食として利用される。

ゆず 【柚子】 Yuzu
1個=100g，果皮1個分=40g

かんきつ類のなかで最も寒さに強い。芳香性があるので，果皮はそいで果汁は絞って料理の風味づけとする。

ライム Limes
大1＝15g

レモンよりも鮮烈な香りで，酸味はやわらかめ。果汁を絞り，カクテルや料理に酸味料として使う。

果実類

✓Check! ひゅうがなつは白皮も食べる

オレンジをはじめとするかんきつ類には，おもに果肉を味わうものが多いが，皮を利用する果実もある。そのなかでも変わり種は「ひゅうがなつ」。ひゅうがなつの食べ方は，果皮表面だけを削ぎ落とし，白いアルベドと汁気たっぷりのじょうのうを味わうのである。

砂じょう（袋の中の粒）
種子
果芯
じょうのう（大きい袋）
フラベド（果皮表面の色のついた部分）
アルベド（内側のふわふわした部分）
果皮

↑ かんきつ類の構造

↑ ひゅうがなつの盛り付け例

レモン 【檸檬】 Lemons
1個=100g，果汁1個分=45mL

明治初期に日本に渡来。寒さに弱く，降雨量の少ない温暖地が適し，広島，愛媛，熊本などごく一部で栽培されている。ほとんどがアメリカからの輸入もの。ビタミンCが多く含まれる。酸味が強いため，生食には向かず，果汁を絞って飲料のベースにするほか，肉料理や魚料理のにおい消しに使う。

キウイフルーツ Kiwifruit
1個=120g

中国原産で主産地はニュージーランド。ビタミンC，カリウム，食物繊維が豊富。生食のほか，ジャム，ケーキのデコレーションなどに。

↑ 黄肉種

↑ 緑肉種

キワノ Kiwano
1個=350g

ウリの仲間。食感はプルンとしていて甘みはほとんどなく，ほのかに酸味がある。生食のほか，サラダやジュース，デザートのいろどりにも使える。種ごと食べてもよい。

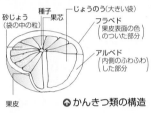

グァバ Guava
1個=80g

160種以上の品種があり，形や果肉の色もさまざまである。味もさまざまだが，香りがよくゼリーやジュース，お菓子に利用される。ビタミンCやカリウムが豊富に含まれる。

くこ 【枸杞】 Goji berry

中国では「不老長寿の薬」といわれているくこの実。ビタミンB₁，ビタミンB₂，ビタミンC，ニコチン酸や，カロテノイド，ポリフェノールなど，非常に栄養豊富である。

↑ くこの実を乗せた杏仁豆腐

✓Check! 「えっ」ゼラチンでかたまらない！

キウイフルーツ・パインアップル・パパイアなどには，たんぱく質分解酵素が含まれている。これらを使ったゼリーは，ゼラチンではかたまらない。ゼラチンはコラーゲン（動物性の骨・皮など）が原料。そのため，これらの果物をゼリーにする場合は，ゼラチンのかわりに寒天を使う。ゼラチンゼリーにしたいときは，熱を加えたり缶詰を使ったりするとよい。

パインアップル
パパイア
キウイフルーツ
ᐩ
寒天

缶詰を使う
ᐩ
ゼラチン
熱を加える

ココナッツミルク Coconutmilk
1C=200g

ココヤシの成熟した果実の胚乳部分を削り取って絞ったもの。濃厚な味で低カロリー。料理やお菓子などに。

ナタデココ Nata de coco
10個=40g

ココナッツの汁を発酵させたゲル状のもので，フィリピン発祥の伝統食品。寒天のような独特の食感で，食物繊維を多く含んでいることや低カロリー食品や健康食品として注目を集めている。

✓Check! 追熟とエチレン

果物を未熟なうちに収穫して，食べるまでの間に熟させることを「追熟」という。追熟の期間は果物によって異なるが，店頭には，食べごろより少し早めのものが出回っている。

● キウイフルーツ

未熟　　完熟

● バナナ

未熟　　完熟

● キウイフルーツの追熟を早める
ビニール袋にりんごといっしょに入れて，常温で数日置くと，食べごろになる。

FRUITS

食品名／食品番号 可食部100gあたり	廃棄率% 水分g	エネルギー kcal	たんぱく質 g	脂質 g	コレステロール mg	炭水化物 g	食物繊維総量 g	ナトリウム mg	カリウム mg	カルシウム mg	リン mg	鉄 mg	亜鉛 mg	Aβカロテン当量 μg	Aレチノール活性当量 μg	D μg	Eαトコフェロール mg	B₁ mg	B₂ mg	葉酸 μg	C mg	食塩相当量 g
さくらんぼ 国産 生 07070	10 / 83.1	64 / 60	(0.8) / 1.0	(0.1) / 0.2	/ (0)	14.2 / 15.2	/ 1.2	/ 1	/ 210	/ 13	/ 17	/ 0.3	/ 0.1	/ 98	/ 8	/ (0)	/ 0.5	/ 0.03	/ 0.03	/ 38	/ 10	/ 0
米国産 生 07071	9 / 81.1	64 / 66	(1.0) / 1.2	(0.1) / 0.1	/ (0)	(13.7) / 17.1	/ 1.4	/ 1	/ 260	/ 15	/ 23	/ 0.3	/ 0.1	/ 23	/ 2	/ (0)	/ 0.5	/ 0.03	/ 0.03	/ 42	/ 9	/ 0
米国産 缶詰 07072	15 / 81.5	70 / 74	— / 0.6	(0.1) / 0.1	/	15.8 / 17.6	/ 1.0	/ 3	/ 100	/ 10	/ 12	/ 0.4	/ 0.5	/ 41	/ 3	/ (0)	/ 0.1	/ 0.01	/ 0.01	/ 12	/ 7	/ 0
ざくろ 生 07073	55 / 83.9	63 / 56	— / 0.2	Tr / Tr	/ (0)	15.5 / 15.5	/ 0	/ 1	/ 250	/ 8	/ 15	/ 0.1	/ 0.2	/ 0	/ (0)	/ (0)	/ 0.1	/ 0.01	/ 0.01	/ 6	/ 10	/ 0
すいか 赤肉種 生 07077	40 / 89.6	41 / 37	0.3 / 0.6	(0.1) / 0.1	/ 0	9.5 / 9.5	/ 0.3	/ 1	/ 120	/ 4	/ 8	/ 0.2	/ 0.1	/ 830	/ 69	/ (0)	/ 0.1	/ 0.03	/ 0.02	/ 3	/ 10	/ 0
黄肉種 生 07171	40 / 89.6	41 / 37	(0.3) / 0.6	0.1 / 0.1	/ 0	9.5 / 9.5	/ 0.3	/ 1	/ 120	/ 4	/ 8	/ 0.2	/ 0.1	/ 10	/ 1	/ (0)	/ 0.1	/ 0.03	/ 0.02	/ 3	/ 10	/ 0
スターフルーツ 生 07069	4 / 91.4	30 / 30	(0.5) / 0.7	(0.1) / 0.1	/ 0	5.9 / 7.5	/ 1.8	/ 1	/ 140	/ 5	/ 10	/ 0.2	/ 0.2	/ 74	/ 6	/ (0)	/ 0.2	/ 0.03	/ 0.02	/ 11	/ 12	/ 0
すもも にほんすもも 生 07080	7 / 88.6	46 / 44	0.4 / 0.6	— / 1.0	/ 0	8.0 / 9.4	/ 1.6	/ 1	/ 150	/ 5	/ 14	/ 0.2	/ 0.1	/ 79	/ 7	/ (0)	/ 0.6	/ 0.02	/ 0.02	/ 37	/ 4	/ 0
プルーン 乾 07082	0 / 33.3	211 / 234	(1.6) / 2.4	(0.1) / 0.2	/ 0	(41.7) / 62.3	/ 7.1	/ 1	/ 730	/ 57	/ 69	/ 1.1	/ 0.4	/ 1200	/ 100	/ (0)	/ 1.3	/ 0.07	/ 0.07	/ 3	/ 0	/ 0
ドラゴンフルーツ 生 07111	35 / 85.7	52 / 50	— / 1.4	— / 0.3	/ 0	9.9 / 11.8	/ 1.9	/ Tr	/ 350	/ 6	/ 29	/ 0.3	/ 0.3	/ 0	/ (0)	/ (0)	/ 0.4	/ 0.08	/ 0.06	/ 44	/ 7	/ 0
ドリアン 生 07087	15 / 66.4	140 / 133	— / 2.3	2.8 / 3.3	/ 0	25.5 / 27.1	/ 2.1	/ Tr	/ 510	/ 5	/ 36	/ 0.3	/ 0.3	/ 36	/ 3	/ (0)	/ 2.3	/ 0.33	/ 0.20	/ 150	/ 31	/ 0
なし 日本なし 生 07088	15 / 88.0	38 / 43	0.2 / 0.3	(0.1) / 0.1	/ 0	8.1 / 11.3	/ 0.9	/ Tr	/ 140	/ 2	/ 11	/ 0	/ 0.1	/ 0	/ (0)	/ (0)	/ 0.1	/ 0.02	/ Tr	/ 6	/ 3	/ 0
西洋なし 生 07091	15 / 84.9	48 / 54	(0.2) / 0.3	(0.1) / 0.1	/ (0)	(9.2) / 14.4	/ 1.9	/ Tr	/ 140	/ 5	/ 13	/ 0.1	/ 0.1	/ 0	/ (0)	/ (0)	/ 0.3	/ 0.02	/ 0.01	/ 4	/ 3	/ 0
なつめやし 乾 07096	5 / 24.8	281 / 266	(1.2) / 2.2	(Tr) / 0.2	/ (0)	65.4 / 71.3	/ 7.0	/ Tr	/ 550	/ 71	/ 58	/ 0.8	/ 0.4	/ 160	/ 13	/ (0)	/ 1.4	/ 0.07	/ 0.04	/ 19	/ 0	/ 0

236　インフォメーション　さくらんぼが高価な理由▶さくらんぼの栽培は，風の少ない平均気温11〜13度が最適で栽培地が限られてしまう。また，甘くするには寒暖の差が必要で，雨にあたると割れるなど手間がかかる。収穫してもいたみやすく，常温では3日ほどしかもたず，市場への流通が容易ではないため高価となる。

さくらんぼ【桜桃】　Cherries
国産1個＝7g，米国産1個＝15g

　別名おうとう（桜桃）。旬は6～7月。日本では，東北地方，北海道，長野県などがおもな産地で，最も収穫量の多いのは山形県である。日本で栽培されている代表的な品種は，佐藤錦，ナポレオン，高砂，南陽など。果皮に光沢があって張りがあるものを選ぶ。果皮が黒ずんでいたり，褐色の斑点があるものは避ける。輸入物のアメリカンチェリーは熟すと濃赤色になる。生食のほか，ジャム，缶詰など。缶詰は，ケーキやフルーツのデコレーションなどに利用される。

すいか【西瓜】　Watermelon
1/8個＝600g

　日本の代表的な夏の果物。生食が一般的で，果肉は多汁で甘い。水分が多く，利尿効果がある。

ざくろ【石榴】　Pomegranates
1個＝250g

　ペルシア原産。熟すと自然に裂ける。淡紅色の甘酸っぱい小さい種子を食べる。生食のほか，果実酒や清涼飲料に。

スターフルーツ　Carambola
1個＝80g

　別名ごれんし（五斂子）。名前は，5本の稜が出た断面の形に由来する。生食，ジャム，ゼリー，ピクルスなどに。

すもも【李】　Plums
1個＝100g，プルーン（乾）5個＝40g

　中国原産。酸っぱいももが名前の由来。旬は6～8月ごろ。在来種のはたんきょう，改良種のソルダム，サンタローザなどがある。生食のほか，焼き菓子やジャム，果実酒に使用する。
〔プルーン〕　西洋すももの一種で，果実を乾燥したものは，生果に比べて鉄分，食物繊維が豊富。菓子などに用いる。

⬆にほんすもも

⬆プルーン

ドラゴンフルーツ　Pitaya
1個＝400g

　熱帯地域に生息するサンカクサボテンの果実の総称で，皮が龍のウロコのように見えることから名付けられた。食感はシャキシャキとしていて酸味は弱く，さわやかな甘みがある。ビタミンB群が豊富である。

ドリアン　Durian
1個＝2.5kg

　「果物の王様」と呼ばれる東南アジアの代表的果物。果肉はクリーム状で，濃厚な甘みと酸味と独特の香りがある。

✓Check! **日本のベリー類**

　ベリー類は，草の実と木の実に分けられる。草の実にはラズベリーなどのキイチゴ類がある。木の実には，スグリ類や，ブルーベリーなどのコケモモ類があり，シルバーベリー（ぐみ）やマルベリー（桑の実）など，日本で古くから親しまれてきた果実も含まれる。

●こけもも

●ぐみ

●桑の実

なし【梨】　Pears
日本なし1個＝300g，西洋なし1個＝200g

　日本で栽培されているなしは，日本なし，西洋なし，中国なしの3種。
〔日本なし〕　赤なし系の豊水や幸水，青なし系の二十世紀などがある。多汁でさくさくした歯ざわりがある。
〔西洋なし〕　とろけるような舌ざわりでみつのような甘さと芳香が特徴。生食のほか，シロップ煮やコンポートなどに。

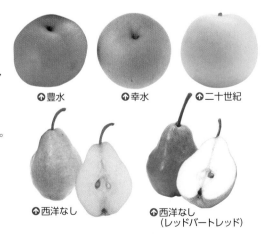
⬆豊水　　⬆幸水　　⬆二十世紀
⬆西洋なし　　⬆西洋なし（レッドバートレット）

なつめやし【棗椰子】　Dates
1個＝40g

　なつめやしの実「デーツ」は，木に実をつけたまま自然乾燥し，太陽の光を浴びて樹上で完熟していく天然のドライフルーツ。こく深い甘みがあり，食物繊維やカリウムが豊富である。

果実類

FRUITS

食品名 / 食品番号 (可食部100gあたり)	廃棄率% / 水分g	エネルギー kcal 200	たんぱく質 g 20.0	脂質 g 20.0	コレステロール mg 20	炭水化物 g 20.0	食物繊維総量 g 2.0	ナトリウム mg 200	カリウム mg 200	カルシウム mg 200	リン mg 200	鉄 mg 2.0	亜鉛 mg 2.0	A βカロテン当量 μg 200	A レチノール活性当量 μg 20	D μg 2.0	E αトコフェロール mg 2.0	B₁ mg 0.20	B₂ mg 0.20	葉酸 μg 20	C mg 20	食塩相当量 g 2.0
パインアップル 生 07097	45 / 85.2	54 / 53	0.4 / 0.6	(0.1) / 0.1	0	12.2 / 13.7	1.2	Tr	150	11	9	0.2	0.1	38	3	(0)	Tr	0.09	0.02	12	35	0
缶詰 07102	0 / 78.9	76 / 84	(0.3) / 0.4	(0.1) / 0.1	(0)	(19.4) / 20.3	0.5	1	120	7	7	0.3	0.1	12	1	(0)	0	0.07	0.01	7	7	0
パッションフルーツ 果汁 生 07106	0 / 82.0	67 / 64	— / 0.8	— / 0.4	(0)	13.4 / 16.2	0	5	280	4	21	0.6	0.4	1100	89	(0)	0.2	0.01	0.09	86	16	0
バナナ 生 07107	40 / 75.4	93 / 86	0.7 / 1.1	(0.1) / 0.2	(0)	21.1 / 22.5	1.1	Tr	360	6	27	0.3	0.2	56	5	(0)	0.5	0.05	0.04	26	16	0
パパイア 完熟 生 07109	35 / 89.2	33 / 38	(0.2) / 0.5	(0.2) / 0.2	(0)	(7.1) / 9.5	2.2	6	210	20	11	0.2	0.1	480	40	(0)	0.3	0.02	0.04	44	50	0
びわ 生 07114	30 / 88.6	41 / 40	(0.2) / 0.3	(0.1) / 0.1	(0)	9.1 / 10.6	1.6	1	160	13	9	0.1	0.2	810	68	(0)	0.1	0.02	0.03	9	5	0
ぶどう 皮なし 生 07116	15 / 83.5	58 / 59	0.2 / 0.4	Tr / 0.1	0	(14.4) / 15.7	0.5	1	130	6	15	0.1	0.1	21	2	(0)	0.1	0.04	0.01	4	2	0
皮つき シャインマスカット 生 07187	0 / 82.5	61 / —	0.4 / 0.7	Tr / 0.2	—	14.9 / 16.1	0.9 / 0	0	210	7	23	0.2	Tr	38	3	—	0.5	0.05	0.01	19	2	0
干しぶどう 07117	0 / 14.5	324 / 300	(2.0) / 2.7	(0.1) / 0.2	(0)	75.9 / 80.3	4.1	12	740	65	90	2.3	0.3	11	1	(0)	0.5	0.12	0.03	9	Tr	0
果実飲料 濃縮還元ジュース 07119	0 / 87.2	46 / 47	(0.3) / 0.3	(0.1) / 0.3	(0)	(11.7) / 12.0	0.1	2	24	5	7	0.3	Tr	0	(0)	(0)	0	0.02	Tr	1	Tr	0
ブルーベリー 生 07124	0 / 86.4	48 / 49	(0.3) / 0.5	(0.1) / 0.1	0	9.8 / 12.9	3.3	1	70	8	9	0.2	0.1	55	5	(0)	1.7	0.03	0.03	12	9	0
ジャム 07125	0 / 55.1	174 / 181	(0.4) / 0.7	(0.2) / 0.3	0	(41.3) / 43.8	4.3	1	75	8	12	0.3	0.1	26	2	(0)	1.9	0.03	0.02	3	3	0
まくわうり 黄肉種 生 07130	40 / 90.8	34 / 32	(0.6) / 0.8	0.1 / 0.1	(0)	(7.4) / 7.8	1.0	1	280	6	8	0.2	0.1	180	15	(0)	0.1	0.03	0.03	50	30	0
マンゴー 生 07132	35 / 82.0	68 / 64	(0.5) / 0.6	(0.1) / 0.1	(0)	15.7 / 16.9	1.3	1	170	15	12	0.2	0.1	610	51	(0)	1.8	0.04	0.06	84	20	0

インフォメーション　ジャムのいろいろ▶ジャムは，果実などに砂糖を加えてゼリー化するようになるまで加熱したものである。果実を全部つぶさずに原形を残したものをプレザーブスタイル，かんきつ類の果実を原料とし，果皮を含むものをマーマレードという。

パインアップル
Pineapple

1個＝2kg，1切＝40g

ブラジル原産。名前は，外見が松ぼっくりに似ていることに由来する。日本では沖縄で栽培されている。果肉は多汁で甘みと酸味がほどよく調和して，香りがよい。たんぱく質分解酵素を含み，消化を助ける働きがあるため，肉料理に向く。生食のほか，ジュース，缶詰，乾果など用途は広い。

パッションフルーツ
Passion fruit

果汁1個分＝15g

ブラジル原産。果肉は橙黄色で甘酸っぱく香りがよい。生食のほか，ジュース，お菓子の原料などに。

パパイア
Papaya

1個＝430g

熱帯果実。果肉はやわらかく，甘く香りがよい。カロテンやビタミンCが豊富。生食のほか，ジュースやジャムに。

びわ【枇杷】
Loquats

1個＝45g

中国が原産。オレンジ色の卵形。小さいわりに，種子が大きい。果肉は多汁で甘くやわらかい。おもに生食される。

ブルーベリー
Blueberries

1粒＝1.5g，ジャム大1＝21g

こけもも類の仲間。直径1cmほどの実で，緑色の未熟果から紅色，青黒色になって熟す。多汁で甘酸っぱい。おもな産地は，北海道，東北地方，長野など。生食のほか，加工品ではジャム，ジュース，フルーツソースなどに。

ぶどう【葡萄】
Grapes

デラウェア1房＝110g，巨峰1粒＝20g，干しぶどう大1＝12g

ワインの原料でもあり，世界で最も生産量の多い果物。用途によって，生食用，醸造用，レーズン用，ジュース用と，多品種ある。日本のおもな産地は山梨，岡山，長野などで，旬は8月下旬から9月。生食のほか，ジュース，ジャム，ゼリー，ワイン，干しぶどうなどに加工される。
【シャインマスカット】マスカット香をもち，大きな楕円形の粒はかたくしまりのある肉質で歯切れがよく，果皮が薄く皮ごとパリッと食べられる。糖度は20度前後と高く，酸味は少なめ。糖質とポリフェノールを多く含む。

↑シャルドネ（醸造用）

↑デラウェア

↑ピオーネ

↑マスカット　↑レッドグローブ

まくわうり【甜瓜】
Oriental melon

1個＝500g

古くから日本で親しまれてきた食材の1つで，縄文時代の初期にはすでに食べられていたといわれている。ウリ科キュウリ属のツル性の植物の果実で，メロンの一種でさまざまな品種がある。

マンゴー
Mangoes

1個＝350g

熱帯果実。濃厚な香りと甘み，ねっとりした舌ざわりが特徴。生食のほか，ジュース，ジャム，マンゴープリンなどに。

バナナ
Bananas

1本＝160g

熱帯アジア原産。果物のなかでは，糖質が多く高エネルギー。生食のほか，ジュース，お菓子など用途は幅広い。

☑Check! 腐ったぶどう

収穫期を迎えたぶどうには，ときおり腐ったような状態のものが混じることがある。ある種のカビが熟した実につくと，ぶどうの皮に小さな穴があく。それによって，ぶどうの水分が蒸発していき，糖度が高まって干しぶどうのようになる。これが貴腐ぶどうである。これを材料に極甘口の貴腐ワインができる。

↑貴腐ぶどう　↑貴腐ワイン

☑Check! バナナいろいろ

日本でバナナといえば，生食用の黄色く熟したものをさすが，海外ではそれは食べ方の1つに過ぎない。バナナは，熱帯を中心に世界中で生産されているが，品種もさまざまで，その半分は料理用で，果肉はかたく，いもに似ている。バナナの料理法は，皮のまま蒸し焼きにしたり，皮をむいて焼いたり揚げたりとさまざまである。

●生食用

◁キャベンデッシュ（普段よく食べるもの）

●料理用

↑ツンドク　↑サバ

↑セニョリータ（モンキー）　↑ラツンダン　↑モラード　↑リンキッド　↑カルダバ

ⓘ インフォメーション　ブルーベリーの色の秘密▶ブルーベリーの美しい青紫色の正体はアントシアニンという色素。この色素は，網膜にある光の刺激を脳に伝える物質に働きかけて再合成・活性化してくれるので，眼精疲労や視力向上に役立つのである。

果実類

FRUITS

食品名 食品番号 可食部100gあたり	廃棄率% 水分g	エネルギー kcal 200 / 水分g	たんぱく質 g 20.0	脂質 g 20.0	コレステロール mg 20	炭水化物 g 20.0	食物繊維総量 g 2.0	ナトリウム mg 200	カリウム mg 200	カルシウム mg 200	リン mg 200	鉄 mg 2.0	亜鉛 mg 2.0	A βカロテン当量 μg 200	A レチノール活性当量 μg 20	D μg 2.0	E αトコフェロール mg 2.0	B1 mg 0.20	B2 mg 0.20	葉酸 μg 20	C mg 20	食塩相当量 g 2.0
マンゴスチン 生 07133	70 / 81.5	71 / 67	− / 0.6	− / 0.2	/ 0	16.1 / 17.5	1.4	1	100	6	12	0.1	0.2	0	(0)	(0)	0.6	0.11	0.03	20	3	0
メロン 温室メロン 生 07134	50 / 87.8	40 / 42	(0.7) / 1.1	(0.1) / 0.1	(0)	(9.3) / 10.3	0.5	7	340	8	21	0.3	0.2	33	3	(0)	0.2	0.06	0.02	32	18	0
露地メロン 緑肉種 生 07135	45 / 87.9	45 / 42	0.6 / 1.0	(0.1) / 0.1	/ 0	10.3 / 10.4	0.5	6	350	6	13	0.2	0.2	140	12	(0)	0.2	0.05	0.02	24	25	0
露地メロン 赤肉種 生 07174	45 / 87.9	45 / 42	(0.6) / 1.0	0.1 / 0.1	/ 0	10.3 / 10.4	0.5	6	350	6	13	0.2	0.2	3600	300	(0)	0.2	0.05	0.02	24	25	0
もも 白肉種 生 07136	15 / 88.7	38 / 40	0.4 / 0.6	(0.1) / 0.1	/ 0	8.0 / 10.2	1.3	1	180	4	18	0.1	0.1	5	Tr	(0)	0.7	0.01	0.01	5	8	0
缶詰 白肉種 果肉 07138	0 / 78.5	82 / 85	(0.3) / 0.5	(0.1) / 0.1	(0)	19.4 / 20.6	1.4	4	80	3	9	0.2	0.2	Tr	(0)	(0)	1.2	0.01	0.02	4	2	0
缶詰 黄肉種 果肉 07175	0 / 78.5	83 / 85	(0.4) / 0.5	− / 0.1	(0)	19.3 / 20.6	1.4	4	80	3	9	0.2	0.2	210	17	(0)	1.2	0.01	0.02	4	2	0
ネクタリン 生 07140	15 / 87.8	39 / 43	(0.4) / 0.7	(0.2) / 0.3	(0)	(7.7) / 10.7	1.7	1	210	5	16	0.2	0.1	240	20	(0)	1.4	0.02	0.03	12	10	0
ライチー 生 07144	30 / 82.1	61 / 63	(0.6) / 1.0	(0.1) / 0.1	/ 0	(14.9) / 16.4	0.9	Tr	170	2	22	0.2	0.2	0	(0)	(0)	0.1	0.02	0.06	100	36	0
ラズベリー 生 07146	0 / 88.2	36 / 41	− / 1.1	0.1	/ 0	(5.6) / 10.2	4.7	1	150	22	29	0.7	0.4	19	2	(0)	0.8	0.02	0.04	38	22	0
りんご 皮なし 生 07148	15 / 84.1	53 / 57	0.1 / 0.1	Tr / 0.2	(0)	12.2 / 15.5	1.4	Tr	120	3	12	0.1	Tr	15	1	(0)	0.1	0.02	Tr	2	4	0
皮つき 生 07176	8 / 83.1	56 / 61	(0.1) / 0.2	(0.1) / 0.3	(0)	12.7 / 16.2	1.9	Tr	120	4	12	0.1	0.1	27	2	(0)	0.4	0.02	0.01	3	6	0
果実飲料 濃縮還元ジュース 07150	0 / 88.1	47 / 43	− / 0.1	(0.1) / 0.2	(0)	11.5 / 11.4	Tr	6	110	3	9	0.1	Tr	0	(0)	(0)	0.1	Tr	Tr	2	1	0
ジャム 07154	0 / 46.9	203 / 213	(0.2) / 0.2	(Tr) / 0.2	(0)	(51.0) / 52.7	0.8	7	33	6	4	0	Tr	4	Tr	(0)	0.1	0.01	0	1	Tr	0

インフォメーション　赤肉のメロンはβ-カロテンたっぷり▶赤肉のメロンは，β-カロテンを非常に多く含んでいる（100g中3600μg）。これは体内でビタミンAに変換され，髪の健康維持や，視力維持，粘膜や皮膚の健康維持，そして，喉や肺など呼吸器系統を守る働きがある。

マンゴスチン Mangosteen

1個＝100g

甘みと酸味が調和し，上品な香りとすぐれた味で熱帯果実の女王と呼ばれる。生食のほか，ゼリーやジャムに。

メロン　　　　　　　Muskmelon（greenhouse, open culture）

温室1切＝190g，露地1個＝500g

ウリ科。中近東で栽培化され，これが東西に伝わったと推定される。網目のある温室メロン（ヨーロッパ系）はマスク，夕張，アンデスなど。果肉がやわらかく，濃厚な甘み。果物のなかでは高級品の代名詞。網目のない露地メロン（東アジア系）は，プリンスが代表。サクサクとした感触で甘みは控えめ。

↓アールスメロン

←アムスメロン

←クインシーメロン

←夕張メロン

もも【桃】　　　　　Peaches

もも1個＝200g，缶詰1切＝60g，ネクタリン1個＝150g

中国が原産で，日本には弥生時代に伝わったという。ももは果肉の白い「白桃」，黄色い「黄桃」，毛のない「ネクタリン」などの種類がある。産地はおもに福島，山形，山梨，岡山など。6〜8月が旬である。日本で最も多く栽培されているのは「白桃」。果肉が白く熟したものはとろけるようなやわらかさがある。糖分が多く，ビタミンCも含む。「黄桃」は黄色でかたく酸味が強いので，ほとんど缶詰にする。
【ネクタリン】　ももよりひと回り小さく，果肉はオレンジ色。味が濃厚で生食に向く。

↑白桃

↑ネクタリン

ライチー【茘枝】Lychees

3個＝60g

レイシともいう。中国の代表的な果物で，果肉は白色半透明でやわらかく，多汁で甘く，ほどよい酸味がある。

ラズベリー Redraspberries

1粒＝2.5g

木いちごの種類。多汁でほどよい酸味と甘みがあり，生食もできる。ジャムやソース，菓子のトッピングに使う。

りんご【林檎】　　　　Apples

1個＝250g，ジュース1C＝210g，ジャム大1＝20g

世界でも代表的な果物である。日本へは明治初期に本格的にはいってきたとされている。おもに北海道，東北地方，長野県が産地。収穫時期はおもに10月初旬から12月初旬。品種改良がおこなわれ，ふじ，つがる，陸奥，紅玉，王林など品質のよいりんごがつくられている。代表的なふじは果肉がよく締まって歯ごたえがよく，日本でいちばん出回っている。食物繊維が豊富でリンゴ酸，クエン酸，ペクチン，カリウムを含む。生食するほか，ジャム，ジュース，焼きりんごや菓子材料，りんご酢，りんご酒にも利用される。

↑ふじ

↑王林

↑紅玉

つくってみよう！　りんごを使ったしょうが焼き

＜材料＞（4人分）
豚肉　400g　たまねぎ　1/2個　しょうが　30g
りんご　1/2個　しょうゆ　大4　みりん　大1　酒　大2
水　大3　中華だし（粉末）　小1　ごま油　適量

＜つくり方＞
❶しょうがとりんごは皮をむいてすりおろし，たまねぎをくし形に切る。
❷肉と❶，調味料（ごま油以外）を丈夫な袋に入れて軽くもみ，15〜20分置いておく。
❸フライパンにごま油を熱し，漬けこんだ肉とたまねぎを炒め，火が通ったら残りのタレも加えて仕上げる。
※その他の野菜を，炒める際に加えてもよい。

Check! 果物の褐変

果物を切ると，果物に含まれるポリフェノールが空気に触れ，酸化されることで褐変する。塩水などにつけると，褐変を防ぐことができる。

↓切ったばかりのとき

↓褐変した切り口

●りんごの飾り切りの例

Check! 世界の果物

●アテモヤ
果肉は白く，黒い種がある。バニラアイスのような食感で「森のアイスクリーム」とも呼ばれる。ミネラル，ビタミンが豊富。

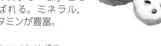

●ホワイトサポテ
グァテマラ産。果肉はクリームがかった白色で強い甘みがある。パパイアやバナナのような感触で，生食やシャーベットなどに。

●仏手柑（ぶっしゅかん）
インド原産。先が手の指のように分かれていることからこの名がついた。身が少ないので生食には向かず，砂糖漬けなどにして食べる。

●ランブータン
産地は東南アジア。果肉はジューシーで甘酸っぱく，さわやかな香りがある。ビタミンCが多く，おもに生食する。

ⓘ インフォメーション　ニュートンのりんご▶万有引力を発見したニュートンの庭にあったりんごは「ケントの花」という品種で，小さくて水分も少なく酸味が強いため料理用が主だった。この品種は収穫前には風がなくても落果する性質があるそうで，もし違う品種のりんごだったらこの発見はなかったのかもしれない。

241

果実類

きのこ類

MUSHROOMS

栄養上の特性

きのこは，日光に当たるとビタミンDに変化するエルゴステロールを多く含んでいる。また，食物繊維も多く，カリウム，亜鉛，銅などの無機質や，ビタミンB₁，B₂を含んでいる。

選び方・保存の仕方

	しいたけ	干ししいたけ
選び方	かさの内側が茶褐色ではなく白いものが新しい。／かさ 開きすぎていないものがよい。／ひだ／石づき／軸 太いものがよい。	形が整い，かさの裏が淡黄色から乳白色のものがよい。◀どんこ ◀こうしん
保存の仕方	乾燥させないように，ポリ袋か新聞紙に包んで，冷蔵庫で保存する。	湿気ると香りも味も落ちるので，缶などに入れて，密封保存する。

きのこ類

日本に産するきのこの種類は多く，山野の木陰や朽木（くちき）などに生えている一方，栽培も盛んで，現在では流通しているほとんどのきのこが周年供給され，輸入物も増えてきている。生のきのこは，各種の酵素を多く含むため変質しやすい。びん詰や塩漬けにしたり，乾燥させたりして保存，利用することも多い。

しいたけ

食品名 / 食品番号	廃棄率% / 水分g	エネルギー kcal	たんぱく質 g	脂質 g	コレステロール mg	炭水化物 g	食物繊維総量 g	ナトリウム mg	カリウム mg	カルシウム mg	リン mg	鉄 mg	亜鉛 mg	βカロテン当量 μg	レチノール活性当量 μg	D μg	αトコフェロール mg	B₁ mg	B₂ mg	葉酸 μg	C mg	食塩相当量 g
（基準値）		200	20.0	20.0	20	20.0	2.0	200	200	200	200	2.0		200	20	2.0	2.0	0.20	0.20	20	20	2.0
えのきたけ 生 08001	15	34	1.6	0.1	0	4.8																	
	88.6	22	2.7	0.2		7.6	3.9	2	340	Tr	110	1.1	0.6	(0)	(0)	0.9	0	0.24	0.17	75	0	0
味付け瓶詰 08003	0	76	2.4	(0.2)	(0)	14.2																	
	74.1	85	3.6	0.3		16.9	4.1	1700	320	10	150	0.8	0.6	(0)	(0)	0.1	(0)	0.26	0.17	39	0	4.3
きくらげ あらげきくらげ 乾 08004	0	184	4.5	0.4		0.9																	
	13.1	171	6.9	0.7		77.0	79.5	46	630	82	110	10.0	0.8	(0)	(0)	130.0		0.01	0.44	15	(0)	0.1
きくらげ 乾 08006	0	216	5.3	1.3		17.1																	
	14.9	167	7.9	2.1		71.1	57.4	59	1000	310	230	35.0	2.1	(0)	(0)	85.0	0	0.19	0.87	87	0	0.1
しろきくらげ 乾 08008	0	170	3.4	0.5	(0)	3.4																	
	14.6	162	4.9	0.7		74.5	68.7	28	1400	240	260	4.4	3.6	(0)	(0)	15.0	(0)	0.12	0.70	76	0	0.1
くろあわびたけ 生 08010	10	28	(2.3)	(0.2)	(0)	2.2																	
	90.2	19	3.7	0.4		4.9	4.1	3	300	2	100	0.5	0.7	(0)	(0)	0.3	0	0.21	0.22	65	0	0
しいたけ 生しいたけ 菌床栽培 生 08039	20	25	2.0	0.2	0	0.7	4.9																
	89.6	20	3.1	0.3		6.4	4.6	1	290	1	87	0.4	0.9	0	0	0.3	0	0.13	0.21	49	0	0
生しいたけ 原木栽培 生 08042	20	34	1.9	0.2	(0)	3.2																	
	88.3	23	3.1	0.4		7.6	5.5	1	270	2	61	0.4	0.7			0.4	(0)	0.13	0.22	75	0	0
乾しいたけ 乾 08013	20	258	14.1	(1.7)	0	22.1																	
	9.1	180	21.2	2.8		62.5	46.7	14	2200	12	290	3.2	2.7	(0)	(0)	17.0	0	0.48	1.74	270	20	0

インフォメーション しいたけは不老長寿の妙薬▶しいたけには，豊富なうま味成分もさることながら，さまざまな効能がある。紫外線を浴びることでビタミンDが増えてカルシウムの吸収を促したり，コレステロールの低下，免疫機能を高め，がん抑制の効果があるといわれている。

●トリュフ

トリュフのパスタ

キャビア・フォアグラと並ぶ世界三大珍味の1つ。独特の香りがあり高価である。訓練された豚や犬ににおいをたどらせて採取する。

●冬虫夏草

冬虫夏草のスープ

虫類に寄生する菌類の総称であるが、そのなかで食用になるものは限られている。中国では薬膳料理として用いられる。

●ポルチーニたけ

ポルチーニたけのパスタ

フランスではセップとも呼ばれる。イタリア料理では、パスタやリゾットなどに使われる。

●ふくろたけ

ふくろたけの中華炒め

中国、台湾などで栽培され、乾燥品や水煮缶詰が輸入されている。

●きぬがさたけ

レース状のマントをひろげる美しいきのこ。中国では乾燥したものをスープなどに用いる。

えのきたけ【榎茸】Winter mushrooms

1袋=100g

天然ものは晩秋から冬にかけて広葉樹の切り株や枯れ木に発生し、粘性のある黄褐色のかさをもち、背が低くずんぐりしている。現在流通しているもののほとんどは栽培もので、茎が長く白いもやし状。ほどよいぬめりと、さわやかな歯切れが特徴。汁物、鍋物に。びん詰は、しょうゆで煮こんだもの。

↑えのきたけの菌床栽培

くろあわびたけ【黒鮑茸】Abalone mushrooms

1パック=80g

別名おおひらたけ。かさが黒く、食感があわびに似ることから、こう呼ばれる。アクがあるのでゆでてから使う。

きくらげ【木耳】 Tree ears

1個=0.3g

人間の耳に形が似ているので、木耳と書く。ゼラチン質で、乾燥するとかたい軟骨質になる。くらげに似た歯ざわりと淡泊な味が特徴で、中国料理には欠かせない食材。黒きくらげと白きくらげがあるが、白きくらげは、中国では不老長寿の食材として珍重されている。

←細切りきくらげ

↑中国料理に使われるきくらげ

←きくらげを乗せたとんこつラーメン

しいたけ【椎茸】 Shiitake

生1個=15g、乾1個=5g

生産量が最も多いきのこ。最近では中国からの輸入が増えている。
【生しいたけ】 低カロリーでミネラル、ビタミンが豊富。鍋物や煮物、天ぷらなどに。
【乾しいたけ】 しいたけを乾燥させたもの。干すことで栄養価が増し、香りもよくなる。水やぬるま湯で戻し、戻し汁はだし汁に使う。

干ししいたけ→

↓しいたけの原木栽培

↑しいたけ

✔Check! きのこの扱い方Q&A

Q1. きのこは洗って調理するの？

A1. きのこを洗うと風味が落ち劣化しやすいが、天然きのこの場合は、土や木の葉、虫などを取り除くために水洗いする。栽培きのこの場合は衛生管理の行き届いた施設で栽培されているが、栽培に使用するおがくずがついている場合があるので、石づき部分を切り落とした後、軽く水洗いするとよい。

Q2. 生のきのこの保存方法は？

A2. 購入後は冷蔵庫で保存し、できるだけ早めに食べた方がよい。冷凍保存も可能で、石づき部を切り落として、ほぐした状態で食べる分ごと小分けにして冷凍するとよい。ただし、冷凍保存後の調理は、解凍せずに凍ったまま使用する。保存期間はおおむね2～3週間。

↓えのきたけのカットの場所

石づき部の1～2cmくらい上を切る。くぼみのところではなく、かたまっている場所もほぐして食べられる。

↓しめじの切り方

適当な小房に分けた後、石づき部（株元）を切り落とす。

つくってみよう！ きのこのソテー

＜材料＞ （4人分）

きのこ（好みのものを合わせて）800g　オリーブ油　大さじ4
にんにく　1かけ　塩　小さじ1/2　こしょう　少々　水　1/2カップ
しょうゆ　小さじ1

＜つくり方＞

❶ しいたけ、マッシュルーム、しめじ、まいたけ、エリンギは軸の下のかたい部分（石づき）を少し除く。しいたけはたて4等分に切る。マッシュルームは5mmの厚さに切る。しめじ、まいたけは小房に分ける。エリンギはたて4～5等分に裂く。えのきたけは根元を切り落とし、ほぐす。にんにくは皮をむいて薄く切る。

❷ フライパンにオリーブ油とにんにくを入れて中火で熱し、香りが立ったらえのきたけ以外のきのこを加えてさっと混ぜ、そのまま混ぜずに1～2分間焼きつける。きのこの香りが立ってきたら、えのきたけを加えて、ときどき上下を返すようにして炒める。

❸ きのこがしんなりしたら塩、こしょうを加えてさっと混ぜ、水1/2カップを注ぎ入れて、あまり混ぜないようにして汁気をとばす。最後にしょうゆを加えて手早く炒め合わせる。

MUSHROOMS

食品名 食品番号
可食部100gあたり

食品名 / 番号	廃棄率% / 水分g	エネルギー kcal/200	たんぱく質 g/20.0	脂質 g/20.0	コレステロール mg/20	炭水化物 g/20.0	食物繊維総量 g/2.0	ナトリウム mg/200	カリウム mg/200	カルシウム mg/200	リン mg/200	鉄 mg/2.0	亜鉛 mg/2.0	βカロテン当量 μg/200	レチノール活性当量 μg/20	D μg/2.0	E αトコフェロール mg/2.0	B₁ mg/0.20	B₂ mg/0.20	葉酸 μg/20	C mg/20	食塩相当量 g/2.0
しめじ はたけしめじ 生 08015	15	25	–	–		1.7																
	92.0	15	2.6	0.3	(0)	4.5	2.7	4	260	1	64	0.6	0.4	(0)	(0)	0.9	0	0.12	0.44	20	0	0
ぶなしめじ 生 08016	10	26	1.6	0.2		2.5	3.0															
	91.1	17	2.7	0.5	0	4.8	3.5	2	370	1	96	0.5	0.5	(0)	(0)	0.5	0	0.15	0.17	29	0	0
ほんしめじ 生 08018	20	21	–	–		0.9																
	93.6	12	2.5	0.4		2.8	1.9	1	310	2	76	0.6	0.7	(0)	(0)	0.6	0	0.07	0.28	24	0	0
たもぎたけ 生 08019	15	23	(2.2)	(0.1)		1.6																
	91.7	16	3.6	0.3	(0)	3.7	3.3	1	190	2	85	0.8	0.6	(0)	(0)	0.8	0	0.17	0.33	80		0
なめこ 株採り 生 08020	20	21	1.0	0.1		2.4																
	92.1	15	1.8	0.2	1	5.4	3.4	3	240	4	68	0.7	0.5	(0)	(0)	0	0	0.07	0.12	60		0
ぬめりすぎたけ 生 08023	8	23	(1.3)	(0.2)		2.7																
	92.6	15	2.3	0.4	(0)	4.1	2.5	1	260	1	65	0.6	0.4	(0)	(0)	0.4	0	0.16	0.34	19	1	0
ひらたけ うすひらたけ 生 08024	8	37	(3.7)	(0.1)		3.5																
	88.0	23	6.1	0.2	(0)	4.8	3.8	1	220	2	110	0.6	0.9	(0)	(0)	2.4	0	0.30	0.41	100	0	0
エリンギ 生 08025	6	31	1.7	0.2		3.7																
	90.2	19	2.8	0.4	(0)	6.0	3.4	2	340	Tr	89	0.3	0.6	(0)	(0)	1.2	0	0.11	0.22	65	0	0
ひらたけ 生 08026	8	34	2.1	0.1		4.8																
	89.4	20	3.3	0.3		6.2	2.6	2	340	1	100	0.7	1.0	(0)	(0)	0.3	0	0.40	0.40	92	0	0
まいたけ 生 08028	10	22	1.2	0.3		1.8																
	92.7	15	2.0	0.5	(0)	4.4	3.5	0	230	Tr	54	0.2	0.7	(0)	(0)	4.9	(0)	0.09	0.19	53	0	0
マッシュルーム 生 08031	5	15	1.7	0.1		0.2																
	93.9	11	2.9	0.3	0	2.1	2.0	6	350	3	100	0.3	0.4	(0)	(0)	0.3	0	0.06	0.29	28	0	0
水煮缶詰 08033	0	18	(1.9)	(0.1)		(0.2)																
	92.0	14	3.4	0.2	(0)	3.3	3.2	350	85	8	55	0.8	1.0	(0)	(0)	0.4	0	0.03	0.24	2	0	0.9
まつたけ 生 08034	3	32	1.2	0.2		3.4																
	88.3	23	2.0	0.6	(0)	8.2	4.7	2	410	6	40	1.3	0.8	(0)	(0)	0.6	0	0.10	0.10	63	0	0
やなぎまつたけ 生 08036	10	20	–	(Tr)		1.1																
	92.8	13	2.4	0.1	(0)	4.0	3.0	1	360	Tr	110	0.5	0.6	(0)	(0)	0.4	0	0.27	0.34	33	0	0

インフォメーション きのこの見分け方▶きのこは軸がたてに裂けるものは食べられる，色のどぎついものは毒がある，虫食いのあとがあれば食べられる，なすといっしょに料理すれば大丈夫などとさまざまにいわれているが，これらはいずれも俗説。疑わしきは食うべからずにつきるようだ。

しめじ【占地】 Hatakeshimeji, Beech mushrooms, Honshimeji
1パック＝100g

　ほんしめじの栽培は難しく，しめじの名で流通しているものは，栽培ひらたけ，ぶなしめじが多い。近年，ほんしめじの人工栽培も可能になったが，天然物より風味は落ちる。「香りまつたけ味しめじ」といわれるほど歯ごたえ，味ともにすぐれている。ぶなしめじとはたけしめじの形は似ているが，ほんしめじと同じシメジ属であるはたけしめじのほうがかさが大きく歯ごたえと風味がよい。汁物，天ぷら，煮物，きのこごはんなどに。

たもぎたけ【楡木茸】 Golden oyster mushrooms
1パック＝100g

　ゴールデンしめじともいわれ，上品な味と香りが特徴。舌ざわりはソフトで口当たりがよい。和風，洋風いずれにも向く。

ぬめりすぎたけ【滑杉茸】 Numerisugitake

　すぎたけと名がついているが，杉に生えない。なめこの仲間。かさも柄もともにぬめりが強いのが特徴。

ひらたけ【平茸】 Phoenix mushrooms, King oyster mushrooms, Oyster mushrooms
うすひらたけ1パック＝100g，エリンギ1本＝40g，ひらたけ1パック＝80g

　ひらたけは世界中の温帯の山林に自生している一般的なきのこで，世界各地で食用にされている。栽培も盛んにおこなわれ，欧米ではオイスター・マッシュルームとして知られている。近縁種に同じく食用のうすひらたけ，同属にエリンギがある。
〔うすひらたけ〕　ひらたけを薄く，小さくしたような形をしたきのこで，肉は薄く，やわらかく，白い。汁物，煮物，揚げ物などに。
〔エリンギ〕　ヨーロッパから中央アジアにかけて分布。歯切れ，香りともによく，日もちがよい。あえ物，ソテーなどに。
〔ひらたけ〕　かさの表面が灰色をしており，味は淡泊で香りもおだやか。汁物，あえ物，ソテーなど，どんな料理にも合う。

まいたけ【舞茸】 Maitake
1パック＝100g

　さわやかな香りと独特の歯ごたえをもち，うま味の強いきのこである。あえ物，おひたし，煮物，汁の実などに。

マッシュルーム Button mushroom
生1個＝8g，水煮缶詰5切＝10g

　香りはあまりないが味はよい。広く世界中で栽培され，特に欧米で盛ん。白色種，ブラウン種などがあり，ブラウン種の味が濃い。軸が短く引きしまって弾力のあるものが良質。水煮缶詰にはおもに白色種が用いられ，スライスとホールがある。シチュー，バター炒め，スープ，ミートソース，グラタンなどに。

↑ホワイトマッシュルーム

↑ブラウンマッシュルーム

なめこ【滑子】 Nameko
1袋＝100g

　現在はほとんどが人工栽培。独特のぬめりがあり，歯切れや口当たりのよさが特徴。みそ汁やあえ物，酢の物に。

↑ほうれんそうとしめじのおひたし

↑白いしめじ

↑なめこのみそ汁

中央の写真ラベル：エリンギ，えのきたけ，マッシュルーム，しめじ，なめこ，しめじ，まいたけ，しいたけ，まつたけ

まつたけ【松茸】 Matsutake
1本＝30g

　きのこの王様として，香りが珍重される。近年，輸入物が出回るようになった。焼きまつたけ，土びん蒸しに。

↑まつたけの土びん蒸し

↑まつたけごはん

やなぎまつたけ【柳松茸】 Black poplar mushrooms
1パック＝100g

　かえで類に生えるきのこ。今では，びん栽培で量産されるようになり，「しゃっきりたけ」の名で販売されている。

🍳つくってみよう！ さけときのこのホイル焼き

<材料>（4人分）
さけ4切れ，きのこ（しいたけ，しめじ，えのきたけなど）各1パック，アスパラガス2本，ブロッコリー1/2株，酒大さじ4，しょうゆ・すだちなど　適量

<つくり方>
❶しいたけは薄切りにし，しめじ，えのきたけは石づきを取って小房に分ける。
❷アルミホイルを広げ，さけ，❶，さっとゆでて食べやすい大きさに切ったアスパラガス，ブロッコリーを乗せる。
❸❷に酒を振りかけてぴったりと包み，オーブンで10分ほど蒸し焼きにする。
❹焼き上がったら器に盛り，しょうゆと好みですだちをかける。

ℹ️ インフォメーション　日本一のきのこ▶日本で発見されたきのこのなかでいちばん大きいものは“ニオウシメジ”。1株の重さが20〜30kg，高さ1mにもなるそうだ。なかには100kg以上になるものもある。ちょうどぶなしめじを巨大化したような形で，和名ではその大きさと不動の姿から“仁王占地”となった。

きのこ類

こんぶ干し

藻類

藻類とは，葉緑素を使って水中で光合成をする植物の一群をいう。低カロリーで食物繊維を多く含むことから，近年，機能性食品として見直されている。乾燥すると保存性が高まるので，乾物として加工され，流通することが多い。最近は流通の発達で，熱処理したものや，塩蔵品も多く出回っている。

栄養上の特性

藻類は，種類によって，栄養成分にかなりの差がある。藻類の炭水化物は，粘質多糖類と食物繊維であるため，エネルギー源にはなりにくいが，整腸作用がある。また，無機質である鉄，カルシウム，リン，ヨウ素，ビタミン類では，カロテンとビタミンCを多く含むところから「海の野菜」とも呼ばれる。

また，ぬめり成分は多糖類のアルギン酸で，コレステロール低下作用がある。

藻類の種類

海水産と淡水産に分けられる。また，色の違い，生息する水深の違いから，下記に分類される。

分類	藍藻類	緑藻類	褐藻類	紅藻類
種類	水前寺のり	あおさ あおのり クロレラ	こんぶ わかめ あらめ ひじき もずく	あまのり とさかのり てんぐさ

選び方・保存の仕方

選び方

●こんぶ
- よく乾燥したもので，色が濃く，肉厚のものがよい。
- だしこんぶ，煮物用などがあるので，調理に合ったこんぶを選ぶ。

●わかめ
- 黒緑色でつやがあり，葉肉に厚みがあり，弾力のあるもの。

●のり
- 香りがよく，色が濃く，つやがあり，厚みにむらのないもの。

●寒天
- 白色，または乳白色で，光沢のあるもの。

保存の仕方

湿気ると，風味も味も損なうので，缶などに入れて密封保存する。

食品名 食品番号	廃棄率% / 水分g	エネルギー kcal (200)	たんぱく質 g (20.0)	脂質 g (20.0)	コレステロール mg (20)	炭水化物 g (20.0)	食物繊維総量 g (2.0)	ナトリウム mg (200)	カリウム mg (200)	カルシウム mg (200)	リン mg (200)	鉄 mg (2.0)	亜鉛 mg (2.0)	βカロテン当量 μg (200)	レチノール活性当量 μg (20)	D μg (2.0)	E αトコフェロール mg (2.0)	B1 mg (0.20)	B2 mg (0.20)	葉酸 μg (20)	C mg (20)	食塩相当量 g (2.0)
あおさ 素干し 09001	0	201	16.9	0.4		18.0																
	16.9	130	22.1	0.6	1	41.7	29.1	3900	3200	490	160	5.3	1.2	2700	220	(0)	1.1	0.07	0.48	180	25	9.9
あおのり 素干し 09002	0	249	21.4	3.3		15.7																
	6.5	164	29.4	5.2	Tr	41.0	35.2	3200	2500	750	390	77.0	1.6	21000	1700	(0)	2.5	0.92	1.66	270	62	8.1
あまのり ほしのり 09003	0	276	30.7	2.2		17.7																
	8.4	173	39.4	3.7	21	38.7	31.2	610	3100	140	690	11.0	3.7	43000	3600	(0)	4.3	1.21	2.68	1200	160	1.5
焼きのり 09004	0	297	32.0	2.2		19.2																
	2.3	188	41.4	3.7	22	44.3	36.0	530	2400	280	700	11.0	3.6	27000	2300	(0)	4.6	0.69	2.33	1900	210	1.3
味付けのり 09005	0	303	31.5	2.5		25.6																
	3.4	359	40.0	3.5	21	41.8	25.2	1700	2700	170	710	8.2	3.7	32000	2700	(0)	3.7	0.61	2.31	1600	200	4.3
いわのり 素干し 09007	0	228	26.8	0.6		10.8																
	8.4	151	34.8	0.7	30	39.1	36.4	2100	4500	86	530	48.0	2.3	28000	2300	(0)	4.2	0.57	2.07	1500	3	5.3
うみぶどう 生 09012	0	6	—	Tr		0.5																
	97.0	4	0.5	0.1	0	1.2	0.8	330	39	34	10	0.8	Tr	120	10	(0)	0.2	Tr	0.01	4	Tr	0.8
えごのり おきうと 09009	0	7	—	—		0																
	96.9	6	0.3	0.1	1	2.5	2.5	20	22	19	3	0.6	0.1	0	(0)	(0)	Tr	0	0.01	7	0	0.1
おごのり 塩蔵 塩抜き 09010	0	26	—	—		1.3																
	89.0	21	1.3	0.1	11	8.8	7.5	130	1	54	14	4.2	0.2	780	65	(0)	0.1	0.02	0.18	3	0	0.3

インフォメーション　のりが湿ってしまったら▶いつのまにか湿ってしまったのりを復活させるためには，電子レンジやトースターで少しだけ加熱するとよい。または熱湯にくぐらせたのりを，しょうゆ，みりん，酒で味つけしてつくだ煮にしてもよい。しかしいちばんよいのは，のりが湿らないうちに食べること！

食のお話　こんぶの産地とこんぶロード

こんぶは，東北以北の寒水域の水産物で，こんぶの発芽に必要な寒流とその生長に必要な暖流がまじわる漁場で，品質のよいこんぶが収穫される。北海道でも，産地によって，品質の違いがあり，羅臼（うす）こんぶ，利尻（りしり）こんぶ，三石（みついし）（日高（だか））こんぶ，まこんぶと大きく4銘柄に分類される。

また，全国各地で食べ方が異なるというめずらしい食材でもある。それは，蝦夷地（えぞ）（現在の北海道）の開拓と北前船の航路開拓の歴史と密接に結びついている。航路が西にひらけるにつれて，こんぶの食べ方も変化していった。

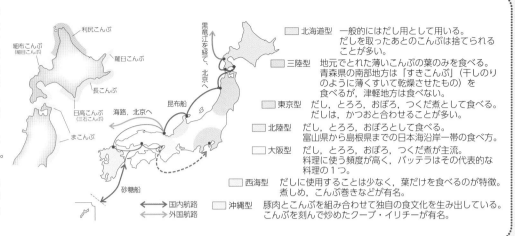

利尻こんぶ
細布こんぶ（細目こんぶ）
羅臼こんぶ
長こんぶ
日高こんぶ（三石こんぶ）
まこんぶ
黒竜江を経て，北京へ
昆布船
海路，北京へ
砂糖船
⟷ 国内航路
⟷ 外国航路

北海道型　一般的にはだし用として用いる。だしを取ったあとのこんぶは捨てられることが多い。

三陸型　地元でとれた薄いこんぶの葉のみを食べる。青森県の南部地方は「すきこんぶ」（干しのりのように薄くすいて乾燥させたもの）を食べるが，津軽地方は食べない。

東京型　だし，とろろ，おぼろ，つくだ煮として食べる。だしは，かつおと合わせることが多い。

北陸型　だし，とろろ，おぼろとして食べる。富山県から島根県までの日本海沿岸一帯の食べ方。

大阪型　だし，とろろ，おぼろ，つくだ煮が主流。料理に使う頻度が高く，バッテラはその代表的な料理の1つ。

西海型　だしに使用することは少なく，葉だけを食べるのが特徴。煮しめ，こんぶ巻きなどが有名。

沖縄型　豚肉とこんぶを組み合わせて独自の食文化を生み出している。こんぶを刻んで炒めたクーブ・イリチーが有名。

あおさ【石蓴】　Sea lettuce

食用として養殖され，流通しているもののほとんどは「ひとえぐさ（一重草）」である。汁物の具や，加工してふりかけのりなどとして利用される。

アーサ汁 →（あおさ）

うみぶどう【海葡萄】　Green caviar

6 cm長さ1本＝10g

和名くびれづた。沖縄で養殖されている。ぶどうの房状についた小球のプチプチとした食感と潮の香りを楽しむ。

↑うみぶどうサラダ

あおのり【青海苔】Green laver

大1＝2g

高知県，徳島県で養殖されている。あぶって粉末にしたものは，お好み焼きや，せんべいにまぶして使う。

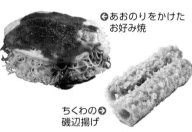
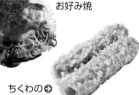

←あおのりをかけたお好み焼

ちくわの →磯辺揚げ

↑静岡おでん　青のりとけずり粉をかけて食べる。

あまのり【甘海苔】Purple laver

1枚＝3g

一般にのり，浅草のりと呼ばれている。全国の沿岸に生育しており，ほとんどが養殖。
〔干しのり〕原藻を洗浄，塩抜きし，裁断して乾燥したもの。寿司，おにぎり，せんべいに巻くほか，もんだり刻んだりして薬味としても使う。
〔味付けのり〕干しのりにしょうゆやみりんを塗り，乾燥させたもの。

いわのり【岩海苔】Iwa-nori

1枚＝10g

岩に生育するのりの総称。冬から春にかけて採取する。かたいが養殖ののりより磯の香りが強く味もすぐれている。

えごのり【恵胡海苔】Ego-nori

煮溶かして，こんにゃく状に冷やしかためて食べる。「おきうと」（福岡県・山口県），「えごねり」（新潟県）などさまざまな加工品や伝統料理がある。

↑おきうとの盛りつけ例

おごのり【海髪】Ogo-nori

1C＝35g

淡水の混ざる低塩分の場所に多く生育する。酢の物，サラダ，汁物，刺身のつまや添え物などに。

↑海藻サラダ

✓ Check! さまざまな藻類の加工品

●へぎそば（新潟県）

新潟県小千谷，十日町のへぎそばは，紅藻類の「ふのり」をつなぎに使っている。

材料の →ふのり

●いぎす豆腐（愛媛県）

いぎすと生の大豆粉をだし汁で煮溶かし，寒天のようにかためた料理で，愛媛県の越智・今治地方では，お盆や法事のときによく食べる。

↑いぎす豆腐

いぎす →

●水前寺のり

熊本県水前寺付近産が名前の由来だが，福岡県で養殖が盛んな淡水藻の一種。吸い物や刺身のつまなどに使う。

素干しを水で戻したもの

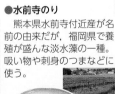

↑水前寺のりの採取風景

インフォメーション　節分と太巻きの関係▶節分にのりで巻いた太巻きを食べるのは，"福を巻きこむ"巻き寿司を"縁を切らない"ように願いごとをしながら，その年の恵方（えほう）に向かって，切らずに丸ごと食べて福を呼びこむため。実は，のり業者がのり普及のために，節分のイベントとして実施したのが始まりだとか。

食品名 / 食品番号	廃棄率% / 水分g	エネルギー kcal	たんぱく質 g	脂質 g	コレステロール mg	炭水化物 g	食物繊維総量 g	ナトリウム mg	カリウム mg	カルシウム mg	リン mg	鉄 mg	亜鉛 mg	A βカロテン当量 μg	A レチノール活性当量 μg	D μg	E αトコフェロール mg	B₁ mg	B₂ mg	葉酸 μg	C mg	食塩相当量 g
こんぶ まこんぶ 素干し 乾 09017	0	170	5.1	1.0		9.7	32.1															
	9.5	146	5.8	1.3	0	64.3	27.1	2600	6100	780	180	3.2	0.9	1600	130	(0)	2.6	0.26	0.31	240	29	6.6
りしりこんぶ 素干し 09019	0	211	(6.4)	(1.5)		27.2																
	13.2	138	8.0	2.0	0	56.5	31.4	2700	5300	760	240	2.4	1.0	850	71	(0)	1.0	0.80	0.35	170	15	6.9
削りこんぶ 09021	0	177	(5.2)	0.6		23.6																
	24.4	117	6.5	0.9	0	50.2	28.2	2100	4800	650	190	3.6	1.1	760	64	(0)	0.8	0.33	0.28	32	19	5.3
塩こんぶ 09022	0	193	—			23.9																
	24.1	110	16.9	0.4	0	37.0	13.1	7100	1800	280	170	4.2	0.7	390	33	(0)	0.4	0.04	0.23	19	0	18.0
つくだ煮 09023	0	150	4.7	0.9		25.5																
	49.6	168	6.0	1.0	0	33.3	6.8	2900	770	150	120	1.3	0.5	56	5	(0)	0.1	0.05	0.05	15	Tr	7.4
てんぐさ ところてん 09026	0	2	(0.1)	—		0.1																
	99.1	2	0.2	0	Tr	0.6	0.6	3	2	4	1	0.1	Tr	0	(0)	(0)	0	0	0	0	Tr	0
角寒天 09027	0	159	(1.0)	(0.1)		1.4																
	20.5	154	2.4	0.2	Tr	74.1	74.1	130	52	660	34	4.5	1.5	(0)	(0)	(0)	0	0.01	0	0	0	0.3
粉寒天 09049	0	160	0.1	(0.2)		0.1																
	16.7	165	0.2	0.3	0	81.7	79.0	170	30	120	39	7.3	0.3	0	0	(0)	0	0	Tr	1	0	0.4
とさかのり 赤とさか 塩蔵 塩抜き 09029	0	19	—	—		1.1																
	92.1	14	1.5	0.1	9	5.1	4.0	270	37	70	11	1.2	0.2	15	1	(0)	0	0.04	0	0	0	0.7
ひじき ほしひじき ステンレス釜 乾 09050	0	180	7.4	1.7		6.8																
	6.5	149	9.2	3.2	Tr	58.4	51.8	1800	6400	1000	93	6.2	1.0	4400	360	(0)	5.0	0.09	0.42	93	0	4.7
もずく 塩蔵 塩抜き 09038	0	4	0.2	(0.1)		0.1																
	97.7	4	0.2	0.1	0	1.4	1.4	90	2	22	2	0.7	0.3	180	15	(0)	0.1	Tr	0.01	2	0	0.2
わかめ 乾燥わかめ 素干し 09040	0	172	(11.2)	(1.1)		(14.4)	29.8															
	11.3	117	14.4	2.6	0	39.6	29.0	6400	6000	830	350	5.8	1.0	4400	370	(0)	1.2	0.36	1.01	320	19	16.2
湯通し塩蔵わかめ 塩抜き 生 09045	0	16	1.3	0.2		0.9	2.9															
	93.3	11	1.5	0.3	0	3.4	3.2	530	10	50	30	0.5	0.2	210	17	(0)	0.1	0.01	0.01	6	0	1.4
めかぶわかめ 生 09047	0	14	0.7	0.5		0																
	94.2	11	0.9	0.6	0	3.4	3.4	170	88	77	26	0.3	0.2	240	20	(0)	0.1	0.02	0.03	36	2	0.4

単位（可食部100gあたり）：廃棄率%、水分g、エネルギー kcal、たんぱく質 g 20.0、脂質 g 20.0、コレステロール mg 20、炭水化物 g 20.0、食物繊維総量 g 2.0、ナトリウム mg 200、カリウム mg 200、カルシウム mg 200、リン mg 200、鉄 mg 2.0、亜鉛 mg 2.0、βカロテン当量 μg 200、レチノール活性当量 μg 20、D μg 2.0、αトコフェロール mg 2.0、B₁ mg 0.20、B₂ mg 0.20、葉酸 μg 20、C mg 20、食塩相当量 g 2.0

インフォメーション だしに使う▶こんぶは、「だし」のうま味成分としてよく使われ、だしが出る本体そのものはほとんど食べない。つまり、本体が目的ではなく、そこから出るうま味を利用するためである。そこから、自分の利益のために人やものを利用することを、「だしに使う」というようになった。

こんぶ【昆布】　Kombu

10cm角1枚＝10g, 削りこんぶ・塩こんぶ・つくだ煮1食分＝5g

　おもに北海道沿岸から東北北部に生育し，夏に採取し，乾燥させて出荷される。グルタミン酸を多く含み，うま味があるため，日本料理では，だしや煮物用として欠かせない。代表的なものに，まこんぶ，羅臼こんぶ，利尻こんぶ，三石（日高）こんぶなどがある。
〔まこんぶ〕　こんぶのなかの最高級品。
〔りしりこんぶ〕　まこんぶに次ぐ良品で，濃厚なうま味が出る。
〔削りこんぶ〕　干したこんぶを薄い酢に漬けてやわらかくし，包丁で薄く削ったもので，おぼろこんぶ，とろろこんぶがある。おにぎり，うどんやそばに。
〔塩こんぶ〕　こんぶをしょうゆ，たまり，砂糖，みりんなどを加えた調味液のなかで，長時間ゆっくりと炊き上げた後，乾燥させ，うまみ調味料などを混合した粉末調味料をまぶしたもの。
〔つくだ煮〕　しいたけや小魚など，さまざまな具材と合わせて，甘口に煮こむとおいしい。そのほか，こんぶ茶，酢こんぶ，こんぶ巻きなどがある。

↑こんぶ巻き

↑塩こんぶ（四角型）

↑切りこんぶの煮物

とさかのり【鶏冠海苔】　Tosaka-nori

1食分＝3g

　紅藻類。にわとりのとさかに似ていることからこう呼ばれる。海藻サラダや刺身のつまとして使う。

↑とさかのりを使った海藻サラダ

てんぐさ【天草】　Tengusa

ところてん1本＝200g, 角寒天1本＝7g, 粉寒天大1＝6g, 小1＝2g

　紅藻類。北海道以南の黒潮海域でとれる。日光にさらし，退色して白くなったものを乾燥させて，ところてんや寒天の原料とする。
〔ところてん〕　てんぐさやおごのりなどを煮出した液を冷却してかためたもの。
〔寒天〕　てんぐさやおごのりなどを熱水で処理，粘質物を抽出し，凝固，凍結乾燥したもの。ゼリー，ようかんなどに。

↓てんぐさ

↓寒天とあんみつ

↑角寒天の凍結乾燥の様子

ひじき【鹿尾菜】　Hijiki

大1＝5g

　全国各地の岩礁に生育し，春に採取。黒くて光沢がある。水で戻し，油揚げやにんじんなどと炒め煮などに。

←芽ひじき

←長ひじき

ひじきの煮物→

もずく【海蘊】　Mozuku

1食分＝35g

　春から秋にかけて育ち，特有のぬめりがある。酢の物にするのが一般的。保存性を高めるため塩漬けが用いられる。

↑もずく酢

わかめ【若布】　Wakame

湯通し1C＝50g, めかぶ1食分＝30g

　北海道西岸から本州各地，九州まで生育する。現在はほとんどが養殖物。採取時期は春から初夏。生わかめは保存性に欠けるため，乾燥品や塩蔵品が出回る。乾燥品は，素干しわかめ，板わかめ，糸わかめなど。黒緑色でつやがあるものがよい。最近では使いやすい乾燥カットわかめや，わかめスープ，海藻サラダなどの即席食品にも使用されている。
〔めかぶわかめ〕　成熟したわかめの両端にできた分厚い葉。独特のねばりとコリコリした食感が特徴。せん切りにして湯通しし，酢の物として食べる。

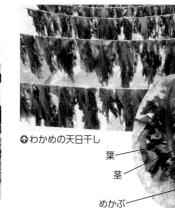

↑わかめの天日干し

葉
茎
めかぶ

✓Check! 「とろろ」と「おぼろ」

　「とろろこんぶ」は，こんぶを何枚も重ねたかたまりの断面を削ってつくる。細かな糸状になったこんぶは，口のなかで，あるいは椀のなかでとろりと溶け，名前の由来とされる。

　「おぼろこんぶ」は，こんぶを1枚ずつ手作業で紙状に薄く削り出していく。職人の手で削り出されるこんぶは0.1mm以下ときわめて薄く，機械ではまねできない。すき通るような薄さで，椀に浮かべたときおぼろげに残ることから名づけられたとされる。

↑とろろこんぶの吸い物

つくってみよう！　ひじきごはん

＜材料＞（4人分）
米　2合　にんじん　12g　だし　340g　油揚げ　12g
乾燥ひじき　4g（戻したもの20g）
しょうゆ　大さじ2　みりん　大さじ2

＜つくり方＞
❶乾燥ひじきは，たっぷりの水で30分くらい，やわらかくなるまで水につけ，戻しておく。4〜5cmの長さに切る。
❷米はといで，ざるにあげておく。
❸にんじん・油揚げは4〜5cmのせん切りにする。
❹炊飯器に米を入れ，みりん・しょうゆを入れる。次に2合の目盛りまでだしをそそぐ。
❺❶と❸の具を入れ，炊飯する。

藻類

魚介類

FISHES AND SHELLFISHES

さんまの水揚げ

魚介類

周りを海に囲まれた島国である日本では，貝塚や遺跡から大小数十種類の魚類の骨が出土しており，昔から海産物を多く食べていたことがわかる。魚介類は家畜と異なり，季節によって一度に海岸に寄せてくる，ある季節のみ繁殖するなど季節的変動が大きい。そのため，加工保存技術が発達した。現在では，外食産業においても加工品が多く用いられている。

食生活の欧米化から生活習慣病の拡大が危惧されており，その予防に，魚介のもつ不飽和脂肪酸（IPA・DHA）が高く評価され，見直されてきている。

栄養上の特性

現在の日本の動物性たんぱく質摂取量のほぼ半数は魚介類に依存している。脂肪量は，魚種・季節によって違いはあるが，不飽和脂肪酸（IPA・DHA）が豊富に含まれている。

魚介類の分類

魚介類	海水産魚	あじ，いわし，さば，さんま，にしん，ぶり，かつお，さめ，まぐろ，しらうお，すずき，ふぐ，あなご，あんこう，かれい，ひらめ，さけ，ます　など
	淡水産魚	あゆ，いわな，こい，どじょう，なまず，にじます，やまめ，わかさぎ　など
	貝類	あかがい，あさり，あわび，かき，さざえ，しじみ，はまぐり　など
	甲殻類	あみ，えび，かに，しゃこ　など
	軟体類	いか，たこ　など
	その他	うに，くらげ，なまこ　など

ほかに「天然魚と養殖魚」，「赤身魚と白身魚」，「生鮮魚と冷凍魚」などいろいろな分け方がある。

新鮮な魚類の見分け方

●一尾魚
・身に弾力があり，色つやがよく，プリプリ感があるもの。
・黒目はしっかり黒く，白目は澄んで濁っていないもの。
・身に傷がなく，うろこがしっかりついているもの（うろこがない魚はぬめぬめしている）。
・えらの内側が鮮紅色で，形が崩れていないもの。

目が澄んでいる

えらの内側が鮮紅色　　身に弾力がある

●切り身魚
・肉が切り口面から，盛り上がっていたり，へこんでいたりしないもの。
・肉の色がきれいで，身と血合いや血と皮の境目がはっきりしているもの。
・パックの底に水や血（ドリップ）が出ていないもの。
〔注〕切り身の場合の廃棄率は0％で示される。

※切り身

食品名 食品番号 可食部100gあたり	廃棄率% 水分g	エネルギー kcal 200	たんぱく質 g 20.0	脂質 g 20.0	コレステロール mg 20	炭水化物 g 20.0	食物繊維総量 g 2.0	ナトリウム mg 200	カリウム mg 200	カルシウム mg 200	リン mg 200	鉄 mg 2.0	亜鉛 mg 2.0	A βカロテン当量 μg 200	A レチノール活性当量 μg 20	D μg 2.0	E αトコフェロール mg 2.0	B₁ mg 0.20	B₂ mg 0.20	葉酸 μg 20	C mg 20	相当量食塩 g 2.0
あいなめ 生 10001 30cm	50 / 76.0	105 / 113	(15.8) / 19.1	2.9 / 3.4	76	3.8 / 0.1	(0)	150	370	55	220	0.4	0.5	(0)	6	9.0	1.7	0.24	0.26	8	2	0.4
あこうだい 生 10002 50〜60cm	※0 (魚全体60%) / 79.8	86 / 93	14.6 / 16.8	1.8 / 2.3	56	2.8 / 0.1	(0)	75	310	15	170	0.3	0.4	(0)	26	1.0	3.4	0.11	0.04	3	Tr	0.2
あじ まあじ 皮つき 生 30〜40cm 10003	55 / 75.1	112 / 126	16.8 / 19.7	3.5 / 4.5	68	3.3 / 0.1	(0)	130	360	66	230	0.6	1.1	0	7	8.9	0.6	0.13	0.13	5	Tr	0.3
開き干し 生 10006	35 / 68.4	150 / 168	(17.2) / 20.2	6.7 / 8.8	73	5.3 / 0.1	(0)	670	310	36	220	0.8	0.7	(Tr)	(Tr)	3.0	0.7	0.10	0.15	6	(0)	1.7
小型 骨付き 生 10391	10 / 73.4	114 / 123	15.1 / 17.8	3.7 / 5.0	130	5.0 / 0.1	(0)	120	330	780	570	1.1	1.2		33	5.1	0.9	0.19	0.17	11	1	0.3
むろあじ くさや 10014	30 / 38.6	223 / 240	(41.6) / 49.9	2.0 / 3.0	110	9.6 / 0.3	(0)	1600	850	300	810	3.2	3.2	(0)	(Tr)	2.0	1.2	0.24	0.40	26	(0)	4.1
あなご 生 10015 1m	35 / 72.2	146 / 161	14.4 / 17.3	8.0 / 9.3	140	4.2 / Tr	(0)	150	370	75	210	0.8	0.7		500	0.4	2.3	0.05	0.14	9	2	0.4
あまだい 生 10018 40cm	50 / 76.5	102 / 113	16.0 / 18.8	2.5 / 3.6	52	3.9 / Tr	(0)	73	360	58	190	0.3	0.3	(0)	27	1.0	1.3	0.04	0.06	6	1	0.2

インフォメーション　魚の数え方▶一般的な魚の数え方は，尾ひれのついた小さめの魚は匹（ひき），尾（び），まぐろなどの大きな魚は本（ほん），ひらめ・かれいなどの平たい魚は枚（まい），いか・たこは杯（はい），たらこは腹（はら），するめや干した魚を10枚たばねたものは，連（れん）などと数える。

ラベル表示の見方

国産品品は、漁獲水域や養殖した都道府県名・水揚げ漁港名などを、輸入品は原産国名を記載。

養殖したものは"養殖"、冷凍品を解凍したものは"解凍"と記載。

魚名などは、一般的でわかりやすい名称に。

○○県産　　　　　　　養殖
ハマチ（刺身用）
消費期限　4.4.1
保存方法　4℃以下で保存　　　価格（円）

□□□株式会社
東京都△△区□○○−△△　　　△△△−○○○○

加工業者か販売業者の名前と住所

消費期限と保存方法

魚の各部の名称

えらぶた
えら（内側）
背身
背びれ
尾びれ
胸びれ
腹身
腹びれ
内臓
しりびれ

食のお話　日本の「寿司」から世界の「SUSHI」へ

　寿司の始まりは、米と魚をつけこんで乳酸発酵させたもので、その名前も「酸し」からきている（p.265「寿司の通った道」）。江戸時代になって、発酵によらず、酢で調味した飯にネタを合わせる「はやずし」が生まれ、現在みられる寿司の原型ができあがった。

　近年、日本企業の進出や世界的な健康志向によって、寿司は海外でも注目されている。生魚を食べる慣習がない地域では、生食への抵抗感が強いにもかかわらず、魚は良質なたんぱく質や脂肪を含むヘルシー食品として、ニューヨーク・ロンドン・パリなどでも寿司店が人気を集め、韓国・中国をはじめアジア圏にも広がっている。

　海外での寿司ブームはアメリカで始まった。はじめはアメリカ駐在の日本人向けに、日本と同様の寿司を提供する店がほとんどだったが、アメリカ人好みの斬新な寿司も考案され、「SUSHI」は次第にアメリカの食文化に定着していった。今日では、アメリカ以外の国においても、その土地に合った「SUSHI」が考案され、それらが日本に逆輸入されて、伝統的な寿司メニューにも変化が生じている。

↑「はやずし」は、現代でいうファストフードのような存在だった

↑アメリカ生まれのカリフォルニア・ロールとスシ・バー
カリフォルニア・ロールは、魚のかわりにアボカドとカニカマを使い、のりが表に出ないよう裏巻きにしている。

あいなめ【鮎並】 Fat greenling
1尾＝440g

　〔旬〕春〜夏。別名あぶらめ（関西）、あぶらこ（北海道）。淡泊な白身魚であるわりに、脂肪分が多い。から揚げなどに。

↑あいなめの刺身

あこうだい【赤魚鯛】 Matsubara's red rockfish
大1尾＝300g

　〔旬〕冬。目が大きく体が赤いが、たいではない。白身魚でやわらかく、味は淡泊。煮つけやみそ漬け、鍋物に向く。

↑あこうだいのかす漬け

あなご【穴子】 Common Japanese conger
1尾＝100g

　〔旬〕夏。うなぎに似た円筒形の白身魚。身がやわらかくクセがない。天ぷら、かば焼き、寿司種など用途は広い。

1m

あじ【鯵】 Horse mackerel
まあじ1尾＝150g、開き干し1枚＝130g

　まあじ、むろあじ、しまあじなど、50種余りあるなかで、あじといえばまあじをさす。回遊魚で体の側線に鋭いとげのようなうろこ（ぜいご）がある。

〔まあじ〕1年中出回る大衆魚であるが旬は夏。刺身や焼き物、酢の物に。
〔こあじ〕あじの幼魚で小さいものを一般的にこあじという。こあじよりも小さいあじを豆あじという。
〔開き干し〕身を開いて内臓を除き、塩をして乾燥させ保存性を高めたもの。

あまだい【甘鯛】 Tile fish
1尾＝300g

　〔旬〕晩秋〜冬。別名ぐじ（関西）。体色が美しく淡泊で上品な味の高級白身魚。水分が多いため焼き物、かす漬けに。

↑開き干し

↑あじ　　　　　　　30〜40cm

↑こあじの南蛮漬け

✓Check! 日本一くさい食べ物? クサヤ

　食品では日本一くさいといわれるクサヤは、伊豆七島の産品で、その名が示す強烈なにおいが特徴の干物である。ほかの干物と同様に開いた魚を塩水に漬け、乾燥させてつくるのだが、大きく違うのは、クサヤ汁と呼ばれるつけ汁である。江戸時代、貴重な塩を節約するため、塩水を捨てずに使い続けたのが始まりという。以来、材料を継ぎ足して魚を漬けるうちに、魚の成分と微生物の働きで発酵が進み、独特のにおい・風味とともに、保存性の高いつけ汁になった。クサヤ汁のなかには、400年近く使っているものもあるという。

　材料の魚には、クサヤモロ（アオムロ）、ムロアジ、トビウオなどが使われる。その強いにおいから苦手な人も多いが、一方で根強い人気があり、関東地方では古くから食べられている。

↑クサヤ汁に漬ける作業

↑材料のクサヤモロ

つくってみよう！　あじの南蛮漬け

＜材料＞（4人分）
こあじ500g　たまねぎ1/2個　にんじん1/2本　塩・こしょう　少々
かたくり粉　適量　しょうゆ　大さじ4　砂糖　大さじ4
酢　大さじ4

＜つくり方＞
❶こあじは包丁で内臓とえらを取り除き、塩こしょうを振っておく。
❷たまねぎは薄切り、にんじんはせん切りにする。
❸塩・こしょうをしたこあじにかたくり粉をまぶし、揚げ油で中温でじっくり揚げる。
❹酢・しょうゆ・砂糖をよく混ぜておき、揚がったこあじを調味酢に漬ける。
❺切った野菜も加えてしっかりとからめ、30分以上漬ける。

インフォメーション　骨なし魚▶漁獲した魚を、加工工場に運び、手作業で小骨まで1本1本丁寧に取り除いて、結着剤で張りあわせ、食べやすく加工した魚のことである。病院や介護食などで利用され、利便性から一般にも広がりつつある。しかし、衛生面、食文化継承の点などからさまざまな声があがっている。

251

※切り身

食品名 食品番号 可食部100gあたり	廃棄率% 水分g	エネルギー kcal 200	たんぱく質 g 20.0	脂質 g 20.0	コレステロール mg 20	炭水化物 g 20.0	食物繊維 総量 g 2.0	無機質						ビタミン									相当量 食塩 g 2.0
								ナトリウム mg 200	カリウム mg 200	カルシウム mg 200	リン mg 200	鉄 mg 2.0	亜鉛 mg 2.0	A βカロテン当量 μg 200	A レチノール活性当量 μg 20	D μg 2.0	E αトコフェロール mg 2.0	B₁ mg 0.20	B₂ mg 0.20	葉酸 μg 20	C mg 20	
あゆ 天然 生 10021 20cm	45 77.7	93 100	15.0 18.3	1.9 2.4	83	3.9 0.1	(0)	70	370	270	310	0.9	0.8	(0)	35	1.0	1.2	0.13	0.15	27	2	0.2
養殖 生 10025	50 72.0	138 152	14.6 17.8	6.6 7.9	110	5.1 0.6	(0)	55	360	250	320	0.8	0.9	(0)	55	8.0	5.0	0.15	0.14	28	2	0.1
あんこう 生 10031 1m	※0 (魚全体65%) 85.4	54 58	(10.8) 13.0	0.1 0.2	78	2.6 0.3	(0)	130	210	8	140	0.2	0.6	0	13	1.0	0.7	0.04	0.16	5	1	0.3
きも 生 10032	0 45.1	401 445	7.9 10.0	36.9 41.9	560	9.3 2.2	(0)	110	220	6	140	1.2	2.2	(0)	8300	110.0	14.0	0.14	0.35	88	1	0.3
いさき 生 10037 40cm	45 75.8	116 127	(14.3) 17.2	4.8 5.7	71	4.0 0.1	(0)	160	300	22	220	0.4	0.6		41	15.0	0.9	0.06	0.12	12	Tr	0.4
いわし かたくちいわし 生 10044 15cm	45 68.2	171 192	15.3 18.2	9.7 12.1	70	5.7 0.3	(0)	85	300	60	240	0.9	1.0	(0)	11	4.0	0.4	0.03	0.16	19	1	0.2
煮干し 10045	0 15.7	298 332	(54.1) 64.5	2.8 6.2	550	14.0 0.3	(0)	1700	1200	2200	1500	18.0	7.2	(0)	(Tr)	18.0	0.9	0.10	0.10	74	(0)	4.3
田作り 10046	0 14.9	304 336	(55.9) 66.6	2.8 5.7	720	14.0 0.3	(0)	710	1600	2500	2300	3.0	7.9	(0)	(Tr)	30.0	0.8	0.10	0.11	230	(0)	1.8
まいわし 生 10047 25cm	60 68.9	156 169	16.4 19.2	7.3 9.2	67	6.3 0.2	(0)	81	270	74	230	2.1	1.6	0	8	32.0	2.5	0.03	0.39	10	0	0.2
めざし 生 10053	15 59.0	206 257	(15.2) 18.2	11.0 18.9	100	11.4 0.5	(0)	1100	170	180	190	2.6	1.2	(0)	77	11.0	0.3	0.01	0.21	34	Tr	2.8
しらす干し 微乾燥品 10055	0 67.5	113 124	19.8 24.5	1.1 2.1	250	6.0 0.1	0	1700	170	280	480	0.6	1.7	0	190	12.0	1.1	0.11	0.03	27	0	4.2
缶詰 油漬 10063	0 46.2	351 359	(16.9) 20.3	29.1 30.7	86	5.3 0.3	(0)	320	280	350	370	1.4	2.1	(0)	25	7.0	8.2	0.08	0.32	10	0	0.8
缶詰 アンチョビ 10397	0 54.3	157 158	21.3 24.2	6.0 6.8	89	4.4 0.1	(0)	5200	140	150	180	2.6	3.7	(0)	4	1.7	1.9	0	0.31	23	0	13.1
いわな 養殖 生 10065 30cm	50 76.1	101 114	— 19.0	2.8 3.6	80	(0.1) 0.1	(0)	49	380	39	260	0.3	0.8	2	5	5.0	1.6	0.09	0.12	5	1	0.1

インフォメーション 武士・鰹・大名・小路・生鰯・茶店・紫・火消・錦絵▶これは江戸名物を並べた狂歌。当時，いわしはよくとれたらしく，庶民の腹を満たしたほか，魚油をとったり畑の肥料に使われたりした。最近，めっきり漁獲が減り，庶民の味方も高級魚へと変わりつつある。

あゆ【鮎】　Ayu

1尾＝75g

[旬] 夏。「川魚の王」と呼ばれ日本の代表的淡水魚。きれいな川に生息し、こけを食べるため、天然物は香気が強い。香気が酢の物とよく合い、姿寿司にしたり、背ごしをたで酢で食べる。市場に出回るものの多くは養殖物である。天然ものより脂質が多く、甘みと香気が少ない。塩焼き、甘露煮などに。

↑背ごし

20cm

あんこう【鮟鱇】　Anglerfish

生1切＝70g、きも1切＝50g

[旬] 冬。体表にはうろこがなく、頭が大きく押しつぶしたような平らな体型。体がやわらかいので、「つるし切り」でさばく。各部位それぞれに味わいがあり、骨以外は捨てるところがない。

〔きも〕 「海のフォアグラ」とも呼ばれる珍味。ビタミンA、Eが豊富で脂質も多い。塩蒸ししてポン酢しょうゆで。

1m

↓塩焼き

↑たで酢　　↑うるか

いさき【伊佐木】　Three-line grunt

1尾＝260g

[旬] 夏。釣り魚としても人気が高い。肉がやわらかいので塩焼き、フライ、ムニエルなどに向く。　40cm

いわな【岩魚】　White-spotted char

1尾＝80g

[旬] 夏。サケ科の淡水魚。やまめと並んで淡水魚の上物とされる。近年は、養殖がさかん。塩焼きや甘露煮にする。

↑いわなの塩焼き

いわし【鰯】　Sardine

まいわし1尾＝100g、めざし1尾＝20g、しらす干し微乾燥品大1＝6g、オイルサーディン4尾＝30g、アンチョビ1切＝3g

いわしは、まいわし、うるめいわし、かたくちいわしなどの総称で、一般的にはまいわしをさす。日本沿岸のいたるところに生息し、群をつくって回遊するので漁獲量も多い。いわしの脂肪は、DHAやIPAを多く含み、高血圧や動脈硬化、心疾患、脳疾患などの生活習慣病を予防する効果がある。

〔かたくちいわし〕 [旬] 秋。背が黒い。いわしは身離れがよいので手開きでおろす。すり身にしてつみれや魚肉だんごにも適する。

〔煮干し〕 いりこのこと。小型のかたくちいわしを塩水で煮て乾燥したもの。コクがあるのでだしとして用いる。

〔田作り〕 別名ごまめ。小型のかたくちいわしを水で洗って生のまま乾燥させたもの。正月料理としてから炒りし、甘辛く味つけする。

〔まいわし〕 体側に7つの黒点が並んでいるのが特徴。3cmまでの稚魚はしらす、13cm以下を中羽いわし、それ以上を大羽いわしと呼ぶ。

〔めざし〕 まいわしやうるめいわしを食塩水に漬け、目から下あごへわらを通し3〜5尾つり下げて乾燥させたもの。

〔しらす干し〕 別名ちりめんじゃこ（関西）。3cmまでの稚魚をしらすといい、それを塩ゆでし乾燥させたもの。カルシウムの補給源に。

〔缶詰〕 オイルサーディン。小ぶりのまいわしの頭と内臓を取り除き、塩水に軽く漬け、オイルで煮こんだもの。おつまみやサラダなどに。

〔アンチョビ〕 かたくちいわしを塩漬けにして熟成・発酵させた加工食品。ピザやパスタによく使われる。

↓まいわし

25cm

↓うるめいわし

30cm

↓かたくちいわし

15cm

↓田作り

↓めざし

↑生しらす

↑しらす干し（半乾燥品）

魚介類

✓Check! あんこうのつるし切り

下あごを引っかけてぶら下げ、口から水をそそいで腹をふくらませて安定させてからさばく。きも（肝臓）、とも（ひれ）、ぬの（卵巣）、柳肉（身肉、ほお肉）、水袋（胃）、えら、皮の7つの部位をまとめて「7つ道具」ともいう。このうち、きもは特に美味で、「あんきも」の名で珍重されている。

↑あんこうの7つ道具

あんきも↗

↑あんこうのつるし切り

つくってみよう！　いわしの梅煮

＜材料＞（4人分）
いわし　8尾　しょうが　1かけ　梅干し　大4個
酒　1/2カップ　水　1/2カップ　しょうゆ　大さじ3
みりん　大さじ1

＜つくり方＞
❶いわしは頭と内臓を取り、薄い塩水できれいに洗い、水分を取る。
❷しょうがは薄切り、梅干しは種を除いておく。
❸鍋に調味料をすべて入れて煮立て、いわしを並べ入れる。上に薄切りしょうがと梅干しを加えて煮る。
❹ときどき煮汁をいわしにかけながら煮汁が少なくなるまで煮含める。

※切り身　▲三枚におろしたもの

食品名 / 食品番号	廃棄率% / 水分g	エネルギー kcal	たんぱく質 g	脂質 g	コレステロール mg	炭水化物 g	食物繊維 総量 g	ナトリウム mg	カリウム mg	カルシウム mg	リン mg	鉄 mg	亜鉛 mg	A βカロテン当量 μg	A レチノール活性当量 μg	D μg	E αトコフェロール mg	B1 mg	B2 mg	葉酸 μg	C mg	食塩相当量 g
うなぎ 養殖 生 10067　1.2m	25 / 62.1	228 / 255	14.4 / 17.1	16.1 / 19.3	230	6.2 / 0.3	(0)	74	230	130	260	0.5	1.4	1	2400	18.0	7.4	0.37	0.48	14	2	0.2
かば焼 10070	0 / 50.5	285 / 293	(19.3) / 23.0	19.4 / 21.0	230	8.4 / 3.1	(0)	510	300	150	300	0.8	2.7	(0)	1500	19.0	4.9	0.75	0.74	13	Tr	1.3
うまづらはぎ 生 10071　30cm	65 / 80.2	75 / 80	15.1 / 18.2	0.2 / 0.3	47	3.2 / Tr	(0)	210	320	50	160	0.4	0.5	(0)	(0)	8.0	1.1	0.01	0.13	4	Tr	0.5
えい 生 10073　1m	※0 (魚全体60%) / 79.3	79 / 84	(9.5) / 19.1	0.1 / 0.3	80	9.9 / 0.1	(0)	270	110	4	170	0.9	0.5	—	2	3.0	0.7	0.05	0.12	3	1	0.7
おいかわ 生 10075　20cm	55 / 73.8	124 / 136	(15.9) / 19.2	4.7 / 5.8	91	4.5 / 0.1	(0)	48	240	45	210	0.6	2.5	—	10	10.0	0.9	0.01	0.16	21	2	0.1
おこぜ 生 10077　25cm	60 / 78.8	81 / 85	(16.2) / 19.6	0.1 / 0.2	75	3.7 / 0.2	(0)	85	360	31	200	0.4	0.7	—	2	1.0	0.4	0.01	0.12	3	0	0.2
かさご 生 10079　25cm	▲ (魚全体65%) / 79.1	83 / 93	16.7 / 19.3	0.9 / 1.1	45	2.1 / 0.1	(0)	120	310	57	180	0.3	0.5	—	3	2.0	0.3	0.03	0.06	3	1	0.3
かじか 生 10080　15cm	0 / 76.4	98 / 111	(12.4) / 15.0	3.4 / 5.0	220	4.3 / 0.2	(0)	110	260	520	400	2.8	1.7	(0)	180	3.0	1.3	0.07	0.38	15	1	0.3
かじき まかじき 生 10084	※0 / 73.8	107 / 115	(18.7) / 23.1	1.4 / 1.8	46	4.9 / 0.1	(0)	65	380	5	270	0.6	0.6	(0)	8	12.0	1.2	0.09	0.07	5	1	0.2
めかじき 生 10085	※0 / 72.2	139 / 153	15.2 / 19.2	6.6 / 7.6	72	4.7 / 0.1	(0)	71	440	3	260	0.5	0.7	0	61	8.8	4.4	0.06	0.09	8	1	0.2
かつお 春獲り 生 10086　1m	▲0 (魚全体35%) / 72.2	108 / 114	20.6 / 25.8	0.4 / 0.5	60	5.4 / 0.1	(0)	43	430	11	280	1.9	0.8	0	5	4.0	0.3	0.13	0.17	6	Tr	0.1
かつお 秋獲り 生 10087	35 / 67.3	150 / 165	20.5 / 25.0	4.9 / 6.2	58	6.0 / 0.2	(0)	38	380	8	260	1.9	0.9	0	20	9.0	0.1	0.10	0.16	4	Tr	0.1
加工品 削り節 10092	0 / 17.2	327 / 351	64.0 / 75.7	1.9 / 3.2	190	13.4 / 0.4	(0)	480	810	46	680	9.0	2.5	0	24	4.0	1.1	0.38	0.57	15	Tr	1.2
缶詰 油漬 フレーク 10097	0 / 55.5	289 / 293	(15.3) / 18.8	23.4 / 24.2	41	4.5 / 0.1	(0)	350	230	5	160	0.9	0.5	(0)	(Tr)	4.0	2.6	0.12	0.11	7	(0)	0.9

インフォメーション　日本産のうなぎ▶もともと日本でとれるうなぎはアンギラ・ジャポニカ種という種類であるが，輸入ものの大半はヨーロッパ原産のアンギラ・アンギラ種という別の種類であり，一般に日本産のうなぎと比べて脂が強いといわれる。

うまづらはぎ【馬面剥】 Black scraper
1尾＝350〜400g

[旬] 夏。別名うまづら。かわはぎの仲間。皮がかたいので、口元から皮をはがし、煮つけなどにして食べる。

↑うまづらはぎの煮つけ

えい【鱝】 Ray
1切＝80g

[旬] 夏〜秋。体は扁平で、軟骨魚のためコラーゲンに富む。煮るとゼラチン質になり冷めると煮こごりができる。

↳えいの煮つけ

かじき【梶木】 Striped marlin, Swordfish
1切＝100g、刺身1食分＝70〜80g

〔まかじき〕 [旬] 冬。かじきまぐろとも呼ばれるが、まぐろより脂肪が少なく味が淡泊。鮮度のよいものは刺身や寿司種に用いられる。

〔めかじき〕 [旬] 夏。肉色は淡い桃色で、脂肪を多く含むのでステーキやマリネードソテーは諸外国でも好まれる。

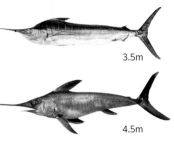
3.5m

4.5m

おいかわ【追河】 Pale chub
1尾＝45g

[旬] 夏。別名やまべ、はえ、はす。フライ、天ぷら、甘露煮などにする。骨がかたいので南蛮漬けにしてもよい。

↑おいかわのオスの婚姻色

おこぜ【虎魚】 Devil stinger
1食分＝60g

[旬] 夏。正式名はおにおこぜ。白身で脂質が少ない。冬も味がよく、刺身やちり鍋に。背びれのとげに毒があり、切り取られて売られている。

25cm

かさご【笠子】 Marbled rockfish
1尾＝200g

[旬] 冬〜春。口が大きく、頭がごつごつしている磯魚。鮮度のよいものは刺身にし、煮つけ、ちり鍋によい。

↑かさごのから揚げ

かじか【鰍】 Japanese sculpin
1尾＝5g

[旬] 秋。別名ごり。体は太くはぜに似ている。素焼きにしてつくだ煮やあめ煮などにする。

かじかの
焼き物

うなぎ【鰻】 Eel
1尾＝200g、かば焼き1くし＝120g

[旬] 一般的には夏とされており、流通量も夏にピークを迎えるが、食味がよくなる秋とする場合もある。体は円筒形で細長く皮膚はぬるぬるしている。良質のたんぱく質、脂質、ビタミン類が豊富で栄養価も高い。特に、ビタミンＡを多く含む。全国に分布するが、市場は圧倒的に養殖ものが多い。きもは、吸い物（きも吸い）や、くし焼き（きも焼き）にして食べる。

〔かば焼〕 焼くと脂肪が適度に抜ける。たれをつけて焼く方法と、たれをつけずに焼き、わさびじょうゆで食べる白焼きがある。

1.2m

↑うなぎの白焼き

かつお【鰹】 Skipjack tuna
刺身3切＝60g、削り節1袋＝5g、フレーク缶詰1缶＝80g

典型的な釣鐘形をし、腹側に数本のしま模様がある。たんぱく質の多い赤身の魚で、血合いには鉄やビタミン類も多い。日本近海には黒潮に乗って回遊し、九州から北海道南部沖まで移動する。一本釣りが有名。海水温が下がり始めると南下する（戻りがつお）。

〔春獲り〕 春先にとれるかつおは「初がつお」と呼ばれる。脂がなく、さっぱりとした味わい。

〔秋獲り〕 秋の「戻りがつお」は、身がしまり脂が乗っており、ビタミンDやAが多い。刺身やたたきが代表的。

〔削り節〕 干した魚を薄く削ったものを削り節という。広く和食のだしとして使用されたり、あえたりかけたりして、日本ではなじみの深い食品である。

〔缶詰〕 かつおを蒸し煮し、その肉を調味料や油といっしょに缶に詰めて真空密封し、加熱調理・殺菌した加工食品。

↑かつおのたたき

☑Check! 初がつおと戻りがつお

●目には青葉山ほとゝぎすはつ松魚

　春先から、黒潮に沿って日本近海を通る春獲りのかつおは「初がつお」と呼ばれ、江戸の町では大変に珍重された。当時の江戸っ子は大変な初物好きで、なかでも高価だった初がつおを見栄のために無理をして食べようとするようすが、俳句や川柳に詠まれている。

井戸端でみせびらかしてさしみをし
まな板に小判一枚初かつお
初かつお銭とからしで二度なみだ

　産卵に備えてえさをたくさん食べ、秋に再び日本に近寄る秋獲りのかつおが「戻りがつお」である。さっぱりとした初がつおとは対照的に、たっぷりと脂が乗っているので、別名トロカツオと呼ばれ、近年はこちらも人気が高い。

　日本料理に欠かせないかつお節は、世界一かたい食品で、かんなのような削り器で削る（これを「かく」という）。かつお節の香りはかきたてが強いため、使う直前にかくのが理想である。

黒潮

☑Check! うなぎのかば焼のつくり方

↓関東風

背開きにして頭を落とし、2つに切って竹ぐしを刺す。

皮を下にして、素焼きにする（白焼き）。

白焼きしたものを蒸した後、たれをつけて焼く。身も皮もふっくらとして、脂が抜けて、あっさりした味に仕上がる。

↓関西風

頭をつけたまま腹開きにして有頭のまま数匹並べて金ぐしを刺す。

たれをつけて焼く。関東風にくらべて皮などがややかたいが、脂が多く、濃厚な味になる。

☑Check! うなぎの食べ方あれこれ

→うざく
かば焼ときゅうりを刻み、あえて、三杯酢をかける。

→うまき
うなぎのかば焼を卵で包むように巻きながら焼いたもの。

→きも焼き
うなぎの内臓をかば焼にしたもの。独特のやわらかさが特徴。

→きも吸い
うなぎの内臓を白焼き、または、塩ゆでして、吸い物にする。

魚介類

※切り身 ▲三枚におろしたもの ★五枚におろしたもの

食品名 食品番号 (可食部100gあたり)	廃棄率% 水分g	エネルギー kcal	たんぱく質 g	脂質 g	コレステロール mg	炭水化物 g	食物繊維 総量 g	ナトリウム mg	カリウム mg	カルシウム mg	リン mg	鉄 mg	亜鉛 mg	A βカロテン当量 μg	A レチノール活性当量 μg	D μg	E αトコフェロール mg	B1 mg	B2 mg	葉酸 μg	C mg	食塩相当量 g
かます 生 10098 45cm	40 / 72.7	137/148	15.5/18.9	6.4/7.2	58	4.3/0.1	(0)	120	320	41	140	0.3	0.5	(0)	12	11.0	0.9	0.03	0.14	8	Tr	0.3
かれい まがれい 生 10100 40cm	★0(魚全体50%) / 77.8	89/95	17.8/19.6	1.0/1.3	71	2.2/0.1	(0)	110	330	43	200	0.2	0.8	(0)	5	13.0	1.5	0.03	0.35	4	1	0.3
子持ちがれい 生 10104	40 / 72.7	123/143	—/19.9	4.8/6.2	120	(0.1)/0.1	(0)	77	290	20	200	0.2	0.8	0	12	4.0	2.9	0.19	0.20	20	4	0.2
かわはぎ 生 10107 25cm	▲0(魚全体65%) / 79.9	77/83	16.3/18.8	0.3/0.4	47	2.3/Tr	(0)	110	380	13	240	0.2	0.4	(0)	2	43.0	0.6	0.02	0.07	6	Tr	0.3
かんぱち 三枚おろし 生 10108	▲0(魚全体40%) / 73.3	119/129	(17.4)/21.0	3.5/4.2	62	4.4/0.1	(0)	65	490	15	270	0.6	0.7	(0)	4	4.0	0.9	0.15	0.16	10	Tr	0.2
きす 生 10109 30cm	55 / 80.8	73/80	16.1/18.5	0.1/0.2	88	1.7/0	(0)	100	340	27	180	0.1	0.4	(0)	1	0.7	0.4	0.09	0.03	11	1	0.3
きちじ 生 10110 30cm	(魚全体60%) / 63.9	238/262	12.2/13.6	19.4/21.7	74	3.6/Tr	(0)	75	250	32	130	0.3	0.4	(0)	65	4.0	2.4	0.03	0.07	2	2	0.2
きびなご 生 10111 12cm	35 / 78.2	85/93	(15.6)/18.8	0.8/1.4	75	3.9/0.1	(0)	150	330	100	240	1.1	1.9	(0)	(0)	10.0	0.3	0.02	0.25	8	3	0.4
キャビア 塩蔵品 10113	0 / 51.0	242/263	(22.6)/26.2	13.0/17.1	500	8.8/1.1	(0)	1600	200	8	450	2.4	2.5	6	60		9.3	0.01	1.31	49	4	4.1
ぎんだら 生 10115	※0 / 67.4	210/232	12.1/13.6	16.7/18.6	50	3.0/Tr	(0)	74	340	15	180	0.3	0.3	0	1500	3.5	4.6	0.05	0.10	1	0	0.2
きんめだい 生 10116	60 / 72.1	147/160	14.6/17.8	7.9/9.0	60	4.5/0.1	(0)	59	330	31	490	0.3	0.3	(0)	63	2.0	1.7	0.03	0.05	9	1	0.1
ぐち 生 10117 40cm	60 / 80.1	78/83	15.3/18.0	0.6/0.8	66	2.9/Tr	(0)	95	260	37	140	0.4	0.6	(0)	5	2.9	0.5	0.04	0.28	6	Tr	0.2
こい 養殖 生 10119 60cm	50 / 71.0	157/171	14.8/17.7	8.9/10.2	86	4.4/0.2	(0)	49	340	9	180	0.5	1.2	(0)	4	14.0	2.0	0.46	0.18	10	Tr	0.1
こち まごち 生 10122 50cm	55 / 75.4	94/100	(18.6)/22.5	0.3/0.5	57	4.2/0.2	(0)	110	450	51	260	0.2	0.6	(0)	1	1.0	0.1	0.07	0.17	4	1	0.3

インフォメーション 夏座敷とカレイは縁側がよい▶夏の暑いときは奥まった部屋より風通しのある縁側のほうがよいし，カレイを食べるなら肉の部分よりエンガワ（ヒレについている肉の部分）がうまいという意。エンガワには美肌に有効なコラーゲンが含まれている。

かます【魳】Barracuda
1尾＝170g

[旬]夏。口がとがり，円筒形の体の白身魚。淡泊な味だが水っぽいので開き干しや塩焼き，フライに向く。

↑かますの開き干し

かれい【鰈】Righteye flounder
1尾＝200g

ひらめ同様，海底生活に適した平たい体型をしている。

〔まがれい〕[旬]冬。体は扁平で両目が褐色のほうについた白身魚。大きく新鮮なものは刺身に向く。通常，3枚ではなく5枚におろす。

〔子持ちがれい〕[旬]冬〜春。卵をもったかれいの通称。煮つけがおいしい。

↑かれいの煮つけ
←かれいのから揚げ

かわはぎ【皮剥】Leatherfish
1尾＝150g

[旬]夏。体は平たくひし形で，かたい皮を剥いで調理する。白身で味は淡泊。熱を加えると身離れがよい。

↑かわはぎの煮つけ

かんぱち【間八】Greater amberjack
刺身5切＝60g

[旬]夏。ぶりに似た形。養殖がさかん。たんぱく質が多く脂が乗り，刺身，塩焼き，照り焼き，あら煮に向く。

1.8m

きす【鱚】Japanese whiting
1尾＝60g

[旬]夏。釣り魚として人気の魚。脂は少なく淡泊で，天ぷらの種には欠かせない。吸い物，塩焼き，干物などに。

↑きすの天ぷら

きちじ【喜知次】Kichiji rockfish
1尾＝250g

[旬]冬。別名きんき。美しい赤色の白身魚。脂に富み，煮つけ，塩焼きのほか，高級かまぼこの原料になる。

↑きちじの煮つけ

きびなご【吉備奈仔】Blue sprat
1尾＝7g

[旬]4〜7月。いわし類のなかで最も小さい。新鮮なものは刺身に。煮干しはカルシウム源として良質である。

↑きびなごの刺身

キャビア Caviar
大1＝17g

ちょうざめの卵の塩漬け。世界三大珍味の1つで粒が大きく光沢のあるものが高価。カナッペなどに乗せる。

1.5m

←キャビアを乗せたバゲット

ぎんだら【銀鱈】Sablefish
1切＝120g

たら類ではない。おもにアメリカ，カナダから輸入。ビタミンA，脂質が多い。市販は切り身で，塩焼きなどに。

90cm

←ぎんだらの西京焼

きんめだい【金目鯛】Splendid alfonsino
1切＝100g

[旬]冬。金色に輝く目と鮮紅色の体が特徴。たいではない。白身でやわらかいので，煮つけに向く。

50cm

ぐち【鮴】Croaker
1尾＝180g

[旬]秋。水分が多く淡泊な味だが，練り製品にすると弾力性が出る。中国料理の丸揚げなどに使われる。

ぐちの焼き物→

こい【鯉】Common Carp
1尾＝900g

[旬]冬。淡水魚の王者と呼ばれ，食用にされるのはまごい。夏は洗い，中国料理ではあんかけなどが有名。

←こいの洗い

こち【鯒】Bar-tailed flathead
1尾＝250g

[旬]夏。骨がかたいことから骨（こつ）がこちになったといわれる。白身で淡泊で歯ごたえがある。洗いや刺身に。

↑まごちの刺身

✓Check! 左ひらめに右かれい

これは，かれいとひらめの判別方法とされるいい回しである。目のある側を上にして腹側を手前寄りに置いたとき，頭がどちらに向いているかで判別する。簡便な方法だが，例外もあるので絶対的な基準ではない。

かれいやひらめの目は，生まれたときはほかの魚と同じように体の両側についており，成長して体が扁平になるにつれて，片側に移動する。

ふ化10日目

23日目

60日目
↑目の移動（ばばがれい）

つくってみよう！ きすのから揚げ

＜材料＞（4人分）
きす 12尾　塩・こしょう 適量　かたくり粉 適量
レモン つけ合わせ
※好みで抹茶塩（抹茶＋塩）やカレー塩（カレー粉＋塩）をつけて食べてもよい。

＜つくり方＞
❶きすは頭と内臓を取り，骨の両横に包丁で切りこみを入れる（骨に熱が通りやすくする）。
❷塩・こしょうをして全体にかたくり粉をまぶす。
❸中温の油で骨までしっかりと揚げる。
❹器に盛りつけてレモンを添える。お好みで塩も添える。

魚介類

FISHES AND SHELLFISHES

食品名 / 食品番号	廃棄率% / 水分g	エネルギー kcal 200	たんぱく質 g 20.0	脂質 g 20.0	コレステロール mg 20	炭水化物 g 20.0	総量 食物繊維 g 2.0	ナトリウム mg 200	カリウム mg 200	カルシウム mg 200	リン mg 200	鉄 mg 2.0	亜鉛 mg 2.0	A βカロテン当量 μg 200	A レチノール活性当量 μg 20	D μg 2.0	E αトコフェロール mg 2.0	B1 mg 0.20	B2 mg 0.20	葉酸 μg 20	C mg 20	相当量 食塩 g 2.0
このしろ 甘酢漬 10125	0 / 61.5	184 / 193	(15.7) / 19.1	8.2 / 10.1	74	11.7 / 6.4	(0)	890	120	160	170	1.8	0.9	(0)	(Tr)	7.0	0.5	Tr	0.17	1	(0)	2.3
さけ・ます ぎんざけ 養殖 生 10130	※0 (魚全体35%) / 66.0	188 / 204	16.8 / 19.6	11.4 / 12.8	60	4.5 / 0.3	(0)	48	350	12	290	0.3	0.6	Tr	36	15.0	1.8	0.15	0.14	9	1	0.1
さくらます 生 10132	※0 (魚全体30%) / 69.8	146 / 161	(17.3) / 20.9	6.2 / 7.7	54	5.2 / 0.1	(0)	53	390	15	260	0.4	0.5	(0)	63	10.0	2.3	0.11	0.14	21	1	0.1
しろさけ 生 10134	※0 (魚全体40%) / 72.3	124 / 133	18.9 / 22.3	3.7 / 4.1	59	3.9 / 0.1	(0)	66	350	14	240	0.5	0.5	(0)	11	32.0	1.2	0.15	0.21	20	1	0.2
新巻き 生 10137	※0 (魚全体30%) / 67.0	138 / 154	(19.3) / 22.8	4.4 / 6.1	70	5.2 / 0.1	(0)	1200	380	28	230	1.0	0.4	(0)	(Tr)	21.0	0.7	0.18	0.20	24	1	3.0
塩ざけ 10139	※0 (魚全体20%) / 63.6	183 / 199	19.4 / 22.4	9.7 / 11.1	64	4.4 / 0.1	(0)	720	320	16	270	0.3	0.4	(0)	24	23.0	0.4	0.14	0.15	11	1	1.8
イクラ 10140	0 / 48.4	252 / 272	(28.8) / 32.6	11.7 / 15.6	480	7.9 / 0.2	(0)	910	210	94	530	2.0	2.1	(0)	330	44.0	9.1	0.42	0.55	100	6	2.3
にじます 海面養殖 皮つき 生 10146	※0 / 63.0	201 / 224	18.7 / 21.4	11.7 / 14.2	69	5.2 / 0.1	(0)	64	390	13	250	0.3	0.5	(0)	57	11.0	5.5	0.17	0.10	12	2	0.2
べにざけ 生 10149	※0 / 71.4	127 / 138	(18.6) / 22.5	3.7 / 4.5	51	4.7 / 0.1	(0)	57	380	10	260	0.4	0.5	(0)	27	33.0	1.3	0.26	0.15	13	Tr	0.1
ますのすけ 生 10152	※0 / 66.5	176 / 200	(16.2) / 19.5	9.7 / 12.5	54	6.2 / Tr	(0)	38	380	18	250	0.3	0.4	0	160	16.0	3.3	0.13	0.12	12	1	0.1
さば まさば 生 10154	50 / 62.1	211 / 247	17.8 / 20.6	12.8 / 16.8	61	6.2 / 0.3	(0)	110	330	6	220	1.2	1.1	1	37	5.1	1.3	0.21	0.31	11	1	0.3
塩さば 10161	※0 / 52.1	263 / 291	22.8 / 26.2	16.3 / 19.1	59	6.3 / 0.1	(0)	720	300	27	200	2.0	0.6	(0)	9	11.0	0.5	0.16	0.59	10	(0)	1.8
しめさば 10163	0 / 50.6	292 / 339	17.5 / 18.6	20.6 / 26.9	65	9.1 / 1.7	(0)	640	200	9	160	1.1	0.4	(0)	14	8.0	0.5	0.13	0.28	4	Tr	1.6
缶詰 水煮 10164	0 / 66.0	174 / 190	(17.4) / 20.9	9.3 / 10.7	84	5.1 / 0.2	(0)	340	260	260	190	1.6	1.7	(0)	(Tr)	11.0	3.2	0.15	0.40	12	(0)	0.9

インフォメーション　さばをよむ▶年齢や数量を自分の都合のいいようにごまかすことをいうが，そのいわれは諸説ある。さばは腐りやすいので素早く数えて売りさばくために数をごまかした，刺しさば（背開きした塩漬け）は2枚重ねを1連として数えたため，2枚ずつ数えることを「さばよみ」といったなどである。

このしろ【鰶】　Dotted gizzard shad

1食分=60g

25cm

〔旬〕秋。幼魚をしんこ，若魚をこはだと呼ぶ。カルシウム，鉄も比較的多い。塩焼き，煮つけ，寿司種にもなる。

さば【鯖】　Mackerel

1切=80g，1尾=700g

〔さば〕〔旬〕秋～冬。典型的な青みの魚。「さばの生き腐れ」といわれるほどいたみやすく，アレルギー源となることもあるが，不飽和脂肪酸のIPAやDHAを多く含む。みそ煮や竜田揚げにしてもおいしい。さば節として削り節の原料にもなる。

↑まさば　50cm

〔塩さば〕さばは，寄生虫（アニサキス）をもつ場合があるので生食に向かない。必ず加熱するか酢の物にして食べる。背開きにして塩蔵し，干物として焼く。

〔しめさば〕3枚におろし，塩を振り水分を出して酢でしめたもの。刺身，酢の物，寿司（バッテラ）などに用いる。

バッテラ→
←さばのしょうが煮

つくってみよう！　SABAオニオン

<材料>（4人分）
たまねぎ　　　1個　　　いりごま　適量
さばの水煮缶　1缶　　　ポン酢　　適量
しそ（大葉）　3枚　（お好みでマヨネーズ）

<つくり方>
❶たまねぎはスライサーでスライスし，水にさらす。しそも細くせん切りにし，水にさらす。
❷さば缶は粗くほぐす。
❸たまねぎとしそは水気を切り，それぞれよく絞る。
❹たまねぎを器に盛りつけて，ほぐしたさばを乗せる。
❺しそといりごまをかけ，ポン酢をかけて食べる。

さけ・ます【鮭・鱒】　Salmon and trout

1切=100g，イクラ大1=17g

　さけ・ます類という場合は，からふとます，ぎんざけ，さくらます，しろさけ，たいせいようさけ，にじます，べにざけ，ますのすけが含まれる。日本では，9月から翌年の1月まで，産卵のために生まれた川に帰ってくる。漁獲される時期によって，アキアジ（秋味），アキザケ（秋鮭），トキザケ（時鮭），トキシラズ（時知らず）などとも呼ばれる。

〔ぎんざけ〕北太平洋に分布し，日本にはほとんど回遊してこないが，現在は養殖魚を輸入したものが多く流通している。

〔さくらます〕〔旬〕春。成長したものは脂肪が20％近くもある。河川生活型。未成熟のものは「やまめ」と呼ばれる。富山のます寿司が有名。

〔しろさけ〕一般に「さけ」といわれる。フライ，バター焼き，かす汁，缶詰など幅広く用いられる。

〔新巻き〕別名荒巻き。塩ざけ（塩引き）よりもう塩。鮭の形が崩れないよう荒縄で巻いたことに由来する。

〔塩ざけ〕頭と内臓を除き塩を振ったり，塩水漬けにしたもの。現在は塩水に漬けこむ方法が取られている。

〔イクラ〕熟卵を1粒ずつほぐして塩漬けしたもの。寿司やどんぶりに用いられる。

〔べにざけ〕日本ではほとんどとれない。さけ類のなかで肉質がよく赤身が最も濃く，ステーキやくんせい（スモークサーモン），缶詰に加工される。無機質が多い。

〔ますのすけ〕キングサーモンと呼ばれ，さけ類のなかで最も大きい。水分は少ないが脂肪分が多く，ステーキなどにすることが多い。

〔にじます〕サケ科サケ属の淡水魚でうま味のあるあっさりとした白身魚。体側に赤紫色の縦帯があり，これが虹のように見えることからこの名前がついた。にじますを品種改良し，海で養殖されたのがサーモントラウトである。

↑新巻き

70～80cm　↑ぎんざけ→

60cm　↑さくらます　ます寿司→

70cm　↑しろさけ→

40cm　↑にじます→　70cm　↑べにざけ→

1.5m　↑ますのすけ→

✓Check！　さけの母川回帰

　日本の北部の川では，さけの遡上と産卵が見られることがある。川底に生みつけられた卵がふ化し，稚魚になると川を下って海に出る。北の海で3～4年過ごして成熟すると，ふるさとの川に遡上し，産卵すると力尽きて死ぬ。生まれた川に戻ってくる，この習性を母川回帰という。

　さけが何を手がかりに，生まれた川に戻ってくるのかは，はっきりとはわかっていない。
❶太陽の位置から帰る方向を決める。
❷地磁気を感じとって帰ってくる。
❸生まれた川のにおいを覚えている。
などがあげられており，これらの能力を使い分けながら，ふるさとの川を探しあてていると考えられている。

↑さけの産卵・放精と生まれたての仔魚（左下）

ベーリング海
6～11月
オホーツク海
8～11月
12～5月
12～5月
北大平洋
↑日本のさけの回遊コース（推定）
　海に出たさけは，オホーツク海からベーリング海，アラスカ湾へと回遊すると考えられている。

✓Check！　親子当てクイズ～私は誰の子

❶イクラ・すじこ　❷かずのこ
❸たらこ　❹からすみ
❺とびこ　❻キャビア
❼ぶりこ

<親>
さけ　たら　とびうお　はたはた　たい　たこ
ぼら　にしん　ちょうざめ　ししゃも　ふぐ　ぶり

（答えはp.277）

ℹ️ インフォメーション　人造イクラ▶外側は海藻から抽出したエキス（アルギン酸ナトリウム）をカルシウムで凝固させ，サラダオイルにβ-カロテン等で着色したものを，増粘多糖類のカラギーナンなどで包んだものである。本物に比べてコレステロールが低く，あっさりした味で日もちもよい。

259

魚介類

※切り身　▲三枚におろしたもの

食品名 / 食品番号	廃棄率% / 水分g	エネルギー kcal /	たんぱく質 g	脂質 g	コレステロール mg	炭水化物 g	食物繊維総量 g	ナトリウム mg	カリウム mg	カルシウム mg	リン mg	鉄 mg	亜鉛 mg	βカロテン当量 μg	レチノール活性当量 μg	D μg	E αトコフェロール mg	B₁ mg	B₂ mg	葉酸 μg	C mg	食塩相当量 g
さめ ふかひれ 10169	0 / 13.0	344 / 342	(41.7) / 83.9	0.5 / 1.6	250	43.4 / Tr	(0)	180	3	65	36	1.2	3.1	(0)	(0)	1.0	0.4	Tr	Tr	23	(0)	0.5
さより 生 10170	40 / 77.9	88 / 95	(16.2) / 19.6	0.9 / 1.3	100	3.7 / Tr	(0)	190	290	41	190	0.3	1.9	(0)	(Tr)	3.0	0.9	Tr	0.12	10	2	0.5
さわら 生 10171	☀0(魚全体30%) / 68.6	161 / 177	18.0 / 20.1	8.4 / 9.7	60	3.5 / 0.1	(0)	65	490	13	220	0.8	1.0	0	12	7.0	0.3	0.09	0.35	8	Tr	0.2
さんま 皮つき 生 10173	▲0(魚全体35%) / 55.6	287 / 318	16.3 / 18.1	22.7 / 25.6	68	4.4 / 0.1	(0)	140	200	28	180	1.4	0.8	0	16	16.0	1.7	0.01	0.28	15	0	0.4
開き干し 10175	30 / 59.7	232 / 261	(17.5) / 19.3	15.8 / 19.0	80	5.2 / 0.1	(0)	500	260	60	140	1.1	0.7	(0)	25	14.0	1.5	Tr	0.30	10	(0)	1.3
缶詰 かば焼 10178	0 / 57.0	219 / 225	(15.7) / 17.4	11.7 / 13.0	80	12.6 / 9.7	(0)	600	250	250	260	2.9	0.1	(0)	28	12.0	2.4	Tr	0.27	12	(0)	1.5
ししゃも 生干し 生 10180	10 / 67.6	152 / 166	(17.4) / 21.0	7.1 / 8.1	230	4.8 / 0.2	(0)	490	380	330	430	1.6	1.8	6	100	0.6	0.8	0.02	0.25	37	1	1.2
からふとししゃも 生干し 生 10182	0 / 69.3	160 / 177	12.6 / 15.6	9.9 / 11.6	290	5.2 / 0.5	(0)	590	200	350	360	1.4	2.0	0	120	0.4	1.6	Tr	0.31	21	1	1.5
したびらめ 生 10184	45 / 78.0	89 / 96	(15.9) / 19.2	1.2 / 1.6	75	3.7 / Tr	(0)	140	310	36	160	0.3	0.5	0	30	2.0	0.6	0.06	0.14	12	1	0.4
しまあじ 養殖 生 10185	55 / 68.9	153 / 168	(18.2) / 21.9	6.6 / 8.0	71	5.2 / 0.1	(0)	53	390	16	250	0.7	1.1	0	10	18.0	1.6	0.25	0.15	2	Tr	0.1
しらうお 生 10186	0 / 82.6	70 / 77	(11.3) / 13.6	1.4 / 2.0	220	3.0 / 0.1	(0)	170	250	150	270	0.4	1.2	(0)	50	1.0	1.8	0.08	0.10	58	4	0.4
すずき 生 10188	☀0(魚全体55%) / 74.8	113 / 123	(16.4) / 19.8	3.5 / 4.2	67	4.1 / Tr	(0)	81	370	12	210	0.2	0.5	0	180	10.0	1.2	0.02	0.20	8	3	0.2
たかさご 生 10196	40 / 76.7	93 / 100	(16.7) / 20.2	1.1 / 1.5	50	4.0 / 0.1	(0)	48	510	51	290	0.5	0.7	0	7	2.0	0.1	0.03	0.07	3	Tr	0.1
たかべ 生 10197	40 / 71.0	148 / 164	(15.5) / 18.7	7.4 / 9.0	70	4.8 / Tr	(0)	120	380	41	210	0.6	1.3	0	16	4.0	1.4	0.06	0.18	3	1	0.3

※たい類はp.262に掲載

インフォメーション　ししゃものオスのゆくえ▶私たちが食べているししゃもはほとんどが輸入のからふとししゃもで，カナダや北欧で人気の高い子持ち（メス）だけが輸出され，人気のないオスは飼料に使われ，ほとんど食用にはしない。国産ししゃもの産地である北海道ではオスの干物を目にすることができる。

さめ【鮫】　Shark
1切=100g

　肉質はやわらかく淡泊な味だが，時間とともにアンモニアが生じるため，新鮮でなければあまり生食に向かない。おもに煮こごりや練りものなどに調理・加工される。
〔ふかひれ〕　乾物として加工されたひれは，高級食材として中国料理などで珍重される。

↑ふかひれの姿煮

4m

さより【細魚】　Halfbeak
1尾=75g

　[旬] 春。下あごが長く細長い魚。淡泊な白身魚で，刺身，椀種，酢の物などに用いる。

35cm

さわら【鰆】　Japanese Spanish mackerel
1切=120g

　[旬] 冬〜初春。出世魚。くせのない味で，身がやわらかいので，かす漬けや，白みそを使った西京漬けが好まれる。

1m

さんま【秋刀魚】　Pacific saury
1尾=150g

　[旬] 秋。内臓ごと塩焼きにし，大根おろしとレモンを添えると，秋の味覚の代表格。近年は冷凍で年中出回る。

35cm

↑さんまの炭火焼き

したびらめ【舌鮃】　Sole
1尾=150g

　[旬] 夏。牛の舌とも呼ばれ，脂質の少ない淡泊で上品な味。ムニエル，フライ，ワイン蒸しなどにする。

↑したびらめのムニエル

ししゃも【柳葉魚】　Shishamo smelt, Atlantic capelin
2尾=50g

　名はアイヌ語のシュシュハム（柳の葉）に由来する。漁期が短いため生干しされる。さっと焼いて頭も尾も残さず食べる。産卵期になっても味が落ちない。
〔からふとししゃも〕　正式名はカペリン。抱卵した雌が「子持ちししゃも」の名前で市販されている。カルシウムが多い。

オス
メス
↑ししゃも

↑からふとししゃもの塩焼き

しまあじ【縞鯵】　Striped jack
1食分=80g

　[旬] 夏。あじ類で最も美味とされる高級魚。ほどよい脂の乗りで，刺身，たたき，塩焼きなどに向く。

65cm

しらうお【白魚】　Japanese icefish
10尾=25g

　[旬] 冬。透明な体色も死ぬと白くなる。カルシウム，ビタミンAが比較的多く，椀種，卵とじ，酢の物に用いる。

すずき【鱸】　Japanese sea bass
1切=80g

　[旬] 夏。出世魚。釣り魚として人気。ビタミンA，Dが比較的多く，洗いや塩焼き，ムニエル，何にでも向く。

60cm〜1m

たかさご【高砂】　Double-lined fusilier
1尾=200g

　[旬] 夏。沖縄ではグルクンと呼ばれ，県魚に指定されている。身は淡泊で，美味。刺身，から揚げに。

↑たかさごのから揚げ

たかべ【鰖】　Yellowstriped butterfish
1尾=120g

　[旬] 夏。本州中部から九州の太平洋沿岸の岩礁域に生息する。肉質はやわらかい。刺身，塩焼き，煮つけに向く。

↑たかべの塩焼き

✓Check! 魚料理の盛りつけ方

●盛りつけ例（和風料理）
・添え物の量は少ない。
・しょうがを立てかけたり，だいこんおろしを右手前に置いたりする。
・頭つきの魚は頭が左にくるように（かれいは右に）置く。

〔切り身の例〕
・皮を向こう側にし，切り口が手前にくるようにする。つけ合わせにだいこんおろし，レモンなどを添える。

〔刺身の例〕
・けん（だいこん，にんじん，きゅうりなどを細く切ったもの）は奥に添える。
・つま（そばに添える野菜）を添える。
・右手前に辛味（わさび・しょうが）を添える。

〔煮魚の例〕
・皮を上にし，しょうが，白髪ねぎなどを上に天盛りする。
※天盛り…煮物，酢の物，あえ物などの料理の上に香の物をやや小高く盛ること。

●刺身のけん，つま

↑とさかのり　　↑針みょうが
↑紅たで　　↑菊花
↑穂じそ
↑大葉　　↑だいこん

ℹ️ インフォメーション　広島の山奥でワニ料理⁉️ ▶山陰地方から広島県北部では，サメを“ワニ”と呼び，祭りや正月などのハレの日にごちそうとして食べられていた。その身はやわらかくあっさりとしており，現在も刺身で食べられることが多い。

261

魚介類

食品名／食品番号	廃棄率%	エネルギー kcal 200	たんぱく質 g 20.0	脂質 g 20.0	コレステロール mg 20	炭水化物 g 20.0	食物繊維総量 g 2.0	ナトリウム mg 200	カリウム mg 200	カルシウム mg 200	リン mg 200	鉄 mg 2.0	亜鉛 mg 2.0	βカロテン当量 μg 200	レチノール活性当量 μg 20	D μg 2.0	Eαトコフェロール mg 2.0	B1 mg 0.20	B2 mg 0.20	葉酸 μg 20	C mg 20	食塩相当量 g 2.0
たい くろだい 生 10190 60cm ／水分71.4	55	137 / 150	(16.9) / 20.4	5.4 / 6.7	78	5.1 / 0.3	(0)	59	400	13	250	0.3	0.8	0	12	4.0	1.4	0.12	0.30	14	3	0.1
まだい 天然 生 10192 40cm〜1m ／水分72.2	50	129 / 142	17.8 / 20.6	4.6 / 5.8	65	4.1 / 0.1	(0)	55	440	11	220	0.2	0.4	0	8	5.0	1.0	0.09	0.05	5	1	0.1
養殖 皮つき 生 10193 ／水分68.5	55	160 / 177	18.1 / 20.9	7.8 / 9.4	69	4.4 / 0.1	(0)	52	450	12	240	0.2	0.5	0	11	7.0	2.4	0.32	0.08	4	3	0.1
たちうお 生 10198 ／水分61.6	35	238 / 266	14.6 / 16.5	17.7 / 20.9	72	5.1 / Tr	(0)	88	290	12	180	0.2	0.5	0	52	14.0	1.2	0.01	0.07	2	1	0.2
たら すけとうだら 生 10199 ▲0 (魚全体65%) ／水分81.6		72 / 83	14.2 / 17.4	0.5 / 1.0	76	2.6 / 0.1	(0)	100	350	13	180	0.2	0.5	0	10	0.5	0.9	0.05	0.11	12	1	0.3
たらこ 生 10202 ／水分65.2	0	131 / 140	21.0 / 24.0	2.9 / 4.7	350	5.2 / 0.4	(0)	1800	300	24	390	0.6	3.1	0	24	1.7	7.1	0.71	0.43	52	33	4.6
からしめんたいこ 10204 ／水分66.6	0	121 / 126	(18.4) / 21.0	2.3 / 3.3	280	6.6 / 3.0	(0)	2200	180	23	290	0.7	2.7	46	41	1.0	6.5	0.34	0.33	43	76	5.6
まだら 生 10205 ※0 (魚全体65%) ／水分80.9		72 / 77	14.2 / 17.6	0.1 / 0.2	58	3.5 / 0.1	(0)	110	350	32	230	0.2	0.5	0	10	1.0	0.8	0.10	0.10	5	Tr	0.3
しらこ 生 10207 ／水分83.8	0	60 / 62	(7.3) / 13.4	0.4 / 0.8	360	6.6 / 0.2	(0)	110	390	6	430	0.2	0.7	0	8	2.0	1.8	0.24	0.13	11	2	0.3
加工品 桜でんぶ 10448 ／水分5.6	0	351 / 368	9.6 / 10.6	0.1 / 0.5	73	79.4 / 80.2	0	930	43	300	180	0.4	0.6	−	2	0	0.1	0.01	0.01	3	−	2.4
どじょう 生 10213 18cm ／水分79.1	0	72 / 79	13.5 / 16.1	0.6 / 1.2	210	3.2 / Tr	(0)	96	290	1100	690	5.6	2.9	25	15	4.0	0.6	0.09	1.09	16	1	0.2
にしん 生 10218 30cm ／水分66.1	45	196 / 216	14.8 / 17.4	13.1 / 15.1	68	4.7 / 0.1	(0)	110	350	27	240	1.0	1.1	0	18	22.0	3.1	0.01	0.23	13	Tr	0.3
身欠きにしん 10219 ／水分60.6	9	224 / 246	(17.8) / 20.9	14.6 / 16.7	230	5.4 / 0.2	(0)	170	430	66	290	1.5	1.3	(0)	(Tr)	50.0	2.7	0.01	0.03	12	(0)	0.4
かずのこ 塩蔵 水戻し 10224 ／水分80.0	0	80 / 89	(16.1) / 15.0	1.6 / 3.0	230	(0.5) / 0.6	(0)	480	2	8	94	0.4	1.3	0	2	17.0	0.9	Tr	0.01	0	0	1.2

※たかさご，たかべはp.260，とびうおはp.264に掲載

インフォメーション　**養殖まだいは日焼けに注意**▶天然と養殖の見分け方は全体の色と尾先の形。旬のまだいは桜だいといわれるほどきれいなピンク色だが，養殖まだいは水深の浅いいけすで養殖するため日焼けして色が黒ずんでいる。まさしく日焼けである。また，いけすの網に尾が触れるため尾先がすり切れ変形している。

たい【鯛】　Sea bream

1切＝120g，1尾＝300g

　たいは，海魚の王者とされ，まだいをさす。温帯から熱帯域に分布し，沿岸の岩礁周辺に生息する。
【くろだい】　[旬] 夏。別名ちぬ。体色が黒色で各地で釣り魚として知られる。刺身，洗い，塩焼きなどに向く。
【まだい】　[旬] 冬〜春。姿形がよく美しい色の白身魚で，「めでたい」にかけて，日本料理の祝いに尾頭つきで使われることが多い。市場に出回るほとんどが養殖もの。刺身，塩焼き，蒸し物やたい飯をはじめ，頭はかぶと焼きやかぶと煮，あらはあら煮として，捨てるところがない。

⬆くろだい　　　　　60cm

⬆まだい　　　　40cm〜1m

たら【鱈】　Cod

たらこ1本＝35g，まだら1切＝100g，でんぶ大1＝6g

　北海を代表する冬の魚。たらといえばまだらをさす。日本近海でとれるのは，まだら，すけとうだら，こまいの3種。切り身を鍋物にするほか，素干し，塩干しして保存する。使うときは水に漬けてやわらかく戻し，塩抜きして煮物に利用する。
【すけとうだら】　[旬] 冬。肉に水分が多く，煮焼きすると身が崩れるので，冷凍すり身として，かまぼこやちくわなど練り製品の原料，開き干し，でんぶなどに加工して利用される。
【たらこ】　すけとうだらの卵巣を塩蔵したもの。着色したものもあるが，最近は無着色のものも増えている。生で食べたり，焼いてあえたりする。
【からしめんたいこ】　とうがらしで味つけしたたらこのこと。韓国ではすけとうだらを明太（めんたい）と呼ぶ。福岡の名産として有名。
【まだら】　ちり鍋の材料として有名な白身魚。脂肪が少なく淡泊な味。
【しらこ】　卵巣は真子（まこ）と呼ばれ，煮物にされる。
【でんぶ】　ほぐして塩，砂糖などで調味したもの。着色した桜でんぶとしょうゆ入りのものがある。

⬇すけとうだら

60cm

⬇まだら

1.1m

⬅桜でんぶを乗せたちらし寿司

⬆たらちり鍋

たちうお【太刀魚】　Atlantic cutlassfish

1切＝80g

　[旬] 夏〜秋。刀のように平らで細長く，銀粉で覆われている。肉質はやわらかく淡泊。から揚げ，ムニエルに。

1.5m

どじょう【泥鰌】　Asian pond loach

10尾＝80g

　[旬] 夏。日本各地に分布する淡水魚。口ひげが5対ある。カルシウムが多く，柳川鍋がおいしい。

どじょう鍋➡

にしん【鰊】　Pacific herring

1尾＝450g，身欠きにしん1本＝40g，かずのこ1本＝40g

　[旬] 春。産卵のために北海道沿岸に南下してくるので，春告魚ともいわれる。いわしに似た赤身の魚。戦前はにしん景気に沸いたが，現在は激減し，北欧産のたいせいようにしんが輸入されている。脂が乗っているが鮮度が落ちやすく，塩焼きやかば焼きに向く。
【身欠きにしん】　三枚におろし，身の部分を素干ししたもの。よく乾燥させた本干しと生干しがある。煮物，こんぶ巻きなどにする。
【かずのこ】　にしんの卵巣の塩漬け加工品。子孫繁栄の縁起物として正月のおせち料理に欠かせない。

⬆にしんそば

⬆子もちこんぶ

🍳つくってみよう！ たいめしー愛媛県の郷土料理ー

＜材料＞（4人分）
たい　1尾　米　3合　だしこんぶ　1枚10cm　うすくちしょうゆ　大さじ1
酒　大さじ1　塩　適量

＜つくり方＞
❶たいはうろこ・内臓・えらを取り除き，両面に塩を振り，グリルで両面を焼く。
❷米を洗い，水加減を少なめに合わせ，水につけておく。
❸炊飯器にうすくちしょうゆと酒を入れ，セットした米の上に，だしこんぶと焼いたたいを乗せて米を炊く。
❹米が炊きあがったら，たいを取り出して身をほぐす。
❺ほぐした身を再び炊飯器に戻し，ごはんと混ぜる。

魚介類

ⓘ　**インフォ メーション**　たらふく食う▶おなかいっぱい食べることをいうが，漢字で書くと「鱈腹食う」となる。文字通りもともとは，たらの腹のようにふくらんで満腹になったという意味からきている。たらは大食漢で，ありとあらゆる魚，かにやえびまでも食べるというから驚きである。

263

FISHES AND SHELLFISHES

※切り身 ▲三枚におろしたもの

食品名 / 食品番号	廃棄率% / 水分g	エネルギー kcal 200	たんぱく質 g 20.0	脂質 g 20.0	コレステロール mg 20	炭水化物 g 20.0	食物繊維総量 g 2.0	ナトリウム mg 200	カリウム mg 200	カルシウム mg 200	リン mg 200	鉄 mg 2.0	亜鉛 mg 2.0	βカロテン当量 μg 200	レチノール活性当量 μg 20	D μg 2.0	E αトコフェロール mg 2.0	B₁ mg 0.20	B₂ mg 0.20	葉酸 μg 20	C mg 20	食塩相当量 g 2.0
とびうお 生 10215 35cm	40 / 76.9	89	18.0	0.5		3.3																
		96	21.0	0.7	59	0.1	(0)	64	320	13	340	0.5	0.8	0	3	2.0	2.3	0.01	0.10	8	1	0.2
はぜ 生 10225 20cm	60 / 79.4	78	16.1	0.1		3.2																
		83	19.1	0.2	92	0.1	(0)	93	350	42	190	0.2	0.6	9	7	3.0	1.0	0.04	0.04	8	1	0.2
はたはた 生 10228 15〜25cm	▲0 (魚全体60%) / 78.8	101	12.8	4.4		2.6																
		113	14.1	5.7	100	Tr	(0)	180	250	60	120	0.5	0.6	(0)	20	2.0	2.2	0.02	0.14	7	0	0.5
はも 生 10231 2m	※0 (魚全体40%) / 71.0	132	18.9	4.3		4.4																
		144	22.3	5.3	75	Tr	(0)	66	450	79	280	0.2	0.6	0	59	5.0	1.1	0.04	0.18	21	1	0.2
ひらまさ 生 10233	※0 (魚全体40%) / 71.1	128	(18.8)	3.6		5.2																
		142	22.6	4.9	68	0.1	(0)	47	450	12	300	0.4	0.7	0	19	5.0	1.4	0.20	0.14	8	3	0.1
ひらめ 天然 生 10234 80cm	40 / 76.8	96	(17.6)	1.6		2.8																
		103	20.0	2.0	55	Tr	(0)	46	440	22	240	0.1	0.4	0	12	3.0	0.6	0.04	0.11	16	3	0.1
ひらめ 養殖 皮つき 生 10235	40 / 73.7	115	19.0	3.1		3.0																
		126	21.6	3.7	62	Tr	(0)	43	440	30	240	0.1	0.5	0	19	1.9	1.6	0.12	0.34	13	5	0.1
ふぐ とらふぐ 養殖 生 10236 70cm	※0 (魚全体80%) / 78.9	80	(15.9)	0.2		3.7																
		85	19.3	0.3	65	0.2	(0)	100	430	6	250	0.2	0.9	0	3	4.0	0.8	0.06	0.21	3	Tr	0.3
ふな 甘露煮 10240	0 / 28.7	266	(13.1)	2.4		48.0																
		272	15.5	3.6	160	44.4	(0)	1300	240	1200	710	6.5	5.2	10	61	2.0	0.16	0.16	13	0	3.3
ぶり 成魚 生 10241	※0 (魚全体40%) / 59.6	222	18.6	13.1		7.7																
		257	21.4	17.6	72	0.3	(0)	32	380	5	130	1.3	0.7	(0)	50	8.0	2.0	0.23	0.36	7	2	0.1
はまち 養殖 皮つき 生 10243	※0 (魚全体40%) / 61.5	217	17.8	13.4		6.2																
		251	20.7	17.2	77	0.3	(0)	38	340	19	210	1.0	0.8	0	32	4.0	4.6	0.16	0.21	9	2	0.1
ほうぼう 生 10244	50 / 74.9	110	(16.2)	3.0		4.6																
		122	19.6	4.2	55	Tr	(0)	110	380	42	200	0.4	0.5	(0)	9	3.0	0.5	0.09	0.15	5	3	0.3
ほっけ 開き干し 生 10248	35 / 67.0	161	18.0	8.3		3.7																
		176	20.6	9.4	86	0.1	(0)	690	390	170	330	0.5	0.9	0	30	4.6	1.3	0.10	0.24	7	4	1.8
ぼら からすみ 10250	0 / 25.9	353	−	14.9		14.3																
		423	40.4	28.9	860	0.3	(0)	1400	170	9	530	1.5	9.3	8	350	33.0	9.7	0.01	0.93	62	10	3.6

※にしんはp.262に掲載

インフォメーション フルーツ魚（柑橘系養殖魚）▶養殖魚のくさみを消すため，えさに柑橘類などの果物生成物を混ぜて育てた食用魚。2007年に高知大学が開発した柚子ぶりが有名。みかんの皮を混ぜこんだえさを与えて養殖したみかんぶりやオリーブの葉の粉末を混ぜたえさを与えて養殖したオリーブはまちなどもある。

とびうお【飛魚】Flying fish
1尾=300g

［旬］夏。体が細長く胸びれが翼のように広がり滑空ができる。脂肪が少なく，刺身，つみれ汁のほか干物などにする。

35cm

はぜ【沙魚】Yellowfin goby
1尾=40g

［旬］冬。釣り魚としてなじみの深い魚の1つ。大きいものは天ぷらやから揚げ，小さいものは甘露煮や南蛮漬けに。

⬆はぜの甘露煮

はたはた【鰰】Sailfin sandfish
1尾=30g

［旬］冬。体にうろこがなく肌がなめらか。淡泊な味で塩焼きやみそ漬けに。しょっつる（→p.319）の原料になる。

⬆はたはたの干物

はも【鱧】Conger pike
1尾=600g

［旬］夏。うなぎに似た円筒形。ビタミンAが多いが，骨がかたく小骨が多いため包丁目を入れて（骨切り）調理する。

ほうぼう【魴鮄】Red gurnard
1尾=300g

［旬］冬。君魚と称される高級魚。身は淡泊で，刺身，塩焼き，蒸し物，揚げ物，鍋，ブイヤベースなど。

40cm

ひらまさ【平政】Goldstriped amberjack
1切=60~80g

［旬］夏。ぶり型の体型だがやや細い。夏季にはぶりよりさっぱりして刺身，照り焼きなどに用いられる。

⬇ひらまさ

1.2m

ひらめ【鮃】Olive flounder
刺身5切=40g

［旬］冬。千島列島から南シナ海までの砂泥地に生息する。平たい白身魚の高級魚。味は淡泊で，刺身に向いている。「えんがわ」と呼ぶ，背びれと尻びれのつけ根は筋肉に脂が乗っておいしい。養殖や稚魚の放流も積極的におこなわれている。煮物，フライ，ムニエルなど，淡泊な味を補う調理をする。

⬆ひらめのムニエル

ふぐ【河豚】Puffer
1尾=600~1,000g

［旬］冬。白身の高級魚。刺身やちり鍋に。内臓にテトロドトキシンという毒素をもつため，素人の調理は禁止。

70cm

ぶり【鰤】Yellowtail
1切=130g

［旬］冬。出世魚の1つ。冬は脂が乗り，「寒ぶり」として能登ぶり，越前ぶり，伊根ぶりなどが有名。正月料理に雑煮の具として，また，刺身，寿司種，照り焼き，あら煮として用いる。
〔はまち〕ぶりの幼魚で15~50cmのものをいう。養殖がさかんになり養殖ぶりをはまちともいう。

⬇はまち　　50cm

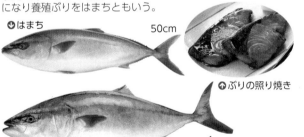

⬆ぶりの照り焼き

⬇ぶり　　1m

ふな【鮒】Crucian carp
1尾=200~250g，甘露煮1尾=15g

日本各地に分布する淡水魚。小さいものを丸ごと煮る甘露煮には，カルシウムや鉄分が多い。

30cm

ほっけ【𩸽】Atka mackerel
1尾=500~600g，開き干し1枚=400g

［旬］冬。北海道の味といわれる魚。鮮度が落ちやすいので，開いて薄塩をした生干しが一般的。

60cm

ぼら【鯔】Striped mullet
1尾=600~700g，からすみ1腹=140g

［旬］冬。出世魚の1つ。老成魚をトドという。卵巣を塩干ししたものがからすみ。薄く切り，あぶって食べる。

30cm

魚介類

✓Check! はもの骨切り

はもは，関西から西の地域で好まれ，特に大阪の天神祭や京都の祇園祭には欠かせない食材である。生命力が強く，桶に入れたままでもしばらくは生きているので，流通の悪い時代に鮮度のよい魚がはいりにくかった京都で人気が高かった。湯引きして酢みそや梅肉で食べる「落とし」や，甘口だれのつけ焼きなどが代表的である。

はもは体全体に小骨があるため「骨切り」をしなくてはならない。骨切りは，皮を下に置いて細かく包丁目を入れていく。皮を引き離さないように，皮に近い部分まである小骨を切るという熟練の技である。

⬆はもの骨切り

✓Check! ふぐと毒

ふぐは，あたると死ぬところからテッポウの別名をもつ。毒は卵巣や肝臓に多いが，血や皮が有毒の種類もある。また，季節によっても毒の強さは変わるため，素人の調理は大変危険である。身は弾力に富むので，ふぐの刺身は薄くそぎ切りにする「薄造り」が定番とされる。

⬆ふぐの薄造り

✓Check! 寿司（すし）の通った道

寿司（すし）の歴史をひもといていくと，めしのなかに，塩につけた魚肉を漬けて発酵させたものになり，そのルーツは東南アジアにたどりつくという。このような保存に適した発酵食品としての「すし」は，少しずつ変化しながら全国各地にさまざまな形で伝えられていく。発酵の製法を反映した「すし」では，滋賀県の「ふなずし」が最もポピュラーだろう。ふなずしは琵琶湖固有種のニゴロブナとめしを漬けこんでできたものを食べる。

現在見られるような「寿司」，すなわち発酵をおこなうことなく，新鮮な魚介類を使って酢飯と合わせて食べる「寿司」が生まれたのは，江戸時代になってからである。

⬆滋賀県の特産「ふなずし」を漬けているところ

ⓘ インフォメーション　ひらめの養殖▶ひらめの養殖では最近，山間部などで人工海水を利用したものが試みられている。農薬や工業廃水で汚れた海水より安全で，薬品や抗生物質も使用しないため，歯ごたえもあり，甘みもある。飼育用水も，森に影響を与えないよう，排水せずに循環させているそうだ。　**265**

食品名 / 食品番号	廃棄率% / 水分g	エネルギー kcal/200	たんぱく質 g/20.0	脂質 g/20.0	コレステロール mg/20	炭水化物 g/20.0	食物繊維総量 g/2.0	ナトリウム mg/200	カリウム mg/200	カルシウム mg/200	リン mg/200	鉄 mg/2.0	亜鉛 mg/2.0	ビタミンA βカロテン当量 μg/200	ビタミンA レチノール活性当量 μg/20	ビタミンD μg/2.0	ビタミンE αトコフェロール mg/2.0	ビタミンB1 mg/0.20	ビタミンB2 mg/0.20	葉酸 μg/20	ビタミンC mg/20	食塩相当量 g/2.0
まぐろ きはだ 生 10252	※0 / 74.0	102 / 112	20.6 / 24.3	0.6 / 1.0	37	3.4 / Tr	(0)	43	450	5	290	2.0	0.5	Tr	2	6.0	0.4	0.15	0.09	5	0	0.1
くろまぐろ 天然 赤身 生 10253	※0 / 70.4	115 / 125	22.3 / 26.4	0.8 / 1.4	50	4.9 / 0.1	(0)	49	380	5	270	1.1	0.4	0	83	5.0	0.8	0.10	0.05	8	2	0.1
天然 脂身 生 10254	※0 / 51.4	308 / 344	16.7 / 20.1	23.5 / 27.5	55	7.5 / 0.1	(0)	71	230	7	180	1.6	0.5	0	270	18.0	1.5	0.04	0.07	8	4	0.2
びんなが 生 10255	※0 / 71.8	111 / 117	21.6 / 26.0	0.6 / 0.7	49	4.7 / 0.2	(0)	38	440	9	310	0.9	0.5	0	4	7.0	0.7	0.13	0.10	4	1	0.1
みなみまぐろ 赤身 生 10256	※0 / 77.0	88 / 95	16.9 / 21.6	0.2 / 0.4	52	4.7 / 0.1	(0)	43	400	5	240	1.8	0.4	0	6	4.0	1.0	0.03	0.05	5	Tr	0.1
脂身 生 10257	※0 / 50.3	322 / 352	16.6 / 20.3	25.4 / 28.3	59	6.6 / 0.1	(0)	44	280	9	210	0.6	0.4	0	34	5.0	1.5	0.10	0.06	4	5	0.1
缶詰 水煮 フレーク ライト 10260	0 / 82.0	70 / 71	(13.0) / 16.0	0.5 / 0.7	35	3.4 / 0.2	(0)	210	230	5	160	0.6	0.7	0	10	3.0	0.4	0.01	0.04	4	0	0.5
油漬 フレーク ライト 10263	0 / 59.1	265 / 267	(14.4) / 17.7	21.3 / 21.7	32	3.8 / 0.1	(0)	340	230	4	160	0.5	0.3	0	8	2.0	2.8	0.01	0.03	3	0	0.9
油漬 フレーク ホワイト 10264	0 / 56.0	279 / 288	(15.3) / 18.8	21.8 / 23.6	38	5.5 / 0.1	(0)	370	190	2	270	1.8	0.4	(0)	(Tr)	4.0	8.3	0.05	0.13	2	(0)	0.9
まながつお 生 10266	40 / 70.8	161 / 175	(13.9) / 17.1	9.7 / 10.9	70	4.4 / Tr	(0)	160	370	21	190	0.3	0.5	0	90	5.0	1.4	0.22	0.13	7	1	0.4
むつ 生 10268 （魚全体50%）※0 / 69.7 60cm		175 / 189	14.5 / 16.7	11.6 / 12.6	59	3.2 / Tr	(0)	85	390	25	180	0.5	0.4	0	8	4.0	0.9	0.03	0.16	6	Tr	0.2
めばる 生 10271 30cm	55 / 77.2	100 / 109	15.6 / 18.1	2.8 / 3.5	75	3.2 / Tr	(0)	75	350	80	200	0.4	0.4	(0)	11	1.0	1.5	0.07	0.17	5	2	0.2
やまめ 養殖 生 10275 15～40cm	45 / 75.6	110 / 119	(15.1) / 18.4	3.7 / 4.3	65	4.2 / 0.3	(0)	50	420	85	280	0.5	0.8	Tr	15	8.0	2.2	0.15	0.16	13	3	0.1
わかさぎ 生 10276 約8cm	0 / 81.8	71 / 77	11.8 / 14.4	1.2 / 1.7	210	3.1 / 0.1	(0)	200	120	450	350	0.9	2.0	2	99	2.0	0.7	0.01	0.14	21	1	0.5

インフォメーション かつてまぐろのトロは安かった ▶江戸時代初期までは，まぐろは味のよくないものとされ，特にトロは人気がなかった。そのなかで，赤身肉をしょうゆにつけて保存する「づけ」が江戸前のにぎりで用いられるようになった。昭和初期までは，トロより赤身肉のほうが上物とされていたのである。

まぐろ【鮪】 Tuna

刺身5切=60g, 缶詰1缶=80g

まぐろはサバ科の大型魚。種類は大別して，くろまぐろ，みなみまぐろ，めばちまぐろ，きはだまぐろ，びんながの5種類に分けられる。

【くろまぐろ】 [旬] 夏。別名ほんまぐろ。まぐろ類中の最高級魚で，赤身は脂質が少なくたんぱく質が多い。脂身はトロ，大トロ，中トロと呼ばれ，刺身，寿司種として好まれている。

【びんなが】 まぐろのなかでは小型。胸びれが非常に長いことからこの名がある。肉はやわらかく，淡桃色であるが，熱すると白色になる。そのためシーチキン（海の鶏）と呼ばれ，缶詰などに利用される。

【みなみまぐろ】 南半球だけに生息する。漁獲量の多くを日本が輸入している。肉色はくろまぐろより黒ずむが，肉質はよい。照り焼き，ステーキなどにもする。脂身は，刺身，寿司種としてくろまぐろとともに最高級。

【缶詰】 サラダ，サンドイッチなどの材料に用いられる。水煮，油漬け，味つけなどがある。なお，「ライト」は「きはだ」を，「ホワイト」は「びんなが」を原料としている。

↑くろまぐろ 3m

↑びんなが 1.4m

↑みなみまぐろ 2.3m

↑まぐろの解体

↑ねぎとろ
↑赤身 ↑中トロ ↑大トロ
↑シーチキン缶詰

めばる【眼張】 Japanese stingfish

1尾=290g

[旬] 春。目の大きい白身魚。磯釣りとしても人気がある。煮物が一般的で，骨から身が離れやすく食べやすい。

↓めばるの煮つけ

やまめ【山女魚】 Seema

1尾=30g

[旬] 春。清流に住むサケ科の川魚。市場に出回るのは養殖もの。香りは薄いが淡泊な味で塩焼きは特に美味。

↑やまめの塩焼き

まながつお【真魚鰹】 Silver pomfret

1切=100g

日本産は夏が食べごろになる。肉質がやわらかくクセのない味。刺身やみそ漬け，中骨で骨せんべいもできる。

60cm

むつ【鯥】 Gnomefish

1切=80g

[旬] 冬。釣りの対象にもなり，冬には脂が乗り刺身や煮つけがおいしい。総菜や練り製品の材料にもなる。

↑むつの煮つけ

わかさぎ【鰙】 Japanese smelt

1尾=10g

[旬] 冬。鮮度の低下が早い。カルシウムが多く，白焼きにして甘露煮，から揚げ，南蛮漬けなどに向く。

約8cm

✓Check! 出世魚の出世のしかた

出世魚は，成長にしたがって呼び名が変わる魚である。

	コノシロ	スズキ	ボラ	クロマグロ	ブリ				
					東京	富山	大阪	兵庫半島	紀伊半島
10	シンコ/ジャコ	デキ	ラポ/オボコ	イナッコ/スバシリ			ツバエソ	ツバス	ワカナゴ
20	コハダ/ツナシ	コッパ/セイゴ				ワカシ			ツバス
30	コノシロ	セイゴ	イナ	コメジ	ワカシ	ワカシ	ツバス	イナダ	イナダ
40		フッコ	ボラ	マメジ	イナダ	フクラギ/ニマイ	ブリ	ハマチ	ハマチ
50				イナ	ハマチ	マイル		メジロ	
60		スズキ	トド	メジ	ワラサ	サンカ	メジロ	エネンゴ	メジロ
70									
80									
90			オオマグロ						
100 (cm)				ブリ	オオブリ	ブリ	ブリ	オオイナ/ヤツウ	

✓Check! まぐろの部位

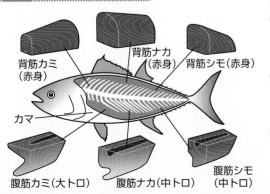

背筋カミ（赤身）
背筋ナカ（赤身）
背筋シモ（赤身）
カマ
腹筋カミ（大トロ）
腹筋ナカ（中トロ）
腹筋シモ（中トロ）

●サクの見分け方
①筋目が平行のもの（最良）
②筋目が斜めにはいっているもの（普通）
③筋目の幅が狭いものや年輪のように半円状になっているもの（あまりよくない）

✓Check! 大活躍の代用魚！

代用魚とは，古くから食用とされてきた魚介類の代用として利用されるようになった魚のこと。現在では外食産業の分野でいろいろな魚が使用されている。白身魚のフライやおでんの練り物，フィッシュバーガーに回転寿司と，誰もが食べたことがある味である。たいやたらの代用として，メルルーサ・マジェランあいなめ・ホキなどの魚が，使われている。

↑メルルーサ

魚介類

潮干狩り

魚介類―貝

　人類にとって，太古の昔から貝は最も手に入れやすい貴重な栄養源であり，潮干狩りは，花見と並ぶ昔ながらの行楽行事であり，現在も続いている。

　貝の種類は，約11万種あり，日本には7,000種の貝が生息している。貝は，食用としてだけでなく，さまざまな利用をされてきた。貝殻は貨幣として使われたこともある。ホラガイなど楽器として用いたり，真珠を取ったり，ボタンの材料など装飾品としたりするなど，さまざまに利用されている。

栄養上の特性

　貝類は，肉類に負けない良質のたんぱく質をもっており，グルタミン酸やコハク酸などのうま味やタウリンが豊富に含まれている。また，海水に溶けているカルシウム，鉄などのミネラルや栄養素を貝殻に閉じこめている。ほとんどは内臓ごと食べるので，鉄，亜鉛，ビタミンA，B₂，B₁₂なども摂取できる。貝毒が生じる場合，その多くは内臓に蓄積されるので，摂取には注意する（p.271参照）。

魚介類の分類

　貝類は，貝殻をもつ軟体動物の総称。軟体動物には，貝類，頭足類がある。頭足類は，足（正しくは腕），頭，胴体の変則的な体型をしている。たこには殻はないが，いかには殻の退化した甲（軟骨）がある。

甲殻類		えび，かに，しゃこ，あみ
頭足類		いか，たこ
貝類	二枚貝	あかがい，あさり，かき，たいらぎ，ほたてがい，みるがい，しじみ，はまぐり，とりがい，ほっきがい
	巻き貝	さざえ，あわび，ばい，とこぶし，にし
その他		ほや，うに，くらげ，なまこ

貝類の選び方・保存の仕方

選び方	・貝殻に光沢があるもの。 ・口がしっかり閉じているもの。また開いていても指で触ると素早く閉じるもの。 ・手に持ったとき，ふたがかたく閉じられ，振ったとき音のしないもの。 ＜かきの場合＞ ・出荷場所のはっきりした清浄養殖のもの。 ・むき身は，粒がそろっていて，ひだが縮み，身が太って乳白色で光沢のあるもの。 ・身がこんもりと盛り上がり，引きしまって弾力性があり，貝柱から身が離れず透明感があるもの。
保存法	・あさり（しじみ）は，ボールなどに塩水（真水）とともに入れて空気がはいるようなふたをして冷蔵庫へ入れる。

●あさり・はまぐりの砂出しの方法

・殻の表面をきれいに水洗いし，塩水（3％食塩）につけて冷暗所に2〜3時間からひと晩おく。

●しじみの砂出しの方法

・とぐように殻の汚れを洗い落とし，真水につけて静かなところに2〜3時間置いておく。

※足のついたザルに貝を入れ，それをボールにつけると砂が下に落ち，一度吹き出した砂を再び貝が吸いこむのを防ぐことができる。

食品名 食品番号 可食部100gあたり	廃棄率% 水分g	エネルギー kcal 200	たんぱく質 g 20.0	脂質 g 20.0	コレステロール mg 20	炭水化物 g 20.0	総量 食物繊維 g 2.0	ナトリウム mg 200	カリウム mg 200	カルシウム mg 200	リン mg 200	鉄 mg 2.0	亜鉛 mg 2.0	A βカロテン当量 μg 200	A レチノール活性当量 μg 20	D μg 2.0	E αトコフェロール mg 2.0	B₁ mg 0.20	B₂ mg 0.20	葉酸 μg 20	C mg 20	相当量 食塩 g 2.0
あかがい 生 10279	75 80.4	70 74	10.6 13.5	0.1 0.3	46	6.6 3.5	(0)	300	290	40	140	5.0	1.5	60	35	(0)	0.9	0.20	0.20	20	2	0.8
あさり 生 10281	70 90.3	29 30	4.4 5.7	0.2 0.7	33	2.3 0.4	(0)	800	140	66	82	2.2	0.9	15	4	0.1	0.4	0.01	0.16	11	1	2.0
缶詰 水煮 10283	0 73.2	102 114	(15.7) 20.3	0.9 2.2	89	7.8 1.9	(0)	390	9	110	260	30.0	3.4	35	6	(0)	2.7	Tr	0.09	10	(0)	1.0
くろあわび 生 10427	55 79.5	76 83	11.2 14.3	0.3 0.8	110	7.2 3.6	(0)	430	160	25	82	2.2	－	17	1	(0)	0.3	0.15	0.09	20	1	1.1
いがい 生 10289	60 82.9	63 72	7.5 10.3	0.8 1.6	47	6.6 3.2	(0)	540	230	43	160	3.5	1.0	Tr	34	(0)	1.1	0.01	0.37	42	5	1.4
エスカルゴ 水煮缶詰 10291	0 79.9	75 82	(12.0) 16.5	0.4 1.0	240	6.0 0.8	(0)	260	5	400	130	3.9	1.5	－	(0)	0	0.6	0	0.09	1	0	0.7
かき 養殖 生 10292	75 85.0	58 70	4.9 6.9	1.3 2.2	38	6.7 4.9	(0)	460	190	84	100	2.1	14.0	6	24	0.1	1.3	0.07	0.14	39	3	1.2
さざえ 生 10295	85 78.0	83 89	14.2 19.4	0.1 0.4	140	6.3 3.0	(0)	240	250	22	140	0.8	2.2	360	31	(0)	2.3	0.04	0.09	16	1	0.6

インフォメーション　貝は貨幣だった▶日本は，古くから中国文化の影響を強く受けてきた。中国では，周の時代の中頃まで，貝殻は貨幣として用いられていた。貝のつく字を見てみると，貨・買・費・賃・貯・財・販など，お金に関する文字が多い。

二枚貝の部位

貝柱
貝柱
出水管
外とう膜
足
えら
入水管

足
蝶番
中腸腺
心臓
生殖巣
貝柱
えら
外とう膜
貝殻
目

食のお話
俵物－中国料理に欠かせない日本の食材

江戸時代，鎖国の日本では今日のような自由な交流はおこなわれなかったが，長崎を通じてオランダや清（中国）との交易があった。おもな輸入品は，生糸・絹織物・砂糖などで，その支払いには銀や銅が使われた。それら貴金属の海外流出を防ぐため，かわりの輸出品としてあてられたのが，こんぶ・てんぐさ・するめなどの海産物であった（p.247「こんぶの産地とこんぶロード」参照）。

これらの乾物は，俵に詰めて運ばれたことから俵物という。なかでも，干しあわび，煎海鼠（干しなまこ），フカヒレは，中国料理の高級食材として人気が高く，単に「俵物」というと，この3品をさすことが多い（俵物三品）。3品以外の俵物は「俵物諸色」，あるいは単に「諸色」と呼んで区別した。

こうした海産物は，東南アジアや南太平洋地域でも産出されており，日本だけのものではなかったが，俵物の需要は高く，鎖国がとけた明治期にも，重要な輸出品であった。

↑干しあわび　　↑フカヒレ　　↑いりこ（干しなまこ）

あかがい【赤貝】　Bloody clam
1個＝100g

[旬] 冬。ヘモグロビンを血液中に含むため身が赤い。鉄やビタミン類も比較的多い。刺身，寿司種，酢の物に。

←あかがいの刺身

あさり【浅蜊】　Short-necked clam
1C＝200g（正味80g，小1個＝8g（正味3g）

[旬] 春。日本各地に分布し，潮干狩りで親しまれている。うま味成分も多く殻つきで汁の実や酒蒸しなどに向く。

←あさりの酒蒸し

あわび【鮑】　Abalone
1個＝300g

[旬] 夏。身に特有の歯ごたえとうま味がある。刺身やバター焼きなどに向く。中国料理では干しあわびが珍重される。

いがい【貽貝】　Mediterranean mussel
1個＝30g

[旬] 春。別名ムール貝。肉は赤みがかったオレンジ色。ワイン蒸しなど，フランス料理では欠かせない。

いがい（ムール貝）の→ガーリック炒め

エスカルゴ　Escargot Apple snails
水煮缶詰1個＝6～8g

フランス料理の食用カタツムリ。ニンニク，パセリなどを混ぜたバターを詰めて焼く。日本では缶詰が流通している。

←エスカルゴ缶詰

つくってみよう！　深川どん

<材料>（4人分）
米　3～4カップ　しょうゆ　大さじ6
ねぎ　2本　酒　大さじ6
だし汁　1200mL　塩　少々
あさりのむき身　300g

<つくり方>
❶鍋にだし汁をはり，中火で煮立てる。沸騰したら，しょうゆ，酒，塩で，好みの味に仕立てる。
❷ねぎを3cmの斜め切りにして❶に入れる。
❸再び沸騰したところであさりを加え，2～3分煮て火を止める。
❹かために炊いたごはんをどんぶりに盛り，上から❸をたっぷりとかける。
❺好みで，卵などを入れてもよい。

かき【牡蠣】　Pacific oysters
1個＝60g

[旬] 冬。グリコーゲンを多量に含み，「海のミルク」といわれるほど栄養価が高い。特有の味と食感がある。

酢がき→

さざえ【栄螺】　Turban shell
1個＝200g

[旬] 冬～初夏。荒い海では殻に「つの」をもつ。歯ごたえがあり，ひもはやや苦い。殻のまま焼く壺焼きが代表的。

←さざえの刺身

ⓘ **インフォメーション**　のしとあわびの関係▶熨斗（のし）袋には，細く六角形に折った色紙のなかに黄色っぽい紙が貼ってあるが，これは，熨斗あわび（熨した＝のばした）を簡略化したものである。お祝いごとで贈答する際に，その昔は海産物を添える習慣があったことから，贈る人の誠意と祝意をあらわすものである。

FISHES AND SHELLFISHES

※むき身

食品名 食品番号 可食部100gあたり	廃棄率% 水分g	エネルギー kcal 200	たんぱく質 g 20.0	脂質 g 20.0	コレステロール mg 20	炭水化物 g 20.0	総量 食物繊維 g 2.0	ナトリウム mg 200	カリウム mg 200	カルシウム mg 200	リン mg 200	鉄 mg 2.0	亜鉛 mg 2.0	βカロテン当量 μg 200	レチノール活性当量 μg 20	D μg 2.0	αトコフェロール mg 2.0	B₁ mg 0.20	B₂ mg 0.20	葉酸 μg 20	C mg 20	食塩相当量 g 2.0
さるぼう 味付け缶詰 10318	0 66.1	131 135	(12.3) 15.9	1.3 2.2	110	17.4 12.9	(0)	870	55	60	140	11.0	4.1	90	8	(0)	2.5	0.01	0.07	11	(0)	2.2
しじみ 生 10297	75 86.0	54 64	5.8 7.5	0.6 1.4	62	6.4 4.5	(0)	180	83	240	120	8.3	2.3	100	33	0.2	1.7	0.02	0.44	26	2	0.4
たいらがい 貝柱 生 10298	0 75.2	94 100	(15.8) 21.8	0.1 0.2	23	7.6 1.5	(0)	260	260	16	150	0.6	4.3	Tr	Tr		0.8	0.01	0.09	25		0.7
つぶ 生 10300	※0 (貝全体70%) 78.2	82 86	13.6 17.8	0.1 0.2	110	6.6 2.3	(0)	380	160	60	120	1.3	1.2	19	2	(0)	1.8	Tr	0.12	15	Tr	1.0
とこぶし 生 10301	60 78.9	78 84	(11.6) 16.0	0.1 0.4	150	7.7 3.0	(0)	260	250	24	160	1.8	1.4	58	5		1.3	0.15	0.14	24	1	0.7
とりがい 斧足 生 10303	0 78.6	81 86	10.1 12.9	0.1 0.3	22	9.9 6.9	(0)	100	150	19	120	2.9	1.6	Tr	Tr		1.2	0.16	0.06	18	1	0.3
ばい 生 10304	55 78.5	81 87	(11.8) 16.3	0.3 0.6	110	7.9 3.1	(0)	220	320	44	160	0.7	1.3	10	1	(0)	2.2	0.03	0.14	14	2	0.6
ばかがい 生 10305	65 84.6	56 61	8.5 10.9	0.2 0.5	120	5.1 2.4	(0)	300	220	42	150	1.1	1.8	5	5		0.8	0.14	0.06	18	1	0.8
はまぐり 生 10306	60 88.8	35 39	4.5 6.1	0.3 0.6	25	3.7 1.8	(0)	780	160	130	96	2.1	1.7	25	9		0.8	0.08	0.16	20	1	2.0
ほたてがい 生 10311	50 82.3	66 72	10.0 13.5	0.4 0.9	33	5.5 1.5	(0)	320	310	22	210	2.2	2.7	150	23	(0)	0.9	0.05	0.29	87	3	0.8
貝柱 生 10313	0 78.4	82 88	12.3 16.9	0.1 0.3	35	7.9 3.5	(0)	120	380	7	230	0.2	1.5	0	1	0	0.8	0.01	0.06	61	2	0.3
貝柱 水煮缶詰 10315	0 76.4	87 94	(14.8) 19.5	0.2 0.6	62	6.6 1.5	(0)	390	250	50	170	0.7	2.7	Tr	Tr	(0)	1.1	Tr	0.05	7	(0)	1.0
ほっきがい 生 10316	65 82.1	66 73	(8.1) 11.1	0.3 1.1	51	7.6 3.8	(0)	250	260	62	160	4.4	1.8	10	7	(0)	1.4	0.01	0.16	45	2	0.6
みるがい 水管 生 10317	80 78.9	77 82	(13.3) 18.3	0.1 0.4	36	5.6 0.3	(0)	330	420	55	160	3.3	1.0	Tr	Tr	(0)	0.6	Tr	0.14	13	1	0.8

インフォメーション　結婚式とはまぐり▶結婚式では，祝い物としてたいやえびとともに，はまぐりの吸い物もよくお目見えする。はまぐりの殻は対になっていて，他のはまぐりの殻とは絶対に合わないため，夫婦和合の象徴とされている。調理の際は，殻が離れないようにと，料理人の気をつかうところだ。

さるぼう【猿頰】Ark shell
缶詰 1缶=150g

[旬] 春。見た目は小型のあかがいで，あかがいよりも安価なため，缶詰の「赤貝」の原料として使用される。

しじみ【蜆】Japanese corbicula clam
1 C=230g（正味55g）

[旬] 夏と冬。黒く光沢のある殻で小粒。廃棄率が高いが，ビタミンB_{12}を多く含み，汁物やつくだ煮に用いる。

↑しじみのみそ汁

たいらがい【平貝】Pen shell
1個=30g

[旬] 冬。先のとがった長三角形の大型の貝。貝柱を食用とする。ほたて貝の貝柱より大きく身がしまっている。

つぶ【螺】Whelk
10個=60〜70g

[旬] 夏。海岸でとれるので古くから食用にされてきた巻き貝。テトラミンという毒素があるので唾液腺は除く。

とこぶし【常節】Tokabushi alalone
1個=50g

[旬] 夏。あわびに似ているが形は小さい。殻つきのまま塩蒸しにしたり，煮つけなどで食べる。

↑とこぶしの煮つけ

とりがい【鳥貝】Cockle
2枚=10g

[旬] 冬〜春。二枚貝で，黒紫色の足は，うま味や香りに欠けるが，シコシコ感があり開いて寿司種などに用いる。

ばい【蜊】Whelk and Ivory shells
1個=30g

[旬] 春〜夏。巻き貝で歯ごたえがある。大粒は身を刺身などに，小粒は殻つきのまま煮たりする。

↑ばいの刺身

ばかがい【馬鹿貝】Hen clam
1個=30g

[旬] 冬。別名あおやぎ。オレンジ色の足を生食し，寿司種，酢の物などに用いる。小柱がやわらかく味がよい。

はまぐり【蛤】Hard clam
殻つき1個=46g

[旬] 秋〜春。水質汚染など環境の変化に弱く漁獲量は激減。うま味成分のアミノ酸が多く，濃厚で上品な味がある。

↑焼きはまぐり

ほっきがい【北寄】Sakhalin surf clams
1個=100g

[旬] 冬〜春。別名うばがい。はまぐりを大きくしたような形で，酢みそあえ，バター焼き，寿司種などにする。

↑ほっきがいの寿司

ほたてがい【帆立貝】Giant ezo-scallops
殻つき1個=70g, 貝柱1個=25g

[旬] 冬。北日本を代表する食用二枚貝。市場には殻つき，むき身があり，近年養殖ものが増えている。養殖は稚貝を放流する地まき方式と，海中につるす垂下方式がある。市場では前者を天然貝，後者を養殖貝として扱っている。和洋中を問わず各種の料理に用いる。
〔貝柱〕大きくてやわらかい貝柱は，刺身，寿司種，酢の物，バター焼きなどに用いる。干し貝柱は中国料理でよく利用する。戻し汁はうま味が出ているので，だしとして利用する。
〔水煮缶詰〕クセがなく，料理の幅も広い。四季を通じて食べられる。

みるがい【海松貝】Keen's gaper
1枚=150g

みるがいは通称で標準和名はみるくい。大きく長く発達した水管の部分を食用とする。身は甘みがありコリコリした歯ごたえが好まれている。刺身や寿司種，酢の物，酒蒸し，あえ物などにする。

↑みるがいの寿司

✓Check! 「貝の王様」って誰？

甘みとうま味に富んだほたてがいは，「貝の王様」といわれており，そのほとんどが北海道，青森，岩手，宮城で生産されている。特に，中国料理では，干し貝柱は，ふかひれ，干しあわびと並び，三大珍味として珍重されている。

このほたてがいのうま味成分は，おもにアミノ酸のグルタミン酸，グリシン，アラニン，アルギニン，核酸関連物質のアデノシン1リン酸など。春から夏にかけてグリコーゲンが蓄積されて，独特のコクを与えている。

また，コレステロールを減らして血圧を下げる働きをするタウリンも含まれ，生活習慣病を予防する効果も期待されている。

ほたてがいは，イタヤガイ科の貝であるが，同じイタヤガイ科の二枚貝に，いたやがい（板屋貝）がある。いたやがいは，貝柱が丸く大きいのが特徴で，北海道南部以南の全国の浅瀬に生息する。ほたてがいは，細い放射筋が20本以上はいっているが，いたやがいは，8〜10本程度の太い放射筋がはいっており，形状からも見分けることができる。

同じくイタヤガイ科の貝に，ひおうぎがい（桧扇貝）がある。この貝は南方に生息し，品種改良によってさまざまな色のものがあり，貝柱を食べたあとの貝がらが加工品として利用されている。

→干し貝柱

↑いたやがい

↑ひおうぎがい

✓Check! 貝の毒化と食中毒

夏場をピークに"貝毒発生"というニュースを聞くことがある。これは，貝自身が毒をつくり出しているのではなく，えさとして食べるプランクトンのなかに人間に有害な毒をつくる種類があり，この毒が貝に蓄積されるために食中毒が起こるのである。

毒性をもつプランクトンの発生は，海域と海水温に影響されるため，水産試験場などでは海水調査や，毒化した貝が市場に出回らないように監視している。消費者である私たちも，そうした情報に十分に注意する必要がある。

毒性	毒のある貝と部位	対応方法
麻痺性貝毒	かき，ほたてがい，あさり，むらさきいがいの中腸腺	定期的な貝毒検査の実施と出荷規制がされており，原則的に安全。潮干狩など，市場以外のものは注意。
下痢性貝毒	むらさきいがい，ほたてがい，こまたがいの中腸腺	
光線過敏症	あわびの内臓（中腸腺）	内臓の摂食を避ける。
ばい中毒	ばい（巻き貝）	
テトラミン中毒	ひめえぞぼら，えぞぼらもどきの唾液腺	唾液腺・内臓の摂食を避ける。
SRSV（小型球形ウイルス）	生かき	定期的な貝毒検査の実施と出荷規制がされており，原則的に安全。加熱調理すればよい。

ⓘ インフォメーション　ほたてがい▶『和漢三才図会』（1716年）には，「口を開いて一つの殻は船のごとく一つの殻は帆のごとくにし，風にのって走る」とある。ほたてがいの動きは素早いが，それは貝のなかにはいっている海水を勢いよくはき出すことによってはねるように動くのであって，船のように帆を立てて走るわけではない。

271

魚介類─その他

FISHES AND SHELLFISHES

かにの水揚げ

魚介類─その他

　魚介類のなかで，いわゆる"さかな"や貝類と呼ばれるもののほかに，えびやかになどの甲殻類，いかやたこなどの軟体動物の頭足類，それらのいずれにも属さないものがある。

　頭足類は，全身が強靭で柔軟な筋肉でできており，独特の歯ごたえがある。日本のいか消費量は世界一であり，たこも古くから食用にされていた。

　甲殻類とは，骨がないかわりにかたい殻で体を包んで身を守っている動物のことである。特に日本人のえび好きは有名であり，世界各国から大量に輸入され，和洋中を問わず，いろいろな料理に使われている。くるまえ

びに始まった養殖も，世界各地で多くの種を対象におこなわれている。かには近年の輸送技術の改良と輸送網の発達によって，活け物でも冷凍食品でも市場で見ることができるようになった。

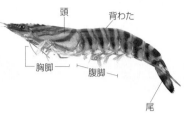

🔽えびの部位

頭／背わた／胸脚／腹脚／尾

栄養上の特性

　主成分はたんぱく質で，脂質が少ない。から揚げにして全体を食べられるものは，カルシウムが豊富である。また，殻にはキチン質という成分が多く含まれ，大腸がんのリスクを高める可能性のあるウェルシュ菌の増殖を抑えるといわれている。

選び方・保存の仕方

	選び方	保存の仕方
いか	・背の表面に黒褐色の斑点があるもの。 ・身の色つやのよいもの。 ・目が飛び出して体に丸みがあり，指で押さえると弾力のあるもの。	・ゆでてビニール袋に入れて真空状態にして，冷蔵庫へ。
たこ	・くるくると足が巻いて，吸盤が吸いついてくるもの。	・やわらかくなるまでゆでて，冷ましてラップやビニール袋に入れて冷蔵庫へ。
えび	・頭や皮がしっかりとかたいもの。 ・全体につやのあるもの。	・水分が蒸発しやすいので，水をはった容器のなかにつけて冷蔵庫へ。または，背わたを取ってから冷凍保存する。
かに	・はさみや脚の取れていないもの。 ・手に持ってずっしりと重いもの。	・死んだかにには，内臓の腐敗が早く，筋肉も臭気が出やすいので，多くはゆでて流通している。冷凍して保存する。

食品名 食品番号 可食部100gあたり	廃棄率% 水分g	エネルギー kcal 200	たんぱく質 g 20.0	脂質 g 20.0	コレステロール mg 20	炭水化物 g 20.0	食物繊維 総量 g	ナトリウム mg 200	カリウム mg 200	カルシウム mg 200	リン mg 200	鉄 mg 2.0	亜鉛 mg 2.0	βカロテン当量 μg 200	A レチノール活性当量 μg 20	D μg 2.0	E αトコフェロール mg 2.0	B₁ mg 0.20	B₂ mg 0.20	葉酸 μg 20	C mg 20	相当量 食塩 g 2.0
えび あまえび 生 10319	65 78.2	85 98	15.2 19.8	0.7 1.5	130	4.2 0.1	(0)	300	310	50	240	0.1	1.0	0	3	(0)	3.4	0.02	0.03	25	Tr	0.8
いせえび 生 10320	70 76.6	86 92	17.4 20.9	0.1 0.4	93	3.7 Tr	(0)	350	400	37	330	0.1	1.8	0	0	(0)	3.8	0.01	0.03	15	1	0.9
くるまえび 養殖 生 10321	55 76.1	90 97	18.2 21.6	0.3 0.6	170	3.7 Tr	(0)	170	430	41	310	0.7	1.4	49	4	(0)	1.6	0.11	0.06	23	Tr	0.4
さくらえび 素干し 10325	0 19.4	286 312	(46.9) 64.9	2.1 4.0	700	20.0 0.1	－	1200	1200	2000	1200	3.2	4.9	(0)	(Tr)	(0)	(7.2)	0.17	0.15	230	0	3.0
大正えび 生 10327	55 76.3	89 95	(17.9) 21.7	0.1 0.3	160	4.1 0.1	(0)	200	360	34	300	0.1	1.4	4	6	(0)	1.8	0.03	0.04	45	1	0.5
しばえび 生 10328	50 79.3	78 83	15.7 18.7	0.2 0.4	170	3.3 0.1	(0)	250	260	56	270	1.0	1.0	20	4	(0)	1.7	0.02	0.06	57	2	0.6
バナメイえび 養殖 生 10415	20 78.6	82 91	16.5 19.6	0.3 0.6	160	3.3 0.7	(0)	140	270	68	220	1.4	1.2	(0)	0	(0)	1.7	0.03	0.04	38	1	0.3
ブラックタイガー 養殖 生 10329	15 79.9	77 82	(15.2) 18.4	0.1 0.3	150	3.7 0.3	(0)	150	230	67	210	0.2	1.4	0	1	(0)	1.4	0.07	0.03	15	Tr	0.4

272 ⓘ **インフォメーション** キチン・キトサンとは▶えびやかにの甲殻からたんぱく質とカルシウムを取り除いたキチン質を化学処理してキトサンをつくる。しかし，現在の精製技術では，100%純粋なキトサンの製造は難しくキチン質が残るので，キチン・キトサンと総称されている。

◆かにの部位

口　はさみ
甲殻　脚

◆いかの部位

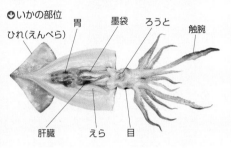

ひれ（えんぺら）　胃　墨袋　ろうと　触腕
肝臓　えら　目

ひと昔前までは，小えびや沢がにを殻ごと食べたり，いなごやはちの子などを丸ごと食べていたが，最近は，小えびですらも殻をむいて食べる人が増えている。

このえびの殻や缶詰に加工されたあとのかにの甲殻は，長い間利用されることなくそのまま捨てられていた。この大量に捨てられる殻を何か有効に活用することはできないかと研究が始められたのは，日本では1980年代のことである。

その結果，血液中のコレステロールや中性脂肪を減少させる効果や，血圧上昇を抑制する効果，食物繊維としての働きが認められるキチン・キトサンが発見され，現在も研究が続けられている。

キチン・キトサンの特性として，以下のことがあげられる。

・生物資源のため，生物により分解されるので，環境汚染の心配がない。

・繊維・膜など，さまざまな形態に加工できる。

・化学処理することによって，さまざまな機能性素材をつくることができる。

・人間の体に害がなく，安全性が高い。

キチン・キトサンを含む特定保健用食品として，ビスケットやかまぼこなどが販売されている。キチン・キトサンを食事でとるのはなかなか難しいが，殻ごと食べられる桜えびを選んだり，下ごしらえの際に油で揚げて殻をパリパリにさせて殻ごと食べられる工夫もしたい。

 コンタクトレンズ　手術用縫合糸

 シャンプー・リンス　薬剤用カプセル

 パジャマ　くつ下

FANCL キトサン Chitosan

↑精製したキチン・キトサン

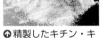
↑たんぱく質・カルシウムを除いたかに

↑キチン・キトサンを使った製品

↑健康補助食品

えび【海老】

Prawns and shirimps Japanese spiny lobster

あまえび1尾＝10〜15g，くるまえび1尾＝35〜40g，さくらえび素干し大1＝3g，バナメイえび1尾＝15g，ブラックタイガー1尾＝25〜30g

〔あまえび〕　正しくは，ほっこくあかえび。富山以北の日本海側，北海道沖でとれる。水で抽出されやすいたんぱく質が多いため「とろみ」があり，甘い。殻と身が離れやすく，刺身に向く。

〔いせえび〕　武勇と長寿の象徴として日本の慶事には欠かせないもの。体長約30cm，廃棄率が70％と高いが，肉が美味で鬼殻焼き，具足煮として殻ごと盛りつけられることが多い。

〔くるまえび〕　食用えび類中の最高級品で味も形もよい。おがくずに入れて生きたまま輸送される。刺身や天ぷらに適している。1960年代以降，卵からかえして育てる完全養殖がおこなわれ，大量に安定して供給されている。

〔さくらえび〕　体長5cm，殻が薄く，そのまま食べられる。桜色に見える美しい小えび。素干しや煮干しえびなど加工品として出荷さ

れ，カルシウムが多い。乾燥品には独特の香りがある。

〔大正えび〕　正式名称はこうらいえび。体長20〜30cmほどの大型のくるまえび類で日本沿岸ではとれず，韓国をはじめ中国，台湾などから輸入されている。大正えびの名は大正時代から商品として大量輸入されていたことからついた。

〔しばえび〕　東京都港区芝周辺でよくとれたことからこの名がつく。かき揚げの材料やすり身にしてだんごなどに。

〔バナメイえび〕　中南米が原産で台湾や東南アジアで養殖されている。体長14〜20cm。病気に強く生育期間も短いため，ブラックタイガーにかわるえびとして期待されている。

〔ブラックタイガー〕　くるまえび類中の最大種。濃い灰黒色だが，加熱後鮮やかな赤褐色になる。東南アジアで養殖され，安く輸入される。くるまえびの代用として天どん，フライなどに。

↑あまえびの刺身

↑いせえびの鬼殻焼き

↑くるまえび

↑さくらえび

つくってみよう！　シーフードスパゲッティ

＜材料＞（4人分）
スパゲッティ（乾）400g　しばえび200g　あさり（むき身）200g
するめいか　1ぱい　たまねぎ　1/2個　トマトソース（缶詰）400g
油　大さじ2　塩　少々　こしょう　少々　白ワイン　大さじ4

＜つくり方＞
❶えびは背わたと殻を取り，あさりはさっと洗う。いかは下ごしらえをし，1cmの輪切りにする。
❷たまねぎは薄切りにする。
❸スパゲッティをゆで，ざるにあげる。
❹たまねぎを炒め，ワインと❶を入れてさらに炒め，トマトソースを加える。
❺❹にスパゲッティを入れて，さっと混ぜ，塩，こしょうで味を調える。
※冷凍シーフードミックスを使うと手軽。トマトソースをにんにくに変えてもよい。

↑大正えび

↑しばえびの唐揚げ

↑バナメイえび

↑ブラックタイガー

ⓘ インフォメーション　えびやかにを加熱すると赤くなる理由▶えびやかにの殻の色は，主としてアスタキサンチンと呼ばれる赤色系のカロテノイドによるものである。生きているときは，アスタキサンチンとクルスタシアニンによって緑や褐色であるが，加熱するとこの結合が切断され，カロテノイド本来の黄から赤になる。

273

魚介類

食品名 / 食品番号	廃棄率% / 水分g	エネルギー kcal/g	たんぱく質 g	脂質 g	コレステロール mg	炭水化物 g	食物繊維総量 g	ナトリウム mg	カリウム mg	カルシウム mg	リン mg	鉄 mg	亜鉛 mg	A βカロテン当量 μg	A レチノール活性当量 μg	D μg	E αトコフェロール mg	B₁ mg	B₂ mg	葉酸 μg	C mg	食塩相当量 g
かに がざみ 生 10332	65 / 83.1	61 / 65	(10.8) / 14.4	0.1 / 0.3	79	4.1 / 0.3	(0)	360	300	110	200	0.3	3.7	7	1	(0)	1.8	0.02	0.15	22	Tr	0.9
毛がに 生 10333	70 / 81.9	67 / 72	12.1 / 15.8	0.3 / 0.5	47	4.1 / 0.2	(0)	220	340	61	260	0.5	3.3	(0)	(Tr)	(0)	2.2	0.07	0.23	13	Tr	0.6
ずわいがに 生 10335	70 / 84.0	59 / 63	10.6 / 13.9	0.2 / 0.4	44	3.6 / 0.1	(0)	310	310	90	170	0.5	2.6	(0)	(Tr)	(0)	2.1	0.24	0.60	15	Tr	0.8
ずわいがに 水煮缶詰 10337	0 / 81.1	69 / 73	(12.2) / 16.3	0.2 / 0.4	70	4.5 / 0.2	(0)	670	21	68	120	0.5	4.7	(0)	(0)	(0)	2.0	0	0.03	1	0	1.7
たらばがに 生 10338	70 / 84.7	56 / 64	10.1 / 13.0	0.5 / 0.9	34	2.9 / 0.2	(0)	340	280	51	220	0.3	3.2	7	1	(0)	1.9	0.05	0.07	21	1	0.9
たらばがに 水煮缶詰 10340	0 / 77.0	85 / 90	(15.4) / 20.6	0.1 / 0.3	60	5.5 / 0.2	(0)	580	90	52	220	0.2	6.3	(0)	(Tr)	(0)	2.9	0.02	0.10	4	(0)	1.5
いか こういか 生 10344	35 / 83.4	64 / 75	10.6 / 14.9	0.6 / 1.3	210	4.1 / 0.1	(0)	280	220	17	170	0.1	1.5	Tr	5	(0)	2.2	0.03	0.05	3	1	0.7
するめいか 生 10345	30 / 80.2	76 / 83	(13.4) / 17.9	0.3 / 0.8	250	4.7 / 0.1	(0)	210	300	11	250	0.1	1.5	0	13	0.3	2.1	0.07	0.05	5	1	0.5
ほたるいか 生 10348	0 / 83.0	74 / 84	7.8 / 11.8	2.3 / 3.5	240	5.4 / 0.2	(0)	270	290	14	170	0.8	1.3	Tr	1500	(0)	4.3	0.19	0.27	34	5	0.7
加工品 するめ 10353	0 / 20.2	304 / 334	(50.2) / 69.2	1.7 / 4.3	980	22.0 / 0.4	(0)	890	1100	43	1100	0.8	5.4	0	22	(0)	4.4	0.10	0.10	11	0	2.3
さきいか 10354	0 / 26.4	268 / 279	(34.2) / 45.5	0.8 / 3.1	370	31.0 / 17.3	(0)	2700	230	23	430	1.6	2.8	(0)	3	(0)	1.7	0.06	0.09	1	0	6.9
塩辛 10358	0 / 67.3	114 / 117	(11.0) / 15.2	2.7 / 3.4	230	11.4 / 6.5	(0)	2700	170	16	210	1.1	1.7	1	200	(0)	3.3	Tr	0.10	13	Tr	6.9
たこ いいだこ 生 10360	0 / 83.2	64 / 70	(10.6) / 14.6	0.4 / 0.8	150	4.5 / 0.1	(0)	250	200	20	190	2.2	3.1	9	36	(0)	2.7	0.01	0.08	37	1	0.6
まだこ 皮つき 生 10361	15 / 81.1	70 / 76	11.4 / 16.1	0.3 / 0.9	110	5.5 / 0.2	(0)	390	300	15	160	0.6	1.6	0	1	0	0.8	0.03	0.08	3	1	1.0

インフォメーション　いかの行水，たこの長風呂▶いかは加熱していくとかたくなり，たこは煮こむほどやわらかくなることからいう。そのため，いかはほかの材料と煮こむときはあとから加える。ただし，いかはかたくなっても煮こむとまたやわらかくなる性質もあるので，覚えておくとよい。

かに【蟹】 Crabs

がざみ1匹＝250g, ずわいがに脚1本＝30g

たんぱく質が15〜20％含まれ, 脂肪は少ない。加熱することで身肉がやわらかくほぐれやすくなり, 味もよくなる。

〔がざみ〕 〔旬〕冬。別名わたりがに。本州北部から九州に分布し, 内湾の浅海にすむ。甲羅の内部やはさみ脚の基部に肉が多く, みそ（肝臓）, 卵巣もおいしい。蒸したほうがよい。

〔毛がに〕 〔旬〕冬。体全体が羽毛状の突起に覆われている。むっくりとした形で北海道名産として有名。肉量が多く, 脚の肉も多い。

〔ずわいがに〕 〔旬〕冬。一般にずわいと呼ばれているのは大型の雄で, 甲幅が15cm程度で足を左右にのばすと約70cmにもなる。山陰地方では松葉がに, 北陸地方では松前がにと呼ばれる。日本海の冬の味覚であり, 味がよく漁獲量が少ないので高級品。刺身や二杯酢, 鍋物などで食べる。

〔たらばがに〕 北海道以北に生息する。カナダ, アラスカ, ロシアからの輸入ものが多い。大型で脚が太く, 脚だけを束ねた冷凍品も多い。淡泊な味がよく, かにすき, 天ぷら, 缶詰など用途は広い。缶詰として最高級品。缶のなかの紙は化学変化を防止する重要なもの。

↑毛がに（ゆで）　↑かに汁　↑焼きたらばがに

↑ずわいがに（ゆで）

↑がざみ（ゆで）

↑たらばがに（ゆで）

たこ【蛸】 Ocellated octopus, Common octopus

いいだこ1ぱい＝40g, まだこ腕1本＝150g

〔いいだこ〕 小型のたこで, 体長10cm前後。腕膜の表面にある一対の大きな眼状紋が特徴。身も卵もおいしい。煮つけやおでん種に使う。

〔まだこ〕 たこ類のなかで, 最もうま味が濃くおいしい。瀬戸内海の明石沖でとれるあかしだこが珍重される。刺身, ゆでて酢の物, 煮つけもよい。

いいだこの煮つけ↓　←いいだこ（ゆで）

まだこ（ゆで）↓

いか【烏賊】 Squids

するめいか1ぱい＝300g, するめ1枚＝80〜100g

軟体動物の頭足類。胴, 頭, 腕の3部からなる。腕10本のうち2本は触腕といい, ほかより長く, これでえさをつかまえる。

〔こういか〕 〔旬〕秋〜冬。生きたまま扱うと墨を吐くので, 墨いかとも呼ばれる。胴は袋状で長さは18cm程度。胴部に大きな軟甲がはいっているため, 甲いかという。

〔するめいか〕 日本で最も多くとれるいか。日本海沿岸, 北海道, 三陸が中心。刺身のいかそうめんやフライ, 煮物など, 和洋中と幅広く利用される。

〔ほたるいか〕 頭, 胴, 腕に発光器をもち, 目の周辺, 第4番目の腕の先の発光器が特に大きい。新鮮なものは刺身で, ゆでたものを酢みそで食べたり, つくだ煮にしたりする。

〔するめ〕 保存のために胴を開き内臓を除いて素干ししたもの。肉厚のものほど味がよく, 軽くあぶって食べる。

〔さきいか〕 生のいかやするめ（あたりめ）をあぶり焼きにし, 引きのばして裂き, 乾燥させた食品のことで「裂き烏賊」と書く。

〔塩辛〕 細く切った身を内臓と塩であえたもの。塩辛のなかでもいかの塩辛は特に人気がある。墨を混ぜてつくったものを「墨づくり」という。

するめ→

←するめいか（生）

↑いかの墨づくり

↑ほたるいか

✓Check! ほたるいかは本当に光るか？

ほたるいかは全身に発光器があり青白く光る。しょうゆ漬けのほか, 軽くゆでた「桜煮」が富山県の名産として知られている。近年は, 流通の発達によって, 産地以外でも刺身で食べられるようになった。ただし, わた（内臓）に線虫がいることがあるので, 火を通すか, 一度冷凍させたものを食べるようにする。

↑発光するほたるいか

✓Check! 地元でしか味わえない魚介類

魚介類には, 食べられるにもかかわらず, 生産量が少ないなどの理由で一般の流通に乗らず, とれた分だけ地元で消費されている食材も多い。

●モクズガニ
普段は川に生息し, 産卵のため9〜10月ごろに海に下る。ゆで, かに汁などが美味。寄生虫のおそれがあるので生食は避ける。

●カメノテ
名前が示す通り, 亀の手そっくりの形で, 海岸の岩場に群れている。えびやかにと同じ甲殻類で, ゆで, 汁のだしなどによい。

●フジツボ
海の岩場に普通に見られる。食用としては, 青森県のミネフジツボが有名。甲殻類の仲間で, 焼き, ゆでのほか, だしとしても美味。

魚介類

 インフォ メーション　いかすみとたこすみ▶いかすみは, パスタやリゾットなどでおなじみ。粘り気がありうま味もあることから, 食材として利用されている。一方, たこのすみは粘り気がなく取り出しにくいため, 食用に利用されることはほとんどない。

275

FISHES AND SHELLFISHES

※むき身

食品名 / 食品番号	廃棄率% / 水分g	エネルギー kcal	たんぱく質 g	脂質 g	コレステロール mg	炭水化物 g	食物繊維 g	ナトリウム mg	カリウム mg	カルシウム mg	リン mg	鉄 mg	亜鉛 mg	βカロテン当量 μg	レチノール活性当量 μg	D μg	E αトコフェロール mg	B₁ mg	B₂ mg	葉酸 μg	C mg	食塩相当量 g
うに 生うに 10365	0 / 73.8	109 / 120	11.7 / 16.0	2.5 / 4.8	290	9.8 / 3.3	(0)	220	340	12	390	0.9	2.0	700	58	(0)	3.6	0.10	0.44	360	3	0.6
くらげ 塩蔵 塩抜き 10370	0 / 94.2	21 / 22	— / 5.2	Tr / 0.1	31	(Tr) / Tr	(0)	110	1	2	26	0.3	Tr	0	0	(0)	0	Tr	0.01	3	0	0.3
しゃこ ゆで 10371	※0 / 77.2	89 / 98	15.3 / 19.2	0.8 / 1.7	150	5.0 / 0.2	(0)	310	230	88	250	0.8	3.3	15	180	(0)	2.8	0.26	0.13	15	0	0.8
なまこ 生 10372	20 / 92.2	22 / 23	3.6 / 4.6	0.1 / 0.3	1	1.7 / 0.5	(0)	680	54	72	25	0.1	0.2	5	Tr	(0)	0.4	0.05	0.02	4	0	1.7
ほや 生 10374	80 / 88.8	27 / 30	— / 5.0	0.5 / 0.8	33	(0.7) / 0.8	(0)	1300	570	32	55	5.7	5.3	0	Tr	(0)	1.2	0.01	0.13	32	3	3.3
水産練り製品 かに風味かまぼこ 10376	0 / 75.6	89 / 90	(11.3) / 12.1	0.4 / 0.5	17	10.2 / 9.2	(0)	850	76	120	77	0.2	0.2	0	21	1.0	0.9	0.01	0.04	3	1	2.2
蒸しかまぼこ 10379	0 / 74.4	93 / 95	11.2 / 12.0	0.5 / 0.9	15	11.0 / 9.7	(0)	1000	110	25	60	0.3	0.2	(0)	(Tr)	2.0	0.2	Tr	0.01	5	0	2.5
焼きちくわ 10381	0 / 70.2	107 / 121	12.3 / 13.2	0.4 / 0.4	21	12.1 / 13.3	(0)	990	57	48	100	0.2	0.3	0	11	1.0	0.3	0.01	0.05	2	36	2.5
だて巻 10382	0 / 58.8	190 / 196	— / 14.6	6.3 / 7.5	180	18.8 / 17.6	(0)	350	110	25	120	0.5	0.6	Tr	60	1.0	1.8	0.04	0.20	16	(0)	0.9
つみれ 10383	0 / 75.4	104 / 113	— / 12.0	2.6 / 4.3	40	8.2 / 6.5	(0)	570	180	60	120	1.0	0.6	(0)	(Tr)	5.0	0.2	0.02	0.20	3	(0)	1.4
なると 10384	0 / 77.8	80 / 80	— / 7.6	0.3 / 0.4	17	11.7 / 11.6	(0)	800	160	15	110	0.5	0.2	(0)	(Tr)	Tr	0.1	Tr	0.01	1	(0)	2.0
はんぺん 10385	0 / 75.7	93 / 94	— / 9.9	0.9 / 1.0	15	11.5 / 11.4	(0)	590	160	15	110	0.5	0.1	(0)	(Tr)	Tr	0.4	Tr	0.01	7	(0)	1.5
さつま揚げ 10386	0 / 70.0	116 / 139	10.0 / 11.3	2.2 / 2.4	18	12.0 / 12.6	(0)	800	79	20	110	0.1	0.2	0	6	0.9	0.4	0.01	0.03	3	0	2.0
魚肉ソーセージ 10388	0 / 66.1	158 / 161	10.3 / 11.5	6.5 / 7.2	30	14.5 / 12.6	(0)	810	70	100	200	1.0	0.4	(0)	(Tr)	0.9	0.2	0.20	0.60	4	(0)	2.1

インフォメーション　おでんの由来▶練り製品が大活躍する鍋料理のおでんの元祖は，くしに刺した豆腐を焼いたものであった。そのようすが１本の竹馬ではね踊る室町時代の「田楽舞（でんがくまい）」に似ていることから「田楽」となり，「お田」となったと伝えられる。

うに【雲丹】Sea urchin
握り寿司1個=5g

[旬] 夏。とげのある殻を割り、なかの卵巣を食べる。香りが高くビタミンAが豊富で、寿司種として知られている。

くらげ【水母】Jellyfish
1C=90g

かさ部を塩漬けしたものを水で戻し、酢の物やあえ物などに使われ、コリコリした歯ごたえが好まれる。

↑くらげのサラダ

しゃこ【蝦蛄】Mantis shrimp
1尾=30g

[旬] 初夏。ゆでて長い腹部の左右と尾節の後部をはさみで切って肉を取り出して食べる。寿司種や酢みそあえに。

なまこ【海鼠】Sea cucumber
1匹=200g

[旬] 冬。日本各地で広く生息する。コリコリとした歯ごたえがよく、酢の物に。中国料理では干しなまこを使う。

↑なまこ酢

ほや【海鞘】Sea squirt
1個=250g

[旬] 夏。かたい外皮をはぎ、内側のオレンジ色の筋肉を刻み、酢の物や吸い物に利用される。

水産練り製品　　Surimi products

かに風味かまぼこ1本=10g, 蒸しかまぼこ1本=250g, 焼きちくわ1本=90g, だて巻1切=30g, つみれ1個=20g, なると3枚=20g, はんぺん1枚=100g, さつま揚げ（小判形）1枚=30g, 魚肉ソーセージ1本=75g

　魚肉に食塩を加えてすりつぶし、加熱した加工食品である。練り製品の材料には、えそ、ぐち、たら、あじ、いわし、はもなどが用いられる。すけとうだらは、冷凍すり身として利用されている。また、地方ごとに近海でとれる魚を利用して、その土地特有の練り製品もつくられている。練り製品は、"あし"といわれる特有の弾力が重要で、製品の品質を左右する。一般に、白身魚は弾力に富み、赤身魚は弾力が弱い。

〔かに風味かまぼこ〕　魚のすり身に、でんぷんや卵白で弾力性をつけ、かにエキスなどで風味をつけ繊維状にして着色したかに肉のコピー食品。

〔蒸しかまぼこ〕　白身魚のすり身に、調味料を加え、板に乗せて成形し、蒸したもの。高級品ほど添加物が少ない。

〔焼きちくわ〕　かまぼこの原料を、竹の筒に巻きつけて焼いたもの。煮物、おでん種などにする。

〔だて巻〕　白身魚のすり身やえびに卵を混ぜ、調味して焼き、巻きすで形を整えたもの。正月料理に用いる。

なるとの→
はいった
ラーメン

↑はんぺんの
梅肉はさみ
焼き

↑蒸しかまぼこ

〔つみれ〕　赤身の魚（あじ、いわしなど）のすり身に、卵白やでんぷんなどのつなぎ材料を加えて調味し、適当な大きさに丸めてゆでたもの。

〔なると〕　ゆでかまぼこの一種で、白身のすり身と赤色をつけたすり身を重ね、巻きすで巻いてゆでたもの。めん類などの具に使う。

〔はんぺん〕　魚肉のすり身におろしたやまのいもや卵白を混ぜ、空気を含ませ、成形してゆでたもの。ふっくらした食感がある。おでん種や焼き物に。

〔さつま揚げ〕　魚肉のすり身に、野菜、調味料を混ぜて成形し、油で揚げたもの。焼いて、しょうゆをつけて食べたり、おでん種にしたりする。

〔魚肉ソーセージ〕　魚肉のすり身（おもにたら）に、でんぷんなどのつなぎやカルシウム、ビタミン類などを強化し、ケーシングに詰めて加熱したもの。そのまま食べられる。

↑おでん

↑かに風味かまぼこ

↑焼きちくわ

↑だて巻

☑Check! 練り製品のいろいろ

　色や形がさまざまあり、良質のたんぱく質と魚のおいしさを凝固し、そのままでも食べられる点が魅力。海に囲まれた日本では、その土地特有の練り製品がつくられている。

↑なんば焼き
（和歌山県）

↑じゃこ天（愛媛県）

●かまぼこの飾り切り

↑笹かまぼこ（宮城県）

↑黒はんぺん（静岡県）

↑結び

↑うさぎ

↑こんぶ巻きかまぼこ
（富山県）

↑梅焼き（大阪府）

↑バラ

↑松

🍳つくってみよう！　だて巻き

<材料>（4人分）
はんぺん　60g　卵　3個　砂糖　30g
みりん　大さじ1/2　塩　1.5g　しょうゆ　小さじ1/2
油　適量

<つくり方>
❶ミキサーに油以外の材料を入れ、混ぜ合わせる。
❷卵焼き器に油を熱し、❶を一度に流し入れ、アルミホイルなどでふたをし、弱火で4～5分焼く。
❸平らな皿などを使って❷を裏返し、弱火で4～5分焼く。
❹鬼すだれの上に乗せ、手前から巻いていく。
❺巻き終わりを下にして少し置いてから、1.5cmの厚さに切る。

p.259クイズの答え　❶イクラ・すじこ→サケ　❷かずのこ→にしん　❸たらこ→たら　❹からすみ→ぼら　❺とびこ→とびうお　❻キャビア→ちょうざめ　❼ぶりこ→はたはた　ほかに、海藤花→たこ、たいのこ→たいなどがある。

ℹ️ **インフォメーション**　かまぼこのルーツ▶かまぼこの起源は平安時代。すりつぶした魚肉を細い棒に塗りつけて焼いたものが蒲（ガマ）の穂に似ていたことから蒲鉾（かまぼこ）と呼ぶようになったと伝えられている。要するに、今のちくわである。当時はなまずの肉が使われていたそうだが、どんな味がしたのだろうか。

魚介類

277

肉類

肉類

食用として利用できる動物の可食部分をすべて食肉と呼ぶが，食用となるのは，動物の体を構成する筋肉の部分と脂肪の部分，内臓である。おもに食用として利用されるのは，牛，豚，とりで，そのほか，馬，羊，うさぎ，かもなどがある。肉類は，動物性たんぱく質，脂質，鉄，ビタミンB群の供給源であり，消費量が増えている。肉類の摂取によって日本人の栄養バランスは全体として向上したが，近年はさらにたんぱく質，脂質過剰の欧米型の食生活に移行してきている。それが動脈硬化，脂質異常症などの生活習慣病の増加の原因ではないかといわれている。

焼肉

栄養上の特性

肉の種類，部位などで栄養が異なるが，たんぱく質の含有量が多いことから，栄養価の高い食品である。そのほか，脂質，鉄，カリウム，リン，ビタミンB群，ビタミンA（肝臓）などの栄養素が多い。

❶牛肉：たんぱく質，脂質，鉄分を多く含む。脂質は飽和脂肪酸を多く含むため，とり過ぎには注意する。

❷豚肉：ビタミンB₁含有量は牛肉の10倍もある。高エネルギーで，コレステロール量も多い。

❸とり肉：たんぱく質に富み，脂質は不飽和脂肪酸を多く含む。

選び方・保存の仕方

	選び方	保存の仕方
牛肉	鮮やかな赤色でつやがあり，きめが細かくてしまっているものがよい。脂肪は白色または乳白色のものがよい。	なるべく空気に触れないように密閉し，氷温室，チルド室で保存する。
豚肉	淡いピンク色でみずみずしいものがよい。脂肪は白く，つやがあるもの，赤身と脂肪の境目がはっきりしているもの。	いたみが早いので，残ったものなどは，ラップをして冷凍する。3日めがやす。
とり肉	肉色が鮮やかで皮の毛穴がブツブツと盛り上がり，肉に厚みのあるものを選ぶ。皮と脂肪に透明感があるものが新鮮。	いたみ始めるのが早いのですぐに使い切る。下ごしらえして冷凍保存してもよい。

食肉の熟成

食肉類は，屠殺直後は死後硬直を起こしてかたくなり，消化も悪く，風味も劣る。ある程度時間を経ることにより，肉に含まれる酵素の作用により自己消化を起こし，アミノ酸などのうま味成分が増し，肉質もやわらかくなり，風味も増す。これを食肉の熟成（エージング）という。店頭では，食べごろを考慮して販売されるので，購入後はできるだけ早く食べるようにする。

熟成期間（2〜4℃）　　食べごろ　　→劣化

	食べごろ	劣化
牛 7〜10日	店頭販売当日	ブロック 5日 スライス 3日
豚 3〜5日	2〜3日	
とり 約2日	翌日	
ミンチ 当日		

食品名 食品番号 可食部100gあたり	廃棄率% 水分g	エネルギー kcal 200	たんぱく質 g 20.0	脂質 g 20.0	コレステロール mg 20	炭水化物 g 20.0	食物繊維総量 g 2.0	ナトリウム mg 200	カリウム mg 200	カルシウム mg 200	リン mg 200	鉄 mg 2.0	亜鉛 mg 2.0	βカロテン当量 μg 200	レチノール活性当量 μg 20	D μg 2.0	αトコフェロール mg 2.0	B₁ mg 0.20	B₂ mg 0.20	葉酸 μg 20	C mg 20	食塩相当量 g 2.0
いのしし 肉 脂身つき 生 11001	0 60.1	249 268	(16.7) 18.8	18.6 19.8	86	3.8 0.5	(0)	45	270	4	170	2.5	3.2	Tr	4	0.4	0.5	0.24	0.29	1	1	0.1
うし 和牛肉 かたロース 脂身つき 生 11008	0 47.9	380 411	(11.8) 13.8	(35.0) 37.4	89	4.6 0.2	(0)	42	210	3	120	0.7	4.6	1	3	0	0.5	0.06	0.17	6	1	0.1
サーロイン 脂身つき 生 11015	0 40.0	460 498	(10.2) 11.7	(44.4) 47.5	86	4.9 0.3	(0)	32	180	3	100	0.9	2.8	1	3	0	0.5	0.05	0.12	5	1	0.1
ヒレ 赤肉 生 11029	0 64.6	207 223	(16.6) 19.1	13.8 15.0	66	4.0 0.3	(0)	40	340	3	180	2.5	4.2	Tr	1	0	0.4	0.09	0.24	8	1	0.1
乳用肥育牛肉 かた 脂身つき 生 11030	0 62.0	231 260	— 17.1	18.0 19.8	66	(0.3) 0.3		59	290	4	160	2.1	4.5	1	5	0	0.4	0.08	0.20	6	1	0.2
かたロース 脂身つき 生 11034	0 56.4	295 318	(13.7) 16.2	(24.7) 26.4	71	4.4 0.2	(0)	50	260	4	140	0.9	4.7	3	7	0.1	0.6	0.06	0.17	7	1	0.1
リブロース 脂身つき 生 11037	0 47.9	380 409	12.5 14.1	35.0 37.1	81	3.9 0.2	(0)	40	230	4	120	1.0	3.7	8	13	0.1	0.5	0.05	0.12	6	1	0.1
サーロイン 脂身つき 生 11043	0 54.4	313 334	(14.0) 16.5	(26.7) 27.9	69	4.1 0.4	(0)	48	270	4	150	1.0	2.9	4	8	0	0.4	0.06	0.10	6	1	0.1

インフォメーション 江戸時代の肉食▶江戸時代は肉食はあまり一般的ではなかったが，「薬喰い」といって滋養をつけるために食べた。街中には「ももんじや（百獣屋）」という料理店があり，山鯨（いのしし肉）の看板が出されることもあった。

食肉の表示

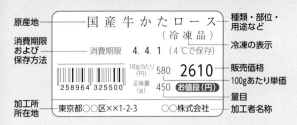

- 原産地
- 消費期限および保存方法
- 加工所所在地

国産牛 かたロース
（冷凍品）
消費期限　4. 4. 1 （4℃で保存）
258964 325500
100g当たり（円）　580　**2610**
正味量（g）　450　**お値段（円）**

- 種類・部位・用途など
- 冷凍の表示
- 販売価格
- 100gあたり単価
- 量目
- 加工者名称

東京都○○区××1-2-3　　○○株式会社

- ・原産地表示…必ず原産国名を表示する。国産肉の場合，都道府県や産地名の表示でもよい。複数の原産地のものを混ぜている場合は，重量の割合の多いものから順に示す。
- ・スパイスなどで調味してあったり，焼き肉のたれを混ぜたりした肉も，加工食品品質表示基準により，原産地の表示が義務づけられている。
- ・「和牛」と表示できるのは，「黒毛和種」「褐毛和種」「無角和種」「日本短角種」の4品種。乳用ホルスタイン種や「交雑種」は，和牛と表示できない。
- ・「冷凍」「フローズン」など，解凍したものであることがわかるように表示する。

食のお話　食肉の種類と部位別調理例

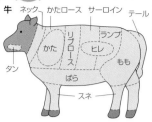
牛

部位	料理例
ネック	ハンバーグステーキ，ロールキャベツ
かた	ビーフストロガノフ，シチュー，スープ
かたロース	肉じゃが，煮こみ
リブロース	ステーキ，ローストビーフ
サーロイン	ステーキ，ローストビーフ
ヒレ	揚げ物，ソテー
ランプ	ステーキ，たたき，ローストビーフ
もも	しゃぶしゃぶ，ステーキ，シチュー
ばら	煮こみ，鍋物
スネ	煮こみ
タン	焼肉，煮こみ，シチュー
テール	煮こみ，スープ

豚

部位	料理例
かたロース	しょうが焼き，とんかつ
ロース	とんかつ，ソテー
ヒレ	揚げ物，みそ漬，煮物には不向き
かた	シチュー，煮こみ
ばら	シチュー，炒め物
もも	とんかつ，ソテー，しゃぶしゃぶ
タン	煮こみ，揚げ物，ソテー
豚足	煮こみ（足ティビチ）
ミミ	ボイル（ミミガー）

とり

部位	料理例	部位	料理例
手羽元・手羽先	スープ，揚げ物	ささみ	蒸し物，揚げ物
むね	照り焼き，煮物	もも	揚げ物，煮物

いのしし【猪】Wild boar

薄切り1枚＝20g

　鮮やかな赤身肉から，別名ぼたん肉という。脂にもうま味があり，風味に独特のクセがある。

うし【牛】　Beef

ステーキ用1cm厚さ＝150g，薄切り1枚＝30g，角切り1個＝20g

　牛肉は，明治以降急速に広まった人気の高い食肉である。脂肪のつき具合，きめの細かさ，やわらかさなど，部位による特性の違いが，ほかの食肉に比べてはっきりしているうえ，同じ部位でも牛の品種，産地，飼育方法による違いが生じる。そのため，料理によって肉や調理方法を変えることが必要である。
〔和牛〕　和牛とは，明治から昭和にかけて日本の在来種の牛に外国の肉用種を交配させ，改良を重ねてつくられた品種で，黒毛和種（くろげわしゅ），褐毛（あかげ）和種，無角（むかく）和種，日本短角（たんかく）種の4種が認められている。このうち黒毛和種は特に肉質がよく，現在飼育されている和牛の約9割を占める。
　特に評価が高い和牛は，松阪牛や米沢牛のように産地名で呼ばれ，和牛のブランドとなっている。脂肪のつきがよく，赤身にこまかな脂肪がまんべんなくついた「霜降り」は特に人気がある。ただし，1頭1頭に手間をかけて飼育するため，高価である。
〔乳用肥育牛〕　本来，乳牛は牛乳生産目的に飼育され，搾乳目的を終えた老廃牛が加工用牛肉として利用されていた。牛肉の需要が増加するにつれ，乳用牛の雄子牛を食肉用として育てるため去勢して，生後約20か月肥育し，出荷されるようになった。脂肪が少なく赤味の味わいがよく，低価格で人気がある。
〔交雑牛〕　乳用牛の雄牛よりも肉質的にすぐれた牛肉を生産する目的で，乳用牛（ホルスタイン種が大部分）の雌に和牛（黒毛和種が大部分）を交配した一代雑種がおこなわれた。交雑種は，黒毛和種の肉質のよさと，ホルスタインの成長の早さを合わせた肉で，味がよくて安く買うことができる。手ごろな値段と絶妙なさしの入り具合，赤身のまろやかさなど，いいとこどりの肉である。

☑ Check! どうする？牛肉の栄養計算

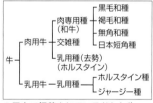
皮下脂肪　筋間脂肪
赤肉

　牛肉の栄養計算をするときに，種類が多くて迷ったことはないだろうか。大まかな目安として，松阪牛などの銘柄がはっきりしている場合は「和牛肉」，輸入肉の場合は「輸入牛肉」を選び，特に指定がない場合は，一般的に「乳用肥育牛肉」の値を用いる。「乳用肥育牛肉」は乳牛のことだが，「国産牛」と表示されていることが多いからである。次に，「もも」や「ヒレ」などの知りたい部位の数値を選んで栄養計算しよう。
　なお「脂身つき」は厚さ5mmの皮下脂肪および筋間脂肪を含む肉，「皮下脂肪なし」は皮下脂肪を除去した肉である。「赤肉」は筋間脂肪をも除いたもので，実際に料理に使うことはほとんどない。

☑ Check! おもな肉牛の種類

　現在出回っている国産の牛肉には，和牛（肉専用種），乳用種，交雑種（和牛と乳用種の交雑）などがある。和牛と表示できるのは，黒毛和種，褐毛和種，無角和種，日本短角種の4種類である。近年，オーストラリア・アメリカなどからの輸入が多く，国内出回り量の半数以上を占めている。

牛 ─ 肉用牛 ─ 肉専用種（和牛） ─ 黒毛和種／褐毛和種／無角和種／日本短角種
　　　　　　─ 交雑種
　　　　　　─ 乳用種（去勢）（ホルスタイン）
　　─ 乳用牛 ─ 乳用種 ─ ホルスタイン種／ジャージー種

↑日本で飼養されているおもな牛

＜和牛＞●黒毛和種
　日本で飼育されている和牛の多くが黒毛和牛（松阪牛，近江牛など）である。きめが細かく肉質にすぐれ，やわらかな霜降り肉も取れる。

●褐毛和種
　熊本，高知県がおもな産地。体格がよく成長が早い。肉質は黒毛和種に近い。

＜乳用肥育牛＞●ホルスタイン種
　雄の子牛を去勢して飼育し，肉用に使われる。和牛に比べて脂肪交雑が少なく，赤身が多い。

＜輸入牛＞●ヘレフォード種
　日本向けに生産される肉牛は穀物飼料で育てることが多く，適度に脂肪がついてやわらかい肉となる。

肉類

食品名 食品番号	廃棄率% 水分g	エネルギー kcal	たんぱく質 g	脂質 g	コレステロール mg	炭水化物 g	食物繊維総量 g	ナトリウム mg	カリウム mg	カルシウム mg	リン mg	鉄 mg	亜鉛 mg	A βカロテン当量 μg	A レチノール活性当量 μg	D μg	E αトコフェロール mg	B₁ mg	B₂ mg	葉酸 μg	C mg	食塩相当量 g
うし 乳用肥育牛肉 ばら 脂身つき 生 11046	0	381	11.1	37.3		(0.2)																
	47.4	426	12.8	39.4	79	0.3	(0)	56	190	3	110	1.4	2.8	2	13	0	0.6	0.05	0.12	3	1	0.1
もも 脂身つき 生 11047	0	196	(16.0)	12.6		4.6																
	65.8	209	19.5	13.3	69	0.4	(0)	49	330	4	180	1.4	4.5	0	3	0	0.6	0.08	0.20	9	1	0.1
そともも 脂身つき 生 11053	0	220	(15.0)	(15.9)		4.2																
	64.0	233	18.2	16.3	68	0.6	(0)	55	310	4	150	1.4	3.2	0	5	0	0.5	0.08	0.17	6	1	0.1
ランプ 脂身つき 生 11056	0	234	(15.3)	(17.1)		4.6																
	62.1	248	18.6	17.8	65	0.6	(0)	54	300	4	150	1.4	3.7	0	6	0	0.7	0.08	0.19	6	1	0.1
ヒレ 赤肉 生 11059	0	177	17.7	10.1		3.8																
	67.3	195	20.8	11.2	60	0.5	(0)	56	380	4	200	2.4	3.4	2	4	0	0.5	0.12	0.26	11	1	0.1
交雑牛肉 リブロース 脂身つき 生 11254	0	489	10.3	49.6		(0.2)																
	36.2	539	12.0	51.8	88	0.3	(0)	42	190	3	99	1.2	3.0	2	3	0	0.6	0.05	0.10	6	1	0.1
ばら 脂身つき 生 11260	0	445	10.8	42.6		4.6																
	41.4	470	12.2	44.4	98	0.3	(0)	59	200	3	110	1.4	3.0	2	3	0	0.5	0.05	0.10	6	1	0.2
もも 脂身つき 生 11261	0	312	14.6	28.0		(0.3)																
	53.9	343	16.4	28.9	85	0.4	(0)	63	270	3	140	2.1	3.9	1	2	0	0.3	0.08	0.16	12	1	0.2
もも 皮下脂肪なし 生 11262	0	250	16.2	20.4		(0.4)																
	59.5	282	18.3	21.6	76	0.4	(0)	68	300	3	160	2.3	4.5	1	1	0	0.4	0.09	0.18	14	1	0.2
輸入牛肉 かたロース 脂身つき 生 11064	0	221	(15.1)	(15.8)		4.5																
	63.8	240	17.9	17.4	69	0.1	(0)	49	300	4	150	1.2	5.8	2	10	0.4	0.7	0.07	0.20	7	1	0.1
サーロイン 脂身つき 生 11071	0	273	(14.7)	(21.5)		5.4																
	57.7	298	17.4	23.7	59	0.4	(0)	39	290	3	150	1.4	3.1	5	11	0.6	0.7	0.05	0.12	5	1	0.1
ばら 脂身つき 生 11074	0	338	—	31.0		(0.2)																
	51.8	371	14.4	32.9	67	0.2	(0)	52	230	4	130	1.5	3.0	Tr	24	0.4	1.1	0.05	0.12	5	1	0.1
子牛肉 もも 皮下脂肪なし 生 11088	0	107	(17.4)	2.1		4.6																
	74.8	116	21.2	2.7	71	0.2	(0)	54	390	5	200	1.3	2.3	Tr	3	0	0.1	0.08	0.16	5	1	0.1
ひき肉 生 11089	0	251	14.4	19.8		3.6																
	61.4	272	17.1	21.1	64	0.3	(0)	64	260	6	100	2.4	5.2	11	13	0.1	0.5	0.08	0.19	5	1	0.2

可食部100gあたり

インフォメーション　ブーケガルニ▶パセリ，タイム，ローリエ，セロリ，ねぎ，にんじんなどの香味野菜を一束にまとめたもの。西洋料理の煮こみ料理や，スープストックなどに用いられ，料理に合わせて組み合わせを変えて，風味づけに用いる。

↓かた

↓サーロイン

ヒレ↓

↓ランイチ（ランプとイチボ）

〔かた〕　かたロースを覆うように位置し，脂肪分が少なくかため。味は濃厚でエキス分やコラーゲン・うま味成分が豊富に含まれている。カレー，シチューなどの煮こみ料理，スープに向く。ひき肉の材料にもなる。

〔サーロイン〕　肉質はヒレと並んで最高部位とされる。形，やわらかさ，香り，風味ともすぐれており，肉そのもののおいしさを楽しむ料理に適し，ステーキの代名詞ともされている。

〔ヒレ〕　サーロインの内側にある左右一対の細長い肉で，1頭の牛肉全体のわずか3％しか取れない。肉質はきめが細かく，脂肪は少ないがとてもやわらかいうえ風味がよいので，最高の部位の1つである。

〔ランプ〕　サーロインに続く，腰からお尻にかけての大きな赤身。肉のきめは細かく，もも肉の特にやわらかいうま味のある部分。ランプステーキのほか，ローストビーフやたたきにも最適である。

←かたロース

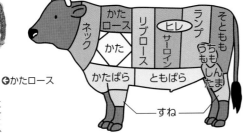
（牛肉部位図）
ネック／かたロース／リブロース／ヒレ／サーロイン／ランプ／かた／かたばら／ともばら／そともも／うちもも／しんたま／すね

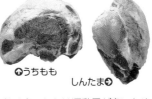
↑うちもも　しんたま↓

↓そともも

〔かたロース〕　ロースとは，背中の筋肉部分をさし，首に近いかたロースと後部のリブロースからなる（リブは肋骨）。肉質はきめが細かく，やわらかい。脂肪分が適度にあって風味がよいが，かたロースはリブロースに比べるとやや筋が多い。

〔ばら〕　きめが粗くてかための肉質である。脂肪分が多く，赤身肉と脂肪が互いに3層ほどになって重なってみえるところから三枚肉とも呼ばれる。ばら肉はかた寄りのかたばらと後ろのともばらに分けられる。ともばらは，牛肉のなかで最も脂肪を多く含むので濃厚な味わいがあり，カルビの名で親しまれている。

（ランプ部位図）
ランプ／そともも／うちもも／そともも／うちもも

〔もも〕　ももは運動量が多いため，肉のきめはやや粗いが，うちももはやわらかい。脂肪分が少ないので，脂肪摂取を避けたい料理に適する。

〔そともも〕　ももの外側部分で，赤身で脂肪は少なく，よく動かす部位なので肉質はきめが粗くかたい。薄切りにしてすき焼き，角切りにしてカレーやシチューなどの煮こみ料理，ひき肉に合う。

〔子牛〕　子牛肉は成長期に達していないため，やわらかく，脂肪が少ないので淡泊な味わいがある。

〔ひき肉〕　別名ミンチ。肉ひき器で細かく切断した肉で，繊維が細かく切られているのでやわらかい。ただし，空気に触れる面積が増えるので，いたみが早い。牛ひき肉は独特のうま味があって，水分が少ない。

←かたばら

ともばら→

肉類

☑Check **輸入牛の輸送方法**

輸入牛は，主としてアメリカ，オーストラリアから，冷蔵もしくは冷凍されて運ばれる。
- ●チルド：凍結しない最低温度（0℃前後）に肉を保つ。輸送中に熟成が進む。
- ●フローズン：産地で熟成が始まる前に急速凍結したもの。保存期間は長いが熟成が難しく，味は落ちる。
- ●エージド：チルドで輸入後，急速凍結したもの。味はチルド，保存期間はフローズンと，それぞれのよい点を取り入れた，新しい方式。

☑Check **ステーキのおいしい焼き方**

❶肉は，調理する30分前に冷蔵庫から取り出し，常温に戻しておく。
❷筋を切り，焼く直前に塩・こしょうをする。
❸熱したフライパンに油を入れ，さらに熱しながらフライパンを回して油をなじませる。
❹最初は強火で焼き色をつけ，弱火にして，好みの焼き加減に調節する。
❺裏返して同じように焼く。

●肉の焼き具合
・レア：表面は焼けているが，中心部は生で肉汁が多い。

・ミディアム：中心部に適度に火が通り，薄いピンク色。肉汁は少ししか出ない。

・ミディアム・レア：レアよりも火は通っているが，中心部はまだ生の状態。

・ウェルダン：肉汁はほとんど出ない。これよりしっかり焼けばベリーウェルダン。

🍳つくってみよう！　**ポトフ**

<材料>（4人分）
牛かたロース　500g　にんにく　1片　塩　小さじ1　こしょう（黒）少々
固形スープの素　1個　塩・こしょう　適量　粒マスタード　適量
たまねぎ　2個　にんじん　1本　じゃがいも　4個　キャベツ　1/4個
＊ブーケガルニ（パセリやセロリの茎，ローリエなど）

<つくり方>
❶肉ににんにく（すりおろし），塩，こしょうを手ですりこみ，約20分おく。
❷ブーケガルニをつくる。材料を束ね，タコ糸でしばるか，だし用袋に詰める。
❸深めの鍋に，肉，水（2.5L），スープの素を入れ，ブーケガルニを鍋の持ち手に結びつける。
❹強火にかけてふたをずらして乗せる。アクが集まってきたら，すくい取る。
❺弱火にし，ふたをずらして約1時間煮る。
❻野菜は適当な大きさに切る。
❼肉を1時間煮たら野菜を加えてふたをずらして乗せ，強火にする。沸騰したらアクを取り弱火でさらに30〜40分煮る。
❽野菜がやわらかくなったら味をみながら塩，こしょうを入れる。肉を食べやすい大きさに切り，野菜，スープとともに器に盛る。粒マスタードを添える。
※肉をソーセージまたはベーコンに変えると短時間でつくることができる。

食品名 / 食品番号	廃棄率% / 水分g	エネルギー kcal 200	たんぱく質 g 20.0	脂質 g 20.0	コレステロール mg 20	炭水化物 g 20.0	食物繊維総量 g 2.0	ナトリウム mg 200	カリウム mg 200	カルシウム mg 200	リン mg 200	鉄 mg 2.0	亜鉛 mg 2.0	A βカロテン当量 μg 200	A レチノール活性当量 μg 20	D μg 2.0	E αトコフェロール mg 2.0	B₁ mg 0.20	B₂ mg 0.20	葉酸 μg 20	C mg 20	食塩相当量 g 2.0
うし 副生物 舌 生 11090	0 / 54.0	318 / 356	12.3 / 13.3	29.7 / 31.8	97	(0.2) / 0.2	(0)	60	230	3	130	2.0	2.8	5	3	0	0.9	0.10	0.23	14	1	0.2
心臓 生 11091	0 / 74.8	128 / 142	13.7 / 16.5	6.2 / 7.6	110	4.3 / 0.1	(0)	70	260	5	170	3.3	2.1	Tr	9	0	0.6	0.42	0.90	16	4	0.2
肝臓 生 11092	0 / 71.5	119 / 132	17.4 / 19.6	2.1 / 3.7	240	7.4 / 3.7	(0)	55	300	5	330	4.0	3.8	40	1100	0	0.3	0.22	3.00	1000	30	0.1
第一胃 ゆで 11094	0 / 66.6	166 / 182	(19.2) / 24.5	6.9 / 8.4	240	6.8	(0)	51	130	11	82	0.7	4.2	(Tr)	1	Tr	0.4	0.04	0.14	3	2	0.1
第三胃 生 11096	0 / 86.6	57 / 62	(9.2) / 11.7	0.9 / 1.3	120	2.9	(0)	50	83	16	80	6.8	2.6	(Tr)	4	0	0.1	0.04	0.32	33	4	0.1
小腸 生 11098	0 / 63.3	268 / 287	(7.8) / 9.9	24.7 / 26.1	210	3.5 / 0	(0)	77	180	7	140	1.2	1.2	(Tr)	2	0	0.3	0.07	0.23	15	15	0.2
大腸 生 11099	0 / 77.2	150 / 162	(7.3) / 9.3	12.2 / 13.0	150	2.8 / 0	(0)	61	120	9	77	0.8	1.3	(Tr)	2	0	0.2	0.04	0.14	8	6	0.2
腱 ゆで 11101	0 / 65.4	157 / 155	28.8 / 31.0	4.7 / 5.1	69	(Tr) / Tr	(0)	86	18	14	23	0.4	1.0	1	1	0	0.1	Tr	0.04	2	0	0.2
尾 生 11103	40 / 40.7	440 / 492	− / 11.6	43.7 / 47.1	76	(Tr) / Tr	(0)	50	110	7	85	2.0	4.3	Tr	20	0	0.3	0.06	0.17	3	1	0.1
横隔膜 生 11274	0 / 57.0	288 / 321	13.1 / 14.8	25.9 / 27.3	70	(0.3) / 0.3	(0)	48	250	2	140	3.2	3.7	3	4	0	0.7	0.14	0.35	6	1	0.1
ローストビーフ 11104	0 / 64.0	190 / 196	18.9 / 21.7	10.7 / 11.7	70	4.1 / 0.9	(0)	310	260	6	200	2.3	4.1	Tr	Tr	0.1	0.3	0.08	0.25	9	0	0.8
コンビーフ缶詰 11105	0 / 63.4	191 / 203	18.1 / 19.8	12.6 / 13.0	68	0.9 / 1.7	(0)	690	110	15	120	3.5	4.1	Tr	Tr	0	0.8	0.02	0.14	5	0	1.8
ビーフジャーキー 11107	0 / 24.4	304 / 315	47.5 / 54.8	5.8 / 7.8	150	14.1 / 6.4	(0)	1900	760	13	420	6.4	8.8	(0)	5	0.3	2.2	0.13	0.45	12	1	4.8
うま 肉 赤肉 生 11109	0 / 76.1	102 / 110	17.6 / 20.1	2.2 / 2.5	65	3.1 / 0.3	(0)	50	300	11	170	4.3	2.8	Tr	9	−	0.9	0.10	0.24	4	1	0.1

インフォメーション　牛肉は文明開化とともに▶「士農工商，老若男女，賢愚貧福おしなべて，牛鍋食はねば開化不進奴（ひらけぬやつ）」これは，仮名垣魯文（かながきろぶん）の『安愚楽鍋（あぐらなべ）』（明治5年）に書かれている一節で，牛肉が文明開化の象徴とされた世相をあらわしている。

〔副生物〕　内臓肉は，関東ではモツ，関西ではホルモンの俗称で呼ばれ，部位によって形態，味，歯ごたえはさまざまである。内臓は酵素の働きが活発なため，変質，腐敗しやすい。そのため熟成はなく，新鮮なものほどよい。

⤴じん臓（マメ）

〔じん臓〕　別名マメ。ぶどうの房状で，小さなかたまりに分かれている。内臓肉のなかでは比較的くせが少ない。

〔胃〕　牛の胃は4つあり，第一胃をミノ，第二胃をハチノス，第三胃をセンマイ，第四胃をギアラという。

⤵第一胃（ミノ）　⤴第二胃（ハチノス）

〔第一胃〕　別名白肉。4つの胃袋のなかでいちばん大きく肉厚がある。特に厚い部分は上ミノとして焼肉店などで親しまれている。

〔小腸〕　別名はヒモ・マルチョウ。細長くて薄く，やわらかくて脂が多い。腸全体の長さの約2/3をしめる。丸い筒状のまま提供されることが多い。
〔大腸〕　別名はシマチョウ。小腸に比べると厚めで太く，適度な脂と歯ごたえが特徴。表面が縞模様に見えることからシマチョウと呼ばれる。

⤴小腸　⤴大腸

⤴舌（タン）

〔舌〕　別名タン。表面の皮を取り除いて食べる。脂肪が多く独特の風味があるが，筋繊維が縦横にあるので肉質がかたい。

⤴心臓（ハツ）

〔心臓〕　別名ハツ。内臓肉のなかではクセがなく，筋繊維が細かいため，コリコリした歯ごたえがある。肉質はややかたく，淡泊な味わいがある。

ほお肉　第一胃　じん臓　大腸
（ミノ）（マメ）（しまちょう）
サガリ
心臓
（ハツ）
舌　　　肝臓　小腸
（タン）（レバー）（ひも）
横隔膜
（ハラミ）
第三胃　尾
（センマイ）（テール）

〔けん〕　別名すじ。肉のなかで最も筋が多くかたい。長時間煮こむとやわらかくゼラチン状になり，よい味が出る。

⤴けん（すじ）

〔尾〕　別名テール。コラーゲンを多く含み，長時間加熱するとゼラチン化してやわらかくなり，よい味が出る。普通，関節ごとに切って売られている。

〔肝臓〕　別名レバー。新鮮なものは生で食べていたが，2012年7月から生食での提供は禁止されている。時間が経つと特有のくさみが出る。くさみを取るには冷水にさらすか牛乳にひたす。

⤵第三胃（センマイ）

〔第三胃〕　別名のセンマイは，ひだが千枚あるような外観からつけられた。脂肪が少なく，独特の歯ごたえがある。

⤴肝臓（レバー）

⤵第四胃（ギアラ）

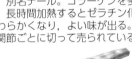

⤴横隔膜
（はらみ）

⤴尾（テール）

〔横隔膜〕　別名はらみ。内臓ではなく骨格筋であるが，商慣行上，副生物に分類される。さがりとも呼ばれる。

ローストビーフ　Roast beef
1食分＝100g

牛肉をかたまりのままオーブンで焼いた料理。表面には焼き色がつき，内部に肉汁が残る程度の火加減がおいしい。

コンビーフ缶詰　Corned beef
1缶＝100g

本来は牛肉を塩漬けにしたものをさすが，国内では牛肉をほぐして調味した缶詰製品が一般的である。

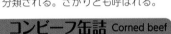

✓Check! 畜肉と料理

●馬

おたぐり（長野県）⤴
馬の腸をみそや塩で煮こんだ料理。

●山羊

山羊汁（沖縄県）⤴
山羊をじっくりと煮こんだ汁物。

●羊

ジンギスカン（北海道）⤴
羊肉と野菜の焼き肉料理。

●かも

治部煮（石川県）⤴
かも肉のとろみのある汁物。

ビーフジャーキー　Beef jerky
10cm長さ1枚＝10〜12g

牛肉を干した保存食料。保存目的のため，牛肉に塩や香辛料などを塗布して腐敗を防いでいる。そのままかじって味わうことが多いが，スープなどに入れる食材として用いることもある。適度な塩味のついたものは，酒のつまみとして人気が高い。

うま【馬】　Horse
1人分＝100g

さくら肉，けとばしともいう。牛肉に似ているが，脂肪は少ない。馬刺のほか，すき焼きにしたさくら鍋が有名。

馬刺⤴

肉類

食品名 / 食品番号	廃棄率% / 水分g	エネルギー kcal 200	たんぱく質 g 20.0	脂質 g 20.0	コレステロール mg 20	炭水化物 g 20.0	食物繊維総量 g 2.0	ナトリウム mg 200	カリウム mg 200	カルシウム mg 200	リン mg 200	鉄 mg 2.0	亜鉛 mg 2.0	A βカロテン当量 μg 200	A レチノール活性当量 μg 20	D μg 2.0	E αトコフェロール mg 2.0	B₁ mg 0.20	B₂ mg 0.20	葉酸 μg 20	C mg 20	食塩相当量 g 2.0
くじら 肉 赤肉 生 11110	0 / 74.3	100 / 106	19.9 / 24.1	0.3 / 0.4	38	4.5 / 0.2	(0)	62	260	3	210	2.5	1.1	(0)	7	0.1	0.6	0.06	0.23	4	1	0.2
しか にほんじか 赤肉 生 11275	0 / 71.4	119 / 140	22.0 / 23.9	3.0 / 4.0	59	(0.3) / 0.3	(0)	55	390	4	230	3.9	2.9	0	4	0	0.8	0.20	0.35	4	1	0.1
ぶた 大型種肉 かた 脂身つき 生 11115	0 / 65.7	201 / 216	− / 18.5	14.0 / 14.6	65	(0.2) / 0.2	(0)	53	320	4	180	0.5	2.7	0	5	0.2	0.3	0.66	0.23	2	2	0.1
かた 皮下脂肪なし 生 11116	0 / 69.8	158 / 171	− / 19.7	8.8 / 9.3	64	(0.2) / 0.2	(0)	55	340	4	190	0.4	2.9	0	4	0.2	0.3	0.71	0.25	2	2	0.1
かたロース 脂身つき 生 11119	0 / 62.6	237 / 253	(14.7) / 17.1	18.4 / 19.2	69	3.4 / 0.1	(0)	54	300	4	160	0.6	2.7	0	6	0.3	0.4	0.63	0.23	2	2	0.1
ロース 脂身つき 生 11123	0 / 60.4	248 / 263	17.2 / 19.3	18.5 / 19.2	61	3.0 / 0.2	(0)	42	310	4	180	0.3	1.6	0	6	0.1	0.3	0.69	0.15	1	1	0.1
ばら 脂身つき 生 11129	0 / 49.4	366 / 395	12.8 / 14.4	34.9 / 35.4	70	(0.1) / 0.1	(0)	50	240	3	130	0.6	1.8	0	11	0.5	0.5	0.51	0.13	2	1	0.1
もも 脂身つき 生 11130	0 / 68.1	171 / 183	(16.9) / 20.5	9.5 / 10.2	67	4.6 / 0.2	(0)	47	350	4	200	0.7	2.0	0	4	0.1	0.3	0.90	0.21	2	1	0.1
そともも 脂身つき 生 11136	0 / 63.5	221 / 235	(15.6) / 18.8	15.9 / 16.5	69	4.0 / 0.2	(0)	51	320	4	190	0.5	1.9	0	5	0.2	0.4	0.79	0.18	1	1	0.1
ヒレ 赤肉 生 11140	0 / 73.4	118 / 130	18.5 / 22.2	3.3 / 3.7	59	3.7 / 0.3	(0)	56	430	3	230	0.9	2.2	(0)	3	0.3	0.3	1.32	0.25	1	1	0.1
ひき肉 生 11163	0 / 64.8	209 / 236	15.9 / 17.7	16.1 / 17.2	74	(0.1) / 0.1	(0)	57	290	6	120	1.0	2.8	0	9	0.4	0.5	0.69	0.22	2	1	0.1
副生物 心臓 生 11165	0 / 75.7	118 / 135	13.4 / 16.2	5.0 / 7.0	110	4.8 / 0.1	(0)	80	270	5	170	3.5	1.7	Tr	9	0.7	0.4	0.38	0.95	5	4	0.2
肝臓 生 11166	0 / 72.0	114 / 128	17.3 / 20.4	1.9 / 3.4	250	7.1 / 2.5	(0)	55	290	5	340	13.0	6.9	Tr	13000	1.3	0.4	0.34	3.60	810	20	0.1
豚足 ゆで 11172	40 / 62.7	227 / 230	− / 20.1	16.3 / 16.8	110	(Tr) / Tr	(0)	110	50	12	32	1.4	1.0	(0)	6	1.0	0.4	0.05	0.12	1	0	0.3

可食部100gあたり

インフォメーション　ジビエとは ▶狩猟で得た天然の野生鳥獣の食肉（しか，いのしし，野うさぎなど）を意味する言葉（フランス語）で，ヨーロッパでは貴族の伝統料理として発展してきた食文化。肉から内臓，骨，血液に至るまで，すべての部位を料理に使い，生命に感謝を捧げている。

ぶた【豚】 Pork

ロース1cm厚さ=100g, 薄切り1枚=20g, 心臓1切=20g, 肝臓1切=30g, ひき肉卵大=50g

　いのししを家畜化したもので，世界中に多くの品種がある。豚肉の部位は牛肉ほど細かく分けられていない。豚肉は特にかたい部位がなく，味わいにも牛肉のような違いがないため，いろいろな料理に利用できる。豚肉には寄生虫の心配があるため，調理するときはよく火を通すことが大切である。2015年6月から豚肉や豚の内臓の生食での提供は禁止されている。

←ロース
ヒレ→

〔豚の分類〕　国内で飼育されているおもな品種には，ヨークシャー種，ランドレース種，ハンプシャー種，デュロック種，バークシャー種がある。なかでもバークシャー種は，肉質のよさで人気があり，銘柄豚の1つ「黒豚」として有名。

〔ロース〕　かたロースからももへ続く背中部分。きめが細かくてやわらかい。適度に脂肪が乗ってうま味があり，ヒレと並ぶ最高部位といわれる。

〔ヒレ〕　肉質は最もきめが細かくやわらかい。肉質は最上とされるロースの内側に位置し，1頭から取れる量が少ないので高価。脂肪がほとんどないので味わいは淡泊であっさりしているが，豚特有のうま味に欠け，加熱し過ぎるとパサパサになるので注意が必要である。

くじら【鯨】 Whale

薄切り1枚=10g

　赤肉は独特のくさみがあり，ややかたい。さらしくじらは，くじらの尾びれ部分を薄切りにして熱湯をかけ，冷水にさらしたもの。コラーゲンがゼラチン化して弾力に富む。からし酢みそや三杯酢であえて食べる。

いろいろなくじら肉→

しか【鹿】 Deer

1食分=80g

　高たんぱくで低脂肪，鉄分も豊富でヘルシーな食材として注目されている。味は牛肉に似て淡泊。ヨーロッパでは，伝統的なジビエ料理（狩猟で得た獲物で貴族が食する料理）で高級食材として扱われていた。日本では別名「もみじ（紅葉）」として，鍋物に利用されている。

↑しか肉のロースト

←かた

〔かた〕　よく動かす部位なので脂肪は少なく，筋っぽくてややかたい。

〔もも〕　脂肪の少ない赤身肉で，肉質はきめが細かい。風味がよく，かたまりのまま調理することも多い。

かた
かたロース
ロース
かた
ヒレ
ばら
そともも
もも
もも
そともも
もも
（点線部）

そともも
もも
もも
もも
もも
そともも

（注）点線部は内側の部位を示す。

〔ばら〕　はらの部分で，赤身と脂肪が交互に3層ほどに重なって見えることから三枚肉ともいう。最も脂肪が多く，風味がよい。骨つきはスペアリブとして親しまれている。

↑ばら　もも→

↑かたロース

〔かたロース〕　かた寄りの背中部分で，赤身全体に脂肪が網目状に分布し，コクがあってやわらかい。何にでも使え，豚肉を代表する部位といえる。

〔副生物〕　沖縄や中国の料理では，心臓，肝臓，腸などの内臓肉のほか，顔，耳，あし，血液など，豚のほぼ全身を余すことなく利用する。そのため，「鳴き声以外は全部食べる」といわれる。

〔そともも〕　おしりに近い，ももの外側の部分。赤身を主体とした部位で，肉食の濃い部分はきめが粗いので薄切りにするか，煮こみ料理に利用する。味は少し淡泊でほとんどの料理に適している。

〔ひき肉〕　ミンチともいう。肉ひき器で細かく切断した肉で，繊維が細かく切られているのでやわらかい。ただし，空気に触れる面積が増えるので，いたみが早い。豚ひき肉は肉質がやわらかく，脂肪分がよく溶け出すので，濃いうま味がある。しゅうまい，ぎょうざなど蒸し物によく合う。

豚足→

〔心臓〕　筋繊維が細かく，脂肪が少ない。肉質はややかたく独特の歯ごたえがあって，味は淡泊である。

心臓↑

胃（ガツ）
じん臓（マメ）
子宮（コブクロ）
心臓（ハツ）
肝臓（レバー）
大腸（ダイチョウ）
小腸（ヒモ）
舌（タン）
豚足

〔肝臓〕　肉は比較的やわらかい。特有のくさみがあるので，水でさらすなどして十分に血抜きをして使う。

↓肝臓

〔豚足〕　軟骨のようなコリコリとした歯ごたえがあり，味わいにクセはない。コラーゲンが主成分で加熱することによってゼラチン状となる。

つくってみよう！　**豚肉のしょうが焼き**

<材料>（4人分）
豚ロース薄切り　400g　しょうゆ　大さじ2
酒　大さじ1 1/2　砂糖　大さじ1 1/2
しょうが（絞り汁）1かけ分　油　大さじ1

<つくり方>
❶肉は食べやすい大きさに切り，調味料としょうがをからめて，しばらく置く。
❷フライパンに油を熱し，肉を広げて焼く。最後に，残った下味の調味料を入れ，からめるようにし，ツヤが出たら皿に盛る。

check　**沖縄料理と豚肉**

　沖縄では，肉といえば豚肉のことをさし，「豚1頭を食べ尽くす」といわれるほど生活に溶けこんだ食材である。また，沖縄の海ではこんぶは採取されないが，こんぶの消費量も多い。だしを取るための食材というよりも，こんぶそのものを食べるという料理法である。炒め物，煮物，汁物などに，豆腐や野菜類とともに，こんぶ，干ししいたけ，かんぴょうなどの保存食をじょうずに取り入れている。

❶足ティビチ
豚足をこんぶや野菜などとやわらかく煮こんで，塩，しょうゆで味をつけた料理。

❷ジューシー
豚肉の炊きこみごはん。

❸沖縄そば
とんこつだしのスープに豚の三枚肉，ねぎなどの具が一般的。

❹ラフテー
皮つき三枚肉を泡盛，しょうゆなどの調味料を加えて煮こんだもの。

❺ミミガー
ゆでてせん切りにした耳の皮（ミミガー）と野菜をあえたもの。くらげに似たコリコリした歯ざわりが特徴。

肉類

MEATS

可食部100gあたり

食品名 / 食品番号	廃棄率% / 水分g	エネルギー kcal (200)	たんぱく質 g (20.0)	脂質 g (20.0)	コレステロール mg (20)	炭水化物 g (20.0)	食物繊維 総量 g (2.0)	ナトリウム mg (200)	カリウム mg (200)	カルシウム mg (200)	リン mg (200)	鉄 mg (2.0)	亜鉛 mg (2.0)	A βカロテン当量 μg (200)	A レチノール活性当量 μg (20)	D μg (2.0)	E αトコフェロール mg (2.0)	B₁ mg (0.20)	B₂ mg (0.20)	葉酸 μg (20)	C mg (20)	食塩相当量 g (2.0)
ハム ボンレスハム 11175	0 / 72.0	115 / 118	15.8 / 18.7	3.4 / 4.0	49	4.8 / 1.8	(0)	1100	260	8	340	0.7	1.6	(0)	(Tr)	0.6	0.2	0.90	0.28	1	49	2.8
ロースハム 11176	0 / 61.1	211 / 212	16.0 / 18.6	13.5 / 14.5	61	6.0 / 2.0	0	910	290	4	280	0.5	1.6	0	3	0.2	0.1	0.70	0.12	1	25	2.3
生ハム 促成 11181	0 / 55.0	243 / 247	20.6 / 24.0	16.0 / 16.6	78	3.3 / 0.5	(0)	2300	470	6	200	0.7	2.2	(0)	5	0.3	0.3	0.92	0.18	3	18	5.8
ベーコン ばらベーコン 11183	0 / 58.8	244 / 405	13.5 / 15.4	17.9 / 19.4	60	1.9 / 3.2	(0)	1000	230	4	210	0.4	1.4	(0)	Tr	Tr	0.6	0.54	0.11	1	69	2.6
ソーセージ ウインナーソーセージ 11186	0 / 52.3	319 / 334	10.5 / 11.5	29.3 / 30.6	60	3.1 / 3.3	0	740	180	6	200	0.5	1.3	Tr	2	0.4	0.4	0.35	0.12	1	32	1.9
ドライソーセージ 11188	0 / 23.5	467 / 495	23.1 / 26.7	39.8 / 42.0	95	3.3 / 2.6	(0)	1700	430	27	250	2.6	3.9	(0)	3	0.5	1.1	0.64	0.39	4	3	4.4
焼き豚 11195	0 / 64.3	166 / 172	16.3 / 19.4	7.2 / 8.2	46	8.4 / 5.1	(0)	930	290	9	260	0.7	1.3	Tr	Tr	0.6	0.3	0.85	0.20	3	20	2.4
レバーペースト 11196	0 / 45.8	370 / 378	11.0 / 12.9	33.1 / 34.7	130	6.9 / 3.6	(0)	880	160	27	260	7.7	2.9	Tr	4300	0.3	0.4	0.18	1.45	140	3	2.2
ゼラチン 11198	0 / 11.3	347 / 344	86.0 / 87.6	— / 0.3	2		(0)	260	8	16	7	0.7	0.1	(0)	(0)	(0)	(0)	(0)	(0)	2	(0)	0.7
めんよう マトン ロース 脂身つき 生 11199	0 / 68.2	192 / 223	17.7 / 19.3	13.4 / 15.0	65	(0.2) / 0.2	(0)	62	330	3	180	2.7	2.5	0	12	0.7	0.7	0.16	0.21	1	1	0.2
ラム ロース 脂身つき 生 11202	0 / 56.5	287 / 310	13.6 / 15.6	23.2 / 25.9	66	5.9 / 0.2	(0)	72	250	10	140	1.2	2.6	0	30	0	0.6	0.12	0.16	1	1	0.2
がちょう フォアグラ ゆで 11239	0 / 39.7	470 / 510	(7.0) / 8.3	48.5 / 49.9	650	(1.4) / 1.5	(0)	44	130	3	150	2.7	1.0	(0)	1000	0.9	0.3	0.27	0.81	220	7	0.1
かも あいがも 肉 皮つき 生 11205	0 / 56.0	304 / 333	(12.4) / 14.2	28.2 / 29.0	86	(0.1) / 0.1	(0)	62	220	5	130	1.9	1.4	(0)	46	1.0	0.2	0.24	0.35	2	1	0.2
しちめんちょう 肉 皮なし 生 11210	0 / 74.6	99 / 106	19.8 / 23.5	0.4 / 0.7	62	4.0 / 0.1	(0)	37	190	8	140	1.1	0.8	Tr	Tr	0.1	Tr	0.07	0.24	10	2	0.1

インフォメーション 夏バテにはビタミンB₁を多く含む豚肉を！ ▶暑くなると糖質を分解し，エネルギーにかえる働きをするビタミンB₁の消耗が激しくなり，体がだるくなったり，体力がなくなったりする。ビタミンB₁を多く含む豚肉や玄米，そば，大豆製品を積極的にとって，夏バテしないようにしよう。

ハム　Ham (boneless, loin, uncooked hamifresh)

1枚=20g

〔ボンレスハム〕　もも肉から骨を抜いて塩せきしてケーシングなどに詰め，加熱したもの。まきハムともいう。

〔ロースハム〕　ロース肉をボンレスハム同様に加工したもの。現在最も利用されている。

〔生ハム〕　もも肉やロース肉を塩漬けし，低温で乾燥，くん煙したもの。加熱していないので，しっとりしていて口当たりがよい。

←ボンレスハム　←ロースハム　←生ハム

ベーコン　Bacon

1枚=20g

通常は骨を抜いた豚ばら肉を塩漬けし，くん煙してつくる。ハムよりくん煙時間が長く，脂肪が多く濃い味わい。

焼き豚　Roast pork

1枚=10g

別名チャーシュー。かたロース，ロースやもも肉のかたまりをタコ糸などで成形し，調味液に漬けて焼いたもの。

レバーペースト　Liver paste

大1=15g

肝臓をすりつぶし，脂肪，調味料，香辛料などと練り合わせてペースト状にしたもの。パンなどに塗って食べる。

ゼラチン　Gelatin

小1=3g

皮，けん，骨に含まれるコラーゲンなどからつくられる。温水に溶かして冷却するとゲル化する。

↑野菜のゼラチン寄せ

めんよう【緬羊】　Mutton, Lamb

薄切り1枚=30g，ラムチョップ1本=50g

羊肉は牛肉に似るが，独特のくさみがあり脂肪が多い。部位による肉質の違いはあまりない。

〔マトン〕　1歳以上の羊肉。ロースは背中部分である。

〔ラム〕　1歳未満の羊肉で，くさみがなくやわらかい。

↑マトンマサラ

↑ラムのトマト煮こみ

↑子羊肉の香草焼き

ソーセージ　Sausage (vienna, dry)

ウインナー1本=20g，ドライ1枚=6g

〔ウインナーソーセージ〕　豚，牛，羊などの畜肉をひき肉にして，食塩，調味料などを混ぜて羊の腸や細めのケーシングに詰めて加熱したもの。名前の由来は，オーストリアのウイーンから。

〔ドライソーセージ〕　加熱せず，塩漬けしたあと，低温乾燥し，熟成させて長期保存できるようにしたソーセージ。

ウインナー→ソーセージ　←ドライソーセージ

フォアグラ　Foie gras

ステーキ用1枚=60g

がちょうに大量のえさを強制的に与えて肥大させた肝臓。キャビア，トリュフと並ぶ世界三大珍味。

↑フォアグラのソテー

あいがも【合鴨】　Aigamo

むね1枚=200g

野生種のマガモとその家禽のアヒルとの交配種をさすが，一般にはアヒル肉もあいがもとして出回っている。

かも→なんばんそば

しちめんちょう【七面鳥】　Turkey

1羽=2,800g

脂肪が少なくややパサつくが，冬は脂が乗ってうま味が増す。欧米ではクリスマスや感謝祭など祝宴に欠かせない。

↑ローストターキー

☑check! 大豆ミートに注目！

大豆ミートとは，大豆からたんぱく質を取り出して繊維状にし，肉に近い食感に仕上げた食品素材（→p.200・201参照）で，代替肉などとも呼ばれている。宗教上の理由で肉類を食べない人や，ベジタリアン，ビーガンなどの間で，健康志向や環境問題への関心の高さも加わって，大豆ミート市場が急拡大している。

牛1頭を育てるには，飼料として大量の穀物を使用し，大量の水を必要とする（→p.133参照）。畜産業のための熱帯雨林の伐採も問題となっている。牛のげっぷは温室効果ガスの1つであるメタンを多く含み，地球温暖化の原因ともなっている。環境への負荷が少ない食品の1つとして，大豆ミートをときどき食生活に取り入れてみてはどうだろうか。

水で戻して使う乾燥タイプのほか，冷凍やレトルトのものもあり，長期保存できるものもある。

↑ミンチタイプ　↑フィレタイプ

☑check! 肉豚の種類

●大ヨークシャー
イギリス原産。赤身と脂肪の割合が適度な品種で，日本の豚肉生産の中心である。

●バークシャー
イギリス原産。黒豚といわれるのはこの品種で，脂肪が薄く，赤身が強い。

●トウキョウX（TOKYO X）
1997年に新品種として登録された豚である。肉汁が多く，風味，味わいともにすぐれた銘柄豚。

●かごしま黒豚
明治時代以降にバークシャー種に改良を重ねたもの。肉は光沢と弾力に富み，繊維が細かくやわらかい。

●イベリコ豚
スペイン西部地方で飼育されるイベリコ種の黒豚。放牧飼育でえさにドングリや牧草を使用。

ⓘ インフォメーション　プレスハムと混合プレスハムの違い▶プレスハムは，豚肉その他の畜肉を混ぜ合わせてケーシングに詰めてつくる。ハムのように1つの肉塊からできたようにつくるもので，日本独特の製品である。寄せハムとも呼ばれていた。混合プレスハムは，原料肉に魚肉を最高50%まで使用したものをいう。

肉類

肉類—6

食品名 食品番号	廃棄率% 水分g	エネルギー kcal 200	たんぱく質 g 20.0	脂質 g 20.0	コレステロール mg 20	炭水化物 g 20.0	食物繊維総量 g 2.0	ナトリウム mg 200	カリウム mg 200	カルシウム mg 200	リン mg 200	鉄 mg 2.0	亜鉛 mg 2.0	βカロテン当量 μg 200	レチノール活性当量 μg 20	D μg 2.0	E αトコフェロール mg 2.0	B1 mg 0.20	B2 mg 0.20	葉酸 μg 20	C mg 20	食塩相当量 g 2.0
にわとり 若どり・主品目 手羽先 皮つき 生 11285	40 / 67.1	207 / 226	16.3 / 17.4	15.7 / 16.2	120	0 / 0	(0)	78	210	20	140	0.6	1.5	0	51	0.6	0.6	0.07	0.09	8	2	0.2
手羽元 皮つき 生 11286	30 / 68.9	175 / 197	16.7 / 18.2	12.1 / 12.8	100	0 / 0	(0)	80	230	10	150	0.5	1.0	0	44	0.3	0.5	0.08	0.10	12	2	0.2
むね 皮つき 生 11219	0 / 72.6	133 / 145	17.3 / 21.3	5.5 / 5.9	73	3.6 / 0.1	(0)	42	340	4	200	0.3	0.6	0	18	0.1	0.3	0.09	0.10	12	3	0.1
もも 皮つき 生 11221	0 / 68.5	190 / 204	17.0 / 16.6	13.5 / 14.2	89	0 / 0	(0)	62	290	5	170	0.6	1.6	—	40	0.4	0.7	0.10	0.15	13	3	0.2
もも 皮なし 生 11224	0 / 76.1	113 / 127	16.3 / 19.0	4.3 / 5.0	87	2.3 / 0	(0)	69	320	5	190	0.6	1.8	—	16	0.2	0.6	0.12	0.19	10	3	0.2
若どり・副品目 ささみ 生 11227	5 / 75.0	98 / 109	19.7 / 23.9	0.5 / 0.8	66	2.8 / 0.1	(0)	40	410	4	240	0.3	0.6	Tr	5	0	0.7	0.09	0.11	15	3	0.1
二次品目 ひき肉 生 11230	0 / 70.2	171 / 186	14.6 / 17.5	11.0 / 12.0	80	3.4 / 0	(0)	55	250	8	110	0.8	1.1	0	37	0.1	0.9	0.09	0.17	10	1	0.1
副品目 心臓 生 11231	0 / 69.0	186 / 207	12.2 / 14.5	13.2 / 15.5	160	4.6 / Tr	(0)	85	240	5	170	5.1	2.3	Tr	700	0.4	1.0	0.22	1.10	43	5	0.2
肝臓 生 11232	0 / 75.7	100 / 111	16.1 / 18.9	1.9 / 3.1	370	4.7 / 0.6	(0)	85	330	5	300	9.0	3.3	30	14000	0.2	0.4	0.38	1.80	1300	20	0.2
すなぎも 生 11233	0 / 79.0	86 / 94	15.5 / 18.3	1.2 / 1.8	200	3.5 / Tr	(0)	55	230	7	140	2.5	2.8	Tr	4	0	0.3	0.06	0.26	36	5	0.1
皮 もも 生 11235	0 / 41.6	474 / 513	5.3 / 6.6	50.3 / 51.6	120	0 / 0	(0)	23	33	6	34	0.3	0.4	Tr	120	0.3	0.2	0.01	0.05	2	1	0.1
軟骨(胸肉) 生 11236	0 / 85.0	54 / 54	— / 12.5	0.3 / 0.4	29	(0.4) / 0.4	(0)	390	170	47	78	0.3	0.3	(0)	1	0	Tr	0.03	0.03	5	3	1.0
その他 焼き鳥缶詰 11237	0 / 62.8	173 / 177	15.5 / 18.4	7.6 / 7.8	76	10.6 / 8.2	(0)	850	200	12	75	2.9	1.6	(0)	60	0	0.3	0.01	0.18	7	(0)	2.2
チキンナゲット 11292	0 / 53.7	235 / 245	13.0 / 15.5	12.3 / 13.7	45	17.1 / 14.9	1.2	630	260	48	220	0.6	0.6	100	24	0.2	2.9	0.08	0.09	13	1	1.6

インフォメーション 地鶏▶アメリカから導入されたブロイラーに対し，日本在来の品種を利用してつくられた鶏を，地鶏という。名古屋コーチン，比内地鶏（秋田），薩摩しゃも，土佐地鶏などが代表的で，原種として天然記念物に指定された種も多い。指定を受けた種は，食用が禁じられている。

つくってみよう！ 簡単チキンライス

＜材料＞（1人分）

ごはん	150g	油	大さじ2/3
とりもも肉	40g	塩・こしょう	少々
たまねぎ	30g	トマトケチャップ	大さじ2/3
ピーマン	1/4個		

＜つくり方＞

❶ たまねぎはみじん切り，ピーマンは1cm角に切る。とり肉は1cmの角切りにする。
❷ フライパンに油を入れて中火にし，たまねぎ，とり肉，ピーマンの順に炒める。
❸ 肉に火が通ったらごはんを加え，ほぐしながら炒める。
❹ 調味料を加え，ごはんがパラッとしたら，火を止める。

✓check 肉鶏の種類

●比内地鶏（秋田県）
秋田比内鶏（雄）とロード種をかけ合わせた品種。歯ごたえがあり加熱してもかたくなりすぎない。濃厚な脂のうま味がある。

●阿波尾鶏（徳島県）
地鶏のなかでは全国有数の生産量を誇る。低脂肪で身が締まり，うま味やコクが特徴。

●名古屋コーチン（愛知県）
肉質は赤みをおび，弾力性があり，香りがよい。脂肪とコクがある。地鶏のなかで父系・母系とも在来種「名古屋種」100％である。

●さつま地鶏（鹿児島県）
特定の生産農家のみが飼育できる。適度の脂肪を含み，歯ごたえがあり，うま味成分が多い。

にわとり【鶏】　Chicken

手羽先1本＝45g，むね1枚＝225g，もも1枚＝250g，ささみ大1本＝45g，心臓1個＝5g，肝臓1個＝50g，すなぎも1個＝25g，チキンナゲット1個＝20g

現在，国内で流通するとり肉の9割はブロイラーである。ブロイラーは特定の品種名ではなく，効率のよい品種や飼育方法により短期間（7〜8週）で大量生産される肉用若どりの総称である。品種は，白色プリマスロック種の雌と白色コーニッシュ種の雄の交配種が多い。肉質はやわらかく淡泊な味わいであるので，どんな味つけにも合い，安価である。

〔ひき肉〕 繊維が細かく切られているのでやわらかいが，空気に触れる面積が増えるので，いたみが早い。とり肉は，脂肪が少なく水分が多い。味わいはあっさりとしている。

〔むね〕 骨がついたものや，手羽元を含んだ状態のものも出回っているが，骨を除いた胸部のみが一般的。脂肪が少なく，味は淡泊である。

〔ささみ〕 手羽の内側にある一対の細長い胸肉で，名前は笹の葉に似ていることによる。牛肉，豚肉のヒレにあたり，脂肪が少なくやわらかで味わいは淡泊。加熱し過ぎると，うま味がなくなる。

〔副品目〕 内臓肉は鮮度落ちが早いので，新鮮なものをできるだけ早く使う。

〔心臓〕 組織のきめが細かく，コリコリした歯ごたえがある。くさみがある場合，縦半分に切って血のかたまりを除き，冷水にさらして血抜きして使う。別名ハツ。「きも」ともいい，肝臓の別名と混同しやすい。

〔肝臓〕 レバーともいう。心臓といっしょに売られることが多い。冷水にさらして血抜きをすれば，くさみがあっても気にならない。

〔すなぎも〕 砂袋ともいう。脂肪が少ないのでクセがなく，やわらかくて弾力に富み，コリコリとした食感がある。

〔皮〕 脂肪分が多くやわらかで，コクがある。裏側についている脂肪を除き，さっとゆでて冷水にとって調理する。から揚げや網焼き，炒め物，煮物，あえ物に。

〔軟骨〕 胸軟骨（キール）と膝軟骨（ニー）の2種類がある。それ自体に味はなく，コリコリとした食感を楽しむ。

〔焼き鳥缶詰〕とり肉の調理品。缶詰といえば果物やまぐろが一般的だったが，とり肉が比較的安定して供給できることから商品化され，手軽に食べられる缶詰商品として定着した。

〔チキンナゲット〕とりひき肉を調味して練り，一口大に形成したものに衣をつけて揚げたもの。ナゲットとは英語で“金塊”という意味があり，完成したとり肉料理を金塊に見立てて名づけられた。

〔手羽〕 手羽元，手羽先（手羽中と手羽端）に分けられる。胴に近い手羽元に肉が多くついており，味は淡泊である。先になるにしたがって，ゼラチン質や脂肪が多くなり，濃厚な味わいになる。

↷むね
⤴手羽端　手羽先
⤴手羽中
⤴手羽元
むね
手羽先
手羽元
手羽端
手羽中
ささみ
もも
手羽元
ささみ➡
⤴もも

〔もも〕 よく動かす部位のため，ややかたく筋がある。適度に脂肪がついているので，味にコクがある。

きも
肝臓（レバー）
心臓（ハツ）
すなぎも
⤴心臓
すなぎも
⤴肝臓
⤴すなぎも
⤴軟骨　皮

✓check 貴重なたんぱく源としての伝統食

いなごは，田んぼで害虫駆除を兼ねて大量に捕獲できたことから，全国的に食用に供する風習があった。調理法としては，串刺しにして炭火で焼く，鍋で炒る，しょうゆや砂糖で甘辛く煮つける，佃煮などである。

すっぽんは，別名まると呼ばれる淡水生のかめで，甲羅はやわらかい皮で覆われている。肉は淡泊だが，だしによい味が出る。

はちのこは，その名のとおり，はちの幼虫やさなぎのことで，長野・岐阜・愛知などを中心に，郷土料理などでも愛されている。

日本では食用がえるといえばウシガエルをさすことが多く，一般的に唐揚げとして食される。ヨーロッパではグルヌーユとして，フランス料理に欠かせない食材になっている。味は淡泊で，とり肉に似ている。

⤴いなご

⤴すっぽん

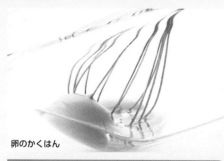

卵のかくはん

卵類

食用として出回っているのは、鶏卵（ほとんどが無精卵）が大部分で、そのほか、うずらの卵、アヒルの卵などがある。和、洋、中、いろいろな料理に欠かせない食材の代表格で、日本では1日平均1個は食べるほど人気が高く、その栄養価は高い。

最近では、DHA（ドコサヘキサエン酸）、β-カロテン、ヨウ素（ヨード）など、特定の栄養素を補強し、健康面の利点をうたい文句にする「栄養強化卵」も人気を集めている。

栄養上の特性

鶏卵は、ビタミンCや食物繊維を除けば、完全といっていいほど栄養バランスの整った食品である。鶏卵のたんぱく質は、体内で合成されない9種類の必須アミノ酸をバランスよく含み、アミノ酸価も100である。卵白にはアルブミンという良質のたんぱく質や、ビタミンB₂も多く含まれている。卵黄は、たんぱく質、脂質、ビタミンA、D、鉄を多く含む。卵黄に含まれるレシチンは、悪玉コレステロールを減らして善玉コレステロールを増やすため、余分なコレステロールの血管沈着を防ぐと考えられている。

卵の構造

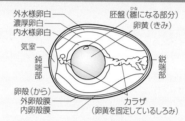

外水様卵白 / 濃厚卵白 / 内水様卵白 / 気室 / 鈍端部 / 卵殻（から） / 外卵殻膜 / 内卵殻膜 / 胚盤（雛になる部分） / 卵黄（きみ） / 鋭端部 / カラザ（卵黄を固定しているしろみ）

保存の仕方

卵は、その構造と卵白の抗菌作用によって常温で2～3週間近くもち、5～10℃なら2か月くらいもつ。冷蔵庫が望ましく、とがった方を下にして入れ、気室を上にすると卵が安定して日もちする。

�◗新鮮な卵の見分け方

❶塩水に入れてみる

新しい　　古い

❷割ってみる

新しい（卵黄が盛りあがる）　　古い（卵白が平たく広がる）

食品名 食品番号 可食部100gあたり	廃棄率% 水分g	エネルギー kcal 200	たんぱく質 g 20.0	脂質 g 20.0	コレステロール mg 20	炭水化物 g 20.0	食物繊維 総量 g 2.0	ナトリウム mg 200	カリウム mg 200	カルシウム mg 200	リン mg 200	鉄 mg 2.0	亜鉛 mg 2.0	βカロテン当量 μg 200	レチノール活性当量 μg 20	D μg 2.0	αトコフェロール mg 2.0	B₁ mg 0.20	B₂ mg 0.20	葉酸 μg 20	C mg 20	食塩相当量 g 2.0
あひる卵 ピータン 12020 	45 / 66.7	188 / 214	– / 13.7	13.5 / 16.5	680	3.0 / 0	(0)	780	65	90	230	3.0	1.3	22	220	6.2	1.9	Tr	0.27	63	(0)	2.0
うこっけい卵 全卵 生 12001 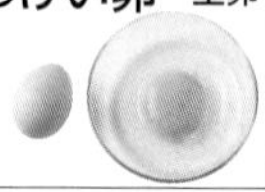	15 / 73.7	154 / 176	(10.7) / 12.0	10.5 / 13.0	550	4.2 / 0.4	(0)	140	150	53	220	2.2	1.6	26	160	1.0	1.3	0.10	0.32	6	0	0.4
うずら卵 全卵 生 12002 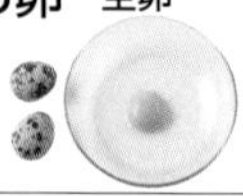	15 / 72.9	157 / 179	11.4 / 12.6	10.7 / 13.1	470	3.9 / 0.3	(0)	130	150	60	220	3.1	1.8	16	350	2.5	0.9	0.14	0.72	91	(0)	0.3
鶏卵 全卵 生 12004 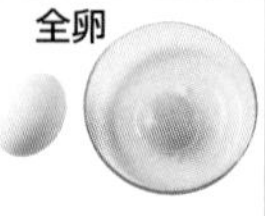	14 / 75.0	142 / 150	11.3 / 12.2	9.3 / 10.2	370	3.4 / 0.4	0	140	130	46	170	1.5	1.1	7	210	(1.3)* 3.8	1.3	0.06	0.37	49	0	0.4
全卵 ゆで 12005 	11 / 76.7	134 / 153	11.2 / 12.5	9.0 / 10.4	380	2.1 / 0.3	0	140	130	47	170	1.5	1.1	4	170	(0.8)* 2.5	1.2	0.06	0.32	48	0	0.3
卵黄 生 12010 	0 / 49.6	336 / 394	13.8 / 16.5	28.2 / 34.3	1200	6.7 / 0.2	0	53	100	140	540	4.8	3.6	24	690	(4.5)* 12.0	4.5	0.21	0.45	150	0	0.1
卵白 生 12014	0 / 88.3	44 / 46	9.5 / 10.1	0 / Tr	1	1.6 / 0.5	0	180	140	5	11	Tr	0	0	0	0	0	0	0.35	0	0	0.5
たまご豆腐 12017 	0 / (85.2)	76 / 82	(5.8) / (6.5)	(4.5) / (5.3)	(190)	(3.1) / (0.9)	0	(390)	(99)	(26)	(95)	(0.8)	(0.6)	(2)	(83)	(0.6)	(0.6)	(0.04)	(0.17)	(25)	0	(1.0)

＊ビタミンD活性代謝物を含む。（ ）の数値は、ビタミンD活性代謝物を含まない場合。

ⓘ インフォメーション　赤い卵と白い卵の違い▶卵の殻の色の違いは、鶏の品種による。流通量が最も多い「白玉」は、羽毛が白い白色レグフォンという種類から生まれ、殻が褐色の「赤玉」は羽毛が茶褐色の鶏から生まれる。栄養成分に大きな差はなく、ほぼ同じと考えてよい。

加熱時間と卵の変化

●ゆで卵（100℃でゆで，時間は沸騰してからの長さ）

3分	7分	12分	15分以上
卵白は少しやわらかい。卵黄は生。	卵白は凝固。卵黄は半熟だが中心は生（半熟）。	卵白，卵黄も凝固（かたゆで）。	卵白，卵黄も凝固。卵白と卵黄の境目が暗緑色。

※冷蔵庫から出してすぐゆでると割れやすい。ゆでる20分前に冷蔵庫から出しておく。
※はじめ，箸で静かに転がしながらゆでると，卵黄がかたよらない。

●温泉卵（70℃で20〜30分）のつくり方
卵は卵白より卵黄のほうが低い温度で凝固する。70℃で保温した卵は卵白がほとんど生なのに，卵黄は完熟の温泉卵ができあがる。

●ポーチドエッグ（落とし卵）のつくり方
湯のなかに卵を落としてフォークなどで丸くまとめ，半熟状態ですくい出して水に取る。じょうずにまとめるには酢を加えるのがコツ。

卵の規格

サイズ	重さ(g)	色(ラベル)	
SS	40〜45	茶	SS
S	46〜51	紫	S
MS	52〜57	青	MS
M	58〜63	緑	M
L	64〜69	橙	L
LL	70〜75	赤	LL

食のお話　卵とコレステロールの関係

●誤解の始まりは，ウサギの実験

そもそも卵がコレステロールの代表のようにいわれるようになったのは，100年以上前のロシアでの実験がきっかけ。コレステロールが人体に与える影響を調べるために，栄養価の高い卵を，草食動物のウサギに食べさせて実験した。その結果，動脈硬化のもとといわれる血中コレステロールが増加し，卵＝コレステロールの印象が生まれてしまった。これが，誤解の始まり。

ウサギは草食動物なので，動物性の脂肪を含む卵を食べさせればコレステロールが増加するのは当たり前のこと。しかし，人間は雑食性なので，動物性の食品もたくさん食べるが，常にコレステロールが増えるわけではない。そこで最近では，このロシアのコレステロールの実験は，科学者の間でも疑問視されている。

●体のなかで，コレステロールはどうなる？

食物に含まれたコレステロールは，体に入ると小腸で吸収され，肝臓に運ばれる。肝臓では人間に必要なコレステロールの量を判断し，足りない分は自ら合成する。血液中に存在するコレステロールのうち，4分の1が食事から，残りの4分の3が肝臓で合成される。

だから，食べ物からとるコレステロールが多少多くなっても，自ら合成する量を減らし，いつも一定量を保つように調整されているので，すぐ健康に悪影響をおよぼすということはない。

（日本卵業協会資料）

あひる卵　Eggs：domesticated duck　Century egg（Pidan）
1個＝130g（正味70g）

ピータンは，あひるの卵に石灰や塩を混ぜた泥を塗り，もみがらのなかに2〜3か月漬けて発酵させたもの。中国料理の前菜に。

⬆ピータン

うずら卵【鶉卵】Eggs：Japanese quail
1個＝12g（正味10g）

鶏卵の1/4程度の大きさで，生でとろろに落としたり，ゆで卵で中国料理の材料に使用したりする。

うこっけい卵【烏骨鶏卵】Eggs：silky fowl
1個＝40g

うこっけいは，原産地が中国の，鶏の1品種である。卵は，鶏卵の成分と同様で滋養強壮の効果がある。

⬆うずら卵と鶏卵

鶏卵　Eggs：hen
中1個＝65g（正味55g），卵黄1個分＝17g，卵白1個分＝38g

卵といえば鶏卵のことをさすほど毎日の食事に供されている。採卵用の主流は白玉の白色レグフォンであるが，赤玉も多く流通している。鶏卵は安価で栄養価がきわめて高く，すぐれたたんぱく質食品である。殻と卵黄と卵白からなり，その構成比は，1：3：6で，殻の表面には多くの微細な気孔があり，呼吸をおこなっている。

〔ゆで卵〕鶏卵を水から入れて加熱し，沸騰させて約12分でできる。凝固温度は卵黄は65〜70℃，卵白は60〜80℃である。
〔卵黄〕リン脂質であるレシチンを含み，その乳化性という特性から，マヨネーズの原料として用いられる。
〔卵白〕たんぱく質を多く含み，その起泡性を利用して，メレンゲなどお菓子づくりに利用される。

⬇白玉と赤玉

たまご豆腐　Tamago-dofu
1パック＝150g

だし汁と調味料で希釈した卵液を容器に入れ，蒸して凝固させたもの。くずあんをかけて食べたり，椀種に用いる。

✓Check! 卵の調理特性

起泡性（おもに卵白）	乳化性（卵黄）	熱凝固性	粘着性	希釈性
卵白は空気を混ぜこみながら，かくはんすると泡立つ。	卵黄は，油と水を混ぜることができる乳化性という性質をもっている。	卵のたんぱく質は，加熱によって凝固する。	糖たんぱく質は粘着性があり，つなぎとして使われる。	調味料などで薄めることができ，濃度の調整によって，かたさや口当たりを自由に変えられる。
・メレンゲ，スポンジケーキ，フリッターの衣	・マヨネーズ	・ゆで卵，卵焼き，茶碗蒸し，カスタードプディング	・天ぷらの衣，練り物	・茶碗蒸し，卵豆腐

✓Check! 世界の卵料理

⬆ピータンかゆ
香港の伝統料理。肉のだしのかゆにピータンを乗せる。

⬆スペインのトルティーヤ（トルティージャ）
スパニッシュオムレツともいわれる。具を炒めて卵を入れ，蒸し焼きにする。

ⓘインフォメーション　ヒナがかえる直前の卵を食べる▶東南アジアには，ヒナになりかけた卵を食べる地域がある。アヒルの有精卵をふ化する前にゆで卵にしたもので，卵と鶏肉を合わせたような味わいという。フィリピンではバロット，ベトナムではホビロンと呼ばれている。近年，日本でも入手することができるようになった。

291

卵類

乳類

乳牛の放牧

乳類

　乳類には，牛乳のほか，山羊乳，羊乳，馬乳などがある。日本では，牛乳や乳製品がおもに用いられている。牛乳は，遠心分離させたり，乳酸発酵させたりして，古くから用途の幅を広げたり，保存性を高めたりして，利用されてきた。

栄養上の特性

　牛乳は，たんぱく質，無機質，ビタミンなどの栄養素が豊富である。牛乳の成分のなかの水分と脂肪分以外のもの，つまり無脂乳固形分にそれらの栄養素が多く含まれている。

　牛乳中のたんぱく質は，必須アミノ酸をバランスよく含んでいる良質のものである。カルシウムはたんぱく質や乳糖の作用で，大変消化吸収がよい。また，ビタミンAは，皮膚や粘膜を健康に保ち，風邪などの病気に対する抵抗力を強め，ビタミンB₂は，代謝系に関与しており，発育・成長に欠かせない。

　牛乳を飲むと腹がゴロゴロ鳴ったり，下痢をしたりする人がいる。これは，乳糖不耐症といって，小腸の乳糖分解酵素であるラクターゼの分泌が弱く，乳糖が消化吸収されないために起こり，この症状は，欧米人に比べて日本人を含む東洋人に比較的多くみられる。

保存の仕方

品目	保管温度	変質のめやす
牛乳	10℃以下*1 冷凍不可	・かたまって分離している ・酸味，苦味など異味がする ・酸っぱいにおいなど異臭がする
チーズ	10℃以下 冷凍不可*2	・カビが生える ・不快なにおいがする ・苦味，渋味が強い
バター	10℃以下	・溶けて分離している ・カビやカビが生える ・油やけや刺激臭など異臭がする ・酸味，苦味など異味がする
ヨーグルト	10℃以下 冷凍不可	・酸味が強すぎる ・ピリピリした味がする ・不快なにおいがする ・カビくさい，カビが生える ・亀裂，気泡が生じている
クリーム	3～7℃	・褐色がかっている ・かたまる ・酸味，渋味など異味がする ・古くさいにおいがする
アイスクリーム	−18℃以下	・一度解凍したものは風味が劣る

＊1　ＬＬ牛乳は開封していなければ常温保存可能
＊2　パルメザンチーズは冷蔵でなく常温保存する
　　　ピザ用のチーズは冷凍が可能

食品名 食品番号 可食部100gあたり	廃棄率% 水分g	エネルギー kcal 200	たんぱく質 g 20.0	脂質 g 20.0	コレステロール mg 20	炭水化物 g 20.0	食物繊維総量 g 2.0	ナトリウム mg 200	カリウム mg 200	カルシウム mg 200	リン mg 200	鉄 mg 2.0	亜鉛 mg 2.0	βカロテン当量 μg 200	レチノール活性当量 μg 20	D μg 2.0	αトコフェロール mg 2.0	B₁ mg 0.20	B₂ mg 0.20	葉酸 μg 20	C mg 20	食塩相当量 g 2.0
牛乳 生乳 ホルスタイン種 13002	0 87.7	63 66	2.8 3.2	3.8 3.7	12	4.4 4.7	(0)	40	140	110	91	Tr	0.4	8	38	Tr	0.1	0.04	0.15	5	1	0.1
普通牛乳 13003	0 87.4	61 67	3.0 3.3	3.5 3.8	12	4.4 4.8	(0)	41	150	110	93	0.02*	0.4	6	38	(Tr)**	0.1	0.04	0.15	5	1	0.1
脱脂乳 13006	0 91.0	31 34	3.1 3.4	0.1 0.1	3	4.6 4.8	(0)	51	150	100	97	0.1	0.4	0	Tr	Tr	Tr	0.04	0.15	0	2	0.1
加工乳 濃厚 13004	0 86.3	70 74	3.0 3.4	4.2 4.2	16	4.8 5.3	(0)	55	170	110	100	0.1	0.4	14	35	Tr	0.1	0.03	0.17	0	Tr	0.1
低脂肪 13005	0 88.8	42 46	3.4 3.8	1.0 1.0	6	4.9 5.5	(0)	60	190	130	90	0.1	0.4	3	13	Tr	Tr	0.04	0.18	Tr	Tr	0.2
乳飲料 コーヒー 13007	0 88.1	56 56	1.9 2.2	2.0 2.0	8	7.7 7.2	(0)	30	85	80	55	0.1	0.2	Tr	5	Tr	0.1	0.02	0.09	Tr	Tr	0.1
粉乳 脱脂粉乳 13010	0 3.8	354 359	30.6 34.0	0.7 1.0	25	55.2 53.3	(0)	570	1800	1100	1000	0.5	3.9	Tr	6	Tr	Tr	0.30	1.60	1	5	1.4
乳児用調製粉乳 13011	0 2.6	510 514	10.8 12.4	26.0 26.8	63	57.9 55.9	(0)	140	500	370	220	6.5	2.8	85	560	9.3	5.5	0.41	0.72	82	53	0.4

＊Trであるが，利用上の便宜のため小数第2位まで記載。＊＊ビタミンD活性代謝物を含む。（　）の数値は，ビタミンD活性代謝物を含まない場合。

●牛乳およびその加工品

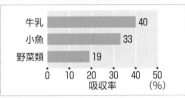

生乳 →
- 殺菌加工 → 飲用牛乳
- 濃縮 → 練乳
- 濃縮・乾燥 → 粉乳
- 遠心分離・かくはん → アイスクリーム
- 遠心分離・かくはん → バター
- 遠心分離・乳酸発酵 → ヨーグルト
- 遠心分離・乾燥 → スキムミルク
- 酵素添加・熟成 → チーズ
- 酵素添加 → 乳糖

●カルシウムの吸収率の比較

	吸収率(%)
牛乳	40
小魚	33
野菜類	19

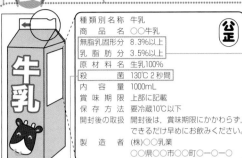

種類別名称	牛乳
商 品 名	○○牛乳
無脂乳固形分	8.3%以上
乳脂肪分	3.5%以上
原材料名	生乳100%
殺 菌	130℃ 2秒間
内 容 量	1000mL
賞味期限	上部に記載
保存方法	要冷蔵10℃以下
開封後の取扱	開封後は，賞味期限にかかわらず，できるだけ早めにお飲みください。
製 造 者	(株)○○乳業　○○県○○市○○町○-○-○

公正

あけくちの反対側には半月状の切欠きがあり，触るだけでほかの飲料と区別できるようになっている。

●牛乳の殺菌法

区　分	殺菌温度(℃)	殺菌時間
低温保持殺菌法 LTLT	63〜65	30分以上
高温保持殺菌法 HTLT	75以上	15分以上
高温短時間殺菌法 HTST	72以上	15秒以上
超高温瞬間殺菌法 *1 UHT	120〜130	2〜3秒
超高温滅菌殺菌法 *2 LL	135〜150	1〜4秒

*1　日本で消費されている牛乳のほとんどがこれである。
*2　保存性が高く，開封してなければ常温で数か月も保存できる。

特別牛乳：乳等省令の基準を満たし，特別牛乳搾取処理業の許可を受けた施設で製造。
成分調整牛乳：生乳から水分，乳脂肪分などの一部を除去。
低脂肪牛乳：乳脂肪分を除去した成分調整牛乳（無脂肪牛乳以外）。
無脂肪牛乳：ほとんどの乳脂肪分を除去した成分調整牛乳。
加工乳：生乳を主原料とし，乳製品（クリーム，脱脂粉乳など）を加えて成分調整。
乳飲料：生乳を主原料とし，乳製品のほか，果汁や甘味，鉄分などの栄養素を強化。

●牛乳類の成分規格（乳等省令による）

種類別名称	生乳の使用割合	成分 乳脂肪分	成分 無脂乳固形分
牛乳	生乳 100%	3.0%以上	8.0%以上
特別牛乳		3.3%以上	8.5%以上
成分調整牛乳		—	
低脂肪牛乳		0.5%以上 1.5%以下	8.0%以上
無脂肪牛乳		0.5%未満	
加工乳	—	—	
乳飲料	—	乳固形分3.0%以上	

牛乳　Milk(Raw milk, Whole milk, Containing recombined milk), Milk beverage

1 C＝210g

　牛からしぼった乳を，加熱殺菌して飲用に適するようにしたものである。乳牛にはジャージー種，ホルスタイン種などがあるが，日本では，乳量の多いホルスタイン種が主流となっている。牛乳は，脂質，たんぱく質，糖質，カルシウムに富むうえ消化吸収率が高く，栄養価の高い食品である。調理では，グラタンやシチューに用いたり，肉や魚のにおい消しにも用いる。
〔生乳〕　日本で消費される牛乳のほとんどはホルスタイン種で，しぼったままの牛の乳を生乳という。
〔普通牛乳〕　しぼったままの生乳を加熱殺菌したもの。成分規格は無脂乳固形分8.0%以上，乳脂肪 3 %以上に定められている。
〔脱脂乳〕　牛乳を遠心分離し，クリームを取り除いたもの。そのまま飲用したり，脱脂粉乳，チーズ，アイスクリームなどの原料となる。
〔加工乳〕　生乳を原料に，脱脂乳，全粉乳，バター，クリームなどを加えて成分を濃くした濃厚乳と，脱脂乳などを加えて乳脂肪分を3.0%以下と少なくした低脂肪乳がある。
〔乳飲料〕　牛乳や脱脂粉乳などを原料として，コーヒー抽出液，香料，甘味料などを配合したもの。

粉乳　Milk powder

脱脂大1＝6g，調整小＝2g

　牛乳の性状を変えないように濃縮，乾燥し，粉末状にしたもの。
〔脱脂粉乳〕　脱脂乳を原料としたもので，乳脂肪分をほとんど含まず，水やお湯で溶いて牛乳と同じように用いる。
〔調整粉乳〕　牛乳に，乳糖やビタミン，無機質などの栄養素を加えて母乳の成分に近づくよう調整したもの。

スキムミルク　　→　乳児用粉ミルク

✓Check! 乳児用液体ミルクって何?

- 調乳の手間がなく簡単。温め不要でそのまま授乳できる。
- 栄養組成は調乳後の粉ミルクと同じ。
- お湯が不要のため，災害時や備蓄用，外出時など調乳が大変なときに。
- 滅菌済で衛生的だが，飲み残しは雑菌が繁殖しやすいので与えないこと。
- 保存期間が容器包装により違うので（紙パックは約6か月，缶は約1年）表示の賞味期限を確認すること。

✓Check! 牛乳の調理性

　牛乳は栄養が豊富で，その性質によりいろいろな調理法がある。

料理に濃度をつける	スープ類，シチューなどの煮こみ料理	たんぱく質の一部が凝固して濃度を増し，なめらかにする。
においを消す	レバーソテー，魚のムニエル	牛乳はにおいを吸着する性質があるので，魚やレバーなどを10〜20分ひたして料理する。
酸によって凝固する	手づくりカテージチーズ	牛乳にレモン汁など酸を加えると凝固する性質がある。
焦げ色をつける	ホットケーキ，フレンチトースト，グラタン	焼いたとき焦げ色がつくのは，材料の砂糖や牛乳の乳糖とたんぱく質が加熱されて反応を起こすためである。
乳白色になる	ブラマンジェ，ホワイトソース	牛乳のなかのカゼインや脂肪球によって，料理を美しい乳白色に仕上げることができる。

↪シチュー　　↪グラタン

✓Check! おもな乳用牛の種類

　乳牛の種類によって，乳脂肪分など牛乳の成分に多少の違いがある。

●ホルスタイン種
　日本で飼育されている乳牛のほとんどがホルスタイン種で，乳量は乳用種中最も多い。乳脂肪率は 3 〜 4 %，黄色味が薄く白い乳が特徴。

●ジャージー種
　平均体重，乳量ともにホルスタイン種の 7 割程度。乳脂肪率は 5 %程度あるが，搾乳量が少ない。乳は飲料のほか，バターやクリームの原料乳に向いている。

乳
類

MILK / MILKS

食品名 食品番号 可食部100gあたり	廃棄率% 水分g	エネルギー kcal 200	たんぱく質 g 20.0	脂質 g 20.0	コレステロール mg 20	炭水化物 g 20.0	食物繊維 総量 g 2.0	ナトリウム mg 200	カリウム mg 200	カルシウム mg 200	リン mg 200	鉄 mg 2.0	亜鉛 mg 2.0	A βカロテン当量 μg 200	A レチノール活性当量 μg 20	D μg 2.0	E αトコフェロール mg 2.0	B₁ mg 0.20	B₂ mg 0.20	葉酸 μg 20	C mg 20	食塩相当量 g 2.0
練乳 無糖練乳 13012	0 72.5	135 144	(6.2) 6.8	7.5 7.9	27	(10.8) 11.2	(0)	140	330	270	210	0.2	1.0	18	50	Tr	0.2	0.06	0.35	1	Tr	0.4
加糖練乳 13013	0 26.1	314 332	7.0 7.7	8.4 8.5	19	53.2 56.0	(0)	96	400	260	220	0.1	0.8	20	120	0.1	0.2	0.08	0.37	1	2	0.2
クリーム 乳脂肪 13014	0 48.2	404 427	1.6 1.9	39.6 43.0	64	10.1 6.5		43	76	49	84	0.1	0.2	110	160	0.3	0.4	0.02	0.13	0	0	0.1
植物性脂肪 13016	0 55.5	353 374	1.1 1.3	37.6 39.5	21	2.5 3.3	0	40	67	50	79	0	0.2	99	9	0.1	4.0	0.01	0.07	0	0	0.1
ホイップクリーム 乳脂肪・ 植物性脂肪 13018	0 44.0	394 413	(3.5) 4.0	(36.7) 38.4	57	(12.6) 12.9	(0)	130	69	42	120	0.1	0.3	96	180	0.2	0.4	0.01	0.06	3	(Tr)	0.3
コーヒーホワイトナー 液状 乳脂肪・植物性脂肪 13021	0 69.2	227 228	(4.2) 4.8	(21.2) 21.6	27	4.6 3.7	(0)	160	50	26	140	0.1	0.3	24	77	0.1	0.1	0.01	0.04	2	Tr	0.4
粉末状 乳脂肪 13023	0 2.8	504 516	(6.5) 7.6	24.4 27.3	86	64.5 60.4	0	360	360	87	240	0	0.4	100	320	0.2	0.8	0.02	0.65	10	0	0.9
発酵乳・乳酸菌飲料 ヨーグルト 全脂無糖 13025	0 87.7	56 62	3.3 3.6	2.8 3.0	12	3.8 4.9	(0)	48	170	120	100	Tr	0.4	3	33	0	0.1	0.04	0.14	11	1	0.1
低脂肪無糖 13053	0 89.2	40 45	3.4 3.7	0.9 1.0	5	3.9 5.2	(0)	48	180	130	100	Tr	0.5	4	12	0	0	0.04	0.19	15	1	0.1
無脂肪無糖 13054	0 89.1	37 42	3.8 4.0	0.2 0.3	4	4.1 5.7	(0)	54	180	140	110	Tr	0.4	2	3	0	0	0.04	0.17	16	1	0.1
ドリンクタイプ 加糖 13027	0 83.8	64 65	2.6 2.9	0.5 0.5	3	11.5 12.2	(0)	50	130	110	80	0.1	Tr	1	5	Tr	Tr	0.01	0.12	1	Tr	0.1
乳酸菌飲料 乳製品 13028	0 82.1	64 71	0.9 1.1	Tr 0.1	1	15.1 16.4	(0)	18	48	43	30	Tr	0.4	0	0	0	Tr	0.01	0.05	Tr	Tr	0
殺菌乳製品 13029	0 45.5	217 217	1.3 1.5	0.1 0.1	2	51.6 52.6	(0)	19	60	55	40	0.1	0.2	(0)	(0)	Tr	Tr	0.02	0.08	Tr	0	0
人乳 13051	0 88.0	61 65	0.8 1.1	3.6 3.5	15	(6.4) 7.2	(0)	15	48	27	14	* 0.04	0.3	12	46	** (Tr)	0.4	0.01	0.03	Tr	5	0

＊Trであるが，利用上の便宜のため小数第2位まで記載。 ＊＊ビタミンD活性代謝物を含む。 （ ）の数値は，ビタミンD活性代謝物を含まない場合。

ⓘ インフォメーション　プロバイオティクス▶食べ物に含まれる微生物の多くは腸に達する前に死んでしまうが，なかには生きたまま腸に達し，腸の働きを整えたり人体の免疫力を高めたりするものがある。こうした微生物のことをいい，乳酸菌の仲間が有名である。

練乳
Evaporated whole milk
Condensed whole milk

無糖大 1 ＝17g，加糖大 1 ＝21g

牛乳または脱脂乳を濃縮したもので，しょ糖を加えた加糖練乳（コンデンスミルク）と，しょ糖を加えない無糖練乳（エバミルク）がある。無糖練乳は開缶後のいたみが早いので，早めに使い切る。

〔加糖練乳〕　牛乳に16％のしょ糖を加えて濃縮したもので，甘みが強い。いちごやかき氷にかけて食する。

↑いちごと
コンデンスミルク

↑かき氷と
コンデンスミルク

クリーム
Cream, Whipping cream substitute, Coffee whitener

乳脂肪小 1 ＝5g，大 1 ＝15g，1 C＝200g，コーヒーホワイトナー液状 1 個＝5g，粉末状小 1 ＝2g

牛乳を遠心分離機にかけて得られる乳脂肪に富んだ水中油滴型のエマルジョン。おもにバターやアイスクリーム製造に用いる。乳脂肪独特の風味とコクが味わえる。

〔乳脂肪〕　生乳または牛乳から乳脂肪以外の成分を除去しただけで，ほかのものの添加がない製品である。脂肪分は約45％。

〔植物性脂肪〕　植物性脂肪をおもな原料とし，脱脂粉乳，乳化剤，安定剤，香料などが加えられているものである。

〔ホイップクリーム〕　安定剤を加えていないものと，安定剤などを加え，泡立てたクリームの気泡を固定し，ダレないように品質が設計されたものがある。ケーキのデコレーションやお菓子に用いられる。脂肪分は30〜50％。

〔コーヒーホワイトナー〕　コーヒーに加えるクリームで，乳脂肪や植物性脂肪を用いたものがある。液状と粉末状があり，コーヒーの苦味をやわらげたり，コクやまろやかな味わいを出す。

↑ベーコンときのこの
クリームパスタ

↑コーヒー
ホワイトナー

↑ホイップクリーム

↑コーヒーゼリー

発酵乳・乳酸菌飲料
Yogurt, Lactic acid bacteria beverages

ヨーグルト 1 食分＝100g

牛乳に乳酸菌や酵母を加えて発酵させたもの。

〔ヨーグルト〕　酸によってカゼインを凝固させてつくる。普通の固形のもののほかに，カード（固形分）を砕いた液状のもの，凍結させたもの，果汁や果肉片入りのフルーツヨーグルトなどがある。ヨーグルトは牛乳に匹敵する栄養価があり，たんぱく質，カルシウムの吸収率も高い。乳糖の一部が乳酸に変化するので，乳糖不耐症の人も利用しやすい。

〔乳酸菌飲料〕　無脂乳固形分3.0％以上含むものと，3.0％未満のものに大別される。3.0％以上のものは，乳製品に属し，乳酸菌数が 1 mLあたり1000万以上，3.0％未満のものは，100万以上で，発酵後に殺菌したものである。

↑ヨーグルト

↑フルーツヨーグルト↑

↑ドリンクタイプ

↑乳酸菌飲料

人乳
Human milk

母乳。牛乳に比べ，たんぱく質，無機質が少なく糖類が多いが，乳児にとっては，理想的な栄養を含んでいる。

乳
類

✓Check! カルピスの起源−馬乳酒

乳酸菌飲料（殺菌乳製品）としてなじみの「カルピス」は，100年以上前，創業者である三島海雲氏が内モンゴル（中国の内モンゴル自治区）を訪れたとき，長旅で体調を崩し，現地でふるまわれた発酵乳を飲むうちに，驚くほど体調が回復した経験をきっかけに，帰国後研究を続け，乳酸菌と酵母，発酵という自然製法によって生み出したものである。

モンゴルの馬乳酒は，馬乳を原料とした乳酒で，色は乳白色で，乳酸発酵による酸味の強い酒である。

↑モンゴルの馬乳酒

🍲つくってみよう！
ヨーグルトゼリー

＜材料＞（4人分）
粉ゼラチン　10g
ヨーグルト　300g
生クリーム　100mL　砂糖　50g
レモン汁　大さじ1

＜つくり方＞
①粉ゼラチンは大さじ 4 の水に振り入れ，ふやかしておく。
②生クリームに砂糖を加えて 7 分立てにし，ヨーグルトとレモン汁を加えて混ぜ合わせる。
③②に湯せんで溶かしたゼラチンをかき混ぜながら少しずつ加えて混ぜる。
④型に流し入れ，冷蔵庫で冷やしかためる。
⑤好みのフルーツなどをそえてもよい。

🍲つくってみよう！
フルーツサンド

＜材料＞（4人分）
食パン（サンドイッチ用薄切り）　12枚
生クリーム　200mL
砂糖　大さじ2
果物　好みのものを適量

＜つくり方＞
①果物を薄く切る。
②生クリームに砂糖を加えて泡立てる。
③パンを 2 枚 1 組にし，②のクリームを塗り，①の果物をはさむ。
④ラップで包んで冷蔵庫で冷やし，食べやすい大きさに切り分ける。

MILK / MILKS

食品名 食品番号 可食部100gあたり	廃棄率% 水分g	エネルギー kcal 200	たんぱく質 g 20.0	脂質 g 20.0	コレステロール mg 20	炭水化物 g 20.0	食物繊維(総量) g 2.0	ナトリウム mg 200	カリウム mg 200	カルシウム mg 200	リン mg 200	鉄 mg 2.0	亜鉛 mg 2.0	A βカロテン当量 μg 200	A レチノール活性当量 μg 20	D μg 2.0	E αトコフェロール mg 2.0	B1 mg 0.20	B2 mg 0.20	葉酸 μg 20	C mg 20	相当食塩量 g 2.0
チーズ ナチュラルチーズ カマンベール 13034	0 / 51.8	291 / 310	17.7 / 19.1	22.5 / 24.7	87	4.2 / 0.9	(0)	800	120	460	330	0.2	2.8	140	240	0.2	0.9	0.03	0.48	47	(0)	2.0
クリーム 13035	0 / 55.5	313 / 346	7.6 / 8.2	30.1 / 33.0	99	2.4 / 2.3	(0)	260	70	70	85	0.1	0.7	170	250	0.2	1.2	0.03	0.22	11	(0)	0.7
ゴーダ 13036	0 / 40.0	356 / 380	(26.3) / 25.8	26.2 / 29.0	83	3.7 / 1.4	(0)	800	75	680	490	0.3	3.6	170	270	0	0.8	0.03	0.33	29	(0)	2.0
チェダー 13037	0 / 35.3	390 / 423	23.9 / 25.7	32.1 / 33.8	100	(0.4) / 1.4	(0)	800	85	740	500	0.3	4.0	210	330	0	1.6	0.04	0.45	32	(0)	2.0
パルメザン 13038	0 / 15.4	445 / 475	(41.1) / 44.0	27.6 / 30.8	96	8.0 / 1.9	(0)	1500	120	1300	850	0.4	7.3	120	240	0	0.8	0.05	0.68	10	(0)	3.8
ブルー 13039	0 / 45.6	326 / 349	(17.5) / 18.8	26.1 / 29.0	90	5.3 / 1.0	(0)	1500	120	590	440	0.3	2.5	170	280	0.3	0.6	0.03	0.42	57	(0)	3.8
マスカルポーネ 13055	0 / 62.4	273 / 293	4.1 / 4.4	25.3 / 28.2	83	7.2 / 4.3	(0)	35	140	150	99	0.1	0.5	77	390	0.2	0.6	0.03	0.17	2	0	0.1
モッツァレラ 13056	0 / 56.3	269 / 276	− / 18.4	/ 19.9	62	4.2 / 4.2	(0)	70	20	330	260	0.1	2.8	−	280	0.2	0.6	0.01	0.19	9	−	0.2
プロセスチーズ 13040	0 / 45.0	313 / 339	21.6 / 22.7	24.7 / 26.0	78	0.1 / 1.3	(0)	1100	60	630	730	0.3	3.2	130	250	Tr	1.1	0.03	0.38	27	0	2.8
アイスクリーム 高脂肪 13042	0 / 61.3	205 / 212	3.1 / 3.5	10.8 / 12.0	32	23.6 / 22.4	0.1	80	160	130	110	0.1	0.5	45	100	0.1	0.2	0.06	0.18	Tr	Tr	0.2
アイスミルク 13044	0 / 65.6	167 / 167	(3.0) / 3.4	6.5 / 6.4	18	24.1 / 23.9	(0)	75	140	110	100	0.1	0.3	9	22	0.1	0.1	0.03	0.14	Tr	Tr	0.2
ラクトアイス 普通脂肪 13045	0 / 60.4	217 / 224	2.7 / 3.1	14.1 / 13.6	21	20.0 / 22.2	0.1	61	150	95	93	0.1	0.4	0	10	Tr	0.6	0.03	0.15	1	Tr	0.2
ソフトクリーム 13047	0 / 69.6	146 / 146	(3.4) / 3.8	5.6 / 5.6	13	20.5 / 20.1	(0)	65	190	130	110	0.1	0.4	9	18	0.1	0.2	0.05	0.22	Tr	(0)	0.2
シャーベット 13049	0 / 69.1	128 / 127	− / 0.9	1.0 / 1.0	1	28.7 / 28.7	(0)	13	95	22	22	0.1	0.1	(0)	(0)	Tr	Tr	0.04	0.05	Tr	0	0

※人乳はp.294に掲載

インフォメーション プロセスチーズとナチュラルチーズ▶ナチュラルチーズはさまざまな種類があり，乳酸菌や酵素が生きているため，味や風味が時間とともに変化する。プロセスチーズは，ナチュラルチーズ1～2種類以上を加熱して溶かし，加工したもので品質が安定し保存性がよいが，風味はややおとる。

チーズ
Cheese(Cottage, Camembert, Cream, Gouda, Cheddar, Parmesan, Blue, Mascarpone, Mozzarella, Processed)

カマンベール1ホール=100g，クリーム大1=15g，カテージ大1=15g，ゴーダ・チェダー5cm角厚さ1cm1枚=30g，パルメザン（粉）大1=6g，ブルー3×3cm厚さ1cm1切=10g，マスカルポーネ大1=16g，モッツァレラ厚さ8mm1切=15g，プロセス（スライス）1枚=18g，プロセス1個=15g

牛乳やその他の乳汁，脱脂乳などに，乳酸菌や凝乳酵素を加えてたんぱく質のカゼインを脂肪とともに凝固させ，ホエー（乳清）を除去して，残されるカード（凝乳）を成形，熟成させてつくる。熟成させないフレッシュタイプもある。脂肪とたんぱく質の多い高エネルギー食品で，カルシウムなどの無機質やビタミンA，B₂も多く含み栄養価も高い。ナチュラルチーズとプロセスチーズに大別される。

ナチュラルチーズ（フレッシュタイプ）

〔カテージ〕 脱脂乳などの乳に乳酸菌と凝乳酵素を加え，熟成させないでつくる。サラダなどに用いられる。

〔クリーム〕 原料の牛乳にクリームを加え，熟成させないでつくる。チーズケーキなど，製菓材料として用いられる。

〔マスカルポーネ〕 ティラミスの材料として有名。生クリームのようなとろけるコクが特徴。

〔モッツァレラ〕 本来は水牛の乳を用いる。生食のほか，加熱すると糸を引きよく溶けるため，ピザなどに用いられる。

チェダーチーズ→
ブルーチーズ
←カマンベールチーズ
←モッツァレラチーズとトマトのサラダ
↑パルメザンチーズ
↑カテージチーズ
プロセスチーズ↑

ナチュラルチーズ（白カビタイプ）

〔カマンベール〕 フランス・ノルマンディ地方のカマンベール村が発祥。クセがなく，表面は白く内部はクリーミーである。

ナチュラルチーズ（青カビタイプ）

〔ブルー〕 青カビ独特のピリッとした刺激ある風味が特徴。フランスのロックフォール，イタリアのゴルゴンゾーラ，イギリスのスティルトンは，世界三大ブルーチーズと呼ばれる。

ナチュラルチーズ（セミハード（半硬質）タイプ）

〔ゴーダ〕 オランダを代表するチーズ。おだやかな風味とコクが特徴。熟成品は豊かなうま味をもち，料理に多用できる。

〔チェダー〕 イギリス・サマーセット州のチェダー村で生まれたチーズ。水分の少ないタイプで，木の実のような風味と独特な甘い香りがある。

ナチュラルチーズ（ハード（硬質）タイプ）

〔パルメザン〕 イタリア原産。粉チーズとしてパスタなどに。パルミジャーノ・レッジャーノはパルメザンの最高級品。

〔プロセスチーズ〕 1～2種類のナチュラルチーズを加熱して溶かし，乳化して成型する。味にクセがなく品質が安定している。カートン，スライス，6P，スティックなど形態は多様。

↑アイスクリーム

ソフトクリーム→

アイスクリーム
Ice cream

1パック=120g

牛乳・乳製品に砂糖，香料，乳化剤などを加え，撹拌して空気を含ませながら凍結させた氷菓。乳固形分，乳脂肪分の含有量から，アイスクリーム，アイスミルク，ラクトアイスに大別される。

〔アイスクリーム〕 乳固形分15％，乳脂肪分8％以上のものをいう。バニラ味，チョコレート味，抹茶味など，濃厚な味わいがある。

〔アイスミルク〕 乳固形分10％，乳脂肪分3％以上のものをいい，乳脂肪のほかに，植物性脂肪が加えられている。

〔ラクトアイス〕 乳固形分3％以上のもので，乳脂肪分の規格はない。

〔ソフトクリーム〕 アイスクリーム製造途中の完全に凍結させないもので，口当たりがなめらかである。

シャーベット
Sherbet

50mL=30g

レモン汁などの果汁，水，酒類（リキュール），砂糖などを撹拌し，凍らせた氷菓（ソルベ）。

乳類

Check! ナチュラルチーズができるまで

生乳 — 殺菌 → 乳酸菌（スターター）添加 / 凝乳酵素（レンネット）添加 → カード（凝乳） → 圧さく → 熟成しない → カード（フレッシュ・ソフト） / 熟成 → チーズ
ホエー（乳清） → 除去

レンネットを添加　カードの切断　型詰め　熟成

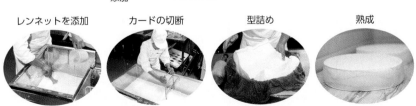

＊カード……乳酸菌や酵素を加えることによって乳たんぱく質が凝固したもの。チーズのもとになる。
＊ホエー……チーズをつくるときにできる液体。
＊熟成………チーズの種類に合った温度と湿度を保ち，微生物や酵素の働きで特有の味や香りを出す。

Check! 聖徳太子もチーズを食べた？

国内で一般に牛乳や乳製品が消費されるようになったのは，明治時代になってからである。しかし，遺跡から出土した木簡に，古代日本のミルク文化を示す記録がある。酪・蘇・醍醐などが乳製品だと考えられている。当時の乳製品は，貴族のぜいたくな健康食品か薬のような感覚であったようだ。牛乳からできる最上のものが醍醐で，醍醐味という言葉はこれによる。

↑復元された蘇
（料理復元：奥村彪生）

→「牛乳煎人一口米七合五夕　受稲万呂」
（8世紀前半・平城京長屋王邸跡出土）

ⓘ インフォメーション　発酵と腐敗の違い▶どちらも，微生物の働きによって食べ物が変化すること。発酵が，変化したことによって保存性や消化性，風味などが向上するのに対し，変化の結果，風味が落ちたり人体に害を与える物質が生じたりすることを腐敗という。

297

油脂類
FATS AND OILS

ごまの花

油脂類

油脂には，原料別に分類した植物性油脂と動物性油脂があり，さらに性状別に分類した油と脂がある。食用の油脂類のうち，常温（15〜20℃）で液状を保つものを油，固体状のものを脂という。

油には，なたね油，ごま油，サラダ油のように原料が植物性のものが多く，リノール酸やリノレン酸など不飽和脂肪酸を多く含む。脂は，バター，牛脂，ラードのように原料が動物性のものが多く，パルミチン酸やステアリン酸など飽和脂肪酸を多く含む。

現在，国内食用油脂の80％以上は植物性油脂で，その大半は大豆油となたね油である。サラダ油として利用されるほか，マーガリン，ショートニングなどの原料として広く使われている。

栄養上の特性

油脂類はおもにエネルギー源となり，1 gあたり約9 kcalのエネルギーを産出する。特に，ビタミンA，D，Eなどの脂溶性ビタミンは，油脂類といっしょにとると，溶けて吸収もよく，体内での利用もしやすくなる。

おもに植物性油脂に含まれるリノール酸，α−リノレン酸などの必須脂肪酸は，血中のコレステロール値の低下に役立ち，動脈硬化の防止につながる。また，いわし，さばなどの魚油には，ＩＰＡやＤＨＡという脂肪酸が多く含まれる。ＩＰＡは，❶血管内でかたまった血液を溶かす，❷血液中の中性脂肪やコレステロールを減らすなど，ＤＨＡは，❶脳や神経組織の機能の向上，❷視力の向上などの効果がある。

油脂は，効率のよいエネルギーの貯蔵庫である。しかし，過剰摂取は肥満を引き起こし，糖尿病などの生活習慣病につながる場合もある。

油脂の種類

油脂	動物性油脂	・魚油，肝油など ・バター，ラード，牛脂（ヘット）など
	植物性油脂	・オリーブ油，ごま油，綿実油，大豆油，なたね油，とうもろこし（コーン）油，サフラワー（ベニバナ）油，米ぬか油，落花生油，ぶどう油（グレープシードオイル）など ・パーム油，やし（コプラ）油など
	加工油脂	・マーガリン，ショートニングなど

保存の仕方・処分の仕方

空気や光に当たると劣化するので，開封後は密閉して冷暗所で保存する。使用後は，油がいたむ原因となるため，揚げカスをこまめにすくい，ほどほどの熱さのうちにこし器でこす。油が冷めてから，ふたを閉めて冷暗所で保存する。熱いうちにふたをすると，水蒸気が油にはいるので注意する。紙パックやビニール袋に新聞紙や使用済みキッチンペーパーなどを詰め，冷ました油をしみこませる。口をしっかりふさぎ，燃えるゴミに出す。

食品名 食品番号 可食部100gあたり	廃棄率% 水分g	エネルギー kcal 200	たんぱく質 g 20.0	脂質 g 20.0	コレステロール mg 20	炭水化物 g 20.0	食物繊維総量 g 2.0	無機質 ナトリウム mg 200	カリウム mg 200	カルシウム mg 200	リン mg 200	鉄 mg 2.0	亜鉛 mg 2.0	ビタミンA βカロテン当量 μg 200	A レチノール活性当量 μg 20	D μg 2.0	E αトコフェロール mg 2.0	B₁ mg 0.20	B₂ mg 0.20	葉酸 μg 20	C mg 20	食塩相当量 g 2.0
あまに油 14023	0 Tr	897 921	− 0	99.5 100	0.5 2	0 0	0	0	0	Tr	0	0	0	11	1	(0)	0.5	0	0	−	(0)	0
えごま油 14024	0 Tr	897 921	− 0	99.5 100	0.5 0	0 0	0	Tr	Tr	1	1	0.1	0	23	2	(0)	2.4	0	0	−	(0)	0
オリーブ油 14001	0 0	894 921	− 0	98.9 100	1.1 0	0 0	0	Tr	0	Tr	0	0	0	180	15	(0)	7.4	0	0	(0)	(0)	0
ごま油 14002	0 0	890 921	− 0	98.1 100	1.9 0	0 0	0	Tr	Tr	1	1	0.1	Tr	Tr	0	(0)	0.4	0	0	0	(0)	0
米ぬか油 14003	0 0	880 921	− 0	96.1 100	3.9 0	0 0	0	Tr	Tr	Tr	0	0	0	0	0	(0)	26.0	0	0	0	(0)	0
サフラワー油 ハイオレイック 14004	0 0	892 921	− 0	98.5 100	1.5 0	0 0	0	0	0	0	Tr	0	0	0	0	(0)	27.0	0	0	0	(0)	0
大豆油 14005	0 0	885 921	− 0	97.0 100	3.0 1	0 0	0	0	Tr	0	0	0	0	0	0	(0)	10.0	0	0	(0)	(0)	0
調合油 14006	0 0	886 921	− 0	97.2 100	2.8 2	0 0	0	Tr	Tr	Tr	0	Tr	0	0	0	(0)	13.0	0	0	(0)	(0)	0

インフォメーション サラダ油はサラダ専用？ ▶サラダ油はドレッシングやマヨネーズ，マリネなどの生食に適した食用油で，冷蔵庫などの低温でも分離，固化しないように一般の油よりも精製度が高くなっている。現在では食用油全体の精製度が上がっているので，そのような使い分けはあまりみられない。

天ぷらは，日本の代表的な揚げ物料理で，一般には，魚介・野菜の天種に小麦粉を水で溶いた衣をつけて油で揚げたものをさす。かつて，上方で天ぷらというと，魚のすり身の素揚げを意味した。これを関東ではさつま揚げと呼んだが，現代でも天ぷらと呼ぶ地域もある。

衣揚げの天ぷらが生まれたのは，17世紀（江戸時代）とされる。当時の江戸の外食事情は，単身赴任者である諸大名の家来の手軽な食事や，大工・左官など職人のちょっとした腹ごしらえに利用する，今日でいうファストフードがさかんであった。東京湾（いわゆる江戸前）の新鮮な魚介に恵まれた江戸の天ぷらは，ごま油でしっかりと揚げるため，色も味わいも濃厚で，天汁（天つゆ）にたっぷりとひたして食べる。

天麩らの店に箸を建てて置き

めどきは，占いに用いる筮竹のことである。屋台には筒に入れた筮竹に似た竹串があり，その串をもって熱々の揚げたてをほおばっていた。

天麩らの指を擬宝珠へ引きなすり

火や油を使う屋台は，橋のたもとで商売する場合が多かった。天ぷら油が手につき，それを擬宝珠になすりつけていた。川柳に，天ぷらが庶民に親しまれていたようすが生き生きと描かれている。

1923年の関東大震災を機に，東京の天ぷら職人が大量に関西へ移住した。そこで綿実油や大豆油を使った淡泊な味わいの関西天ぷらになり，これが関東に逆流して，現在の東京天ぷらの流れができあがった。しかし，昔ながらにごま油で揚げる江戸天ぷらの店も残っている。

↑天ぷら

↑さつま揚げ

↑江戸時代の屋台のようす

↑筮竹（左）と擬宝珠（右）

あまに油　Linseed oil
小1＝4g，大1＝12g，1C＝180g

あまの種子から採油され，α-リノレン酸を豊富に含む。水と乳化することができるため，卵の代用品としてケーキなどに使用されている。熱に弱い。

あま
実物大

えごま油　Perilla oil
小1＝4g，大1＝12g，1C＝180g

シソ科植物のえごまの種子から採油され，α-リノレン酸を豊富に含む。熱に弱いので加熱せずにサラダにかけるなどそのまま食べるとよい。

えごま

オリーブ油　Olive oil
小1＝4g，大1＝12g，1C＝180g

オリーブの果実から絞った油で，コクと香りが高い。パスタなどのイタリア料理に欠かせない。

オリーブ

ごま油　Sesame oil
小1＝4g，大1＝12g，1C＝180g

こはく色で香ばしい香りがある。中国料理には欠かせないもので，仕上げの風味づけに使う。

ごま
実物大

油脂類

米ぬか油　Rice bran oil
小1＝4g，大1＝12g，1C＝180g

米油とも呼ばれ，米ぬかから採油される。高温に強く，抗酸化成分が豊富なため劣化しにくい。

サフラワー油　Safflower oil
小1＝4g，大1＝12g，1C＝180g

べにばな油とも呼ばれ，べにばなの種子から採油される。元来，リノール酸を主要成分としていたが，べにばなの品種改良によりオレイン酸を多く含むものが近年出回っている。

べにばな（サフラワー）

大豆油　Soybean oil
小1＝4g，大1＝12g，1C＝180g

大豆の種子から採油され，世界で最も生産量が多く，日本ではなたね油に次いで消費量が多い。

大豆

調合油　Vegetable oil, blend
小1＝4g，大1＝12g，1C＝180g

大豆油となたね油の2種類以上の油を配合して調整したもの。精製油とサラダ油がある。

↑米ぬか

実物大

実物大

↑天ぷら

FATS AND OILS

可食部100gあたり

食品名 / 食品番号	廃棄率% / 水分g	エネルギー kcal	たんぱく質 g	脂質 g	コレステロール mg	炭水化物 g	食物繊維 総量 g	ナトリウム mg	カリウム mg	カルシウム mg	リン mg	鉄 mg	亜鉛 mg	βカロテン当量 μg	レチノール活性当量 μg	D μg	E αトコフェロール mg	B1 mg	B2 mg	葉酸 μg	C mg	食塩相当量 g
とうもろこし油 14007	0	884	–	96.8		3.2																
	0	921	0	100	0	0	0	0	0	Tr	0	0	0	0	0	(0)	17.0	0	0	(0)	(0)	0
なたね油 14008	0	887	–	97.5		2.5																
	0	921	0	100	2	0	0	0	Tr	Tr	Tr	0	Tr	0	0	(0)	15.0	0	0	(0)	(0)	0
ひまわり油 ハイオレイック 14027	0	899	–	99.7		0.3																
	0	921	0	100	0	0	0	0	0	0	0	0	0	0	0	(0)	39.0	0	0	(0)	(0)	0
ぶどう油 14028	0	882	–	96.5		3.5																
	0	921	0	100	0	0	0	0	0	0	0	0	0	6	Tr	0	28.0	0	0	(0)	(0)	0
綿実油 14012	0	883	–	96.6		3.4																
	0	921	0	100	0	0	0	0	0	0	0	0	0	0	0	(0)	28.0	0	0	(0)	(0)	0
やし油 14013	0	889	–	97.7		2.3																
	0	921	0	100	1	0	0	0	0	Tr	0	0	Tr	0	0	(0)	0.3	0	0	(0)	(0)	0
牛脂 14015	Tr	869	–	93.8		6.0																
	0	940	0.2	99.8	100	0	0	1	1	Tr	1	0.1	Tr	0	85	0	0.6	0	0	–	0	0
ラード 14016	0	885	–	97.0		3.0																
	0	941	0	100	100	0	0	0	0	0	0	0	Tr	0	0	0.2	0.3	0	0		0	0
バター 無発酵バター 有塩バター 14017		700	0.5	74.5	210	6.8																
	16.2	745	0.6	81.0		0.2	(0)	750	28	15	15	0.1	0.1	190	520	0.6	1.5	0.01	0.03	Tr	0	1.9
食塩不使用バター 14018	0	720	(0.4)	77.0	220	6.2																
	15.8	763	0.5	83.0		0.2	(0)	11	22	14	18	0.4	0.1	190	800	0.7	1.4	0	0.03	1	0	0
発酵バター 有塩バター 14019	0	713	(0.5)	74.6	230	9.9																
	13.6	752	0.6	80.0		4.4	(0)	510	25	12	16	0.4	0.1	180	780	0.7	1.3	0	0.02	1	0	1.3
マーガリン 家庭用 有塩 14020	0	715	0.4	78.9	5	0.8																
	14.7	769	0.4	83.1		0.5	(0)	500	27	14	17	Tr	0.1	300	25	11.0	15.0	0.01	0.03	Tr	0	1.3
ファットスプレッド 14021	0	579	0.1	64.1	4	0.6																
	30.2	637	0.2	69.1		0	(0)	420	17	8	10	Tr	Tr	380	31	1.1	16.0	0.02	0.02	Tr	0	1.1
ショートニング 家庭用 14022	0	889	–	97.8	4	2.2																
	0.1	920	0	99.9		0	(0)	0	0	0	0	0	0	0	0	0.1	9.5	0	0	0	0	0

インフォメーション　マーガリン誕生の由来▶19世紀後半のフランスで，戦争によって不足したバターの代用品として考案されたのが，マーガリンの始まり。バターに比べて，コレステロールが少ないなど違いがある。

とうもろこし油　Corn oil
小1＝4g，大1＝12g，1C＝180g

とうもろこしの種実の胚芽から採取される油。リノール酸，オレイン酸を多く含み，サラダ油として使われる。

とうもろこし
実物大

なたね油　Rapeseed oil
小1＝4g，大1＝12g，1C＝180g

なたねの種子から採油される。従来，心疾患に影響があるとされるエルカ酸が含まれていたが，品種改良によりエルカ酸をほとんど含まない種子が利用されるようになった。エルカ酸を含まないキャノーラ品種から採油されたものをキャノーラ油という。

なたね
実物大

ひまわり油　Sunflower oil
小1＝4g，大1＝12g，1C＝180g

ひまわりの種子から採取される油。世界的に広く使われ，サラダ用としてマリネやドレッシングに用いられる。

ひまわり
実物大

ぶどう油　Grape seed oil
小1＝4g，大1＝12g，1C＝180g

ぶどうの種子から採油される。ビタミンEやポリフェノールが豊富に含まれており，コレステロールは含まれていない。

ぶどう
実物大

牛脂　Beef tallow
1片＝10g

ヘット。牛の脂を溶かして，精製してつくる。冷めるとかたまって味が悪くなる。おもに牛肉料理に用いられる。

ラード　Lard
小1＝4g，大1＝12g，1C＝170g

豚の脂を溶かし，精製してつくる。中国料理などの炒め油や菓子材料に使われる。

綿実油　Cottonseed oil
小1＝4g，大1＝12g，1C＝180g

綿花の繊維を取った後のわたの種子を絞り採取した油。精製したものは良質で，高級な食用油として用いられる。

綿花
実物大

やし油　Coconut oil
小1＝4g，大1＝12g，1C＝180g

ココヤシ果実の核を乾燥させたコプラから採油される。洋菓子，パン，アイスクリームに用いられる。

ココヤシ

✓Check!　パーム油

アブラヤシ（パーム）の果肉から採取される油。マーガリンやショートニング，フライ用油の原料に用いられる。

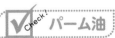

アブラヤシ（パーム）
パーム核油
パーム油

バター　Butter (Salted butter, Unsalted butter, Cultured butter)
小1＝4g，大1＝12g，1C＝180g

生乳から分離したクリームを練りかためたもの。

〔有塩バター〕　食塩を1.5〜2％添加したもので，一般的に使われている。

〔食塩不使用バター〕　食塩をまったく添加していないバターを無塩バター（食塩不使用バター）という。塩の加減を調節しやすいので，料理や製菓用に無塩バターを使う。乳脂肪の含有率が80％以上という点では有塩バターと同じ。

〔発酵バター〕　乳酸菌を用いてクリームを発酵させてつくったもので，芳香がある。おもにヨーロッパでつくられている。

マーガリン　Margarine Fat spread
小1＝4g，大1＝12g，1C＝180g

硬化油（油に水素を添加して固形化したもの）を原料とする。不飽和脂肪酸を多く含み，低温でものびがよい。おもにパンに塗るなどして利用される。

〔マーガリン〕　油脂含有率が80％以上のもの。

〔ファットスプレッド〕　油脂含有率が80％未満のもの。

ショートニング　Shortening
小1＝4g，大1＝12g，1C＝160g

精製した動植物の油脂に水素を添加し，半固形状の油脂にしたもの。ビスケット，クッキー，製パンに用いる。

↓マーガリン

↑ショートニング
↑ファットスプレッド

※これらの食品のトランス脂肪酸は，過去に比べ大幅に削減されている。

つくってみよう！
ガーリックトースト

<材料>
にんにく　1片
バター　100g
パセリ（みじん切り）　大さじ1/2
フランスパン　1本

<つくり方>
❶バターは室温に戻し，やわらかくする。
❷にんにくはすりおろし，❶とパセリを混ぜる。
❸パンを1cmの厚さに切り，❷を塗る。
❹オーブントースターで，焼き色がつくまで焼く。

✓Check!　バターができるまで

バターは牛乳中の脂肪分を取り出し，練りあげたものである。紀元前2000年頃からつくられていたとされる古い食品の1つであるが，製造原理は今も昔も変わらない。

●手づくりバターの工程
❶クリームの分離
クリームをびんに入れてふたをし，ふきんを敷いた台に強くたたきつける。

❷バター粒の分離
バターミルクとバター粒に分かれる。

❸バターミルクの排除

❹バター粒の洗浄
❺バター粒のまとめ

❻調味
食塩をふりかけ，練り混ぜる。

❼形を整え，冷蔵庫で冷やす。

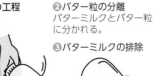

氷水
塩

油脂類

インフォメーション　ココヤシからつくられるもの▶ココヤシの核を乾燥させ圧搾したものからやし油がとれるが，未熟果の胚乳部はココナッツジュースとして飲用されるほか，しぼって得られるココナッツミルクは料理や製菓に使われる。「ナタデココ」は，ココナッツジュースに酢酸菌を加えて発酵・凝固させたものである。

菓子類
CONFECTIONERIES

和菓子(生)

菓子類

通常の食事以外に食べる一連のし好食品で，国や地域の特色，おもな材料，製法などによって，多くの種類に分けられる。

大きな分類法としては，保存性のめやすである水分量によるもの，「和菓子，洋菓子，中華菓子」などと地域の特色によるものなどがある。

菓子の主原料は，穀類のでんぷん，砂糖，卵である。和菓子はそのほか豆類，洋菓子はバター，ミルク，中華菓子はラードや種実類を用いることが多い。

栄養上の特性

一般に甘いものが多く，栄養としては糖質が主であり，デザートやおやつとして食卓を彩るなど，食文化にうるおいを与える面が大きい。

菓子は，し好品という性質上，栄養的な面からの配慮はあまりなされてこなかったが，近年は健康志向が高まり，栄養的側面も見直されてきている。

菓子の分類

- **和菓子**：米粉，小麦粉，砂糖，あんが主材料で，通常は明治以前から日本にあった製法のものをいう。
- **洋菓子**：小麦粉，砂糖，乳製品，卵を主材料とする。一般に，明治以後に日本に導入された菓子類をさし，バターなどによる脂質が多く，高カロリーなものが多い。
- **中華菓子**：中国の点心のうち，甘味のものをさす。主材料は各種穀物のほか，果実，種実，いもなど多岐にわたり，調理方法も蒸す，煮る，揚げる，焼くなど幅が広い。
- **水分による分類**：一般に水分を30％以上含むものは生菓子，10〜30％が半生菓子，10％以下が干菓子とされる。

●和菓子の分類

生菓子

 ⇦ねりきり
 ⇦きんつば

おはぎ，かしわもち，さくらもち，大福もち，だんご，ぎゅうひ，かるかん，ういろう，どら焼き，きんつば，水ようかん　など

半生菓子

 ⇦もなか
 ⇦栗まんじゅう

カステラ，茶通，練りようかん，タルト，桃山，のしうめ　など

干菓子

 ⇦らくがん
 ⇦有平糖

かわらせんべい，南部せんべい，塩がま，おこし，五家宝，揚げおかき，こんぺい糖，かりんとう，ひなあられ　など

食品名 食品番号 可食部100gあたり	廃棄率% 水分g	エネルギー kcal 200	たんぱく質 g 20.0	脂質 g 20.0	コレステロール mg 20	炭水化物 g 20.0	食物繊維総量 g 2.0	ナトリウム mg 200	カリウム mg 200	カルシウム mg 200	リン mg 200	鉄 mg 2.0	亜鉛 mg 2.0	A βカロテン当量 μg 200	A レチノール活性当量 μg 20	D μg 2.0	E αトコフェロール mg 2.0	B1 mg 0.20	B2 mg 0.20	葉酸 μg 20	C mg 20	食塩相当量 g 2.0
甘納豆 あずき 15001	0 26.2	283 295	(2.9) 3.4	(0.1) 0.3	0	(66.0) 69.5	4.8	45	170	11	38	0.7	0.4	2	0	0	—	0.06	0.02	9	0	0.1
今川焼 こしあん入り 15005	0 (45.5)	217 221	(4.1) (4.5)	(0.9) (1.1)	(29)	(47.2) (48.3)	(1.4)	(57)	(64)	(29)	(55)	(0.6)	(0.3)	(Tr)	(14)	(0.3)	(0.2)	(0.04)	(0.04)	(6)	(0)	(0.1)
ういろう 白 15006	0 (54.5)	181 182	(0.9) (1.0)	(0.1) (0.2)	0	(43.8) (44.2)	(0.1)	(1)	(17)	(2)	(18)	(0.2)	(0.2)	0	0	0	—	(0.02)	(Tr)	(2)	0	0
かしわもち こしあん入り 15008	0 (48.5)	203 207	(3.5) (4.0)	(0.3) (0.4)	0	(45.2) (46.7)	(1.7)	(55)	(40)	(18)	(47)	(0.9)	(0.5)	0	0	0	—	(0.03)	(0.02)	(4)	0	(0.1)
カステラ 15009	0 (25.6)	313 320	(6.5) (7.1)	(4.3) (5.0)	(160)	(61.8) (61.8)	(0.5)	(71)	(86)	(27)	(85)	(0.7)	(0.6)	(7)	(91)	(2.3)	(2.3)	(0.05)	(0.18)	(22)	0	(0.2)
草もち こしあん入り 15017	0 (43.0)	224 229	(3.6) (4.2)	(0.3) (0.4)	0	(50.4) (52.1)	(1.9)	(17)	(46)	(22)	(50)	(1.0)	(0.6)	(150)	(13)	0	(0.1)	(0.03)	(0.02)	(5)	0	0
くしだんご こしあん入り　あん 15018	0 (50.0)	198 201	(3.3) (3.8)	(0.4) (0.4)	0	(43.9) (45.4)	(1.2)	(22)	(43)	(13)	(50)	(0.7)	(0.5)	0	0	0	(0.1)	(0.04)	(0.02)	(5)	0	(0.1)
みたらし 15019	0 (50.5)	194 197	(2.7) (3.2)	(0.4) (0.4)	0	(43.5) (44.9)	(0.3)	(250)	(59)	(4)	(52)	(0.4)	(0.5)	0	0	0	(0.1)	(0.04)	(0.02)	(7)	0	(0.6)

ⓘ **インフォ
メーション**　赤い豆はすぐれもの▶日本では，祝いごとに赤飯を炊いたり，小正月に小豆がゆを食べたりする習慣があるが，それは，赤色には邪気をはらう力があると考えられていたからである。

●洋菓子の分類

生菓子

←ショート
ケーキ

←ゼリー

シュークリーム，ワッフル，ドーナッツ，あんパン，クリームパン，
ババロア，プリン　など

半生菓子

←パウンド
ケーキ

←バウム
クーヘン

アップルパイ　など

干菓子

←クッキー

←板チョコ

ボーロ，ロシアケーキ，ウエハース，クラッカー，コーンスナック，
マロングラッセ　など

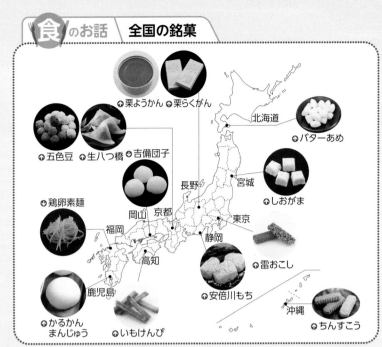

←栗ようかん　←栗らくがん

北海道

↑バターあめ

↑五色豆　↑生八つ橋　吉備団子

宮城

↑しおがま

←鶏卵素麺

長野

京都

岡山　東京

福岡　静岡

高知　↑雷おこし

鹿児島

↑かるかん
まんじゅう

↓いもけんぴ

↑安倍川もち

沖縄

↑ちんすこう

甘納豆　Amanatto
10粒＝6g

小豆，いんげん豆などを砂糖液に
漬けて甘く煮詰め，さらに白砂糖を
まぶしたもの。江戸日本橋の榮太樓
の創製。

今川焼　Imagawayaki
1個＝70g

小麦粉，卵，砂糖などを水溶きし
た生地を円形の焼き型に流しこみ，
なかにあんを入れて焼いたもの。大
判焼とも。

ういろう【外郎】　Uiro
1切＝50g

上新粉に砂糖と少量の水を加えて
練り，箱に流し入れて蒸したもの。
小豆入り，抹茶入りなどがある。

かしわもち【柏餅】　Kashiwa-mochi
1個＝65g

平たく丸めた上新粉のもちを2つ
に折り，間にあんをはさんでかしわ
の葉などで包んだもの。端午の節句
の供物として用いられる。

カステラ　Kasutera
1切＝50g

小麦粉，卵，砂糖を主原料に，は
ちみつ，水あめなどを加えた生地を
焼いたもの。蒸しカステラもある。

草もち【草餅】　Kusa-mochi
1個＝40〜50g

よもぎの若葉をつきこんだもちで
あんを包んだもの。あんを包まない
ものもある。関西ではよもぎもちと
もいう。

✓Check! 年中行事と和菓子

　日本には，正月，節分，彼岸などの季
節に結びついた行事や，ひな節句，端午の
節句，七五三など，子どものすこやかな
成長を願った行事など，多様な年中行事
がある。その節目節目に，和菓子でお祝
いをし，生活にうるおいを与えている
（p.124〜125参照）。
　端午の節句は，野外に出て薬草をつん
だり，菖蒲湯にはいったりして病気，災
厄を払ったことに始まり，武家社会になっ
て男子の誕生の祝いへと変わっていった
ものである。現在では「子どもの日」に
なっている。
　端午の節句には，「かしわもち」や「ち
まき」をつくって祝う。かしわの葉は，
新芽が育つまで古い葉が落ちないので，
子孫繁栄の縁起をかついだものといわれ
ている。
　関東では，かしわの葉が用いられてい
るが，西日本では入手しにくく，丸い形
をしたサルトリイバラの葉がかわりに用
いられている。

←かしわの葉

サルトリイバラの葉↑

↑西日本風かしわもち

くしだんご【串団子】　Kushi-dango
あん1くし＝65g，みたらし1くし＝60g

上新粉やもち米粉の生地を蒸した
りゆでたりして，小さく丸めてくし
に刺したもの。あんを周りに塗った
あんだんごと，砂糖としょうゆを
使ったとろみのあるたれ（みたら
し）をつけたものがある。

菓子類

食品名 食品番号 可食部100gあたり	廃棄率% 水分g	エネルギー kcal 200	たんぱく質 g 20.0	脂質 g 20.0	コレステロール mg 20	炭水化物 g 20.0	食物繊維総量 g 2.0	ナトリウム mg 200	カリウム mg 200	カルシウム mg 200	リン mg 200	鉄 mg 2.0	亜鉛 mg 2.0	A βカロテン当量 μg 200	A レチノール活性当量 μg 20	D μg 2.0	E αトコフェロール mg 2.0	B₁ mg 0.20	B₂ mg 0.20	葉酸 μg 20	C mg 20	食塩相当量 g 2.0
くずもち 関西風 くずでんぷん粉製品 15121	0 (77.4)	93 91	– (0.1)	– (0.1)	0	(22.5) (22.5)	0	(1)	(1)	(5)	(3)	(0.5)	0	0	0	0	–	0	0	0	0	0
げっぺい 15020	0 (20.9)	348 357	(4.3) (4.7)	(8.3) (8.5)	(Tr)	(62.6) (65.5)	(2.1)	(2)	(64)	(41)	(64)	(1.1)	(0.7)	(1)	0	0	(0.6)	(0.05)	(0.03)	(8)	0	0
桜もち 関西風 こしあん入り 15022	2 (50.0)	196 200	(3.0) (3.5)	(0.1) (0.3)	0	(44.7) (46.0)	(1.7)	(33)	(22)	(18)	(27)	(0.7)	(0.5)	0	0	0	0	(0.01)	(0.01)	(1)	0	(0.1)
関東風 こしあん入り 15021	2 (40.5)	235 239	(4.0) (4.5)	(0.3) (0.4)	0	(52.6) (54.2)	(2.6)	(45)	(37)	(26)	(37)	(1.0)	(0.4)	0	0	0	(Tr)	(0.02)	(0.02)	(2)	0	(0.1)
大福もち こしあん入り 15023	0 (41.5)	223 235	(4.1) (4.6)	(0.3) (0.5)	0	(49.3) (53.2)	(1.8)	(33)	(33)	(18)	(37)	(0.7)	(0.8)	0	0	0	(Tr)	(0.02)	(0.01)	(3)	0	(0.1)
ちまき 15025	0 (62.0)	150 153	(1.1) (1.3)	(0.2) (0.2)	0	(35.9) (36.5)	(0.1)	(1)	(17)	(1)	(18)	(0.2)	(0.2)	0	0	0	(Tr)	(0.02)	(Tr)	(3)	0	0
どら焼 つぶしあん入り 15027	0 (31.5)	292 289	(6.0) (6.6)	(2.8) (3.2)	(98)	(59.9) (57.9)	(1.9)	(140)	(120)	(22)	(78)	(1.1)	(0.6)	(1)	(40)	(0.7)	(0.4)	(0.04)	(0.09)	(15)	(0)	(0.4)
まんじゅう 蒸しまんじゅう こしあん入り 15033	0 (35.0)	254 261	(4.1) (4.6)	(0.3) (0.5)	(0)	(57.5) (59.5)	(2.4)	(60)	(48)	(33)	(46)	(1.0)	(0.4)	(0)	(0)	(0)	(Tr)	(0.03)	(0.02)	(2)	(0)	(0.2)
中華まんじゅう あんまん こしあん入り 15034	0 (36.6)	273 280	(5.6) (6.1)	(5.3) (5.6)	(3)	(48.8) (51.3)	(2.6)	(11)	(65)	(58)	(57)	(1.1)	(0.6)	0	0	0	(0.1)	(0.08)	(0.03)	(9)	0	0
中華まんじゅう 肉まん 15035	0 (39.5)	242 260	(8.7) (10.0)	(4.7) (5.1)	(16)	(39.0) (43.4)	(3.2)	(460)	(310)	(28)	(87)	(0.8)	(1.2)	(20)	(3)	(0.1)	–	(0.23)	(0.10)	(38)	(7)	(1.2)
もなか こしあん入り 15036	0 (29.0)	277 285	(4.3) (4.9)	(0.2) (0.3)	0	(63.2) (65.5)	(3.1)	(2)	(32)	(33)	(41)	(1.2)	(0.6)	0	0	0	0	(0.01)	(0.02)	(1)	0	0
ようかん 練りようかん 15038	0 (26.0)	289 296	(3.1) (3.6)	(0.1) (0.2)	0	(68.0) (69.9)	(3.1)	(3)	(24)	(33)	(32)	(1.1)	(0.4)	0	0	0	0	(0.01)	(0.02)	(1)	0	0
水ようかん 15039	0 (57.0)	168 172	(2.3) (2.6)	(0.1) (0.2)	0	(38.7) (39.9)	(2.2)	(57)	(17)	(23)	(23)	(0.8)	(0.3)	0	0	0	0	(0.01)	(0.01)	(1)	0	(0.1)
あめ玉 15041	0 (2.5)	385 390	– 0	– 0	0	(97.5) (97.5)	0	(1)	(2)	(1)	(Tr)	(Tr)	0	0	0	0	0	0	0	0	0	0

インフォメーション　菓子の歴史▶遣隋使や遣唐使による中国大陸との往来で諸文化が伝来し，8種の唐菓子と14種の果餅もその製法とあわせて伝えられた。これらは宮中や貴族社会から次第に一般にも普及し，一部は祭神用として神宮・社（熱田・春日・下賀茂・八坂）の神饌（お供え）に見ることができる。

くずもち【葛餅】 Kudzu-mochi
1食分=50g

くずでんぷん製品は主に関西で，小麦でんぷん製品は主に関東で流通している。砂糖入りのきな粉や黒蜜をつけて食べることが多い。

↰くずもち（小麦でん粉製品：関東）

げっぺい【月餅】 Moon cake
1個=55g

中国の菓子で，小麦粉に砂糖，かん水などを混ぜてこねた生地にあんを包んで焼いたもの。

桜もち【桜餅】 Sakura-mochi
1個=50g

塩漬けした桜の葉で包んだもち菓子。季節の香りを楽しむお菓子として親しまれている。関東風は，小麦粉，白玉粉，砂糖を混ぜた生地を薄くのばして焼き，これであんをまいて桜の葉で包む。関西風は，道明寺粉を蒸してあんを入れ，俵形につくり桜の葉で包む。

↰関東風
↰関西風

大福もち【大福餅】 Daifuku-mochi
1個=60g

薄いもちの皮であんを包んだもの。昔は塩あんで昼飯の代用としても食べられた。小豆あん，白あんなどがある。

ちまき【粽】 Chimaki
1個=135g

もち米や米粉でつくったもちを笹などの葉で巻いたものを蒸して食べる。ちがやの葉で巻いたのが名前の由来。

もなか【最中】 Monaka : glutinous rice wafers with red bean paste filling
1個=60g

ついたもちを，合わせ型で薄く焼いた皮に，あんを詰めたもの。くり入り，ぎゅうひ入りなどもある。

ようかん【羊羹】 Neri-yokan, Mizu-yokan
練り1切=40g，水1切=65g

【練りようかん】　棹物（さおもの）菓子。あんに砂糖と寒天を加えて練り，型に流してかためたもの。
【水ようかん】　練りようかんより糖分が少なく，水分を多く含む。透明感があり，口当たりがソフトで夏向きのお菓子。冷やして食べるとおいしい。

どら焼【銅鑼焼】 Dorayaki
1個=90g

小麦粉，卵，砂糖をこねた生地を丸く焼いて皮をつくり，2枚の皮の間にあんをはさんだもの。

まんじゅう【饅頭】 Mushi-manju, Chinese style steamed bun
蒸し1個=35g，中華1個=80g

小麦粉に酒種や膨張剤を加えてこね，あんを包んで蒸したものをいう。
【蒸しまんじゅう】　あんを生地で包み，蒸しあげたもの。薬まんじゅう，酒まんじゅうなどがある。
【中華まんじゅう】　中国の代表的な点心の1つ。小麦粉を発酵させた皮で包み蒸しあげる。あんや肉のはいっているものを包子（パオズ），何もはいっていないものを饅頭（マントウ）（p.181参照）という。あんまんは，小豆あんに，砂糖やラードを混ぜたあんを包み，肉まんは，肉や野菜のみじん切りなどを調味した肉あんを包む。

↰酒まんじゅう

↰あんまん　↰肉まん

あめ玉【飴玉】 Amedama
1個=5g

砂糖を原料とし，それに水あめを加えて煮つめ，冷やして型に入れて成型したもの。副原料によって種類が多い。

☑ Check あんのいろいろ

あんを色で分類すると，赤あん，白あん，うぐいすあん，色あん（白あんをベースとし，食紅やひき茶などで着色したもの）などに分けられる。

↰白あん

↰うぐいすあん

↰さくらあん

あんを形状で分類すると，粒あん，つぶしあん，こしあん，さらしあん（豆をゆでて表皮を取り除いた後，乾燥，粉末にしたもの）に分けられる。

↰粒あん

↰つぶしあん

↰こしあん

🍳 つくってみよう！　水ようかん

＜材料＞（6人分）
粉寒天　2g　　水　400mL
砂糖　150g　　塩　0.4g
こしあん　100g

＜つくり方＞
❶鍋に水を入れて粉寒天を煮溶かす。粉寒天が溶けたら砂糖を加える。
❷ボールにこしあんと塩を入れ，❶の寒天液を少しずつ加えて混ぜ合わせる。
❸❷を鍋に戻してひと煮立ちさせてアクを除く。
❹❸を火から下ろし，かき混ぜながらあんが45℃くらいになるまで冷ます。それを水でぬらした型に流し入れ，冷やして固める。
❺❹を型から出し，切り分ける。
※切り分けた水ようかんは桜の葉で包んでもよい。このとき，葉の表面が内側にくるようにする。

菓子類

ⓘ インフォメーション　小豆の調理に鉄を使ってはいけない理由▶小豆に含まれるアントシアンが鉄と結びつくと，黒く変色する。これを逆に利用したのがお節料理の黒豆。鉄くぎを入れると黒色がいっそう鮮やかになる。

CONFECTIONERIES

食品名 食品番号 可食部100gあたり	廃棄率% 水分g	エネルギー kcal 200	たんぱく質 g 20.0	脂質 g 20.0	コレステロール mg 20	炭水化物 g 20.0	食物繊維総量 g 2.0	ナトリウム mg 200	カリウム mg 200	カルシウム mg 200	リン mg 200	鉄 mg 2.0	亜鉛 mg 2.0	βカロテン当量 μg 200	レチノール活性当量 μg 20	D μg 2.0	αトコフェロール mg 2.0	B1 mg 0.20	B2 mg 0.20	葉酸 μg 20	C mg 20	食塩相当量 g 2.0
かりんとう 黒 15045	0 (3.5)	420 439	(6.9) (7.5)	(11.1) (11.6)	(Tr)	(72.0) (76.3)	(1.2)	(7)	(300)	(66)	(57)	(1.6)	(0.7)	(3)	0	(Tr)	(1.6)	(0.10)	(0.05)	(25)	0	0
小麦粉せんべい 南部せんべい ごま入り 15051	0 (3.3)	423 433	(10.6) (11.2)	(10.8) (11.1)	0	(66.7) (72.0)	(4.2)	(430)	(170)	(240)	(150)	(2.2)	(1.3)	(2)	0	0	(0.3)	(0.27)	(0.08)	(25)	0	(1.1)
米菓 揚げせんべい 15057	0 (4.0)	458 465	(4.9) (5.6)	(16.9) (17.4)	(Tr)	(69.0) (71.3)	(0.5)	(490)	(82)	(5)	(87)	(0.7)	(0.9)	0	0	0	(2.3)	(0.08)	(0.02)	(11)	0	(1.2)
しょうゆせんべい 15060	0 (5.9)	368 375	(6.3) (7.3)	(0.9) (1.0)	0	(80.4) (83.9)	(0.6)	(500)	(130)	(8)	(120)	(1.0)	(1.1)	0	0	0	(0.2)	(0.10)	(0.04)	(16)	0	(1.3)
ボーロ 小粒 15061	0 (4.5)	391 391	(2.3) (2.5)	(1.9) (2.1)	(74)	(90.7) (90.6)	0	(30)	(44)	(15)	(54)	(0.6)	(0.2)	(1)	(42)	(0.8)	(0.3)	(0.01)	(0.07)	(10)	0	(0.1)
揚げパン 15125	0 27.7	369 377	7.5 8.7	17.8 18.7	3	43.8 43.5	1.8	450	110	42	86	0.6	0.7	3	2	0	4.3	0.18	0.13	33	0	1.1
あんパン つぶしあん入り 15168	0 (35.5)	266 274	(6.3) (7.0)	(3.5) (3.8)	(18)	(50.3) (53.0)	(3.3)	(130)	(120)	(23)	(68)	(1.0)	(0.7)	(Tr)	(10)	(0.2)	(0.4)	(0.06)	(0.07)	(32)	(0)	(0.3)
カレーパン 皮及び具 15127	0 (41.3)	302 321	(5.7) (6.6)	(17.3) (18.3)	(13)	(29.5) (32.3)	(1.6)	(490)	(130)	(24)	(91)	(0.7)	(0.6)	(320)	(34)	0	(2.1)	(0.11)	(0.15)	(17)	0	(1.2)
メロンパン 15132	0 20.9	349 366	6.7 8.0	10.2 10.5	37	56.2 59.9	1.7	210	110	26	84	0.6	0.6	31	40	0.2	1.2	0.09	0.10	29	C	0.5
シュークリーム 15073	0 (56.3)	211 228	(5.5) (6.0)	(10.4) (11.4)	(200)	(23.8) (25.5)	(0.3)	(78)	(120)	(91)	(150)	(0.8)	(0.8)	(14)	(150)	(2.1)	(0.8)	(0.07)	(0.18)	(28)	(1)	(0.2)
チーズケーキ ベイクドチーズケーキ 15134	0 (46.1)	299 318	(7.9) (8.5)	(19.3) (21.2)	(160)	(23.0) (23.3)	(0.2)	(180)	(86)	(53)	(98)	(0.5)	(0.7)	(96)	(200)	(1.2)	(1.1)	(0.04)	(0.23)	(21)	(2)	(0.5)
ドーナッツ ケーキドーナッツ プレーン 15078	0 (20.0)	367 375	(6.6) (7.2)	(11.2) (11.7)	(90)	(58.7) (60.2)	(1.2)	(160)	(120)	(42)	(95)	(0.6)	(0.4)	(2)	(54)	(0.9)	(1.3)	(0.07)	(0.12)	(16)	(0)	(0.4)
パイ アップルパイ 15080	0 (45.0)	294 304	(3.7) (4.0)	(16.0) (17.5)	(1)	(33.1) (32.8)	(1.2)	(180)	(54)	(5)	(17)	(0.2)	(0.1)	(4)	(Tr)	(Tr)	(1.2)	(0.03)	(0.01)	(3)	(1)	(0.4)
バターケーキ 15082	0 (20.0)	422 443	(5.3) (5.8)	(23.2) (25.3)	(160)	(47.4) (48.0)	(0.7)	(240)	(74)	(22)	(67)	(0.6)	(0.4)	(54)	(200)	(1.2)	(0.8)	(0.05)	(0.12)	(16)	0	(0.6)

インフォメーション とも立てと別立て▶スポンジをつくるとき，卵黄と卵白を別々に泡立てることを別立て，全卵で泡立てることをとも立てという。別立てはしっかりとした，ややかためのスポンジになり，とも立ては弾力のある仕上がりになる。

かりんとう【花梨糖】　Karinto
10個＝45g

小麦粉に砂糖を加えて油で揚げ，外側に煮溶かした黒砂糖または白砂糖をからめたもの。

小麦粉せんべい【小麦粉煎餅】　Wheat flour cracker
1枚＝11g

小麦粉の生地を型に入れて焼いたもの。南部せんべいは，東北の南部地方が名前の由来で，ごま入りが有名。

↓巻きせんべい　　↑かわらせんべい

米菓　Age-senbei, Shoyu-senbei
せんべい1枚＝6〜14g

米が原料の焼き菓子。
〔揚げせんべい〕うるち米でつくったせんべいを揚げ，食塩をまぶしたもの。
〔しょうゆせんべい〕うるち米をつぶしたりついたりしてのばしたものを焼いてしょうゆを塗り，さらに焼きあげたもの。

ボーロ　Boro
10粒＝約5g

卵，砂糖，でんぷんなどを混ぜ合わせ，小さく丸めて焼いたもの。衛生ボーロ，たまごボーロとも呼ばれる。

←ボーロ

↑そばボーロ

揚げパン　Fried bun
1個＝75g

日本ではコッペパンを油で揚げたものに砂糖などで味つけした菓子パンをさす。砂糖以外にも，シナモンやきな粉，ココアパウダーなどいろいろある。

あんパン【餡パン】　Baked bun with sweet adzuki bean paste
1個＝82g

砂糖を多く含むパン生地に小豆あんを包んで焼いたもの。白あん，うぐいすあんなどもある。

カレーパン　Fried bun with curry filling
1個＝120g

カレーを具とするそう菜パンの一種で，衣をつけて揚げるか，もしくは焼いて提供される。揚げたものはカレードーナツとも呼ばれる。

メロンパン　Melon-pan
1個＝115g

日本発祥の菓子パンの一種。パン生地の上に甘いビスケット生地を乗せ，マスクメロンのような格子状のしま模様をつけて焼くのが特徴。

シュークリーム　Custard cream puff
1個＝70g

シュー生地を焼き，なかに生クリームやカスタードクリームを詰めたもの。皮の形がキャベツ（シュー）に似ている。

チーズケーキ　Cheesecake
1個＝105g

型に生地を流し入れオーブンで焼いたベイクド，クリームチーズなどを冷やしかためたレア，スフレタイプがある。

ドーナッツ　Doughnuts
1個＝55g

膨張剤にベーキングパウダーを用いたケーキ生地でつくる揚げ菓子。熱いうちに粉砂糖をかける。

アップルパイ　Apple pie
1個＝185g

小麦粉とバター，マーガリン，ショートニングなどを練り混ぜた生地に，甘煮したりんごを乗せ，焼いた菓子。

バターケーキ　Butter cake
1切＝25g

バター，砂糖，卵，小麦粉からつくられるケーキ。パウンドケーキ，マドレーヌが代表的。

パウンドケーキ→

✓Check! お菓子に添えるソース

古くからお菓子づくりがさかんだったフランスでは，菓子用にさまざまなソースがつくられ，他国にルーツのあるものも，フランス語の呼び名が多く使われている。カスタードソースは一般にアングレーズソース（英国風ソース）といわれ，カラメルソースのカラメルということばは，砂糖を南米から持ち帰ったスペインにその語源がある。

ヨーロッパのお菓子には，まちのお菓子屋さんがあらかじめつくっておくケーキと，レストランでお客の食べる時間を見計らってつくる「デセール」（フランス語でデザートの意）の2種がある。その場で食べるデセールの楽しみは，テイクアウトするケーキにはないおしゃれなソースが加えられることだ。さわやかなフルーツのソース，濃厚なチョコレートのソースなどがある。

✓Check! 日本の菓子の歴史

●紀元前〜大和時代
大陸文化の輸入前で，果物も含め，日本固有の菓子がつくられ始めた。

●奈良〜平安時代
遣唐使により唐からお菓子とその製法が伝わった。この時代の末期に砂糖が輸入。

●鎌倉〜南北朝時代
茶の栽培がさかんになり，茶菓子が求められるようになり，現代の和菓子の源流が生まれる。

●室町〜安土桃山時代
ポルトガル人やスペイン人により，砂糖，卵を用いたカステラ，カラメル，こんぺい糖などの南蛮菓子が持ちこまれる。

↑現代のこんぺい糖

●江戸時代
茶道とともに発達した茶菓子は，上流階級の菓子「京菓子」として発展。一方江戸では，生活に密着したさまざまな菓子がつくられた。現代の和菓子のほとんどがこの時代につくられた。

●明治〜大正時代
ドロップ，キャンディ，チョコレート，ビスケットなどの西洋菓子の輸入。多くの製菓会社が創立。

↑1964年発売のスナック菓子

●昭和〜平成時代
機械化による大量生産の時代。スナック菓子の出現。菓子の日常化。

菓子類

可食部100gあたり

食品名 / 食品番号	廃棄率% / 水分g	エネルギー kcal 200	たんぱく質 g 20.0	脂質 g 20.0	コレステロール mg 20	炭水化物 g 20.0	食物繊維総量 g 2.0	ナトリウム mg 200	カリウム mg 200	カルシウム mg 200	リン mg 200	鉄 mg 2.0	亜鉛 mg 2.0	A βカロテン当量 μg 200	A レチノール活性当量 μg 20	D μg 2.0	E αトコフェロール mg 2.0	B1 mg 0.20	B2 mg 0.20	葉酸 μg 20	C mg 20	食塩相当量 g 2.0
ホットケーキ 15083	0	253	(7.0)	(4.9)		(43.8)																
	(40.0)	260	(7.7)	(5.4)	(77)	(45.3)	(1.1)	(260)	(210)	(110)	(160)	(0.5)	(0.5)	(5)	(52)	(0.7)	(0.5)	(0.08)	(0.16)	(15)	(Tr)	(0.7)
ワッフル カスタードクリーム入り 15084	0	241	(6.6)	(7.0)		(37.0)																
	(45.9)	252	(7.3)	(7.9)	(140)	(38.1)	(0.8)	(63)	(160)	(99)	(150)	(0.8)	(0.8)	(7)	(110)	(1.7)	(0.8)	(0.08)	(0.19)	(25)	(1)	(0.2)
カスタードプリン 15086	0	116	(5.3)	(4.5)		(13.8)																
	(74.1)	128	(5.7)	(5.5)	(120)	(14.0)	0	(69)	(130)	(81)	(110)	(0.5)	(0.6)	(6)	(88)	(1.4)	(0.5)	(0.04)	(0.20)	(18)	(1)	(0.2)
ゼリー オレンジ 15087	0	80	(1.9)	(0.1)		(17.8)																
	(77.6)	89	(2.1)	(0.1)	0	(19.8)	(0.2)	(5)	(180)	(9)	(17)	(0.1)	(0.1)	(45)	(4)	0	(0.3)	(0.07)	(0.02)	(26)	(40)	0
ババロア 15091	0	204	(5.0)	(11.7)		(19.9)																
	(60.9)	218	(5.6)	(12.9)	(150)	(19.9)	0	(52)	(90)	(72)	(130)	(0.6)	(0.6)	(24)	(130)	(1.6)	(0.6)	(0.04)	(0.13)	(20)	(Tr)	(0.1)
ウエハース 15092	2.1	439	(7.0)	12.0		(74.5)																
		454	7.6	13.6	18	75.3	1.2	480	76	21	63	0.6	0.4	9	17	0	1.1	0.03	0.08	6	0	1.2
クラッカー オイルスプレークラッカー 15093	2.7	481	(7.7)	21.1		64.1																
		492	8.5	22.5	–	63.9	2.1	610	110	180	190	0.8	0.5	(0)	(0)	–	12.0	0.08	0.04	12	(0)	1.5
ビスケット ハードビスケット 15097	2.6	422	6.4	8.9		77.8																
		432	7.6	10.0	10	77.8	2.3	320	140	330	96	0.9	0.5	6	18	Tr	0.9	0.13	0.22	16	(0)	0.8
コーンスナック 15102	0.9	516	(4.7)	25.4		66.4																
		526	5.2	27.1	(0)	65.3	1.0	470	89	50	70	0.4	0.3	130	11	–	3.7	0.02	0.05	8	(0)	1.2
ポテトチップス 15103	2.0	541	(4.4)	(34.2)		51.8																
		554	4.7	35.2	Tr	54.7	4.2	400	1200	17	100	1.7	0.5	(0)	(0)	–	6.2	0.26	0.06	70	15	1.0
キャラメル 15105	5.4	426	(3.4)	10.4		(79.8)																
		433	4.0	11.7	14	77.9	0	110	180	190	100	0.3	0.4	15	110	3.0	0.5	0.09	0.18	5	(0)	0.3
マシュマロ 15113	18.5	324	(2.1)	–		(79.3)																
		326	(2.1)	0	0	(79.3)	0	(7)	(1)	(1)	(1)	(0.1)	0	0	0	0	0	0	0	0	0	0
ミルクチョコレート 15116	0.5	550	(5.8)	32.8		(56.5)																
		558	6.9	34.1	19	55.8	3.9	64	440	240	240	2.4	1.6	37	66	1.0	0.7	0.19	0.41	18	(0)	0.2
チューインガム 糖衣ガム 15119	20	390	–			(97.6)																
	(2.4)	390	0	0	0	(97.6)	0	(2)	(4)	(1)	(Tr)	(0.1)	–	0	0	(0)	0	0	0	0	0	0

インフォメーション チョコレートの歴史▶マヤ・アステカの遺跡発掘により，紀元前からカカオ豆が栽培されていたことがわかった。16世紀にヨーロッパへと伝えられ，19世紀にチョコレートを固形化する手法が開発されるまでは，飲み物として，貴族や僧侶など特権階級のぜいたく品であった。

ホットケーキ　Thick pancake
1枚=50g

パンケーキの一種。小麦粉，卵，牛乳，砂糖，バターなどを軽く混ぜ，フライパンに流し入れて焼く。

ワッフル　Waffles
1個=40g

小麦粉に卵や牛乳，砂糖を加えた生地を型焼きし，カスタードクリームをはさんで二つ折りにしたもの。

カスタードプリン　Caramel custard
1個=150g

一般にプリンと呼ばれている。卵，牛乳，砂糖を主材料にしてなめらかに蒸し焼きしたお菓子。

ゼリー　Orange jelly
1個=130g

ゼラチンなどで冷やしかためた弾力のあるデザート菓子。オレンジゼリーは果汁に砂糖を加えてかためたもの。

ババロア　Bavarian cream
1個=85g

卵，牛乳，砂糖，泡立てた生クリームなどをゼラチンでかためたお菓子。冷たくして食べる。

ウエハース　Wafers
1枚=3g

小麦粉，砂糖，粉乳，卵黄，香料などの半流動性の生地を，薄い板状に焼いたもの。間にクリームなどをはさんだものもある。

クラッカー　Crackers
1枚=3g

小麦粉をかたくこねて焼いた，パリッと砕ける歯ごたえが特徴のビスケットの一種。カナッペや砕いてスープの浮き実に。

→カナッペ

ビスケット　Biscuits
1枚=7g

小麦粉に砂糖，バター，卵，牛乳などを混ぜて焼いた焼き菓子。ハードは強力粉，ソフトは薄力粉を主原料にする。

↑ソフトタイプ
（クッキー）

コーンスナック　Corn snack, extruded
1個=1g

スナックは「軽い食事」の意味。塩味が主で，間食やおつまみに食べる。コーンチップスなどがある。

ポテトチップス　Potato chips
1袋=70g

じゃがいもを薄切りにして冷水で短時間さらした後，高温の食用油で軽く色づくまで揚げ，味つけしたもの。

キャラメル　Caramel soft candy
1個=5g

砂糖を煮て，練乳，バター，水あめ，コーヒー，チョコレート，バニラなど種々の材料，香料を入れてつくるあめ。

マシュマロ　Marshmallows
1個=3.6g

砂糖液にふやかしたゼラチン，かたく泡立てた卵白，香料を混ぜ，コーンスターチの生地に流し入れてかためたもの。

ミルクチョコレート　Milk chocolate
1枚=50g

粉末にしたカカオ豆（カカオマス）に，砂糖，香料，ミルク，カカオバターなどを混ぜて練りあげ，成型したもの。

チューインガム　Chewing gum
糖衣ガム1粒=2g，板ガム1枚=3g

天然チクルまたは酢酸ビニルなどの合成樹脂に水あめや砂糖，香料などを加えたもの。板状，粒状，球状などがある。近年，特に糖類で表面をコーティングした粒状のものが増えてきている。

菓子類

つくってみよう！　チョコレートプディング

＜材料＞（6人分）
チョコレート　50g　　牛乳　1と1/3カップ
卵　2個　　砂糖　35g　　バニラエッセンス　少々

＜つくり方＞
①鍋に牛乳を入れて60℃まで温める。
②ボールに卵を溶き，砂糖を加えて混ぜる。
③溶かしたチョコレートを②に加えて混ぜ合わせる。
④①の牛乳を少しずつ加えながら，泡立てないように混ぜる。
⑤こし器でこして，なめらかにする。
⑥容器（ココット）に入れて，バットに並べる。
⑦バットに湯を張ってオーブンに入れ，170℃で30分焼く。

✓Check! チョコレートのテンパリング

チョコレートは，そのまま溶かして使うと表面に白い斑点や模様が出て，つや，口当たりが悪くなる。それを防ぐため，溶かしたチョコレートを一度かたまる寸前まで冷やし，もう一度温めることでチョコレート内部の結晶を安定させ，口当たりをよくする。これをテンパリング（調温）という。

●テンパリングの仕方
❶できるだけ細かく刻んだチョコレートを用意する。

❷ボールに入れたチョコレートを湯煎して50℃まで温め，気泡ができないようにヘラで練り混ぜる。50℃以上にするとつやがなくなり，やり直しがきかないので注意する。

❸チョコレートが完全に溶けたら，ボールを水につけてチョコレートの温度を26～27℃までゆっくりと下げる。

❹❸をもう一度湯煎して30℃前後まで温める。

❺1～2秒温まったら，湯からはずしゆっくりと冷ます。❷～❺の作業の間，ずっとヘラで混ぜ続ける。

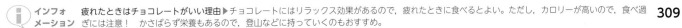

ⓘ **インフォメーション**　疲れたときはチョコレートがいい理由▶チョコレートにはリラックス効果があるので，疲れたときに食べるとよい。ただし，カロリーが高いので，食べ過ぎには注意！　かさばらず栄養もあるので，登山などに持っていくのもおすすめ。

309

し好飲料類

冷茶と和菓子

し好飲料類

し好飲料とは，日常の食生活のなかで，栄養素の摂取をおもな目的とはせずに，心身の安らぎや活力を得るために飲用される飲み物のことをいう。食欲を増進させたり，疲労を回復したり，一時的に興奮させたり，リラックスさせたりする作用があるなど，潤滑油的働きをする。し好飲料は，アルコールを含む飲料（酒類）とアルコールを含まない飲料に大別される。アルコール飲料は，その製法によって，醸造酒，蒸留酒，混成酒に分けることができ，アルコールを含まない飲料には，清涼飲料類（果実飲料，乳性飲料），コーヒー，ココア，茶類などがある。

食生活の多様化に応じて，し好飲料もさまざまな種類がつくられている。食生活にじょうずに取り入れて，うるおいのある生活を楽しみたい。

酒類の分類

◇ 酒類の分類

分類	例	主原料	アルコール分(%)
醸造酒	清酒	米	15～17
	ぶどう酒	ぶどう	12
	ビール	麦	4～8
蒸留酒	しょうちゅう	米，麦，いもなど	20～35
	泡盛	米	40～60
	ブランデー	ぶどう	39～43
	ウイスキー	麦	39～43
	ジン，ウォッカ	穀類	40～50
	ラム	さとうきび	45
混成酒	リキュール類	醸造酒，蒸留酒，果実など	17～35
	みりん	もち米，糖類	14～22
	発泡酒	米，コーンスターチ	3～7

アルコールは，主原料となる穀類やいも類のでんぷんを糖分解し発酵させたもので，カロリーが高い。醸造酒は，酵母による発酵のみでつくったもので，アルコール分は20％以下で，口当たりがよい。蒸留酒は，醸造酒を蒸留したもので，一般にアルコール分は40％程度である。混成酒は，醸造酒や蒸留酒に香りや味をつけた酒で，みりん，梅酒などがある。

茶の分類と効用

茶は，製造工程の違いによって，緑茶，紅茶，ウーロン茶があるが，同じ茶の葉からつくられる。茶類には，覚醒作用や疲労回復に効果のあるカフェインや，抗酸化作用のあるタンニン（カテキン類）が含まれる。緑茶は，製造工程で発酵させないのでビタミンCが含まれているが，発酵させるウーロン茶や紅茶は，その過程でビタミンCが失われてしまう。

● 発酵度の違いによる分類

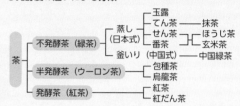

食品名 食品番号 可食部100gあたり	廃棄率% 水分g	エネルギー kcal 200	たんぱく質 g 20.0	脂質 g 20.0	コレステロール mg 20	炭水化物 g 20.0	総量 食物繊維 g 2.0	ナトリウム mg 200	カリウム mg 200	カルシウム mg 200	リン mg 200	鉄 mg 2.0	亜鉛 mg 2.0	βカロテン当量 μg 200	レチノール活性当量 μg 20	D μg 2.0	αトコフェロール mg 2.0	B1 mg 0.20	B2 mg 0.20	葉酸 μg 20	C mg 20	食塩相当量 g 2.0
清酒 純米酒 16002	0 / 83.7	102 / 103	(0.3) / 0.4	0 / Tr	0	3.7 / 3.6	0	4	5	3	9	0.1	0.1	0	0	0	0	Tr	0	0	0	0
ビール 淡色 16006	0 / 92.8	39 / 40	0.2 / 0.3	0 / 0	0	3.1 / 3.1	0	3	34	3	15	Tr	Tr	0	0	0	0	0	0.02	7	0	0
黒 16007	0 / 91.6	45 / 46	(0.3) / 0.4	0 / Tr	0	3.5 / 3.6	0.2	3	55	3	33	0.1	Tr	0	0	0	0	0	0.04	9	0	0
発泡酒 16009	0 / 92.0	44 / 45	(0.1) / 0.1	0 / 0	0	3.6 / 3.6	0	1	13	4	8	0	Tr	0	0	0	0	0	0.01	4	0	0
ぶどう酒 白 16010	0 / 88.6	75 / 73	− / 0.1	− / Tr	(0)	(2.2) / 2.0	−	3	60	8	12	0.3	Tr	(0)	(0)	(0)	(0)		0	0	0	0
赤 16011	0 / 88.7	68 / 73	− / 0.2	− / Tr	(0)	(0.2) / 1.5	−	2	110	7	13	0.4	Tr				0	0.01	0	0	0	0
紹興酒 16013	0 / 78.8	126 / 127	− / 1.7	− / Tr	(0)	5.1 / 5.1	Tr	15	55	25	37	0.3	0.4		−		Tr	0.03	1	0	0	
しょうちゅう 単式蒸留 しょうちゅう 16015	0 / 79.5	144 / 146	− / 0	− / 0	(0)	0 / 0	(0)	−	−	−	−	−	−	(0)	(0)	(0)	(0)	(0)	(0)	(0)	(0)	

インフォメーション　お酒と上手につき合うには▶飲み過ぎるとカロリーの摂取過剰になり，肥満や肝臓への負荷が高まる。自分の適量を知ること，料理を食べながら飲むなど，じょうずに摂取することが大切である。

☑ 茶の効用

成分	効用
カフェイン	覚醒作用，疲労回復，ストレス解消 血液循環の促進，新陳代謝の活性化
タンニン （カテキン類）	老化防止，動脈硬化の予防 食中毒，インフルエンザ，発ガン抑制
フッ素	虫歯の予防
ビタミンC	脳出血・壊血病の予防
ビタミンE	老化防止
γ-アミノ酪酸	高血圧予防

コーヒー・ココア

●コーヒー
コーヒーには，苦味成分であるカフェイン，タンニンの成分であるクロロゲン酸が含まれている。

●ココア
ココアは，カカオ豆を焙煎して粉砕したものなので，豆の栄養成分が多く残り，たんぱく質，脂質，無機質，食物繊維などのほか，テオブロミンというカフェインよりもおだやかな興奮作用物質が含まれている。

選び方・保存の仕方

・鮮度が大切—よく売れている店で買う。
・湿気を防ぐ—気密性の高い容器に入れて保管する。
・小分けする—量が多い場合は，缶に小分けする。
・冷暗所に保管—冷蔵庫に入れる場合は，においを吸収しないように密封する。室温との温度差で湿気るので注意する。
・醸造酒は，温度変化に弱く，変色しやすい。冷暗所に置き，早めに飲み切る。
・蒸留酒は保存性はよいが，開栓後は酸化しやすいので，冷暗所に置く。

食 のお話　せん茶をいれよう！

❶茶碗にお湯を入れて，ほどよい温度まで下げる。

❷茶葉を急須に入れる。2人分なら4g，5人分なら10gがめやす。

5人で10g
（家庭にある大さじ2杯分）

❸冷ましたお湯を急須につぎ，お茶を蒸らす。

❹茶碗に均等につぐ。茶の濃さに差が出ないよう，手早くまわしつぎをして，最後の一滴まで絞りきる。

☑ おいしいお茶の温度と煮出し時間

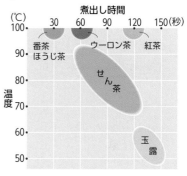

清酒　Sake
1合（180mL）=180g，1C=200g

米，米こうじ，水を原料とし，酵母で発酵させた醸造酒。純米酒は，醸造アルコールをまったく使っていない。

ビール　Beer
1缶（350mL）=353g

大麦の麦芽，ホップ，水を原料とし，酵母で発酵させた醸造酒。乾燥と焙煎の度合いによって，色の濃淡が出る。

発泡酒　Happoshu
1缶（350mL）=353g

ビールと同じ原料によってつくられるが，酒税法によって，ビールより麦芽の使用量が少ないものを区別していう。

ぶどう酒　Wine
グラス1杯（100mL）=100g

ぶどうを発酵させてつくる醸造酒。果汁に含まれる糖分をアルコールと炭酸ガスに転化させ，熟成させる。色によって，赤，白，ロゼに分けられる。白ぶどう酒は，色の淡いぶどうの果汁のみを発酵させてつくる。赤ぶどう酒は，果皮ごと汁を絞り，発酵させたもので，酸味や渋味がある。

紹興酒　Shaoxing wine
1杯（30mL）=30g

もち米を主原料に，こうじなどの酒薬を加えて発酵させ，密封貯蔵する。古いものは老酒として珍重される。

しょうちゅう【焼酎】Shochu
1杯（200mL）=194g

アルコール含有物を蒸留した酒類。蒸留の仕方によって連続式蒸留（甲類）と単式蒸留（乙類）に分類される。

☑ Check お酒ができるしくみ

世界のほとんどの国，地域では，さまざまな材料や製法によって数多くの酒類がつくられているが，それらのアルコールができる原理は共通である。すなわち，酸素が少ない状況で糖分と酵母菌をいっしょにすると，酵母菌は糖をエタノール（アルコール）と二酸化炭素に分解する。適当な糖がない場合は，穀類に含まれるでんぷんを糖に分解してからアルコール発酵をする。

●日本酒・しょうちゅう
清酒（日本酒）は米のでんぷんをぶどう糖に分解させながら，同時にアルコール発酵を進める（並行複発酵）。
でんぷん → ぶどう糖

●ワイン
ワインなどの果実酒であれば，果実に含まれる果糖をそのまま使う。
果糖 →

↑玄米・白米・精米後　↑米こうじ

 ↑ぶどう

●ビール
ビールは大麦を発芽させてでんぷんから麦芽糖を生成させる。
でんぷん → 麦芽糖

↑大麦　↑ホップ

ⓘ インフォメーション　ワインのコルク栓の意味▶ワインは「生きている」飲み物である。ワインは空気を断ち長く熟成させると，風味が向上するので，弾力性，気密性，腐敗に対する抵抗性が強いコルクとの相性がぴったり。横に寝かせて，コルク栓が湿った状態で保存することが大切。

311

飲料・好類

し好飲料類—2

可食部100gあたり

食品名 食品番号	廃棄率% 水分g	エネルギー kcal	たんぱく質 g	脂質 g	コレステロール mg	炭水化物 g	食物繊維総量 g	ナトリウム mg	カリウム mg	カルシウム mg	リン mg	鉄 mg	亜鉛 mg	A βカロテン当量 μg	A レチノール活性当量 μg	D μg	E αトコフェロール mg	B1 mg	B2 mg	葉酸 μg	C mg	食塩相当量 g
ウイスキー 16016	0 / 66.6	234 / 237	− / 0	− / 0	(0)	0 / 0	(0)	2	1	0	Tr	Tr	Tr	(0)	(0)	(0)	−	(0)	(0)	(0)	(0)	0
ブランデー 16017	0 / 66.6	234 / 237	− / 0	− / 0	(0)	0 / 0	(0)	4	1	0	Tr	0	Tr	(0)	(0)	(0)	−	(0)	(0)	(0)	(0)	0
ウオッカ 16018	0 / 66.2	237 / 240	− / 0	− / 0	(0)	0 / Tr	(0)	Tr	Tr	(0)	(0)	(0)	−	(0)	(0)	(0)	−	(0)	(0)	(0)	(0)	0
ラム 16020	0 / 66.1	237 / 240	− / 0	− / Tr	(0)	0.1 / 0.1	(0)	3	Tr	0	Tr	0	Tr	(0)	(0)	(0)	−	(0)	(0)	(0)	(0)	0
梅酒 16022	0 / 68.9	155 / 156	− / 0.1	− / Tr	−	20.7 / 20.7	−	4	39	1	3	Tr	Tr	(0)	(0)	−	−	0	0.01	0	0	0
みりん 本みりん 16025	0 / 47.0	241 / 241	0.2 / 0.3	− / Tr	−	43.3 / 43.2	−	3	7	2	7	0	0	(0)	(0)	−	−	Tr	0	0	0	0
緑茶 玉露 浸出液 16034	0 / 97.8	5 / 5	(1.0) / 1.3	− / (0)	(0)	0.3 / Tr	−	2	340	4	30	0.2	0.3	(0)	(0)	(0)	−	0.02	0.11	150	19	0
抹茶 茶 16035	0 / 5.0	237 / 324	23.1 / 29.6	3.3 / 5.3	(0)	9.5 / 39.5	38.5	6	2700	420	350	17.0	6.3	29000	2400	(0)	28.0	0.60	1.35	1200	60	0
せん茶 浸出液 16037	0 / 99.4	2 / 2	(0.2) / 0.2	− / (0)	(0)	0.3 / 0.2	−	3	27	3	2	0.2	Tr	(0)	(0)	(0)	−	0	0.05	16	6	0
番茶 浸出液 16039	0 / 99.8	0 / 0	− / Tr	− / (0)	(0)	0.1 / 0.1	−	2	32	5	2	0.2	Tr	(0)	(0)	(0)	−	0	0.03	7	3	0
ほうじ茶 浸出液 16040	0 / 99.8	0 / 0	− / Tr	− / (0)	(0)	Tr / 0.1	−	1	24	2	1	Tr	Tr	(0)	(0)	(0)	−	0	0.02	13	Tr	0
玄米茶 浸出液 16041	0 / 99.9	0 / 0	− / 0	− / (0)	(0)	0 / 0	0	2	7	2	1	Tr	Tr	(0)	(0)	(0)	−	0	0.01	3	1	0
ウーロン茶 浸出液 16042	0 / 99.8	0 / 0	− / Tr	− / (0)	(0)	0.1 / 0.1	−	1	13	2	1	Tr	Tr	(0)	(0)	(0)	−	0	0.03	2	0	0
紅茶 浸出液 16044	0 / 99.7	1 / 1	− / 0.1	− / (0)	(0)	0.1 / 0.1	−	1	8	1	2	0	Tr	(0)	(0)	(0)	−	0	0.01	3	0	0

インフォメーション　未成年者がお酒を飲んではいけない理由▶アルコールを処理する力が子どもでは低く，また細胞分裂のさかんな発達段階の臓器の働きを抑制するからである。

ウイスキー　Whisky

シングル（30mL）=29g

大麦，小麦などの穀類を発芽させて（麦芽）糖化し，発酵させた蒸留酒。産地や原材料の違いにより種々ある。

ブランデー　Brandy

シングル（30mL）=28g

果実酒を蒸留してつくる酒の総称。一般にはワインを使い，たるに詰めて熟成させ，まろやかな味と香りを楽しむ。

食品名 / 食品番号	廃棄率% / 水分g	エネルギー kcal 200	たんぱく質 g 20.0	脂質 g 20.0	コレステロール mg 20	炭水化物 g 20.0	食物繊維総量 g 2.0	ナトリウム mg 200	カリウム mg 200	カルシウム mg 200	リン mg 200	鉄 mg 2.0	亜鉛 mg 2.0	βカロテン当量 μg 200	レチノール活性当量 μg 20	D μg 2.0	E αトコフェロール mg 2.0	B₁ mg 0.20	B₂ mg 0.20	葉酸 μg 20	C mg 20	食塩相当量 g 2.0
コーヒー 浸出液 16045	0 / 98.6	4 / 4	(0.1) / 0.2	(Tr) / Tr	0	0.8 / 0.7	–	1	65	2	7	Tr	Tr	0	0	0	0	0	0.01	0	0	0
インスタントコーヒー 16046	0 / 3.8	287 / 288	(6.0) / 14.7	0.2 / 0.3	0	65.3 / 56.5	–	32	3600	140	350	3.0	0.4	0	(0)	(0)	0.1	0.02	0.14	8	(0)	0.1
コーヒー飲料 乳成分入り 加糖 16047	0 / 90.5	38 / 38	– / 0.7	0.2 / 0.3	–	8.3 / 8.2	–	30	60	22	19	0.1	0.1	(0)	(0)	–	0	0.01	0.04	0	0	0.1
ココア ピュアココア 16048	0 / 4.0	386 / 271	13.5 / 18.5	20.9 / 21.6	1	23.5 / 42.4	23.9	16	2800	140	660	14.0	7.0	30	3	–	0.3	0.16	0.22	31	0	0
ミルクココア 16049	0 / 1.6	400 / 412	– / 7.4	6.6 / 6.8	–	75.1 / 80.4	5.5	270	730	180	240	2.9	2.1	Tr	8	–	0.4	0.07	0.42	12	(0)	0.7
青汁 ケール 16056	0 / 2.3	312 / 375	10.8 / 13.8	2.8 / 4.4	0	46.7 / 70.2	28.0	230	2300	1200	270	2.9	1.8	10000	860	0	9.4	0.31	0.80	820	1100	0.6
甘酒 16050	0 / 79.7	76 / 81	(1.3) / 1.7	– / 0.1	(0)	(16.9) / 18.3	0.4	60	14	3	21	0.1	0.3	(0)	(0)	(0)	Tr	0.01	0.03	8	(0)	0.2
昆布茶 16051	0 / 1.4	173 / 95	7.5 / 5.2	– / 0.2	0	33.4 / 42.0	2.8	20000	580	88	14	0.5	0.3	31	3	0	Tr	0.01	0.02	11	6	51.3
スポーツドリンク 16057	0 / 94.7	21 / 21	– / 0	– / Tr	0	5.1 / 5.1	Tr	31	26	8	0	Tr	0	0	0	0	0	0	0	0	Tr	0.1
炭酸飲料 果実色飲料 16052	0 / 87.2	51 / 51	– / Tr	– / Tr	(0)	12.8 / 12.8	–	2	1	3	Tr	Tr	0	0	(0)	(0)	0	0	0	0	0	0
コーラ 16053	0 / 88.5	46 / 46	– / 0.1	– / Tr	(0)	(12.0) / 11.4	–	2	Tr	2	11	Tr	Tr	0	(0)	(0)	0	0	0	0	0	0
サイダー 16054	0 / 89.8	41 / 41	– / Tr	– / Tr	(0)	10.2 / 10.2	–	4	Tr	1	0	Tr	0.1	(0)	(0)	(0)	–	0	0	0	0	0
ビール風味 炭酸飲料 16058	0 / 98.6	5 / 5	0.1 / 0.1	– / Tr	(0)	1.2 / 1.2	–	3	9	2	8	0	0	0	(0)	(0)	0	0	0	1	8	0
麦茶 浸出液 16055	0 / 99.7	1 / 1	– / Tr	(0) / (0)	(0)	0.3 / 0.3	–	1	6	2	1	Tr	0.1	(0)	(0)	(0)	0	0	0	0	(0)	0

インフォメーション　コーヒーはスパイスとして利用してもおいしい▶料理のかくし味として利用すれば，味のバリエーションが広がる。ウスターソースと混ぜ合わせてバーベキューソースに，カレールウのなかに入れてかくし味にすると味が引きしまる。

コーヒー　　　　　　　　　　　　　　　　　Coffee

インスタントコーヒー大1＝6g，コーヒー飲料1C＝208g，浸出液1C＝200g

　エチオピア原産で，中南米，ベトナム，アフリカなどが主産地である。コーヒーノキの種子をローストして粉にし，熱湯で浸出させた飲料。モカ，ブルーマウンテン，キリマンジャロなどの種類がある。産地や焙煎によって味が変わる。成分は，苦味成分のカフェインや渋味成分が含まれている。
〔インスタントコーヒー〕　コーヒーの抽出液を噴霧乾燥または凍結乾燥したもの。熱湯で溶かして飲用する。
〔コーヒー飲料〕　コーヒー豆を原料とした飲料に，砂糖や乳製品を加えたもの。缶コーヒーが一般的である。

コーヒー豆↑

ココア　　　　　　　　　　　　　　　　　Cocoa

ピュアココア大1＝6g，ミルクココア大1＝9g

　アメリカ原産のカカオ豆が原料。豆を焙煎して外皮や胚芽を除いて粉末にしたもの。ピュアココアは，何も混ぜていないが，ミルクココアは，ミルクや砂糖を加えている。成分としては，テオブロミンとカフェインが含まれ，おだやかな刺激性と興奮作用がある。

青汁　　　　　　　　Kale juice

　ケールはスーパー野菜といわれ，青汁の主原料となる。豊富な栄養素を含み，その苦味成分は，動脈硬化やがんの予防，美容にも効果があるといわれている。

甘酒　　　　　　　Ama-zake

1C＝210g

　米飯または米かゆに，米こうじと温湯を混ぜ，60℃前後で一昼夜保温したもの。甘みが強いがアルコール分はない。

炭酸飲料　　　　　　　　　　　　Carbonated beverage

1C＝210g

　二酸化炭素を含んでいる飲料を総称していう。これに，甘味料，酸味料，香料などを加え，風味や色づけをしている。果汁10％以上を含むものや，アルコール1％以上を含むものは除く。
〔コーラ〕　果糖，ぶどう糖などのシロップに，酸味料，香料，カフェインを添加し，カラメルで色調を整え，炭酸ガスを圧入している。日本では，1961年以降に急激に飲用されるようになった。
〔サイダー〕　ソーダ水にシロップとりんご香料，砂糖を加えた清涼飲料水。
〔ビール風味炭酸飲料〕　ノンアルコールの飲料の一種で，ビール風味の発泡性炭酸飲料のこと。ノンアルコールビール，ビアテイスト飲料とも呼ばれる。

昆布茶　　　　　　Kobu-cha

1杯分＝2g

　こんぶを粉末にして湯をそそいで飲む飲料。祝儀の席には，こんぶの細切りを千代結びにしたものなどが用いられる。

スポーツドリンク　Sports drink

　運動による発汗などによって体から失われてしまった水分やミネラル分を効率よく補給することを目的とした機能性飲料。脱水症状の回復や，熱中症予防に効果がある。

麦茶　　　　　　　Mugi-cha

1C＝200g

　大麦を殻つきのまま炒って煮出したもの。冷やして夏の飲料として利用される。麦湯ともいう。

☑check! 紅茶，コーヒーの産地と種類

生豆
コーヒーの実から種子を取り出し内皮を除いたもの。

中いり シティロースト
コク，香りともに中庸。この段階が標準的ないり方。

浅いり シナモンロースト
シナモン色。酸味が強いアメリカンタイプ。

深いり イタリアンロースト
最も深いいり方。エスプレッソ用。

キーモン
アッサム
ダージリン　ニルギリ　スマトラ
ブルーマウンテン　モカ
グァテマラ　　　　ケニア　ウバ　トラジャ
コロンビア　　　キリマンジャロ　マンデリン
ブラジル・サントス　　ジャワ

● 紅茶の産地
■ コーヒー豆の産地

オレンジ・ペコー
細長く，よくもまれた大型の葉で，浸出した水色は明るく，香味が強い。

ブロークン・オレンジ・ペコー
細かくカットした茶葉をいう。オレンジ・ペコーよりも短時間でいれることができる。

CTC
ティーバッグ用の，最初から細かい茶葉をつくる製法（CTC製法）による葉。

つくってみよう！　コーヒーゼリー

＜材料＞（4個分）
コーヒー　　2カップ　　　粉ゼラチン　5g
砂糖　　　　大さじ5　　　生クリーム　適量

＜つくり方＞
❶ゼラチンに水，大さじ4を入れふやかしておく。
❷鍋にコーヒーを入れ，ひと煮立ちさせ砂糖を加えて煮溶かし，火を止めてから，❶を加えてよく混ぜる。
❸器または型に❷のゼリー液を流し入れ，冷蔵庫で冷やしかためる。
❹好みで，生クリームを添える。

飲料・し好類

インフォメーション　アメリカンとエスプレッソのカフェインの量▶カフェインは熱を加えることで少量減るが，焙煎前と後で大きな変化はない。浅いりのアメリカン1杯のほうが深いりのエスプレッソ1杯よりカフェインが多く含まれるのは，使用する豆の分量が多いからである。

調味料および香辛料類

さまざまな香辛料

調理の特性

	作用・効果	調理例
食塩	・余分な水分をしみ出させる	塩じめ，振り塩，塩もみ
	・褐変を防ぐ	りんご
	・小麦粉に弾力をもたせる	手打ちうどん，そうめん
	・たんぱく質を溶解する	さといものぬめり取り，つみれ
	・緑色を安定に保つ	野菜の塩ゆで
	・食品の加工，保存	漬物，塩辛
しょうゆ	・アミノ酸がうまみ，香りを高める	調理一般
	・魚の生ぐささを取る	あら煮
	・殺菌効果	しょうゆ漬け
	・酸化を防止する	油脂の酸化を防ぐ
	・食欲を増進する	すまし汁

	作用・効果	調理例
みそ	・塩味と発酵によるうま味	調理一般
	・香りづけ	みそ焼き
	・においを消す	サバのみそ煮
	・保存効果，油脂の酸化を防ぐ	みそ漬け
食酢	・油っこさをやわらげさっぱりさせる	マリネ
	・塩味を丸くし，味を引き立たせる	合わせ酢
	・生ぐささを中和する	いわしの梅干し煮
	・色を鮮やかにする	筆しょうが，れんこん
	・カルシウムを溶かす	魚の南蛮漬け
	・たんぱく質を凝固させる	ゆで卵，さといものぬめり取り
	・ビタミンCの保存作用	もみじおろし
	・殺菌・防腐作用	酢じめ，酢洗い

調味料類

　料理は，食材の味をそのまま味わうと同時に，調味することによって食材のもち味をいかし，さまざまな味わいの変化を楽しむ。味の基本は，塩味，甘味，酸味，辛味，うま味などである。調味料は，それらの味わいを料理に付与することによって，し好を満足させたり食欲を増進させたりする。

　日本の基本的な調味料には，みそ，しょうゆ，塩，砂糖，酢などのほか，うま味成分を多く含むかつお節に代表される"だし"がある。また，食文化の多様化のなかで，世界各国の調味料も身近になってきている。

保存の仕方

しょうゆ	開栓後は風味が落ち，色が濃くなっていくので，小分けして使い，残りは冷蔵庫で保管する。	食塩	湿気を吸収しやすいので，よく乾燥させて保存する。
みそ	空気に触れて乾燥するとかたくなり，風味が落ちるので，冷蔵庫で密封保存する。	食酢	香りが飛ばないように，密封保存する。

食品名 食品番号 可食部100gあたり	廃棄率% 水分g	エネルギー kcal	たんぱく質 g	脂質 g	コレステロール mg	炭水化物 g	食物繊維総量 g	ナトリウム mg	カリウム mg	カルシウム mg	リン mg	鉄 mg	亜鉛 mg	A βカロテン当量 μg	A レチノール活性当量 μg	D μg	E αトコフェロール mg	B₁ mg	B₂ mg	葉酸 μg	C mg	食塩相当量 g
ウスターソース 17001	0 / 61.3	117 / 119	0.7 / 1.0	Tr / 0.1	－	27.0 / 27.1	0.5	3300	190	59	11	1.6	0.1	47	4	(0)	0.2	0.01	0.02	1	0	8.5
中濃ソース 17002	0 / 60.9	129 / 131	0.5 / 0.8	Tr / 0.1	－	30.1 / 30.9	1.0	2300	210	61	16	1.7	0.1	87	7	(0)	0.5	0.02	0.04	1	(0)	5.8
濃厚ソース 17003	0 / 60.7	130 / 132	－ / 0.9	Tr / 0.1	－	29.8 / 30.9	1.0	2200	210	61	17	1.5	0.1	110	9	(0)	0.5	0.03	0.03	1	(0)	5.6
お好み焼きソース 17085	0 / 58.1	144 / 145	1.3 / 1.6	Tr / 0.1	Tr	33.5 / 33.7	0.9	1900	240	31	28	0.9	0.2	200	17	(0)	0.8	0.03	0.03	6	3	4.9
トウバンジャン 17004	0 / 69.7	49 / 60	－ / 2.0	1.8 / 2.3	3	4.1 / 7.9	4.3	7000	200	32	49	2.3	0.3	1400	120	(0)	3.0	0.04	0.17	8	3	17.8
チリペッパーソース 17005	0 / 84.1	58 / 59	(0.5) / 0.7	(0.4) / 0.5	－	13.1 / 12.8	－	630	130	15	24	1.5	0.1	1600	130	(0)	－	0.03	0.08	－	0	1.6
ラー油 17006	0 / 0.1	887 / 919	－ / 0.1	(97.5) / 99.8	(0)	2.3 / Tr	－	Tr	Tr	Tr	Tr	0.1	Tr	710	59	(0)	3.7	0	0	－	(0)	0
テンメンジャン 17106	0 / 37.5	249 / 256	－ / 8.5	－ / 7.7	0	35.0 / 38.1	3.1	2900	350	45	140	1.6	1.0	3	0	(0)	0.8	0.04	0.11	20	0	7.3

インフォメーション　「ソース」の語源▶食べ物にかける「ソース」の語源は，ラテン語の「塩味のついた」という意味の語で，その和訳は「液体調味料」であり，食べ物にかける「たれ」をあらわしている。

香辛料類

　香辛料は，食品に特有の味や香りを与えて風味を高めるものをいい，スパイス（香辛料）やハーブ（香草）のことをいう。植物の種子，果実，根，樹皮，茎，葉が用いられ，生のままのもの，乾燥したもの，粉末にしたもの，調合したものなどがある。

　風味づけ，におい消し，着色，辛味作用などがあり，それぞれの作用に応じて，調理の下ごしらえ，調理中，調理の仕上げに使い分けて，食欲を増進させたり，消化吸収を高めてきた。

　日本料理では，素材のもち味をいかすことが大切にされて，「吸い口」や「薬味」という形で利用されてきた。

使い方・保存の仕方

　スパイスやハーブの命は，香り，味，色合い。これらを損なわないように使うことが重要になる。
・湯気の立っている上で，容器から直接振りかけると湿気を吸収するので，使用する分量を小皿に取り分けて使う。
・使用後は栓をしっかりとし，湿度が低く涼しいところで保管する。
・変色を防ぐために，直射日光に当てない。

食のお話　世界史と香辛料

　15〜16世紀，ヨーロッパから東アジア，アメリカ大陸への長距離の航路が急速に開発された。これを大航海時代という。その原動力の1つに，香辛料をはじめとするアジアとの直接貿易があった。

　肉食中心のヨーロッパ人にとって，香辛料は調味料・防腐剤として大変貴重だった。しかし，ヨーロッパで産出しない香辛料は，西アジアを経由して取引されて非常に高価だったので，直接アジアに達する航路が必要とされたのである。

コショウの実　調理例：ステーキ
ナツメグの種子　調理例：ハンバーグ
クローブのつぼみ　調理例：ポトフ
シナモンの枝　調理例：カプチーノ
大航海時代に確立された航路

ウスターソース
Japanese worcester sauce

小1＝6g，大1＝18g，お好み焼きソース　小1＝7g，大1＝20g

　ウスターソースは，トマト，たまねぎ，にんじんなどの野菜や果物の絞り汁，煮出し汁，ピューレまたはこれらを濃縮したものに，ほかの抽出物や香辛料と塩を加え，熟成させてろ過し，砂糖，酢で味を調えたもの。粘度によってウスターソース，中濃ソース，濃厚（とんかつ）ソースに区別されている。

↓ソースかつ丼

↑ウスター
　ソース
↑中濃
　ソース
↑濃厚
　ソース

〔お好み焼きソース〕　一般にたっぷりの野菜・果実に約20種類の香辛料などをブレンドしてつくる。デーツ（ナツメヤシ）をベースにコクのある甘さが特徴のまろやかなソース。

↓お好み焼き

↑お好み焼き
　ソース

トウバンジャン【豆板醤】Doubanjiang
小1＝7g，大1＝21g

　そらまめが主原料の辛味の強い調味料。中国四川省特産で，麻婆豆腐などに用いる。

麻婆茄子➡

チリペッパーソース Hot pepper sauce
小1＝6g

　とうがらしと塩，酢でつくられ，強い辛味と，発酵による風味，酸味がある。肉，魚料理，ピザなどに。

ラー油【辣油】Chinese chili oil
小1＝4g

　辛味の強いとうがらしを植物性油に入れて加熱し，辛味成分を抽出したもの。おもに中国料理のたれに用いられる。

テンメンジャン【甜麺醤】Tian Mian Jiang
小1＝7g，大1＝21g

　中華料理の調味料の一種。中華甘みそ，麺醤とも呼ばれる。キャベツなどの野菜炒め，豚肉，北京ダックなどには欠かせない。

↓回鍋肉

食品名 / 食品番号 (可食部100gあたり)	廃棄率% / 水分g	エネルギー kcal	たんぱく質 g	脂質 g	コレステロール mg	炭水化物 g	食物繊維総量 g	ナトリウム mg	カリウム mg	カルシウム mg	リン mg	鉄 mg	亜鉛 mg	A βカロテン当量 μg	A レチノール活性当量 μg	D μg	E αトコフェロール mg	B1 mg	B2 mg	葉酸 μg	C mg	食塩相当量 g
しょうゆ こいくちしょうゆ 17007	0 / 67.1	76 / 77	6.1 / 7.7	— / 0	(0)	8.6 / 7.9	(Tr)	5700	390	29	160	1.7	0.9	0	0	(0)	0	0.05	0.17	33	0	14.5
こいくちしょうゆ 減塩 17086	0 / 74.4	68 / 69	(6.4) / 8.1	— / Tr	(0)	10.0 / 9.0	(0)	3300	260	31	170	2.1	0.9	—	—	(0)	Tr	0.07	0.17	57	(0)	8.3
うすくちしょうゆ 17008	0 / 69.7	60 / 60	4.9 / 5.7	— / —	0	6.1 / 5.8	(Tr)	6300	320	24	130	1.1	0.6	0	0	(0)	0	0.05	0.11	31	0	16.0
たまりしょうゆ 17009	0 / 57.3	111 / 111	9.2 / 11.8	— / 0	(0)	18.5 / 15.9	(0)	5100	810	40	260	2.7	1.0	0	0	(0)	—	0.07	0.17	37	0	13.0
だししょうゆ 17087	0 / (83.2)	39 / 40	(3.1) / (4.0)	— / —	0	(4.5) / (4.1)	(Tr)	(2800)	(230)	(16)	(89)	(0.9)	(0.4)	0	0	0	0	(0.03)	(0.09)	(17)	0	(7.3)
食塩 17012	0 / 0.1	0 / 0	— / 0	— / 0	(0)	0 / 0	(0)	39000	100	22	(0)	Tr	Tr	(0)	(0)	(0)	—	(0)	(0)	(0)	(0)	99.5
減塩タイプ食塩 調味料不使用 17147	0 / 2.0	0 / 0	(0) / (0)	(0) / (0)	0	0 / 0	0	18000	25000	390	(0)	0.1	Tr	(0)	(0)	(0)	—	(0)	(0)	(0)	(0)	45.7
食酢 穀物酢 17015	0 / 93.3	25 / 25	— / 0.1	— / 0	(0)	2.4 / 2.4	(0)	6	4	2	2	Tr	0.1	0	0	(0)	—	0.01	0.01	0	0	0
米酢 17016	0 / 87.9	46 / 46	— / 0.2	— / 0	(0)	7.4 / 7.4	(0)	12	16	2	15	0.1	0.2	0	0	(0)	—	0.01	0.01	0	0	0
果実酢 バルサミコ酢 17091	0 / 74.2	99 / 99	— / 0.5	— / 0	(0)	19.4 / 19.4	(0)	29	140	17	22	0.7	0.1	(0)	(0)	(0)	—	0.01	0.01	Tr	(0)	0.1
ぶどう酢 17017	0 / 93.7	22 / 22	— / 0.1	— / Tr	0	1.2 / 1.2	0	4	22	3	8	0.2	Tr	Tr	(0)	Tr	Tr	Tr	Tr	Tr	Tr	0
りんご酢 17018	0 / 92.6	26 / 26	— / 0.1	— / 0	(0)	2.4 / 2.4	(0)	18	59	4	6	0.2	0.1	(0)	(0)	(Tr)	—	0	0.01	0	0	0
オイスターソース 17031	0 / 61.6	105 / 107	(6.1) / 7.7	0.1 / 0.3	2	19.9 / 18.3	0.2	4500	260	25	120	1.2	1.6	(Tr)	—	—	0.1	0.01	0.07	9	Tr	11.4
ナンプラー 17107	0 / 65.5	47 / 48	6.3 / 9.1	0 / 0.1	0	5.5 / 2.7	(0)	9000	230	20	57	1.2	0.7	0	0	0	0	0.01	0.10	26	0	22.9

※だし類はp.320に掲載

インフォメーション　しょうゆと海水の辛さ比べ▶海水の塩分はおよそ3.5%だが、しょうゆは15～19%、減塩しょうゆですら9%の塩分を含む。しょうゆがそれほどに塩辛くないのは、塩味、甘味、うま味などのバランスがよいためである。

しょうゆ【醤油】 Soy sauce (Koikuchi-shoyu, salt reduced, Usukuchi-shoyu, Tamari-shoyu, pre-seasoned with soup stock)

小1＝6g，大1＝18g

日本の伝統的な液体調味料。蒸し煮した大豆に炒って砕いた小麦と種こうじ，塩水を混ぜて仕こみ，発酵，熟成させたのち，加熱して仕上げる。

〔こいくちしょうゆ〕最も代表的なしょうゆで，国内消費量の8割強を占める。塩分は15％前後（重量比）。

こいくち→

〔こいくちしょうゆ・減塩〕健康のためうま味を確保しつつ50％以上減塩したもの。

減塩→

〔うすくちしょうゆ〕塩分濃度を高くし熟成期間も短くして色や香りを抑えたもの。そのため色はこいくちしょうゆよりも淡いが，塩分は16％と高い。

うすくち→

〔たまりしょうゆ〕でんぷん原料をほとんど使わず，大豆と食塩でつくったしょうゆ。刺身や寿司などに。

たまり→

〔だししょうゆ〕しょうゆにこんぶやかつおぶしなどのだしをブレンドした調味料。

だし
しょうゆ→

✓Check! しょうゆのいろいろ

● しろしょうゆ
淡い色で，強い甘味と独特の香りがある。吸い物，茶碗蒸しに使われる。

● さいしこみしょうゆ
甘露しょうゆとも呼ばれ色や味が濃く，うま味が強い。刺身や寿司に使われる。

食塩 Common salt

小1＝6g，大1＝18g

イオン交換膜製塩法による製塩が一般的で，ほぼ純粋な塩化ナトリウム。近年，自然塩や加工塩が注目されている。

〔減塩タイプ食塩〕食塩の一部に塩化ナトリウムと同じような塩味を感じる塩化カリウムを加えることで減塩したもの。

減塩タイプ→

食酢 Black rice vinegar, Grain vinegar, Rice vinegar, Balsamic vinegar, Wine vinegar, Cider vinegar

小1＝5g，大1＝15g

穀物や果実などをアルコール発酵させ，さらに酢酸菌で発酵させたもの。
食酢には，原料によって，さまざまな種類があり，果実の絞り汁からつくられるものに果実酢がある。

〔黒酢〕米に大麦または小麦を加えたものを原材料とし，発酵や熟成によって褐色または黒褐色になったもの。

黒酢↑

〔穀物酢〕米，小麦，コーンなどを原料とした醸造酢で，さっぱりとさわやかな味わいがある。日本の代表的な酢。

穀物酢↑

〔米酢〕米を主原料にした醸造酢で，味にコクがある。日本で最も古くからつくられた。寿司，日本料理に。

米酢↑

▶バルサミコ酢を使った料理例

〔バルサミコ酢〕イタリア特産の果実酢の一種。原料がブドウの濃縮果汁であることと，長期にわたる樽熟成が特徴。

バルサミコ酢↑

〔ぶどう酢〕フランスで広く使われるぶどうを原料とした醸造酢で，ワインビネガー，ワイン酢ともいわれる。

ぶどう酢↑

〔りんご酢〕さわやかな香りとおだやかな酸味が特徴でドレッシングなどに用いられる。

りんご酢↑

✓Check! 合わせ酢の基本（材料200gに対する分量）

	二杯酢	三杯酢
酢	大さじ1弱	大さじ1
しょうゆ	小さじ1/2	小さじ1 1/2
砂糖		小さじ2/3
だし	適量	適量
合う材料	魚介類（酢の物の下味用）	野菜，海藻，きのこ類，魚介類

↓きゅうりとわかめの酢の物

オイスターソース Oyster sauce

小1＝6g，大1＝18g

別名かき油。生がきから抽出したエキスに糖類，食塩，でんぷんなどを加えたもの。中国料理などで使う。

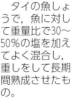

ナンプラー Nam pla (fish sauce)

小1＝6g，大1＝18g

タイの魚しょうで，魚に対して重量比で30～50％の塩を加えてよく混合し，重しをして長期間熟成させたもの。

✓Check! 魚からつくるしょうゆ「魚しょう」

魚介類を原料につくったしょうゆ状の調味料で独特の香りとうま味がある。代表的なものに，しょっつる（秋田県），いしる（石川県），いかなごしょうゆ（香川県），ナンプラー（タイ），ニョクマム（ベトナム）がある。

↓しょっつる鍋
しょっつるは，原料のはたはたに塩を加えて1年以上漬けこみ，熟成させた煮汁を煮て，こして製造する。郷土料理のしょっつる鍋の調味料として用いられる。

 インフォメーション　醤（しょう／ひしお）▶しょうゆの「醤」は，広く発酵調味料のことをさす。「油」が古くは液体を意味していた。「醤」は，魚介・鳥獣の肉や内臓，野菜などを塩漬けにして熟成させたものである。

縦書き側見出し：調味料類・香辛料類

SEASONINGS AND SPICES

食品名 食品番号 可食部100gあたり	廃棄率% 水分g	エネルギー kcal 200	たんぱく質 g 20.0	脂質 g 20.0	コレステロール mg 20	炭水化物 g 20.0	総量 食物繊維 g 2.0	ナトリウム mg 200	カリウム mg 200	カルシウム mg 200	リン mg 200	鉄 mg 2.0	亜鉛 mg 2.0	A βカロテン当量 μg 200	A レチノール活性当量 μg 20	D μg 2.0	E αトコフェロール mg 2.0	B₁ mg 0.20	B₂ mg 0.20	葉酸 μg 20	C mg 20	食塩相当量 g 2.0
だし かつおだし 荒節 17019	0 / 99.4	2 / 2	0.2 / 0.4	― / Tr	0	0.2 / 0	0	21	29	2	18	Tr	Tr	0	0	0	0	Tr	0.01	0	0	0.1
こんぶだし 水出し 17020	0 / 98.5	4 / 4	(0.1) / 0.1	― / Tr	―	0.9 / 0.9	―	61	140	3	6	Tr	Tr	0	(0)	―	0	Tr	Tr	2	Tr	0.2
かつお・こんぶだし 荒節・こんぶだし 17021	0 / 99.2	2 / 2	(0.2) / 0.3	― / Tr	0	0.4 / 0.3	―	34	63	3	13	Tr	Tr	0	(Tr)	―	0	0.01	0.01	1	Tr	0.1
煮干しだし 17023	0 / 99.7	1 / 1	― / 0.1	0.1	―	0 / Tr	(0)	38	25	3	7	Tr	Tr	0	―	―	0	0.01	Tr	1	0	0.1
固形ブイヨン 17027	0 / 0.8	233 / 235	(8.2) / 7.0	4.1 / 4.3	Tr	40.8 / 42.1	0.3	17000	200	26	76	0.4	0.1	0	0	Tr	0.7	0.03	0.08	16	0	43.2
顆粒中華だし 17093	0 / 1.2	210 / 211	10.6 / 12.6	1.5 / 1.6	7	38.7 / 36.6	(0)	19000	910	84	240	0.6	0.5	8	3	0	0.9	0.06	0.56	170	0	47.5
顆粒和風だし 17028	0 / 1.6	223 / 224	(26.8) / 24.2	0.2 / 0.3	23	28.6 / 31.1	0	16000	180	42	260	1.0	0.5	0	0	0.8	0.1	0.03	0.20	14	0	40.6
なべつゆ ストレート しょうゆ味 17140	0 / (93.0)	20 / 20	(0.8) / (1.0)	― / 0	―	(4.3) / (4.1)	0	(700)	(53)	(4)	(23)	(0.2)	(0.1)	0	0	0	0	(0.01)	(0.02)	(4)	0	(1.8)
めんつゆ ストレート 17029	0 / 85.4	44 / 44	(2.0) / 2.2	― / 0	―	8.9 / 8.7	―	1300	100	8	48	0.4	0.2	0	0	(0)	0	0.01	0.04	17	0	3.3
ごまだれ 17098	0 / (40.7)	282 / 293	(6.7) / (7.2)	(14.2) / (15.1)	―	(27.4) / (29.2)	(3.0)	(1700)	(210)	(220)	(200)	(2.3)	(1.6)	(2)	(4)	(Tr)	(Tr)	(0.11)	(0.09)	(38)	0	(4.3)
ぽん酢しょうゆ 市販品 17137	0 / 77.0	59 / 61	3.2 / 3.7	― / 0	0	10.0 / 10.8	(0.3)	3100	180	16	60	0.7	0.3	1	0	0	Tr	0.02	0.05	17	Tr	7.8
ミートソース 17033	0 / 78.8	96 / 101	― / 3.8	― / 5.0	―	(9.4) / 10.1	―	610	250	17	47	0.8	―	530	49	―	―	0.14	0.05	―	6	1.5
トマト加工品 トマトピューレー 17034	0 / 86.9	44 / 41	(1.4) / 1.9	(0.1) / 0.1	(0)	8.7 / 9.9	1.8	19	490	19	37	0.8	0.3	630	52	(0)	2.7	0.09	0.07	29	10	0
トマトケチャップ 17036	0 / 66.0	104 / 121	1.2 / 1.6	0.1 / 0.2	0	(24.0) / 27.6	1.7	1200	380	16	35	0.5	0.2	510	43	0	2.0	0.06	0.04	13	8	3.1

※オイスターソース，ナンプラーはp.318に掲載，テンメンジャンはp.316に掲載

インフォメーション　だし？　しょうゆ？▶通常のしょうゆのような黒っぽい茶色ではなく，一見だしのような，まさに透明なしょうゆがある。透明しょうゆは，本醸造しょうゆの香りはそのままに，食材の色を最大限に活かせるしょうゆとして開発された。

だし　　Soup stock

だし大1＝15g，1C＝200g，固形1個＝5.3g，顆粒小1＝3g，めんつゆ大1＝18g

　動物性，植物性の材料を煮出したり，水にひたしてうま味成分を抽出した汁のこと。

　西洋料理ではスープストック，ブイヨン，フォンといい，牛，鶏の骨付き肉や香味野菜などを煮出してつくる。中国料理では湯（タン）といい，鶏や豚肉などの肉類から取るだしと，野菜や海藻から取るだしがある。日本料理では，一般にこんぶ，かつお節，煮干し，しいたけなどが代表的である（p.168「だしの取り方」参照）。

〔かつおだし〕　かつお節をベースにした和食の味つけの基本となるだし汁。一番だしは吸い物に，二番だしは煮物などに用いる。

〔こんぶだし〕　精進だしの一種で，上品な澄んだ味が出る。吸い物，煮物などに用いる。火にかける場合は，水から煮出し，沸騰する直前に取り出す。

〔かつお・こんぶだし〕　合わせだしとも呼ばれ，日本料理の最も一般的なだしである。かつお節のイノシン酸とこんぶのグルタミン酸，両方のうま味成分を合わせることで，うま味が強くなる（相乗効果）。

〔煮干しだし〕　おもにかたくちいわしが用いられる。頭と内臓を除き，水につけ，煮出す。みそ汁，煮こみなどに。

〔固形ブイヨン（コンソメ）〕　肉や野菜を煮出し，うま味や風味をもつスープの素。ビーフ味，チキン味などがある。

〔顆粒和風だし〕　かつお節や肉エキスなどの天然だしに，うま味調味料，食塩などを配合しただし汁。

〔顆粒中華だし〕　鶏がら，貝などの畜肉魚素材をベースに各種の調味を加えた中華だしで，簡便な顆粒状にしたものである。

〔めんつゆ〕　かつお節やこんぶから取っただしにしょうゆや糖類で調味し，めん類用の味つけをしただし汁。

↑かつお節

↑こんぶ

↑煮干し

←ビーフコンソメ

チキンコンソメ→

↑コンソメ（顆粒）

↑顆粒和風だし

↑顆粒中華だし

↑めんつゆ

なべつゆ

　鍋料理用のだしをパック式に加工したもので，簡単便利に利用できる。栄養や味つけを工夫した各種の商品がある。ストレートのほか，濃縮タイプもある。

ごまだれ　　Sesame sauce

小1＝6g，大1＝18g

　よくすったごまに，しょうゆ，酢，みりん，砂糖や豆板醤などを加えてつくられる。コクのある味わいだが脂っこさがないため，冷しゃぶや冷ややっこなどのあっさりした食べ物にも使われる。

ぽん酢しょうゆ

小1＝6g，大1＝18g

　かんきつ類の絞り汁にしょうゆを加えた調味料。酢やみりん，かつおぶしやこんぶなどのだしを加えることもある。単に「ぽん酢」と呼ばれることもある。

ミートソース　　Meat sauce

1缶＝295g

　炒めた香味野菜とひき肉をトマトの水煮などで煮こんだもの。缶詰やレトルトパウチなどで提供されている。

✓ Check! いろいろなだし

●干ししいたけ（p.242参照）
　かさが厚く開いていないどんこ，かさが薄く開きかけのこうしんなどがある。水に数時間つけて，戻した汁をだしとして，戻したしいたけは具として使う。

●とびうお（p.264参照）
　おもに北九州，山陰地方で使われ「あご」の名で親しまれている。あっさりとしただしが取れる。

●かんぴょう（p.210参照）
　干ししいたけなどと合わせて精進だしとして用いられる。

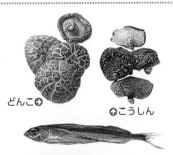
どんこ→　↑こうしん

トマト加工品　　Tomato products (puree, ketchup)

小1＝6g，大1＝18g

〔トマトピューレー〕　完熟トマトを裏ごしし濃縮したもの。色，香りはそのままで調味されていないので，スープなどの料理のほか各種トマト加工品の原料として幅広く使われている。

〔トマトケチャップ〕　トマトピューレーに砂糖，食塩，食酢，香辛料などを加えたもの。栄養，調味だけでなくいろどりとしても利用される。

↑ピューレー

↑ケチャップ

調味料類・香辛料

可食部100gあたり

食品名 食品番号	廃棄率% 水分g	エネルギー kcal	たんぱく質 g	脂質 g	コレステロール mg	炭水化物 g	食物繊維総量 g	ナトリウム mg	カリウム mg	カルシウム mg	リン mg	鉄 mg	亜鉛 mg	A βカロテン当量 μg	A レチノール活性当量 μg	D μg	E αトコフェロール mg	B₁ mg	B₂ mg	葉酸 μg	C mg	食塩相当量 g
半固形状ドレッシング マヨネーズ 全卵型 17042	0 / 16.6	668 / 706	1.3 / 1.4	72.5 / 76.0	55	(2.1) / 3.6	(0)	730	13	8	29	0.3	0.2	1	24	0.3	13.0	0.01	0.03	1	0	1.9
マヨネーズ 卵黄型 17043	0 / 19.7	668 / 686	2.2 / 2.5	72.8 / 74.7	140	(0.5) / 0.6	(0)	770	21	20	72	0.6	0.5	3	54	0.6	11.0	0.03	0.07	3	0	2.0
分離液状ドレッシング フレンチドレッシング 17040	0 / (47.8)	325 / 340	0 / (Tr)	(30.6) / (31.5)	(1)	(11.3) / (12.4)	0	(2500)	(2)	(1)	(1)	(Tr)	(Tr)	0	0	0	(4.0)	(Tr)	(Tr)	0	C	(6.3)
和風ドレッシング 17116	0 / (69.4)	179 / 182	(1.6) / (1.9)	(14.0) / (14.5)	(1)	(9.7) / (9.3)	(0.2)	(1400)	(75)	(7)	(43)	(0.4)	(0.2)	(4)	(Tr)	−	(1.5)	(0.03)	(0.03)	(7)	0	(3.5)
和風ドレッシング ノンオイルタイプ 17039	0 / 71.8	83 / 78	− / 3.1	− / 0.1	−	17.2 / 16.1	0.2	2900	130	10	54	0.3	0.2	3	Tr	(0)	0	0.02	0.03	6	(Tr)	7.4
乳化液状ドレッシング ごまドレッシング 17117	0 / (38.1)	399 / 420	(2.3) / (2.7)	(37.1) / (38.3)	(7)	(12.5) / (15.0)	(0.8)	(1800)	(91)	(86)	(66)	(1.0)	(0.6)	(1)	(4)	(0.1)	(4.4)	(0.04)	(0.05)	(16)	0	(4.4)
サウザンアイランドドレッシング 17041	0 / (44.1)	392 / 407	(0.2) / (0.3)	(38.1) / (39.2)	(9)	(11.9) / (12.8)	(0.4)	(1200)	(32)	(7)	(9)	(0.1)	(0.1)	(43)	(8)	(0.1)	(5.2)	(Tr)	(0.01)	(3)	(2)	(3.0)
みそ 米みそ 甘みそ 17044	0 / 42.6	206 / 217	8.7 / 9.7	3.0 / 3.0	(0)	33.3 / 37.9	5.6	2400	340	80	130	3.4	0.9	(0)	(0)	(0)	0.3	0.05	0.10	21	(0)	6.1
米みそ 赤色辛みそ 17046	0 / 45.7	178 / 186	11.3 / 13.1	5.4 / 5.5		18.9 / 21.1	4.1	5100	440	130	200	4.3	1.2	(0)	(0)	(0)	0.5	0.03	0.10	42	(0)	13.0
麦みそ 17047	0 / 44.0	184 / 198	8.1 / 9.7	4.2 / 4.3	(0)	25.5 / 30.0	6.3	4200	340	80	120	3.0	0.9	(0)	(0)	(0)	0.4	0.04	0.10	35	(0)	10.7
豆みそ 17048	0 / 44.9	207 / 217	14.8 / 17.2	10.2 / 10.5	(0)	10.7 / 14.5	6.5	4300	930	150	250	6.8	2.0	(0)	(0)	(0)	1.1	0.04	0.12	54	(0)	10.9
カレールウ 17051	0 / 3.0	474 / 511	5.7 / 6.5	32.8 / 34.1	20	35.1 / 44.7	6.4 / 3.7	4200	320	90	110	3.5	0.5	69	6	(0)	2.0	0.09	0.06	9	0	10.6
みりん風調味料 17054	0 / 43.6	225 / 225	− / 0.1	− / 0	(0)	55.6 / 55.7	(0)	68	3	Tr	15	0.1	Tr	(0)	(0)	(0)	−	Tr	0.02	0	0	0.2
料理酒 17138	0 / 82.4	88 / 95	0.2 / 0.2	− / Tr	0	3.5 / 4.7	0	870	6	2	4	Tr	Tr	0	0	0	0	Tr	0	0	0	2.2

インフォメーション　サラダのはじまり▶サラダは，紀元前のギリシャやローマ時代に，狩猟民族の古代ヨーロッパ人たちが，野山の草や薬草をつんで“薬”として食べたのが始まりだといわれている。サラダの味つけとして用いられた酢と油と塩は，サラダドレッシングとしていろいろと開発され，進化した。

ドレッシング
Dressing (French dressing, Soy sauce based, Sesame dressing, Thousand island dressing), Mayonnaise

ドレッシング大1＝15g, マヨネーズ大1＝12g

酢と油でつくるソース・ビネグレット（フレンチドレッシング）のことをいう。広義では，マヨネーズやサンドイッチスプレッドなども含まれる。

〔フレンチドレッシング〕　基本のソースで，酢1に対し油2～3の割合で混ぜ合わせ，塩，こしょうで調味したもの。

〔和風ドレッシング〕　基本のフレンチドレッシングにしょうゆを加えたもの。

〔和風ドレッシング・ノンオイルタイプ〕　脂質をほとんど含まないノンオイルタイプのドレッシング。和風は，梅干し，ゆず，わさび，だいこんおろしなど，日本の食材の風味を効かせたさっぱり味。

〔ごまドレッシング〕　ごまを加えたドレッシングで，その味や健康などへの効能から近年急激に人気となった。生野菜のほかにしゃぶしゃぶのたれ，フライのソースとしても賞味可能である。

〔サウザンアイランドドレッシング〕　マヨネーズに，トマトケチャップやチリソース，みじん切りのゆで卵，香味野菜などを加えたピンク色のもの。

〔マヨネーズ〕　卵，植物油，酢を原料とし，卵黄の乳化性を利用したソース。全卵を使った全卵型と，卵黄のみでつくる卵黄型がある。脂肪分は両者とも大差ないが，たんぱく質は卵黄型の方が約2倍と多い。そのまま用いたり，ケチャップ，クリーム，マスタード，ピクルスのみじん切りなどを加えて用いる。

⬆フレンチ　⬆和風　⬆ごま　⬆マヨネーズ　⬆マヨネーズ
ドレッシング　ドレッシング　ドレッシング　（全卵型）　（卵黄型）

みそ【味噌】
Rice-koji miso, Barley-koji miso, Soybeen-koji miso, Su-miso

小1＝6g, 大1＝18g

みそは，大豆とこうじと食塩を混ぜ合わせ，発酵熟成させたものである。こうじの原料によって，米みそ，麦みそ，豆みそに大別できる。また，味には，甘みそ，辛みそがあり，食塩の量と原料の大豆に対するこうじの比率により，こうじの割合が多いほうが甘くなる。また，色によって，赤みそ，淡色みそ，白みそに分けられる。

〔米みそ〕　米と大豆と塩の配合割合によって味や色が異なる。

〔赤色辛みそ〕　塩分が高いが，長期間熟成させることで塩なれし，大豆たんぱく質によるうま味と香りがある。

〔麦みそ〕　はだか麦を原料とし，比較的熟成期間が短く，おもに九州，中国地方でつくられる。淡色と赤色がある。

〔豆みそ〕　酵母の発酵が少ない。名古屋，三州，八丁などが有名である。

〔減塩みそ〕　米みそや麦みその場合，こうじ歩合を高くし，高温処理することで，こうじ菌酵素によるでんぷんの分解を促進し，生成した糖により，みその水分活性を低下させ，雑菌の増殖を抑制して腐敗を防いでいる。

〔酢みそ（合わせみそ）〕　砂糖，みりん，酢などをベースに加熱，またはそのままで各種の料理の調味として利用する。

⬇赤みそ　⬇白みそ　⬇ふろふきだいこん

カレールウ
Japanese curry roux

1片＝20g

小麦粉を油脂で炒めたものに，カレー粉，うま味調味料，肉エキス，糖類やトマト，りんごなどを調合してつくる。

GOLDEN CURRY

みりん風調味料
Mirin-like sweet cooking seasoning

小1＝6g, 大1＝18g

本みりん（p.313参照）のかわりに考案された調味料で，アルコール分を含まない。新みりんともいう。

料理酒
Sake for cooking

小1＝5g, 大1＝15g

清酒の風味を残しつつ，飲用できないように酒税法に定められた以上の食塩や酢などを添加した調味料。

✓ Check! 全国各地のみそ

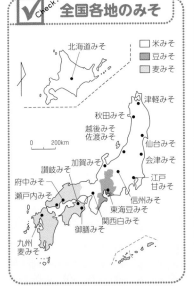

□ 米みそ
■ 豆みそ
▨ 麦みそ

北海道みそ
津軽みそ
秋田みそ
越後みそ
佐渡みそ
仙台みそ
会津みそ
加賀みそ
江戸甘みそ
讃岐みそ
信州みそ
府中みそ
東海豆みそ
瀬戸内みそ
関西白みそ
御膳みそ
九州麦みそ

0　200km

✓ Check! 手づくりみその作り方

❶米こうじと塩を混ぜ合わせる。

❷ひと晩，水につけておいた大豆をやわらかくなるまでゆで，つぶす。

❸❷に❶を加えてしっかりと混ぜ合わせ，ボール状に丸める。

❹❸を押しつぶして空気を抜く。ふたに重石をして半年ほど寝かせる。

つくってみよう！　さつま汁

＜材料＞（4人分）
とりもも肉　100g　だいこん　100g
にんじん　70g　さといも　100g
ごぼう　50g　ねぎ　1/2本
こんにゃく　1/2枚　だし　4 1/2カップ
みそ　50g

＜つくり方＞
❶とり肉は小さめのひと口大に切る。
❷だいこん，にんじんは皮をむき，いちょう切り。さといもは皮をむき，1cmの輪切り。ねぎは小口切りにする。
❸ごぼうは，斜め薄切りにし水につけておく。こんにゃくは小さめのひと口大にちぎり，さっと湯を通す。
❹鍋にねぎ以外の材料とだしを入れて火にかけ，煮立ったら，みその半量を加え中火にして約15分煮る。最後にねぎを加え，残りのみそを入れて火を止める。

ⓘ インフォメーション　**手前みそ**▶現代では自慢の意味で使われるが，本来は自家製みそへの愛着から生まれたことば。みそが一般に普及したのは室町時代からで，工業的な生産は仙台の伊達政宗が始めた「御塩噌蔵（おえんそぐら）」が始まりといわれる。

調味料・香辛料類

SEASONINGS AND SPICES

可食部100gあたり

食品名 食品番号	廃棄率% 水分g	エネルギー kcal	たんぱく質 g	脂質 g	コレステロール mg	炭水化物 g	食物繊維総量 g	ナトリウム mg	カリウム mg	カルシウム mg	リン mg	鉄 mg	亜鉛 mg	ビタミンA βカロテン当量 μg	ビタミンA レチノール活性当量 μg	ビタミンD μg	ビタミンE αトコフェロール mg	ビタミンB1 mg	ビタミンB2 mg	葉酸 μg	ビタミンC mg	相当食塩量 g
からし 練り 17058	0 / 31.7	314 / 315	— / 5.9	(14.4) / 14.5	(0)	40.2 / 40.1	—	2900	190	60	120	2.1	1.0	16	1	(0)	—	0.22	0.07	(0)	0	7.4
粒入りマスタード 17060	0 / 57.2	229 / 229	(6.9) / 7.6	(15.9) / 16.0	(Tr)	14.7 / 12.7	—	1600	190	130	260	2.4	1.4	32	3	(Tr)	1.0	0.32	0.05	16	Tr	4.1
カレー粉 17061	0 / 5.7	338 / 415	(10.2) / 13.0	11.6 / 12.2	8	29.8 / 63.3	36.9	40	1700	540	400	29.0	2.9	390	32	(0)	4.4	0.41	0.25	60	2	0.1
こしょう 黒 粉 17063	0 / 12.7	362 / 364	(8.9) / 11.0	(5.5) / 6.0	(0)	69.2 / 66.6	—	65	1300	410	160	20.0	1.1	180	15	(0)	—	0.10	0.24	(0)	(0)	0.2
白 粉 17064	0 / 12.3	376 / 378	(7.0) / 10.1	(5.9) / 6.4	(0)	73.7 / 70.1	—	4	60	240	140	7.3	0.9	Tr	(0)	(0)	—	0.02	0.12	(0)	(0)	0
さんしょう 粉 17066	0 / 8.3	375 / 375	— / 10.3	— / 6.2	(0)	69.6 / 69.6	—	10	1700	750	210	10.0	0.9	200	17	—	—	0.10	0.45	—	0	0
しょうが おろし 17069	0 / 88.2	41 / 43	(0.3) / 0.7	(0.4) / 0.6	(0)	9.0 / 8.6	—	580	140	16	14	0.3	0.1	7	1	(0)	—	0.02	0.03	—	120	1.5
とうがらし 粉 17073	0 / 1.7	412 / 419	(9.9) / 16.2	(8.3) / 9.7	(0)	74.5 / 66.8	—	4	2700	110	340	12.0	2.0	8600	720	(0)	—	0.43	1.15	—	Tr	0
ナツメグ 粉 17074	0 / 6.3	520 / 559	— / 5.7	(30.6) / 38.5		55.4 / 47.5	—	15	430	160	210	2.5	1.3	12	1	(0)	—	0.05	0.10	(0)	(0)	0
にんにく おろし 17076	0 / 52.1	170 / 171	(2.9) / 4.7	(0.3) / 0.5	(Tr)	39.0 / 37.0	—	1800	440	22	100	0.7	0.5	3	Tr	(0)	—	0.11	0.04	—	0	4.6
パプリカ 粉 17079	0 / 10.0	385 / 389	(14.6) / 15.5	(10.9) / 11.6	(0)	57.2 / 55.6	—	60	2700	170	320	21.0	10.0	6100	500	(0)	—	0.52	1.78	(0)	(0)	0.2
わさび 練り 17081	0 / 39.8	265 / 265	(1.9) / 3.3	— / 10.3	(0)	41.2 / 39.8	—	2400	280	62	85	2.0	0.8	15	1	(0)	—	0.11	0.07	—	0	6.1
酵母 パン酵母 乾燥 17083	0 / 8.7	307 / 313	30.2 / 37.1	4.7 / 6.8	0	19.5 / 43.1	32.6	120	1600	19	840	13.0	3.4	0	0	2.8	Tr	8.81	3.72	3800	1	0.3
ベーキングパウダー 17084	0 / 4.5	150 / 127	— / Tr	(0.6) / 1.2		(35.0) / 29.0	—	6800	3900	2400	3700	0.1	Tr	0	0	0	0	0	0	(0)	0	17.3

インフォ メーション　混合香辛料のいろいろ▶スパイスやハーブは数種類のものを組み合わせたりブレンドして使うことも多い。インド料理のガラムマサラ，中国料理の五香粉，フランス料理のブーケガルニなど，日本では七味とうがらしが代表的といえる。

からし【辛子】 Mustard

小1 = 5g

練りからしには，粉末からしからつくるタイプと種子をすりつぶしてつくるタイプがある。和がらしと洋がらしがあり，和がらしのほうが辛い。

実物大

粒入りマスタード Whole grain mustard

小1 = 5g

ブラウンマスタードを粉にひかずにそのまま使用したもの。ソーセージやポトフなどの薬味として好まれる。辛味は控えめ。

実物大

カレー粉 Curry powder

小1 = 2g

インド発祥の代表的な混合香辛料。20～30種の香辛料が用いられる。香りと辛味が食欲をそそる。

クミン➡ 実物大

こしょう【胡椒】 Pepper

小1 = 2g

インド南部の原産で，熟す直前のこしょうの果実を乾燥したものが黒こしょう。白こしょうは，成熟果の果皮を除いて粉末にしたもの。

実物大　実物大
↑黒こしょう　↑白こしょう

さんしょう【山椒】 Sansho (Japanese pepper)

小1 = 2g

各地の山野に自生し，若芽，花，実が香辛料として利用される。吸い物，あえ物などに添えられる。

実物大

しょうが【生姜】 Ginger

小1 = 6g

ショウガ科の多年草で，日本では古くから食材，生薬として利用されている。

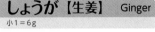

とうがらし【唐辛子】 Red hot pepper

小1 = 2g

中南米原産で甘味種と辛味種がある。日本では鷹の爪，八房などの品種が有名で，乾果の粉末が一味唐辛子。

ナツメグ Nutmeg

小1 = 2g

西インド諸島のグレナダ島やスリランカが主産地。ニクズクの殻を割ったなかの褐色の種子がナツメグである。

にんにく【大蒜】 Garlic

小1 = 6g

ガーリックの名で呼ばれることもある。りん茎は強い辛味と特有の臭気があり，香辛料として用いられている。

パプリカ Paprika

小1 = 3g

スペイン，ハンガリーが産出国。とうがらしの一種。品質改良で辛味がなくなり甘酸っぱい香りとほろ苦さがある。

わさび【山葵】 Wasabi

小1 = 5g

日本特産で山間の清流に自生し，特有の香気と辛味をもつ。練りわさびは，サラダ油，調味料を加えて練る。

酵母 Yeast

小1 = 2g

パン生地に練りこんで発酵させると，炭酸ガスを生じ，パンをふっくらと仕上げる。乾燥品が「ドライイースト」。

ベーキングパウダー Baking powder

小1 = 4g

炭酸水素ナトリウム（重曹）に酸性剤と保存剤を加えた合成膨張剤。ふくらし粉ともいう。

✔Check! 和風料理の薬味

↖さんしょう（木の芽）
↑わさび
↑ゆず
↑みょうが
↑しょうが
↑青じそ
↑だいこん　↑ねぎ

✔Check! スパイスとハーブのいろいろ

作用	種類
香りづけ	オールスパイス　バジル　クローブ　ナツメグ　シナモン　ローリエ　ミント　ディル
におい消し	ガーリック　タイム　セージ　オレガノ　ローズマリー
辛味づけ	ブラックペッパー　マスタード　ジンジャー　ホースラディッシュ
色づけ	ターメリック　マスタード　サフラン　パプリカ

↑オレガノ　↑サフラン　↑ローリエ　↑バジル　↑ターメリック　↑セージ

↑ホースラディッシュ　↑ローズマリー　↑タイム　↑レモンバーム　↑スペアミント

✔Check! ハーブティーをいれてみよう！

ハーブティーはカフェインを含まないので，寝る前や，子どもでも気兼ねなく飲める。いれ方は，基本的に紅茶（p.313参照）と同じでよいが，蒸らす時間を長めにとる。飲みやすくするため，三温糖やはちみつ，ジャムを入れることもある。

↑ハーブティー

i インフォメーション　インドのカレールウ▶インドでは料理に応じてスパイスを使い分けるので，ルウのような混合香辛料はない。ルウは，インドの煮こみ料理がカレーとしてイギリスで紹介され，スパイス調合の手間を省くために考案された。日本のカレールウは，日本人好みにつくられている。

調味料・香辛料類

調理済み流通食品類
PREPARED FOODS

レトルトカレーとパックごはん

調理済み流通食品類

近年の大規模調理施設（いわゆるセントラルキッチン）による配食事業の拡大をふまえ，成分表2020より18群の名称が「調理加工食品類」から「調理済み流通食品類」に変更された。調理済み流通食品とは，食品会社が製造・販売する工業的な調理食品および配食サービス事業者が製造・販売する調理食品のことである。食の外部化の進展などにより，調理食品の市場が大きく開け，保存性に加え，色，味，香り，食感など，し好性，栄養面の改善，調理時間の短縮など，多岐にわたる需要にこたえている。ひと手間加えるなど工夫して，じょうずに活用したい。

調理冷凍食品とは

調理冷凍食品は，半調理または完全調理食品を急速に凍結させ，−18℃以下で貯蔵したものである。鮮度が高く衛生的であり，旬の時期に大量に加工して冷凍保存されるので，供給と価格が安定している。

冷凍食品の選び方・保存の仕方

冷凍食品は，購入するまでの温度管理によって品質が左右されるので，賞味期限を確認するだけでなく，食品の管理状況を観察することが大切になってくる。
・冷凍ケースの温度が，−18℃以下で，ロードライン（積荷限界線）より下になっているもの。
・包装が破れたり，形が壊れていないもの。
・食品が部分的に乾燥したり，油やけしていないもの。
・袋のなかに霜がたくさんついていないもの。

🔼冷凍ケースのロードライン

チルド食品とは

−5〜5℃の温度帯で流通販売される食品。凍結しない程度の最低温度で保存流通することが原則となっている。食肉食鳥類，魚介類，果汁，乳製品などがある。

レトルト食品とは

日本農林規格（JAS）では，レトルトパウチ食品という。耐圧，耐熱性にすぐれたプラスチックおよびアルミ箔を多重に重ねた袋（パウチ）や容器に食品を詰め，密封後，レトルト釜（加圧加熱殺菌釜）によって120℃以上に加熱し，缶詰とほぼ同じ方法で製造され，保存性を高めた食品をいう。

近年，光線の遮断性にすぐれ，酸素透過性が非常に低いプラスチックフィルムが開発され，透明容器の包材に使用されるようになっており，その保存性はアルミ箔を使った容器とほとんど変わりがない。
・殺菌時間が短いので，加熱による品質の変化が少ない。
・軽量で取り扱いしやすい。
・食用時に簡単に加熱することができる。
・取り扱いが簡単である。
などにより，需要が大きい。

食品名 食品番号 可食部100gあたり	廃棄率% 水分g	エネルギー kcal 200	たんぱく質 g 20.0	脂質 g 20.0	コレステロール mg 20	炭水化物 g 20.0	総量 食物繊維 g 2.0	ナトリウム mg 200	カリウム mg 200	カルシウム mg 200	リン mg 200	鉄 mg 2.0	亜鉛 mg 2.0	βカロテン当量 μg 200	レチノール活性当量 μg 20	D μg 2.0	αトコフェロール mg 2.0	B₁ mg 0.20	B₂ mg 0.20	葉酸 μg 20	C mg 20	相当量 食塩 g 2.0
和風料理 青菜の白和え 18024	0 (79.7)	81 90	(3.9) (4.2)	(2.6) (3.4)	(Tr)	(9.2) (10.5)	(2.4)	(500)	(180)	(95)	(69)	(1.2)	(0.6)	(1600)	(130)	(Tr)	(0.6)	(0.06)	(0.05)	(32)	(3)	(1.3)
いんげんのごま和え 18025	0 (81.4)	77 83	(3.0) (3.7)	(3.2) (3.4)	(5)	(7.2) (9.1)	(2.8)	(480)	(270)	(120)	(88)	(1.3)	(0.7)	(840)	(73)	(0.2)	(0.2)	(0.08)	(0.10)	(52)	(5)	(1.2)
わかめとねぎの酢みそ和え 18026	0 (76.3)	85 89	(3.0) (3.8)	(0.8) (0.9)	(17)	(14.9) (16.3)	(2.5)	(730)	(140)	(40)	(56)	(0.9)	(0.4)	(120)	(11)	0	(0.3)	(0.03)	(0.04)	(31)	(4)	(1.8)
豚汁 18028	0 (94.4)	26 27	(1.3) (1.5)	(1.4) (1.5)	(3)	(1.6) (2.0)	(0.5)	(220)	(63)	(10)	(18)	(0.2)	(0.2)	(200)	(17)	(Tr)	(0.1)	(0.03)	(0.01)	(7)	(1)	(0.6)
紅白なます 18027	0 (90.3)	34 37	(0.6) (0.6)	(0.7) (0.6)	0	(6.1) (7.2)	(0.9)	(230)	(130)	(22)	(16)	(0.2)	(0.1)	(460)	(38)	0	(Tr)	(0.02)	(0.01)	(19)	(6)	(0.6)
卯の花炒り 18029	0 (79.1)	84 97	(3.1) (4.4)	(3.5) (4.1)	(7)	(7.4) (10.7)	(5.1)	(450)	(190)	(47)	(68)	(0.8)	(0.4)	(420)	(38)	(0.1)	(0.5)	(0.06)	(0.04)	(13)	(1)	(1.1)
親子丼の具 18030	0 (79.4)	101 103	(7.9) (8.4)	(5.1) (5.2)	(130)	(5.8) (5.6)	(0.4)	(380)	(120)	(21)	(88)	(0.7)	(0.7)	(69)	(57)	(0.7)	(0.4)	(0.04)	(0.13)	(20)		(1.0)
牛飯の具 18031	0 (78.8)	122 126	(3.5) (4.1)	(8.8) (9.4)	(18)	(6.6) (6.4)	(1.0)	(400)	(110)	(18)	(45)	(0.6)	(0.9)	(16)	(4)	0	(0.2)	(0.02)	(0.04)	(9)	(2)	(1.0)

食のお話　食品の保存加工の技術

食品の保存のための加工は，塩漬け・砂糖漬け・酢漬け・乾燥・燻製（くんせい）・発酵など，古くからおこなわれていたが，変質によって栄養成分にかたよりが出るなどの問題もあった。

18世紀末，ナポレオンひきいるフランス軍は，大勢の兵隊をまかなう栄養豊富な食糧の調達に頭を悩ませており，政府は「新しい食料保存方法」の開発に懸賞金をかけていた。1810年，その賞金を獲得したのはアペールというフランス人で，それは「調理済みの食料をびんに入れてコルクで密封後に湯煎する」という方法だった。この密封・加熱の原理は，後の缶詰やレトルトパウチにも用いられ，今日まで受けつがれている。

↑記録を元に復元された，アペールのびん詰　細切り野菜入り濃縮コンソメスープ（左）とウナギのワイン煮（右）

びん詰とほぼ同時の1810年に，イギリスで缶詰が開発され，各国の缶詰産業は，軍用食をはじめとする需要拡大を背景に，食品工業として発展した。

レトルト食品は，1950年代にアメリカ軍の軍用食の研究から生まれ，その後の宇宙食の開発・発展へとつながっている。

アポロ11号の宇宙食にレトルト食品が採用された1969年には，レトルト食品の一般販売が，アメリカに先立って日本でおこなわれた。

提供：大塚食品

↑世界初の市販レトルト食品ボンカレー（左）と現代の宇宙食（右）　提供：JAXA/NASA

今日の宇宙食は，フリーズドライ技術やレトルトパウチの進歩によって，その実用性や機能性はもちろんのこと，食味・し好性にも配慮された豊かな品ぞろえになっている。日本でも，宇宙日本食の開発がおこなわれており，無重力でも食べられる宇宙食ラーメンなど，日本独自のメニューづくりが進められている。

↑福井県立若狭高校が開発したサバ醤油味付け缶詰（右）と国際宇宙ステーション内で食べる野口宇宙飛行士（左）　提供：JAXA/NASA

食品名 食品番号 可食部100gあたり	廃棄率% 水分g	エネルギー kcal 200	たんぱく質 g 20.0	脂質 g 20.0	コレステロール mg 20	炭水化物 g 20.0	食物繊維総量 g 2.0	ナトリウム mg 200	カリウム mg 200	カルシウム mg 200	リン mg 200	鉄 mg 2.0	亜鉛 mg	βカロテン当量 μg 200	レチノール活性当量 μg 20	D μg 2.0	αトコフェロール mg 2.0	B₁ mg 0.20	B₂ mg 0.20	葉酸 μg 20	C mg 20	相当量 食塩 g 2.0
切り干し大根の煮物 18032	0 (88.2)	48 55	(1.9) (2.3)	(1.9) (2.5)	0	(4.8) (5.7)	(2.0)	(370)	(76)	(46)	(39)	(0.5)	(0.3)	(640)	(54)	0	(0.2)	(0.01)	(0.02)	(7)	(Tr)	(0.9)
きんぴらごぼう 18033	0 (81.6)	84 91	(3.1) (1.4)	(4.3) (4.5)	(Tr)	(6.4) (11.3)	(3.2)	(350)	(150)	(36)	(37)	(0.5)	(0.4)	(1000)	(86)	0	(0.7)	(0.03)	(0.03)	(32)	(1)	(0.9)
ぜんまいの炒め煮 18034	0 (82.3)	80 86	(3.0) (3.4)	(3.9) (4.2)	0	(7.1) (8.7)	(2.2)	(420)	(67)	(47)	(50)	(0.7)	(0.4)	(510)	(42)	0	(0.4)	(0.01)	(0.02)	(7)	(Tr)	(1.1)
筑前煮 18035	0 (80.4)	85 90	(4.1) (4.4)	(3.3) (3.5)	(19)	(8.8) (10.2)	(1.8)	(430)	(160)	(22)	(55)	(0.5)	(0.5)	(880)	(80)	(0.1)	(0.4)	(0.04)	(0.05)	(16)	(4)	(1.1)
肉じゃが 18036	0 (79.6)	78 81	(3.8) (4.3)	(1.1) (1.3)	(9)	(12.5) (13.0)	(1.3)	(480)	(210)	(13)	(44)	(0.8)	(0.9)	(630)	(53)	0	(0.2)	(0.05)	(0.05)	(14)	(9)	(1.2)
ひじきの炒め煮 18037	0 (80.8)	75 88	(2.8) (3.1)	(3.5) (4.0)	(Tr)	(6.5) (9.9)	(3.4)	(560)	(180)	(100)	(45)	(0.6)	(0.3)	(1000)	(84)	(Tr)	(0.7)	(0.02)	(0.02)	(6)	(Tr)	(1.4)
アジの南蛮漬け 18038	0 (78.0)	109 113	(6.7) (8.1)	(5.6) (6.1)	(27)	(7.5) (6.2)	(0.9)	(290)	(190)	(37)	(110)	(0.4)	(0.5)	(440)	(39)	(3.9)	(0.8)	(0.06)	(0.06)	(7)	(3)	(0.7)
松前漬け しょうゆ漬 18023	0 51.2	166 179	14.5 17.0	0.9 1.4	170	21.0 24.7	1.6	2000	310	41	170	0.6	1.3	100	11	1.0	1.7	0.06	0.04	15	0	5.2

調理済み流通食品類

インフォメーション　南蛮漬け▶魚などを油で揚げ，とうがらしやねぎとともに酢漬けにしたもの。南蛮とは室町末期から江戸初期に東南アジアを経由して来日したポルトガルやスペインをさし，香辛料や揚げ物などの新しい調理法にも南蛮という言葉が用いられた。フランス料理のエスカベッシュはフランス版南蛮漬けである。

327

✓Check 食品容器の歴史

プラスチック容器がなかった時代には，木や竹，紙，わらなど，自然に分解されるものが使われていた。

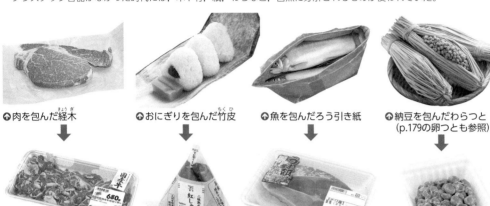

↑肉を包んだ経木（きょうぎ）

↑おにぎりを包んだ竹皮（ちくひ）

↑魚を包んだろう引き紙

↑納豆を包んだわらつと（p.179の卵つとも参照）

Do action!

上の写真は，あめ玉1個ずつから買える駄菓子屋のようすである。祖父母や近所の高齢者などに聞き取りをおこない，野菜や豆腐など，容器包装に注目して，現在の販売形態との違いについて調べてみよう。調べた内容を，クラスで共有しよう。

プラスチック製の食品容器は，1950年代に誕生したセルフサービス方式のスーパーマーケットとともに，衛生的，簡便的，かつ大量生産が可能で経済的なことから急速に普及した。技術的な進展とともに，「肉や魚などを入れるだけの容器」から，「電子レンジにかけられる容器」など，機能性も高まった。

食品名 / 食品番号 可食部100gあたり	廃棄率% / 水分g	エネルギー kcal 200	たんぱく質 g 20.0	脂質 g 20.0	コレステロール mg 20	炭水化物 g 20.0	総量 食物繊維 g 2.0	無機質 ナトリウム mg 200	カリウム mg 200	カルシウム mg 200	リン mg 200	鉄 mg 2.0	亜鉛 mg 2.0	ビタミン A βカロテン当量 µg 200	A レチノール活性当量 µg 20	D µg 2.0	E αトコフェロール mg 2.0	B₁ mg 0.20	B₂ mg 0.20	葉酸 µg 20	C mg 20	食塩相当量 g 2.0
洋風料理 チキンカレー 18040	0 / (75.2)	131 136	(5.4) (5.6)	(8.4) (8.8)	(29)	(7.8) (8.4)	(1.2)	(540)	(170)	(20)	(58)	(0.7)	(0.5)	(410)	(46)	(Tr)	(0.6)	(0.04)	(0.07)	(10)	(3)	(1.4)
ビーフカレー 18001	0 / (78.5)	119 123	(2.1) (2.4)	(8.6) (9.0)	(10)	(7.9) (8.1)	(0.9)	(680)	(93)	(20)	(32)	(0.7)	(0.4)	(90)	(9)	0	(0.4)	(0.02)	(0.03)	(4)	(1)	(1.7)
ポークカレー 18041	0 / (79.2)	116 119	(2.3) (2.8)	(8.2) (8.6)	(9)	(7.7) (7.7)	(0.9)	(550)	(100)	(14)	(32)	(0.5)	(0.3)	(300)	(26)	(0.1)	(0.4)	(0.07)	(0.03)	(5)	(2)	(1.4)
かにクリームコロッケ 18043	0 / (54.6)	255 263	(4.4) (5.1)	(16.5) (17.1)	(8)	(21.1) (22.0)	(1.0)	(320)	(94)	(30)	(51)	(0.4)	(0.4)	(8)	(9)	(0.1)	(2.2)	(0.05)	(0.07)	(12)	(Tr)	(0.8)
コーンクリームコロッケ 18044	0 / (54.1)	245 258	(4.4) (5.1)	(15.3) (16.0)	(7)	(21.6) (23.4)	(1.4)	(330)	(150)	(47)	(76)	(0.4)	(0.5)	(19)	(16)	(0.1)	(1.8)	(0.06)	(0.08)	(27)	(2)	(0.8)
ポテトコロッケ 18018	0 / (55.5)	226 236	(4.5) (5.3)	(12.1) (12.6)	(14)	(23.2) (25.2)	(2.0)	(280)	(250)	(15)	(60)	(0.8)	(0.5)	(67)	(10)	(0.1)	(1.5)	(0.11)	(0.05)	(23)	(10)	(0.7)
チキンシチュー 18045	0 / (76.7)	124 128	(5.8) (6.2)	(7.6) (8.0)	(31)	(7.5) (7.8)	(1.2)	(280)	(160)	(38)	(77)	(0.4)	(0.6)	(430)	(53)	(0.1)	(0.7)	(0.04)	(0.10)	(15)	(7)	(0.7)
ビーフシチュー 18011	0 / (74.9)	153 158	(3.5) (4.1)	(11.9) (12.6)	(18)	(7.5) (7.1)	(0.7)	(380)	(150)	(11)	(45)	(0.5)	(0.8)	(620)	(58)	(0.1)	(0.7)	(0.03)	(0.06)	(13)	(4)	(1.0)

インフォメーション　カレー大好き日本▶レトルト食品のなかでとりわけ人気なのが，レトルトカレー。500億円を超す大規模な市場に成長している。最近では，女性をターゲットにした野菜を多めに使ったカレーや，本格志向の大人をねらった高品質，高価格のこだわりカレーなど，種類が豊富だ。

1990年代，大量消費社会から循環型社会への転換が始まり，使用済み食品トレーの回収・リサイクルが始まった。1995年には「容器包装リサイクル法」が公布され，リサイクル可能な素材への転換が進んだ。

近年，海洋に流出したプラスチックによる生態系への影響が指摘され，プラスチックごみの減量に向けた取り組みも進み，環境に配慮したさらなる製品開発が続いている。

↑間伐材を使用した紙コップ

↑紙袋への切り替え（左）とバイオマスプラスチックの使用（右）

↑調理方法を湯せんから電子レンジに変えることでCO_2排出量を削減

↑ラベルレスペットボトル

Do action!

「外箱がなくなった」「プラスチックが紙に変わった」など，さまざまな取り組みが進んでいる容器包装を探してみよう。p.332以降の市販食品のページも参考にしよう。

ゼロ・ウェイスト（ごみを出さない）に向けて

Loop（ループ）とは，従来，使い捨てされていた食品などの容器や商品パッケージを，ステンレスやガラスなどの耐久性の高いものに変え，繰り返し利用を可能にする新たな商品提供システムである。

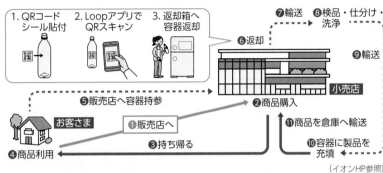
（イオンHP参照）

食品名 食品番号 可食部100gあたり	廃棄率% 水分g	エネルギー kcal 200	たんぱく質 g 20.0	脂質 g 20.0	コレステロール mg 20	炭水化物 g 20.0	食物繊維 g 2.0	ナトリウム mg 200	カリウム mg 200	カルシウム mg 200	リン mg 200	鉄 mg 2.0	亜鉛 mg 2.0	A βカロテン当量 μg 200	A レチノール活性当量 μg 20	D μg 2.0	E αトコフェロール mg 2.0	B₁ mg 0.20	B₂ mg 0.20	葉酸 μg 20	C mg 20	相当量 g 2.0
ミートボール 18015	0 (62.1)	199 207	(9.0) (10.2)	(11.4) (12.5)	(23)	(14.3) (13.4)	(1.3)	(460)	(240)	(22)	(86)	(0.8)	(0.8)	(250)	(27)	(0.1)	(1.2)	(0.15)	(0.12)	(24)	(1)	(1.2)
かぼちゃのクリームスープ 18042	0 (83.3)	73 81	(1.2) (1.5)	(3.6) (3.9)	(7)	(8.1) (10.1)	(1.3)	(300)	(160)	(32)	(38)	(0.2)	(0.2)	(1100)	(110)	(0.2)	(1.4)	(0.03)	(0.06)	(12)	(9)	(0.8)
コーンクリームスープ 18005	0 (86.0)	62 64	(1.6) (1.7)	(2.4) (2.6)	(7)	(8.3) (8.5)	(0.6)	(340)	(88)	(36)	(42)	(0.2)	(0.2)	(22)	(16)	(0.2)	(0.2)	(0.02)	(0.06)	(6)	(1)	(0.9)
コーンクリームスープ 粉末タイプ 18004	0 2.1	425 425	– 8.1	– 13.7	–	67.4 67.4	–	2800	470	120	190	1.2	–	90	8	–	–	0.15	0.41	–	2	7.1
あいびきハンバーグ 18050	0 (62.8)	197 204	(11.7) (13.4)	(11.2) (12.2)	(47)	(11.6) (10.0)	(1.1)	(340)	(280)	(29)	(110)	(1.3)	(2.4)	(84)	(18)	(0.2)	(0.6)	(0.23)	(0.15)	(17)	(2)	(0.9)
チキンハンバーグ 18051	0 (67.0)	171 176	(10.7) (12.6)	(9.6) (10.2)	(54)	(9.9) (8.5)	(1.0)	(460)	(240)	(22)	(110)	(0.7)	(0.8)	(130)	(29)	(0.1)	(0.8)	(0.09)	(0.11)	(18)	(2)	(1.2)
豆腐ハンバーグ 18052	0 (71.2)	142 156	(8.8) (9.9)	(8.5) (9.2)	(41)	(6.8) (8.4)	(1.3)	(250)	(200)	(68)	(120)	(1.3)	(0.9)	(380)	(47)	(0.2)	(0.8)	(0.11)	(0.09)	(21)	(2)	(0.6)
いかフライ 18019	0 (54.9)	227 234	(10.4) (13.3)	(10.4) (11.3)	(230)	(22.6) (19.7)	(0.9)	(200)	(140)	(16)	(150)	(0.4)	(0.9)	(1)	(8)	(0.1)	(2.1)	(0.04)	(0.03)	(13)	(1)	(0.5)

調理済み流通食品類

✓Check! レトルト食品生産数量の推移

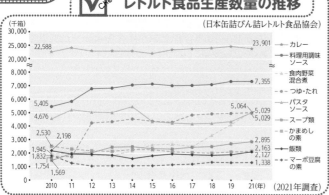

（日本缶詰びん詰レトルト食品協会）

（千箱）
- カレー　22,588 → 23,901
- 料理用調味ソース　5,405 → 7,355
- 食肉野菜混合煮
- つゆ・たれ　4,676 → 5,064 / 5,029
- パスタソース　5,029
- スープ類
- かまめしの素　2,530 / 2,198 → 2,895
- 飯類　1,945 / 1,832 → 2,163 / 2,127
- マーボ豆腐の素　1,754 / 1,569 → 1,338

2010　11　12　13　14　15　16　17　18　19　20　21（年）（2021年調査）

✓Check! 冷凍食品生産数量の変化

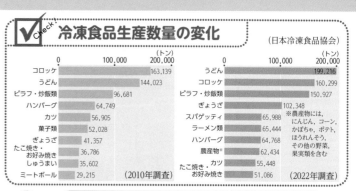

（日本冷凍食品協会）

（2010年調査）（トン）
- コロッケ　163,139
- うどん　144,023
- ピラフ・炒飯類　96,681
- ハンバーグ　64,749
- カツ　56,905
- 菓子類　52,028
- ぎょうざ　41,357
- たこ焼き・お好み焼き　36,786
- しゅうまい　35,602
- ミートボール　29,215

（2022年調査）（トン）
- うどん　199,216
- コロッケ　160,299
- ピラフ・炒飯類　150,927
- ぎょうざ　102,348
- スパゲッティ　65,988
- ラーメン類　65,444
- ハンバーグ　64,768
- 農産物※　62,434
- カツ　55,448
- たこ焼き・お好み焼き　51,086

※農産物には、にんじん、コーン、かぼちゃ、ポテト、ほうれんそう、その他の野菜、果実類を含む

「料理用調味ソース」は、中華合わせ調味料などの料理用ソースのことです。「マーボ豆腐の素」は統計上別建てになっています。「食肉野菜混合煮」は、どんぶりの素のことで、親子丼や中華丼など、種類も豊富です。

たしかに、最近はハンバーグやミートボールよりも、冷凍ぎょうざのほうが、よく利用するかも知れません。私の家では、冷凍野菜や冷凍果物も必ず冷凍庫にはいっていますよ。

ぼくは冷凍ラーメンが大好きです。最近の冷凍ラーメンは、冷凍とは思えないほどおいしいですよ。冷凍野菜と組み合わせて、栄養バランスを考えて食べるようにしたいです。

食品名 食品番号 可食部100gあたり	廃棄率% 水分g	エネルギー kcal 200	たんぱく質 g 20.0	脂質 g 20.0	コレステロール mg 20	炭水化物 g 20.0	食物繊維総量 g 2.0	ナトリウム mg 200	カリウム mg 200	カルシウム mg 200	リン mg 200	鉄 mg 2.0	亜鉛 mg 2.0	Aβカロテン当量 μg 200	Aレチノール活性当量 μg 20	D μg 2.0	Eαトコフェロール mg 2.0	B₁ mg 0.20	B₂ mg 0.20	葉酸 μg 20	C mg 20	食塩相当量 g 2.0
えびフライ 18020	0 (50.5)	236 250	(13.2) (15.9)	(11.0) (11.6)	(120)	(20.0) (20.5)	(1.0)	(340)	(200)	(69)	(200)	(0.6)	(1.3)	(1)	(13)	(0.2)	(2.2)	(0.08)	(0.05)	(22)	0	(0.9)
白身フライ 18021	0 50.7	299 300	— 9.7	— 21.8	—	15.9 16.2	—	340	240	47	100	0.5	—	0	57	—	—	0.10	0.10	—	1	0.9
メンチカツ 18022	0 (50.3)	273 286	(9.4) (10.7)	(17.7) (18.7)	(26)	(16.3) (18.7)	(1.7)	(350)	(240)	(24)	(96)	(1.2)	(1.6)	(55)	(10)	(0.1)	(1.4)	(0.14)	(0.09)	(28)	(1)	(0.9)
いかフライ 冷凍 18008	0 64.5	146 146	10.6	2.0	—	21.4 21.4	—	300	180	16	110	0.4	—	Tr	3	—	—	0.10	0	—	Tr	0.8
えびフライ 冷凍 18009	0 66.3	139 139	10.2	1.9	—	20.3 20.3	—	340	95	42	90	1.5	—	Tr	Tr	—	—	0.04	0.07	—	1	0.9
クリームコロッケ 冷凍 18006	0 67.0	159 159	4.7	6.3	—	20.9 20.9	—	270	160	43	63	0.5	—	8	240	—	—	0.06	0.10	—	2	0.7
ポテトコロッケ 冷凍 18007	0 63.5	157 164	3.9 4.6	3.5 4.9	2	27.4 25.3	—	290	300	20	62	0.7	—	27	71	—	0.2	0.09	0.06	—	7	0.7
白身フライ 冷凍 18010	0 64.5	148 148	— 11.6	— 2.7	—	19.3 19.3	—	340	240	47	100	0.5	—	0	57	—	—	0.10	0.10	—	1	0.9
メンチカツ 冷凍 18016	0 58.3	196 196	9.9	7.2	—	23.0 23.0	—	420	220	31	95	1.6	—	Tr	36	—	—	0.13	0.14	—	1	1.1

インフォメーション　メンチカツのメンチ▶メンチカツは和製語で、ミンス（mince）には、肉をこまかく切る、切りきざむという意味がある。豚肉でつくるカツを"トンカツ"というように、ミンスカツをメンチカツと洒落たものである。

お手軽・簡単「パックごはん」

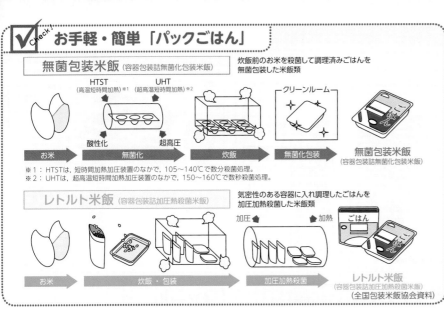

近年は「無菌包装米飯」が主流となっていますが、保存期間が長く非常食・保存食・アウトドアなどで「レトルト米飯」も活用されています。無菌包装米飯のほとんどが白飯です。

私の祖父は高齢のひとり暮らしですが、パックごはんをじょうずに活用しています。白飯だけでなく、赤飯や炊きこみごはんなど、いろいろな種類があります。

※1：HTSTは、短時間加熱加圧装置のなかで、105〜140℃で数分殺菌処理。
※2：UHTは、超高温短時間加熱加圧装置のなかで、150〜160℃で数秒殺菌処理。

食品名 食品番号 可食部100gあたり	廃棄率% 水分g	エネルギー kcal 200	たんぱく質 g 20.0	脂質 g 20.0	コレステロール mg 20	炭水化物 g 20.0	食物繊維総量 g 2.0	ナトリウム mg 200	カリウム mg 200	カルシウム mg 200	リン mg 200	鉄 mg 2.0	亜鉛 mg 2.0	A βカロテン当量 μg 200	A レチノール活性当量 μg 20	D μg 2.0	E αトコフェロール mg 2.0	B1 mg 0.20	B2 mg 0.20	葉酸 μg 20	C mg 20	食塩相当量 g 2.0
えびグラタン 18003	0 (74.1)	128 132	(4.8) 5.5	(6.4) 6.9	(23)	(12.3) 12.1	(0.9)	(380)	(140)	(97)	(110)	(0.3)	(0.6)	(440)	(69)	(0.2)	(0.6)	(0.04)	(0.11)	(13)	(2)	(1.0)
えびピラフ 18014	0 (62.9)	146 154	(2.8) (3.3)	(2.2) (2.3)	(8)	(27.1) (29.8)	(1.2) (0.6)	(560)	(63)	(11)	(45)	(0.2)	(0.6)	(260)	(23)	(0.1)	(0.4)	(0.02)	(0.02)	(5)	(2)	(1.4)
中国料理 ぎょうざ 18002	0 (57.8)	209 218	(5.8) (6.9)	(10.0) (11.3)	(19)	(23.3) (22.3)	(1.5)	(460)	(170)	(22)	(62)	(0.6)	(0.6)	(77)	(10)	(0.1)	(0.6)	(0.14)	(0.07)	(22)	(4)	(1.2)
しゅうまい 18012	0 (60.2)	191 197	(7.5) (9.1)	(8.7) (9.2)	(27)	(19.9) (19.5)	(1.7)	(520)	(260)	(26)	(92)	(0.9)	(0.8)	(1)	(6)	(0.1)	(0.2)	(0.16)	(0.10)	(26)	(1)	(1.3)
中華ちまき 18046	0 (59.5)	174 184	(5.0) (5.9)	(5.2) (5.5)	(16)	(25.6) (27.7)	(0.5)	(420)	(100)	(6)	(45)	(0.3)	(0.7)	(56)	(10)	(0.1)	(0.4)	(0.04)	(0.05)	(6)	0	(1.1)
酢豚 18047	0 (83.4)	77 79	(4.0) (4.6)	(3.1) (3.3)	(15)	(7.7) (7.6)	(0.8)	(210)	(130)	(9)	(52)	(0.3)	(0.5)	(570)	(50)	(0.1)	(0.5)	(0.17)	(0.05)	(9)	(4)	(0.5)
八宝菜 18048	0 (86.0)	64 67	(4.9) (5.8)	(2.9) (3.2)	(44)	(4.0) (3.8)	(0.9)	(320)	(150)	(26)	(77)	(0.4)	(0.6)	(440)	(49)	(0.1)	(0.6)	(0.13)	(0.06)	(20)	(5)	(0.8)
麻婆豆腐 18049	0 (80.0)	104 108	(7.2) (7.8)	(6.4) (6.8)	(10)	(4.1) (3.8)	(0.7) (0.5)	(380)	(150)	(64)	(86)	(1.3)	(0.9)	(17)	(3)	(0.1)	(0.3)	(0.16)	(0.07)	(13)	(1)	(1.0)
もやしのナムル 18039	0 (84.4)	70 77	(2.5) (3.1)	(4.2) (4.5)	0	(4.0) (5.7)	(2.7)	(510)	(160)	(91)	(62)	(1.2)	(0.5)	(1700)	(140)	0	(1.1)	(0.05)	(0.07)	(64)	(9)	(1.3)

流通食品類 調理済み

ⓘ **インフォメーション** 冷凍野菜・冷凍果物 ▶ とれたての原料を現地で加工し急速冷凍するため、栄養・風味ともに新鮮な状態で手にはいる。一定の価格で購入でき長期保存も可能。買い物や調理時間の短縮や必要量だけ使用できるなどのメリットがある。

サステナブルな取り組みの一部を紹介した。

p.332以降は，市販食品のなかから高校生のみなさんがコンビニなどで手軽に購入することができ，食べる機会の多い，菓子，飲料，パンなどの栄養価について掲載した。
- p.332〜333菓子，p.334〜335し好飲料，パン・デザート類については，エネルギー，たんぱく質，脂質，炭水化物，食塩相当量，そのほか，各企業から提供された栄養価のなかから抜粋して掲載した。
- p.336以降の麺類やスープ，冷凍食品，p.340以降の外食・一般調理食品については，「日本人の食事摂取基準」と比較した各栄養素の摂取率をグラフで示した（p.336参照）。

おっとっと ＜うすしお味＞
内容量 52g （2袋入り）

FSC®認証紙使用

1袋（26g）あたり	
エネルギー	113kcal
たんぱく質	1.6g
脂質	3.2g
炭水化物	19.5g
食塩相当量	0.4g
カルシウム	80mg

森永製菓（株）　（2023年11月現在）

ダース ＜ミルク＞
内容量 47g （12粒）

FSC®認証紙使用

1粒（標準3.9g）あたり	
エネルギー	23kcal
たんぱく質	0.3g
脂質	1.5g
炭水化物	2.0g
食塩相当量	0.009g

森永製菓（株）　（2023年11月現在）

ポテトチップス ＜うすしお味＞
内容量 60g

パッケージサイズ縮小によるCO₂排出量の削減

1袋（60g）あたり	
エネルギー	336kcal
たんぱく質	3.1g
脂質	21.6g
炭水化物	32.4g
食塩相当量	0.5g

カルビー（株）　（2023年11月現在）

チップスター ＜S うすしお味＞
内容量 45g

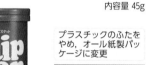

プラスチックのふたをやめ，オール紙製パッケージに変更

1パック（45g）あたり	
エネルギー	236kcal
たんぱく質	2.8g
脂質	13.2g
炭水化物	26.6g
食塩相当量	0.4g

ヤマザキビスケット（株）　（2023年11月現在）

ノアール
内容量 16枚 （8枚×2パック）

1パック8枚（標準83.2g）あたり	
エネルギー	417kcal
たんぱく質	4.2g
脂質	19.1g
炭水化物	56.9g
食塩相当量	1.0g

ヤマザキビスケット（株）　（2023年11月現在）

じゃがりこ ＜サラダ＞
内容量 57g

1カップ（57g）あたり	
エネルギー	285kcal
たんぱく質	4.2g
脂質	13.7g
炭水化物	36.1g
食塩相当量	0.7g

カルビー（株）　（2023年11月現在）

果汁グミ ＜ぶどう＞
内容量 54g

1袋（54g）あたり	
エネルギー	179kcal
たんぱく質	3.3g
脂質	0g
炭水化物	41.4g
食塩相当量	0.02g

（株）明治　（2023年11月現在）

きのこの山
内容量 74g

FSC®認証紙使用

1箱（74g）あたり	
エネルギー	423kcal
たんぱく質	6.3g
脂質	26.7g
炭水化物	39.4g
食塩相当量	0.3g

（株）明治　（2023年11月現在）

プリッツ ＜旨サラダ＞
内容量 69g （2袋入り）

1箱69g（34.5g×2袋）あたり	
エネルギー	354kcal
たんぱく質	6.6g
脂質	15.8g
炭水化物	44.6g
食塩相当量	0.98g

江崎グリコ（株）　（2023年11月現在）

ポッキーチョコレート
内容量 72g （2袋入り）

FSC®認証紙使用

1箱72g（36g×2袋）あたり	
エネルギー	364kcal
たんぱく質	6.0g
脂質	16.4g
炭水化物	48.2g
食塩相当量	0.32g

江崎グリコ（株）　（2023年11月現在）

ジャイアントコーン ＜チョコナッツ＞
内容量 140mL

FSC®認証紙使用

1個（140mL）あたり	
エネルギー	282kcal
たんぱく質	3.7g
脂質	17.7g
炭水化物	26.9g
食塩相当量	0.1g

江崎グリコ（株）　（2023年11月現在）

ガリガリ君<ソーダ>

内容量 105mL

1 袋（105mL）あたり	
エネルギー	66kcal
たんぱく質	0g
脂質	0g
炭水化物	16.8g
食塩相当量	0.042g

赤城乳業(株)　　　　　　（2023年11月現在）

カントリーマアム チョコまみれミドルパック

内容量 122g（個装紙込み）

外装を縮小してプラスチック使用量を削減

1 枚（標準10g）あたり	
エネルギー	51kcal
たんぱく質	0.6g
脂質	3.0g
炭水化物	5.5g
食塩相当量	0.037g

(株)不二家　　　　　　（2024年1月現在）

ミルキー袋

内容量 108g
（個装紙込み）

外袋を紙パッケージに変更

1 粒（標準3.6g）あたり	
エネルギー	15kcal
たんぱく質	0.1g
脂質	0.3g
炭水化物	3.0g
食塩相当量	0.017g
カルシウム	4mg

(株)不二家　　　　　　（2023年11月現在）

爽 バニラ

内容量 190mL

紙だけでできた容器を使用

1 個（190mL）あたり	
エネルギー	179kcal
たんぱく質	2.5g
脂質	8.9g
炭水化物	22.1g
食塩相当量	0.13g

(株)ロッテ　　　　　　（2023年11月現在）

コアラのマーチ<チョコ>

内容量 48g

外箱に再生紙を使用

1 箱（48g）あたり	
エネルギー	252kcal
たんぱく質	2.45g
脂質	13.8g
炭水化物	29.7g
食塩相当量	0.3g
カルシウム	251mg

(株)ロッテ　　　　　　（2023年11月現在）

キシリトールガム <ライムミント>ファミリーボトル

内容量 143g

14 粒（21g）あたり	
エネルギー	39kcal
たんぱく質	0g
脂質	0g
炭水化物	15.6g
食塩相当量	0.0g

(株)ロッテ　　　　　　（2023年11月現在）

明治エッセルスーパーカップ<超バニラ>

内容量 200mL

1 個（200mL）あたり	
エネルギー	374kcal
たんぱく質	5.6g
脂質	23.4g
炭水化物	35.3g
食塩相当量	0.22g

(株)明治　　　　　　（2023年11月現在）

アーモンドチョコ

内容量 79g

1 箱（79g）あたり	
エネルギー	449kcal
たんぱく質	9.2g
脂質	30.2g
炭水化物	37.1g
食塩相当量	0.10g

(株)明治　　　　　　（2023年11月現在）

カロリーメイト<チーズ味>

内容量 40g
（2本入り）

2本入り（40g）あたり				
エネルギー	200kcal	鉄	1mg	ナイアシン	3.25mg
たんぱく質	4.2g	マグネシウム	25mg	パントテン酸	1.2mg
脂質	11.1g	リン	50mg	葉酸	60μg
糖質	20.4g	ビタミンA	192.5μg	ビタミンB₁	0.6μg
食物繊維	1g	ビタミンB₁	0.3mg	ビタミンC	25mg
※食塩相当量	0.47g	ビタミンB₂	0.35mg	ビタミンD	1.4μg
カルシウム	100mg	ビタミンB₆	0.33mg	ビタミンE	1.6mg

大塚製薬(株)　　　　　　（2023年11月現在）

ハーゲンダッツ ミニカップ<バニラ>

内容量 110mL

フタのプラスチック部分を軽量化

1 個（110mL）あたり	
エネルギー	244kcal
たんぱく質	4.6g
脂質	16.3g
炭水化物	19.9g
食塩相当量	0.1g

ハーゲンダッツ ジャパン(株)　　（2023年11月現在）

キットカット ミニ

内容量 12枚

外袋を紙パッケージに変更

1 枚（標準11.6g）あたり	
エネルギー	62kcal
たんぱく質	0.83g
脂質	3.6g
炭水化物	6.9g
食塩相当量	0.007〜0.022g

ネスレ日本(株)　　　　　　（2023年11月現在）

ソイジョイ(SOYJOY)<アーモンド&チョコレート>

内容量 30g

プラスチック包装樹脂の薄肉化
「油性インク」から「水性インク」へ変更しCO_2排出量を削減

1 本（30g）あたり	
エネルギー	145kcal
たんぱく質	5g
脂質	9.7g
糖質	7.6g
食物繊維	4.6g
食塩相当量	0.09〜0.20g

大塚製薬(株)　　　　　　（2023年11月現在）

市販食品

★弊社調べによる。

コカ・コーラ
内容量 500mL

1本(500mL)あたり	
エネルギー	225kcal
たんぱく質	0g
脂質	0g
炭水化物	56.5g
食塩相当量	0g

日本コカ・コーラ(株) ★(2023年11月現在)

カルピスウォーター
内容量 500mL

1本(500mL)あたり	
エネルギー	230kcal
たんぱく質	1.5g
脂質	0g
炭水化物	55g
食塩相当量	0.2g

アサヒ飲料(株) (2023年11月現在)

キリンレモン
内容量 500mL

1本(500mL)あたり	
エネルギー	165kcal
たんぱく質	0g
脂質	0g
炭水化物	41.5g
食塩相当量	0.3g

キリンビバレッジ(株) (2023年11月現在)

ポカリスエット
内容量 500mL

リサイクルPET樹脂を30%利用したペットボトル容器を使用 ラベルの薄肉化

1本(500mL)あたり	
エネルギー	125kcal
たんぱく質	0g
脂質	0g
炭水化物	31.0g
食塩相当量	0.6g
カルシウム	10mg

大塚製薬(株) (2023年11月現在)

バヤリース オレンジ PET
内容量 470mL

1本(470mL)あたり	
エネルギー	197.4kcal
たんぱく質	0g
脂質	0g
炭水化物	47g
食塩相当量	0.28g
カリウム	約188mg
リン	47mg未満
ビタミンC	235~611mg

アサヒ飲料(株) (2023年11月現在)

午後の紅茶<ストレートティー>
内容量 500mL

1本(500mL)あたり	
エネルギー	80kcal
たんぱく質	0g
脂質	0g
炭水化物	20g
食塩相当量	0.1g
カリウム	50mg

キリンビバレッジ(株) (2023年11月現在)

C.C.レモン
内容量 500mL

1本(500mL)あたり	
エネルギー	200kcal
たんぱく質	0g
脂質	0g
炭水化物	50.0g
食塩相当量	0.25g
カリウム	50mg未満
リン	5mg未満
ビタミンB6	1.5mg

サントリー食品インターナショナル(株) (2023年11月現在)

明治オ・レ いちご
内容量 200mL

バイオマスプラストロー使用

1本(200mL)あたり	
エネルギー	112kcal
たんぱく質	1.5g
脂質	1.7g
炭水化物	22.6g
食塩相当量	0.32g

(株)明治 (2023年11月現在)

(ザバス)MILK PROTEIN脂肪0 ココア風味
内容量 200mL

バイオマスプラストロー使用

1本(200mL)あたり	
エネルギー	103kcal
たんぱく質	15.0g
脂質	0g
炭水化物	10.8g
食塩相当量	0.26g
カルシウム	476mg
ビタミンB6	0.65mg

(株)明治 (2023年11月現在)

お〜いお茶 緑茶
内容量 600mL

2019年より順次100%リサイクルペットボトルを使用

1本(600mL)あたり	
エネルギー	0kcal
たんぱく質	0g
脂質	0g
炭水化物	0g
食塩相当量	0.18g

(株)伊藤園 (2023年11月現在)

1日分の野菜
内容量 200mL

1本(200mL)あたり	
エネルギー	75kcal
たんぱく質	2.1g
脂質	0g
糖質	15.4g
食物繊維	0.7~3.0g
カリウム	645mg
カルシウム	137mg
ビタミンA	560~1510μg
ビタミンK	3~15μg
β-カロテン	5600~13295μg
食塩相当量	0~0.60g

(株)伊藤園 (2023年11月現在)

野菜生活100オリジナル
内容量 200mL

1本(200mL)あたり			
エネルギー	69kcal	カルシウム	10~35mg
たんぱく質	0.9g	α-カロテン	850~6600μg
脂質	0g		
糖質	15.9g	β-カロテン	4800~12000μg
食物繊維	0.3~1.7g		
食塩相当量	0~0.4g	ビタミンK	0~18μg
カリウム	190~560mg	葉酸	1~48μg

カゴメ(株) ★(2023年10月現在)

※食塩相当量は，ナトリウム量から算出した。

サステナブルな取り組みの一部を紹介した。

コッペパン ＜ジャム&マーガリン＞

内容量 約140g

1個（約140g）あたり	
エネルギー	471kcal
たんぱく質	9.4g
脂質	19.7g
炭水化物	64.0g
食塩相当量	0.9g

山崎製パン（株）　（2023年11月現在）

ランチパック ＜ピーナッツ＞

内容量 約100g
（2個入り）

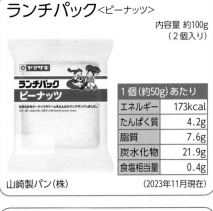

1個（約50g）あたり	
エネルギー	173kcal
たんぱく質	4.2g
脂質	7.6g
炭水化物	21.9g
食塩相当量	0.4g

山崎製パン（株）　（2023年11月現在）

まるごとバナナ

内容量 約185g

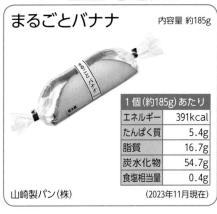

1個（約185g）あたり	
エネルギー	391kcal
たんぱく質	5.4g
脂質	16.7g
炭水化物	54.7g
食塩相当量	0.4g

山崎製パン（株）　（2023年11月現在）

あんぱん

内容量 約95g

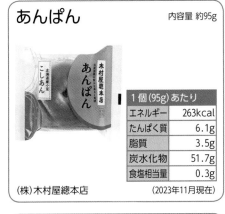

1個（95g）あたり	
エネルギー	263kcal
たんぱく質	6.1g
脂質	3.5g
炭水化物	51.7g
食塩相当量	0.3g

（株）木村屋總本店　（2023年11月現在）

超熟イングリッシュマフィン

内容量 268g
（4個入り）

1個（約67g）あたり	
エネルギー	152kcal
たんぱく質	5.1g
脂質	0.9g
炭水化物	30.8g
食塩相当量	0.8g

敷島製パン（株）　（2023年11月現在）

サクふわっメロンパン

内容量 約99g

1個（約99g）あたり	
エネルギー	382kcal
たんぱく質	7.6g
脂質	11.8g
炭水化物	61.3g
食塩相当量	0.5g

敷島製パン（株）　（2023年11月現在）

朝食りんごヨーグルト

内容量 140g

1個（140g）あたり	
エネルギー	103kcal
たんぱく質	5.4g
脂質	1.7g
炭水化物	16.4g
食塩相当量	0.16g
カルシウム	162mg

江崎グリコ（株）　（2023年11月現在）

森永アロエヨーグルト

内容量 118g

1個（118g）あたり	
エネルギー	101kcal
たんぱく質	3.9g
脂質	2.6g
炭水化物	15.6g
食塩相当量	0.13g
カルシウム	130mg

森永乳業（株）　（2023年11月現在）

明治ブルガリアヨーグルトLB81 低糖

内容量 180g

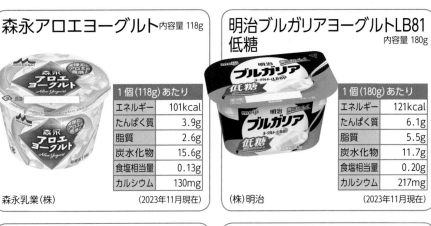

1個（180g）あたり	
エネルギー	121kcal
たんぱく質	6.1g
脂質	5.5g
炭水化物	11.7g
食塩相当量	0.20g
カルシウム	217mg

（株）明治　（2023年11月現在）

ｉｎゼリー エネルギー

内容量 180g

プラスチック使用量を2030年度までに25%削減する目標設定

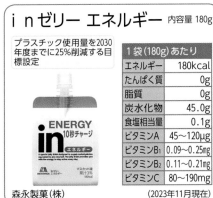

1袋（180g）あたり	
エネルギー	180kcal
たんぱく質	0g
脂質	0g
炭水化物	45.0g
食塩相当量	0.1g
ビタミンA	45〜120μg
ビタミンB₁	0.09〜0.25mg
ビタミンB₂	0.11〜0.21mg
ビタミンC	80〜190mg

森永製菓（株）　（2023年11月現在）

くだもの屋さん ミックスゼリー

内容量 160g

1個（160g）あたり	
エネルギー	98kcal
たんぱく質	0.2g
脂質	0g
炭水化物	24.6g
食塩相当量	0.1g
ビタミンC	83〜307mg

（株）たらみ　（2023年11月現在）

たらみのどっさり ミックス

内容量 230g

1個（230g）あたり	
エネルギー	150kcal
たんぱく質	0.5g
脂質	0.1g
炭水化物	36.5g
食塩相当量	0.2g

（株）たらみ　（2023年11月現在）

市販食品

市販食品—3

サステナブルな取り組みの
一部を紹介した。

●凡例　身体活動レベルⅡ（ふつう）の15～17歳
男女における1日の目標量または推奨量の⅓を
基準とし，各栄養素の摂取率をグラフで示した。

	男性	女性
エネルギー	933kcal	767kcal
たんぱく質	21.7g	18.3g
脂質	25.9g	21.3g
炭水化物	134.2g	110.2g
食塩相当量	2.5g	2.2g
カルシウム	267mg	217mg
鉄	3.3mg	3.5mg
ビタミンA*	300μg	217μg *レチノール当量
ビタミンB₁	0.50mg	0.40mg
ビタミンB₂	0.57mg	0.47mg
ビタミンC	33mg	33mg

(Tr)：微量　(未)：未測定もしくは未公開

カップヌードル　内容量78g

RSPO認証パーム油使用，バイオマスECOカップ使用，フタ止めシール廃止でプラスチック使用量削減

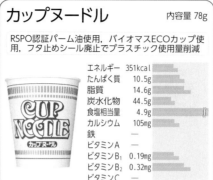

エネルギー	351kcal
たんぱく質	10.5g
脂質	14.6g
炭水化物	44.5g
食塩相当量	4.9g
カルシウム	105mg
鉄	—
ビタミンA	—
ビタミンB₁	0.19mg
ビタミンB₂	0.32mg
ビタミンC	—

日清食品(株)　（2023年11月現在）

サッポロ一番　カップスター 醤油　内容量71g

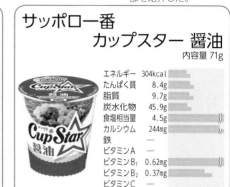

エネルギー	304kcal
たんぱく質	8.4g
脂質	9.7g
炭水化物	45.9g
食塩相当量	4.5g
カルシウム	244mg
鉄	—
ビタミンA	—
ビタミンB₁	0.62mg
ビタミンB₂	0.37mg
ビタミンC	—

サンヨー食品(株)　（2023年11月現在）

チキンラーメン　内容量85g

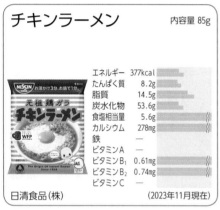

エネルギー	377kcal
たんぱく質	8.2g
脂質	14.5g
炭水化物	53.6g
食塩相当量	5.6g
カルシウム	278mg
鉄	—
ビタミンA	—
ビタミンB₁	0.61mg
ビタミンB₂	0.74mg
ビタミンC	—

日清食品(株)　（2023年11月現在）

サッポロ一番　みそラーメン　内容量100g

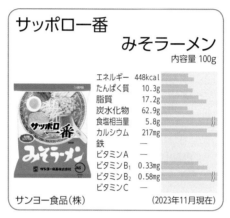

エネルギー	448kcal
たんぱく質	10.3g
脂質	17.2g
炭水化物	62.9g
食塩相当量	5.8g
カルシウム	217mg
鉄	—
ビタミンA	—
ビタミンB₁	0.33mg
ビタミンB₂	0.58mg
ビタミンC	—

サンヨー食品(株)　（2023年11月現在）

明星 チャルメラ　しょうゆラーメン　内容量97g

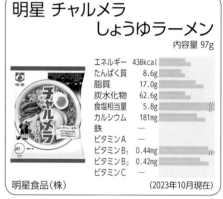

エネルギー	438kcal
たんぱく質	8.6g
脂質	17.0g
炭水化物	62.6g
食塩相当量	5.8g
カルシウム	181mg
鉄	—
ビタミンA	—
ビタミンB₁	0.44mg
ビタミンB₂	0.42mg
ビタミンC	—

明星食品(株)　（2023年10月現在）

日清ラ王 背脂醤油　内容量112g

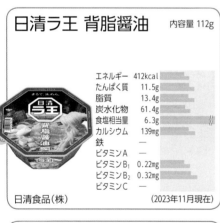

エネルギー	412kcal
たんぱく質	11.5g
脂質	13.4g
炭水化物	61.4g
食塩相当量	6.3g
カルシウム	139mg
鉄	—
ビタミンA	—
ビタミンB₁	0.22mg
ビタミンB₂	0.32mg
ビタミンC	—

日清食品(株)　（2023年11月現在）

サッポロ一番　塩らーめんどんぶり　内容量75g

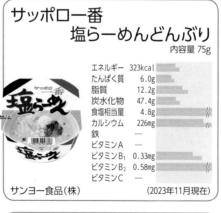

エネルギー	323kcal
たんぱく質	6.0g
脂質	12.2g
炭水化物	47.4g
食塩相当量	4.8g
カルシウム	226mg
鉄	—
ビタミンA	—
ビタミンB₁	0.33mg
ビタミンB₂	0.58mg
ビタミンC	—

サンヨー食品(株)　（2023年11月現在）

明星 チャルメラカップ　しょうゆ　内容量68g

エネルギー	312kcal
たんぱく質	7.7g
脂質	13.7g
炭水化物	39.5g
食塩相当量	4.2g
カルシウム	86mg
鉄	—
ビタミンA	—
ビタミンB₁	0.36mg
ビタミンB₂	0.24mg
ビタミンC	—

明星食品(株)　（2023年10月現在）

日清カレーメシ ビーフ　内容量107g

エネルギー	465kcal
たんぱく質	7.2g
脂質	15.5g
炭水化物	74.1g
食塩相当量	2.9g
カルシウム	—
鉄	—
ビタミンA	—
ビタミンB₁	—
ビタミンB₂	—
ビタミンC	—

日清食品(株)　（2023年11月現在）

日清焼そばU.F.O.　内容量128g

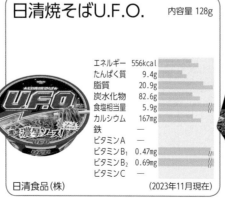

エネルギー	556kcal
たんぱく質	9.4g
脂質	20.9g
炭水化物	82.6g
食塩相当量	5.9g
カルシウム	167mg
鉄	—
ビタミンA	—
ビタミンB₁	0.47mg
ビタミンB₂	0.69mg
ビタミンC	—

日清食品(株)　（2023年11月現在）

明星 一平ちゃん　夜店の焼そば　内容量135g

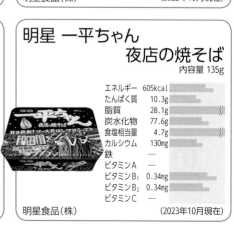

エネルギー	605kcal
たんぱく質	10.3g
脂質	28.1g
炭水化物	77.6g
食塩相当量	4.7g
カルシウム	130mg
鉄	—
ビタミンA	—
ビタミンB₁	0.34mg
ビタミンB₂	0.34mg
ビタミンC	—

明星食品(株)　（2023年10月現在）

※脂質，炭水化物と食塩相当量は「目標量」，それ以外は「推奨量」の数値を用いた。なお，脂質については，目標量を25％（中央値）として「推定エネルギー必要量×25（％）÷9÷3」，炭水化物については，目標量を57.5％（中央値）として「推定エネルギー必要量×57.5（％）÷4÷3」で求めた。

日清のどん兵衛 きつねうどん<東>

内容量 96g

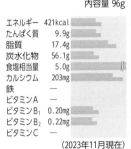

エネルギー	421kcal
たんぱく質	9.9g
脂質	17.4g
炭水化物	56.1g
食塩相当量	5.0g
カルシウム	203mg
鉄	—
ビタミンA	—
ビタミンB₁	0.20mg
ビタミンB₂	0.22mg
ビタミンC	—

日清食品（株）　　　（2023年11月現在）

マルちゃん 赤いきつねうどん<東向け>

内容量 96g

エネルギー	412kcal
たんぱく質	9.9g
脂質	18.0g
炭水化物	52.6g
食塩相当量	5.8g
カルシウム	154mg
鉄	—
ビタミンA	—
ビタミンB₁	0.35mg
ビタミンB₂	0.33mg
ビタミンC	—

東洋水産（株）　　　（2023年11月現在）

マルちゃん 緑のたぬき天そば<東向け>

内容量 101g

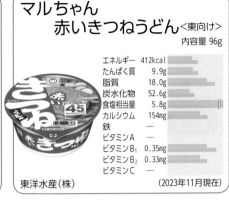

エネルギー	482kcal
たんぱく質	11.8g
脂質	24.3g
炭水化物	53.9g
食塩相当量	5.8g
カルシウム	152mg
鉄	—
ビタミンA	—
ビタミンB₁	0.37mg
ビタミンB₂	0.32mg
ビタミンC	—

東洋水産（株）　　　（2023年11月現在）

明星 チャルメラ バリカタ麺豚骨

内容量 82g

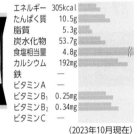

エネルギー	305kcal
たんぱく質	10.5g
脂質	5.3g
炭水化物	53.7g
食塩相当量	4.8g
カルシウム	192mg
鉄	—
ビタミンA	—
ビタミンB₁	0.25mg
ビタミンB₂	0.34mg
ビタミンC	—

明星食品（株）　　　（2023年10月現在）

明星 中華三昧 榮林 酸辣湯麺

内容量 103g

紙を主要素材としたパッケージで，プラスチック使用量を削減

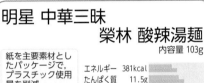

エネルギー	381kcal
たんぱく質	11.5g
脂質	9.5g
炭水化物	62.3g
食塩相当量	6.1g
カルシウム	—
鉄	—
ビタミンA	—
ビタミンB₁	—
ビタミンB₂	—
ビタミンC	—

明星食品（株）　　　（2023年10月現在）

マルちゃん正麺 醤油味

内容量 105g

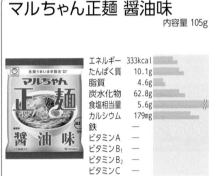

エネルギー	333kcal
たんぱく質	10.1g
脂質	4.6g
炭水化物	62.8g
食塩相当量	5.6g
カルシウム	179mg
鉄	—
ビタミンA	—
ビタミンB₁	—
ビタミンB₂	—
ビタミンC	—

東洋水産（株）　　　（2023年11月現在）

スーパーカップ1.5倍 とんこつラーメン

内容量 111g

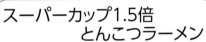
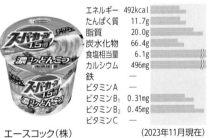

エネルギー	492kcal
たんぱく質	11.7g
脂質	20.0g
炭水化物	66.4g
食塩相当量	6.1g
カルシウム	496mg
鉄	—
ビタミンA	—
ビタミンB₁	0.31mg
ビタミンB₂	0.45mg
ビタミンC	—

エースコック（株）　　　（2023年11月現在）

タテ型 飲み干す一杯 担担麺

内容量 76g

エネルギー	354kcal
たんぱく質	8.7g
脂質	17.3g
炭水化物	40.8g
食塩相当量	3.8g
カルシウム	239mg
鉄	—
ビタミンA	—
ビタミンB₁	0.31mg
ビタミンB₂	0.25mg
ビタミンC	—

エースコック（株）　　　（2023年11月現在）

スープはるさめ かきたま

内容量 20g

エネルギー	70kcal
たんぱく質	1.4g
脂質	0.5g
炭水化物	15.1g
食塩相当量	1.7g
カルシウム	—
鉄	—
ビタミンA	—
ビタミンB₁	—
ビタミンB₂	—
ビタミンC	—

エースコック（株）　　　（2023年11月現在）

スーパーカップ大盛り 新・いか天ふりかけ焼そば

内容量 113g

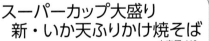

エネルギー	459kcal
たんぱく質	7.8g
脂質	15.7g
炭水化物	71.5g
食塩相当量	4.7g
カルシウム	319mg
鉄	—
ビタミンA	—
ビタミンB₁	0.42mg
ビタミンB₂	0.53mg
ビタミンC	—

エースコック（株）　　　（2023年11月現在）

クノール® スープDELI®
<まるごと1個分完熟トマトのスープパスタ>

内容量 40.6g

エネルギー	150kcal
たんぱく質	4.4g
脂質	1.4g
炭水化物	30g
食塩相当量	1.7g
カルシウム	—
鉄	—
ビタミンA	—
ビタミンB₁	—
ビタミンB₂	—
ビタミンC	—

味の素（株）　　　（2023年11月現在）

クノール® ほうれん草とベーコンのスープ

内容量 32g
（5食入り）

（1食6.4gあたりの数値）

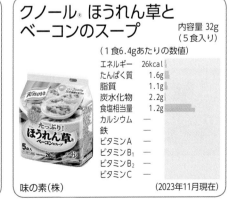

エネルギー	26kcal
たんぱく質	1.6g
脂質	1.1g
炭水化物	2.2g
食塩相当量	1.2g
カルシウム	—
鉄	—
ビタミンA	—
ビタミンB₁	—
ビタミンB₂	—
ビタミンC	—

味の素（株）　　　（2023年11月現在）

市販食品

サステナブルな取り組みの一部を紹介した。

ホイップメロンパン

内容量 98g

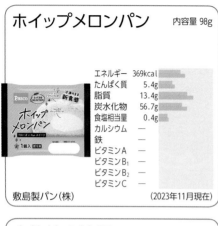

エネルギー	369kcal
たんぱく質	5.4g
脂質	13.4g
炭水化物	56.7g
食塩相当量	0.4g
カルシウム	—
鉄	—
ビタミンA	—
ビタミンB₁	—
ビタミンB₂	—
ビタミンC	—

敷島製パン(株)　　　(2023年11月現在)

冷凍 日清のラーメン屋さん しょうゆ

内容量 206g

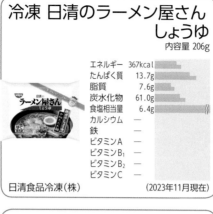

エネルギー	367kcal
たんぱく質	13.7g
脂質	7.6g
炭水化物	61.0g
食塩相当量	6.4g
カルシウム	—
鉄	—
ビタミンA	—
ビタミンB₁	—
ビタミンB₂	—
ビタミンC	—

日清食品冷凍(株)　　　(2023年11月現在)

行列のできる店のラーメン こってり醤油 2人前

内容量 354g

賞味期限を40日から60日に延長し,食品ロスを削減

（1人前177gあたりの数値）

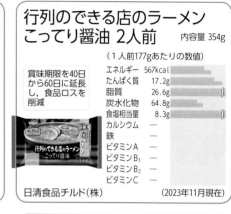

エネルギー	567kcal
たんぱく質	17.2g
脂質	26.6g
炭水化物	64.8g
食塩相当量	8.3g
カルシウム	—
鉄	—
ビタミンA	—
ビタミンB₁	—
ビタミンB₂	—
ビタミンC	—

日清食品チルド(株)　　　(2023年11月現在)

本格炒め炒飯®

内容量 450g

グリーン電力使用,バイオマスインキ使用,パッケージ薄肉化

（100gあたりの数値）

エネルギー	213kcal
たんぱく質	5.7g
脂質	7.6g
炭水化物	30.5g
食塩相当量	1.0g
カルシウム	—
鉄	—
ビタミンA	—
ビタミンB₁	—
ビタミンB₂	—
ビタミンC	—

(株)ニチレイフーズ　　　(2023年11月現在)

ニップン いまどきごはん 具だくさんビビンバ

内容量 300g

PEFC(森林認証)紙を使った紙トレー使用

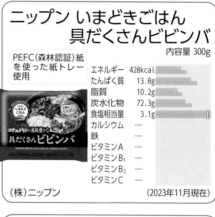

エネルギー	428kcal
たんぱく質	13.8g
脂質	10.2g
炭水化物	72.3g
食塩相当量	3.1g
カルシウム	—
鉄	—
ビタミンA	—
ビタミンB₁	—
ビタミンB₂	—
ビタミンC	—

(株)ニップン　　　(2023年11月現在)

オーマイプレミアム 海の幸のペスカトーレ

内容量 280g

PEFC(森林認証)紙を使った紙トレー使用

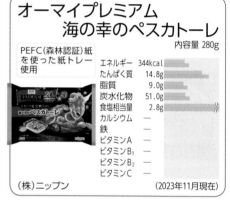

エネルギー	344kcal
たんぱく質	14.8g
脂質	9.0g
炭水化物	51.0g
食塩相当量	2.8g
カルシウム	—
鉄	—
ビタミンA	—
ビタミンB₁	—
ビタミンB₂	—
ビタミンC	—

(株)ニップン　　　(2023年11月現在)

和風野菜

内容量 300g

（100gあたりの数値）

エネルギー	46kcal
たんぱく質	1.5g
脂質	0.2g
炭水化物	9.5g
食塩相当量	0.1g
カルシウム	—
鉄	—
ビタミンA	—
ビタミンB₁	—
ビタミンB₂	—
ビタミンC	—

(株)ニチレイフーズ　　　(2023年11月現在)

お弁当にGood！® ミニハンバーグ

内容量 126g(6個入)

バイオマスインキ使用,パッケージ薄肉化・小型化,段ボールにFSC®認証紙使用

（21gあたりの数値）

エネルギー	41kcal
たんぱく質	2.5g
脂質	2.5g
炭水化物	2.1g
食塩相当量	0.3g
カルシウム	—
鉄	—
ビタミンA	—
ビタミンB₁	—
ビタミンB₂	—
ビタミンC	—

(株)ニチレイフーズ　　　(2023年11月現在)

ハコネーゼ 生クリームとゴーダチーズの濃厚カルボナーラ

内容量 115g

外装箱をなくし紙資源を削減,レンジ調理可能

エネルギー	200kcal
たんぱく質	5.3g
脂質	16.4g
炭水化物	7.8g
食塩相当量	2.2g
カルシウム	—
鉄	—
ビタミンA	—
ビタミンB₁	—
ビタミンB₂	—
ビタミンC	—

(株)創味食品　　　(2023年11月現在)

そのまま使える 高原育ち®のブロッコリー

内容量 250g

（100gあたりの数値）

エネルギー	37kcal
たんぱく質	2.7g
脂質	0.1g
炭水化物	6.4g
食塩相当量	0.04g
カルシウム	—
鉄	—
ビタミンA	—
ビタミンB₁	—
ビタミンB₂	—
ビタミンC	—

(株)ニチレイフーズ　　　(2023年11月現在)

塩あじえだ豆

内容量 360g

（100gあたりの数値）

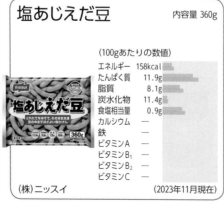

エネルギー	158kcal
たんぱく質	11.9g
脂質	8.1g
炭水化物	11.4g
食塩相当量	0.9g
カルシウム	—
鉄	—
ビタミンA	—
ビタミンB₁	—
ビタミンB₂	—
ビタミンC	—

(株)ニッスイ　　　(2023年11月現在)

箱ごとレンジ ボンカレーゴールド

＜中辛＞ 内容量 180g

レンジ調理でCO₂排出量低減,調理時間短縮

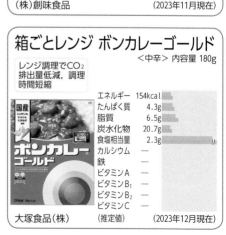

エネルギー	154kcal
たんぱく質	4.3g
脂質	6.5g
炭水化物	20.7g
食塩相当量	2.3g
カルシウム	—
鉄	—
ビタミンA	—
ビタミンB₁	—
ビタミンB₂	—
ビタミンC	—

大塚食品(株)　　　(推定値)　(2023年12月現在)

サステナブルな取り組みの一部を紹介した。

白チャーハン

(100gあたりの数値)

エネルギー	194kcal
たんぱく質	4.4g
脂質	4.5~9.7g
炭水化物	28g
食塩相当量	0.71g
カルシウム	—
鉄	—
ビタミンA	—
ビタミンB₁	—
ビタミンB₂	—
ビタミンC	—

味の素冷凍食品(株)　　(2023年11月現在)

ギョーザ

(1個23gあたりの数値)

エネルギー	36kcal
たんぱく質	1.5g
脂質	1.5g
炭水化物	4.0g
食塩相当量	0.24g
カルシウム	—
鉄	—
ビタミンA	—
ビタミンB₁	—
ビタミンB₂	—
ビタミンC	—

味の素冷凍食品(株)　　(2023年11月現在)

「ザ★®シュウマイ」

(100gあたりの数値)

エネルギー	214kcal
たんぱく質	9.9g
脂質	14.1g
炭水化物	11.8g
食塩相当量	1.5g
カルシウム	—
鉄	—
ビタミンA	—
ビタミンB₁	—
ビタミンB₂	—
ビタミンC	—

味の素冷凍食品(株)　　(2023年11月現在)

やわらか若鶏から揚げ ボリュームパック

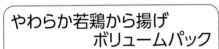
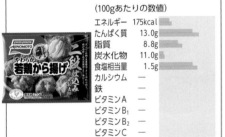

(100gあたりの数値)

エネルギー	175kcal
たんぱく質	13.0g
脂質	8.8g
炭水化物	11.0g
食塩相当量	1.5g
カルシウム	—
鉄	—
ビタミンA	—
ビタミンB₁	—
ビタミンB₂	—
ビタミンC	—

味の素冷凍食品(株)　　(2023年11月現在)

カップに入ったエビのグラタン

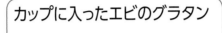

(100gあたりの数値)

エネルギー	114kcal
たんぱく質	3.9g
脂質	4.4g
炭水化物	14.7g
食塩相当量	1.27g
カルシウム	—
鉄	—
ビタミンA	—
ビタミンB₁	—
ビタミンB₂	—
ビタミンC	—

味の素冷凍食品(株)　　(2023年11月現在)

えびとチーズのグラタン

内容量 112g(4カップ入)

包材の減容化，バイオマスインキ使用

(1カップ28gあたりの数値)

エネルギー	33kcal
たんぱく質	1.3g
脂質	1.2g
炭水化物	4.3g
食塩相当量	0.3g
カルシウム	75mg
鉄	—
ビタミンA	—
ビタミンB₁	—
ビタミンB₂	—
ビタミンC	—

マルハニチロ(株)　　(2023年11月現在)

お皿がいらない 汁なし担々麺

内容量 327g

エネルギー	549kcal
たんぱく質	20.2g
脂質	20.6g
炭水化物	70.6g
食塩相当量	6.5g
カルシウム	—
鉄	—
ビタミンA	—
ビタミンB₁	—
ビタミンB₂	—
ビタミンC	—

テーブルマーク(株)　　(2023年11月現在)

お皿がいらない ぶっかけ牛肉うどん

内容量 294g

エネルギー	373kcal
たんぱく質	11.4g
脂質	5.2g
炭水化物	69.6g
食塩相当量	3.8g
カルシウム	—
鉄	—
ビタミンA	—
ビタミンB₁	—
ビタミンB₂	—
ビタミンC	—

テーブルマーク(株)　　(2023年11月現在)

白身魚タルタルソース

内容量 126g(6個入)

プラスチックトレー薄肉化，MSC認証水産物を使用，バイオマスインキ使用

(1個21gあたりの数値)

エネルギー	80kcal
たんぱく質	1.7g
脂質	6.3g
炭水化物	4.1g
食塩相当量	0.3g
カルシウム	—
鉄	—
ビタミンA	—
ビタミンB₁	—
ビタミンB₂	—
ビタミンC	—

マルハニチロ(株)　　(2023年11月現在)

ごっつ旨いお好み焼

内容量 300g

内装フィルム(ポリエチレン)を廃止

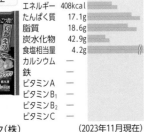

エネルギー	408kcal
たんぱく質	17.1g
脂質	18.6g
炭水化物	42.9g
食塩相当量	4.2g
カルシウム	—
鉄	—
ビタミンA	—
ビタミンB₁	—
ビタミンB₂	—
ビタミンC	—

テーブルマーク(株)　　(2023年11月現在)

石臼挽き 海老天そば

内容量 227g

エネルギー	333kcal
たんぱく質	13.6g
脂質	5.7g
炭水化物	56.8g
食塩相当量	6.1g
カルシウム	—
鉄	—
ビタミンA	—
ビタミンB₁	—
ビタミンB₂	—
ビタミンC	—

テーブルマーク(株)　　(2023年11月現在)

新潟県産こしひかり(分割)4食

内容量 600g(4食入)

(1食150gあたりの数値)

エネルギー	216kcal
たんぱく質	2.9g
脂質	0.5g
炭水化物	50.3g
食塩相当量	0.0g
カルシウム	—
鉄	—
ビタミンA	—
ビタミンB₁	—
ビタミンB₂	—
ビタミンC	—

テーブルマーク(株)　　(2023年11月現在)

市販食品

ビッグマック®
内容量 217g

エネルギー	526kcal
たんぱく質	25.9g
脂質	28.2g
炭水化物	41.9g
食塩相当量	2.5g
カルシウム	140mg
鉄	2.2mg
ビタミンA	72μg
ビタミンB₁	0.18mg
ビタミンB₂	0.24mg
ビタミンC	2mg

日本マクドナルド(株)　　(2023年11月現在)

モス野菜バーガー(セット)
<モス野菜バーガー
＋フレンチフライポテトM+
アイスティー キャンディ茶葉M>
重量 537.4g

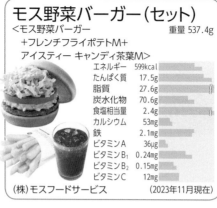

エネルギー	599kcal
たんぱく質	17.5g
脂質	27.6g
炭水化物	70.6g
食塩相当量	2.4g
カルシウム	53mg
鉄	2.1mg
ビタミンA	36μg
ビタミンB₁	0.24mg
ビタミンB₂	0.15mg
ビタミンC	12mg

(株)モスフードサービス　　(2023年11月現在)

オリジナルチキン
可食部平均重量 87g

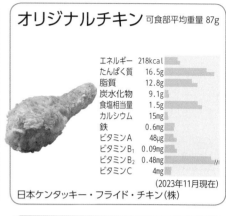

エネルギー	218kcal
たんぱく質	16.5g
脂質	12.8g
炭水化物	9.1g
食塩相当量	1.5g
カルシウム	15mg
鉄	0.6mg
ビタミンA	48μg
ビタミンB₁	0.09mg
ビタミンB₂	0.48mg
ビタミンC	4mg

日本ケンタッキー・フライド・チキン(株)　　(2023年11月現在)

フィレオフィッシュ®
内容量 141g

エネルギー	336kcal
たんぱく質	14.7g
脂質	14.1g
炭水化物	38.0g
食塩相当量	1.7g
カルシウム	77mg
鉄	0.5mg
ビタミンA	28μg
ビタミンB₁	0.12mg
ビタミンB₂	0.09mg
ビタミンC	0mg

日本マクドナルド(株)　　(2023年11月現在)

ハンバーガー
重量 128.3g

エネルギー	308kcal
たんぱく質	13.8g
脂質	12.4g
炭水化物	35.4g
食塩相当量	1.7g
カルシウム	28mg
鉄	1.3mg
ビタミンA	13μg
ビタミンB₁	0.09mg
ビタミンB₂	0.10mg
ビタミンC	2mg

(株)モスフードサービス　　(2023年11月現在)

チキンフィレバーガー
内容量 161g

エネルギー	401kcal
たんぱく質	24.5g
脂質	20.0g
炭水化物	31.0g
食塩相当量	2.4g
カルシウム	24mg
鉄	0.9mg
ビタミンA	20μg
ビタミンB₁	0.19mg
ビタミンB₂	0.13mg
ビタミンC	3mg

日本ケンタッキー・フライド・チキン(株)　　(2023年11月現在)

シャカチキ(チキンのみ)
内容量 94g

エネルギー	243kcal
たんぱく質	14.9g
脂質	12.8g
炭水化物	17.2g
食塩相当量	1.6g
カルシウム	10mg
鉄	0.4mg
ビタミンA	5μg
ビタミンB₁	0.09mg
ビタミンB₂	0.08mg
ビタミンC	0mg

日本マクドナルド(株)　　(2023年11月現在)

モスライスバーガー
海鮮かきあげ(塩だれ)
重量 183.0g

エネルギー	373kcal
たんぱく質	8.5g
脂質	10.5g
炭水化物	61.5g
食塩相当量	1.9g
カルシウム	44mg
鉄	0.6mg
ビタミンA	56μg
ビタミンB₁	0.09mg
ビタミンB₂	0.04mg
ビタミンC	0mg

(株)モスフードサービス　　(2023年11月現在)

和風チキンカツバーガー
内容量 165g

エネルギー	429kcal
たんぱく質	16.2g
脂質	22.7g
炭水化物	40.4g
食塩相当量	2.0g
カルシウム	27mg
鉄	0.9mg
ビタミンA	8μg
ビタミンB₁	0.13mg
ビタミンB₂	0.09mg
ビタミンC	10mg

日本ケンタッキー・フライド・チキン(株)　　(2023年11月現在)

マックシェイク®<バニラ(S)>
内容量 194g

エネルギー	223kcal
たんぱく質	3.9g
脂質	3.4g
炭水化物	44.4g
食塩相当量	0.3g
カルシウム	140mg
鉄	0.0mg
ビタミンA	27μg
ビタミンB₁	0.07mg
ビタミンB₂	0.22mg
ビタミンC	0mg

日本マクドナルド(株)　　(2023年11月現在)

モスチキン
重量 90.0g

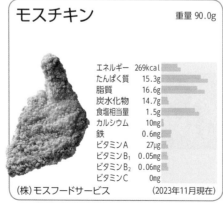

エネルギー	269kcal
たんぱく質	15.3g
脂質	16.6g
炭水化物	14.7g
食塩相当量	1.5g
カルシウム	10mg
鉄	0.6mg
ビタミンA	27μg
ビタミンB₁	0.06mg
ビタミンB₂	0.05mg
ビタミンC	0mg

(株)モスフードサービス　　(2023年11月現在)

ビスケット<ハニーメイプル付>
内容量 51/ハニーメイプル10g

エネルギー	229kcal
たんぱく質	3.2g
脂質	11.1g
炭水化物	28.7g
食塩相当量	0.9g
カルシウム	24mg
鉄	0.2mg
ビタミンA	5μg
ビタミンB₁	0.04mg
ビタミンB₂	0.03mg
ビタミンC	0mg

日本ケンタッキー・フライド・チキン(株)　　(2023年11月現在)

えびアボカドポテトセット
<コロコロポテト オリジナル(S)＋アイスティー(S)>

内容量 500g

エネルギー	502kcal
たんぱく質	14.5g
脂質	19.7g
炭水化物	67.5g
食塩相当量	2.5g
カルシウム	—
鉄	—
ビタミンA	—
ビタミンB₁	—
ビタミンB₂	—
ビタミンC	—

サブウェイ　　　　　　　　　(2023年11月現在)

牛丼(並盛)＋オクラサラダセット

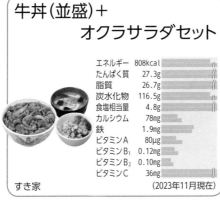

エネルギー	808kcal
たんぱく質	27.3g
脂質	26.7g
炭水化物	116.5g
食塩相当量	4.8g
カルシウム	78mg
鉄	1.9mg
ビタミンA	80μg
ビタミンB₁	0.12mg
ビタミンB₂	0.10mg
ビタミンC	36mg

すき家　　　　　　　　　(2023年11月現在)

絶品チーズバーガーポテトMセット
<絶品チーズバーガー＋フレンチフライポテトM＋ウーロン茶>

エネルギー	751kcal
たんぱく質	22.3g
脂質	44.5g
炭水化物	66.4g
食塩相当量	2.6g
カルシウム	—
鉄	—
ビタミンA	—
ビタミンB₁	—
ビタミンB₂	—
ビタミンC	—

(株)ロッテリア　　　　　　(2023年11月現在)

BLT

内容量 167g

エネルギー	335kcal
たんぱく質	13.5g
脂質	12.9g
炭水化物	42.2g
食塩相当量	1.9g
カルシウム	—
鉄	—
ビタミンA	—
ビタミンB₁	—
ビタミンB₂	—
ビタミンC	—

サブウェイ　　　　　　　　　(2023年11月現在)

牛まぜのっけ朝食

エネルギー	622kcal
たんぱく質	20.8g
脂質	15.3g
炭水化物	100.2g
食塩相当量	1.1g
カルシウム	78mg
鉄	1.7mg
ビタミンA	153μg
ビタミンB₁	0.10mg
ビタミンB₂	0.26mg
ビタミンC	5mg

すき家　　　　　　　　　(2023年11月現在)

エビバーガー

エネルギー	449kcal
たんぱく質	12.5g
脂質	26.0g
炭水化物	41.3g
食塩相当量	2.6g
カルシウム	—
鉄	—
ビタミンA	—
ビタミンB₁	—
ビタミンB₂	—
ビタミンC	—

(株)ロッテリア　　　　　　(2023年11月現在)

生ハム＆マスカルポーネ

内容量 201g

エネルギー	326kcal
たんぱく質	15.5g
脂質	11.2g
炭水化物	42.3g
食塩相当量	2.5g
カルシウム	—
鉄	—
ビタミンA	—
ビタミンB₁	—
ビタミンB₂	—
ビタミンC	—

サブウェイ　　　　　　　　　(2023年11月現在)

とろ〜り３種のチーズ牛丼(並盛)

エネルギー	921kcal
たんぱく質	35.0g
脂質	38.5g
炭水化物	109.2g
食塩相当量	4.0g
カルシウム	321mg
鉄	1.9mg
ビタミンA	99μg
ビタミンB₁	0.12mg
ビタミンB₂	0.33mg
ビタミンC	3mg

すき家　　　　　　　　　(2023年11月現在)

シェーキ(バニラ風味)

エネルギー	176kcal
たんぱく質	3.7g
脂質	6.0g
炭水化物	27.0g
食塩相当量	0.3g
カルシウム	—
鉄	—
ビタミンA	—
ビタミンB₁	—
ビタミンB₂	—
ビタミンC	—

(株)ロッテリア　　　　　　(2023年11月現在)

チーズサラダチキン

内容量 208g

エネルギー	331kcal
たんぱく質	22.7g
脂質	8.8g
炭水化物	41.8g
食塩相当量	2.3g
カルシウム	—
鉄	—
ビタミンA	—
ビタミンB₁	—
ビタミンB₂	—
ビタミンC	—

サブウェイ　　　　　　　　　(2023年11月現在)

牛・お食事サラダ

エネルギー	369kcal
たんぱく質	15.3g
脂質	23.3g
炭水化物	23.2g
食塩相当量	1.8g
カルシウム	25mg
鉄	1.6mg
ビタミンA	36μg
ビタミンB₁	0.14mg
ビタミンB₂	0.15mg
ビタミンC	29mg

すき家　　　　　　　　　(2023年11月現在)

のび〜るチーズスティック(2本入り)

エネルギー	211kcal
たんぱく質	6.3g
脂質	14.2g
炭水化物	14.6g
食塩相当量	0.9g
カルシウム	—
鉄	—
ビタミンA	—
ビタミンB₁	—
ビタミンB₂	—
ビタミンC	—

(株)ロッテリア　　　　　　(2023年11月現在)

外食・食品一般調理食品

濃厚ビーフシチューの 包み焼きハンバーグ (145g)

エネルギー	679kcal
たんぱく質	28.6g
脂質	39.9g
炭水化物	45.1g
食塩相当量	3.6g
カルシウム	—
鉄	—
ビタミンA	—
ビタミンB₁	—
ビタミンB₂	—
ビタミンC	—

ココス　　　　　　　　　（2023年11月現在）

魚介のスープパスタ (麺90g)

エネルギー	596kcal
たんぱく質	31.0g
脂質	15.4g
炭水化物	86.5g
食塩相当量	5.4g
カルシウム	—
鉄	—
ビタミンA	—
ビタミンB₁	—
ビタミンB₂	—
ビタミンC	—

ココス　　　　　　　　　（2023年11月現在）

山盛り!! カリカリポテト (ソース含まず)

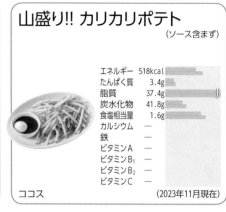

エネルギー	518kcal
たんぱく質	3.4g
脂質	37.4g
炭水化物	41.8g
食塩相当量	1.6g
カルシウム	—
鉄	—
ビタミンA	—
ビタミンB₁	—
ビタミンB₂	—
ビタミンC	—

ココス　　　　　　　　　（2023年11月現在）

シェアサイズ カリフォルニアタコサラダ (ドレッシング含まず)

エネルギー	639kcal
たんぱく質	16.8g
脂質	44.6g
炭水化物	42.5g
食塩相当量	2.8g
カルシウム	—
鉄	—
ビタミンA	—
ビタミンB₁	—
ビタミンB₂	—
ビタミンC	—

ココス　　　　　　　　　（2023年11月現在）

メイプルココッシュ

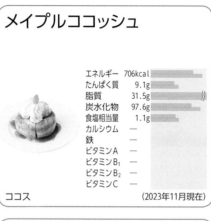

エネルギー	706kcal
たんぱく質	9.1g
脂質	31.5g
炭水化物	97.6g
食塩相当量	1.1g
カルシウム	—
鉄	—
ビタミンA	—
ビタミンB₁	—
ビタミンB₂	—
ビタミンC	—

ココス　　　　　　　　　（2023年11月現在）

小エビのサラダ (184g)

エネルギー	134kcal
たんぱく質	8.1g
脂質	8.3g
炭水化物	7.1g
食塩相当量	1.34g
カルシウム	—
鉄	—
ビタミンA	—
ビタミンB₁	—
ビタミンB₂	—
ビタミンC	—

サイゼリヤ　　　　　　　（2023年11月現在）

タラコソースシシリー風 (261g)

エネルギー	548kcal
たんぱく質	18.2g
脂質	18.4g
炭水化物	76.8g
食塩相当量	1.93g
カルシウム	—
鉄	—
ビタミンA	—
ビタミンB₁	—
ビタミンB₂	—
ビタミンC	—

サイゼリヤ　　　　　　　（2023年11月現在）

ミラノ風ドリア (292g)

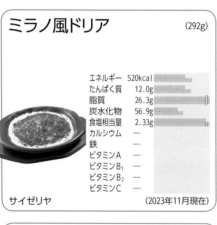

エネルギー	520kcal
たんぱく質	12.0g
脂質	26.3g
炭水化物	56.9g
食塩相当量	2.33g
カルシウム	—
鉄	—
ビタミンA	—
ビタミンB₁	—
ビタミンB₂	—
ビタミンC	—

サイゼリヤ　　　　　　　（2023年11月現在）

ハンバーグステーキ (336g)

エネルギー	571kcal
たんぱく質	30.5g
脂質	33.2g
炭水化物	37.0g
食塩相当量	5.46g
カルシウム	—
鉄	—
ビタミンA	—
ビタミンB₁	—
ビタミンB₂	—
ビタミンC	—

サイゼリヤ　　　　　　　（2023年11月現在）

長崎ちゃんぽん

エネルギー	642kcal
たんぱく質	21.9g
脂質	23.5g
炭水化物	83.4g
食塩相当量	7.1g
カルシウム	—
鉄	—
ビタミンA	—
ビタミンB₁	—
ビタミンB₂	—
ビタミンC	—

リンガーハット　　　　　（2023年11月現在）

長崎皿うどん

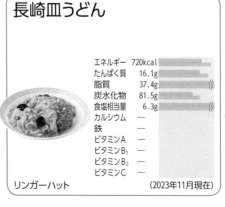

エネルギー	720kcal
たんぱく質	16.1g
脂質	37.4g
炭水化物	81.5g
食塩相当量	6.3g
カルシウム	—
鉄	—
ビタミンA	—
ビタミンB₁	—
ビタミンB₂	—
ビタミンC	—

リンガーハット　　　　　（2023年11月現在）

ぎょうざ (5 個)

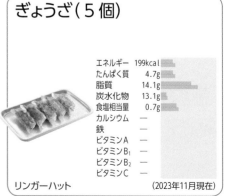

エネルギー	199kcal
たんぱく質	4.7g
脂質	14.1g
炭水化物	13.1g
食塩相当量	0.7g
カルシウム	—
鉄	—
ビタミンA	—
ビタミンB₁	—
ビタミンB₂	—
ビタミンC	—

リンガーハット　　　　　（2023年11月現在）

※食塩相当量は，ナトリウム量から算出した。

ロースかつ丼

エネルギー	944kcal
たんぱく質	31.7g
脂質	36.6g
炭水化物	126.5g
食塩相当量	4.3g
カルシウム	—
鉄	—
ビタミンA	—
ビタミンB₁	—
ビタミンB₂	—
ビタミンC	—

ほっともっと　(2023年11月現在)

黒酢酢鶏の幕の内弁当

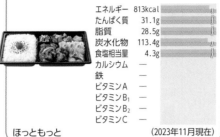

エネルギー	813kcal
たんぱく質	31.1g
脂質	28.5g
炭水化物	113.4g
食塩相当量	4.3g
カルシウム	—
鉄	—
ビタミンA	—
ビタミンB₁	—
ビタミンB₂	—
ビタミンC	—

ほっともっと　(2023年11月現在)

カルビ焼肉弁当

エネルギー	753kcal
たんぱく質	20.6g
脂質	27.5g
炭水化物	109.3g
食塩相当量	2.8g
カルシウム	—
鉄	—
ビタミンA	—
ビタミンB₁	—
ビタミンB₂	—
ビタミンC	—

ほっともっと　(2023年11月現在)

チキン竜田のり弁当

エネルギー	789kcal
たんぱく質	25.2g
脂質	27.4g
炭水化物	106.7g
食塩相当量	3.6g
カルシウム	—
鉄	—
ビタミンA	—
ビタミンB₁	—
ビタミンB₂	—
ビタミンC	—

キッチンオリジン (関東地区販売商品，2023年11月現在)

タルタルのり弁当

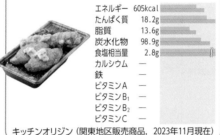

エネルギー	605kcal
たんぱく質	18.2g
脂質	13.6g
炭水化物	98.9g
食塩相当量	2.8g
カルシウム	—
鉄	—
ビタミンA	—
ビタミンB₁	—
ビタミンB₂	—
ビタミンC	—

キッチンオリジン (関東地区販売商品，2023年11月現在)

～野菜たっぷり～　肉野菜炒め弁当

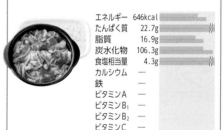

エネルギー	646kcal
たんぱく質	22.7g
脂質	16.9g
炭水化物	106.3g
食塩相当量	4.3g
カルシウム	—
鉄	—
ビタミンA	—
ビタミンB₁	—
ビタミンB₂	—
ビタミンC	—

ほっともっと　(2023年11月現在)

海老とブロッコリーのサラダ

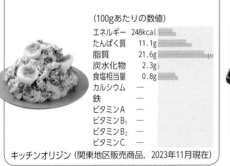

(100gあたりの数値)

エネルギー	248kcal
たんぱく質	11.1g
脂質	21.6g
炭水化物	2.3g
食塩相当量	0.8g
カルシウム	—
鉄	—
ビタミンA	—
ビタミンB₁	—
ビタミンB₂	—
ビタミンC	—

キッチンオリジン (関東地区販売商品，2023年11月現在)

若鶏のこだわり醤油唐揚げ

(100gあたりの数値)

エネルギー	273kcal
たんぱく質	13.6g
脂質	17.9g
炭水化物	12.5g
食塩相当量	1.9g
カルシウム	—
鉄	—
ビタミンA	—
ビタミンB₁	—
ビタミンB₂	—
ビタミンC	—

キッチンオリジン (関東地区販売商品，2023年11月現在)

源おにぎり　鮭～北海道産鮭使用～

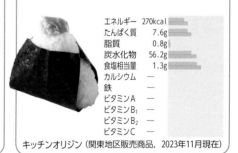

エネルギー	270kcal
たんぱく質	7.6g
脂質	0.8g
炭水化物	56.2g
食塩相当量	1.3g
カルシウム	—
鉄	—
ビタミンA	—
ビタミンB₁	—
ビタミンB₂	—
ビタミンC	—

キッチンオリジン (関東地区販売商品，2023年11月現在)

こだわりのミックスサンド

(124g)

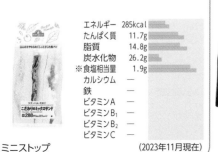

エネルギー	285kcal
たんぱく質	11.7g
脂質	14.8g
炭水化物	26.2g
※食塩相当量	1.9g
カルシウム	—
鉄	—
ビタミンA	—
ビタミンB₁	—
ビタミンB₂	—
ビタミンC	—

ミニストップ　(2023年11月現在)

盛旨っ! タルタルチキン南蛮弁当

(557g)

エネルギー	1164kcal
たんぱく質	31.2g
脂質	50.1g
炭水化物	147.1g
※食塩相当量	8.4g
カルシウム	—
鉄	—
ビタミンA	—
ビタミンB₁	—
ビタミンB₂	—
ビタミンC	—

ミニストップ　(2023年11月現在)

つゆ旨牛丼

(350g)

エネルギー	654kcal
たんぱく質	17.5g
脂質	28.4g
炭水化物	82.2g
※食塩相当量	2.8g
カルシウム	—
鉄	—
ビタミンA	—
ビタミンB₁	—
ビタミンB₂	—
ビタミンC	—

ミニストップ　(2023年11月現在)

外食・一般
調理食品

暮らしのなかのさまざまなマーク

安全

■JISマーク

品質，仕様などが水準以上である鉱工業品につける。（産業標準化法）

■SGマーク

安全基準に適合した消費生活用製品につける。（製品安全協会）

■TSマーク

安全基準に適合した普通自転車につける。（日本交通管理技術協会）

■S-JETマーク

安全基準に適合した電気・電子製品につける。（電気安全環境研究所）

■S-JQAマーク

安全基準に適合した電気・電子製品につける。（日本品質保証機構）

■STマーク

玩具安全基準に合格したおもちゃにつける。（日本玩具協会）

■SFマーク

基準検査と安全検査に適合した花火につける。（日本煙火協会）

■PSCマーク（特別特定製品）

基準に適合した乳幼児用ベッドや浴槽用温水循環器などにつける。（消費生活用製品安全法）

■PSCマーク（特定製品）

基準に適合した圧力なべや乗車用ヘルメットなどにつける。（消費生活用製品安全法）

■チャイルドシート型式指定マーク

道路運送車両の保安基準に適合したチャイルドシートにつける。（国土交通省）

家族・家庭

■ポジティブ・アクションシンボルマーク

ポジティブ・アクションの趣旨に賛同した活動の際に利用できる。（厚生労働省）

■女性に対する暴力根絶シンボルマーク

DVに対する社会的認識の徹底に役立てるために利用できるマーク。（内閣府）

保育

■次世代認定マーク（愛称：くるみん）

次世代育成支援対策を推進したと認定された企業が商品につける。（厚生労働省）

■マタニティマーク

妊婦が交通機関等を利用する際につけ，周囲が配慮しやすくする。（厚生労働省）

■ベビーカーマーク

ベビーカー使用者が安心して利用できる場所や設備を明示する。（国土交通省）

■イクメンプロジェクトロゴマーク

イクメンサポーター登録した企業・団体が使用できる。（厚生労働省）

■キッズデザインマーク

キッズデザイン賞受賞作品につけることができる。（キッズデザイン協議会）

福祉

■バリアフリー法シンボルマーク

バリアフリー法の認定を受けた建築物につける。（国土交通省）

■福祉用具JISマーク

適合性が認証された車いすなどにつける。（産業標準化法）

■シルバーマーク

基準を満たしたシルバーサービス事業者に交付される。（シルバーサービス振興会）

■障害者のための国際シンボルマーク

障害者が利用できる建物・施設につける。（日本障害者リハビリテーション協会）

■身体障害者マーク

身体障害者が普通自動車を運転する際に自動車につける。（道路交通法）

■耳マーク

聴覚障害者がつけ周囲が配慮しやすくする。（全日本難聴者・中途失聴者団体連合会）

■オストメイトマーク

オストメイト（人工肛門・人工膀胱造設者）対応トイレにつける。（産業標準化法）

■ハート・プラスマーク

内部障害者・内部疾患者がつけ，周囲が配慮しやすくする。（ハート・プラスの会）

■ヘルプマーク

障害などにより配慮が必要なことを周囲に知らせ，援助を得やすくする。（産業標準化法）

■ほじょ犬マーク

身体障害者補助犬同伴が可能な施設や店の入口につける。（厚生労働省）

■盲導犬マーク

目の不自由な人も一緒に遊べるおもちゃにつける。（日本玩具協会）視覚障害者用

■うさぎマーク

耳の不自由な人も一緒に遊べるおもちゃにつける。（日本玩具協会）聴覚障害者用

■自由利用マーク

障害者の利用に限りコピー・翻訳など自由に使ってよい著作物につける。（文化庁）

■カラーユニバーサルデザインマーク

多様な色覚の人に配慮したデザインにつける。（カラーユニバーサルデザイン機構）

■ユニバーサルデザインフードマーク

ユニバーサルデザインの規格に適合する商品につける。（日本介護食品協議会）

消費

■JADMAマーク

基準をクリアした日本通信販売協会の会員が表示できる。（日本通信販売協会）

■フェアトレード認証ラベル

公平な貿易の国際基準を守る製品につける。（フェアトレード・ラベル・ジャパン）

■世界フェアトレード連盟（WFTO）保証ラベル

フェアトレードの指針を守っていると保証された事業者の製品に表示。（世界フェアトレード連盟）

■レインフォレスト・アライアンス認証マーク

持続可能な農業に取り組む認証農園産の製品につける。（レインフォレスト・アライアンス）

環境

■飲料用アルミ缶識別表示マーク

分別・リサイクルを目的にアルミニウム缶につける。（資源有効利用促進法）

■飲料用スチール缶識別表示マーク

分別・リサイクルを目的にスチール缶につける。（資源有効利用促進法）

■PETボトル識別表示マーク

分別・リサイクルを目的にPETボトルにつける。（資源有効利用促進法）

■紙製容器包装識別表示マーク

分別・リサイクルを目的に紙製容器包装につける。（資源有効利用促進法）

■プラスチック製容器包装識別表示マーク

分別・リサイクルを目的にプラスチック製容器包装につける。（資源有効利用促進法）

■充電式電池識別表示マーク

分別・リサイクルを目的に小型充電式電池につける。（資源有効利用促進法）

■小型家電再資源化マーク

小型家電を分別収集・リサイクルする市町村・認定事業者等を示す。（環境省）

■紙パックマーク

アルミなし紙パックにつける。（飲料用紙容器リサイクル協議会）

■ガラスびんリターナブルマーク

協会が認定したガラスびんにつける。（日本ガラスびん協会）

■段ボールマーク

リサイクルを目的に段ボールにつける。（段ボールリサイクル協議会）

■モバイル・リサイクル・ネットワークマーク

携帯電話・PHSを回収・リサイクルする店につける。（電気通信事業者協会）

■エコマーク

環境保全に資すると認定された商品につける。（日本環境協会）

■統一美化マーク

飲料容器の散乱防止，リサイクル促進を目的に使用される。（食品容器環境美化協会）

■ＰＥＴボトルリサイクル推奨マーク

ＰＥＴボトルの再利用品につける。（ＰＥＴボトル協議会）

■牛乳パック再利用マーク

使用済み牛乳パックを原料とした商品につける。（牛乳パック再利用マーク普及促進協議会）

■グリーンマーク

古紙を原料に利用した製品であることを識別できる。（公益財団法人古紙再生促進センター）

■Ｒマーク（再生紙使用マーク）

古紙パルプ配合率を示す。（３Ｒ活動推進フォーラム）

■バイオマスマーク

生物由来の資源を活用した環境商品につける。（日本有機資源協会）

■国際エネルギースターマーク

消費電力の基準を満たすパソコンなどにつける。（経済産業省）

■省エネ性マーク（緑）

省エネ基準を100％以上達成している製品につける。（省エネルギーセンター）

■統一省エネラベル

省エネ基準をどの程度達成しているかを表示する。（省エネルギーセンター）

■ＰＣグリーンラベル

環境に十分配慮したパソコンにつける。（パソコン３Ｒ推進協会）

■ＰＣリサイクルマーク

廃棄料金が無償のパソコンにつける。（パソコン３Ｒ推進協会）

■自動車の燃費性能マーク
燃費基準を達成している，または上回る燃費性能の自動車につける。（省エネ法）

■低排出ガス車認定マーク

排出ガス中の有害物質の排出量が低減されている自動車につける。（国土交通省）

■エコリーフ環境ラベル

環境情報を定量的に表示し公開している製品につける。（産業環境管理協会）

■グリーンプラマーク

生分解性と環境適合性を満たした製品につける。（日本バイオプラスチック協会）

■バイオマスプラマーク

植物を原料としたバイオマスプラスチック製品につける。（日本バイオプラスチック協会）

■カーボンフットプリントマーク

原材料調達から廃棄までのＣＯ２排出量を表示する。（産業環境管理協会）

■カーボン・オフセット認証ラベル

排出削減の取り組みが認証された商品につける。（環境省）

■ＦＳＣ®マーク

適切な森林管理に貢献する商品（紙製品など）につくマーク。（森林管理協議会）

■間伐材マーク

間伐材を用いた製品に表示する。（全国森林組合連合会）

■ＳＥＫマーク（青）

繊維上の細菌の増殖を抑制し，防臭効果を示す製品につける。（繊維評価技術協議会）

■ウールマーク

新毛を100％使用し，品質基準を満たした製品につける。（ザ・ウールマーク・カンパニー）

■ウールマークブレンド

新毛を50～99.9％使用し，品質基準を満たした製品につける。（ザ・ウールマーク・カンパニー）

■純国産絹マーク

国産まゆの生糸を用いて国内で縫製された絹製品につける。（大日本蚕糸会）

■国際シルクマーク

絹100％の絹製品につける。（国際絹業協会）

■ジャパン・コットン・マーク（ピュア）

国内で製造する高品質の綿100％使用製品につける。（日本紡績協会）

■ＣＯＴＴＯＮ ＵＳＡマーク

高品質でサステナブルなアメリカ綿を51％以上含む綿製品につける。（国際綿花評議会）

■ＧＯＴＳ認証マーク

環境と社会に配慮してつくられたオーガニック繊維製品であることを示す。（ＧＯＴＳ）

■ＢＬマーク

品質・性能・アフターサービスなどが優れた住宅部品につける。（ベターリビング）

■検定合格証票（消防機器）

国家検定に合格した消火器につける。（消防法）

■ＣＰマーク

防犯性能試験に合格し，目録に掲載された建物部品につける。（警察庁ほか）

■住宅省エネラベル

新しい省エネ基準をクリアする住宅に対して表示できる。（国土交通省）

■環境共生住宅認定制度

持続可能な社会の構築に役立つ住宅につける。（建築環境・省エネルギー機構）

■広域避難場所マーク

生活避難所周辺が延焼拡大などで危険になった際の避難所を示す。（産業標準化法）

■ＪＡＳマーク

成分や性能についての規格を満たす食品や林産物等につける。（ＪＡＳ法）

■有機ＪＡＳマーク

有機農産物の基準に合格した食品につける。（ＪＡＳ法）

■特色ＪＡＳマーク

明確な特色のあるＪＡＳ規格を満たす製品につける。（ＪＡＳ法）

■特別用途食品

乳幼児・妊産婦・病者などの特別の用途に適した食品につける。（健康増進法）

■特定保健用食品

保健効果が期待できると認められた食品につける。（健康増進法・食品衛生法）

■ＪＨＦＡマーク

品質基準に適合した健康食品につける。（日本健康・栄養食品協会）

■冷凍食品認定証マーク

品質・衛生状態などの基準に合格した冷凍食品につける。（日本冷凍食品協会）

■公正マーク（飲用乳）

適正な表示をしている事業者の商品につける。（全国飲用牛乳公正取引協議会）

■ＧＩマーク

地域で育まれた伝統と特性を有するとして登録された特産品につける。（地理的表示法）

■ＳＱマーク

安全と品質の検査に合格した菓子類につける。（菓子・食品新素材技術センター）

■ＨＡＣＣＰマーク

総合衛生管理製造過程の承認を受けた食品につける。（厚生労働省）

■ＭＳＣ「海のエコラベル」

水産資源や環境に配慮してとられた水産物につける。（ＭＳＣ：海洋管理協議会）

■ＡＳＣ認証マーク

環境と社会に配慮して養殖された水産物につける。（ＡＳＣ：水産養殖管理協議会）

■ファストフィッシュマーク

手軽・気軽においしく水産物を食べることが可能と選定された商品につける。（水産庁）

■持続可能なパーム油認証マーク（RSPO）

認証された持続可能なパーム油が含まれていることを示す。（持続可能なパーム油のための円卓会議）

■ＰＳＥマーク

基準に適合した電気用品につける。（電気用品安全法）

■Ｇマーク

グッドデザイン賞を受賞した商品につける。（日本デザイン振興会）

■プライバシーマーク

個人情報保護措置を整備している事業者に付与する。（日本情報経済社会推進協会）

次の❶～⓴は正しい行動といえるだろうか。○か×で答え，各図の右下の回答欄に記入してみよう（解答・解説はp.349）。

❶エレベーターに上司が乗っていたので，邪魔にならないよう，奥にはいった。

❷ユニフォームやボールが重かったので，荷物をつり棚にはあげなかった。

❸自転車通行可能な歩道だったので，歩道の中央をベルを鳴らしながら走行した。

❹自分が通う学校の生徒の面白い写真を見つけたので，多くの人に見てもらえるようSNSに載せた。

❺早く知らせたい用事があったので，スマートフォンでメールを打ちながら帰宅した。

❻会社の上司に「すみません。あとでこっちに来れますか？」とお願いした。

❼暑い日が続いていたので，8月の終わりに暑中見舞いを出して具合をたずねた。

❽喪中に年賀状がきたので，2月の終わりに寒中見舞いを出して近況を知らせた。

❾面接で，室内に面接者がいることはわかっているので，ノックをせずに入室した。

❿和室で取引先の人と食事をすることになり，床の間を背にした奥の席に座った。

⓫立食パーティーでは，皿を何枚も使わず，1枚の皿を何度も使うようにした。

⓬和食のときは，汁がたれないように，てのひらを添えて食べるようにする。

⓭焼き魚は，上身を食べ終わったら，ひっくり返し下身まできちんと食べている。

⓮レストランで食事中にナイフを落としたので，気づかれないようそっと拾った。

⓯履歴書は第一印象が肝心なので，上目づかいに自分で撮った写真を貼りつけた。

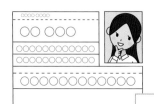

⓰クールビズ中なので，清潔な白のポロシャツと淡色のチノパンで面接に行った。

⓱友人の住所を聞かれたが，急いでいたようなので，すぐにFAXで知らせた。

⓲取引先の社長さんにはメールに顔文字をつけて感謝の気持ちを伝えている。

⓳披露宴の招待状に平服でお越しくださいとあったので，ジーンズで出かけた。

⓴お見舞いに5,000円はちょっと多いかなと思ったので4,000円包んでいった。

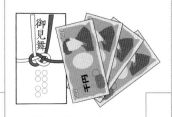

① 話し方・聴き方のマナー

◆ どちらが聴き上手？

> あーあ、テスト全然できなかった。追試だろうな…

> 腹へった。弁当食べよう。

1人はテストのことを気にしているが、もう1人はそれを無視して自分のことばかり考えている。

> あーあ、テスト全然できなかった。追試だろうな…

> おれも…いっしょに追試がんばろう！

1人がテストのことを気にしていることを、もう1人が聴いて理解している。

「聴く」ということは、コミュニケーションのなかで最もよく使われるが、意外にも多くの人がこれを苦手としている。

「聴く」とは自分から聴くことで、自然に聞こえてくる「聞く」とは違う。

「聞く」とはことばを意識することで、「聴く」とはことばの意味を理解することである。

「聞く」ためには何もする必要はないが、「聴く」ためには努力が必要である。
（「スキルズ・フォア・ライフ」より）

話し方	❶ 聴きやすい声の大きさ・速さで話す。 ❷ はっきりした発音で話す（語尾まで）。 ❸「間」をじょうずにとる。 ❹ 聴き手の誤解をまねかないよう、正しく話す。 ❺ あらかじめ要点を整理し、簡潔明瞭に話す。 ❻ 明るく話す（声、態度、表情）。 ❼ 聴き手の気持ちを考え、よくない表現はさける。 ❽ 聴き手のほうに身体を向けて話す。 ❾ 聴き手の反応を確かめながら話す。
聴き方	❶ 話し手のいうことを素直に聴く。 ❷ 感情にとらわれずに冷静に聴く。 ❸ 好き嫌いや期待、あるいは反発感情をおさえて公平に聴く。 ❹ 話し手のことばの足りないところは、補って聴く。 ❺ 話は最後まで聴き、疑問や質問は話が終わってからにする。

明るく
ていねいに

② スマートフォンのマナー

- 電車・バスや公共の場では、マナーモードにし、通話はしない。着信音や通話によって、周囲に迷惑をかけないよう配慮する。
- スマートフォンが出す電波は、ある種の医療機器に悪影響を与える可能性がある。スマートフォンは、通話中やメールの送受信時以外でも、基地局とつながるために、ときどき電波を発信している。そのため病院内や、医療機器を身につけている人が乗っている可能性が高い優先席付近では、電源を切る。
- 航空機の計器に悪影響を与えるため、航空機内では電源を切る。または、機内モードへの設定、機内Wi-Fiを利用する。
- 静かな場所では、マナーモードの振動音でさえも響きわたる。映画館や劇場、美術館、図書館、レストランなどでも、なるべく電源を切る。
- 入学試験や資格試験などでは、不正行為とみなされ、スマートフォンの持ちこみ自体が禁止されている。

③ 公共の場でのマナー —次の場面を見て問題点を考えよう

◆ 電車内のマナー

◆ 道路・歩道でのマナー

高校生が、夜間に無灯火で携帯電話を操作しながら自転車を運転していて歩行者に追突、被害者は歩行困難になり職を失った。この事故の裁判で、加害者の高校生は、約5,000万円の支払いを命じられた。

④ SNS利用の注意点

近年、ラインやフェイスブックなどのSNS（ソーシャルネットワーキングサービス）がよく利用されているが、安易な投稿や個人情報の書きこみによるトラブルが増加している。また、知り合い同士の空間であるという安心感を巧みに利用した詐欺や、ウイルスの配布をおこなう事例も急増している。スマートフォンは便利なものだが、不特定多数の人が利用していることを意識してトラブルに巻きこまれないよう注意しなければならない。SNSを利用するときは以下のことにも気をつけよう。

- 自分以外の人の顔写真を本人の許可なくSNSに投稿しない。
- 個人情報が含まれる写真や動画を投稿しない。
- 誹謗中傷や根拠のない書きこみをしない。
- メッセージの返信がないからといって相手を責めない。
- ウイルス感染やワンクリック詐欺にあう可能性があるため、安易にリンクをクリックしない。

① 正しい敬語を使っていますか？

（解答はp.351欄外）

Q1. 正しい敬語は，ア・イのどちらだろうか。

❶職員室にはいるときは？
　ア．ごめんください　　イ．失礼します
❷「いった」のていねいないい方は？
　ア．先生が申された　　イ．先生がおっしゃった
❸「来た」のていないないい方は？
　ア．先生がいらっしゃった　　イ．先生がまいられた
❹お客様に「食べてもらう」ときは？
　ア．いただいてください　　イ．おめしあがりください
❺他人に「見てもらう」ときは？
　ア．ごらんください　　イ．ご拝見ください
❻他人から「ものをもらった」ときは？
　ア．おさめさせていただいた　　イ．ちょうだいした
❼他人に「ものをあげた」ときは？
　ア．たまわった　　イ．差し上げた

Q2. 誤りに気づかないまま使っていないだろうか。
　　下線部の誤りを訂正しよう。

❽先生たちは，別室で会議を<u>されています</u>。
❾先生，その本をとっ
　<u>てくれませんか</u>。
❿私の<u>お父さん（お母
　さん）</u>が申していま
　した。
⓫先生，遅くまで<u>ご苦
　労様</u>です。
⓬犬にえさを<u>あげまし
　た</u>。

今日は地域清掃の日…
お疲れ様です
やぁ，ご苦労様！

② 尊敬語・謙譲語

尊敬語（相手を尊敬する表現）		謙譲語（へりくだった表現）	
いらっしゃる　おいでになる	行く	まいる　うかがう	
いらっしゃる　おみえになる	来る	まいる	
おっしゃる　いわれる	いう	申す　申し上げる	
お聞きになる　聞かれる	聞く	うかがう　拝聴する	
ごらんになる	みる	拝見する	
ご存じ	知る	存じる　存じ上げる	
いらっしゃる　おられる	いる	おる	
なさる　される　あそばす	する	いたす	
くださる　たまわる	あげる	差し上げる	
めしあがる	食べる	いただく　ちょうだいする	
思われる　お思いになる	思う	存じる　存じ上げる	
お会いになる　会われる	会う	おめにかかる	

③ 若者ことばに注意しよう

　若者ことばは，おもに若者の間で使われ，若者以外の年齢層は，「ことばがみだれている」「耳ざわりだ」と感じていることが多い。「マジ，ヤバい，ウザい，超，キモい，ありえねぇ，〜ってゆうか，〜くね？，〜だし」などは，あくまでも仲間内で通用するものであり，目上の人と話すときや，フォーマルな場では使わないようにしよう。

④ 心のこもった手紙が書けますか？

❶相手の住所はやや右よりに，宛名は中央にくるように書く。
❷郵便番号，送り主の住所・名前など，書き落としのないようにする。
❸軽いあいさつや事務的な連絡は「はがき」，他人に知られたくない重要文書や格式を重んじる文書は「手紙」で出す。
❹以下のような構成の基本を心がける。頭語→時候のことば→相手の安否を気づかう文→自分や家族の安否や近況の報告→用件（お礼のことば，お祝いのことば，お悔やみのことばなど）→結びのあいさつ→結語→日付→差出人の名前→宛名（敬称）
❺構成にこだわりすぎず，自分のことばで気持ちを伝える。
❻文字のうまい・下手は関係ない。ていねいに手書きした文字は，心のこもった印象を与えることができる。
❼お礼やお祝いなどは，出す時期を逸しないようにする。

拝啓　風薫る五月，さわやかな本節になりました，皆様，お元気でいらっしゃいますか。
　先日の，ふれあい体験では大変お世話になり，誠にありがとうございました。子どもたちの元気な声に圧倒されましたが，かわいらしい取り方で出迎えていただき，緊張がほぐれました。また，たくさんの子どもたちと遊ぶことができ，本当に楽しい一日でした。先生方の細やかなご配慮に，より感謝申し上げます。
　どの子どもも，先生方が大好きで心から信頼しきっている様子を見て，先生方が子どもたち一人ひとりのことを本当によく把握されていることがわかり，大変感動しました。とてもすばらしい体験をさせていただき，本当にありがとうございました。
　末筆ながら皆さんのご健勝と園児の皆さんの健やかなご成長をお祈りいたします。

　　　　　　　　　　　　　　　　　敬具

　令和○年五月一日

　　だいいち幼稚園
　　園長　第一　太郎　様

　　　　　○○高等学校　一年A組　学習　花子

【手紙の時期】

種類	届ける時期
年賀状	元日から松の内（1月7日）まで
寒中見舞い	松の内が明けてから立春の前まで
暑中見舞い	7月中旬から立秋の前まで
残暑見舞い	立秋過ぎから8月末まで
喪中挨拶	11月中旬から12月初旬ごろまで

切手　123-4567
千代田区二番町○番○号
だいいち幼稚園
園長　第一　太郎　様

広島市西区横川新町○番○号
学習　花子

123-1234

切手　123-4567
千代田区二番町○番○号
第一　太郎　様

【頭語と結語】

（一般の場合）	拝啓，一筆申し上げます	― 敬具
（丁寧な場合）	謹啓，謹んで申し上げます	― 謹言，謹白
（前文省略の場合）	前略，前略ごめんください	― 草々
（返信の場合）	拝復，お手紙拝見いたしました	― 敬具

【時候のことば】

1月	初春の候，頌春の候，厳寒の候，大寒のみぎり，寒さ厳しき折
2月	立春の候，余寒の候，梅花の候，解氷の候，余寒なお厳しき折
3月	早春の候，春暖の候，浅春のみぎり，春色のなごやかな季節
4月	陽春の候，桜花の候，桜花爛漫の候，春たけなわのこの頃
5月	新緑の候，薫風の候，初夏の候，惜春のみぎり，風薫る若葉の候
6月	梅雨の候，向夏の候，五月雨の候，麦秋の候，紫陽花の候
7月	盛夏の候，大暑の候，暑さ厳しき折，三伏のみぎり
8月	残暑の候，晩夏の候，残暑厳しき折，処暑のみぎり，新涼の候
9月	初秋の候，新秋の候，名月の候
10月	秋涼の候，錦秋の候，仲秋の候，紅葉の候，秋冷の心地よい季節
11月	晩秋の候，菊花の候，初霜の候，落ち葉の候，枯葉舞う季節
12月	初冬の候，師走の候，寒冷の候，歳晩の候，歳末ご多忙の折

① 日常のマナー

【訪問時間】
訪問時間に遅れてはいけないのは当然であるが，おもてなしをする側は準備で何かと忙しいので，早すぎる到着はもっとNG。欧米のホームパーティーなどは，数分程度遅れていくのがマナーとされている。

【玄関先でのマナー】 相手にお尻を向けたり，後ろ手でドアを閉めたりしないようにする。靴をそろえて上がるのは当然のこと。玄関先で長々とあいさつするのもさける。

横向きで静かに
ドアを閉める
相手にお尻を向けない

相手に向かって
会釈する

靴を脱いで
上がる
スリッパはまだはかない

横向きで靴をそろえる
相手にお尻を向けない

スリッパをはく

【お茶とお菓子のいただき方】

お菓子のいただき方

〈おせんべいの場合〉

懐紙に取り手でひと口サイズに割って食べる

〈和菓子の場合〉

懐紙に1つ取る

懐紙ごと左手に乗せひと口サイズに切って食べる

日本茶のいただき方

左手は湯飲みにそえる
右手でふたを取る

両手でふたを裏返し湯飲みの右側に置く

湯飲みを右手でもち左手を底に添えて飲む

飲み終わったあとはふたを元に戻す

お抹茶のいただき方

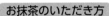

茶碗を正面に置きおじぎをする
茶碗を右手で取り左の手のひらに乗せる

右手を横から添えて持ち軽く会釈する

右手で茶碗を2回まわし，正面を避ける

お茶を3口半でいただき吸い切る

② 席次のきまり

洋室の場合
〈フランス式の場合〉

接待側上位者
出入り口　接待側次席
※英米式の場合は☆の位置に接待側が座る

円卓の場合

主客
接待側上位者
出入り口

和室の場合
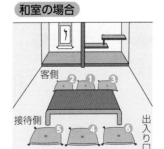
客側
接待側　出入り口
※床の間の前が主客となる

車の席次

※運転手のいる場合
※接待側が運転する場合

p.346マナー＆常識○×クイズ **解答・解説** 答えはすべて×。❶エレベーターの奥は上座。❷かばんはつり棚に置く。❸歩道の中央でなく車道寄りを徐行する。❹本人に許可なく，写真や動画を載せてはいけない。❺周囲に注意が向かなくなり危険なので，歩きながらの操作はしてはいけない。❻「申し訳ございません。のちほどこちらにお越しいただけないでしょうか。」❼暑中見舞いは立秋（8月7日ころ）まで。その後は残暑見舞い。❽寒中見舞いは立春（2月4日ころ）まで。その後は余寒見舞い。❾基本的にノックをしてから入室する。❿床の間を背にした奥の席が上座。⓫使いまわさず新しい皿を使う。⓬和食は器をもって食べるのが基本。手皿はしない。⓭焼き魚はひっくり返さない。上身を食べたら中骨を身からはがして下身を食べる。⓮自分で拾わず給仕係の人に新しいものをもらう。⓯スナップ写真は不可。証明写真を使用する。⓰夏でも上着着用が基本。⓱友人の同意が必要。FAXでの個人情報送信にも注意が必要。⓲絵文字は目上の人には不可。⓳平服とは礼装でなくてよいという意味。⓴4や9は死や苦を連想させるのでさける。

① 身だしなみは大丈夫？

「人は外見ではない」ということばがあるが，きちんとした身だしなみの人と出会うと，その人の人柄まですばらしいような印象を受けるものである。日ごろから「ＴＰＯ（時・場所・目的）に合わせた装い」「清潔な身づくろい」「センスのある色・デザイン」に気を配ろう。

髪	長い髪の場合，すっきりとまとめてあるか 髪を奇抜な色に染めていないか　寝癖などでみだれていないか
爪	のばしすぎていないか
服装	汚れていないか　肌が露出しすぎていないか 落ち着いた色と柄のものか　ボタンが取れそうになっていないか ズボンはプレスしてあるか　シミがついていないか シャツの襟はプレスしてあるか ネクタイは曲がったりシワになったりしていないか
靴	よく磨いてあるか　かかとがすり切れていないか 派手すぎないか
靴下	ずり落ちていないか　色や柄はひかえめか

② 美しい立ち居振る舞いとは？

立つ

・背筋と腰をのばす。
・肩の力を抜く。
・あごを引き，首をまっすぐにし，相手の目のあたりをやさしく見る。
・男性は手を両側に自然におろす。
・女性は指先をのばし，手を前に重ねる。
・ひざをのばし，足はかかとづけをし，重心をたもつ。

座る

・片足を半歩引き，引いた足と同じ側の手でスカートを軽くさばく。
・肩越しにいすを見ながら深く座り両足をそろえる。
・立つときは両足を半歩引き，片足を一歩ふみだして立ち上がる。

手はひざの上へ

立礼

15°
会釈
二度目のあいさつ，道ですれちがったときなど

30°
普通礼
一般的なあいさつ

45°
最敬礼
謝罪，御礼

座礼

相手の顔をみてあいさつする（両手はひざの上に置く）

両手をカタカナの「ハ」の字にして，ひざの前でてのひら全体を畳につける（畳の縁はふまないようにする）

背中はまっすぐにのばしたまま腰を折り，一礼する

③ 面接の心得

【服装】
・長袖のスーツや制服が基本。
・暑い季節は時間に余裕をもって会場に到着し，汗がひいてから上着を着る。上着を持ち歩く場合は，しわにならないよう注意。

【入室・着席】
・ノックをし，「どうぞ」といわれたら「失礼いたします」とあいさつして入室する。いすには，すすめられてから座る。
・姿勢のくずれ（足が交差する，ひざが離れる，つまさきを立てる，背中が曲がる，あごが突き出るなど）に注意する。

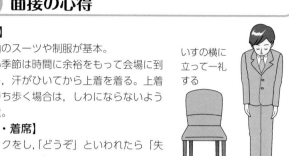
いすの横に立って一礼する

背筋をのばして姿勢よく座る

【話し方のポイント】
・目をみてわかりやすく具体的に話す。
・質問には，まじめに誠意をもって答える。
・はっきりと話す。あのーなどの口癖に注意。
・好感をもたれるような話し方，話題を選ぶ。
・意見には理由をそえ熱意をもって説明する。
・自己ＰＲはエピソードをまじえて語る。
・面接官の質問内容をよく聞き，問われている内容に的確に答える。

【退室】
・面接終了後は，いすの横に立ち，「ありがとうございました」とお礼をいう。「失礼しました」とあいさつして退室する。

④ 履歴書の書き方

・鉛筆でなく，黒のボールペンや万年筆で書く。
・下手でもよいからていねいな文字で書く。雑な文字はマイナス印象を与えるだけでなく，応募への意欲まで疑われることになる。
・顔写真は，身だしなみを整え，礼儀正しい印象を与えるものにする。スナップ写真は不可。
・学歴などを記入する際は，正式な学校名を記入する。また，卒業年次の記入ミスにも気をつける。
・ワープロ書きよりは，自筆で。少なくとも氏名だけは自署する。
・誤字・脱字は厳禁。注意力に欠けると判断される。間違えた場合は新しい用紙に最初から書き直すしかない。修正液や修正テープの使用，コピーなども不可。まずはしっかりと下書きし，先生や家族などに確認してもらってから清書する。

⊙履歴書の記入例

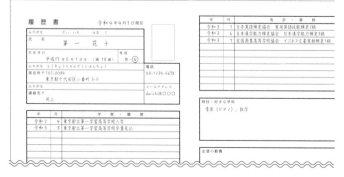

〔社会人・国際人としてのマナー＆常識〕

1　社会人としてのマナー＆常識

【名刺の渡し方】
・立ち上がって名刺交換する。
・目下の者から先に差し出す（訪問先では訪問者から先に差し出す）。
・名刺を相手に向けて右手で持ち，左手を添えて「はじめまして，○○会社の○○と申します。」と自己紹介しながら直接手渡しする。渡した後，「どうぞよろしくお願いいたします。」といって一礼する。

【名刺の受け取り方】
・軽く会釈しながら「ちょうだいいたします」といって両手で受け取る。
・名前の読み方がわからない場合は，その場でたずねておく。

渡し方　右手で持ち，左手を添える

受け取り方　両手で受け取る

○○株式会社
営業部長
学習　花子

【電話のかけ方】
❶相手を確認し，こちらを名乗る。
❷簡単にあいさつをかわす。
❸取り次ぎを依頼する。
❹相手にかわったら，都合をたずね，用件を伝える。
❺用件が済んだら確認し，あいさつして受話器を置く。

いま，お話ししても大丈夫でしょうか？

【電話の受け方】
❶ベルが鳴ったら，すぐに出る。
❷用件を正しく聴き取り，重要なことがらは復唱する。
❸用件の聴き取りが済んだら，あいさつして受話器を置く。

復唱いたします。○○○○ですね？

【ＦＡＸの注意点】
・だれが見るかわからないので，機密文書やプライベートには使用しない。
・一度に大量に送信すると，受信に時間がかかり，相手方に迷惑がかかる。事前に電話で相手方に伝え，書類には通し番号を振っておく。
・送信後は電話などで，正しく送信されたかを確認する。

【Ｅメールの注意点】
・緊急の連絡には使用せず，電話などを利用する。
・メールアドレスは正確に入力する。
・目上の人や取引先宛のメールには，絵文字や顔文字を使わない。
・携帯メールの絵文字は，パソコンでは表示されないので注意する。
・パソコンがウイルスに感染すると，Ｅメールの送信先にも感染をひろげてしまうなど，迷惑がかかる。ウイルス対策は万全にしておく。
・添付文書や添付画像は，容量に気をつける。送信に時間がかかる場合は，事前に電話などで確認をとっておく。
・他人の住所などの個人情報，銀行口座や暗証番号などは書かない。
・複数の宛先に送信する際，全員のアドレスが通知されてはまずい場合は，「ＢＣＣ（ブラインドカーボンコピー）」を利用する。

TO ○○部長
あとでします(>_<)

悪いメールの例

【職場のホウレンソウ】
　職場などでのコミュニケーションの基本は「報告・連絡・相談」といわれる。「報・連・相（ホウレンソウ）」がじょうずな人ほど，評価される。

【よい「報告」】
●毎日こまめに
●よい情報より悪い情報を先に
●要点を先に，説明は後で

【よい「連絡」】
●早めに，的確に
●ことばだけでなく文字に残す
●忙しい人には手短に，メモも活用

【よい「相談」】
●自分なりの考えを用意したうえで
●相談する内容を整理して，わかりやすく

【悪い「報告」】
●報告しない
●その場しのぎでウソをつく
●主観や思いこみをまじえる

【悪い「連絡」】
●苦手な人はあとまわし
●電話や口頭だけで済ませる
●ＦＡＸやメールを送りっぱなし

【悪い「相談」】
●相手に処理を押しつける
●内容が漠然とし要領を得ない
●相手のアドバイスを拒否する

2　国際人としてのマナー＆知識

【しぐさの違いを理解しよう】
・日本人はあいさつをするときおじぎをするが，欧米人は握手やハグ（抱擁）をする。相手の目をしっかりと見ながら握手するようにする。

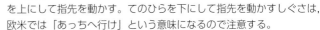

・人をよぶとき，日本人はてのひらを下にして指先を動かすが，欧米人はてのひらを上にして指先を動かす。てのひらを下にして指先を動かすしぐさは，欧米では「あっちへ行け」という意味になるので注意する。
・人前で大きな音で思いきり鼻をかむのは，欧米人にとってはあたり前。ぐずぐずと鼻をすするほうがマナー違反となる。
・スープ類や麺類をずっと音を立ててすするのも，マナー違反。

【パスポートの取り方】
・有効期間5年と10年の2種類ある（未成年者が取得できるのは5年のみ）。
・申請は住民票のある都道府県の申請窓口でおこなう。申請時間・曜日は都道府県によって異なる。学生などの場合は，居住地でも申請できる。
・申請人が未成年の場合は，法定代理人の署名が必要。
・代理人でも申請できるが，受け取りは本人でなければならない。
・申請時に必要なもの
　一般旅券発給申請書，戸籍謄本または戸籍抄本，身元確認の書類（運転免許証または健康保険証と学生証など），写真（4.5×3.5cm）
・受け取り時に必要なもの
　受理票，手数料（5年11,000円，10年16,000円の収入証紙・印紙）

日本国旅券
JAPAN
PASSPORT

↑ パスポート（5年）

p.348 **1** 正しい敬語を使っていますか？ **解答** ❶ーイ，❷ーイ，❸ーア，❹ーイ，❺ーア，❻ーイ，❼ーイ，❽たち→方，❾くれませんか→いただけませんか，❿お父さん（お母さん）→父（母），⓫ご苦労様→お疲れ様，⓬あげました→やりました

351

❶ ライフイベントとは

　ライフイベントとは，人生の節目に起こるさまざまな出来事のことで，私たちの暮らしや生活環境に変化をもたらし，人生に大きな影響を与えるものである。結婚，出産などの慶事もあれば，病気や死などの弔事もあり，それぞれにしきたりやマナーがある。意味を理解し，伝統を引き継いでいこう。

❷ 慶事のマナー

結婚式の招待状をいただいたら

❶「御」の字は二重線で消し，出席（欠席）を○で囲む。「させていただきます」と書き添えるとていねい。

❷出欠の返事だけでなくお祝いのことばを書き添える。

❸表の宛名の下の「行」は二重線で消し，「様」と書き直す。

御出席　させていただきます
御欠席

このたびはおめでとうございます。
お子さんの花嫁姿、楽しみにしています。

神住所
神若名
○○○○○
○○○○○

結婚を祝う祝儀袋の選び方

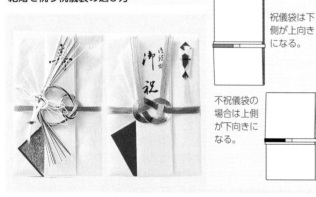

祝儀袋は下側が上向きになる。

不祝儀袋の場合は上側が下向きになる。

結婚式の装い

　華やかな席だからといって，派手なドレスや，肌の露出の多い大胆なドレスは好ましくない。また，白は花嫁のウエディングドレスと重なるので，さけた方がよい。黒一色で喪服のようなイメージのものもさけ，コサージュや華やかなストールをあわせるなど工夫したい。

❸ 出産後のライフイベント

帯祝い	妊娠5か月ごろの戌の日に，腹帯を巻いて母子の健康と安産を祈願する。犬のお産は軽いことから，それにあやかるため戌の日におこなうといわれている。
お七夜	誕生後7日目に祝う行事で，命名式ともいわれる。生後無事に1週間が過ぎたことを祝う意味がある。命名書に名前，生年月日，親の名，命名者などを書き，神棚やベビーベッドに飾る。
宮参り	生後30日前後に近所の神社にお参りをする。地方によっては100日目の場合もある。宮参りをすることで，氏子として地域の仲間入りをするという意味があったが，現在では子どもの健やかな成長を祝うものになっている。
食い初め	生後100日前後におこなわれる行事で，子どもが一生食べ物に困らないようにとの願いをこめておこなわれる。箸祝い，百日祝いなどともいわれる。親族のなかでいちばん長生きをしている人が赤ちゃんの口に箸をもっていき，食べさせるまねをする。
初節句	生後初めて迎える節句を初節句という。女の子は3月3日の上巳の節句に，男の子は5月5日の端午の節句にお祝いする。
七五三	子どもの健やかな成長を祝う儀式で，男の子は3歳と5歳，女の子は3歳と7歳にお祝いする。11月15日を中心とした前後の土日にお祝いすることが多い。

❹ 贈り物のマナー

　贈り物をする際には，お祝い，感謝など，相手への気持ちをきちんと伝えることが大切。相手の喜びそうなものを選び，相手に負担になるものや，自分にとって身分相応でないものは選ばないように注意する。

水引とのし

　二度とあってはならない結婚祝いには「結び切り」，その他の慶事には紅白の「蝶結び」を使う。のしは，もともとは薄く切ったあわびをのばして干したのしあわびのことで，「のびる，永続」の意味で祝意を表す。

のし

目録

水引

贈り物のルール

・結婚御祝，出産御祝など，贈る理由がはっきり伝わるようにする。
・贈るタイミングを逃さないようにする。
・贈り物の数にも注意する。4（死）や9（苦）や13は不吉な数字とされ，敬遠される。
・コンサートのチケットなどの場合，1枚で贈らず，最低2枚は贈る。
・贈り物には手紙を書いて添える。
・お返し不要といわれても真に受けず，特に上司や目上の方からの贈り物にはきちんとお礼をする。

手土産の渡し方

畳の上で品物を回し，相手の方に正面を向けて渡す

手土産を取り出し，入れていた紙袋や風呂敷はさっとたたんで脇に置く

〈添えることば〉
・食べ物の場合
「お口に合うかどうかわかりませんが」
「評判の○○と聞きましたので」
・その他
「お気に召すとうれしいのですが」
「心ばかりですが」

5 長寿のお祝い

　長寿を祝福し，子どもや孫たちが長寿にあやかる儀礼で，長寿を迎えた人に心のこもった贈り物をしたり，食事をしたりする。長寿の祝いをすると，本人が年を感じて気落ちすることがあり，お祝いをするかどうかは本人の意向に配慮する。また，高齢のため，健康状態によっては長時間の宴席や旅行の招待などは負担になることもあるので注意する。

> **還暦（数え年61歳，満60歳）**
> 旧暦では十干と十二支が60年で一巡し，61年目に暦が戻ってくることからめでたいものとされている。
>
> **古稀（数え年70歳，満69歳）**
> 中国唐代の杜甫の詩の一節「人生70古来稀なり」に由来する。
>
> **喜寿（数え年77歳，満76歳）**
> 「喜」という字を草書体にくずすと「七」を三つ並べた字となり，七十七に読めることから来ている。
>
> **傘寿（数え年80歳，満79歳）**
> 「傘」を略した中国文字が八十と読めることから来ている。
>
> **米寿（数え年88歳，満87歳）**
> 「米」の字が八十八を組みあわせた形であることから来ている。
>
> **卒寿（数え年90歳，満89歳）**
> 「卒」の略字「卆」が九十と読めることから来ている。
>
> **白寿（数え年99歳，満98歳）**
> 「百」という字から「一」を取ると「白」になることから来ている。

＊数え年とは，生まれた年を1歳とし，以降元旦を迎えるごとに1歳ずつ加える年齢の数え方のこと。

6 お見舞いのルール

　お見舞いに行くときは，病人の気持ちに十分配慮し，大勢で押しかけて大騒ぎしたり，病人が不安になるような縁起の悪い話をしたりしないよう注意する。また，長居は禁物である。お金を送る場合は，紅白の結び切りの水引で，のしのついていない祝儀袋を使う。

お見舞いに贈らない花

ユリ	菊	アジサイ	椿
臭いが強い	葬儀の花	色あせやすい	花が落ちて不吉

※そのほか，鉢植えも「根つく」が「寝つく」に通じるとされ，嫌われる。

7 弔事のマナー

香典の表書きのしかた

御霊前　通夜・葬儀に用いる。宗派は問わない。

御仏前　仏式のみ。四十九日以降の法要に用いる。

（神式）　（キリスト教式）

焼香のしかた（仏式）

目の高さまで

右手の3本の指で香をつまむ

香を香炉に入れる（回数は宗派による）

合掌する

玉串奉奠のしかた（神式）

根元を右手で持つ　左手は下から添える

根元を手前に回す

根元を左手に持ちかえ右手で葉先を回す

置いたあと二礼二拍手一礼する

献花のしかた（キリスト教式）

両手で花を受け取る

右に回す（花が右手側）

左手を下から持ちかえる

献花台に置き黙とうする

弔事の服装

・お葬式では肌を出さない（上着，黒のストッキングで肌を隠す）
・靴や鞄は光沢や飾りのないものを
・金などの光るアクセサリーはしない
・長い髪はまとめ，化粧も薄くする

8 着物の種類とTPO

着物には多くの種類があり，行事に合わせた着物選びが大切である。

黒留袖	黒地の着物に五つ紋を染め抜いた祝儀用の着物。既婚女性の第一礼装。
振袖	袖の長さが長いほど格調が高い。未婚女性の第一礼装。結婚式，パーティー，卒業式，お見合いなど，幅広く用いられる。
訪問着	第一礼装に代わる略礼装で，既婚未婚を問わず，結婚式，パーティー，お茶会など，さまざまな場に着ていくことができる。
小紋	全体に柄のある，気軽なおしゃれ着。あまり大規模でないパーティーやお茶会などに向いている。
紬	縞や格子，絣などの幾何学的な柄が多い。高価だが，普段着という感覚が強く，結婚式やお茶会などには向いていない。

あなたの食事は大丈夫？

「食事バランスガイド」は，「主食・主菜・副菜を基本に食事のバランスを」という食生活指針にもとづいて，1日に「何を」「どれだけ」食べたらよいかをコマをイメージしたイラストで示したものである。食事に不可欠な水・お茶をコマの軸とし，5つの料理グループ（主食，副菜，主菜，牛乳・乳製品，果物）からなる。運動という回転軸がなくなったり，料理にかたよりを生じると，バランスが悪くコマが倒れてしまうので気をつけよう。

料 理 例

（厚生労働省・農林水産省　フードガイド検討会，2005年6月21日公表）

1 日 分

つ(SV)	料理グループ	目安	1SV
5~7	**主食**（ごはん, パン, 麺）	ごはん（中盛り）だったら4杯程度	主食の1SV=炭水化物40g
5~6	**副菜**（野菜, きのこ, いも, 海藻料理）	野菜料理5皿程度	副菜の1SV=主材料70g
3~5	**主菜**（肉, 魚, 卵, 大豆料理）	肉・魚・卵・大豆料理から3皿程度	主菜の1SV=たんぱく質6g
2	**牛乳・乳製品**	牛乳だったら1本程度	牛乳・乳製品の1SV=カルシウム100mg
2	**果物**	みかんだったら2個程度	果物の1SV=主材料100g

※ＳＶとは，サービング（食事の提供量の単位）の略。各料理について1日あたりの標準的な量を示す。

● 「つ（ＳＶ）早見表」

料理名	主食	副菜	主菜	牛乳・乳製品	果物
ごはん大盛り 1杯	2				
ごはん中盛り 1杯	1.5				
ごはん小盛り 1杯	1				
おにぎり 1個	1				
うな重	2		3		
エビピラフ	2	1	1		
親子どんぶり	2	1	2		
牛どん	2		2		
カレーライス	2	2	2		
すし（にぎり）	2		2		
カツ丼	2	1	3		
オムライス	2	1	2		
チャーハン	2	1	2		
たこ焼	1		1		
トースト（6枚切り）	1				
ロールパン（2個）	1				
クロワッサン（2個）	1				
ハンバーガー	1		2		
ピッツァ	1			4	
ミックスサンドイッチ	1	1	1	1	

料理名	主食	副菜	主菜	牛乳・乳製品	果物
天ぷらうどん	2		1		
ざるそば	2				
ラーメン	2				
チャーシューメン	2	1	1		
焼そば	1	2	1		
スパゲッティ（ナポリタン）	2	1			
スパゲッティ（ミートソース）	2	2	2		
お好み焼き	1	1	3		
マカロニグラタン	1			2	
かぼちゃの煮物		1			
きのこのバター炒め		1			
キャベツの炒め物		2			
きゅうりとわかめの酢の物		1			
きんぴらごぼう		1			
コロッケ		2			
五目大豆		1	1		
ほうれんそうのおひたし		1			
なます		1			
ひじきの煮物		1			
野菜の煮しめ		2			

料理名	主食	副菜	主菜	牛乳・乳製品	果物
グリーンサラダ		1			
ツナサラダ		1	1		
ポテトサラダ		1			
切り干しだいこんの煮物		1			
具だくさんみそ汁（根菜）		1			
じゃがいものみそ汁		1			
コーンスープ		1			
野菜スープ		1			
おでん		4	2		
ぎょうざ 5個		1	2		
クリームシチュー	3	2	1		
さしみ			2		
トンカツ			3		
酢豚		2	3		
しゅうまい	1		2		
鶏肉のから揚げ			3		
南蛮漬け			2		
魚の照り焼き			2		
肉じゃが		3	1		

料理名	主食	副菜	主菜	牛乳・乳製品	果物
ハンバーグ		1	3		
ビーフステーキ			5		
焼肉		2	2		
豚肉のしょうが焼き			3		
ロールキャベツ	3		1		
卵焼き（卵1.5個）			2		
納豆					
冷奴					
牛乳 瓶1本				2	
プロセスチーズ 1枚				1	
ヨーグルト 1パック				1	
かき 1個					1
なし 半分					1
みかん 1個					1
りんご 半分					1
バナナ 1本					1

（農林水産省『Let's Try！　食事バランスガイド　「つ（SV）早見表」』，厚生労働省・農林水産省『食事バランスガイドで実践－毎日の食生活チェックブック』などをもとに作成）

1日に必要なエネルギーと摂取量のめやす

身体活動量の見方

● 「低い」…1日中座っていることがほとんど。

● 「ふつう以上」…「低い」にあてはまらない人。

※強い運動や労働をおこなっている人は，適宜調整が必要である。

※特に成長期は主食，副菜，主菜のsv数を必要に応じて調整しよう。

男性	エネルギー	主食	副菜	主菜	牛乳・乳製品	果物	**女性**
6～9歳 「低い」 70歳以上 「ふつう以上」	1,400kcal ～2,000kcal	4～5つ	5～6つ	3～4つ	2～3つ (大人は2つ)	2つ	6～11歳 70歳以上 「低い」
10～11歳 「低い」	基本形 2,200kcal (±200kcal)	5～7つ	5～6つ	3～5つ	2～3つ (大人は2つ)	2つ	12～69歳 「ふつう以上」
12～69歳 「ふつう以上」	2,400kcal ～3,000kcal	6～8つ	6～7つ	4～6つ	2～4つ 大人は 2～3つ	2～3つ	

食事バランスガイドの使い方

Aさん(17歳男性，身体活動量：ふつう)の，1日の食事を例に，食事のバランスがとれているかを調べてみよう。

朝食

野菜サラダ

食パン1枚　目玉焼き1皿

昼食

うどん1杯　おにぎり1個

夕食

きゅうりとわかめの酢の物　ハンバーグステーキ

ごはん小盛り2杯　具だくさんみそ汁

間食

みかん1個

❶Aさんが食べたものを，主食，副菜，主菜，牛乳・乳製品，果物に分類し，表に数字を記入しよう。

（料理はグラム単位ではなく，料理単位で示しているので，それぞれがいくつあるか数えよう。）

❷主食，副菜，主菜，牛乳・乳製品，果物のそれぞれ1日の合計を計算しよう。

❸合計をもとにコマの数字を塗りつぶし，食事のバランスを判定しよう。

コマは3種類あるので，Aさんに適したコマを選ぼう。Aさんのコマはどれだろう？

	料理名	主食	副菜	主菜	牛乳・乳製品	果物
朝	食パン1枚	1				
	野菜サラダ		1			
	目玉焼き1皿			1		
昼	うどん1杯	2				
	おにぎり1個	1				
夕	ごはん　小盛り2杯	2				
	具だくさんみそ汁		1			
	きゅうりとわかめの酢の物		1			
	ハンバーグステーキ			1	3	
間食	みかん1個					1
計		6	4	4	0	1

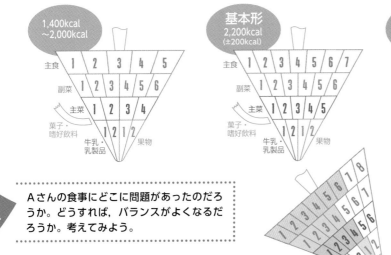

1,400kcal～2,000kcal

主食 1 2 3 4 5
副菜 1 2 3 4 5 6
主菜 1 2 3 4
菓子・嗜好飲料
牛乳・乳製品 1 2 1 2 果物

基本形 2,200kcal(±200kcal)

主食 1 2 3 4 5 6 7
副菜 1 2 3 4 5
主菜 1 2 3 4 5
菓子・嗜好飲料
牛乳・乳製品 1 2 1 2 果物

2,400kcal～3,000kcal

主食 1 2 3 4 5 6 7 8
副菜 1 2 3 4 5 6 7
主菜 1 2 3 4 5 6
菓子・嗜好飲料
牛乳・乳製品 3 3 1 2 1 2 果物

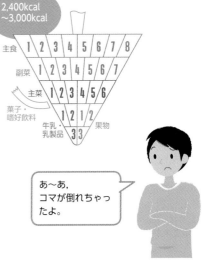

あ～あ，コマが倒れちゃったよ。

Do action! Aさんの食事にどこに問題があったのだろうか。どうすれば，バランスがよくなるだろうか。考えてみよう。

日本人の食事摂取基準（2020年版）

1日にどのくらいの栄養やエネルギーが必要か

食事摂取基準とは？

日本人の食事摂取基準は，健康な個人および集団を対象として，国民の健康の保持・増進，生活習慣病の予防のために参照するエネルギーおよび栄養素の摂取量の基準を示すものである。2020年版は，健康の保持・増進，生活習慣病の発症予防および重症化予防に加え，高齢者の低栄養予防やフレイル予防も視野に入れて策定された。高齢者の年齢区分については，65〜74歳，75歳以上の2つの区分とされた。使用期間は令和2（2020）年度から令和6（2024）年度までの5年間である。

1 エネルギーの指標

エネルギーの摂取量および消費量のバランス（エネルギー収支バランス）の維持を示す指標としてBMI（body mass index）および体重の変化を用いる。

ただし，BMIは健康の保持・増進，生活習慣病の予防の要素の1つとして扱うことに留めるべきである。

食事評価
食事摂取状況のアセスメント
エネルギー・栄養素の摂取量が適切かどうかを評価する

Plan（計画）
食事評価にもとづき，エネルギー・栄養素摂取量のめざすべき値を決定し，計画を立案する

Do（実施）
計画を実施する

Check（検証）
エネルギー・栄養素摂取量が計画どおりの値になっているか，その値が妥当か，評価，検証する

Act（改善）
検証結果にもとづき，計画を改善する

食事評価

健康な個人または集団を対象として，健康の保持・増進，生活習慣病の発症予防および重症化予防のための食事改善に，食事摂取基準を活用する場合は，PDCAサイクルにもとづく活用を基本とする。まず，食事摂取状況の事前評価により，エネルギー・栄養素の摂取量が適切かどうかを評価する。食事評価にもとづき，食事改善計画の立案，食事改善を実施し，それらの検証をおこなう。検証結果をふまえ，計画や実施の内容を改善する。

目標とするBMIの範囲（18歳以上）[1,2]

年齢	目標とするBMI (kg/m²)
18〜49（歳）	18.5〜24.9
50〜64（歳）	20.0〜24.9
65〜74（歳）[3]	21.5〜24.9
75以上（歳）[3]	21.5〜24.9

1　男女共通。あくまでも参考として使用すべきである。
2　観察疫学研究において報告された総死亡率が最も低かったBMIをもとに，疾患別の発症率とBMIの関連，死因とBMIとの関連，喫煙や疾患の合併によるBMIや死亡リスクへの影響，日本人のBMIの実態に配慮し，総合的に判断し目標とする範囲を設定。
3　高齢者では，フレイルの予防および生活習慣病の発症予防の両者に配慮する必要があることもふまえ，当面目標とするBMIの範囲を21.5〜24.9kg/m²とした。

参考表：推定エネルギー必要量（kcal/日）

性別	男性			女性		
身体活動レベル	I	II	III	I	II	III
0〜5（月）	−	550	−	−	500	−
6〜8（月）	−	650	−	−	600	−
9〜11（月）	−	700	−	−	650	−
1〜2（歳）	−	950	−	−	900	−
3〜5（歳）	−	1,300	−	−	1,250	−
6〜7（歳）	1,350	1,550	1,750	1,250	1,450	1,650
8〜9（歳）	1,600	1,850	2,100	1,500	1,700	1,900
10〜11（歳）	1,950	2,250	2,500	1,850	2,100	2,350
12〜14（歳）	2,300	2,600	2,900	2,150	2,400	2,700
15〜17（歳）	2,500	2,800	3,150	2,050	2,300	2,550
18〜29（歳）	2,300	2,650	3,050	1,700	2,000	2,300
30〜49（歳）	2,300	2,700	3,050	1,750	2,050	2,350
50〜64（歳）	2,200	2,600	2,950	1,650	1,950	2,250
65〜74（歳）	2,050	2,400	2,750	1,550	1,850	2,100
75以上（歳）	1,800	2,100	−	1,400	1,650	−
妊婦（付加量）初期				+50	+50	+50
中期				+250	+250	+250
後期				+450	+450	+450
授乳婦（付加量）				+350	+350	+350

注：身体活動レベルIの場合，少ないエネルギー消費量に見あった少ないエネルギー摂取量を維持することになるため，健康の保持・増進の観点からは，身体活動量を増加させる必要がある。

エネルギー必要量は重要な概念である。しかし，無視できない個人間差が存在し，そのため，性・年齢区分・身体活動レベル別に単一の値として示すのは困難である。そこで，エネルギー必要量については，基本的事項，測定方法および推定方法を記述し，推定エネルギー必要量を参考表として示した。

成人（18歳以上）では，

> 推定エネルギー必要量（kcal/日）＝基礎代謝量（kcal/日）×身体活動レベル

として算出した。

身体活動レベル別にみた活動内容と活動時間の代表例

*1　代表値。（　）内はおよその範囲。

身体活動レベル*1	低い（I）1.50 (1.40〜1.60)	ふつう（II）1.75 (1.60〜1.90)	高い（III）2.00 (1.90〜2.20)
日常生活の内容	生活の大部分が座位で，静的な活動が中心の場合	座位中心の仕事だが，職場内での移動や立位での作業・接客など，通勤・買い物での歩行，家事，軽いスポーツなどのいずれかを含む場合	移動や立位の多い仕事への従事者，あるいは，スポーツなど余暇における活発な運動習慣をもっている場合
中程度の強度（3.0〜5.9メッツ）の身体活動の1日あたりの合計時間（時間/日）	1.65	2.06	2.53
仕事での1日あたりの合計歩行時間（時間/日）	0.25	0.54	1.00

基礎代謝量

性別	男性	女性
年齢	基礎代謝量 (kcal/日)	基礎代謝量 (kcal/日)
1〜2（歳）	700	660
3〜5（歳）	900	840
6〜7（歳）	980	920
8〜9（歳）	1,140	1,050
10〜11（歳）	1,330	1,260
12〜14（歳）	1,520	1,410
15〜17（歳）	1,610	1,310
18〜29（歳）	1,530	1,110
30〜49（歳）	1,530	1,160
50〜64（歳）	1,480	1,110
65〜74（歳）	1,400	1,080
75以上（歳）	1,280	1,010

なお，成長期である小児（1〜17歳）では，身体活動に必要なエネルギーに加えて，組織合成に要するエネルギーと組織増加分のエネルギー（エネルギー蓄積量）を余分に摂取する必要がある。乳児も小児と同様に，身体活動に必要なエネルギーに加えて，組織合成に要するエネルギーとエネルギー蓄積量相当分を摂取する必要がある。

妊婦の推定エネルギー必要量（kcal/日）は，妊娠前の推定エネルギー必要量（kcal/日）＋妊婦のエネルギー付加量（kcal/日）として求められる。

2 栄養素の指標

栄養素の指標は，3つの目的からなる5つの指標で構成する。具体的には，摂取不足の回避を目的とする3種類の指標，過剰摂取による健康障害の回避を目的とする指標および生活習慣病の発症予防を目的とする指標から構成する。

〈目 的〉

摂取不足の回避

過剰摂取による健康障害の回避

生活習慣病の発症予防

〈指 標〉

推定平均必要量，推奨量
*これらを推定できない場合の代替指標：目安量

耐容上限量

目標量

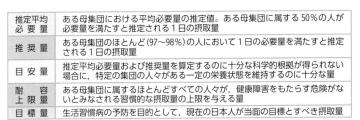

推定平均必要量	ある母集団における平均必要量の推定値。ある母集団に属する50%の人が必要量を満たすと推定される1日の摂取量
推奨量	ある母集団のほとんど（97～98%）の人において1日の必要量を満たすと推定される1日の摂取量
目安量	推定平均必要量および推奨量を算定するのに十分な科学的根拠が得られない場合に，特定の集団の人々がある一定の栄養状態を維持するのに十分な量
耐容上限量	ある母集団に属するほとんどすべての人々が，健康障害をもたらす危険がないとみなされる習慣的な摂取量の上限を与える量
目標量	生活習慣病の予防を目的として，現在の日本人が当面の目標とすべき摂取量

必要量は人によって違うが，食事摂取基準で定められている数値は代表的な人を想定した代表的な値である。したがって，どれくらい摂取すればよいかはわからず，食事摂取基準で定められた数値を信じるしかない。

そこで，現在の食習慣（栄養素摂取量）が適切かどうかを評価するためには，食事摂取基準で定められている数値（数字）を細かく考えすぎずに，上記のように，良好（青信号），要注意（黄色信号），要改善（赤信号）の3つに分けるのが現実的であり，かつ科学的だと考えられる。この方法によって，本当に必要量はわからないという問題や，食事調査に存在する測定誤差の問題を可能な限り少なく抑えることができる。

炭水化物の食事摂取基準（% エネルギー）

性別	男性	女性
年齢等	目標量[1,2]	目標量[1,2]
0～11（月）	—	—
1～74（歳）	50～65	50～65
75以上（歳）	50～65	50～65
妊婦		50～65
授乳婦		50～65

1 範囲については，おおむねの値を示したものである。
2 アルコールを含む。ただし，アルコールの摂取を勧めるものではない。

脂質の食事摂取基準（% エネルギー）

性別	男性	女性
	目安量	目安量
年齢等	目標量[1]	目標量[1]
0～5（月）	50	50
6～11（月）	40	40
1～74（歳）	20～30	20～30
75以上（歳）	20～30	20～30
妊婦		20～30
授乳婦		20～30

1 範囲に関しては，おおむねの値を示したものである。

食物繊維の食事摂取基準（g/日）

性別	男性	女性
年齢等	目標量	目標量
0～5（月）	—	—
6～11（月）	—	—
1～2（歳）	—	—
3～5（歳）	8以上	8以上
6～7（歳）	10以上	10以上
8～9（歳）	11以上	11以上
10～11（歳）	13以上	13以上
12～14（歳）	17以上	17以上
15～17（歳）	19以上	18以上
18～29（歳）	21以上	18以上
30～49（歳）	21以上	18以上
50～64（歳）	21以上	18以上
65～74（歳）	20以上	17以上
75以上（歳）	20以上	17以上
妊婦		18以上
授乳婦		18以上

たんぱく質の食事摂取基準（目標量：% エネルギー、その他：g/日）

性別	男性				女性			
年齢等	推定平均必要量	推奨量	目安量	目標量[1]	推定平均必要量	推奨量	目安量	目標量[1]
0～5（月）	—	—	10	—	—	—	10	—
6～8（月）	—	—	15	—	—	—	15	—
9～11（月）	—	—	25	—	—	—	25	—
1～2（歳）	15	20	—	13～20	15	20	—	13～20
3～5（歳）	20	25	—	13～20	20	25	—	13～20
6～7（歳）	25	30	—	13～20	25	30	—	13～20
8～9（歳）	30	40	—	13～20	30	40	—	13～20
10～11（歳）	40	45	—	13～20	40	50	—	13～20
12～14（歳）	50	60	—	13～20	45	55	—	13～20
15～17（歳）	50	65	—	13～20	45	55	—	13～20
18～29（歳）	50	65	—	13～20	40	50	—	13～20
30～49（歳）	50	65	—	13～20	40	50	—	13～20
50～64（歳）	50	65	—	14～20	40	50	—	14～20
65～74（歳）	50	60	—	15～20	40	50	—	15～20
75以上（歳）	50	60	—	15～20	40	50	—	15～20
妊婦（付加量）初期					+0	+0	—	—[2]
中期					+5	+5	—	—[2]
後期					+20	+25	—	—[3]
授乳婦（付加量）					+15	+20	—	—[3]

1 範囲については，おおむねの値を示したものであり，弾力的に運用すること。
2 妊婦（初期・中期）の目標量は，13～20%エネルギーとした。
3 妊婦（後期）および授乳婦の目標量は，15～20%エネルギーとした。

エネルギー産生栄養素バランス（% エネルギー）

性別	男性				女性			
	目標量[1,2]				目標量[1,2]			
		脂質[3]				脂質[3]		
年齢等	たんぱく質	脂質[3]	飽和脂肪酸	炭水化物[4,5]	たんぱく質	脂質[3]	飽和脂肪酸	炭水化物[4,5]
0～11（月）	—	—	—	—	—	—	—	—
1～2（歳）	13～20	20～30	—	50～65	13～20	20～30	—	50～65
3～14（歳）	13～20	20～30	10以下	50～65	13～20	20～30	10以下	50～65
15～17（歳）	13～20	20～30	8以下	50～65	13～20	20～30	8以下	50～65
18～49（歳）	13～20	20～30	7以下	50～65	13～20	20～30	7以下	50～65
50～64（歳）	14～20	20～30	7以下	50～65	14～20	20～30	7以下	50～65
65～74（歳）	15～20	20～30	7以下	50～65	15～20	20～30	7以下	50～65
75以上（歳）	15～20	20～30	7以下	50～65	15～20	20～30	7以下	50～65
妊婦 初期					13～20			50～65
中期					13～20	20～30	7以下	50～65
後期					15～20			
授乳婦					15～20			

1 必要なエネルギー量を確保したうえでのバランスとすること。
2 範囲に関しては，おおむねの値を示したものであり，弾力的に運用すること。
3 脂質については，その構成成分である飽和脂肪酸など，質への配慮を十分におこなう必要がある。
4 アルコールを含む。ただし，アルコールの摂取を勧めるものではない。 5 食物繊維の目標量を十分に注意すること。

エネルギー産生栄養素バランスは，エネルギーを産生する栄養素，すなわち，たんぱく質，脂質，炭水化物（アルコールを含む）とそれらの構成成分が総エネルギー摂取量に占めるべき割合（%エネルギー）としてこれらの構成比率を示す指標である。エネルギー産生栄養素バランスを食事改善などで活用する場合には，次の点に注意する。

・基準とした値の幅の両端は明確な境界を示すものではない。このことを十分に理解して柔軟に用いる。

・脂質および炭水化物については，それぞれの栄養素の質，すなわち，構成成分である個々の脂肪酸や個々の糖の構成（特に，飽和脂肪酸と食物繊維）に十分に配慮する。

無機質の食事摂取基準

＊数値は左が男性，右が女性を示す。 ▭ は付加量ではなく，目安量・目標量等を示す。

年齢等	ナトリウム(mg/日)＊1 [( )は食塩相当量(g/日)] 推定平均必要量		目安量 目標量		カリウム(mg/日) 目安量		目標量		カルシウム(mg/日) 推定平均必要量		目安量 推奨量		耐容上限量		マグネシウム＊2(mg/日) 推定平均必要量		目安量 推奨量	
0～5(月)	-	-	100(0.3)	100(0.3)	400	400	-	-	-	-	200	200	-	-	-	-	20	20
6～11(月)	-	-	600(1.5)	600(1.5)	700	700	-	-	-	-	250	250	-	-	-	-	60	60
1～2(歳)	-	-	(3.0未満)	(3.0未満)	900	900	-	-	350	350	450	400	-	-	60	60	70	70
3～5(歳)	-	-	(3.5未満)	(3.5未満)	1,000	1,000	1,400以上	1,400以上	500	450	600	550	-	-	80	80	100	100
6～7(歳)	-	-	(4.5未満)	(4.5未満)	1,300	1,200	1,800以上	1,800以上	500	450	600	550	-	-	110	110	130	130
8～9(歳)	-	-	(5.0未満)	(5.0未満)	1,500	1,500	2,000以上	2,000以上	550	600	650	750	-	-	140	140	170	160
10～11(歳)	-	-	(6.0未満)	(6.0未満)	1,800	1,800	2,200以上	2,000以上	600	600	700	750	-	-	180	180	210	220
12～14(歳)	-	-	(7.0未満)	(6.5未満)	2,300	1,900	2,400以上	2,400以上	850	700	1,000	800	-	-	250	240	290	290
15～17(歳)	-	-	(7.5未満)	(6.5未満)	2,700	2,000	3,000以上	2,600以上	650	550	800	650	-	-	300	260	360	310
18～29(歳)	600(1.5)	600(1.5)	(7.5未満)	(6.5未満)	2,500	2,000	3,000以上	2,600以上	650	550	800	650	2,500	2,500	280	230	340	270
30～49(歳)	600(1.5)	600(1.5)	(7.5未満)	(6.5未満)	2,500	2,000	3,000以上	2,600以上	600	550	750	650	2,500	2,500	310	240	370	290
50～64(歳)	600(1.5)	600(1.5)	(7.5未満)	(6.5未満)	2,500	2,000	3,000以上	2,600以上	600	550	750	650	2,500	2,500	310	240	370	290
65～74(歳)	600(1.5)	600(1.5)	(7.5未満)	(6.5未満)	2,500	2,000	3,000以上	2,600以上	600	550	750	650	2,500	2,500	290	230	350	280
75以上(歳)	600(1.5)	600(1.5)	(7.5未満)	(6.5未満)	2,500	2,000	3,000以上	2,600以上	600	500	700	600	2,500	2,500	270	220	320	260
妊婦(付加量)	/	600(1.5)	/	(6.5未満)	/	2,000	/	2,600以上	/	+0	/	+0	/	/	/	+30	/	+40
授乳婦(付加量)	/	600(1.5)	/	(6.5未満)	/	2,200	/	2,600以上	/	+0	/	+0	/	/	/	+0	/	+0

＊1 高血圧および慢性腎臓病(CKD)の重症化予防のための食塩相当量の量は，男女とも6.0g/日未満とした。
＊2 通常の食品以外からの摂取量の耐容上限量は，成人の場合350mg/日，小児では5mg/kg体重/日とする。それ以外の通常の食品からの摂取の場合，耐容上限量は設定しない。

年齢等	リン(mg/日) 目安量		耐容上限量		鉄(mg/日) 推定平均必要量		目安量 推奨量		耐容上限量		亜鉛(mg/日) 推定平均必要量		目安量 推奨量		耐容上限量		銅(mg/日) 推定平均必要量		目安量 推奨量		耐容上限量	
0～5(月)	120	120	-	-	-	-	0.5	0.5	-	-	-	-	2	2	-	-	-	-	0.3	0.3	-	-
6～11(月)	260	260	-	-	3.5	3.5	5.0	4.5	-	-	-	-	3	3	-	-	-	-	0.3	0.3	-	-
1～2(歳)	500	500	-	-	3.0	3.0	4.5	4.5	25	20	3	2	3	3	-	-	0.3	0.2	0.3	0.3	-	-
3～5(歳)	700	700	-	-	4.0	4.0	5.5	5.5	25	25	3	3	4	3	-	-	0.3	0.3	0.4	0.3	-	-
6～7(歳)	900	800	-	-	5.0	4.5	5.5	5.5	30	30	4	3	5	4	-	-	0.4	0.4	0.4	0.4	-	-
8～9(歳)	1,000	1,000	-	-	6.0	6.0	7.0	7.5	35	35	5	4	6	5	-	-	0.4	0.4	0.5	0.5	-	-
10～11(歳)＊1	1,100	1,000	-	-	7.0	7.0(10.0)＊1	8.5	8.5(12.0)	35	35	6	5	7	6	-	-	0.5	0.5	0.6	0.6	-	-
12～14(歳)＊1	1,200	1,000	-	-	8.0	7.0(10.0)	10.0	10.0	40	40	9	7	10	8	-	-	0.7	0.6	0.8	0.8	-	-
15～17(歳)＊1	1,200	900	-	-	8.0	5.5(8.5)	10.0	7.0(10.5)	50	40	10	7	12	8	-	-	0.8	0.6	0.9	0.7	-	-
18～29(歳)＊1	1,000	800	3,000	3,000	6.5	5.5(8.5)	7.5	6.5(10.5)	50	40	9	7	11	8	40	35	0.7	0.6	0.9	0.7	7	7
30～49(歳)＊1	1,000	800	3,000	3,000	6.5	5.5(9.0)	7.5	6.5(10.5)	50	40	9	7	11	8	45	35	0.7	0.6	0.9	0.7	7	7
50～64(歳)＊1	1,000	800	3,000	3,000	6.5	5.5(9.0)	7.5	6.5(11.0)	50	40	9	7	11	8	45	35	0.7	0.6	0.9	0.7	7	7
65～74(歳)	1,000	800	3,000	3,000	6.0	5.0	7.5	6.0	50	40	9	7	11	8	40	35	0.7	0.6	0.9	0.7	7	7
75以上(歳)	1,000	800	3,000	3,000	6.0	5.0	7.0	6.0	50	40	9	6	10	8	40	30	0.7	0.6	0.8	0.7	7	7
妊婦(付加量)初期 中期・後期	/	800	/	-	/	+2.0 +8.0	/	+2.5 +9.5	/	-	/	+1	/	+2	/	-	/	+0.1	/	+0.1	/	-
授乳婦(付加量)	/	800	/	-	/	+2.5	/	+2.5	/	-	/	+3	/	+4	/	-	/	+0.5	/	+0.6	/	-

＊1 女性10～64(歳)の( )内は「月経あり」の数値。

年齢等	マンガン(mg/日) 目安量		耐容上限量		ヨウ素(μg/日) 推定平均必要量		目安量 推奨量		耐容上限量		セレン(μg/日) 推定平均必要量		目安量 推奨量		耐容上限量		クロム(μg/日) 目安量		耐容上限量		モリブデン(μg/日) 推定平均必要量		目安量 推奨量		耐容上限量	
0～5(月)	0.01	0.01	-	-	-	-	100	100	250	250	-	-	15	15	-	-	0.8	0.8	-	-	-	-	2	2	-	-
6～11(月)	0.5	0.5	-	-	-	-	130	130	250	250	-	-	15	15	-	-	1.0	1.0	-	-	-	-	5	5	-	-
1～2(歳)	1.5	1.5	-	-	35	35	50	50	300	300	10	10	10	10	100	100	-	-	-	-	10	10	10	10	-	-
3～5(歳)	1.5	1.5	-	-	45	45	60	60	400	400	10	10	15	10	100	100	-	-	-	-	10	10	10	10	-	-
6～7(歳)	2.0	2.0	-	-	55	55	75	75	550	550	15	15	15	15	150	150	-	-	-	-	10	10	15	15	-	-
8～9(歳)	2.5	2.5	-	-	65	65	90	90	700	700	15	15	20	20	200	200	-	-	-	-	15	15	20	15	-	-
10～11(歳)	3.0	3.0	-	-	80	80	110	110	900	900	20	20	25	25	250	250	-	-	-	-	15	15	20	20	-	-
12～14(歳)	4.0	4.0	-	-	95	95	140	140	2,000	2,000	25	25	30	30	350	300	-	-	-	-	20	20	25	25	-	-
15～17(歳)	4.5	3.5	-	-	100	100	140	140	3,000	3,000	30	20	35	25	400	350	-	-	-	-	25	20	30	25	-	-
18～29(歳)	4.0	3.5	11	11	95	95	130	130	3,000	3,000	25	20	30	25	450	350	10	10	500	500	20	20	30	25	600	500
30～49(歳)	4.0	3.5	11	11	95	95	130	130	3,000	3,000	25	20	30	25	450	350	10	10	500	500	25	20	30	25	600	500
50～64(歳)	4.0	3.5	11	11	95	95	130	130	3,000	3,000	25	20	30	25	450	350	10	10	500	500	25	20	30	25	600	500
65～74(歳)	4.0	3.5	11	11	95	95	130	130	3,000	3,000	25	20	30	25	450	350	10	10	500	500	20	20	30	25	600	500
75以上(歳)	4.0	3.5	11	11	95	95	130	130	3,000	3,000	25	20	30	25	400	350	10	10	500	500	20	20	25	25	600	500
妊婦(付加量)	/	3.5	/	-	/	+75	/	+110	-＊1		/	+5	/	+5	/	-	/	10	/	-	/	+0	/	+0	/	-
授乳婦(付加量)	/	3.5	/	-	/	+100	/	+140	-＊1		/	+15	/	+20	/	-	/	10	/	-	/	+3	/	+3	/	-

＊1 妊婦および授乳婦の耐容上限量は2,000μg/日とした。

358

ビタミンの食事摂取基準

*数値は左が男性，右が女性を示す。
□は付加量ではなく，目安量を示す。

年齢等	ビタミンA (µgRAE/日)*1 推定平均必要量*2		ビタミンA 目安量*3/推奨量*2		ビタミンA 耐容上限量*3		ビタミンD (µg/日)*4 目安量		ビタミンD 耐容上限量		ビタミンE (mg/日)*5 目安量		ビタミンE 耐容上限量		ビタミンK (µg/日) 目安量		ビタミンB1 (mg/日)*6,7 推定平均必要量*8		ビタミンB1 目安量/推奨量		ビタミンB2 (mg/日)*7 推定平均必要量*9		ビタミンB2 目安量/推奨量	
0～5(月)	-	-	300	300	600	600	5.0	5.0	25	25	3.0	3.0	-	-	4	4	-	-	0.1	0.1	-	-	0.3	0.3
6～11(月)	-	-	400	400	600	600	5.0	5.0	25	25	4.0	4.0	-	-	7	7	-	-	0.2	0.2	-	-	0.4	0.4
1～2(歳)	300	250	400	350	600	600	3.0	3.5	20	20	3.0	3.0	150	150	50	60	0.4	0.4	0.5	0.5	0.5	0.5	0.6	0.5
3～5(歳)	350	350	450	500	700	850	3.5	4.0	30	30	4.0	4.0	200	200	60	70	0.6	0.6	0.7	0.7	0.7	0.6	0.8	0.8
6～7(歳)	300	300	400	400	950	1,200	4.5	5.0	30	30	5.0	5.0	300	300	80	90	0.7	0.7	0.8	0.8	0.8	0.7	0.9	0.9
8～9(歳)	350	350	500	500	1,200	1,500	5.0	6.0	40	40	5.0	5.0	350	350	90	110	0.8	0.8	1.0	0.9	0.9	0.9	1.1	1.0
10～11(歳)	450	400	600	600	1,500	1,900	6.5	8.0	60	60	5.5	5.5	450	450	110	140	1.0	0.9	1.2	1.1	1.1	1.1	1.4	1.3
12～14(歳)	550	500	800	700	2,100	2,500	8.0	9.5	80	80	6.5	6.0	650	600	140	170	1.2	1.1	1.4	1.3	1.3	1.2	1.6	1.4
15～17(歳)	**650**	**500**	**900**	**650**	**2,500**	**2,800**	**9.0**	**8.5**	**90**	**90**	**7.0**	**5.5**	**750**	**650**	**160**	**150**	**1.3**	**1.0**	**1.5**	**1.2**	**1.4**	**1.2**	**1.7**	**1.4**
18～29(歳)	600	450	850	650	2,700	2,700	8.5	8.5	100	100	6.0	5.0	850	650	150	150	1.2	0.9	1.4	1.1	1.3	1.0	1.6	1.2
30～49(歳)	650	500	900	700	2,700	2,700	8.5	8.5	100	100	6.0	5.5	900	700	150	150	1.2	0.9	1.4	1.1	1.3	1.0	1.6	1.2
50～64(歳)	650	500	900	700	2,700	2,700	8.5	8.5	100	100	7.0	6.0	850	700	150	150	1.1	0.9	1.3	1.1	1.2	1.0	1.5	1.2
65～74(歳)	600	500	850	700	2,700	2,700	8.5	8.5	100	100	7.0	6.5	850	650	150	150	1.1	0.9	1.3	1.1	1.2	1.0	1.5	1.2
75以上(歳)	550	450	800	650	2,700	2,700	8.5	8.5	100	100	6.5	6.5	750	650	150	150	1.0	0.8	1.2	0.9	1.1	0.9	1.3	1.0
妊婦(付加量)初期・中期	/	+0	/	+0	/	-	/	8.5	/	-	/	6.5	/	-	/	150	/	+0.2	/	+0.2	/	+0.2	/	+0.3
後期	/	+60	/	+80																				
授乳婦(付加量)	/	+300	/	+450	/	-	/	8.5	/	-	/	7.0	/	-	/	150	/	+0.2	/	+0.2	/	+0.5	/	+0.6

*1 レチノール活性当量（µgRAE）＝レチノール（µg）＋β-カロテン（µg）×1/12＋α-カロテン（µg）×1/24＋β-クリプトキサンチン（µg）×1/24＋その他のプロビタミンAカロテノイド（µg）×1/24 　*2 プロビタミンAカロテノイドを含む。　*3 プロビタミンAカロテノイドを含まない。　*4 日照により皮膚でビタミンDが産生されることをふまえ，フレイル予防を図る者はもとより，全年齢区分を通じて，日常生活において可能な範囲内での適度な日光浴を心がけるとともに，ビタミンDの摂取については，日照時間を考慮に入れることが重要である。
*5 α-トコフェロールについて算定した。α-トコフェロール以外のビタミンEは含んでいない。　*6 チアミン塩化物塩酸塩（分子量＝337.3）の重量として示した。
*7 身体活動レベルⅡの推定エネルギー必要量を用いて算定した。　*8 特記事項：推定平均必要量は，ビタミンB1の欠乏症である脚気を予防するに足る最小必要量からではなく，尿中にビタミンB1の排泄量が増大し始める摂取量（体内飽和量）から算定。　*9 特記事項：推定平均必要量は，ビタミンB2の欠乏症である口唇炎，口角炎，舌炎などの皮膚炎を予防するに足る最小量からではなく，尿中にビタミンB2の排泄量が増大し始める摂取量（体内飽和量）から算定。

年齢等	ナイアシン (mgNE/日)*1,2 推定平均必要量		ナイアシン 目安量/推奨量		ナイアシン 耐容上限量*3		ビタミンB6 (mg/日)*5 推定平均必要量		ビタミンB6 目安量/推奨量		ビタミンB6 耐容上限量*6		ビタミンB12 (µg/日)*7 推定平均必要量		ビタミンB12 目安量/推奨量		葉酸 (µg/日)*8 推定平均必要量		葉酸 目安量/推奨量		葉酸 耐容上限量*9		パントテン酸 (mg/日) 目安量		ビオチン (µg/日) 目安量		ビタミンC (mg/日)*12 推定平均必要量*13		ビタミンC 目安量/推奨量	
0～5(月)	-	-	2*4	2*4	-	-	-	-	0.2	0.2	-	-	-	-	0.4	0.4	-	-	40	40	-	-	4	4	4	4	-	-	40	40
6～11(月)	-	-	3	3	-	-	-	-	0.3	0.3	-	-	-	-	0.5	0.5	-	-	60	60	-	-	5	5	5	5	-	-	40	40
1～2(歳)	5	4	6	5	60(15)	60(15)	0.4	0.4	0.5	0.5	10	10	0.8	0.8	0.9	0.9	80	90	90	90	200	200	3	4	20	20	35	35	40	40
3～5(歳)	6	6	8	7	80(20)	80(20)	0.5	0.5	0.6	0.6	15	15	0.9	0.9	1.1	1.1	90	90	110	110	300	300	4	4	20	20	40	40	50	50
6～7(歳)	7	7	9	8	100(30)	100(30)	0.7	0.6	0.8	0.7	20	20	1.1	1.1	1.3	1.3	110	110	140	140	400	400	5	5	30	30	50	50	60	60
8～9(歳)	9	8	11	10	150(35)	150(35)	0.8	0.8	0.9	0.9	25	25	1.3	1.3	1.6	1.6	130	130	160	160	500	500	5	5	30	30	60	60	70	70
10～11(歳)	11	10	13	10	200(45)	150(45)	1.0	1.0	1.1	1.1	30	30	1.6	1.6	1.9	1.9	160	160	190	190	700	700	6	6	40	40	70	70	85	85
12～14(歳)	12	12	15	14	250(60)	250(60)	1.2	1.0	1.4	1.3	40	40	2.0	2.0	2.4	2.4	200	200	240	240	900	900	7	6	50	50	85	85	100	100
15～17(歳)	**14**	**11**	**17**	**13**	**300(70)**	**250(65)**	**1.2**	**1.0**	**1.5**	**1.3**	**50**	**45**	**2.0**	**2.0**	**2.4**	**2.4**	**220**	**200**	**240**	**240**	**900**	**900**	**7**	**6**	**50**	**50**	**85**	**85**	**100**	**100**
18～29(歳)	13	9	15	11	300(80)	250(65)	1.1	1.0	1.4	1.1	55	45	2.0	2.0	2.4	2.4	200	200	240	240	900	900	5	5	50	50	85	85	100	100
30～49(歳)	13	10	15	12	350(85)	250(65)	1.1	1.0	1.4	1.1	60	45	2.0	2.0	2.4	2.4	200	200	240	240	1,000	1,000	5	5	50	50	85	85	100	100
50～64(歳)	12	9	14	11	350(85)	250(65)	1.1	1.0	1.4	1.1	55	45	2.0	2.0	2.4	2.4	200	200	240	240	1,000	1,000	6	5	50	50	85	85	100	100
65～74(歳)	12	9	14	11	300(80)	250(65)	1.1	1.0	1.4	1.1	55	40	2.0	2.0	2.4	2.4	200	200	240	240	900	900	6	5	50	50	80	80	100	100
75以上(歳)	11	9	13	10	300(75)	250(60)	1.1	1.0	1.4	1.1	50	40	2.0	2.0	2.4	2.4	200	200	240	240	900	900	6	5	50	50	80	80	100	100
妊婦(付加量)	/	+0	/	+0	/	-	/	+0.2	/	+0.2	/	-	/	+0.3	/	+0.4	/	+200*10,11	/	+240*10,11	/	-	/	5	/	50	/	+10	/	+10
授乳婦(付加量)	/	+3	/	+3	/	-	/	+0.3	/	+0.3	/	-	/	+0.7	/	+0.8	/	+80	/	+100	/	-	/	6	/	50	/	+40	/	+45

*1 ナイアシン当量（NE）＝ナイアシン＋1/60トリプトファンで示した。　*2 身体活動レベルⅡの推定エネルギー必要量を用いて算定した。　*3 ニコチンアミドの重量（mg/日），（）内はニコチン酸の重量（mg/日）。　*4 単位はmg/日。　*5 たんぱく質の推奨量を用いて算定した（妊婦・授乳婦の付加量は除く）。　*6 ピリドキシン（分子量＝169.2）の重量として示した。　*7 シアノコバラミン（分子量＝1,355.37）の重量として示した。　*8 プテロイルモノグルタミン酸（分子量＝441.40）の重量として示した。　*9 通常の食品以外の食品に含まれる葉酸（狭義の葉酸）に適用する。　*10 妊娠を計画している女性，妊娠の可能性がある女性および妊娠初期の妊婦は，胎児の神経管閉鎖障害のリスク低減のために，通常の食品以外の食品に含まれる葉酸（狭義の葉酸）を400µg/日摂取することが望まれる。　*11 付加量は，中期および後期にのみ設定した。　*12 L-アスコルビン酸（分子量＝176.12）の重量として示した。　*13 特記事項：推定平均必要量は，ビタミンCの欠乏症である壊血病を予防するに足る最小量からではなく，心臓血管系の疾患予防効果および抗酸化作用の観点から算定。

私(17歳)の朝食の栄養価計算　(身体活動レベルⅡ)

[計算]「日本食品標準成分表2020年版（八訂）」から，各食品100gあたりのエネルギー量，栄養素量を探しあて，食べた量にもとづいて算出した。

朝食	エネルギー(kcal)	たんぱく質(g)	鉄(mg)	カルシウム(mg)
食パン 90g	$260×\frac{90}{100}≒234$	$8.9×\frac{90}{100}≒8.0$	$0.5×\frac{90}{100}≒0.5$	$22×\frac{90}{100}≒20$
マーガリン 10g	$769×\frac{10}{100}≒77$	$0.4×\frac{10}{100}≒微量$	微量	$14×\frac{10}{100}≒1$
いちご 10g	$34×\frac{10}{100}≒3$	$0.9×\frac{10}{100}≒微量$	$0.3×\frac{10}{100}≒微量$	$17×\frac{10}{100}≒2$
牛乳 200g	$67×\frac{200}{100}≒134$	$3.3×\frac{200}{100}≒6.6$	$0.02×\frac{200}{100}=0.04*$	$110×\frac{200}{100}≒220$
ゆで卵 50g	$151×\frac{50}{100}≒76$	$12.9×\frac{50}{100}≒6.5$	$1.8×\frac{50}{100}≒0.9$	$51×\frac{50}{100}≒26$
栄養素量の合計	524	21.1	1.4	269

17歳男女の食事摂取基準（推奨量）（1日3食）をもとに1食分のめやすを出し，栄養の過不足を把握する。
*左が男性，右が女性。

	エネルギー	たんぱく質	鉄	カルシウム
1食分めやす*	933　767	21.7　18.3	3.3　3.5	267　217
栄養摂取量	524	21.1	1.4	269
栄養摂取比率*	56%　68%	97%　115%	42%　40%	101%　124%

[判定] もう少し食べてエネルギー量を増やす。
　　　 鉄を含む食品を増やす。

※微量であるが，利用上の便宜のため少数第2位まで記載。

食品群とその活用法

食品群の考え方

どの食品をどれだけ食べればよいのかを知るための簡便な方法として「食品群」の考え方がある。「食品群」は，食品を栄養成分の似ているものどうしに区分して，区分ごとに栄養的効果を示したもので，これをめやすに摂取すれば栄養的に満たされた食生活を送ることができる。

● 3色食品群

1952（昭和27）年，広島県庁の岡田正美技師によって考案され，栄養改善普及会の近藤とし子氏が普及につとめた。含まれる栄養素の働きの特徴から，食品を赤，緑，黄の3つに分けている。量的配慮はないが，簡単でわかりやすいことから幅広い層に呼びかけた。

赤　群	魚・肉，豆腐，乳，卵	血や肉をつくる	たんぱく質，脂質，カルシウム，ビタミンB_1
緑　群	緑黄色野菜，その他の野菜，海藻，きのこ	体の調子をよくする	カロテン，ビタミンC，カルシウム，ヨウ素
黄　群	穀類，砂糖，油脂，いも類	力や体温となる	炭水化物，脂質，ビタミンA，B_1，D

● 6つの食品群

1948（昭和23）年，国民の栄養知識の向上をはかるための教材として厚生省（現厚生労働省）から示されたもの。アメリカでおこなわれていた食品群の分類を参考に，わが国の状況に合わせた形で考案され，バランスの取れた栄養に重点を置いた。含まれる栄養素の種類によって食品を6つに分類し，毎日とらなければならない栄養素とそれを多く含む食品とを組み合わせて示してある。

第1群	卵，魚，肉，豆・豆製品	骨や筋肉などをつくる エネルギー源となる	たんぱく質，ビタミンB_2，脂肪
第2群	牛乳・乳製品，骨ごと食べる魚，海藻	骨・歯をつくる 体の各機能を調節	カルシウム，たんぱく質，ビタミンB_2，ヨウ素
第3群	緑黄色野菜	皮膚や粘膜の保護 体の各機能の調節	カロテン，ビタミンC，カルシウム
第4群	その他の野菜，果物，きのこ	体の各機能を調節する	ビタミンC，カルシウム
第5群	穀物，いも，砂糖	エネルギー源となる 体の各機能を調節	炭水化物，ビタミンB_1
第6群	油脂，種実	エネルギー源となる	脂肪，ビタミンA，D

● 4つの食品群

女子栄養大学・香川綾（あや）氏が1930（昭和5）年，東京大学の島薗内科において栄養研究をおこなったのが始まりで，主食を胚芽米にし，副食は魚1・豆1・野菜4の組み合わせを提唱したものである。1956（昭和31）年にこれを「4つの食品群」に改めた。日本人の食生活に普遍的に不足している栄養素を補完して完全な食事にするという考えにもとづいて第1群に牛乳，卵をおき，ほかは栄養素の働きの特徴により3つの群に分けている。

第1群	乳・乳製品，卵	栄養を完全にする	良質たんぱく質，脂質，カルシウム，ビタミンA，B_2
第2群	魚介・肉，豆・豆製品	筋肉や血をつくる	良質たんぱく質，脂質，カルシウム，ビタミンA，B_1，B_2
第3群	緑黄色野菜，淡色野菜，いも，果物	体の調子をよくする	ビタミンA，カロテン，ビタミンC，ミネラル，食物繊維
第4群	穀類，油脂，砂糖，菓子類，種実類	おもにエネルギー源となる	炭水化物，たんぱく質，脂質

四群点数法

「4つの食品群」にもとづき，どの食品をどのくらい食べたらよいかをエネルギー量（熱量）を基準に点数で示したものである。

「80kcal＝1点」とした食品ごとの1点あたりの重量が決められていて，これにもとづいて食品のエネルギー量がすべて点数で表されている。

摂取点数を1日20点（1600kcal）とした場合，20点で1日に必要なたんぱく質やビタミンなど体を維持するために必要な栄養素（保全素）の所要量を満たせる。第1群から第3群までは優先してとり，第4群を各人の身体活動レベル，エネルギー必要量などに応じて加減できるようになっている。その場合は穀類9点を優先的にとり，油脂，砂糖，その他で2点をとるようにする。

●四群点数法による1日20点（1600kcal）の食品のとり方の例

食品群	群別食品	点　数	とり方の一例	点　数	
第1群	乳・乳製品	2	牛乳コップ1杯	1	必ずとりたい9点
			ヨーグルト小鉢1杯	1	
	卵	1	鶏卵1個	1	
第2群	魚介，肉	2	魚（50g）1品	1	
			肉（50g）1品	1	
	豆・豆製品	1	絹ごし豆腐1/2丁弱	1	
第3群	野菜（きのこ，海藻を含む）	1	緑黄色野菜120g以上と淡色野菜で計350g	1	
	いも	1	じゃがいも1個	1	
	果物	1	りんご1/2個	1	
第4群	穀類	9	ごはん茶わん軽く2杯	4	増減可能の11点
			食パン1枚	2	
			うどん（ゆで）1玉	3	
	油脂	1.5	油大さじ1強	1.5	
	砂糖	0.5	砂糖大さじ1強	0.5	

（女子栄養大学出版部「栄養と料理」）

〔80kcalを1点としたおもな食品の1点重量（目安量）〕

第1群
うずら卵…50g（5個）　鶏卵…55g（L1個）
普通牛乳…130g（3/5カップ強）
ヨーグルト（全脂無糖）…140g（2/3カップ）

第2群
まあじ…70g（1尾）　さんま…28g（1/4尾強）
まいわし…50g（1尾）
牛もも肉（脂身つき）…40g
豚もも肉（脂身つき）…45g　若鶏胸肉（皮つき）…60g
絹ごし豆腐…140g（1/2丁弱）
大豆（ゆで）…50g（1/3カップ強）

第3群
ほうれんそう…440g（2束）　トマト…400g（2個）
キャベツ…380g（1/3個）　きゅうり…620g（6本）
だいこん…530g（1/2〜1/4本）　たまねぎ…240g（1 1/4個）
じゃがいも…140g（1個）　バナナ…85g（3/4本）
さつまいも…65g（1/3本）　りんご（皮つき）…140g（1/2個）

第4群
精白米ごはん…50g（ごはん茶わん1/2杯弱）
バター…11g（大さじ1弱）　植物油…9g（大さじ3/4）
フレンチドレッシング…21g（大さじ1 1/3強）
マヨネーズ…12g（大さじ1強）
いちごジャム…40g（大さじ2弱）

WORK　4つの食品群を活用しよう！

4つの食品群での食品群別摂取量のめやす （1人1日あたりの重量＝g）

家族それぞれの摂取量のめやすを確かめよう —— 性別・年齢別・身体活動レベル別

（香川明夫監修）

身体活動レベル	食品群／年齢・性	第1群 乳・乳製品 男	女	卵 男	女	第2群 魚介・肉 男	女	豆・豆製品 男	女	第3群 野菜 男	女	いも 男	女	果物 男	女	第4群 穀類 男	女	油脂 男	女	砂糖 男	女
身体活動レベルⅠ（低い）	6〜7歳	250	250	30	30	80	80	60	60	270	270	50	50	120	120	200	170	10	10	5	5
	8〜9歳	300	300	55	55	100	80	70	70	300	300	60	60	150	150	230	200	10	10	10	10
	10〜11歳	320	320	55	55	100	100	80	80	300	300	100	100	150	150	300	270	15	15	10	10
	12〜14歳	380	380	55	55	150	120	80	80	350	350	100	100	150	150	360	310	20	20	10	10
	15〜17歳	320	320	55	55	150	120	80	80	350	350	100	100	150	150	420	300	25	20	10	10
	18〜29歳	300	250	55	55	180	100	80	80	350	350	100	100	150	150	370	240	20	20	10	10
	30〜49歳	250	250	55	55	150	100	80	80	350	350	100	100	150	150	370	250	20	20	10	10
	50〜64歳	250	250	55	55	150	100	80	80	350	350	100	100	150	150	360	230	20	20	10	10
	65〜74歳	250	250	55	55	120	100	80	80	350	350	100	100	150	150	340	200	15	15	10	10
	75歳以上	250	200	55	55	120	80	80	80	350	350	100	100	150	150	270	190	15	10	5	5
	妊婦初期		250		55		100		80		350				150		260		15		10
	妊婦中期		250		55		120		80		350		100		150		310		15		10
	妊婦後期		250		55		150		80		350		100		150		360		20		10
	授乳婦		250		55		120		80		350		100		150		330		20		10
身体活動レベルⅡ（ふつう）	1〜2歳	250	250	30	30	50	50	40	40	180	180	50	50	100	100	120	110	5	5	3	3
	3〜5歳	250	250	30	30	60	60	60	60	240	240	50	50	120	120	190	170	10	10	5	5
	6〜7歳	250	250	55	55	80	80	60	60	270	270	60	60	120	120	230	200	10	10	10	10
	8〜9歳	300	300	55	55	120	80	80	80	300	300	60	60	150	150	270	240	10	10	10	10
	10〜11歳	320	320	55	55	150	100	80	80	350	350	100	100	150	150	350	320	20	20	10	10
	12〜14歳	380	380	55	55	170	120	80	80	350	350	100	100	150	150	430	390	25	20	10	10
	15〜17歳	320	320	55	55	200	120	80	80	350	350	100	100	150	150	480	380	30	20	10	10
	18〜29歳	300	250	55	55	180	120	80	80	350	350	100	100	150	150	440	320	30	15	10	10
	30〜49歳	250	250	55	55	180	120	80	80	350	350	100	100	150	150	450	330	30	15	10	10
	50〜64歳	250	250	55	55	180	120	80	80	350	350	100	100	150	150	440	300	25	15	10	10
	65〜74歳	250	250	55	55	170	120	80	80	350	350	100	100	150	150	400	280	20	15	10	10
	75歳以上	250	250	55	55	150	100	80	80	350	350	100	100	150	150	340	230	15	15	10	10
	妊婦初期		250		55		120		80		350				150		340		15		10
	妊婦中期		250		55		150		80		350		100		150		360		20		10
	妊婦後期		250		55		180		80		350		100		150		420		25		10
	授乳婦		320		55		180		80		350		100		150		380		25		10
身体活動レベルⅢ（高い）	6〜7歳	250	250	55	55	100	100	60	60	270	270	60	60	120	120	290	260	10	10	10	10
	8〜9歳	300	300	55	55	140	100	80	80	300	300	60	60	150	150	320	290	20	15	10	10
	10〜11歳	320	320	55	55	160	130	80	80	350	350	100	100	150	150	420	380	20	20	10	10
	12〜14歳	380	380	55	55	200	170	80	80	350	350	100	100	150	150	510	450	25	25	10	10
	15〜17歳	380	320	55	55	200	170	120	80	350	350	100	100	150	150	550	430	30	20	10	10
	18〜29歳	380	300	55	55	200	150	120	80	350	350	100	100	150	150	530	390	30	20	10	10
	30〜49歳	380	250	55	55	200	150	120	80	350	350	100	100	150	150	530	390	30	20	10	10
	50〜64歳	320	250	55	55	200	150	120	80	350	350	100	100	150	150	530	360	25	20	10	10
	65〜74歳	320	250	55	55	200	130	80	80	350	350	100	100	150	150	480	340	25	15	10	10
	授乳婦		320		55		170		80		350		100		150		470		25		10

〔注〕❶野菜はきのこ，海藻を含む。また，野菜の1/3以上は緑黄色野菜でとることとする。
❷エネルギー量は，「日本人の食事摂取基準（2020年版）」の参考表・推定エネルギー必要量の93〜97％の割合で構成してある。各人の必要に応じて適宜調整すること。
❸食品構成は「日本食品標準成分表2020年版（八訂）」で計算。

アミノ酸成分表2020

（第3表「アミノ酸組成によるたんぱく質1gあたりのアミノ酸成分表」より抜粋）

●アミノ酸成分表の目的

　アミノ酸は、たんぱく質の主要な構成成分であり、たんぱく質の栄養価はおもに構成アミノ酸の種類と量（組成）によって決まるため、たんぱく質の摂取にあたっては、アミノ酸の総摂取量（たんぱく質摂取量）のほか、アミノ酸組成のバランスが重要となる。このアミノ酸成分表を用いることによって、摂取している食品の種類と量がわかれば、食事からどれだけのアミノ酸が摂取されているかを求めることができる。

●必須アミノ酸

和名	英名	記号
イソロイシン	Isoleucine	Ile
ロイシン	Leucine	Leu
リシン（リジン）	Lysine	Lys
含硫アミノ酸*（メチオニン，シスチン）	Methionine (Met)，Cystine (Cys)	SAA
芳香族アミノ酸**（フェニルアラニン，チロシン）	Phenylalanine (Phe)，Tyrosine (Tyr)	AAA
トレオニン（スレオニン）	Threonine	Thr
トリプトファン	Tryptophan	Trp
バリン	Valine	Val
ヒスチジン	Histidine	His

＊含硫アミノ酸…………sulfur-containing amino acids（SAA）
＊＊芳香族アミノ酸…………aromatic amino acids（AAA）

※アミノ酸評点パターンは18歳以上の数値で、青字は制限アミノ酸、赤字は第一制限アミノ酸を示している。
※1～2歳と15～17歳のアミノ酸評点パターンを使用した場合のアミノ酸価も参考として掲載している。

（mg/g たんぱく質）

食品番号	食 品 名	アミノ酸価	イソロイシン Ile	ロイシン Leu	リシン Lys	含硫アミノ酸 SAA	芳香族アミノ酸 AAA	トレオニン Thr	トリプトファン Trp	バリン Val	ヒスチジン His	アミノ酸価	アミノ酸価
アミノ酸評点パターン		18歳以上	30	59	45	22	38	23	6.0	39	15	(参考)	(参考)
アミノ酸評点パターン			31	63	52	26	46	27	7.4	42	18	1～2歳	
アミノ酸評点パターン			30	60	47	23	40	24	6.3	40	16		15-17歳
1	**穀　類**												
01002	あわ　精白粒	49Lys	47	150	22	59	97	46	21	58	26	42Lys	47Lys
01004	えんばく　オートミール	100	48	88	51	63	100	41	14	66	29	98Lys	100
01006	おおむぎ　押麦　乾	89Lys	43	85	40	51	100	44	16	60	27	77Lys	85Lys
	こむぎ												
01015	小麦粉　薄力粉　1等	53Lys	41	79	24	50	92	34	14	49	26	46Lys	51Lys
01016	2等	58Lys	41	78	26	48	92	34	13	49	26	50Lys	55Lys
01018	中力粉　1等	53Lys	41	79	24	48	92	34	14	49	26	46Lys	51Lys
01019	2等	53Lys	40	78	24	48	92	34	13	49	26	46Lys	51Lys
01020	強力粉　1等	49Lys	40	78	22	46	92	33	14	47	26	42Lys	47Lys
01021	2等	49Lys	40	78	22	47	92	33	14	47	26	42Lys	47Lys
01026	食パン	51Lys	42	81	23	42	96	33	12	49	27	44Lys	49Lys
01028	コッペパン	51Lys	43	80	23	41	94	35	12	50	27	44Lys	49Lys
01031	フランスパン	47Lys	41	79	22	43	94	34	12	48	26	40Lys	45Lys
01038	うどん　　　　　　生	51Lys	42	80	23	45	94	35	12	49	26	44Lys	49Lys
01041	干しうどん　　　　乾	51Lys	42	80	23	44	93	35	12	49	26	44Lys	49Lys
01043	そうめん・ひやむぎ　乾	49Lys	42	80	23	44	92	34	12	49	26	42Lys	47Lys
01045	手延そうめん・手延ひやむぎ　乾	51Lys	42	80	23	45	94	34	12	49	26	44Lys	49Lys
01047	中華めん　　　　　生	53Lys	41	79	24	46	93	33	12	50	25	46Lys	51Lys
01049	蒸し中華めん	51Lys	42	80	23	46	95	34	14	48	28	44Lys	49Lys
01144	即席中華めん　油揚げ　乾燥	49Lys	42	84	23	42	92	32	12	52	26	42Lys	47Lys
01145	即席中華めん　非油揚げ　乾燥	51Lys	42	81	24	41	93	33	13	49	27	44Lys	49Lys
01063	マカロニ・スパゲッティ　乾	47Lys	43	83	22	46	95	34	12	52	30	40Lys	45Lys
01071	小麦たんぱく　粉末状	44Lys	43	76	19	41	94	31	11	47	25	38Lys	43Lys
	こめ												
01080	水稲穀粒　玄米	100	46	93	45	54	110	45	17	70	32	87Lys	96Lys
01083	精白米　うるち米	93Lys	47	96	42	55	110	44	16	69	31	81Lys	89Lys
01088	水稲めし　精白米　うるち米	91Lys	46	93	41	55	110	44	16	66	30	79Lys	87Lys
01115	ビーフン	98Lys	48	94	44	63	120	46	18	70	29	85Lys	94Lys

（mg/g たんぱく質）

食品番号	食 品 名	アミノ酸価	イソロイシン Ile	ロイシン Leu	リシン Lys	含硫アミノ酸 SAA	芳香族アミノ酸 AAA	トレオニン Thr	トリプトファン Trp	バリン Val	ヒスチジン His	アミノ酸価	アミノ酸価
アミノ酸評点パターン		18歳以上	30	59	45	22	38	23	6.0	39	15	(参考)	(参考)
アミノ酸評点パターン			31	63	52	26	46	27	7.4	42	18	1～2歳	
アミノ酸評点パターン			30	60	47	23	40	24	6.3	40	16		15-17歳
	そば												
01122	そば粉　全層粉	100	44	78	69	53	84	48	19	61	31	100	100
01127	そば　　　　　　生	84Lys	42	79	38	43	89	38	15	51	27	73Lys	81Lys
01129	干しそば　　　　乾	76Lys	42	79	34	44	92	37	15	52	27	65Lys	72Lys
	とうもろこし												
01133	コーングリッツ　黄色種	44Lys	43	170	20	54	100	38	5.8	53	33	38Lys	43Lys
01137	コーンフレーク	22Lys	44	170	10	44	110	36	6.0	55	34	19Lys	21Lys
01138	はとむぎ　精白粒	40Lys	44	150	18	47	99	32	5.6	64	24	35Lys	38Lys
	ライむぎ												
01142	全粒粉	100	41	77	46	50	88	45	14	59	30	88Lys	98Lys
01143	ライ麦粉	98Lys	41	74	44	48	83	42	13	57	30	85Lys	94Lys
2	**いもおよびでんぷん類**												
02006	さつまいも　塊根　皮なし　生	100	50	74	59	37	110	76	17	71	24	100	100
02010	さといも　球茎　生	100	39	91	57	52	130	54	26	63	24	100	100
02017	じゃがいも　塊茎　皮なし　生	100	42	65	68	36	82	54	14	66	22	100	100
02023	やまのいも　ながいも　塊根　生	97Leu	39	57	47	26	79	44	19	51	25	90Leu Lys	95Leu
4	**豆　類**												
	あずき												
04001	全粒　　　　　　　　乾	100	51	93	90	33	100	47	13	63	39	100	100
04005	あん　さらしあん（乾燥あん）	100	62	100	84	35	110	43	13	69	39	100	100
04007	いんげんまめ　全粒　乾	100	58	98	82	32	110	53	14	67	38	100	100
04012	えんどう　全粒　青えんどう　乾	100	49	85	89	31	94	50	11	57	30	100	100
04017	ささげ　全粒　乾	100	54	93	84	38	110	54	14	60	40	100	100
04019	そらまめ　全粒　乾	100	50	90	80	24	89	48	11	55	33	92SAA	100
	だいず												
04023	全粒　黄大豆　国産　乾	100	53	87	72	34	100	50	15	55	31	100	100
04025	黄大豆　米国産　乾	100	53	89	72	35	97	51	15	56	31	100	100
04026	黄大豆　中国産　乾	100	53	88	74	34	97	51	15	55	31	100	100
04029	きな粉　黄大豆　全粒大豆	100	55	91	59	33	99	50	15	57	31	100	100
04030	黄大豆　脱皮大豆	100	54	92	57	33	99	50	15	56	31	100	100
04032	木綿豆腐	100	53	89	72	30	110	47	16	53	29	100	100
04040	油揚げ　　　　　　生	100	53	91	69	29	110	45	16	55	28	100	100
04042	凍り豆腐	100	54	91	71	27	110	47	15	55	28	100	100
04046	糸引き納豆	100	54	89	78	40	100	45	15	55	30	100	100
04051	おから　　　　　　生	100	51	87	64	38	100	54	16	57	31	100	100
04052	豆乳　豆乳	100	51	86	72	33	100	46	16	53	29	100	100
04060	湯葉　干し　　　　乾	100	54	91	70	31	100	46	15	56	29	100	100
04071	りょくとう　全粒　乾	100	51	95	84	25	120	42	14	64	35	96SAA	100
5	**種　実　類**												
05001	アーモンド　乾	78Lys	46	78	35	27	89	35	11	53	30	67Lys	74Lys
05005	カシューナッツ　フライ　味付け	100	50	86	54	48	91	46	19	68	28	100	100
05008	ぎんなん　生	100	46	80	45	45	76	61	19	64	23	87Lys	96Lys
05010	日本ぐり　生	100	41	68	61	63	74	49	14	55	32	100	100
05014	くるみ　いり	71Lys	44	84	32	47	96	42	13	55	29	62Lys	68Lys
05017	ごま　乾	71Lys	41	79	32	61	93	45	21	55	32	62Lys	68Lys
05026	ピスタチオ　いり　味付け	100	52	85	60	39	91	46	17	71	29	100	100

(mg/g たんぱく質)

左表（野菜類など）

食品番号	食品名	アミノ酸価	イソロイシン Ile	ロイシン Leu	リシン Lys	含硫アミノ酸 SAA	芳香族アミノ酸 AAA	トレオニン Thr	トリプトファン Trp	バリン Val	ヒスチジン His	アミノ酸価	アミノ酸価
アミノ酸評点パターン	18歳以上	30	59	45	22	38	23	6.0	39	15	(参考)	(参考)	
アミノ酸評点パターン	1~2歳	31	63	52	26	46	27	7.4	42	18			
アミノ酸評点パターン	15-17歳	30	60	47	23	40	24	6.3	40	16			
05038	ひまわり 乾	91Lys	54	76	41	51	88	45	17	64	32	79Lys	87Lys
05039	ヘーゼルナッツ いり	69Lys	45	83	31	40	86	38	17	50	30	60Lys	66Lys
05031	マカダミアナッツ いり 味付け	100	38	70	45	55	93	38	13	49	28	87Lys	96Lys
05033	まつ いり	91Lys	44	80	41	56	86	45	11	56	29	79Lys	87Lys
05034	らっかせい 大粒種 乾	93Lys	40	76	42	28	110	35	11	51	29	81Lys	89Lys
6	**野菜類**												
06007	アスパラガス 若茎 生	100	41	70	69	33	74	48	14	59	24	100	100
06010	いんげんまめ さやいんげん 若ざや 生	100	44	74	63	30	86	60	15	63	32	100	100
06015	えだまめ 生	100	52	87	73	33	99	48	19	57	29	100	100
06020	さやえんどう 若ざや 生	100	47	66	72	25	73	59	14	68	24	96SAA	100
06023	グリンピース 生	100	51	91	89	25	99	54	19	59	29	96SAA	100
06032	オクラ 果実 生	100	41	67	60	32	79	47	14	54	27	100	100
	かぶ												
06036	根 皮つき 生	100	48	80	87	36	90	62	17	71	32	100	100
06038	根 皮なし 生	100	49	79	85	34	90	59	17	71	32	100	100
06046	日本かぼちゃ 果実 生	100	48	75	72	33	93	56	18	59	25	100	100
06048	西洋かぼちゃ 果実 生	100	64	81	78	41	100	47	18	52	31	100	100
06052	からしな 葉 生	100	48	88	78	35	99	60	22	69	33	100	100
06054	カリフラワー 花序 生	100	53	85	88	40	95	60	17	76	31	100	100
06056	かんぴょう 乾	100	51	71	61	33	86	46	7.2	61	28	97Trp	100
06061	キャベツ 結球葉 生	93Leu	35	55	56	29	62	49	12	55	32	87Leu	92Leu
06065	きゅうり 果実 生	100	41	70	59	29	82	41	16	55	24	100	100
06084	ごぼう 根 生	78Leu	38	46	58	20	58	38	12	43	27	73Leu	77Leu
06086	こまつな 葉 生	100	51	88	72	24	110	58	22	75	29	92SAA	100
06099	しゅんぎく 葉 生	100	51	93	69	30	110	56	21	70	26	100	100
06124	そらまめ 未熟豆 生	100	48	87	80	23	95	45	10	55	33	88SAA	100
	だいこん												
06130	葉 生	100	53	95	75	33	110	64	24	73	29	100	100
06132	根 皮つき 生	97Leu	45	57	61	30	70	53	12	67	28	90Leu	95Leu
06134	根 皮なし 生	93Leu	43	55	58	30	67	50	12	66	26	87Leu	92Leu
06149	たけのこ 若茎 生	100	35	62	61	30	110	45	12	54	25	98Leu	100
06153	たまねぎ りん茎 生	64Leu	21	38	66	26	70	34	13	27	24	60Leu	63Leu
06175	スイートコーン 未熟種子 生	100	41	120	57	52	99	51	11	61	30	100	100
06182	赤色トマト 果実 生	83Leu	31	49	51	38	65	37	10	35	24	78Leu	82Leu
06191	なす 果実 生	100	46	72	74	37	88	50	16	64	33	100	100
06207	にら 葉 生	100	50	86	74	34	100	62	26	65	31	100	100
	にんじん												
06212	根 皮つき 生	100	46	68	67	32	77	54	17	64	25	100	100
06214	根 皮なし 生	100	45	66	63	33	76	53	16	64	24	100	100
06223	にんにく りん茎 生	93Leu	29	55	64	35	73	40	21	43	27	87Leu	92Leu
06226	根深ねぎ 葉 軟白 生	100	38	65	68	34	82	45	15	52	26	100	100
06233	はくさい 結球葉 生	100	43	71	71	32	78	53	14	56	33	100	100
06245	青ピーマン 果実 生	100	46	76	76	43	90	63	16	64	29	100	100
06263	ブロッコリー 花序 生	100	44	71	70	38	90	54	17	67	33	100	100
	ほうれんそう												
06267	葉 通年平均 生	100	50	86	67	33	110	55	26	66	31	100	100
06268	葉 通年平均 ゆで	100	51	92	71	33	120	54	30	67	30	100	100
06269	葉 冷凍	100	51	98	76	41	120	64	31	71	31	100	100

(mg/g たんぱく質)

右表（もやし・果実類・きのこ類・藻類・魚介類）

食品番号	食品名	アミノ酸価	イソロイシン Ile	ロイシン Leu	リシン Lys	含硫アミノ酸 SAA	芳香族アミノ酸 AAA	トレオニン Thr	トリプトファン Trp	バリン Val	ヒスチジン His	アミノ酸価	アミノ酸価
アミノ酸評点パターン	18歳以上	30	59	45	22	38	23	6.0	39	15	(参考)	(参考)	
アミノ酸評点パターン	1~2歳	31	63	52	26	46	27	7.4	42	18			
アミノ酸評点パターン	15-17歳	30	60	47	23	40	24	6.3	40	16			
	もやし												
06287	だいずもやし 生	100	52	74	54	28	97	49	17	62	35	100	100
06289	ブラックマッペもやし 生	100	61	69	46	22	110	47	17	83	44	85SAA	96SAA
06312	レタス 土耕栽培 結球葉 生	100	51	79	68	28	87	62	16	62	24	100	100
06313	サラダな 葉 生	100	52	89	67	32	96	60	24	65	25	100	100
06317	れんこん 根茎 生	64Leu	25	38	38	32	61	38	10	37	24	60Leu	63Leu
7	**果実類**												
07006	アボカド 生	100	53	91	79	49	95	58	18	69	34	100	100
07012	いちご 生	100	38	65	51	42	58	44	13	50	23	98Lys	100
07019	うめ 生	83Leu	33	49	48	19	51	35	10	43	26	73SAA	82Leu
07049	かき 甘がき 生	100	61	92	82	56	87	71	24	69	30	100	100
	うんしゅうみかん												
07027	じょうのう 普通 生	100	35	60	65	36	56	40	9.7	47	24	95Leu	100
07030	果実飲料 ストレートジュース	63Leu	22	37	40	28	47	29	7.0	31	15	59Leu	62Leu
07031	果実飲料 濃縮還元ジュース	64Leu	22	38	42	49	49	29	7.8	31	15	60Leu	63Leu
07040	ネーブル 砂じょう 生	90Leu	32	53	54	31	51	36	9.2	44	21	84Leu	88Leu
07062	グレープフルーツ 砂じょう 生	63Leu	22	37	46	27	38	31	7.8	30	15	59Leu	62Leu
07093	なつみかん 砂じょう 生	90Leu	31	53	57	37	49	35	8.6	47	21	84Leu	88Leu
07054	キウイフルーツ 緑肉種 生	100	62	75	67	65	75	61	18	68	30	100	100
07077	すいか 赤肉種 生	90Leu	49	53	49	41	71	35	19	49	34	84Leu	88Leu
07080	にほんすもも 生	71Leu	32	42	43	17	39	34	5.3	37	21	65SAA	70Leu
07088	日本なし 生	64Lys	31	40	43	32	32	36	6.4	53	14	56Lys	62Lys
07097	パインアップル 生	100	44	59	59	74	66	49	17	55	28	94Leu	98Leu
07107	バナナ 生	100	49	97	71	41	94	49	14	68	110	100	100
07116	ぶどう 皮なし 生	81Leu	29	48	49	35	44	48	10	42	36	76Leu	80Leu
07135	メロン 露地メロン 緑肉種 生	63Leu	26	37	53	29	44	37	12	44	23	59Leu	62Leu
07136	もも 白肉種 生	68Leu	25	40	42	21	36	36	5.8	34	19	63Leu	67Leu
07148	りんご 皮なし 生	100	39	59	52	41	45	40	9.2	45	22	94Leu	98Leu
8	**きのこ類**												
08001	えのきたけ 生	100	51	81	76	32	120	67	22	66	44	100	100
	しいたけ												
08042	生しいたけ 原木栽培 生	100	52	84	75	43	89	67	19	65	28	100	100
08013	乾しいたけ 乾	100	48	84	74	41	84	64	19	62	28	100	100
08020	なめこ 株採り 生	100	61	96	64	43	95	78	11	75	35	100	100
08031	マッシュルーム 生	100	58	86	71	42	97	66	21	70	31	100	100
9	**藻類**												
09003	あまのり ほしのり	100	52	91	63	49	69	65	16	81	18	100	100
09017	まこんぶ 素干し 乾	100	38	65	47	43	51	51	12	53	18	90Lys	100
09050	ひじき ほしひじき ステンレス釜 乾	93Lys	60	100	42	36	86	49	21	74	22	81Lys	89Lys
09038	もずく 塩蔵 塩抜き	100	53	110	53	46	110	63	23	70	23	100	100
09048	わかめ 湯通し塩蔵わかめ 塩蔵	100	65	91	74	49	98	61	18	69	21	100	100
10	**魚介類**												
	＜魚類＞												
10002	あこうだい 生	100	57	95	120	50	90	55	12	60	27	100	100
10003	まあじ 皮つき 生	100	52	91	110	47	86	57	13	59	47	100	100

食品番号	食品名	アミノ酸価 18歳以上	イソロイシン Ile	ロイシン Leu	リシン Lys	含硫アミノ酸 SAA	芳香族アミノ酸 AAA	トレオニン Thr	トリプトファン Trp	バリン Val	ヒスチジン His	アミノ酸価 (参考)	アミノ酸価 (参考)
アミノ酸評点パターン		18歳以上	30	59	45	22	38	23	6.0	39	15	(参考)	(参考)
アミノ酸評点パターン			31	63	52	26	46	27	7.4	42	18	1～2歳	
アミノ酸評点パターン			30	60	47	23	40	24	6.3	40	16		15-17歳
10015	■あなご 生	100	58	95	110	50	87	54	13	61	36	100	100
10018	■あまだい 生	100	59	96	110	53	89	56	13	63	26	100	100
	■あゆ												
10021	天然 生	100	49	90	100	49	87	55	13	57	36	100	100
10025	養殖 生	100	50	91	110	49	89	56	14	59	33	100	100
10033	■いかなご 生	100	56	96	100	53	90	60	14	64	32	100	100
10042	■うるめいわし 生	100	56	93	110	47	91	58	14	63	55	100	100
10044	■かたくちいわし 生	100	54	91	110	48	90	58	14	64	55	100	100
10047	■まいわし 生	100	54	93	110	46	91	58	13	63	55	100	100
	■しらす干し												
10055	微乾燥品	100	53	94	110	46	94	60	15	63	31	100	100
10056	半乾燥品	100	53	94	110	48	95	60	14	63	32	100	100
10067	■うなぎ 養殖 生	100	44	77	90	43	76	51	9.4	50	42	100	100
10071	■うまづらはぎ 生	100	60	97	110	51	89	54	14	68	29	100	100
10083	■くろかじき 生	100	59	90	110	50	83	53	14	65	98	100	100
	■かつお												
10086	春獲り 生	100	51	88	100	47	85	56	15	59	120	100	100
10087	秋獲り 生	100	53	89	100	47	86	56	15	61	120	100	100
10091	かつお節	100	56	92	100	46	89	56	16	63	88	100	100
10092	削り節	100	55	93	100	47	90	56	16	64	88	100	100
10098	■かます 生	100	58	97	110	52	91	58	14	64	34	100	100
10100	■まがれい 生	100	54	95	110	49	88	58	14	62	28	100	100
10109	■きす 生	100	53	93	110	49	88	57	14	62	28	100	100
10115	■ぎんだら 生	100	52	89	100	48	86	57	14	56	27	100	100
10116	■きんめだい 生	100	51	90	110	49	90	57	13	62	37	100	100
10117	■ぐち 生	100	60	96	110	53	92	58	14	64	30	100	100
10119	■こい 養殖 生	100	50	88	100	46	87	56	12	57	40	100	100
10124	■このしろ 生	100	59	97	110	54	90	54	14	66	45	100	100
	■しろさけ												
10134	生	100	54	90	100	49	90	60	13	63	53	100	100
10141	すじこ	100	72	110	90	50	100	52	15	85	19	100	100
10146	■にじます 海面養殖 皮つき 生	100	50	85	100	47	86	57	13	60	47	100	100
10154	■まさば 生	100	54	89	100	48	87	56	14	61	73	100	100
10168	■よしきりざめ 生	100	62	96	110	50	87	57	15	60	30	100	100
10171	■さわら 生	100	52	91	110	48	88	57	14	61	49	100	100
10173	■さんま 皮つき 生	100	53	89	99	47	87	56	14	60	73	100	100
10182	■からふとししゃも 生干し 生	100	58	96	93	51	91	58	14	72	24	100	100
10192	■まだい 天然 生	100	54	95	110	49	89	58	14	64	31	100	100
10198	■たちうお 生	100	56	92	110	53	89	56	14	62	39	100	100
	■すけとうだら												
10199	生	100	48	88	100	52	88	58	13	55	30	100	100
10202	たらこ 生	100	63	110	87	39	92	57	15	69	25	100	100
10205	■まだら 生	100	50	90	110	51	89	57	12	56	31	100	100
10213	■どじょう 生	100	55	92	100	46	89	58	15	52	27	100	100
10215	■とびうお 生	100	59	95	110	49	88	56	14	62	42	100	100
10218	■にしん 生	100	56	91	98	53	89	57	14	63	45	100	100
10225	■はぜ 生	100	58	97	110	52	91	59	14	63	27	100	100
10228	■はたはた 生	100	55	90	100	48	83	56	13	57	26	100	100
10231	■はも 生	100	58	94	120	50	86	56	13	61	33	100	100

食品番号	食品名	アミノ酸価 18歳以上	イソロイシン Ile	ロイシン Leu	リシン Lys	含硫アミノ酸 SAA	芳香族アミノ酸 AAA	トレオニン Thr	トリプトファン Trp	バリン Val	ヒスチジン His	アミノ酸価 (参考)	アミノ酸価 (参考)
アミノ酸評点パターン		18歳以上	30	59	45	22	38	23	6.0	39	15	(参考)	(参考)
アミノ酸評点パターン			31	63	52	26	46	27	7.4	42	18	1～2歳	
アミノ酸評点パターン			30	60	47	23	40	24	6.3	40	16		15-17歳
10235	■ひらめ 養殖 皮つき 生	100	53	91	110	47	88	58	12	61	31	100	100
10237	■まふぐ 生	100	59	95	110	50	85	55	14	65	29	100	100
10238	■ふな 生	100	58	96	110	49	92	56	12	63	34	100	100
	■ぶり												
10241	成魚 生	100	56	90	110	49	87	56	14	63	91	100	100
10243	はまち 養殖 皮つき 生	100	52	86	99	44	83	56	13	58	75	100	100
10246	■ほっけ 生	100	57	96	110	49	90	56	13	63	34	100	100
10249	■ぼら 生	100	54	90	100	46	89	56	13	60	30	100	100
10252	■きはだ 生	100	54	87	100	46	84	57	13	60	57	100	100
	■くろまぐろ												
10253	天然 赤身 生	100	54	90	100	46	84	55	13	61	110	100	100
10254	天然 脂身 生	100	54	90	110	47	86	55	14	63	90	100	100
10268	■むつ 生	100	53	94	110	50	90	59	13	58	35	100	100
10271	■めばる 生	100	58	96	120	53	91	58	13	62	30	100	100
10276	■わかさぎ 生	100	54	93	100	54	89	53	13	64	30	100	100
	＜貝類＞												
10279	■あかがい 生	100	50	84	83	49	82	57	13	53	26	100	100
10281	■あさり 生	100	48	81	84	45	86	58	14	54	25	100	100
10427	■あわび くろあわび 生	100	39	72	60	36	68	52	10	44	16	89His	100
10292	■かき 養殖 生	100	49	78	85	45	85	55	15	55	24	100	100
10295	■さざえ 生	100	45	82	69	46	72	50	9	49	18	100	100
10297	■しじみ 生	100	51	80	91	47	76	71	17	64	30	100	100
10300	■つぶ 生	100	45	79	76	46	77	53	11	55	21	100	100
10303	■とりがい 斧足 生	100	55	89	92	52	82	55	12	53	23	100	100
10305	■ばかがい 生	100	53	84	87	46	82	53	11	53	22	100	100
10306	■はまぐり 生	100	52	84	89	50	84	53	12	54	24	100	100
10311	■ほたてがい 生	100	46	79	81	47	75	51	11	49	26	100	100
	＜えび・かに類＞												
10320	■いせえび 生	100	49	84	94	43	87	45	11	51	25	100	100
10321	■くるまえび 養殖 生	100	43	78	88	41	80	43	11	45	24	100	100
10328	■しばえび 生	100	53	91	93	51	88	49	11	51	26	100	100
10333	■毛がに 生	100	52	90	89	47	88	56	14	57	28	100	100
10335	■ずわいがに 生	100	52	83	84	45	83	53	11	55	22	100	100
	＜いか・たこ類＞												
10344	■こういか 生	100	52	95	97	46	84	55	11	57	23	100	100
10348	■ほたるいか 生	100	61	91	90	69	100	56	15	64	34	100	100
10352	■やりいか 生	100	49	86	91	46	81	54	11	57	27	100	100
10361	■まだこ 生	100	53	88	85	39	81	59	11	52	27	100	100
10365	■うに 生うに 生	100	53	79	81	45	95	56	13	56	26	100	100
10368	■おきあみ 生	100	61	92	96	48	94	57	14	59	29	100	100
10371	■しゃこ ゆで	100	56	93	100	49	92	62	13	57	31	100	100
10372	■なまこ 生	91Lys	41	55	41	31	65	64	9.6	50	14	78His	87Lys
	＜水産練り製品＞												
10379	■蒸しかまぼこ	100	58	92	110	40	85	58	13	58	24	100	100
10388	■魚肉ソーセージ	100	55	90	93	46	80	48	12	59	25	100	100

11 肉 類

食品番号	食品名	アミノ酸価	Ile	Leu	Lys	SAA	AAA	Thr	Trp	Val	His	参考	参考
	＜畜肉類＞												
11003	■うさぎ 肉 赤肉 生	100	58	94	110	46	90	58	13	62	55	100	100

(mg/g たんぱく質)

食品番号	食品名	アミノ酸価	イソロイシン Ile	ロイシン Leu	リシン Lys	含硫アミノ酸 SAA	芳香族アミノ酸 AAA	トレオニン Thr	トリプトファン Trp	バリン Val	ヒスチジン His	アミノ酸価	アミノ酸価
アミノ酸評点パターン	18歳以上		30	59	45	22	38	23	6.0	39	15	(参考)	(参考)
アミノ酸評点パターン			31	63	52	26	46	27	7.4	42	18	1~2歳	
アミノ酸評点パターン			30	60	47	23	40	24	6.3	40	16		15-17歳
	■うし												
	和牛肉												
11016	サーロイン 皮下脂肪なし 生	100	56	98	110	47	88	60	13	59	47	100	100
	乳用肥育牛肉												
11041	リブロース 赤肉 生	100	54	95	110	44	89	57	14	58	47	100	100
11042	脂身 生	95Trp	32	66	63	25	62	38	5.7	49	35	77Trp	90Trp
11044	サーロイン 皮下脂肪なし 生	100	52	91	104	46	86	55	13	56	46	100	100
11046	ばら 脂身つき 生	100	48	87	95	43	85	54	13	55	42	100	100
11089	ひき肉 生	100	50	91	100	41	85	54	14	57	42	100	100
11090	舌 生	100	51	95	104	42	88	55	14	54	34	100	100
11091	心臓 生	100	55	100	94	46	92	54	16	64	32	100	100
11092	肝臓 生	100	53	110	92	47	100	55	17	71	35	100	100
11093	じん臓 生	100	53	110	84	49	99	55	19	72	32	100	100
11109	うま 肉 赤肉 生	100	58	96	110	44	89	57	14	60	59	100	100
11110	くじら 肉 赤肉 生	100	56	100	120	42	87	56	14	55	45	100	100
	■ぶた												
	大型種肉												
11127	ロース 赤肉 生	100	54	94	100	45	89	58	14	58	52	100	100
11128	脂身 生	98Trp	32	65	65	27	65	39	5.9	50	40	80Trp	94Trp
	中型種肉												
11150	ロース 皮下脂肪なし 生	100	57	94	104	47	86	57	14	62	59	100	100
11163	ひき肉 生	100	49	88	96	42	84	54	13	55	44	100	100
11164	舌 生	100	55	97	99	48	88	53	16	59	35	100	100
11165	心臓 生	100	55	100	94	50	92	56	16	64	31	100	100
11166	肝臓 生	100	54	110	89	50	100	57	17	71	33	100	100
11167	じん臓 生	100	53	110	83	48	100	55	19	70	33	100	100
11198	ゼラチン	2Trp	14	34	42	9.8	26	23	0.1	31	7.8	1Trp	2Trp
	■めんよう												
	マトン												
11245	ロース 皮下脂肪なし 生	100	50	96	110	47	91	60	15	57	43	100	100
	ラム												
11246	ロース 皮下脂肪なし 生	100	47	97	104	47	90	57	13	53	41	100	100
11204	やぎ 肉 赤肉 生	100	56	96	104	47	90	57	13	59	49	100	100
	<鳥肉類>												
11247	あひる 肉 皮なし 生	100	56	97	104	45	92	58	14	59	40	100	100
11210	しちめんちょう 肉 皮なし 生	100	59	94	110	46	87	56	14	61	62	100	100
	■にわとり												
	若どり												
11220	むね 皮なし 生	100	56	93	100	46	88	57	15	59	61	100	100
11224	もも 皮なし 生	100	55	93	100	45	87	55	14	58	43	100	100
11230	ひき肉 生	100	52	89	99	44	88	54	14	57	49	100	100
11231	心臓 生	100	55	100	95	50	92	55	16	62	31	100	100
11232	肝臓 生	100	55	100	90	48	100	59	17	69	43	100	100
11234	皮 むね 生	100	44	71	75	40	66	41	8.6	53	30	100	100
11235	もも 生	95Trp	32	67	65	29	63	39	5.7	43	32	77Trp	90Trp
11240	ほろほろちょう 肉 皮なし 生	100	59	96	110	45	88	55	15	62	61	100	100
12	**卵 類**												
12002	うずら卵 全卵 生	100	60	100	85	71	110	66	16	76	34	100	100
	■鶏卵												
12004	全卵 生	100	58	98	84	63	110	56	17	73	30	100	100
12010	卵黄 生	100	60	100	89	50	100	61	17	69	31	100	100
12014	卵白 生	100	59	96	77	71	120	54	18	74	30	100	100
13	**乳 類**												
	<牛乳および乳製品>												
13002	■生乳 ホルスタイン種	100	62	110	94	40	98	50	15	76	32	100	100
13003	■普通牛乳	100	58	110	91	36	110	51	16	71	31	100	100
13010	■脱脂粉乳	100	59	110	87	36	110	51	15	72	33	100	100
13011	■乳児用調整粉乳	100	68	110	94	48	84	65	15	74	28	100	100
13014	■クリーム 乳脂肪	100	56	110	89	41	110	57	14	68	32	100	100
13020	■コーヒーホワイトナー 液状 乳脂肪	100	56	100	88	41	110	51	14	71	32	100	100
13025	■ヨーグルト 全脂無糖	100	62	110	90	39	100	50	15	74	31	100	100
13028	■乳酸菌飲料 乳製品	100	62	110	92	41	98	50	15	75	32	100	100
13037	■ナチュラルチーズ チェダー	100	59	110	89	38	120	51	14	73	33	100	100
13040	■プロセスチーズ	100	59	110	84	38	120	41	14	74	34	100	100
13045	■ラクトアイス 普通脂肪	100	56	110	92	40	110	51	15	77	32	100	100
	<その他>												
13051	■人乳	100	63	120	79	47	100	53	18	69	31	100	100
14	**油 脂 類**												
14017	■有塩バター	100	56	110	88	40	100	56	13	72	34	100	100
15	**菓 子 類**												
15125	■揚げパン	60Lys	44	81	27	42	95	35	12	52	27	52Lys	57Lys
15127	■カレーパン 皮および具	76Lys	45	80	34	37	91	38	12	52	29	65Lys	72Lys
15132	■メロンパン	67Lys	45	82	30	47	95	37	13	53	27	58Lys	64Lys
15097	■ビスケット ハードビスケット	42Lys	49	88	19	46	89	35	13	56	27	37Lys	40Lys
16	**し好飲料類**												
16048	■ココア ピュアココア	100	45	78	46	43	110	55	19	71	25	88Lys	98Lys
16056	■青汁 ケール	100	51	95	65	39	100	61	22	70	32	100	100
17	**調味料および香辛料類**												
17007	■こいくちしょうゆ	48Trp	62	91	69	26	70	53	2.9	67	27	39Trp	46Trp
17008	■うすくちしょうゆ	45Trp	60	88	66	30	66	51	2.7	66	29	36Trp	43Trp
17009	■たまりしょうゆ	42Trp	50	66	72	23	59	54	2.5	62	27	34Trp	40Trp
	■米みそ												
17044	甘みそ	100	54	95	58	31	110	49	14	62	33	100	100
17045	淡色辛みそ	100	58	93	68	31	110	49	13	64	33	100	100
17046	赤色辛みそ	100	60	96	62	34	110	50	13	64	33	100	100
17047	麦みそ	100	55	91	51	38	100	48	10	61	29	98Lys	100
17048	豆みそ	100	55	86	51	34	100	49	9.1	55	33	100	100
18	**調理済み流通食品類**												
18007	■コロッケ ポテトコロッケ 冷凍	100	47	76	57	40	81	39	13	59	24	100	100
18002	■ぎょうざ	100	47	79	57	39	79	40	12	54	27	100	100
18012	■しゅうまい	100	50	84	74	39	80	44	12	56	33	100	100

小論文を書こう！

家庭科の学習内容は，小論文のテーマとして大学入試などで出題される内容を多く含んでいる。日ごろから自分の意見や考えを文章にまとめる習慣をつけておくと，将来必ず役立つ。

●小論文を書くプロセス

STEP❶ 課題の要求を正確に読み取る　**読　む**

STEP❷ 課題の問いに対する自分の意見（＝主題）を設定する

考える

STEP❸ 主題の裏づけとなる根拠を集める（構想メモ）

STEP❹ 文章の全体的な流れを考える

STEP❺ ❹をふまえて段落構成を決める

【小論文の基本的な段落構成】

①**主題提示型**……最初と最後に意見をはっきり述べる型

序　論	主題の提示
↓	
本　論	主題の証明（理由説明）
↓	
結　論	主題の再提示（まとめ）

> 「自分」について述べるときや，賛否など明確な立場を述べるときは，**主題提示型**が書きやすいですよ。

②**問題解決型**……最初に問題点を取り上げ，解決する方向で述べる型

序　論	問題点の提示
↓	
本　論	考察
↓	
結　論	解決策の提示

> 「解決すべき社会問題」について述べるときは，**問題解決型**が書きやすいですよ。

STEP❻ ❷～❺で構想した内容にもとづいて書く

書　く

STEP❼ 書いたものを読み返し，推敲する

●「小論文」とは－「小論文」の４つのポイント

❶課題の要求に正確に答えよう！
課題が何を問うているかを正しく押さえること，これが小論文を書くための第一歩。

❷自分なりの意見（＝主題）をはっきり述べよう！
問われているのは借り物の意見でなく，あなた自身の意見。一般論に終始したり，事実を紹介するだけに終わっているものは，小論文とはいえない。

❸意見の根拠（＝論拠）をはっきり述べよう！
個人的な感情や極端な考えでなく，なぜそのように考えたのか，理由を明確に述べよう。

❹筋道を立ててわかりやすく述べよう！
意見（＝主題）が途中で変わったり，矛盾が生じたりしないよう，一貫した立場でまとめよう。

●「構成メモ」の取り方

❶具体例をできるだけ多く用意しよう！
・「意見（＝主題）を支えるための具体例」，「問題点を明らかにするための具体例」，「解決策にかかわる具体例」など，何のための具体例なのかを意識して書き出そう。
・考えついたことは，短い文の形で書きとめるようにしよう。

❷できるだけいろいろな方向から考えよう！
・時間……いつ，起きたのか？
・場所……どこで，起きたのか？
・状況……現在，どのような状況になっているのか？
・原因……なぜ，そのようなことになったのか？
・背景……どのようなことから，現在のようになったのか？
・結果……このままだと，どのようなことになるのか？

❸違う立場からも考えよう！
・私は○○と考える。→一方，××という考え方もあるだろう。→しかし，～という理由で，私は○○を主張する。

●「小論文」のおもな出題形式

❶テーマ型小論文
<u>「～について述べよ」のように，テーマが与えられ，それに従って自分の意見を述べる形式。</u>
・テーマに沿った内容であれば，さまざまな方向から比較的自由に書くことができる。
・発想力・着想力や背景知識が強く求められる。テーマから思い浮かぶことをできるだけ多くあげ，そのなかから，設問にふさわしい事柄や具体例をあげて説明しやすい事柄を決定する。

❷課題文型小論文
<u>課題として示された文章にもとづいて論述する形式。</u>
・課題文は，考察させる内容を限定したり，基本的な知識を提供したりする役割をもっている。課題文無視では得点にならないので，課題文の内容には必ず触れるようにする。また，課題文の感想に終始せず，自分の意見を述べるようにする。
・課題文には英文が用いられる場合もあるが，英文の主旨を正確に把握できさえすれば，その後の考え方・書き方は日本語による課題文型小論文と同じである。

❸データ型小論文
<u>統計資料やグラフにもとづいて論述する形式。</u>
・データを正確に読み取る力や，複数のデータを関連づけ，総合的に問題点を考察する力などが求められる。与えられたデータを使うことが鉄則。
・最大値，最小値，平均値，数値や割合が大きく増減している箇所，ほかと比べて大きな差がある箇所などに着目するとよい。

❹融合型小論文　<u>課題文＋統計資料やグラフなどの組み合わせにもとづいて論述する形式。</u>

❺教科型小論文　<u>理科論述，数学の証明問題など，教科の内容に関して論述する形式。</u>

●「小論文」を書くうえで気をつけるポイント

・小論文では，一人称は「私」，語尾は「だ・である」体が適切。
・１文の長さは40～60字程度が適切。「！」「？」「＝」「……」などの記号も使わない。
・流行語や話しことばは用いない。また，「食べれる」「見れる」などの「ら抜きことば」も用いない。
・他人まかせの表現，こりすぎた表現，消極的・否定的・感情的な表現などは点数が低くなる。

小論文出題例

問題 新型コロナ禍のなか，人々の生活や行動様式が大きく変化しています。Withコロナ，あるいはAfterコロナの時代に対して，都市はどのように対応し変化していくべきと考えますか。

大都市と地方都市との関係や，人々の働き方，都市交通，都市環境など，持続可能な街づくりを行っていくために，どのような方策が必要と考えますか。具体的に，あなたの考えを述べなさい。(800字以内)　　　　　　　　　　　　　(東京都市大学・都市生活学部都市生活学科)

解答例文

　新型コロナウイルスの世界的な感染拡大によって、3密回避、マスク着用など私たちの生活や行動様式は大きく変化し、都市のあり方も変化しつつある。Withコロナ、Afterコロナの時代に向けて、今後は分散型の都市づくりが必要になってくると考える。

　コロナ禍の感染対策で最も大切なことは、人との接触を避けることだ。そこで問題視されたのが東京・大阪といった大都市への人口一極集中である。特に東京都は、日本の総人口の約1割以上の人口が集中しているため、通勤ラッシュや飲食店の混雑など、感染拡大の要因とされる事態が生じやすい。大都市一極集中の限界がコロナ禍で表面化したのだ。

　密を避けるための対策として、企業においてはテレワークや在宅勤務が推奨され、オンライン会議なども積極的に活用され始めた。これまでの「会社に行って仕事をする」という概念が見直され、日本人の働き方が大きく変化したといえる。中には本社機能を地方に移転させたり、オフィス自体を手放したりする企業も出てきた。通勤の必要がなくなったことで、都市部から地方へと移住する人も増えたという。これらは感染対策から生まれた状況ではあるが、大都市に集中せずとも仕事ができる環境が整ってきたとも考えられる。

　このことから、今後は大都市一極集中からその機能を分散させて地方の中枢都市を増やす「コンパクトシティ」の考え方が必要だ。都市機能の一極集中を避けることで、道路や公共交通機関の混雑が解消され、都市部の環境悪化を改善できる。また地方の中枢都市の人口減少に歯止めをかけ、新たな雇用が生まれ経済的に潤えば、自治体の維持や活性化が望める。この実現には、中枢都市の交通網の整備、行政サービス等も含めたさまざまな手続きが可能なシステム作りといった方策が必要となる。コロナ禍の経験を生かし、都市の分散化を図ることで、大都市、地方の双方が持続可能な都市を実現できると考える。　　(798字)

※解答例文は第一学習社が作成したものであり、各大学から公表されたものではないので注意すること。

テーマ別キーワード解説
家族・家庭

成年年齢引き下げ(➡p.6) ◆民法が改正され、2022年4月1日から、成年年齢は20歳から18歳に引き下げられた。未成年者が親の同意を得ずに契約した場合、民法で定められた未成年者取消権によって取り消すことができる。成年に達すると、親の同意がなくても自分で契約ができるようになるが、この未成年者取消権は行使できなくなる。契約にはさまざまなルールがあり、知識がないまま安易に契約を交わすとトラブルに巻きこまれる可能性がある。社会経験にとぼしく、保護がなくなったばかりの成年をねらい打ちにする悪質な業者もいる。消費者トラブルにあわないためには、未成年のうちから契約に関する知識を学び、さまざまなルールを知ったうえで、その契約が必要かを検討する力を身につけておくことが重要である。

非正規雇用(➡p.8) ◆期間を定めず雇用契約を結ぶ正規雇用に対し、期間を定めた短期契約の雇用形態。パート、アルバイト、契約社員、派遣社員、フリーターなどがある。企業側は業績悪化に応じた雇用調整がしやすい、人件費を抑制できるなどのメリットがある。労働者側は、仕事内容が正社員と同じでも賃金が安い、ボーナスや退職金がない、昇給がない、短期契約のため雇用が不安定など、デメリットが多い。

ワーク・ライフ・バランス(➡p.10) ◆各自がやりがいや充実感を感じながら働き、仕事上の責任を果たすとともに、家庭や地域生活などにおいても、子育て期、中高年期といった人生の各段階に応じて多様な生き方が選択・実現できる社会がめざされている。ワーク・ライフ・バランスの実現は女性や高齢者の就労促進のうえでも不可欠である。

性別役割分業意識(➡p.10) ◆人間には生まれつきの**生物学的性別**(**sex**)がある。一方、社会通念や慣習には、社会的・文化的につくられてきた男性像や女性像があり、このような男性、女性の別を**社会的性別**(**gender**)という。日本では、「**男は仕事、女は家庭**」といった固定的な性別役割分業意識が根強く、女性の社会的進出をはばむ要因の1つとなっている。

M字型就労(➡p.11) ◆20歳代後半から30歳代後半に結婚や出産で仕事をやめ、育児が一段落した後、再びパートタイマーなどで働くという日本女性に特徴的な就業形態。近年、M字の底が上昇しつつあるが、これは非婚化・晩婚化、出産年齢の上昇などによるところが大きく、出産を機に離職する女性は相変わらず多い。

多様性(➡p.12) ◆色々な種類があること、変化に富んでいること。**ダイバーシティ**ともいわれる。人の多様性の要素には、年齢、性別、言語、人種や民族、宗教、信条、障害の有無、性的指向などがあり、その人らしさを形成している。複合的な要素から生み出される人の多様性が、豊かな社会を構築している。「多様性を認める」ということは、自分とは違うところや考えなどがあっても当然であるとして、互いを受け入れることである。マジョリティ(多数派)もマイノリティ(少数派)も、互いを受け入れ合い、否定せず、より多くの人の意思を尊重する社会が求められている。

LGBT(➡p.12) ◆性的指向および性自認に関する呼称。Lは女性の同性愛者(Lesbian)、Gは男性の同性愛者(Gay)、Bは両性愛者(Bisexual)、Tは心の性と体の性との不一致(Transgender)のこと。Queer(クイア、性的指向や性自認が定まっていない人)を含めてLGBTQ(エルジービーティーキュー)と呼ぶこともある。

IoT(➡p.13) ◆Internet of Thingsの略で、モノのインターネットと呼ばれる。インターネットに接続されていなかったモノ(家電製品や電子機器など)が、ネットワークを通じてサーバやクラウドサービスに接続され、相互に情報交換をするしくみのこと。モノを遠隔操作できたり、モノの状態を外出先などどこからでも知ることができるようになったりする。

選択的夫婦別姓制度(➡p.16) ◆夫婦が望む場合には、結婚後も夫婦がそれぞれ結婚前の姓を称することを認める制度。現在の民法のもとでは、結婚に際して、男性または女性のいずれか一方が、必ず姓を改めなければならない。そして、現実には、男性の姓を選び、女性が姓を改める例が圧倒的多数である。ところが、女性の社会進出などにともない、改姓による社会的な不便・不利益を指摘されてきたことなどを背景に、選択的夫婦別姓制度の導入を求める意見がある。夫婦別姓を認めない民法の規定について、2021年6月、最高裁判所は憲法に違反しないとする判断を示した。憲法に違反しないという判断は、2015年に続いて2度目となった。

問 題 下図は妻と夫の家事・育児時間を示したものです。以下の設問に答えなさい。

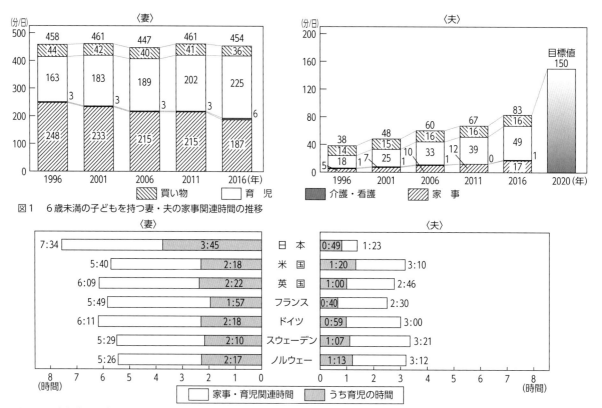

図1　6歳未満の子どもを持つ妻・夫の家事関連時間の推移

図2　6歳未満の子どもを持つ妻・夫の家事関連時間の国際比較（1日あたり）

出典：http://www.gender.go.jp/public/kyodosankaku/2018/201805/pdf/201805.pdf　共同参画，平成30年5月号，内閣府男女共同参画局，一部改変

問1 図1からわかることを3つ挙げなさい。
問2 図2から，諸外国と比較して日本の現状についてわかることを3つ挙げなさい。
問3 問1と問2で指摘した事柄から，夫の家庭生活への参加についてあなたの考えを400字以内で述べなさい。

（岡山大学・医学部保健学科）

解 答 例 文

問1　①妻の家事・育児関連時間は、この20年間ほとんど変わっていない。
②夫の家事・育児関連時間は、1996年から徐々に増え、2016年では約2倍、特に育児の時間が増えている。しかし、目標値にはまだ遠く及ばない。
③この20年間で、妻の家事に費やす時間は大幅に減ったが、夫の家事に費やす時間に比べると圧倒的に多く、2016年でも約10倍である。

問2　①妻の家事・育児関連時間は、諸外国と比較して日本が圧倒的に多い。
②夫の家事・育児関連時間は、諸外国と比較して日本が圧倒的に少ない。
③家事育児関連時間の中に占める「育児」時間の割合が、諸外国と比較すると日本は非常に高い。

問3

　　図2より、諸外国に比べて日本の夫は家事・育児に費やす時間が圧倒的に少ないことがわかる。図1を見ると、夫が家事や育児をする時間はこの20年間で少しずつ増えているが、妻との差はまだ大きく、2020年の目標値には程遠い現状だ。こうした現状の大きな要因は、日本の社会に残る男女の役割分担意識だ。近年、共働き世帯は増えているにもかかわらず、「男性は仕事、女性は仕事と家事・育児」という意識や働き方が未だにあり、それが夫の家庭生活への参加の妨げになっている。育休制度などの認知に伴い育児をする夫は増加したが、妻の家事・育児の負担を十分に減らせるほどの参加にはなっていないことがわかる。
　　男女共同参画の観点から、妻にのみ負担が多くかかる日本の状況は改善が必要だ。今後は、家庭内で夫がより積極的に家事や育児を行うことに加え、夫の働く職場環境の理解や改善も求められると考える。（373字）

※解答例文は第一学習社が作成したものであり、各大学から公表されたものではないので注意すること。

問題 日本におけるヤングケアラーの具体的な現状と課題について調べたことを述べなさい（600字以上800字以内）。
※ヤングケアラーとは「家族にケアを要するひとがいることで、家事や家族の世話を行う子ども」である。（北星学園・社会福祉学部福祉計画学科）

解答例文

　　近年、ヤングケアラーと呼ばれる「家族の介護やケア、身の回りの世話を担う18歳未満の子ども」の存在が話題になっている。日本においては、現在中高生の20人に1人がヤングケアラーだという。このヤングケアラーにはどのような問題があるのだろうか。

　　厚生労働省と文部科学省が連携して行った令和3年の実態調査では、主にきょうだいの世話を担っているヤングケアラーが多く、その頻度も「ほぼ毎日」という人が6割近くになるという。1日あたりに費やす時間は「3時間程度」が多いが、中には「7時間以上」という人も1割近くいる。そのうえ、自分がヤングケアラーだという自覚のある子どもが約2％しかいないことも指摘されていた。また先日見たNHKの特集番組では、自宅で両親や祖父母の介護をする深刻なヤングケアラーの姿も映し出されていた。

　　こういった現状から見えてくる課題としては、まず一番に「学業への影響」が考えられる。長時間、家族の世話に追われれば、当然勉強時間が削られ、成績不振になる。それが原因で進学や就職を諦める人も出てくるだろう。また欠席や遅刻・早退なども増え、学校生活にも支障をきたす。さらに、もうひとつ問題として挙げられるのは「学校内における孤立」だ。家族の世話のために放課後の活動や部活動ができない、家庭の事情を誰にも話せないことで友人関係がうまく築けないといったことから、学校内で孤立しやすくなる。

　　この問題の根底には、「家族の世話は家族ですべき」という日本の根強い家族意識があると考える。今後、少子化や核家族化がさらに進行する日本においては、こうした固定観念は取り除き、人々の介護や世話を社会全体で担う仕組みをもっと充実させるべきだ。特にヤングケアラーは本人の自覚がない場合が多いため、教師・養護教諭・スクールソーシャルワーカーなどが連携して生徒の様子に目を配り、支援する体制づくりが必要である。　　（800字）

※解答例文は第一学習社が作成したものであり、各大学から公表されたものではないので注意すること。

テーマ別キーワード解説
子どもの発達

食物アレルギー（●p.27）◆本来は体に害を与えない食べ物を異物と勘違いし、免疫反応が過剰に働いてしまう現象。かゆみ、じんましんなどの皮膚症状、咳、ぜん鳴などの呼吸器症状、鼻水、唇のはれなどの粘膜症状、嘔吐や下痢などの消化器症状のほか、全身性のアナフィラキシー（発症後、極めて短い時間のうちに全身性のアレルギー症状が出る反応）により、血圧の低下や意識障害などを引き起こし、場合によっては生命を脅かす状態になることもある。このような生命の危険のある状態をアナフィラキシーショックという。大人よりも子どもに多く、ほとんどが小児期に発症する。発症した場合はすみやかに医師に相談する。

出生時育児休業（産後パパ育休）制度（●p.30）◆育児・介護休業法の改正により、子どもが生まれてから8週間以内に、父親が最大4週間の休みを取得できる制度。原則として2週間前までに会社に申し出る。子どもが1歳になるまでに原則1回しか取れなかった育休のあり方も見直され、2回に分けて取れるようになった。これにより、夫婦が協力して子育てに取り組めるようにし、働く男性が休みやすい環境をつくることで、2025年までに男性の育休取得率を30％に引き上げるという目標の実現をめざしている。

待機児童（●p.31）◆希望する保育所が満員であるなどの理由で保育所に入所できない児童のこと。また、**学童保育（放課後児童クラブ）**においても待機児童が発生しており、子どもの小学校入学を機に働き方の変更を迫られるなど、**小1の壁問題**もある。待機児童の解消は女性の就業機会を増やす切り札だとして、政府は保育の受け皿を増やす考えだが、保育所増加のための規制緩和や資金、保育士の確保、待遇改善などが課題となっている。

子ども食堂（●p.32）◆子どもが1人でも安心して行くことができる無料または低額の食堂。貧困家庭や孤食など、家庭の事情をかかえた子どもだけでなく、地域のすべての子ども、親、地域の大人など、対象を限定しない食堂も増えている。また、食事の提供だけでなく、宿題をしたり、子ども自身も調理に参加したりするなど、地域住民との交流の場となっている場所もある。

児童虐待防止法（●p.32）◆児童虐待は人権を著しく侵害し、心身の成長や人格形成に重大な影響を与えることから、虐待の禁止、予防、早期発見、虐待を受けた児童の保護などを定めている。虐待通告を受けたときの児童の安全確認措置が義務化されるなど、**児童相談所**の権限も強化されている。また、家庭内で「しつけ」を名目におこなわれる体罰が虐待につながっている例が多いことから、親権者などによる体罰の禁止が明確にされた。さらに、子どもが虐待されている家庭では、DVが起きている事例が少なくないことから、婦人相談所などDV対策を担う機関と児童相談所との連携を強め、問題を早期に発見し、暴力から親子を守ることとされた。

子どもの貧困対策法（●p.33）◆子どもの将来が、生まれ育った環境によって左右されることのないよう、貧困の状況にある子どもがすこやかに育成される環境を整備し、教育の機会均等などを図るために、国や地方公共団体の責任や施策を定めた法律。

テーマ別キーワード解説
高齢者・共生

健康寿命（●p.35）◆WHO（世界保健機関）によって提唱された新しい健康指標で、日常生活に制限がなく、健康で過ごせる期間のことをさす。平均寿命（0歳時における平均余命）も年々長くなっており、平均寿命と健康寿命との差が大きくなることが懸念されている。平均寿命と健康寿命との差が広がることは、介護が必要な期間が長くなることであり、個人の生活の質の低下とともに、医療費や介護給付費などの社会保障負担も大きくなる。健康寿命を延ばし、平均寿命との差を縮めることが課題となっている。

介護保険制度（●p.40）◆介護が必要と認定された高齢者を対象に家事援助や身体介護などの介護サービスを提供する社会保障制度をいう。40歳以上のすべての人に加入が義務づけられている。要介護状態となっても住み慣れた地域で自分らしい暮らしを人生の最後まで続けることができるよう、住まい・医療・介護・予防・生活支援が一体的に提供される地域包括ケアシステムの構築がめざされている。

ヤングケアラー（●p.42）◆本来大人が担うと想定されている家事や家族の世話などを日常的におこなっている18歳未満の子どものこと。食事の準備や洗濯などの家事のほか、きょうだいの保育園の送迎や、祖父母の介護や見守り、感情面のサポートなど、ケアの内容はさまざまである。学校に行きたくても行けない、進路の変更を考えざるをえない子どもをどう支援するかが課題となっている。

高齢者虐待防止法（●p.43）◆高齢者虐待の早期発見・対処をめざす法律。身体的虐待、介護・世話の放棄（ネグレクト）、心理的虐待、性的虐待、経済的虐待の5つを虐待と定義している。

社会保障制度（●p.47）◆社会保障制度は、社会保険・社会福祉・公的扶助・公衆衛生からなり、私たちの生活を生涯にわたって支えるセーフティネットである。世代間および世代内の給付と負担のアンバランス、膨張する給付と悪化する財政というさまざまな課題をかかえている。

問題 次の文章を読んで，問1，問2，問3に答えなさい。

海のプラスチックごみを減らしきれいな海と生き物を守る！～「プラスチック・スマート」キャンペーン

ペットボトルなどの容器包装から家庭用品やオモチャまで，日常生活のあらゆる場所で利用されているプラスチック。便利な一方で，ポイ捨てなど不適切に処分されたプラスチックごみが大量に海に流れ出て，海の環境を汚し，海の生き物にも悪影響を及ぼしています。このままだと，2050年には海のプラスチックごみは魚の量を上回ると予測されています。海のプラスチックごみを減らすために，私たち一人ひとりのプラスチックとの賢い付き合い方が問われています。

１．なぜ，海のプラスチックごみが問題なの？
大量のプラスチックごみが海で暮らす生き物を脅かしています。

2019年３月，フィリピンの海岸に打ち上げられたクジラの胃から40kgものビニール袋が出てきたというニュースがありました。日本でも，2018年の夏，神奈川県鎌倉市の浜辺に打ち上げられたクジラの赤ちゃんの胃の中からプラスチックごみが出てきました。このように死んだクジラの胃からビニール袋などのプラスチックごみが発見される例が世界各地でいくつも報告されています。クジラは海に漂流するビニール袋をエサと間違えて食べてしまいます。しかし，ビニール袋は消化されないため，クジラの胃の中がビニール袋でいっぱいになり，魚などのエサが食べられなくなって死んでしまったと考えられます。

クジラだけでなく，ウミガメやイルカ，海鳥など他の海の生き物でも，海に漂流しているビニール袋などのプラスチックを食べたり，プラスチック製の袋や網に体にからんだりして，死んでしまったり傷ついてしまったりする例が数多く報告されています。また，プラスチックごみが小さな破片になった「マイクロプラスチック」を，魚や貝などがエサと間違えて食べてしまう例も確認されています。

なぜ，海の生き物がプラスチックを食べてしまうのでしょうか。それは，私たちが使ったプラスチックのごみが，大量に海に流れ出てしまっているからです。海に流れ込むプラスチックごみは年間500万～1,300万トンとも言われています（ある研究者の推計）。プラスチックは自然分解されないため，ずっと海に残ります。世界経済フォーラムの報告書で報告された推計によると，今後も海に流れ込むプラスチックごみが増えれば，2050年には海のプラスチックごみは魚の量を上回ると予測されています。

２．海のプラスチックごみはどこから来るの？
海のプラスチックのほとんどは陸から出たもの

プラスチックは，軽くて丈夫で持ち運びしやすい，様々な製品に加工しやすいなど，多くのメリットがあり，世界中で様々な製品に使われています。しかし，その中には，レジ袋やペットボトル，使い捨ての食器，商品のパッケージなど，使い捨てにされるプラスチックもたくさんあります。そうしたプラスチックごみがポイ捨てされたり，屋外に放置されたりすると，雨や風によって河川に入り，海に流れ出てしまいます。海のプラスチックのほとんどは陸からのプラスチックごみです。海に流れ出たプラスチックのごみは，潮の流れや風の力によって遠くまで運ばれたり，水面や水中を浮遊して遠くまで運ばれたり，海底に沈んだりしています。

四方を海に囲まれた日本の海岸には，海に流れ出たごみがたくさん漂着しています。自治体などが清掃活動を行って漂着ごみを回収していますが，清掃できない場所に漂着し，回収できない漂着ごみもたくさんあります。

環境省の調査によれば，2016年度に全国で回収した漂着ごみはおよそ３万トンです。それを種類別にみると，プラスチックごみが最も多くなっています。外国から流れ着いたプラスチックごみもありますが，多くは日本国内から出たプラスチックごみです。つまり，私たち自身が捨てたプラスチックごみが，日本の海岸を汚したり，海の生き物に悪影響を与えたりしている原因になっているのです。

３．私たちにできることは？
プラスチックの３Rを考えながら，プラスチックと賢く付き合おう

「捨てればごみ，分ければ資源」と言われますが，プラスチックも，きちんと分別すれば資源としてリサイクルすることができます。日本では，プラスチックを分別回収し，プラスチックをリサイクルする社会の仕組みもできています。しかし，日本の廃プラスチックのリサイクル率は27.8%で，リサイクルがあまり進んでいません。回収された容器包装プラスチックの半分以上は燃やして発電や熱利用に使われ，14%は未利用のまま，焼却や埋め立てることで処分されているのが実情です。

もっとプラスチックの３R（リデュース・リユース・リサイクル）を進め，プラスチックを有効に，賢く利用することで，海のプラスチックごみも減らすことができるはずです。

（海のプラスチックごみを減らしきれいな海と生き物を守る！～「プラスチック・スマート」キャンペーン～暮らしに役立つ情報　政府広報オンライン，https://www.gov-online.go.jp/useful/article/201905/1.htmlから一部改変して引用）

問1　プラスチックの便利さについて，50字程度で述べなさい。
問2　海のプラスチックごみの害について100字程度で述べなさい。
問3　プラスチックごみを減らすためにどのような行動を取ればよいか，あなたの考えも含めて200字程度で述べなさい。

（群馬大学医学部保健学科）

解答例文

問1
> プラスチックは軽くて丈夫であり、持ち運びがしやすい。また、様々な製品に加工しやすいという特徴がある。（50字）

問2
> プラスチック製品や、プラスチックごみが小さな破片になった「マイクロプラスチック」をエサと間違えて食べたり、プラスチック製の袋や網が体にからんだりして、様々な海の生き物が死んだり傷ついたりしている。（98字）

問3
> 課題文では、プラスチックの３Rについて考えることが重要だと指摘されている。３Rのために私たちにできる身近な例としては、マイバッグやマイボトルを活用すること、ゴミをきちんと分別して再利用できるようにすることなどが挙げられる。これらは決して難しいことではなく、心がけ次第で誰もが取り組めることである。こうした取り組みが多くの海洋生物を救うことにもつながるという意識をもって私たちは行動するべきである。（198字）

※解答例文は第一学習社が作成したものであり、各大学から公表されたものではないので注意すること。

問題 問1　図１と図２は，農林水産省が，2018年10月に全国の20歳以上の無作為抽出者の3,000人を対象として行った「食育に関する意識調査」の結果の一部である。図１の有効回答数は1,824で，図２は図１で「よくある」と「ときどきある」と回答した670人が回答した。図１と図２から読み取れることを300字以内でまとめなさい。

問2　環境省から公表された「平成30年度食品廃棄物等の発生抑制及び再生利用の促進の取組に係る実態調査報告書」では，2016年度に家庭から排出された食品ロス量の推計値は約291万トンで，そのうち直接廃棄（料理の食材またはそのまま食べられる食品として使用・提供されずにそのまま廃棄したもの）は約89万トン，過剰除去（調理時に不可食部分を除去する際に過剰に除去した可食部分）は約90万トン，食べ残し（料理の食材として使用またはそのまま食べられるものとして提供された食品のうち食べ残して破棄したもの）は約112万トンと推計されている。また，令和元年５月には，「食品ロスの削減の推進に関する法律」が成立し，公布された。持続可能な社会の構築に向けて，家庭から排出される食品ロス削減という課題に対するあなたの考えを400字以内で述べなさい。

図1　購入した食品を食べないまま，捨ててしまうことがありますか

（出典　農林水産省「食育に関する意識調査報告書（平成31年3月）p.175より作成，一部改変）

図2　捨ててしまった原因は何だと思いますか（複数回答）

（出典　農林水産省「食育に関する意識調査報告書（平成31年3月）p.176より作成，一部改変）

（滋賀大学・教育学部学校教育教員養成課程）

解答例文

問1

図1からは，食品を購入したにもかかわらず，食べることなくごみとして捨ててしまうことが「よくある」と回答した人と，「ときどきある」と回答した人とを合わせると，36パーセントを超えることがわかる。また，それらの回答者に対し，食品を食べることなく捨てた理由について問うたアンケート結果を示している図2によれば，「消費・賞味期限内に食べられなかった」，「購入後，保管場所に入れたまま忘れた」，「必要以上に買い過ぎてしまった」の三つが挙げられている。つまり，量や期限，購入商品の保管などをきちんと管理できていないことが原因で，食品が，食品として消費されることなくごみとして捨てられてしまっているのである。（294字）

問2

　家庭から排出される食品ロスを減らすために，我々はまず「直接廃棄」を削減する努力をするべきである。そのためにも「買いすぎ」や「買いだめ」を控える必要があるだろう。

　我々は，頻繁に購入する食品が通常より安く販売されていると，予定にないものを買ったり，多めに買ったりしてしまうことがある。そのような行動が，賞味・消費期限内に食べ物を消費しきれなかったり，買ったことを忘れたりする結果を招いているのではないか。

　たとえ安く購入できたとしても，食べ物を食べ物として消費することなく捨てていては，食べ物もお金も無駄にすることになる。そのような無駄は，必要なものを必要な量だけ購入するという意識をもつことで，簡単に削減できる。また，そのような意識はやがて「過剰廃棄」や「食べ残し」を削減することにもつながりうる。したがって，まずは「直接廃棄」を減らす努力をするべきである。（377字）

※解答例文は第一学習社が作成したものであり，各大学から公表されたものではないので注意すること。

テーマ別キーワード解説
消費・環境

キャッシュレス決済（◉p.115）◆経済産業省は，2018年に「キャッシュレス・ビジョン」を策定し，消費者の利便性と事業者の生産性向上のため，普及を推進している。キャッシュレス決済とは，現金を使わない決済方法の総称であり，なかでもQRコード決済が急速に普及している。

マイクロプラスチック（◉p.117）◆海洋ごみにはプラスチックが多く含まれ，環境や観光・漁業などの経済活動へ影響を与えている。5mm以下のプラスチックはマイクロプラスチックと呼ばれ，動物が飲みこむなど，生態系へ影響を与えるとともに，海産物を通じて人の体に取りこまれ，人体に影響を与えることが心配されている。

エシカル消費（◉p.118）◆地域の活性化や雇用などを含む，人・社会・地域・環境に配慮した消費行動のことをいう。私たち一人ひとりが社会的な課題に気づき，日々の買い物を通して，その課題の解決のために自分は何ができるのかを考えることが，エシカル消費の第一歩である。

ESG投資（◉p.119）◆従来の財務情報だけでなく，環境（Environment）・社会（Social）・ガバナンス（Governance）要素も考慮した投資のこと。企業経営のサステナビリティを評価するという概念が普及し，**SDGs（持続可能な開発目標）**と合わせて注目されている。

テーマ別キーワード解説
衣生活・住生活・食生活

フェアトレード（◉p.60）◆発展途上国の労働者が労働に見合う賃金を得られるよう，適正な価格で取引する公正な貿易のこと。労働者が貧困から抜け出せるだけでなく，農薬や化学肥料に頼らない自然農法や伝統技術による自然素材を用いた安全な商品が生産されるようになり，環境負荷の低い社会の実現につながる。

新型コロナウイルス（◉p.68）◆2019年12月に中国の湖北省で初めて確認された新型コロナウイルスの感染拡大は，私たちの暮らしに大きな変化をもたらした。「新しい生活様式」として，身体的距離の確保，マスクの着用，手洗い，3密の回避などが徹底され，テレワークや時差出勤など，働き方も様変わりした。

ゼロ・エネルギー住宅（◉p.101）◆ZEH（Zero Energy House：ゼッチ）とは，断熱性能などを大幅に向上させるとともに，高効率な設備システムの導入により，室内環境の質を維持しつつ大幅な省エネルギーを実現したうえで，再生可能エネルギーを導入することにより，年間の一次エネルギー消費量の収支ゼロをめざす住宅。

朝食欠食（◉p.126）◆朝食を食べない，菓子・果物・し好飲料のみ食べる，サプリメントなどの栄養剤や栄養ドリンクのみ補給する，これらを含めて朝食欠食という。低体温や代謝活動の低下を招き，集中力の欠如，精神不安定をもたらす。一方，朝食をとることで体温が上昇し，脳の働きが活発化し，1日の生活リズムが整う。

食品ロス（◉p.132）◆本来食べられるのに捨てられてしまう食品のこと。日本人が1人あたり毎日茶碗1杯分のごはんを捨てている計算になる。食品ロスを減らすには，奥から商品をとらずに，陳列されている賞味期限の順番に買う，購入した食品は使い切る，食べきれる分量を注文して食べ残しを出さないなど，毎日のちょっとした行動の積み重ねが大切である。

食料自給率（◉p.132）◆国民が消費する全食料の熱量（カロリー）のうち，国内生産の食料がどの程度まかなっているかを示す割合。日本の食料需給率は約4割弱で，6割を海外からの輸入食品に依存しており，輸入食品なくして国民の食生活は成り立たなくなっている。私たちは消費者として，国内で生産された農産物や水産物をできる限り食卓に取り入れていく必要がある。

成分表編さくいん

写真・資料提供者 (敬称略・五十音順)

(株)アーテファクトリー，RT.ワークス(株)，(株)アイ・エム・エー，アイリスオーヤマ(株)，(社)青森観光コンベンション協会，(公社)青森県観光連盟，(地独)青森県産業技術センター水産総合研究所，赤城乳業(株)，秋田県観光連盟，秋田県畜産振興課，朝倉市商工観光課，旭化成(株)，アサヒグループホールディングス(株)，朝日新聞社，味の素(株)，味の素デジタルビジネスパートナー，味の素冷凍食品(株)，アフロ，アマナイメージズ，(株)イエロー，生駒市都市整備部みどり景観課，石川県水産総合センター内水面水産センター，伊豆大島ナビ事務局，板橋区役所危機管理部防災危機管理課計画推進係，伊藤園，伊藤ハム米久ホールディングス(株)，(国研)宇宙航空研究開発機構，永平寺町役場，エースコック(株)，江崎グリコ，エステー(株)，エスビー食品(株)，江戸東京たてもの園，愛媛県観光物産課，FSCジャパンオフィス，(株)オアシス，王子サーモン(株)，王滝村産業課，大洗ホテル，(地独)大阪健康安全基盤研究所，大阪府立環境農林水産総合研究所，オーストラリアン・ウール・イノベーション，大塚食品(株)，大塚製薬(株)，OPO，大間町，オーミケンシ(株)，(一財)沖縄観光コンベンションビューロー，奥村彪生料理スタジオ，オタフクソース(株)，尾西食品(株)，帯広大谷高等学校，帯広市市民福祉部地域福祉課，帯広シニアサークルふたば，オリジン東秀(株)，鹿児島県観光連盟，鹿児島県工業技術センター，鹿児島県畜産課，鹿児島県農業試験場熊毛支場，鹿児島県桜島農林事務所，カゴメ，カネコ種苗(株)，上勝町ゼロ・ウェイストセンター，河出書房新社，環境省，北九州市立年長者研修大学校周望学舎，キッコーマン(株)，木村屋總本店，キユーピー(株)，京都府農林水産技術センター海洋センター，キリンホールディングス(株)，下松市栽培漁業センター，宮内庁，群馬県蒟蒻原料工業協同組合，群馬県林業試験場，(株)ケンユー，厚生労働省，国際農林水産業研究センター，コクヨ(株)，国立歴史民俗博物館，(公財)骨粗鬆症財団，駒崎伸二，(株)COM計画研究所，(特非)コレクティブハウジング社，(株)サイゼリヤ，さいたま市，サイバーダイン(株)，桜島農林事務所，サッポロビール(株)，猿江商會，(株)シャトレーゼ食品インターナショナル，サントリーホールディングス(株)，サンヨー食品(株)，JA会津よつば，JAあきた北，JA中野市，(株)ジェーシービー，(公財)塩事業センター，滋賀県水産課，敷島製パン(株)，時事通信フォト，渋谷区役所，標津サーモン科学館，島根県水産技術センター，下野市農政課，ジャパンキャビア(株)，(独)酒類総合研究所，消費者庁，しょうゆ情報センター，女子栄養大学出版部，(国研)水産研究・教育機構国際水産資源研究所，(国研)水産研究・教育機構日本海区水産研究所，(株)すかいらーくホールディングス，Spiber(株)，精糖工業会，世界チーズ商会(株)，全国かまぼこ連合会，全国キャラバン・メイト連絡協議会，(社)全国肉用牛振興基金協会，全国味噌工業協同組合連合会みそ健康づくり委員会，(株)ゼンショーホールディングス，(株)創味食品，袖山(株)，(株)大京，(一財)大日本蚕糸会，大和ハウス工業(株)，高橋鴻介，高畠ワイン，宝酒造(株)，滋定名古屋(株)，(社)たらみ，(社)中央酪農会議，DNPアートコミュニケーションズ，帝人フロンティア，テーブルマーク(株)，天馬(株)，東罐興行(株)，東京国立博物館，東京消防庁広報課，東京都クリーニング生活衛生同業組合，東京都島しょ農林水産総合センター，東京都農林水産振興財団青梅畜産センター，TOTO(株)，(株)東京法規出版，東洋経済新報社，(公財)東洋食品研究所，東洋水産(株)，徳島県農林水産部畜産振興課，徳島県立農林水産総合技術支援センター農業研究所，トスコ(株)，栃木県干瓢商業協同組合，トヨタホーム(株)，長崎県学校給食会，(一社)長崎県観光連盟，長崎県五島手延うどん振興協議会，(福)名古屋ライトハウス，奈良文化財研究所，(株)西日本新聞社，(株)ニチレイフーズ，日清オイリオグループ(株)，日清食品ホールディングス(株)，(株)日清製粉グループ，(株)ニップン，(一社)日本ウエルエージング協会，日本化学繊維協会，(一財)日本きのこセンター菌蕈研究所，日本経済新聞社，日本ケンタッキー・フライド・チキン(株)，日本紅茶協会，日本珈琲貿易(株)，日本コカ・コーラ(株)，日本サブウェイ(同)，(公社)日本小児科医会，(一社)日本食鳥協会，日本食肉格付協会，日本水産(株)，日本製紙グループ，(一社)日本畜産副産物協会，日本バナナ輸入組合，日本ハム・ソーセージ工業協同組合，(株)日本ヴォーグ社，日本マクドナルド(株)，(公財)日本豆類協会，(一財)日本綿業振興会，(一社)日本養豚協会，日本理化学工業(株)，ネスレ日本(株)，(国研)農業・食品産業技術総合研究機構果樹研究所ブドウ・カキ研究拠点，(国研)農業・食品産業技術総合研究機構北海道農業研究センター，農林水産省，(株)ノエル・コミュニケーション，のとじま水族館，ハーゲンダッツジャパン(株)，ハウス食品(株)，(株)HASUNA，長谷川刃物(株)，パナソニック(株)，パナソニックホームズ(株)，パラマウントベッド(株)，パン・アキモト，(株)PPS通信社，広島県立広島工業高等学校，広島県立広島商業高等学校，プラントリエ，風俗博物館，フォトオリジナル，不二家，ブラザー工業(株)，(株)プレナス，(株)北dético食品，(公財)母子衛生研究会，ほたるいかミュージアム，北海道大学北方生物圏フィールド科学センター臼尻水産実験所，ホリカフーズ(株)，(株)丸高守口漬本店，マルハニチロ(株)，三重県水産研究所鈴鹿水産研究室，三重県林業研究所，三井製糖(株)，ミツカングループ，水戸納豆製造(株)，(株)南信州観光公社，ミニストップ(株)，みやぎフォトライブラリー，明星食品(株)，(株)ミヨシ，明治，明治製菓(株)，(株)メガハウス，(株)モスフードサービス，(株)モトブン，森永製菓(株)，森永乳業(株)，山口県水産振興課，山口県立萩美術館・浦上記念館，山崎製パン(株)，ヤマザキビスケット(株)，ユウキ食品(株)，UCC上島珈琲(株)，ユカイ工学(株)，雪印メグミルク(株)，(株)ユニフォトプレスインターナショナル，横田(株)，(株)LIXIL，(株)リンガーハット，レインフォレスト・アライアンス日本，(株)ロッテ，ワイエスインターナショナル(株)，(株)和紙の布

● 果物の旬 鮮度のポイント みずみずしくて，光沢がある（p.228参照）。
● 野菜の旬 鮮度のポイント みずみずしくて，葉の色があざやかである（p.221参照）。

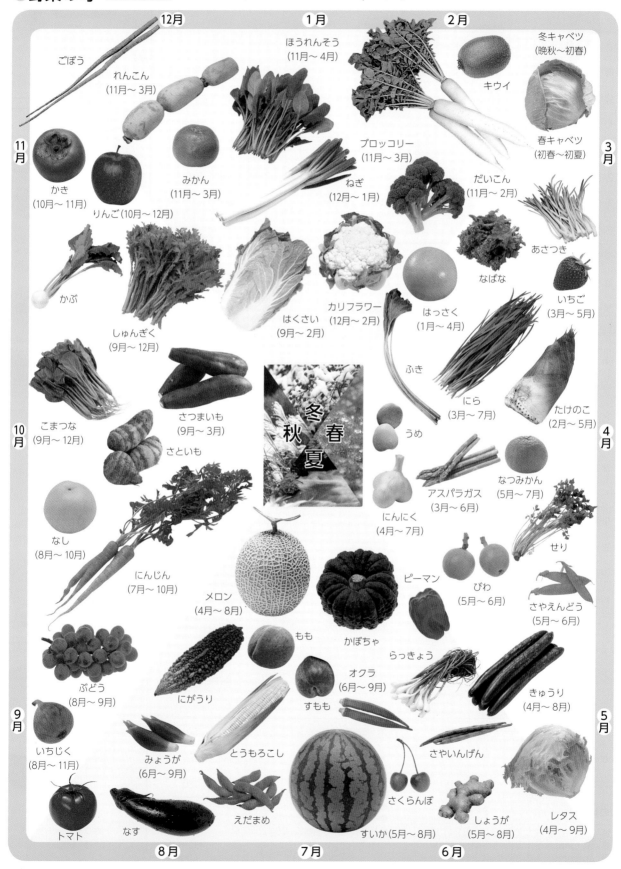

12月

1月

2月

ごぼう

れんこん
（11月～3月）

ほうれんそう
（11月～4月）

冬キャベツ
（晩秋～初春）

キウイ

11月

かき
（10月～11月）

みかん
（11月～3月）

ブロッコリー
（11月～3月）

3月

りんご（10月～12月）

ねぎ
（12月～1月）

だいこん
（11月～2月）

春キャベツ
（初春～初夏）

かぶ

しゅんぎく
（9月～12月）

はくさい
（9月～2月）

カリフラワー
（12月～2月）

はっさく
（1月～4月）

なばな

あさつき

いちご
（3月～5月）

こまつな
（9月～12月）

さつまいも
（9月～3月）

さといも

冬
秋 春
夏

うめ

ふき

にら
（3月～7月）

たけのこ
（2月～5月）

10月

4月

なし
（8月～10月）

にんじん
（7月～10月）

メロン
（4月～8月）

にんにく
（4月～7月）

アスパラガス
（3月～6月）

なつみかん
（5月～7月）

せり

ピーマン

びわ
（5月～6月）

さやえんどう
（5月～6月）

9月

ぶどう
（8月～9月）

にがうり

もも

かぼちゃ

らっきょう

きゅうり
（4月～8月）

5月

いちじく
（8月～11月）

みょうが
（6月～9月）

オクラ
（6月～9月）

すもも

とうもろこし

さやいんげん

さくらんぼ

しょうが
（5月～8月）

レタス
（4月～9月）

トマト

なす

えだまめ

すいか（5月～8月）

8月

7月

6月

標準計量カップ・スプーンによる重量(g)

食品名	小さじ(5mL)	大さじ(15mL)	カップ(200mL)	食品名	小さじ(5mL)	大さじ(15mL)	カップ(200mL)
水・酒・酢	5	15	200	豆板醤・甜麺醤	7	21	—
あら塩（並塩）	5	15	180	コチュジャン	7	21	—
食塩・精製塩	6	18	240	オイスターソース	6	18	—
しょうゆ（濃い口・うす口）	6	18	230	ナンプラー	6	18	—
みそ（淡色辛みそ）	6	18	230	めんつゆ（ストレート）	6	18	230
みそ（赤色辛みそ）	6	18	230	めんつゆ（3倍希釈）	7	21	240
みりん	6	18	230	ポン酢しょうゆ	6	18	—
砂糖（上白糖）	3	9	130	焼き肉のたれ	6	18	—
グラニュー糖	4	12	180	顆粒だしのもと(和洋中)	3	9	—
はちみつ	7	21	280	小麦粉（薄力粉・強力粉）	3	9	110
メープルシロップ	7	21	280	小麦粉（全粒粉）	3	9	100
ジャム	7	21	250	米粉	3	9	100
油・バター	4	12	180	かたくり粉	3	9	130
ラード	4	12	170	上新粉	3	9	130
ショートニング	4	12	160	コーンスターチ	2	6	100
生クリーム	5	15	200	ベーキングパウダー	4	12	—
マヨネーズ	4	12	190	重曹	4	12	—
ドレッシング	5	15	—	パン粉・生パン粉	1	3	40
牛乳（普通牛乳）	5	15	210	すりごま	2	6	—
ヨーグルト	5	15	210	いりごま	2	6	—
脱脂粉乳	2	6	90	練りごま	6	18	—
粉チーズ	2	6	90	粉ゼラチン	3	9	—
トマトピュレ	6	18	230	煎茶・番茶・紅茶（茶葉）	2	6	—
トマトケチャップ	6	18	240	抹茶	2	6	—
ウスターソース	6	18	240	レギュラーコーヒー	2	6	—
中濃ソース	7	21	250	ココア（純ココア）	2	6	—
わさび（練り）	5	15	—	米（胚芽精米・精白米・玄米）	—	—	170
からし（練り）	5	15	—	米（もち米）	—	—	175
粒マスタード	5	15	—	米（無洗米）	—	—	180
カレー粉	2	6	—				

●胚芽精米・精白米・玄米1合（180mL）＝150g
●もち米1合（180mL）＝155g
●無洗米1合（180mL）＝160g

●あら塩（並塩）ミニスプーン（1mL）＝1.0g
●食塩・精製塩 ミニスプーン（1mL）＝1.2g
●しょうゆ ミニスプーン（1mL）＝1.2g

(2017年1月改訂　女子栄養大学発表の基準値)

食品の重量の

乳・乳製品

第1群

牛乳
1カップ 210g

第3群

野菜（緑黄色野菜）

ほうれんそう
1束 200g

トマト
1個 150g

ミニトマト
1個 10g

淡色野菜

キャベツ
1個 1.2kg
葉1枚 50g

たまねぎ
1個 200g

えのき
1パック 100g

いも

じゃがいも
1個 150g

さつまいも
1本 250g

めやす

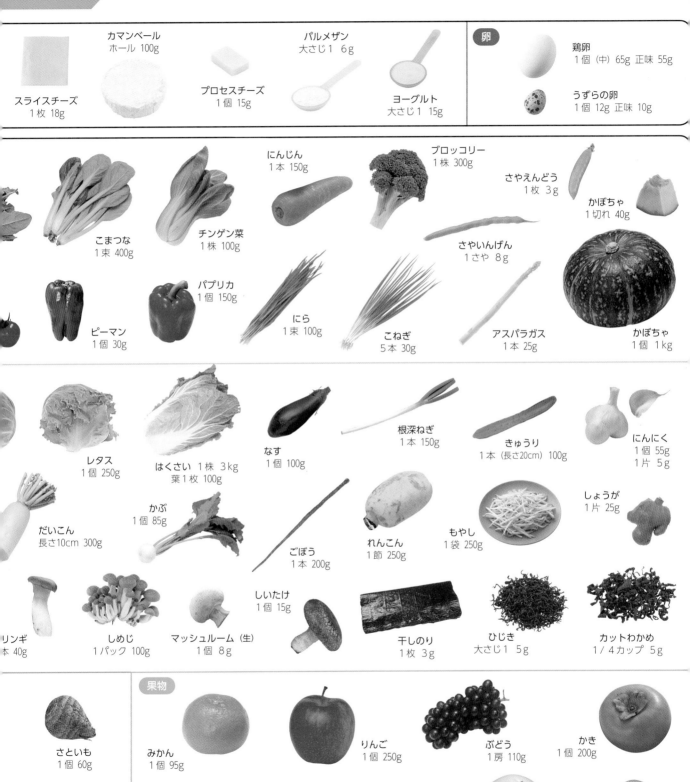

スライスチーズ
1枚 18g

カマンベール
ホール 100g

プロセスチーズ
1個 15g

パルメザン
大さじ1 6g

ヨーグルト
大さじ1 15g

卵

鶏卵
1個（中）65g 正味 55g

うずらの卵
1個 12g 正味 10g

こまつな
1束 400g

チンゲン菜
1株 100g

にんじん
1本 150g

ブロッコリー
1株 300g

さやえんどう
1枚 3g

さやいんげん
1さや 8g

かぼちゃ
1切れ 40g

ピーマン
1個 30g

パプリカ
1個 150g

にら
1束 100g

こねぎ
5本 30g

アスパラガス
1本 25g

かぼちゃ
1個 1kg

レタス
1個 250g

はくさい 1株 3kg
葉1枚 100g

なす
1個 100g

根深ねぎ
1本 150g

きゅうり
1本（長さ20cm）100g

にんにく
1個 55g
1片 5g

だいこん
長さ10cm 300g

かぶ
1個 85g

ごぼう
1本 200g

れんこん
1節 250g

もやし
1袋 250g

しょうが
1片 25g

リンギ
本 40g

しめじ
1パック 100g

マッシュルーム（生）
1個 8g

しいたけ
1個 15g

干しのり
1枚 3g

ひじき
大さじ1 5g

カットわかめ
1/4カップ 5g

果物

さといも
1個 60g

みかん
1個 95g

りんご
1個 250g

ぶどう
1房 110g

かき
1個 200g

こんにゃく
1丁 250g

いちご
1粒 10〜20g

バナナ
1本 160g

もも
1個 200g

グレープフルーツ
1個 300g

キウイフルーツ
1個 120g

旬の食材

※旬には「味覚」「流通量」「漁獲量」などの考え方があり，地域や時期によっても違いがあります。ここでは，小学館『食材図典』などを参考に，旬の時期を示しました。個々の魚や野菜・果物については，本文ページの解説を参照してください。

魚の旬

鮮度のポイント 眼に光沢があり，身がひきしまり，えらが赤く，生ぐささがない（p.250参照）。

12月

1月

2月

11月

3月

10月

4月

9月

5月

8月

7月

6月

きちじ（11月〜12月）

わかさぎ（11月〜1月）

ひらめ（11月〜1月）

たら（12月〜2月）

あんこう（12月〜2月）

ふぐ（11月〜2月）

ぶり（12月〜4月）

なまこ（12月〜2月）

さわら（12月〜3月）

ぼら（冬）

かれい（冬）

むつ（12月〜1月）

はたはた（12月〜2月）

しらうお（1月〜3月）

はまぐり（秋〜春）

さざえ（冬〜初夏）

にしん（2月〜3月）

ほうぼう（11月〜2月）

ずわいがに（11月〜2月）

きんめだい（12月〜2月）

ししゃも（10月〜12月）

ほっけ（11月〜2月）

かき（10月〜2月）

ほたてがい（12月〜4月）

まだい（2月〜4月）

はぜ（10月〜12月）

いせえび（晩秋〜冬）

あさり（3月〜5月）

さくらえび

冬 秋 春 夏

さば（10月〜11月）

めばる（3月〜5月）

さより（3月〜4月）

まいわし（9月〜10月）

しろさけ（9月〜1月）

きす（夏）

あわび（5月〜8月）

初がつお（4月〜6月）
戻りがつお（9月〜11月）

ぐち（9月〜10月）

とびうお（7月〜9月）

するめいか（6月〜9月）

すずき（7月〜8月）

まあじ（5月〜7月）

きびなご（4月〜7月）

さんま（8月〜11月）

あいなめ（4月〜5月）

このしろ（秋）

うなぎ（6月〜8月）

あなご（6月〜8月）

しじみ（夏と冬）

いさき（5月〜7月）

たちうお（6月〜11月）

はも（6月〜8月）

まだこ（春〜夏）

いわな（7月〜8月）

あゆ（6月〜7月）